Timothy P. Mulligan

Die Männer der deutschen U-Bootwaffe 1939 – 1945

Ins Deutsche übertragen
von **Wolfram Schürer**

W0192316

Meinen Lehrern und Mentoren
in Vergangenheit und Zukunft

Einbandgestaltung: Nicole Lechner unter Verwendung von Vorlagen aus dem Buch.

Das englischsprachige Originalwerk erschien unter dem Titel „*Neither Sharks Nor Wolves: The Men of Nazi Germany's U-boat Arm, 1939-1945*" bei *The United States Naval Institute, Annapolis, Maryland, 1999.*

Die teilweise geminderte Bildqualität ist auf das Alter der Abbildungen und die Umstände ihres Entstehens zurückzuführen.

Ins Deutsche übertragen von **Wolfram Schürer**
Deutsche Bearbeitung: **Helma** und **Wolfram Schürer**

ISBN 3-613-02147-1

1. Auflage 2001
Copyright c by Motorbuch Verlag, Postfach 103743, 70032 Stuttgart.
Ein Unternehmen der Paul Pietsch-Verlage GmbH & Co.
Lektor: Martin Benz M.A.
Innengestaltung: Satz & mehr, R. Günl, 74354 Besigheim
Druck: Maisch & Queck, 70839 Gerlingen
Bindung: Dieringer, 70839 Gerlingen
Printed in Germany

Inhalt

Vorwort VI
1   Eine Schicksalsgemeinschaft 1
2   Die erste Generation 23
3   Der Rahmen des U-Bootkrieges 41
4   Das Gesicht des U-Bootkrieges 1939 – 1945 68
5   Geist und Seele: Die U-Bootoffiziere 86
6   Der richtige Mann am richtigen Platz 106
7   Qualität vor Quantität: Die Ausbildung der U-Bootmänner 141
8   Ein Kinderkreuzzug? Alter und Erfahrung der U-Bootbesatzungen . . . 163
9   „Mehr kann man nicht sein!": Die Moral einer unfreiwilligen Elite . . . 181
10 Menschlichkeit gegen Notwendigkeit: Die U-Boote und die
    uneingeschränkte U-Bootkriegsführung 204
11 Unparteiliche Dienstleistung: Die Kriegsmarine und der
    Nationalsozialismus 224
12 Das Ende 246

Anhänge
Anhang 1: Die Veteranen der U-Bootwaffe: Eine Umfrage 255
Anhang 2: Personalstärke und Verluste der U-Bootwaffe 259
Anhang 3: Die Organisation der U-Bootwaffe – Stand: 1. Juli 1942 265
Anhang 4: Dienstgrade – ein Vergleich zwischen Kriegsmarine,
          Royal Navy und US-Marine 269

Anmerkungen 271
Ausgewählte Bibliografie 334
Verzeichnis der Tabellen 353
Abkürzungsverzeichnis 354
Sachregister . . . .

Vorwort

Mehr als 50 Jahre später, nachdem das letzte deutsche Unterseeboot am Ende des Zweiten Weltkrieges schweigend in den Gewahrsam der Alliierten geglitten ist, hält das U-Boot die allgemeine Vorstellungskraft noch immer in ihrem Bann. Neue Bücher über U-Bootasse und Geleitzugschlachten erscheinen auch weiterhin, das Fernsehen bietet regelmäßig neue Dokumentarfilme an, das Drehen eines Spielfilms über das Thema beherrschte eine Titelgeschichte in einem führenden deutschen Nachrichtenmagazin und im Internet wird eine wachsende Zahl von „Websites" über U-Boote gestaltet. Auf dem Ausstellungsgelände des Museum of Science and Industry in Chicago zieht *U 505* jedes Jahr Hunderttausende von Besuchern an. Die meisten von ihnen kamen erst auf die Welt, lange nachdem Seestreitkräfte der US-Marine im Juni 1944 das Unterseeboot erbeutet hatten. In Halifax im kanadischen Neuschottland berichten ältere Einwohner noch immer von gefangen genommenen U-Bootmännern, die Eintrittskarten zu örtlichen Tanzveranstaltungen in der Tasche hatten. Und Zeitungen in Neuseeland untersuchen Darstellungen, wonach Besatzungsangehörige von *U 862* an Land gegangen sind, um in Sichtweite des Hafens von Napier Kühe zu melken.

Die letzteren Beispiele veranschaulichen, wie Tatsache und Fiktion zu einer Legende verschmelzen, aber diese Übertreibungen verkleinern die Wahrheit nicht, dass die deutsche U-Bootwaffe den Krieg an die Küsten jeder alliierten Macht trug. Einzigartig unter den Waffengattungen der deutschen Wehrmacht kämpften die U-Bootbesatzungen vom ersten bis zum letzten Tag des Krieges an der Front – über einen Zeitraum von fünf Jahren und acht Monaten, der den längsten Feldzug des Zweiten Weltkrieges umspannte. Dennoch steht ihre Fähigkeit, das Bild einer allgegenwärtigen Bedrohung zu vermitteln, in scharfem Gegensatz zur Realität der ungeheuren Übermacht, die ihnen entgegenstand, eine Ungleichheit, die Großadmiral Erich Raeder, den Oberbefehlshaber der Kriegsmarine, veranlasste, am dritten Kriegstag zu bemerken, dass seine Kriegsmarine „noch immer im Vergleich mit der britischen Kriegsflotte so schwach [wäre], daß das einzige, was sie tun kann, ist: den Beweis zu liefern, daß sie ehrenhaft zu sterben weiß".[1] Sie starben, ob ehrenhaft oder nicht, und in einem erschreckenden Ausmaß. Während des Zweiten Weltkrieges erlitten die U-Bootbesatzungen Verluste, wie sie in der modernen Militärgeschichte noch nie da waren, dennoch fuhren sie fort, in See zu gehen und auch noch in den letzten Stunden des Krieges nach Zielen zu suchen.

Ironischerweise bleiben diejenigen, die auf den U-Booten fuhren, fast unsichtbar. Sie hinterlassen kaum mehr als geisterhafte Bilder von bärtigen jungen Männern, flüchtig auf ein paar Filmmetern Wochenschau erhascht. „Auf einem Seemannsgrab, da blühen keine Rosen", klagt ein altes deutsches Seemannslied, eine passende

Beschreibung, die auch für den Stand der Forschung bezüglich ihrer kollektiven Identität zutrifft. Biografische Studien und Memoiren konzentrieren sich auf die „Asse", jene U-Bootkommandanten, die geschickt oder glückhaft genug waren, um Erfolg im Versenken alliierter Schiffe zu erfahren. Sie haben auch die Geschichte der U-Boote seit dem Ersten Weltkrieg dominiert. In diesen Darstellungen und in den Schilderungen der Geleitzugschlachten sowie in den technischen Abhandlungen über die verschiedenen U-Boottypen tauchen die U-Bootmänner, die diese Erfolge ermöglicht und die komplizierte Ausrüstung bedient haben, nur sehr selten aus dem Hintergrund auf, es sei denn, als Quelle farbiger Anekdoten oder umfassender Verallgemeinerung.[2] Neue Nachschlagewerke erscheinen in immer kürzeren Abständen; sie befassen sich mit den Einzelheiten der Geschichte, den Feindfahrten und den Schicksalen der einzelnen U-Boote, doch die Besatzungen liefern in ihnen nur eine genaue Verluststatistik für jedes vernichtete Boot.[3] Nur ausnahmsweise kann ein Durchschnittsleser einen flüchtigen Blick auf die Realität der Routine, den Schmutz und den Schrecken für einen durchschnittlichen U-Bootfahrer des Zweiten Weltkrieges werfen.[4]

Selbst in den besten Beispielen dieser Kategorien bleiben die Schilderungen der U-Bootoffiziere und -mannschaften zeitlich oder räumlich begrenzt. Sie befassen sich nur mit den Besatzungen einzelner Unterseeboote oder den Kämpfen in bestimmten Schlachten. Die Ereignisse werden eher verallgemeinert und die Charakteristika einer Besatzung als repräsentativ für die deutsche U-Bootwaffe während des Krieges betrachtet, statt sie als einzigartig für einen bestimmten Zeitraum anzusehen. Wurden die U-Bootbesatzungen kollektiv abgehandelt, so sind sie entweder als Helden gefeiert, als Kriminelle gebrandmarkt oder als Opfer beklagt worden; obwohl ihr Einordnen – darunter manche in jede dieser Kategorien – unter derartigen Vereinfachungen mehr über die Berichterstatter verrät als über die vorgeblich beschriebenen U-Bootfahrer. Durchweg sind die U-Bootleute eher als ein einziges Wesen behandelt worden, statt sie als eine Aufeinanderfolge von Gruppen anzusehen, die sich mit der Zeit entwickelt haben und deren Charakter sich veränderte, als ihre zahlenmäßige Stärke zunahm oder abnahm. Ihr Krieg wird hier als ein Feldzug mit verschiedenen Phasen begriffen, in dem jede dieser aufeinander folgenden, einzigartigen Gruppen ihren eigenen Krieg führte, der sich von dem der anderen unterschied.

Dieses Buch stellt einen Versuch dar, ihre Geschichte zu erzählen. Noch präziser ausgedrückt, ist es das Bestreben, den Charakter der U-Bootwaffe zu verstehen. Dies umfasst ihre Führer und ihre Führung genauso wie das Verfahren, um die Männer auszuwählen und in U-Bootfahrer umzuformen, und die Art und Weise einschließlich der Mittel, womit die U-Bootwaffe den Krieg führte. Vor allem ist es eine Studie jener, die auf den U-Booten fuhren – woher sie kamen, welche Berufe sie hatten, welche Eigenschaften sie teilten. Bei Offizieren und Mannschaften werden wir die besonderen Wege ihrer Werdegänge in der Marine und die damit verbundenen Funktionen, die sie an Bord eines U-Bootes leisteten, genau überprüfen. Darüber hinaus findet diese Studie neue Antworten auf Fragen, die nie systematisch abgehandelt worden sind, darunter sind diese: Wie viele Männer dienten auf U-Booten? Waren sie alle Freiwillige? Blieb die Moral während des gesamten Krieges tatsächlich hoch? Verfiel die U-Bootwaffe allmählich zu einem „Kinderkreuzzug"?

Unsere Studie wendet sich auch dem größeren Zusammenhang des U-Bootkrieges und jenen zu, die ihn führten. Die zwölf Kapitel des Buches sind lose in drei Teile gegliedert. Der erste Teil legt das Fundament: Zusammensetzung und Bordroutine einer U-Bootbesatzung, die gemischte Hinterlassenschaft des Ersten Weltkrieges sowie die Grundlagen und Phasen des U-Bootkrieges von 1939 – 1945. Die Kapitel 5 – 8 befassen sich mit den Männern selbst, ihrer Herkunft und Laufbahn-Spezialisierung, ihrer Auswahl und Ausbildung zu U-Bootfahrern sowie den Unterschieden in Lebensalter und Kampferfahrung. Die letzten Kapitel untersuchen besondere Aspekte des Krieges und der U-Bootwaffe, darunter die allgemeinen Bedingungen der Moral, das Verhalten der U-Bootmänner gegenüber alliierten Überlebenden und das Verhältnis der Marine zum Nationalsozialismus mit einer abschließenden Zusammenfassung ihrer Erfahrungen bei Kriegsende, in Gefangenschaft und in der Nachkriegszeit. Separate Anhänge beschreiben die in diesem Buch verwendete Fragebogen-Umfrage bei den U-Bootveteranen sowie das Problem der Personalstärke und der Verluste bei der U-Bootwaffe während des Krieges. An verschiedenen Stellen des Buches finden sich Erörterungen über derart bekannte strittige Fragen wie die Führungseigenschaften von Großadmiral Karl Dönitz, die Operationen einzelner U-Bootkommandanten und die Merkmale bestimmter U-Boottypen. Sie sind jedoch stets mit unserem zentralen Thema verbunden.

Dieses Werk begann als Folge der früheren Forschungsarbeit des Verfassers über das U-Bootass *Werner Henke* und seine Zeit als Kommandant von *U 515*. Henkes überlebende Besatzung spielte eine entscheidende Rolle bei ihrem gemeinsamen Erfolg ums Überleben, wie sich dies im Versuch des Kommandanten widerspiegelt, seine Besatzung so lange wie möglich intakt zu erhalten. Eine spätere Studie ließ erkennen, dass viele der charakteristischen Eigenschaften der Besatzungsangehörigen von *U 515* auch auf die U-Bootfahrer im Allgemeinen zutrafen. Dies führte zum Entschluss, die gegenwärtige Untersuchung in Angriff zu nehmen.[5]

Die ursprünglichen ehrgeizigen Ziele dieser Studie sollten den problematischen Zustand der Dokumentation an Primärquellen über Einzelpersonen berichtigen. Mit Ausnahme von Fragmenten haben weder die Aktenbestände der Personalabteilung von BdU/org noch die der U-Flottillen den Krieg überdauert und auch die des Marinepersonalamtes sind unvollständig.[6] Die zentralen Personalakten der Kriegsmarine befinden sich nicht in der Zentralnachweisstelle des Bundesarchivs in Aachen-Kornelimünster wie die Personalakten aus dem Heerespersonalamt, sondern werden bei der Deutschen Dienststelle (ehemals WASt) in Berlin-Wittenau verwahrt. Die dort verwalteten Personalakten der U-Bootfahrer sind allerdings mit jenen des übrigen Marinepersonals vermischt; sie waren für das geplante Forschungsvorhaben 1993 nicht zugänglich.[6a]

Auf einer tieferen Ebene ist es jedoch für den Großteil der wesentlichen persönlichen Papiere noch zu früh, um zum Vorschein zu kommen. Die Briefe, Tagebücher, Fotografien und zurückbehaltenen offiziellen Materialien der U-Bootmänner bleiben noch auf Dachböden oder in Kammern unter Verschluss, ehe sie den Übergang von in Ehren gehaltenen Andenken an geliebte Menschen zu verfügbaren Kuriositäten entfernter Verwandter vollzogen haben. Mit der Zeit wird auch der Blick für die Dinge im richtigen Verhältnis zueinander und das Interesse zukünftiger Generationen kommen, um sich dem Studium dieser Männer auch fernerhin zu widmen. Dann erst werden diese persönlichen Dokumente den Status wertvoller historischer Quellen erlangen und dann erst werden die Stimmen ihrer Urheber wieder sprechen, um ihre Erfahrungen, Werte, Überzeugungen, Ängste und Hoffnungen aus jenen Augenblicken zu enthüllen, in denen sie lebten.[7/7a]

In Ermangelung eines Zugangs zu diesen Quellen schuf sich diese Studie eine eigene: Die Ergebnisse einer Umfrage, bestehend aus einer Sammlung von Fragebögen, die mit der Unterstützung des privat geführten U-Boot-Archivs in Cuxhaven-Altenbruch an U-Bootveteranen verteilt worden waren. Mit jedem Fragebogen wurden lediglich biografische Grunddaten einschließlich der Marinedienstzeit erhoben, um den persönlichen Werdegang in Erfahrung zu bringen: Lebensalter, Dienstgrad, Eintritt in die Marine und in die U-Bootwaffe sowie die Borddienstzeiten auf den einzelnen U-Booten. Über einen Zeitraum von dreieinhalb Jahren hinweg antworteten mehr als 1100 Veteranen: 167 ehemalige Offiziere sowie 937 ehemalige Unteroffiziere und Mannschaften. Die Fragebögen wurden dann entsprechend dieser Gruppeneinteilung getrennt und innerhalb dieser Gruppen nach den verschiedenen Laufbahnen (z.B. See- oder Ingenieuroffiziere, Torpedomechaniker, Funker oder seemännisches Personal) und anschließend nach Dienstgraden sortiert. Viele Aussagen aus unserer Analyse und die meisten der in diesem Werk verwendeten Tabellen rühren aus diesem Datenmaterial her.

An weiteren Primärquellen, die diese Umfrage ergänzten, sind zu nennen:

– Die Aktenbestände zur Organisation der deutschen Marine; sie werden im Bundesarchiv-Militärarchiv (BM/MA) in Freiburg i.Br. aufbewahrt oder sind auf Mikrofilm im Nationalarchiv in College Park/Maryland verfügbar.

– Die Vernehmungsprotokolle der gefangen genommenen Überlebenden gesunkener U-Boote (einschl. der Kopien britischer Verhörprotokolle); sie befinden sich in den Aktenbeständen des U.S. Navy Office of Naval Intelligence (Amt des Marine-Nachrichtendienstes der US-Marine) und werden ebenfalls im Nationalarchiv verwaltet.

– Interviews und Briefwechsel mit U-Bootveteranen in Deutschland, Kanada und in den Vereinigten Staaten.

Hinsichtlich besonderer operativer Aspekte verlässt sich diese Studie auf die Kriegstagebücher des BdU, der Operationsabteilung der Seekriegsleitung (1./Skl) und die der U-Boote selbst. Diese Primärquellen werden durch weitere Informationen aus Erinnerungen und Forschungsarbeiten vervollständigt, die sich aus zahlreichen Sekundärwerken ergeben.

Im Text hat stets das Bestreben vorgeherrscht, der Stimme des U-Bootmannes einen direkten Ausdruck zu verleihen. Die Daten der Umfrage bieten eine indirekte Möglichkeit, die dasselbe Ergebnis hervorbringt, indem sie kollektive Aussagen aufgrund getrennter oder charakteristischer Merkmale und Eigenschaften präsentiert, gewöhnlich dazu dienend, die Genauigkeit von Beobachtungen und Kommentaren durch Historiker zu überprüfen.

Eine gewisse Rechtfertigung ist jedoch angebracht. Der Leser wird mir, so hoffe ich, das Fehlen von technischen Erörterungen zu den U-Booten und ihrer Bewaffnung, den Mangel an detaillierten Schilderungen von U-Bootoperationen oder an Beiträgen der Funkaufklärung sowie die verhältnismäßig geringe Anzahl von Angaben über alliierte Streitkräfte verzeihen. Zu sämtlichen genannten Themen sind ausgezeichnete Darstellungen bereits verfügbar, und ich habe den Versuch unternommen, die Standardwerke hierzu zu weiterem Nachschlagen auszuweisen. Die thematische Behandlung in den einzelnen Kapiteln hatte unweigerlich gewisse Überlappungen zur Folge und infolgedessen gibt es in einigen wesentlichen Punkten Wiederholungen. Schließlich habe ich [in der englischsprachigen Ausgabe] die Benutzung der deutschen Fachausdrücke und Dienstgrade weitgehend beibehalten; denn erstens repräsentiert dies die deutsche Sprache und militärische Kultur und zweitens haben viele dieser Begriffe keine genaue englischsprachige Entsprechung. Dies ist das Eintrittsgeld in die verschwundene Welt der U-Bootfahrer (ein bildhafter, aber kein wortgetreuer Ausdruck für die Männer auf den U-Booten).

Und falls sich die Kinder ihrer früheren Gegner entschließen, den Besuch abzustatten, könnte die Geschichte dieser U-Bootfahrer eine Bedeutung erlangen, die sie sich nicht vorstellen konnten.

Bei einem Unterfangen dieser Art schuldet ein Verfasser vielen Personen und Institutionen Dank. Wie viele andere Historiker der deutschen U-Bootwaffe beginne auch ich mit dem Abstatten meines Dankes bei *Horst Bredow,* dem Leiter des *U-Boot-Archivs – Stiftung Traditionsarchiv Unterseeboote –* in Cuxhaven-Altenbruch. Er und seine Frau *Annemarie* erwiesen mir nicht nur ihre außerordentliche Gastfreundschaft während mehrerer Besuche in seinem einzigartigen Archiv, sondern Herr Bredow gewährte mir auch seine Mitwirkung beim Verbreiten meiner Fragebogen-Umfrage unter den U-Bootveteranen, die für dieses Werk unerlässlich war.

Auch bei den mehr als 1100 *U-Bootveteranen* stehe ich tief in der Schuld, die sich die Zeit genommen haben, die vom U-Boot-Archiv verbreiteten Fragebogen auszufüllen. Viele von ihnen ergänzten sie von sich aus mit Einzelheiten oder fügten besondere Erfahrungen hinzu. Die Bereitschaft, persönliche Informationen mit einem Fremden zu teilen – einem Staatsangehörigen eines Landes, gegen das sie gekämpft hatten –, zeugt von einem inneren Frieden sowie einem Verstehen, das Bescheidenheit bekundet.

Eine Reihe von ehemaligen *U-Bootfahrern* und ihre Familien erwiesen einem wissbegierigen Historiker über längere Zeiträume hinweg wohlwollend Gefälligkeiten. Dies gilt insbesondere für *Werner Hirschmann* und seine Frau *Diana,* den verstorbenen *Carl Möller* und seine Frau *Irmgard, Hans* und *Hannelore Schultz* sowie *Hermann* und *Inge Molzahn.* Vor allem Frau Molzahn erlaubte mir die Benutzung persönlicher Fotos, die von ihrem Vater – *Kptlt. Hans Karpf* – stammten. Die Herren *Hirschmann* und *Pete Petersen* teilten mir nicht nur Erinnerungen und Einblicke mit, sondern lasen bestimmte Kapitel korrigierend durch. Bei ihren Jahrestreffen bereiteten die überlebenden *Angehörigen der Besatzung von U 515* und ihre Ehefrauen stets eine begeisterte Begrüßung und gewährten wertvolle Unterstützung. *Wilhelm Müller-Arnecke,*

Reinhard Hardegen und *Eduard Vogt* nahmen sich die Zeit für längere Interviews. Die ehemaligen Marineangehörigen *Rolf Güth* und *Heinz Trompelt* steuerten großzügig Kopien von Schriftstücken bei, die sie geschrieben oder gesammelt hatten.

Prof. Eric Rust, dessen bahnbrechendes Werk über die Crew 34 eine der Inspirationen für dieses Projekt lieferte, unterstützte es ebenfalls durch einige grundlegende Informationen sowie Einblicke aus seiner Forschungsarbeit. Herr *Eberhard Schmidt* sorgte freundlicherweise für Zugang zu Materialien im Wehrgeschichtlichen Ausbildungszentrum der *Marineschule Mürwik* in Flensburg. Im *Bundesarchiv-Militärarchiv* Freiburg i.Br. bemühten sich *Dr. Maierhöfer* und sein Kollege [und Nachfolger] Herr *Döringhoff* in sehr anerkennenswerter Weise darum, einige entscheidende Dokumente zu identifizieren. Die Mitarbeiterstäbe der „Central Reference"- und „Still Pictures"-Abteilungen im Nationalarchiv (vor allem Ms. *Dale Connelly* und Mr. *Fred Pernell* von der letzteren) sowie der „Reference"-Abteilung im Manuscript Reading Room der Library of Congress in Washington/D.C. gewährten in nie versagender Weise bezüglich ihrer Bestände wirksame und freundliche Unterstützung.

Bei verschiedenen Gelegenheiten trugen *Dr. Charles Burdick, Jak Mallmann Showell, Philip Lundeburg, Keith Gill, Mary Kay Schmidt, Eva Krusten, Maarja Krusten, Fynette Eaton, Robin Cookson* und *Sam Lewis* mit Ideen, Kommentaren und Unterstützung zu diesem Projekt in Momenten bei, wenn diese am notwendigsten war. *Renie Wallace* und *Blaine Madison* halfen bei der Erstellung des Glossars und der Tabelle mit dem Vergleich der Dienstgrade. Mr. *Lawrence Humphries* und die Mitarbeiter von „Computer Support Systems" verarbeiteten das Endprodukt in kurzer Zeit elektronisch.

Schließlich gilt mein zutiefst empfundener Dank *Bonnie,* deren alltägliche aktive Unterstützung allein alles ermöglichte.

Timothy Mulligan, 1999

Der **Motorbuch Verlag** dankt *Helma* und *Wolfram Schürer* für die Übersetzung und Bearbeitung der deutschen Ausgabe, insbesondere für die wertvollen zusätzlichen Anmerkungen und Erläuterungen

1. Kapitel
Eine Schicksalsgemeinschaft

Als der Schriftsteller Nicholas Monsarrat als Offizier der Royal Navy im 2. Weltkrieg seine ersten, von einem U-Boot stammenden Kriegsgefangenen sah, spiegelten seine Gefühle sowohl Überraschung als auch Verachtung wider:

> „Sie kamen ihnen ganz unbedeutend und durchschnittlich vor: Wasser troff von ihren Händen und Füßen auf das Deck, in ihren Gesichtern über den nichtssagenden, verschmierten Arbeitsanzügen zeichnete sich halb Trauer, halb Freude über die Rettung ab. ... Helden waren dies keine: Ihres Bootes beraubt, sahen sie wie andere Männer auch aus. ... War dies wirklich alles, was von einer U-Bootbesatzung ausging?"[1]

Doch wie so oft im Kriege kann das äußere Erscheinungsbild täuschen.

Die Besatzung

Eine U-Bootbesatzung des 2. Weltkrieges verkörperte in Wirklichkeit eine komplizierte und unabhängige Gemeinschaft aus seemännischem Personal, Technikern und Waffenspezialisten, deren gemeinsame Anstrengungen dieses Kriegsschiff, das von allen am wenigsten wie ein solches aussah, in eine der tödlichsten Waffen der Geschichte verwandelten. Ihr Befehlshaber, der spätere Großadmiral Karl Dönitz, beschrieb die U-Bootbesatzung einmal als eine *Schicksalsgemeinschaft*; denn jedermann an Bord – ungeachtet seiner Dienststellung und seines Dienstgrades – hielt den Schlüssel für Leben oder Tod für alle in der Hand. „Handelt ein Mann der Besatzung falsch", schrieb Dönitz, „versagt er als Ausguck, wird ein Ventil falsch bedient, ein Verschluß vergessen, so kann der Erfolg des Bootes, sein Leben und das der Besatzung gefährdet sein. So ist jeder auf den anderen angewiesen, von ihm abhängig – und dadurch aber auch auf einander eingeschworen."[2]

Auf den folgenden Seiten werden wir untersuchen, wer diese Männer waren und welche Art Krieg sie führten. Zunächst ist es erforderlich, die Zusammensetzung einer typischen U-Bootbesatzung und ihre Funktionen zu verstehen. Die Männer, die zu einer solchen Besatzung gehörten, konnten vom Dienstgrad her in drei Gruppen – Offiziere, Unteroffiziere mit und ohne Portepee sowie Mannschaften – und, bei den Offizieren bedingt[2a], von der Funktion her in die seemännischen und in die technischen Laufbahnen eingeteilt werden. Das standardmäßige Organisationsschema der deutschen Marine in Tabelle 1 reflektiert diese beiden Laufbahngruppen für die 48 bis 50 Männer, auf beengtem Raum in der 67,1 m langen Stahlröhre zusammenlebend, die ein U-Boot vom Typ VII C darstellte. Zu einer U-Bootbesatzung gehörten vier Offiziere, drei bis vier Portepee-Unteroffiziere (Feldwebel/Oberfeldwebel), 14 Unteroffiziere ohne Portepee (Maate/Obermaate) und 26 bis 28 Mannschaften. Die genaue Anzahl der Offiziere, Unteroffiziere und Mannschaften konnte bis zu 60 Mann betragen, besonders für den Typ IX und die größeren U-Boote. Die grundsätzlich zu erfüllenden Aufgaben durch das vorgesehene Personal blieben jedoch bei allen hauptsächlich im Kriege verwendeten U-Boottypen im Wesentlichen unverändert.

Die unterschiedlichen Dienstgrade bei den Mannschaften dienten als eine informative Skala ihres Grades an Erfahrung. So ließ zum Beispiel ein Überwiegen der Dienstgrade Maschinen- und Matrosenobergefreiter gewöhnlich auf eine erfahrene Besatzung schließen.[3] Und es war letztendlich die Erforderlichkeit spezialisierten Personals – seemännisches, funktechnisches bzw. Maschinenpersonal für Diesel- und E-Maschinen – verschiedenster Dienstgrade in wesentlichem Umfange für jede 50-Mann-Besatzung, die schließlich die Marine zwang, die Vorstellung einer U-Bootwaffe auf rein freiwilliger Basis aufzugeben.[4]

Die wichtigste Person – die „Seele des Bootes", wie dies Dönitz ausdrückte – war natürlich der Kommandant, üblicherweise im Range eines Kapitänleutnants oder Oberleutnants zur See. Bei Letzterem zeigt der Zusatz „zur See" (z.S.) die Zugehörigkeit zur Laufbahn des Seeoffiziers an. Er trug die letztendliche Verantwortung für den Erfolg oder Misserfolg eines Unterseebootes. Jeder Kommandant eines U-Bootes wies Charaktereigenschaften, Können, Ausbildung und Erfahrungen in ureigener Weise auf, um die Herausforderungen zu meistern, die Seemannschaft, Gefechtstaktik und vor allem die Führung seiner Männer an ihn stellten. Jede Feindfahrt prüfte täglich die Fähigkeiten eines Kommandanten, ob bei der Schwierigkeit des Manövrierens, um in die beste Schussposition zu kommen oder in Bruchteilen von Sekunden einem Wasserbombenangriff zu entgehen, oder beim ständigen Bemühen, die Moral und die Leistungsfähigkeit seiner Besatzung aufrechtzuerhalten. Die schwerste Prüfung für ihn bedeutete, ein wirkliches Beispiel zu geben, während das Boot angegriffen wurde, und zu scherzen oder ostentativ einen Roman zu lesen, wenn rings um das Boot die Wasserbomben detonierten. Ein Kommandant erinnerte sich so: „Wenn man das Vertrauen der Besatzung besaß, war man fast ein Gott."[5]

TABELLE 1 **Profil einer typischen U-Bootbesatzung**

Offiziere
Kommandant: Kapitänleutnant oder Oberleutnant z.S.
Leitender Ingenieur (LI): Oberleutnant (Ing.)
Erster Wachoffizier (I WO): Oberleutnant/Leutnant z.S.
Zweiter Wachoffizier (II WO): Leutnant z.S.
Ein bis zwei Fähnriche/Oberfähnriche (z.S. oder Ing.)
Gelegentlich an Bord: Kommandanten-Schüler, Bordarzt

Seemännische Laufbahnen
Unteroffiziere mit Portepee (PUO's):
– Obersteuermann/Steuermann (zugleich III WO)
– Oberbootsmann/Bootsmann
Unteroffiziere ohne Portepee:

- Oberbootsmannsmaate/Bootsmannsmaate
- Obersteuermannsmaate/Steuermannsmaate
- Torpedo-Obermechanikersmaate/-Mechanikersmaate

Mannschaften:
- Zwei bis zehn Matrosenobergefreite
- Zwei bis drei Torpedo-Mechanikersobergefreite/-gefreite
- Zwei bis zwölf Matrosengefreite
- Ein bis zwei Matrosen

Technische Laufbahnen
Unteroffiziere mit Portepee (PUO's):
- Dieselobermaschinist/Dieselmaschinist
- E-Obermaschinst/E-Maschinist
- Oberfunkmeister/Funkmeister

Unteroffiziere ohne Portepee:
- Zwei bis sechs Diesel- oder E-Maschinenobermaate/-maate
  (einschl. des Zentralemaats)
- Ein bis zwei Oberfunkmaate/Funkmaate

Mannschaften:
- Zwei bis acht Maschinenobergefreite
- Zwei bis drei Funkobergefreite/Funkgefreite
- Drei bis acht Maschinengefreite
- Ggf. ein bis zwei Matrosen

Wenn dies richtig ist, dann erforderten die Umstände oft von einem Kommandanten, wie ein solcher zu handeln. Trotz seines Könnens als Seemann und als „Jäger" musste ein Kommandant mitsamt seinen Offizieren jederzeit und unter allen Umständen Zuversicht und Selbstbeherrschung ausstrahlen und ein ständiges Beispiel geben, während er gleichzeitig nie in seiner Wachsamkeit nachließ. Stets von allen sichtbar, musste er seine Überlegenheit demonstrieren, um mit jeder entstehenden Situation fertig zu werden. In Augenblicken der Krise musste er die Ängste seiner Männer beruhigen und konnte sich nie selbst Rat holen. Wie wir sehen werden, erwies sich der Druck zuweilen als zu stark.

Der Platz des Kommandanten befand sich an den zentralen Positionen seines Unterseebootes:
- In der *Zentrale*, dem Kommando- und Nervenzentrum des U-Bootes,
- im beengten *Kommandantenstand* innerhalb des druckfesten Teils des Kommandoturms, wo er am Angriffssehrohr saß, um im Unterwasserangriff die Torpedos zu schießen,
- auf der *Brücke*, wo er sich üblicherweise jeweils zur Morgen- und Abenddämmerung bei der Wache aufhielt, denn diese Zeitspannen begrenzter Sicht machten ein U-Boot gegenüber einem angreifenden Flugzeug sehr verwundbar, und
- in seiner *Kommandantenkammer*, die direkt vor der Zentrale lag, abgeteilt durch einen grünen Vorhang, der ihm einen Hauch von Privatsphäre – der einzigen im Boot – gewährte.

Während der Anläufe zum Überwasserangriff überwachte er seinen Ersten Wachoffizier bei dessen Durchführung und dem Schießen der Torpedos. Obwohl der Befehlshaber der Unterseeboote (BdU) nominell die Bewegungen der U-Boote leitete[5a], handelte der U-Bootkommandant letztlich nach seinem eigenen Ermessen. In seiner Kammer zeichnete er die täglichen Einträge ins Kriegstagebuch (KTB) des Bootes auf, hatte den Vorteil eines kleinen Waschbeckens, um sich zu waschen und zu rasieren (wenn er dies wollte), und nahm die Gelegenheiten wahr, eine „Mütze" voll Schlaf zu erhaschen.

Trotz der allgemeinen Fähigkeiten und der Schießkünste des Kommandanten war es oft das Glück, das letztlich den Erfolg des Unterseebootes bedingte und für die Moral der Besatzung ausschlaggebend war. Wenn auch die U-Boote bis zum Ende des Jahres 1942 ihre Versenkungen zumeist über Wasser erzielten, erwiesen sich Unterwasserangriffe manchmal als die einzige Möglichkeit, um Erfolg zu haben oder um zu überleben, und von 1943 an wurden sie zunehmend zur einzigen Chance für einen Angriff. Durch die Optik des Angriffssehrohres starrend, bedurfte es für den Kommandanten vor allem eines scharfen Auges, um innerhalb einer Beobachtungszeit von wenigen Sekunden die Größe, den Kurs und die Geschwindigkeit des Ziels zu schätzen – ein Talent, das nur selten durch Ausbildung und Erfahrung gesteigert werden konnte. „Der Geist der Besatzung ist abhängig [u.a.] vom Erfolg. Wenn einer [ein Kommandant] Erfolg hat, dann wird ihm, mag er auch ein Dummkopf sein, die Besatzung immer mehr lieben als einen, der keinen Erfolg hat", beobachtete das U-Bootass Wolfgang Lüth. Er setzte aber auch hinzu: „Der Kommandant und seine Offiziere sind letzten Endes immer daran schuld, wenn es schief geht."[6/6a]

Nach dem Kommandanten war der *Leitende Ingenieur* – im Allgemeinen kurz als „LI" bezeichnet (oft auch als „Chief" nach der englischen Kurzbezeichnung für den Chefingenieur eines Schiffes) – von seiner Funktion her die zweitwichtigste Person an Bord eines U-Bootes. Er führte in der Regel den Dienstgrad eines Oberleutnants (Ing.). Im Gegensatz etwa zu seinem Pendant an Bord eines amerikanischen Unterseebootes stand der L.I. dem Kommandanten fast ebenbürtig zur Seite, da er für das gesamte technische Funktionieren des U-Bootes als Fahrzeug schlechthin verantwortlich war. „Der L.I. war für den Kommandanten die tragende Stütze", bemerkte ein Korvettenkapitän (Ing.). Er fügte hinzu: „Die Zusammenarbeit beider mußte eine *gute Ehe* sein."[7] In jeder Hinsicht für die Antriebssysteme, für die tauchtechnische Führung und Sicherheit bei Über- und Unterwasserfahrt sowie für die Tiefensteuerung des U-Bootes verantwortlich, war der LI auch der engste Ratgeber des Kommandanten in allen technischen Angelegenheiten. Er achtete während der Tauchfahrt auf den Trimm und steuerte das Boot, eine oft schwierige Aufgabe, wenn Wasser- oder Fliegerbomben fielen. Dies forderte von ihm auch, die gesamte Besatzung zu einem zweckmäßigen Verhalten während der Tauchfahrt zu erziehen, um insbesondere eine tadellose Disziplin und strikte Kontrolle aller Gewichtsverschiebungen zu beachten, die den Trimmzustand des U-Bootes beeinträchtigen konnten.[7a] Wie der Kommandant ging er keine Wache, musste aber stets abrufbereit zur Verfügung stehen. Er führte eine Art Tauchkladde sowie auch das KTB für den gesamten Betrieb der Antriebsanlagen des Bootes.

Ein deutscher Kriegsberichterstatter, der auf U-Booten fuhr, stellte fest, dass der LI mehr als nur technische Fähigkeiten brauchte: „Man muss die Reaktion des Bootes, zu steigen oder zu sinken, erspüren und seine Maßnahmen schon treffen, ehe eine bestimmte Tendenz sich ausgewirkt hat."[8] Kurz gesagt, ein guter Leitender Ingenieur entwickelte ein „Gefühl" für die einzigartigen Eigentümlichkeiten, welche die Handhabung eines jeden Unterseebootes geringfügig, aber mit Bestimmtheit unterschieden. „Ohne einen kompetenten LI", schrieb ein ehemaliger Kommandant, „ist ein U-Boot eine lahme Ente."[9] Den Routinebetrieb in den Maschinenräumen seinen Nachgeordneten anvertrauend, verbrachte der LI die meiste Zeit in der Zentrale oder in ihrer Nähe. Auf längeren Feindfahrten unterstützte ihn oft ein „LI-Schüler", gewöhnlich ein Leutnant (Ing.), der auf diese Weise Erfahrung sammelte, um schließlich auf seinem eigenen Boot zum LI ernannt zu werden.

Zwei Wachoffiziere unterstützten den Kommandanten bei seinen Führungsfunktionen und entlasteten ihn von vielen Verwaltungsaufgaben. Der *Erste Wachoffizier,* gewöhnlich *I WO* abgekürzt und „Eins WO" gesprochen, war der Stellvertreter des Kommandanten[9a]. Seine Verantwortung umfasste zum einen den inneren Dienstbetrieb, wie z.B. die Einteilung der Brückenwachen, wobei er die Erste Seewache mit 2 x 4 von je 24 Stunden selbst führte, und zum anderen die Einsatzbereitschaft der Torpedos und der damit verbundenen Feuerleitanlagen des Unterseebootes. Unter der allgemeinen Aufsicht des Kommandanten führte er die Überwasser-Torpedoangriffe durch – und weil dies die wirksamste Angriffsmethode war, konnten auf diese Weise von den I WO's mehr alliierte Schiffe als versenkt geltend gemacht werden als von den Kommandanten.[10] Der Erste Wachoffizier übernahm auch das Kommando, falls der Kommandant zu Tode kam oder in anderer Weise nicht mehr imstande war, das Boot zu führen. Nach Lüth sollte der I WO auch „der Vertrauensmann zwischen den Männern und dem Kommandanten" sein, um ein gutes Einvernehmen zu bewahren und mögliche Probleme bezüglich der Moral bereits zu erkennen, ehe sie sich entfalten konnten.[11] Die Erfüllung dieser Pflichten stellte in der Regel die letzte Sprosse auf der Leiter zum U-Bootkommandanten dar.

Der *Zweite Wachoffizier (II WO,* „Zwo WO"), gewöhnlich ein Leutnant zur See, war in erster Linie für die Einsatzbereitschaft des Decksgeschützes (nur am Anfang des Krieges wesentlich) und der Flakbewaffnung des U-Bootes (ab 1942 von lebenswichtiger Bedeutung) wie auch für den Proviant und die Verwaltungsangelegenheiten des Bootes verantwortlich. Da er auch für den Funkverkehr zuständig war, gehörten die Funker zu seinem Bereich und, falls erforderlich, ver- und entschlüsselte er entsprechend klassifizierte Funksprüche. Im Mittelpunkt seiner täglichen Pflichten stand die Zweite Seewache mit 2 x 4 Stunden Wachegehen auf der Brücke. Die beiden Wachoffiziere und der LI teilten sich eine vorn gelegene Abteilung, die auch als Offiziersmesse diente, wenn die Einnahme der Mahlzeiten Gelegenheit bot, Probleme des Bootes mit dem Kommandanten zu besprechen – oder aus der sich der Kommandant entfernte, um seinen Offizieren die Freiheit zum Nörgeln zu gewähren.

Manchmal hatte ein auslaufendes U-Boot für eine Feindfahrt einen *Kommandanten-Schüler* an Bord, der auch als „Konfirmand" bezeichnet wurde. Grundlegend galt, dass sich diese Offiziere, die gewöhnlich aus anderen Bereichen der Marine kamen, als vielversprechend in der Ausbildung erwiesen hatten, aber vorher keine Wachoffiziere gewesen waren. Die „Konfirmationsfahrt" machte sie mit den alltäglichen Realitäten des U-Bootlebens bekannt und gab ihnen Gelegenheit einen erfahrenen Kommandanten im Einsatz zu beobachten. Sie gingen Wache auf der Brücke, beobachteten das Ziehen und Regeln der Torpedos, lasen alle Funksprüche mit und gingen vor allem der Besatzung aus dem Wege, falls dies erforderlich war. Nach einer oder auch mehrerer solcher Feindfahrten waren diese Offiziere in der Regel für ein eigenes Kommando qualifiziert.[12]

Zuweilen nahm ein U-Boot auch spezialisierte Offiziere mit auf Feindfahrt, um besondere Aufgaben zu erfüllen. In einem bestimmten Zeitraum des Krieges wurden vielen U-Booten *Sanitätsoffiziere* der Marine zugeteilt, teils, um sich mit den medizinischen Problemen zu befassen, die auf langen Feindfahrten erwuchsen, und teils, um die wachsende Anzahl von Angehörigen der Besatzungen zu behandeln, die bei alliierten Luftangriffen verwundet wurden. Diese „Gäste" gingen oft Wache im Funkraum oder übernahmen von einem der Wachoffiziere weniger wichtige Pflichten.[13] Eine andere Gruppe gewöhnlicher „Passagiere" waren die *Kriegsberichterstatter* in Wort und Bild, darunter Journalisten, Maler und Fotografen, die zu den Marine-Propaganda-Abteilungen gehörten und von den U-Bootmännern allgemein – etwas spöttisch – als „PK-Männer" (Angehörige einer Propaganda-Kompanie) bezeichnet wurden.[13a] Diese PK-Berichter pflegten das Bild des unbeugsamen U-Bootes vor der deutschen Öffentlichkeit in den Zeitungen, Zeitschriften, Rundfunksendungen und in den wöchentlichen Kinofilmen „Die Deutsche Wochenschau". Lange nach dem Krieg verbreiteten diese Autoren weiterhin ihr Bild des U-Bootkrieges, zumeist in volkstümlichen Geschichten, die ihre früheren Darstellungen wiedergaben. Einer dieser PK-Berichter verfasste einen bitter realistischen und kontroversen Roman, der zu einem internationalen Bestseller wurde: *Das Boot*[14] Auf dem Höhepunkt des U-Bootkrieges bereiteten diese „Passagiere" den U-Bootmännern kein Vergnügen: „Immer wenn ein Arzt oder Wochenschaureporter zusteigt, rechnet man mit den gefährlichsten Einsätzen", erinnerte sich ein ehemaliger U-Bootfahrer.[15]

Zu den „Passagieren" an Bord von Unterseebooten gehörten auch *Meteorologen, Experten des B-Dienstes,* der Funkaufklärung im deutschen Marinenachrichtendienst,[15a] deutsche *Verbindungsoffiziere* zu den japanischen Streitkräften und sogar Politiker (wie z.B. der indische Nationalistenführer Subhas Chandra Bose, den *U 180* unter KKpt. Werner Musenberg im Frühjahr 1943 an ein japanisches U-Boot im Indischen Ozean übergab). Bei anderen Gelegenheiten beförderten U-Boote *Agenten, Saboteure* und *Einsatzkommandos*. Doch dies geschah weit weniger häufig als sich das zeitgenössische britische und amerikanische Journalisten oder heutige Romanautoren vorstellten. Eine Prüfung der Kriegstagebücher lässt nur insgesamt 25 derartige Einsätze bei annähernd 2700 Feindfahrten erkennen, die U-Boote auf dem atlantischen Kriegsschauplatz durchführten. Weit häufiger waren die Rettungen von Überlebenden, ob von versenkten alliierten Handelsschiffen (in den KTB's von 60 U-Booten verzeichnet) oder von versenkten bzw. beschädigten Schiffen der Achse[15b] (durch 32 Boote) und von abgeschossenen Flugzeugen der Achsenmächte (durch 14 Boote), sowie schließlich von deutschen Flüchtlingen aus der Danziger Bucht (zumindest durch 12 Boote). Sehr ungewöhnlich war die improvisierte Rettung von vier deutschen Infanteristen am 10. Mai 1943 durch *U 380* (Kptlt. Josef Röther) an der tunesischen Küste, als die alliierten Streitkräfte Nordafrika von den letzten Achsentruppen säuberten. In all den genannten Fällen mussten die nicht vorgesehenen „Passagiere" in den ohnehin schon beengten Quartieren der Offiziere und Mannschaften untergebracht werden, die ihnen freiwillig ihre Kojen zur Verfügung stellten.[16]

Ab 1941 gehörten zu den U-Bootbesatzungen oft ein bis zwei *Fähnriche/Oberfähnriche (z.S. oder Ing.)*, um von den Wachoffizieren oder dem LI eingearbeitet zu werden. Sie mussten theoretische Aufgaben lösen, gingen Wache als Ausgucks und verrichteten in ruhigen Perioden zeitweise Dienst als Wachoffiziere (z.B. um die Dritte Seewache zu führen) oder Unteroffiziere in verschiedenen Funktionen. Fähnriche aller Laufbahnen genossen keinen Offiziersstatus; sie gehörten als Fähnriche zur Rangklasse der Unteroffiziere *ohne* und als Oberfähnriche zur Rangklasse der Unteroffiziere *mit* Portepee. Ein damaliger U-Bootkommandant quartierte die Fähnriche unter der Mannschaft im Bugraum ein und gab ihnen zusätzliche Aufgaben, um „von der Pike auf" zu lernen und Erfahrungen zu sammeln. Andererseits sollte der Besatzung demonstriert werden, wie die zukünftigen Offiziere gefordert wurden.[17] Die unvermeidlichen und oft groben Fehler, die sie begingen, brachten jedoch die „alten Hasen" in Rage: „So ein Blödsinn, diese grünen Jungens an Bord. Machen nur Mist und Schereien."[18] Kluge Fähnriche blieben den Männern aus dem Weg und lernten so viel sie konnten von allen.

Hierbei waren ihre wichtigsten Lehrer die *Unteroffiziere mit Portepee (PUO's)* oder, wie sie häufiger bezeichnet wurden, die „Oberfeldwebel", obwohl auch die Feldwebel zu dieser Rangklasse zählten. Sie haben (auch in der heutigen Bundesmarine) Funktionen inne, die etwa dem *Deckoffizier* in der Reichsmarine vor 1935 entsprachen. Diese Deckoffiziere mit einer Dienststellung zwischen Offizier und Unteroffizier schieden bis 1935 aus der deutschen Marine aus. Häufig älter und erfahrener als die Offiziere, die sie befehligten, oblagen den PUO's in der täglichen Routine des Bordbetriebs auf U-Booten nahezu dieselben Verantwortlichkeiten wie regulären Offizieren. Zu Kriegsbeginn hatte ein U-Boot in der Regel vier bis fünf PUO's an Bord. Die Vergrößerung der U-Bootwaffe nach 1940 verringerte ihre durchschnittliche Anzahl auf drei. Sie bewohnten zusammen den Oberfeldwebelraum (oder -messe), eine kleine Abteilung direkt achteraus des Bugraums, um zu essen und zu schlafen, während sich ihre Gefechtsstationen in verschiedenen Bereichen des U-Bootes befanden.[19/19a]

Ganz oben in der Rangordnung stand der *Obersteuermann*, verantwortlich für die Navigation und die Verproviantierung des Bootes. Im Allgemeinen ein erfahrener Seemann Ende der Zwanziger bis Mitte der Dreißiger (und daher oft der älteste Mann an Bord), der in der Regel als III WO die Dritte Seewache führte und sich ansonsten weitgehend in der Zentrale aufhielt, um Position und Kurs des Bootes in die Seekarte einzutragen. Täglich „schoss" er auf der Brücke mit dem Sextanten die Sonne oder einen Stern bzw. benutzte das Beobachtungssehrohr, um die Position zu errechnen. War der Himmel bedeckt oder herrschte stürmisches Wetter musste er die vermutete Position nach Geschwindigkeit und Kurs des Bootes koppeln. Seiner Verantwortung oblag auch der Plan für das Verstauen der Vorräte überall im Boot und zusammen mit dem Koch erarbeitete er einen Zeitplan für ihren Verbrauch. Bei der Verfolgung eines Geleitzuges und bei Angriffen spielte er eine wichtige Rolle, indem er den vermuteten Abfangkurs ermittelte und den Kommandanten unterstützte, so rasch wie möglich die vorteilhafteste Angriffsposition festzulegen. Bei der Arbeit mit seinen Seekarten, Tabellen und dem Sextanten half ihm ein Steuermannsmaat.[20]

Ein weiterer PUO ist der *Oberbootsmann*, allgemein als die „Seemännische Nr. 1" oder kurz „Nummer Eins" bezeichnet, der eine derartige Fülle von Pflichten wahrnahm, so dass er an Bord der am meisten beschäftigte Mann der Besatzung war. Zu seiner Verantwortung gehörten Sonderbekleidung und Ausrüstung der Besatzung sowie das tägliche „Reinschiff". Während eines Angriffs befand sich seine Gefechtsstation im Kommandoturm. Dort gab er die entsprechenden Daten in den Torpedovorhaltrechner ein. Vor allem bestand seine Hauptaufgabe jedoch in der Führung des seemännischen Personals der Besatzung. Es entspricht deutscher Marinetradition, dass der Bootsmann als eine grollende aber beschützende „Glucke" der Seeleute in Erscheinung tritt – umgeben von einer Autorität, die ihn disziplinarische Probleme regeln lässt, ehe sie den Kommandanten erreichen. Die enorme Vergrößerung der U-Bootwaffe verdünnte die Anzahl der zur Verfügung stehenden PUO's dieser Laufbahn, so dass nach und nach deren Aufgaben durch Oberbootsmannsmaate übernommen werden mussten.

Dem *Bootsmann* standen ein bis zwei Maate (Oberbootsmannsmaate bzw. Bootsmannsmaate) zur Seite – manchmal, wenn auch nicht allgemein üblich, als „Nummer Zwo" und „Nummer Drei" bezeichnet. Dem Vertreter des Bootsmanns oblag das Verstauen der gesamten Munition – für das Decksgeschütz, dessen Geschützführer er in der Regel auch war, die Fla-Geschütze, MG's, MPi's und Pistolen – in der Munitionskammer unter den Flurplatten direkt vor der Zentrale. Jede Munitionsausgabe bedurfte seiner Unterschrift. Die „Nummer Drei" erledigte die Materialausgaben an das seemännische Personal und überwachte nach dem Einlaufen des Bootes in den Stützpunkt das „Großreinemachen" und die Abgabe des dienstlichen Eigentums. Im Übrigen gehörten der Bootsmann und seine beiden Maate auch zu einer der Brückenwachen.[21]

Die beiden verbleibenden PUO's, der *Dieselobermaschinist* und der *E-Obermaschinist*, waren für den Dieselmotorenraum und den E-Maschinenraum verantwortlich, die beide hintereinander achteraus der Zentrale lagen. Sie unterstanden direkt dem LI und jeder hatte einen bis drei Maschinenobermaate/-maate sowie eine Anzahl Maschinenobergefreite/-gefreite zur Verfügung. Eingehüllt in Hitze und Lärm widmeten diese Männer ihre gesamten Energien der Wartung und dem störungsfreien Lauf ihrer Maschinen. Nach dem Standardverfahren gingen sie sechs Stunden Wache und hatten anschließend sechs Stunden wachfrei, obwohl diese Prozedur mit Billigung des LI auch im Vier-Stunden-Turnus abgewickelt werden konnte, besonders auf U-Booten, die in den Tropen operierten. Kam es zu einem Alarmtauchen (Schnelltauchen), dann hing von ihrer Fähigkeit, die beiden Dieselmotoren innerhalb weniger Sekunden auf die E-Motoren umzuschalten, Leben oder Tod eines jeden Einzelnen an Bord ab. Mit Ausnahme einer gelegentlichen Rauchpause oder der seltenen Gelegenheit einer Salzwasserdusche in südlichen Gewässern kam das Maschinenpersonal nur selten an die frische Luft.

Für das Maschinenpersonal besonders strapaziös war das Beseitigen von Motorenstörungen, ein Vorgang, der für das Überleben des Bootes wesentlich war. Oft musste diese Arbeit geleistet werden, während das Boot angegriffen wurde. Stets erforderte sie körperlichen Einsatz, der oft bis zur Erschöpfung ging, und verlangte häufig einfallsreiche Improvisationen, um nicht vorhandene Teile zu ersetzen. An Bord von *U 124* (Kptlt. Wilhelm Schulz) formte zum Beispiel das erfindungsreiche Maschinenpersonal Ersatz-Kugellager für die Dieselmotoren aus der dünnen Verpackungsfolie in den Zigarettenschachteln. Auf einer der Feindfahrten von *U 515* (Kptlt. Werner Henke) schweißten die „Heizer"[21a] eine stark beschädigte Stelle am äußeren Bootskörper trotz ständigen Erbrechens infolge der Dämpfe des Acetylenbrenners. Bisweilen erforderte die Pflicht Außergewöhnliches, so etwa, als sich zwei „Heizer" auf *U 178* (Kptlt. Wilhelm Spahr) einer Verletzungsgefahr aussetzen mussten. Durch Dazwischenschieben ihrer Körper und Umkrallen mit ihren Händen hinderten sie einen gezogenen und nunmehr frei am Flaschenzug schwingenden Kolben daran, ein Loch in einen Treibölhochbehälter zu schlagen.[22]

Langfristige körperliche Auswirkungen des Dienstes in den Maschinenräumen wurden den U-Bootmedizinern erst verhältnismäßig spät im Kriege bekannt. Die in diesen Räumen verzeichneten Temperaturen waren ständig die höchsten an Bord eines Unterseebootes. So betrug z.B. an einem Oktobertag die Außentemperatur des Wassers 18° C, während die Ablesungen an Bord eines getauchten Unterseebootes in 40 m Wassertiefe ergaben: 23,3° C in der Zentrale und 22,7° C im Bugraum, aber 28 – 29,5° C in den Maschinenräumen. In den Tropen überstiegen die Temperaturen im Sommer oft 38° C bei einer relativen Luftfeuchtigkeit von über 90%. Die Abnahme der Leistungsfähigkeit bei einem Sechs-Stunden-Turnus unter diesen Bedingungen konnte im direkten Verhältnis zu den hohen Temperatur- und Feuchtigkeitswerten gemessen werden. In den tropischen Gewässern erlitten eine Reihe von Männern unter der Hitze einen Kollaps.

Weitere Untersuchungen ergaben, verursacht durch den Lärm der Dieselmotoren, Schädigungen am Trommelfell mit einem messbaren Gehörverlust, der in der Regel nur zeitweilig eintrat, aber zuweilen auch bleibend war. Andere Untersuchungen verrieten, dass das ständige Einatmen eines hohen CO_2-Gehaltes der Luft sowie die physiologischen Auswirkungen der Vibrationen der Dieselmotoren zu einer verringerten geistigen Wachsamkeit und Leistungsfähigkeit führten. Inwieweit diese Faktoren zu den U-Bootverlusten beigetragen haben könnten, wird niemals bekannt werden.[23]

Zusätzlich zum Maschinenraumpersonal zählten noch einige andere Angehörige der Besatzung zum technischen Personal. Das *Funkpersonal* bestand ursprünglich aus zwei Maaten (Oberfunkmaat/Funkmaat), die jeder mit einem Funkobergefreiten oder Funkgefreiten im Vier-Stunden-Turnus Wache im Funkraum mit seinen Sende- und Empfangsanlagen gingen. Zuweilen befand sich auch ein PUO *(Oberfunkmeister/ Funkmeister)* an Bord. Der Funk musste rund um die Uhr besetzt bleiben. Funksprüche konnten noch auf Sehrohrtiefe (13 m) empfangen werden, wobei sämtliche Funksprüche aufgenommen werden mussten, selbst wenn sie nicht direkt an das eigene Boot gerichtet waren. Hinsichtlich der Beurteilung des Funkers hing viel davon ab, wie viele Funksprüche er auf seiner Wache versäumte. Dies ergab sich aus den fortlaufenden Nummern der Funksprüche.

Direkt vor der Zentrale lagen an Steuerbord der *Funkraum* und davor der *Horchraum*, aus dem die Funker über die Mikrofone des am Bug des U-Bootes angebrachten GHG die Fühlung zu den sie oben verfolgenden alliierten Geleitsicherungsfahrzeugen aufrechterhielten. Von ihrer Aufgabe her und durch die Nähe der Kammer des Kommandanten genau gegenüber an Backbord – von wo aus sie mithören konnten, wie dieser einen Untergebenen abkanzelte – galten die Funker als die am besten informierten Angehörigen der Besatzung, geschätzt von ihren Kameraden als Quellen von Information und Vermutungen. Darüber hinaus kümmerten sie sich um die Sammlung von Schallplatten, von denen sie zu bestimmten Zeiten am Tage einige abspielten. Als später die mit Radar ausgerüsteten Flugzeuge zu einer größeren Gefahr wurden, bedienten die U-Bootfunker auch die Funkmessbeobachtungsgeräte zur Warnung vor einer Radarortung.[23a] Diese primitiven FuMB's stellten als Gegenmaßnahmen einen Notbehelf dar. 1944 hatten die meisten U-Boote einen fünften Funker an Bord, um mit dieser zusätzlichen Belastung fertig zu werden.[24]

Die *Zentrale* bildete das Nervenzentrum eines U-Bootes und war mit ihrer eigenen Mischung aus Spezialisten besetzt, zumeist des technischen Personals, deren Leistungen ihnen das Recht verschafft hatten, diese wichtige Gefechtsstation zu besetzen. Es war selbstverständlich, dass der Kommandant, der LI und der Obersteuermann hier oder dicht daneben die meiste Zeit verbrachten. Ein Maschinenmaat bzw. -obermaat fungierte als Zentralemaat, unterstützt durch zwei „Heizer", als Zentralegasten bezeichnet. Ihre Hauptaufgabe bestand darin, im Tauchzustand den Trimm des Bootes zu erhalten, d.h. erforderlichenfalls kleine Mengen Seewasser aus den Trimmzellen von achtern nach vorn oder umgekehrt zu pumpen. Dies wiederum erforderte präzise Angaben über die Gewichtsverteilung von Brennstoff und Proviant – hierüber wurde eine besondere Kladde täglich auf dem neuesten Stand gehalten. Weitere Aufgaben umfassten die Luftversorgung während der Tauchfahrt (z.B. um Luft aus den Maschinenräumen in den dichter bevölkerten Bugraum zu pumpen), das Warten der Sehrohre und das Feststellen des Salzgehaltes und der Temperatur unter Wasser.

Während der Tauchfahrt kümmerte sich ein *E-Maschinenmaat* um die überaus wichtigen Batterien, die den notwendigen elektrischen Strom lieferten; der *Rudergänger* steuerte das Boot mit dem Seitenruder und zwei *Tiefenrudergänger* bedienten durch Handballendruck die Tiefenruder, die vorn und achtern beiderseits des Bootskörpers angebracht waren, um mit ihrer Hilfe das Boot gleichmäßig auf einer bestimmten Tiefe zu halten oder nach unten bzw. nach oben zu bringen. Die Rudergänger gehörten zum seemännischen Personal. Sobald das Boot tauchte, besetzten zwei Ausgucks der Brückenwache, darunter in der Regel ein Maat, sofort die Tiefenruderstände. Wurden die Gefechtsstationen hingegen bei einem Unterwasserangriff oder in einer Geleitzugschlacht besetzt oder sollte einer Überwasserverfolgung ausgewichen werden, dann bedienten *Gefechtsrudergänger* sowohl das Seitenruder als auch die Tiefenruder, d.h. erfahrene Rudergänger, die gezeigt hatten, dass sie nicht nur die besten Fähigkeiten sondern auch ein „Händchen" dafür besaßen. Sie steuerten das Boot, während sich der LI über ihre Schultern beugte.

Im *Bugtorpedoraum*, kurz „Bugraum" genannt, in dem dicht gedrängt über 20 Männer ihren Wohnraum hatten und die paar Quadratmeter mit sechs Reservetorpedos von sieben Meter Länge teilten, überwachte ein *Obermechanikersmaat (T)* die Wartung und das Laden der T-Rohre mit der Hauptwaffe des U-Bootes. Während eines Angriffs nahm er die letzten Einstellungen an den Torpedos über die Rohre vor, wie sie von der Brücke oder aus dem Kommandoturm übermittelt wurden. Zu Kriegsbeginn hatten alle U-Boote mit einem *Obermechaniker (T)* bzw. *Mechaniker (T)* noch einen weiteren PUO an Bord. Doch auch hier zwang der große Ausbau der U-Bootwaffe zum Übertragen von Verantwortlichkeiten auf Obermaate. Der Obermechanikersmaat (T) und seine Maate waren die einzigen Unteroffiziere, die nicht im Unteroffiziersraum direkt achteraus der Zentrale untergebracht waren, sondern im Bugraum unter den Mannschaften wohnten. Von den beiden Mechanikersmaaten (T) war einer für die Torpedobewaffnung im kleineren *Hecktorpedoraum* verantwortlich, kurz „Heckraum" genannt (gleichzeitig im vorderen Teil auch E-Maschinenraum). Die Zuständigkeiten des verantwortlichen Torpedomechanikers, ob PUO oder Maat, führte bisweilen mit dem LI zu Auseinandersetzungen über die genaue Wassermenge in den Torpedozellen.[24a] Für den Torpedomechaniker eine Angelegenheit der Improvisation, aber für den LI eine Frage der genauen Berechnung.

Neben seiner Funktion als Zentrum der Hauptbewaffnung diente der Bugraum auf einem VII-C-Boot dem Großteil der Besatzung als ständiges Wohnquartier. Da der kleine Heckraum bei einem Boot vom Typ VII C keinen Wohnraum zuließ, drängten sich 27 Mann der verschiedensten Funktionen in dieser vorderen Abteilung zusammen und verrichteten hier einen großen Teil ihrer täglichen Routine. Neben den drei Torpedomaaten waren hier untergebracht:

- Zehn bis 13 Matrosenobergefreite, Matrosengefreite und Matrosen, die überall im Boot Dienst verrichteten,
- zwei bis drei Mechanikerobergefreite (T) bzw. -gefreite (T), die ihre Gefechtsstation im Bug- oder Heckraum hatten, sowie
- 11 bis 12 Mann Maschinenpersonal, die von dem einen zum anderen Ende des Bootes liefen, um lediglich in einer Abteilung zu essen und zu schlafen, die ansonsten keinerlei Bedeutung für sie hatte.

Im Gegensatz hierzu gab es auf einem U-Boot vom Typ IX auch im Heckraum acht Kojen zur Unterbringung von Angehörigen des seemännischen und technischen Personals, die achtern ihre Gefechtsstationen hatten.

Zu Beginn einer Feindfahrt konnte im Bugraum keiner seiner Bewohner normal stehen, sitzen oder liegen. Über den Flurplatten ruhten die Reservetorpedos – zeitweise oft mit hölzernen Planken bedeckt – und überall war Proviant verstaut. Normalerweise teilten sich je zwei Mann in die sechs oberen Kojen auf jeder Seite der Abteilung, während die fest eingebauten unteren Kojen von den Torpedomaaten und von Haupt- oder Obergefreiten besetzt waren. Jüngere Seeleute schliefen häufig in Hängematten, die dort aufgehängt waren, wo es freien Raum gab. Selbst dann, wenn einige der Torpedos verschossen oder genügend Proviant verbraucht war, blieb es im Bugraum außerordentlich ungemütlich. In grober See war das Stampfen und Rollen in diesem Teil des Bootes besonders schlimm. Dann konnten die erschöpften Männer aus ihren Kojen geschleudert werden, manchmal sogar bis in die besetzte untere Koje auf der gegenüberliegenden Seite. Wenn sich in den vorderen Rohren G7e-Torpedos befanden, mussten diese alle vier bis fünf Tage gewartet werden, um einsatzbereit zu bleiben. Dies bedeutete, dass gewöhnlich jeden Tag ein Torpedo aus dem Rohr gezogen werden musste, ein mühsamer Vorgang, um ihn zu warten, zu regeln, zu schmieren und seine Batterien aufzuladen, ehe er wieder zurück ins Rohr geschoben wurde. Bei einem Angriff herrschte im Bugraum eine Aktivität wie in einem Bienenstock, besonders dann, wenn Torpedorohre nachgeladen werden mussten.[25]

Eine der beiden *Toiletten* auf einem Boot vom Typ VII C lag versteckt zwischen Bug- und Oberfeldwebelraum an Backbord, während sich die andere hinter dem Unteroffizierraum an Steuerbord befand. Bei einem IX-C-Boot lagen die Toiletten achtern direkt hinter dem Luk im Hecktorpedoraum an Steuerbord sowie vorn zwischen Unteroffizier- und Bugraum an Backbord. Den größten Teil der Feindfahrt über konnte jedoch immer nur eine Toilette benutzt werden, da die andere als Vorratsraum für Proviant diente. Auf diese Weise markierte die einzige benutzbare Toilette an Bord (oft als „Rohr Sieben" bezeichnet, um die sechs Torpedorohre beim Loswerden des gefährlichen Inhalts zu ergänzen) den einzigen Platz, an dem die gesamte Besatzung wirklich gleich war. In den Tagen, als die Unterseeboote zumeist aufgetaucht fuhren, warf eine einzige Toilette nur wenige Probleme auf, da das Oberdeck als Latrine benutzt werden konnte. Doch bei Tauchfahrt war eine einzige Toilette außerordentlich unbequem, da diese frühen Toiletten in Wassertiefen unterhalb von 25 – 30 m infolge des äußeren Wasserdrucks nicht gespült werden konnten. Zudem waren sie aus Porzellan hergestellt, das sich gegenüber den von den Wasserbomben ausgelösten Erschütterungen als sehr anfällig erwies. Als die U-Boote größere Zeitspannen in größeren Tiefen unter Wasser zuzubringen begannen, installierten die Konstrukteure eine neuartige Hockdruck-Toilettenanlage (tituliert als „Donnerstuhl"), die eine Spezialausbildung erforderte, um die komplizierte Vorrichtung in der richtigen Reihenfolge zu bedienen. Wenn die falschen Hebel gezogen wurden, bestraften der Inhalt der Schüssel und ein Seewasserstrahl den unseligen Benutzer, indem er von Kopf bis Fuß durchnässt wurde. Hier konnte ein arroganter oder sonst wie unbeliebter Wachoffizier Bescheidenheit lernen, da er von einem der ausgebildeten Unteroffiziere oder Mannschaftsdienstgrade abhängig war, der ihn unterwies oder half, wie er sich seiner Ausscheidungen zu entledigen hatte.[26]

Dass es sich hierbei letztlich nicht um eine „Lachnummer" handelte, kann aus dem Beispiel von *U 1206* (Kptlt. Karl-Adolf Schlitt) ersehen werden, das am Freitag, dem 13. April 1945, infolge einer Funktionsstörung der Toilette verloren ging. Während sich das Boot getaucht einem britischen Küstengeleitzug vor Nordschottland näherte, stieß irgendjemand – vermutlich der Kommandant selbst – beim Bedienen der komplizierten Hebel auf Probleme, so dass der LI einen „Lokus-Doktor" hinschickte, um ihm zu helfen. Diese Verstärkung erwies sich als verhängnisvoll, da ein verpfuschtes Bedienen der Hebel, das danach folgte, zu einem dicken Wasserstrahl führte, der sich samt Inhalt der Schüssel ins Boot ergoss. Der LI brachte das Boot sofort auf Sehrohrtiefe und durch die verringerte Wassertiefe ließen sich die Ventile schließen. Doch das ins Boot eingedrungene Salzwasser war in die Batterien im Akkuraum unter der Toilette gelaufen und vermischte sich dort mit der Schwefelsäure, woraufhin sich Chlorgas bildete. Kptlt. Schlitt blieb nichts anderes übrig, als *U 1206* an die Oberfläche zu bringen, um es zu durchlüften. Sofort zog das Boot die Aufmerksamkeit eines Flugzeuges auf sich, das mit Wasserbomben angriff und *U 1206* beschädigte. Daraufhin versenkte die Besatzung ihr Boot selbst und paddelte in Rettungsbooten wie betäubt zur schottischen Küste. Immerhin hatte sie ihr Glück eine Versenkung überleben lassen, die sie in Verbindung mit dem peinlichsten deutschen U-Bootverlust des Krieges hatte sprachlos werden lassen.[27]

Bei einem VII-C-Boot lag der *Oberfeldwebelraum* direkt achteraus der vorderen Toilette. Die Bedeutung der PUO's widerspiegelnd, unterschied sich die Abteilung kaum von der *Offiziersmesse,* die sich nach hinten anschloss. Jeder Oberfeldwebel bzw. Feldwebel hatte seine eigene Koje, höchstes Statussymbol auf einem Unterseeboot. Doch wie bei den Offizieren auch erwies sich Ruhe unter derart privilegierten Bedingungen gegenüber den ständigen Unterbrechungen des Dienstes als vergänglich.

Wie bereits erwähnt, verbrachten die Unteroffiziere (Maate) ihre Zeit zumeist als Gehilfen und Ersatzleute der PUO's in ihren technischen Bereichen. Sie erstellten außerdem genaue Listen von allem, was in den Abteilungen, in denen sie ihre Stationen hatten, verstaut worden war, besonders an Proviant. Vor dem Auslaufen zu einer zwölfwöchigen Feindfahrt kamen bei einem IX-C-Boot zum Beispiel 14 – 15 t Nahrungsmittel an Bord, die in jeder verfügbaren Ecke sowie über den Köpfen verstaut wurden (sogar in einem der WC's, wie bereits gesagt). Da Proviant verbraucht oder an eine andere Stelle verbracht wurde, veränderten sich in jeder Abteilung, in der er verstaut war, die Gewichte. Für den LI eine Sache von äußerster Wichtigkeit, wenn er versuchte, bei einem getauchten Unterseeboot den Trimm herzustellen; denn ständig verbrauchten das Boot und seine Besatzung Treibstoff, Proviant und Wasser. Daher nahmen die Maate jeden Tag den Bestand auf und gaben die Details der damit verbundenen Gewichtsveränderungen an den LI weiter.

Der *Unteroffiziersraum* befand sich bei einem VII-C-Boot direkt achteraus der Zentrale. Seinen Bewohnern bot er jedoch in der Freizeit wenig Ruhe. Wie die Mannschaften mussten sich auch die Maate in die Kojen teilen, genossen aber den Vorteil, dass diese fest eingebaut waren und eine größere lichte Höhe aufwiesen. Da durch diese Abteilung täglich der stärkste Verkehr lief – denn jeder, der von der Zentrale zur Kombüse, den Maschinenräumen und zum Heckraum wollte, musste hier durch –, hieß der UO-Raum im Jargon auch „Leipziger Straße" oder „Potsdamer Platz". Daher verbrachten die Maate ihre Freiwache auf den Kojen liegend, da die Enge und der Durchgangsverkehr baumelnde Beine abschreckte. Im Gegensatz hierzu lag sein Gegenstück auf einem IX-C-Boot im weniger frequentierten Vorschiff direkt achteraus des Bugraums vor dem Oberfeldwebelraum.

Unmittelbar hinter dem UO-Raum schloss sich auf einem VII-C-Boot nach achtern die *Kombüse* an, gefolgt vom *Dieselmotorenraum.* Vom Dienstrang her zu den Mannschaften gehörend, war der *Koch,* im Marinejargon „Smutje" genannt, zumeist vom Zivilberuf her Bäcker oder Metzger und hatte bei der Marine eine Ausbildung als „Feldkoch" erhalten. Infolge der außerordentlichen Anforderungen seiner Tätigkeit war er vom übrigen Dienst freigestellt. Auf einer Fläche von 150 x 70 cm war er unaufhörlich beschäftigt, warme Mahlzeiten für 50 Mann vorzubereiten. Hierzu standen ihm lediglich drei bis vier elektrische Kochplatten, ein kleiner Backofen, ein Suppenkessel und ein Ausgussbecken zur Verfügung. Von allgemeinen Richtlinien und der Beratung durch einen Bootsmannmaat unterstützt, plante er die Mahlzeiten mindestens eine Woche lang im Voraus, um mit Abwechslung die relative Frische des Proviants zu nutzen. Dennoch konnte sehr grober Seegang auch den entschlossensten Koch zur Ohnmacht verurteilen und die Besatzung mit belegten Broten auf Diät setzen. „Es lässt sich kaum ausdrücken, wie außerordentlich wichtig der Koch für das Wohlbefinden einer

Besatzung auf einer langen Feindfahrt ist", kommentierte ein deutscher Marinearzt. Der Koch war „das wichtigste Besatzungsmitglied auf einem Unterseeboot, den Kommandanten eingeschlossen", stellte ein ehemaliger Maat fest. Doch so groß seine Bedeutung auch war, wenn er Freiwache hatte, kehrte er zu seinem Dienstgrad und seiner geteilten Koje in den Bugraum zu den anderen zurück.[28]

Unter den Mannschaften genoss allein der „Smutje" das Vorrecht eines alleinigen Spitznamens. Alle anderen wurden mit kollektiven Bezeichnungen belegt, die sich in der deutschen Marinetradition über die Jahre hinweg entwickelt hatten. So wurden die Mannschaften im Allgemeinen „Lords" genannt. Gewöhnliche Seeleute konnten als „Tampen-Johnnies" oder „Decksbullen" und ein Torpedomechaniker als „Torpedomixer" oder nur „Mixer" betitelt werden. Das Maschinenraumpersonal behielt seine anachronistische Bezeichnung „Heizer", ein Überbleibsel aus den Tagen der kohlebefeuerten Schiffe. Ein Funker wurde gewöhnlich „Puster" oder „Funkenpuster" genannt, aus den Tagen herrührend, da der Funk noch „Funkentelegraphie" (F.T.) hieß. Hinter diesen Unterschieden in der Nomenklatur lagen bedeutende Unterschiede in der Herkunft der Männer, die in diesen Laufbahnen dienten, wie wir in späteren Kapiteln sehen werden.

In der ersten Hälfte des Krieges genoss ein neuer U-Bootkommandant gewöhnlich das Privileg von ein paar handverlesenen Maaten für seine Besatzung, die er bezeichnenderweise von dem Boot mitbrachte, auf dem er vorher Wachoffizier gewesen war. Dennoch wurden die meisten Besatzungsangehörigen einfach abkommandiert, so wie die Boote und das Personal zur Verfügung standen. Die Besatzungen blieben auch nicht dauernd zusammen, da die Verstärkung der U-Bootwaffe einen ständigen Personalwechsel bedingte. Dies galt besonders für die Angehörigen des technischen Personals, die in den nächsten Dienstrang befördert und mit einer Ausbildung an Land belohnt wurden, ehe Abkommandierungen auf neue Boote erfolgten. Adm. Hans-Georg v. Friedeburg, Chef der BdU org, gestattete bewährten Kommandanten mehr Spielraum, ihre erfahrenen Besatzungsangehörigen zu behalten. Doch letztlich hatte der Personalbedarf neuer Boote Vorrang. Veteranen von *U 515* zum Beispiel „meckerten" immer noch über Beförderungen, die ihnen unter Werner Henke entgangen waren oder sich verzögert hatten. Dennoch erwies sich der Personalwechsel der Besatzung als stetig: Während des 25-monatigen Werdegangs des U-Bootes (vom 21. Februar 1942 – 9. April 1944) dienten insgesamt etwa 100 Mann auf dem Boot. Von ihnen waren nur 34 Mann zehn Monate oder länger an Bord und nur 19 Mann gehörten über den vollen Zeitraum zum Boot.[29] Diese erfahrenen Männer bildeten jedoch die Hauptstütze an Stabilität und Erfahrung für die Neuankömmlinge, die vor jeder Feindfahrt an Bord eines U-Bootes kamen.

Das Leben an Bord

Im Verlaufe des Krieges variierte die Dauer von Feindfahrten erheblich. In den ersten Kriegsmonaten dauerte eine Feindfahrt vielleicht nur zwei bis drei Wochen in der Nordsee oder in britischen Küstengewässern. Die berühmteste Feindfahrt des Krieges, das heroische Eindringen von *U 47* (Kptlt. Günther Prien) in die Bucht von Scapa Flow und die Versenkung des britischen Schlachtschiffes ROYAL OAK, dauerte im Oktober 1939 lediglich neun Tage. Die Feindfahrten wurden nach und nach länger, als sich der Schwerpunkt der Einsatzräume in den Nordatlantik und in weiter entfernte Gewässer verlagerte. Die der selbständig als „einsame Wölfe" operierenden Boote vom Typ IX C erstreckten sich bis Ende 1943 im Durchschnitt auf mehr als 100 Tage. Nach dem Kriege studierten britische Analytiker 2700 zu Ende geführte Feindfahrten, die 814 im Handelskrieg eingesetzte U-Boote während des gesamten Krieges unternahmen, und ermittelten, dass sie im Durchschnitt 36 Tage dauerten.[30] Diese Zahl würde sich jedoch noch weiter verringern, wenn in diese Berechnung auch die jeweils letzten Feindfahrten der U-Boote einbezogen werden, die sehr häufig nur wenige Tage nach dem Auslaufen abrupt endeten.

U-Bootfahrer lebten in einer Welt der Routine, unterbrochen durch Augenblicke des puren Schreckens. Auf Feindfahrt folgten die Wachen im 24-Stunden-Rhythmus aufeinander. Das einfachste Schema bot in der Theorie das Maschinenraumpersonal, eingeteilt in eine Backbord- und eine Steuerbordwache, die in einem anstrengenden 6-Stunden-Turnus zwischen Wache und Freiwache wechselten. Wie bereits erwähnt, konnten die Wachen aber auch in einem 4-Stunden-Turnus gegangen werden. Die Funker wechselten zwischen einem 4-Stunden-Turnus am Tage von 08.00 bis 20.00 Uhr sowie einem 6-Stunden-Turnus in der Nacht, d.h. sie gingen innerhalb von 24 Stunden jeweils 12 Stunden Wache. Das seemännische Personal war in drei vierstündige Seewachen (Brückenwache) eingeteilt, wobei zwischen zwei Wachzeiten jeweils ein Zeitraum von 8 Stunden lag, der mit einer Mischung aus verschiedenen Dienstverrichtungen und Freiwache einschl. Schlafen ausgefüllt war. Daher hatte ein Matrosengefreiter vier Stunden Brückenwache, danach zwei Stunden Freiwache zum Frühstücken und Erholen, vier Stunden Dienstverrichtungen, wie z.B. Decksreinigen, Kartoffelschälen oder Backschafter (d.h. den Kameraden die Mahlzeiten auftragen), zwei Stunden Freiwache für das Mittagessen und ggf. eine Runde Skat (ein von den deutschen U-Bootfahrern bevorzugtes Kartenspiel), anschließend wieder vier Stunden Brückenwache, gefolgt von acht Stunden Freiwache zum Schlafen bzw. zu anderweitiger Erholung. Sobald jedoch die Alarmglocken schrillten oder der Befehl „Auf Gefechtsstation!" ertönte, endete jede Bordroutine und jedermann harrte auf der ihm zugewiesenen Gefechtsstation aus, bis der Alarmzustand beendet – oder das U-Boot vernichtet war.[31]

Erfahrene Kommandanten widmeten der Freizeit ihrer Besatzung eine genauso große Sorgfalt wie dem Gefechtsdrill. Um Schwung und Interesse aufrechtzuerhalten, wurden Schach- und Skatturniere organisiert, Geburtstage gefeiert sowie Gedicht-, Lügen- oder Gesangswettbewerbe arrangiert. Zumindest ein Kommandant improvisierte Glücksspiele – Raten der genauen Anzahl Erbsen in einem Beutel oder der Umdrehungszahl eines Propellers in einer bestimmten Stunde – und setzte als Preis aus, dass der Kommandant die Wache des Gewinners ging. Jedes Besatzungsmitglied erhielt die Gelegenheit, das Musikprogramm auszuwählen, das zur abendlichen Unterhaltung über die Lautsprecher ertönte oder den Speisezettel aufzustellen. Die Offiziere hielten Vorträge über Seemannschaft, Navigation und Signaldienst zur Vorbereitung auf die nächste Beförderung oder über allgemein bildende Themen. Eine Bordzeitung und eine Bibliothek schufen durch Lesen Abwechslung, manchmal durch Diskussionsgruppen über bestimmte Bücher begleitet. Besondere Ereignisse wie Weihnachten oder das Überqueren des Äquators wurden zur großen Festlichkeit für alle, wobei altehrwürdige Rituale zelebriert wurden, in die auch die Besatzung eingebunden war.[32]

Als Teil der Moral eines Seemannes hatte die Musik einen besonderen Stellenwert. Ein U-Boot konnte etwa 100 verschiedene Schallplatten mitführen, jede mit zwei Liedern oder Musikstücken.[33] Der Großteil der Schallplatten wurde von den Offizieren zur Verfügung gestellt, die sie während des Urlaubs in Deutschland oder Frankreich zusammengetragen hatten, aber auch die Mannschaften steuerten ihre Lieblingsplatten bei. Bekannte klassische Musikstücke fanden bei vielen Anklang, ermutigt durch die Kommandanten als ein Mittel, bei der weitgehend aus der Arbeiterklasse stammenden Besatzung Musikverständnis zu wecken: Beethovens *Egmont*-Ouvertüre, Mozarts „Eine kleine Nachtmusik", Liszts „Préludes", Lieder aus deutschen Operetten und gelegentlich eine Wagner-Ouvertüre waren typisch. In den Sammlungen waren auch ein paar traditionelle Märsche für besondere Gelegenheiten vertreten. Doch die Besatzung von *U 505* (Kptlt. Axel-Olaf Loewe) hatte keine Bedenken, den preußischen „Marsch des Yorckschen Korps", einen Klassiker, durch das romantische „Valencia" zu ersetzen. Die meisten Schallplatten enthielten Tangos, Walzer oder Foxtrotts sowie Schlager, die von damals in Deutschland bekannten Sängerinnen und Sängern gesungen wurden, wie z.B. von Teddy Staufer, Zarah Leander, Marikka Röck, Evelyn Künnecke und Lale Andersen.[33a] Der LI von *U 612* (Kptlt. Paul Siegmann) besaß eine Schallplatte mit dem Hit von Evelyn Künnecke „Sing, Nachtigall sing", ein Schlager, der so beliebt war, dass andere U-Boote für Reiths *U 190* einen separaten Liegeplatz zwischen sich freihielten, damit alle die aus den Luken und dem Turm dröhnende Melodie hören konnten. Als die Schellackplatte herunterfiel und zerbrach, leimte das Maschinenpersonal liebevoll die Stücke wieder zusammen, um zumindest noch etwas von dem Schlager genießen zu können.[34]

Auch amerikanischer Jazz war bei den jungen deutschen U-Bootfahrern sehr beliebt, aber infolge der Unterdrückung dieser Musik durch die herrschende Kulturpolitik waren die Platten sehr schwierig zu bekommen. Die Besatzung von *U 515* hatte das Glück, aus der reichen Sammlung an Jazz- und Cole-Porter-Platten ihres Kommandanten Nutzen zu ziehen, die dieser während seiner vorausgegangenen Zeit bei der Handelsmarine erworben hatte.[35] Obwohl das Abhören feindlicher Rundfunksender offiziell verboten war, erlaubten viele Kommandanten ihren Männern und sich selbst, ihrer Vorliebe für Glenn Miller zu frönen oder Nachrichten von Kameraden zu hören, die das Versenken ihrer Boote als Kriegsgefangene (POW) überlebt hatten.[36] Verständnislose Kommandanten konnten überlistet werden, wie ein Funker erklärte:

> „Als das U-Boot vor der amerikanischen Ostküste stand, holte der Funker Nacht für Nacht die Radiostationen von New York und Washington um 11 oder 12 Uhr herein, um amerikanischen Jazz zu hören, der von den deutschen U-Bootmännern jeder anderen Musik vorgezogen wurde. Dies geschah immer dann, wenn der Kommandant schlief, und trotz der ständigen Befehle, die dies verboten. ... Kehrten die Besatzungen dann in den Stützpunkt zurück, sprachen sie oft über ‚die schöne Jazzmusik', die sie gehört hatten."[37]

Ein amerikanischer Seemann der Handelsmarine, der sich kurze Zeit als Gefangener an Bord eines U-Bootes in karibischen Gewässern befand, berichtete von einem eindeutig südlichen Geschmack der Besatzung in ihrer Vorliebe für eine texanische Rundfunkstation, die „Deep in the Heart of Texas" und „Hillbilly-Musik" sendete.[38] Sogar dann, als die U-Bootbesatzungen gegen die Alliierten kämpften, demonstrierten sie eine Offenheit gegenüber ausländischen Einflüssen, die ihre eigene Regierung unablässig zu ersticken suchte.

Noch mehr als die Musik lieferte der Humor den Klebstoff, der die Besatzungen zusammenhielt. Wie Soldaten an Land und auf See zu allen Zeiten entwickelten auch die deutschen U-Bootmänner eine Art Humor, der gleichzeitig allgemein und einzigartig für ihre eigene Kultur war. Sie gaben sich gegenseitig typische Spitznamen, die auf ihrer Körpergröße, ihren Eigenschaften, den Eigenheiten ihres Wesens und auf Ähnlichkeiten im Namen zu Personen der deutschen Öffentlichkeit beruhten. Was einst ein Romanschriftsteller als das „Thema Nr. 1" bezeichnete – der „Sex" –, beherrschte die Freizeitgespräche deutscher U-Bootfahrer ebenso wie dies auf amerikanischen Flugzeugträgern oder auf Nelsons Linienschiffen der Fall war. Die Verwendung von Knittelversen und kunstvoll hergestellten, inoffiziellen „Urkunden", um an besondere Ereignisse zu erinnern, kennzeichnete besonders den Stil der deutschen Marine. Sie reichten vom Jahrbuch, um die Offizieranwärter einer Crew der Vorkriegszeit an der Marineschule Mürwick zu charakterisieren, bis zu Variationen des Liedtextes von „Lili Marleen, bezogen auf das „Schnorcheln". Die Anspannung der steigenden Verluste dämpfte vieles, konnte aber das Lachen nicht zum Verstummen bringen, wenn sich auch die Betonung mehr zum Galgenhumor hin veränderte. [39/39a]

Im Einklang mit einem Unterseeboot, das der Natur trotzte, folgte die Bordroutine auf den U-Booten einer Uhrzeit, die von den umgebenden Bedingungen unberührt blieb. Nach dem Standardverfahren blieb das in der Zentrale angebrachte Chronometer auf die deutsche Zeit (Berliner Zeit = MEZ plus eine Stunde) eingestellt, ohne Rücksicht auf die Länge der Feindfahrt oder die zurückgelegten Entfernungen. Die Uhrzeit veränderte sich nur, wenn die Sommer- oder Winterzeit eintrat, d.h. die Uhr wurde jeweils eine Stunde vor- oder zurückgestellt. Die in den KTB's der U-Boote angegebenen Uhrzeiten differieren daher ggf. um mehrere Stunden zur Ortszeit für den Standort des U-Bootes, z.B. im Westatlantik. Wenn die Ausgucks eines U-Bootes die Kimm auf der Höhe von Kap Hatteras zur Zeit des Sonnenuntergangs absuchten, gehörten sie zur Mitternachtswache. Um unter diesen künstlichen Bedingungen einigermaßen das Empfinden für die Normalität aufrechtzuerhalten, befahlen die Kommandanten gewöhnlich, die Beleuchtung in den „Nachtstunden" zu dämpfen. Diese Uhrzeit bestimmte die tägliche Routine sowie die Einteilung der Wachen, wie dies die Tabelle 2 zeigt. Die Durchnummerierung der Wachen folgte dem Standard, wobei der I WO die Wache von 04.00 – 08.00 Uhr übernahm, die ihm für den Rest des Morgens gestattete, das Warten der Torpedos zu überwachen und die Routinearbeiten an Bord zu überprüfen.

TABELLE 2	**Die tägliche Bordroutine einer U-Bootbesatzung**
00.00 Uhr	Aufziehen der Ersten Seewache und der Steuerbordwache/Maschinenraum
04.00 Uhr	Aufziehen der Zweiten Seewache
05.45 Uhr	Frühstück für die Backbordwache/Maschinenraum
06.00 Uhr	Wecken der restlichen Besatzung (Waschen), Aufziehen der Backbordwache/Maschinenraum
06.30 Uhr	Frühstück für die restliche Besatzung
07.00 Uhr	Reinschiff der Freiwache
08.00 Uhr	Aufziehen der Dritten Seewache, Frühstück für die Zweite Seewache
08.45 Uhr	Arbeitsdienst der Freiwache
12.00 Uhr	Aufziehen der Ersten Seewache und der Steuerbordwache/Maschinenraum, Mittagessen für die restliche Besatzung
13.00 Uhr	Arbeitsdienst der Freiwache
16.00 Uhr	Aufziehen der Zweiten Seewache
17.15 Uhr	Abendessen für die restliche Besatzung
18.00 Uhr	Aufziehen der Backbordwache/Maschinenraum
20.00 Uhr	Aufziehen der Dritten Seewache
21.00 Uhr	Licht aus für die Freiwache
23.40 Uhr	Wecken der Ersten Seewache und der Steuerbordwache/Maschinenraum, Vorbereiten auf den Wachantritt um 00.00 Uhr

Quelle: Hintergrundinformation, zur Verfügung gestellt von KptzS.a.D. Hans-Joachim Krug für den Film *Das Boot*, veröffentlicht in *Cinema-Programm*: „Das Boot", hrsg. von Dirk Manthey (1982), S. 28.

Die entscheidende Wache, auf die es am meisten ankam, stellten die Ausgucks auf der Brücke dar. Sie waren die Augen des U-Bootes auf der Suche nach Zielen und beim Erkennen von potentiellen Gefahren. Die Brückenwache versah ihren Dienst so lange, wie das Boot an der Wasseroberfläche blieb, selbst wenn die hochgehende See die Wachgänger in den Tod zu reißen drohte. Jede Wache bestand aus einem Offizier, einem Maat und zwei bis drei Mannschaften und jeder suchte einen anderen Quadranten des Horizontes mit einem starken Fernglas ab. Die Seeleute mit den besten Augen gehörten in der Regel zu den Wachen in der Morgen- und Abenddämmerung – den gefährlichen Zwielichtperioden, in denen ein herankommendes Flugzeug schwierig auszumachen war. Als die alliierten Flugzeuge an Stärke und Leistungsfähigkeit zunahmen, verstärkten manche U-Bootkommandanten die Brückenwache auf bis zu sechs Ausgucks. Dies gestattete jedem, sein Augenmerk auf einen schmaleren Sektor des Horizontes zu richten, obwohl dies das Risiko der Verzögerung beim Räumen der Brücke in sich barg, sollte die Notwendigkeit eines Alarmtauchens entstehen. Bei der Wachablösung konnten sich beide Wachen bis zu 20 Minuten überlappen, ehe sich die Augen der neuen Wachgänger an die herrschenden Lichtverhältnisse gewöhnt hatten.

Zusätzlich zur regulären Wache hielten sich auf der Brücke bisweilen der Kommandant, der seine Beobachtungen durchführende Obersteuermann und einzelne Besatzungsangehörige auf, die sich abwechselten, um eine Zigarette zu rauchen, denn im Inneren des Bootes war das Rauchen verboten. Letzteres war streng reglementiert, um die Anzahl der sich auf der Brücke aufhaltenden Personen zu begrenzen. Jedes Boot hatte sein eigenes System erfunden – Pflöcke zum Mitnehmen auf einem Brett im Turm, ein Ring mit einem „R" für Raucher um den Hals –, um die dem Laster Frönenden zu identifizieren. (Im späteren Verlauf des Krieges wurde auf den Schnorchel-

Booten häufig auf das Privileg verzichtet und das Rauchen ganz und gar verbannt.) Die Brücke musste rasch geräumt werden, damit das Boot innerhalb von 30 Sekunden von dem Augenblick an tauchen konnte (größere Boote brauchten naturgemäß etwas länger), sobald „Alarm!" erklang – ein Gebot von Leben und Tod, von allen respektiert und während der Liegezeit im Hafen geübt, um Schnelligkeit sicherzustellen. Der Wachoffizier stieg stets als letzter Mann ein, warf das Turmluk zu, sicherte es und bezog seine Gefechtsstation in der Zentrale.[40]

Im Überwassermarsch konnte ein U-Boot eine Geschwindigkeit von 15 – 16 kn entfalten, wenn es ein Ziel verfolgte oder mit Höchstfahrt versuchte, an einem Geleitzug in eine vorteilhafte Angriffsposition zu gelangen. Im Allgemeinen hielt es jedoch eine Marschgeschwindigkeit von etwa 6 kn ein, um auf langen Feindfahrten Brennstoff zu sparen. Dies wurde erreicht, indem nur einer der beiden Dieselmotoren mit dem entsprechenden E-Motor verbunden war. Letzterer fungierte als Generator für den anderen Motor, um die Propellerwellen anzutreiben. Die Dieselmotoren konnten alle vier Stunden gewechselt werden, um sie gleichmäßig abzunutzen, oder auch falls einer der Motoren zu warten oder zu reparieren war, konnten diese Arbeiten dann gründlich durchgeführt werden. Gleichzeitig konnten mit dem als Generator dienenden E-Motor – oder auch mit beiden Dieselmotoren – die Batterien wieder aufgeladen werden, eine wesentliche Funktion, die jeden Tag zwischen zwei und sechs Stunden in Anspruch nahm und sich nur aufgetaucht durchführen ließ.[41]

Für die Ausgucks, die weniger als fünf Meter über der Oberfläche des Ozeans standen, bedeutete schlechtes Wetter stets eine schwere Prüfung und häufig eine tödliche Bedrohung. Der niedrige Turmaufbau, der die deutschen U-Boote an der Wasseroberfläche nachts fast unsichtbar machte, nahm die Seewachen jedoch bei grober See hart mit. Unter derartigen Bedingungen verkürzten manche Kommandanten die Brückenwachen auf zwei Stunden, aber bittere Verluste ließen sich nicht vermeiden. In zumindest 25 verschiedenen Fällen wurden während des Krieges U-Bootmänner von Bord gefegt und in den Tod gerissen. Der schlimmste Vorfall ereignete sich an Bord von *U 106* (Kptlt. Hermann Rasch) am 23. Oktober 1941, als sich der Ozean in einem unbedachten Augenblick alle vier Mann der Wache schnappte. Das Turmluk war geschlossen gewesen, um zu verhindern, dass Wasser in den Turm eindrang, und es dauerte 45 Minuten, ehe der Rudergänger ihr Fehlen bemerkte. Der Verlust einer gesamten Wache zwang fast zum Abbruch der Feindfahrt. Er wurde nur abgewendet, weil andere Besatzungsangehörige freiwillig die zusätzlichen Pflichten auf sich nahmen. Rasch selbst übernahm eine der regulären Seewachen.[42]

Mit der Zeit wurde es offensichtlich, daß die schärfste menschliche Sehkraft keine ausreichende Warnung gegen die wachsende Anzahl alliierter Flugzeuge mehr darstellte, die mit Radar ausgerüstet waren. Infolgedessen stattete die deutsche Technik ab August 1942 die U-Boote mit einer Folge von *Funkmessbeobachtungsgeräten,* bedingt durch den Wechsel der benutzten Wellenlängen auf alliierter Seite, zur Warnung vor einer Radarortung aus. Die Antenne wurde auf der Brücke montiert, wobei die Kabel durch den Turm zum Gerät im Funkraum verliefen. Dort überwachte der Funker die Anzeigen am Gerät und löste den Alarm aus, der vorher von den scharfen Augen der Ausgucks auf der Brücke gekommen war. Zusätzlich zur bereits erwähnten Zuweisung eines fünften Funkers führten diese erweiterten Aufgaben der Funker häufig zu Änderungen in ihren Wachplänen. An Bord von *U 94* änderte zum Beispiel der Kommandant, Kptlt. Otto Ites, den normalen 4-Stunden-Turnus der Funker in eine Kombination aus 4-, 8- und 2-Stunden-Wachen um. Somit änderten sich auch für den Einzelnen jeden Tag die Wachzeiten und führten zu einer gerechten Einteilung während der Spitzenzeiten der Aktivitäten.[43]

Das oben umrissene Schema für die Wacheinteilung fand in den Phasen des Krieges Anwendung, als die U-Boote während des größten Teils einer Feindfahrt noch aufgetaucht fuhren. Die Einführung des „Schnorchels", der die Benutzung der Dieselmotoren auch bei Tauchfahrt zuließ, und der Übergang 1944/45 auf die neuen U-Boottypen verwandelte das U-Boot schließlich aus einem Tauchboot in ein richtiggehendes Unterseeboot, das nunmehr fast die gesamte Feindfahrt unter Wasser zurücklegte. Diese Neuerungen beseitigten die bisherige Erforderlichkeit der Brückenwache und damit der Seewachen; sie veränderten auf den U-Booten die gesamte Bordroutine.

Während der Tauchfahrt ohne Benutzung des Schnorchels mussten nahezu alle Aktivitäten, selbst das Umhergehen, rigoros eingeschränkt werden, um Sauerstoff zu sparen. „Alle Mann in die Kojen!" wurde für die Freiwächter zur Regel. Dies war möglicherweise die einzige Gelegenheit während des Zweiten Weltkrieges, dass die Offiziere ihre Soldaten ermutigten, im Bett zu bleiben und zu schlafen. „Wir bekamen weiche Knie und der Rücken tat uns weh", berichtete ein vom Liegen in der Koje geplagter U-Bootveteran. Während der Schnorchelfahrt hatte der LI alle Hände voll zu tun, denn die Tiefensteuerung erforderte peinlichste Sorgfalt und ständige Aufmerksamkeit, um das getaucht fahrende Unterseeboot präzise auf der richtigen Tiefe zu halten. Bei rauem Seegang oder wenn ein kurzes Eintauchen den Schnorchelkopf überflutete, schloss sich das Lufteinlassventil, um das Einströmen von Wasser zu verhindern, und die noch laufenden Dieselmotoren saugten den Sauerstoff aus dem Inneren des Bootes an. Gleichzeitig konnten sich aus den nicht abgeleiteten Abgasen tödliche Kohlenmonoxyd-Dämpfe in den Maschinenräumen aufbauen. Die plötzliche Druckveränderung mochte zwar zu einigen Ohren- und Augenproblemen führen, aber die entstehende Kohlenmonoxyd-Vergiftung konnte die gesamte Besatzung töten, wenn nicht sofort gehandelt und die Gefahr beseitigt wurde. Mehrere Fälle passierten, bei denen Besatzungsangehörige infolge eines defekten oder beschädigten Schnorchels durch Dämpfe Vergiftungen erlitten, und an Bord von *U 1228* (ObltzS. Friedrich-Wilhelm Marienfeld) fand ein Besatzungsmitglied durch Ersticken den Tod.[44]

Über diese Extrembeispiele hinaus setzte die Benutzung des Schnorchels die Besatzung eines U-Bootes regelmäßig einem gefährlichen Kohlenmonoxyd-Spiegel aus. Jedes Mal, wenn eine Welle über den Schnorchelkopf lief und das Lufteinlassventil verschloss, führte dies zum Ausströmen von Dieselabgasen, die sich rasch ausbreiteten und die Sehkraft und das Atmen der Männer in der Zentrale beeinträchtigten. Diese Abgase erhöhten außerdem den Luftdruck im Inneren des Unterseebootes, der in Verbindung mit den Dämpfen die Ursache dafür sein konnte, dass der eine oder andere das Bewusstsein verlor. Über längere Zeiträume hinweg verriet das Blutbild eine bedeutende Zunahme des Gehalts an Kohlenmonoxyd. Sogar das Ausgesetztsein gegenüber einer geringeren Konzentration an Abgasen führte in mehreren Fällen zu Schädigungen des zentralen Nervensystems.[45]

Die sanitären Verhältnisse verschlechterten sich an Bord von getaucht fahrenden Schnorchelbooten ebenfalls, da keine Gelegenheit mehr bestand, wie in früheren Tagen den Abfall über Bord zu werfen. Dieses Problem wurde schließlich gelöst, indem der gesammelte Abfall in eines der Torpedorohre gepackt und alle paar Tage ausgestoßen wurde, an Bord als der „Müllschuss" bezeichnet. Obwohl dies die reguläre Benutzung dieses besonderen Torpedorohres ausschloss, so befreite der Vorgang doch vom vorhandenen Abfall – wenn auch nicht vom zurückbleibenden Geruch. Der Geruchssinn eines U-Bootfahrers gewöhnte sich während einer Feindfahrt an alles. Doch wenn ein Schnorchelboot in den Stützpunkt zurückkehrte, schreckte das Werftpersonal physisch vor dem Gestank zurück, der den geöffneten Luken entströmte.[46]

Die hier aufgezeigten Probleme stellen jedoch nur die offensichtlichsten beim Gebrauch des Schnorchels dar. Noch vor Kriegsende stellten Spezialisten für U-Boot-medizin weitere systematische physische Konsequenzen fest. Liefen die Dieselmotoren unter Wasser, wo der Luftdruck im Bootsinneren ohnehin schon größer als an der Wasseroberfläche war, multiplizierten sich die bereits erwähnten Risiken von Gehörschäden: Untersuchungen ergaben, dass bei den von einer Schnorchel-Feindfahrt zurückkehrenden U-Bootmännern nur ein Viertel noch ein normales Hörvermögen besaß. Obwohl bei den meisten diese Gehörschädigungen nur drei bis vier Tage dauerten, erfuhren einige Besatzungsangehörige eine zeitweilige Taubheit oder erhebliche Schmerzen, die mehrere Monate anhielten. Zusätzlich zu den mit Kohlenmonoxyd verbundenen Risiken zeigte sich der auf Schnorchelbooten vorhandene, erhöhte Kohlendioxyd-Gehalt in abnehmender Aufmerksamkeit, Schlafstörungen und einer Anfälligkeit für Fehlleistungen.[47] Doch mit technischen Verbesserungen und angesichts der Tatsache, dass dies die einzige Möglichkeit war, alliierten Luftangriffen zu entgehen und am Leben zu bleiben, akzeptierten die U-Bootbesatzungen den Schnorchel und feierten ihn sogar auf die traditionelle Art und Weise in Knittelversen.[48]

Ungeachtet des Dienstgrades oder der Spezialisierung war die Zwanglosigkeit der Bekleidung ein bezeichnendes Merkmal der U-Bootwaffe innerhalb der Wehrmacht. Noch vor Kriegsbeginn erhielten die U-Bootbesatzungen für den Bordbetrieb standardmäßige Uniformen. Das Maschinenpersonal trug die normale Lederbekleidung dieses Dienstzweigs, bestehend aus Jacke und Hose, während das seemännische Personal seit 1938 mit dem grauen Lederanzug ausgestattet war, zu dem eine knielange, zweireihige Jacke mit einem breiten Umlegekragen gehörte. Dieser Anzug erfreute sich großer Beliebtheit und wurde auch außerhalb der U-Bootwaffe eingeführt. Hinzu kam – vermutlich seit Sommer 1939 – eine spezielle U-Bootuniform aus einer kurzen Bluse und einer langen Hose, gefertigt aus feldgrauem Drillich: Das „U-Bootpäckchen", bezeichnet nach dem Paket, in das es verpackt war. Parallel dazu wurde allgemein in der Marine für alle Dienstgrade nach Abschaffung der bisherigen breiten „Gefechtsmütze" die wesentlich praktischere Bordmütze eingeführt. Doch als die U-Boote ab Juli 1940 die Stützpunkte an der französischen Atlantikküste anzulaufen begannen, standen den Besatzungen noch keine Bekleidungsdepots zur Verfügung. Um die verbrauchte Bekleidung zu ersetzen, musste aus Beutebeständen mit dunkelblauen Uniformen der französischen Marine und den Kakiuniformen des britischen Heeres improvisiert werden. Letztere wurden bei den deutschen U-Bootfahrern sehr beliebt. Daneben wurde das Arbeitszeug der Mannschaften auch von anderen Dienstgraden getragen. Infolgedessen verkörperten Dönitz' Besatzungen eine Mischung aus allem, wobei buntkarierte Baumwollhemden und gestrickte Pullover von zu Hause die Konzessionen an die Lebensbedingungen auf den U-Booten abrundeten.

Obwohl die beengte Vertrautheit eines Unterseebootes das förmliche Zur-Schau-Stellen der Dienstränge zumeist ausschloss, blieben einige Normen um der Leistungsfähigkeit willen erhalten. Offiziere und PUO's trugen die blaue Schirmmütze, aber nur der Kommandant trug, um besser erkennbar zu sein, die weiße Mütze (normalerweise zur Sommeruniform gehörig) das ganze Jahr über, obwohl dies eher allgemeiner Gepflogenheit und nicht einer Dienstvorschrift entsprach. Auf den Blusen der Offiziere und PUO's befanden sich als Dienstgradabzeichen abnehmbare oder eingenähte Schulterstücke bzw. -klappen, während die Unteroffiziere lediglich goldfarbene Winkel in den Kragenecken (statt der Kragentresse) führten. Die übrigen Mannschaften trugen in der Regel weder Dienstgrad- noch Ärmelabzeichen. In tropischen Gewässern bestand die einheitliche Uniform der gesamten Besatzung gewöhnlich aus kurzen Hosen.[49]

Welche Uniform an Bord auch getragen wurde, sie musste längere Zeit anbehalten werden, da die Möglichkeit eines jederzeitigen Alarms ein Entkleiden zum Schlafen ausschloss. Die Unterwäsche wurde selten gewechselt; daher waren schwarze Sporthosen (bezeichnet als „Hurenunterwäsche") beliebt, um zu verbergen, was nicht regelmäßig gesäubert werden konnte. Tägliches Zähneputzen mit Frischwasser am Morgen blieb die Norm, wenn dies möglich war; aber jedes weitere Waschen war gewöhnlich nur mit warmem Seewasser und einer speziellen Salzwasserseife möglich, die wegen des Films, den sie auf der Haut hinterließ, nicht beliebt war. Angesichts des geringen Vorrats an Frischwasser, den ein Destillierapparat in der Kombüse erzeugen konnte, erlaubten die meisten Kommandanten ihren Besatzungen, Rasur und ausgiebiges Waschen bis zur Rückkehr in den Stützpunkt zu unterlassen. Infolgedessen schockierte manchmal ihr äußeres Erscheinungsbild ihre Gegner bei den seltenen Gelegenheiten, falls diese tatsächlich einmal U-Bootmänner zu Gesicht bekamen. Bei der Schilderung des Überwassergefechtes zwischen dem Zerstörer USS BORIE und *U 405* (KKpt. Rolf-Heinrich Hopmann) schrieb Samuel Eliot Morison: „Aus dem Kommandoturm schwärmten deutsche Seeleute, von denen manche nur Arbeitszeug trugen, viele mit langen Haaren und hellfarbenen Halstüchern. Dies beleidigte den Sinn für Anstand unserer Blaujacken und machte sie noch begieriger, das Boot zu versenken."[50]

Daher verkörperte ein U-Boot eine vertraute Gemeinschaft spezialisierter, voneinander abhängiger Gruppen, verbunden durch einen gemeinsamen Auftrag und letztlich durch ein gemeinsames Schicksal. Auf den folgenden Seiten werden wir diesen Männern und ihren Kriegserfahrungen begegnen. Wir werden studieren, wie sich der Charakter der U-Bootwaffe veränderte und sich im Verlaufe des Krieges entwickelte. Vielleicht werden wir sogar verstehen können, warum die von Nicholas Montsarrat beschriebenen „unbedeutend und durchschnittlich" aussehenden Männer Winston Churchill veranlassten zu schreiben: „Das Einzige, was ich während des Krieges wirklich fürchtete, war die von den U-Booten ausgehende Gefahr."[51]

2. Kapitel
Die erste Generation

Am Nachmittag des 13. Juli 1943 entdeckte der amerikanische Zerstörer BARKER 31 verstörte und mitgenommene Überlebende von *U 487* (ObltzS. Helmut Metz), einem als „Milchkuh" bezeichneten Versorgungs-U-Boot, das nur wenige Stunden zuvor von einem Flugzeug des Trägers USS CORE im mittleren Atlantik versenkt worden war.[0a] Der Großteil der Gefangenen war Anfang zwanzig, aber der 43-jährige Obermaschinist Herbert Rehrock, der mit Schusswunden im linken Arm, in den Beinen und im Rücken sofort ins Schiffslazarett kam, machte hinsichtlich seines Alters unter seinen Gegnern von sich reden. Der gebürtige Dresdener rief jedoch ihr Erstaunen hervor, als er ihnen verriet, dass er bereits während der ersten Schlacht im Atlantik auf den U-Booten des Kaisers gefahren sei.[1]

Rehrocks Beispiel war ungewöhnlich, aber keineswegs einzigartig. Unter denen, die im Zweiten Weltkrieg Schulboote kommandierten, befanden sich KptzS. Bruno Mahn, der den 1. Weltkrieg als Kommandant des Küsten-U-Bootes *UB 21* beendete; KKpt. Friedrich Schäfer, 1918 Wachoffizier an Bord von *U 55* im Nordatlantik; und FKpt. Helmut Brümmer-Patzig, 1918 Kommandant von *U 86*. Im Alter von 24 Jahren fuhr Georg v. Wilamowitz-Moellendorf als Wachoffizier auf dem ersten der vier U-Boote im August 1917. Mit 48 Jahren kehrte er auf die offene Brücke von *U 459* zurück und führte das als „Milchkuh" bezeichnete Versorgungs-U-Boot nahezu zwei Jahre lang, ehe er auf diesem Boot beim Angriff eines amerikanischen Trägerflugzeuges fiel.[2]

Andere U-Bootveteranen aus früherer Zeit besetzten nach 1935 innerhalb der deutschen U-Bootwaffe Schlüsselpositionen. Admiral Hans-Georg v. Friedeburg, der zweitwichtigste Mann nach Dönitz, verantwortlich für alle Angelegenheiten der Organisation und der Ausbildung, konnte aus seinen Erfahrungen als Wachoffizier auf *U 114* im Jahre 1918 Nutzen ziehen. Einer seiner Stabsoffiziere, KKpt. Gerhard Schacke, fuhr 1918 auf *U 70* als Wachoffizier. KAdm.(Ing.) Otto Thedsen, der ehemalige Flottilleningenieur von Dönitz' alter U-Flottille „Otto Weddigen" aus dem Jahre 1935, war 1905 in die Marine eingetreten, hatte sich vom Heizer zum U-Boots-Maschinisten emporgearbeitet und fuhr im Ersten Weltkrieg als „Maschinenleiter" (adäquat dem LI) an Bord eines Front-U-Bootes. Nach langen Jahren als Verbandsingenieur beim BdU beendete er den Zweiten Weltkrieg als Chef der Technischen Abteilung bei BdU org unter Adm. v. Friedeburg.[3/3a] Auch die Schlüsselpositionen im U-Bootabnahmekommando (UAK), das der Erprobung und Ausbildung neu in Dienst gestellter Unterseeboote diente, waren mit Veteranen aus dem Großen Krieg besetzt, darunter auch Max Valentiner, das dritterfolgreichste Ass der kaiserlichen wie insgesamt der deutschen U-Bootwaffe, sowie die ehemaligen U-Bootkommandanten KptzS. Robert Bräutigam (Chef des UAK 1935 – Okt. 1944), Erwin Sachs und Friedrich-Karl Sichart v. Sichartshofen; wie auch der frühere LI eines U-Bootes, KptzS (Ing.) Walter Hülsmann (Chef des UAK von Okt. 1944 bis Kriegsende).

Im Januar 1943 wurde KptzS. Albrecht Schmidt Kommandeur des neu geschaffenen Höheren Kommandos der U-Bootausbildung; er war 1917/18 Kommandant von *UB 121* gewesen. FKpt. Ernst Hashagen, ein weiteres Ass des Ersten Weltkrieges, war zwei Jahre lang Kommandeur der 2. U-Bootlehrdivision (2. ULD) in Gotenhafen. Adm. Otto Schultze hielt 1940 an der Marineschule Mürwik in den Marineoffiziers-Lehrgängen Vorlesungen über U-Bootkriegsführung und garnierte sie mit Anekdoten aus seiner Erfahrung als U-Bootkommandant 1915/16 und später als Stabsoffizier bei der deutschen U-Bootführung Mittelmeer. KptzS.z.V. Hans Rose, der im 1. Weltkrieg über 200.000 BRT an alliiertem Handelsschiffsraum versenkt und 1916 mit *U 53* dem US-Marinestützpunkt Newport/Rhode Island einen überraschenden Besuch abgestattet hatte, war 1940 eine Zeit lang Kommandeur der 1. U-Bootausbildungsabteilung (1. UAA), ehe er in Norwegen Verwendung fand.[4/4a] Darüber hinaus dienten viele andere U-Bootfahrer des 1. Weltkrieges, reaktiviert als Reserveoffizier oder wie Rose „zur Verwendung", den ganzen Krieg über anonym in den Ausbildungseinrichtungen der U-Bootwaffe.[5]

An den Anfängen zur Wiedergeburt der deutschen U-Bootwaffe, ein getarnter und unregelmäßig verlaufener Vorgang zwischen 1922 und 1935[5a], waren auch einer Reihe von U-Bootveteranen des 1. Weltkrieges beteiligt, wie zum Beispiel ObltzS. Hans Schottky, 1918 Wachoffizier auf *UB 19* und *UB 117*, KKpt. Kurt Slevogt, ehemaliger Kommandant von *U 107* und *U 71* sowie Kptlt. Werner Fürbringer, der zwischen 1915 und 1918 sieben verschiedene U-Boote führte. Diese Männer legten zusammen mit anderen das Fundament für den späteren U-Bootkrieg 1939 – 1945: Von der Auswahl und Entwicklung der ersten U-Bootsentwürfe bis zur ersten taktischen Ausbildung zu Flotten- und Handelskriegsoperationen. Die drei Offiziere befanden sich auch während des Zweiten Weltkrieges im aktiven Dienst, bis sie schließlich aus der U-Bootwaffe ausschieden, deren Auferstehung sie mitbewirkt hatten.[6]

Die jüngeren Offiziere, die in den 30er-Jahren die Zukunft der U-Bootwaffe repräsentierten, betrachteten die ältere Generation als „die alten Männer mit den Kronen auf ihren Abzeichen", würdige Ahnen, aber für die wieder geborene U-Bootwaffe im Wesentlichen unerheblich. Viele der alten Asse wurden vor dem Juni 1940 nicht in den aktiven Dienst zurückgerufen, und selbst dann besetzten sie lediglich Stellen in der Verwaltung oder in der Etappe, weit von den U-Bootoperationen entfernt.[7/7a] Tatsächlich bestand eine der ersten Aufgaben von Dönitz darin, nunmehr zuständig für den operativen Einsatz der U-Boote, die taktischen Lehren zu bekämpfen, die von den Veteranen des Großen Krieges, u.a. von Fürbringer, an der U-Bootschule gelehrt wurden.[8/8a] Auf einem wesentlich grundsätzlicheren Niveau vermittelten diese Veteranen den neuen U-Bootbesatzungen dennoch vieles aus ihren eigenen Einstellungen, Wertvorstellungen und Methoden. Wenn sie auch keine Ratschläge hinsichtlich des besten Anlaufes beim Nachtangriff gegen einen Geleitzug erteilen konnten, so gaben sie doch neben mühsam erworbenen Kenntnissen über die See und das Bordleben auf einem Unterseeboot auch die Bedeutung der deutschen Marinetradition und eine Einschätzung der Notwendigkeit von Flexibilität und Improvisation weiter. Und wie wir sehen werden, blieben verschiedene Handlungs- und Verhaltensweisen zwischen den U-Bootgenerationen erhalten.

Über die nachweisbare Kontinuität dieser individuellen Werdegänge hinaus gab es eine Unmenge persönlicher Verbindungen, die niemals quantitativ bestimmt werden können, aber die Rekrutierung des U-Bootpersonals im Zweiten Weltkrieg überaus beeinflussten. Da waren vor allem jene, deren Väter oder Onkel in derselben Eigenschaft im Ersten Weltkrieg gedient hatten. Nicht weniger als zehn Familien stellten U-Bootkommandanten in beiden Weltkriegen aus verschiedenen Generationen. So zum Beispiel versenkte Georg-Günther Freiherr v. Forstner als Kommandant von *U 28* von 1914 bis 1916 nahezu 100.000 BRT an alliiertem Schiffsraum, während sein Neffe, Siegfried Freiherr v. Forstner, 1943 als Kommandant von *U 402* das Ritterkreuz des Eisernen Kreuzes erhielt. Darüber hinaus waren solche Traditionen auch nicht auf Offiziere beschränkt. Als der Funker Ludwig Becker im September 1943 zur Besatzung von *U 1164* (Kptlt. Fokko Schlömer) kam, ging er den Weg, den sein Vater 27 Jahre früher an Bord eines Torpedobootes in der Ostsee gegangen war. Diese Bindungen dauern bis heute an, wie ein Funker aus der Besatzung von *U 17* der heutigen Marine demonstrierte, der im Juni 1997 die dritte von vier Generationen verkörperte, die auf deutschen Unterseebooten dienten.[9]

Doch die direkte Verbindung zwischen den U-Bootkriegen ist die dynamische Persönlichkeit von Karl Dönitz. Der Mann, der im Zweiten Weltkrieg nacheinander als Befehlshaber der U-Boote (BdU), als Oberbefehlshaber der Kriegsmarine (ObdM) und schließlich als der designierte Nachfolger Hitlers als Staatsoberhaupt in Erscheinung treten sollte, begann 1910 seine Karriere in der Kaiserlichen Marine. Nach einer Dienstzeit auf dem Kleinen Kreuzer BRESLAU bei der Mittelmeer-Division in türkischen Gewässern meldete sich Dönitz zur U-Bootwaffe und kam im Januar 1917 als Wachoffizier auf *U 39*. Im Mittelmeer operierend, befehligte Dönitz anschließend *UC 25* und *UB 68*, bis das Letztere im Oktober 1918 verloren ging und Dönitz in Gefangenschaft geriet. Dönitz sollte später die Entwicklung der Gruppen- oder Rudeltaktik im Zweiten Weltkrieg auf seine Erkenntnisse aus seinen letzten Feindfahrten im Konflikt von 1914 – 1918 zurückführen (obwohl diese Aussage andere Zeugnisse ignoriert, wie wir sehen werden).

Doch über seine taktischen Erfahrungen in diesem Krieg hinaus personifizierte Dönitz den Charakter und die Werte der U-Bootwaffe, die als das spätere Fundament seiner charismatischen Führung dienten. Im ersten Krieg erfuhr Dönitz Kühnheit im Kampf, Verantwortung als Kommandant und Kameradschaft als Angehöriger einer Besatzung, während er im zweiten eine neue Generation von Kommandanten mit diesen Eigenschaften erfüllte. Auf eine beständige Infrastruktur und eine feste Grundlage an Erfahrungen bauend, gewonnen in der Organisation, Personalauswahl und Aufrechterhaltung der Moral, bewahrte Dönitz die charakteristische Identität einer U-Bootwaffe, die unter einer Monarchie entstand, sich in einer Republik versteckte und von einer Diktatur einer äußersten Prüfung ausgesetzt wurde. Die U-Bootbesatzung wurde zum sinnbildlichen Ausdruck der gesamten U-Bootwaffe mit Dönitz als ihrem obersten Kommandanten.

Dennoch forderten eine derartige Beständigkeit und Hingabe einen Preis, wenn ein Neubeginn einsetzen sollte. Mitte der 30er-Jahre hatte Deutschland lediglich eine kleine Marine, die den Wiederaufbau einer U-Bootwaffe nur beginnen konnte, wenn sie stattdessen auf den Ausbau der vorhandenen Streitkräfte verzichtete. Vielleicht bedeutete dies unvermeidlicherweise, dass der Einfluss einer früheren Generation mit U-

Booterfahrung vorherrschte. Dass die 1917 gewonnenen Erfahrungen den sich 1943 ergebenden Herausforderungen kaum gewachsen sein würden, hätte vorausgesagt werden können. Um die Zusammenhänge zu verstehen, wie diese Entwicklung – vom plötzlichen Erscheinen einer lange vernachlässigten Waffe bis zur allmählichen Belanglosigkeit einer einst stolze Flotte – vonstatten ging, ist ein Rückblick in die Vergangenheit unerlässlich.

Die Tirpitz-Marine

Das erste deutsche Unterseeboot, eine Erfindung des in Bayern geborenen Wilhelm Bauer, resultierte aus dem ergebnislosen Krieg von 1848 – 1851 zwischen dem Deutschen Bund und Dänemark um Schleswig-Holstein. Bauer entwarf ein Tauchfahrzeug, das imstande sein sollte, Sprengladungen an den Rümpfen der blockierenden dänischen Kriegsschiffe anzubringen, aber das schleswig-holsteinische Heer konnte Bauers Entwurf nicht voll finanzieren. Kürzungen des Budgets führten zu Schwächen in der Konstruktion und der „Brandtaucher" Bauers sank am 1. Februar 1851 auf der Abnahmefahrt in der Kieler Förde. Bauer und die beiden Besatzungsmitglieder konnten sich an die Wasseroberfläche retten.[9a] Das Ende des kriegerischen Konfliktes beendete jedes weitere deutsche Interesse an Bauers Projekten. Seine Pläne fanden zwar Beachtung in London, Paris und Wien, aber schließlich ließ ihn der Zar nach St. Petersburg holen, wo er den gelungenen „Seeteufel" baute.[10]

63 Jahre später, als im August 1914 der Erste Weltkrieg ausbrach, besaß Deutschland genau 28 in Dienst gestellte Unterseeboote, d.h. kaum ein Drittel der in Großbritannien vorhandenen Einheiten (75), weniger als die Hälfte der in Frankreich verfügbaren (62) und sogar noch weniger als die in Russland in Dienst gestellten Boote (36). Der Krieg unterbrach die Vorkriegspläne für eine allmähliche Verstärkung der U-Bootwaffe auf etwa 70 Unterseeboote bis zum Jahre 1920. Der Großteil dieser Einheiten war zur Verteidigung der Zugänge zu den deutschen Nordsee- und Ostseehäfen vorgesehen, während eine aus 12 Booten bestehende Flottille für den offensiven Einsatz gegen feindliche Blockadestreitkräfte in der Nordsee mit zehn weiteren Booten in allgemeiner Reserve bereitstehen sollte. Derselbe Marinehaushalt betonte jedoch den zweitrangigen Status des U-Bootes bei vorgeschlagener Verstärkung der deutschen Hochseeflotte bis 1920 auf insgesamt 41 Linienschiffe, d.h. Schlachtschiffe, 20 Große, d.h. Schlachtkreuzer, und 40 Kleine Kreuzer, d.h. Leichte Kreuzer.[11]

Diese Pläne spiegelten die Überzeugungen des Schöpfers der modernen deutschen Marine wider: Großadmiral Alfred v. Tirpitz (1849 – 1930). Von seiner Berufung 1897 zum Staatssekretär im kaiserlichen Reichsmarineamt an, d.h. zum Marineminister, verschrieb sich Tirpitz den Anstrengungen zum Bau einer großen und modernen Schlachtflotte, die Deutschlands Status als Weltmacht bestätigen sollte. Stark durch die Seestrategie des Amerikaners Alfred Thayer Mahan beeinflusst, machte sich Tirpitz das Schlachtschiff als den Schlüssel zur Seemacht zu eigen und lehnte die Strategie der Handelskriegsführung ab, die seine Vorgänger vertraten und die vor allem von den Anhängern der *Jeune École*, der „Jungen Schule", in der französischen Marine befürwortet wurde. Nach seiner Auffassung konnten Unterseeboote nur als Hilfsschiffe der Flotte dienen, beschränkt auf Aufgaben der Aufklärung und der Hafenverteidigung. Nicht damit zufrieden, die Anhänger des Unterseebootes in der deutschen Marine einfach nur zu überstimmen, ging Tirpitz aktiv dazu über, sie kaltzustellen oder zu entlassen; denn schließlich handelte es sich um mehr als um bloße Seestrategie.

Tirpitz' ehrgeizige Pläne zogen notwendigerweise eine politische Dimension nach sich, um im Reichstag die Mittel für ein derart kostspieliges Programm zum Bau der Schlachtschiffe zu bewilligen. Es ist der Einwand erhoben worden, dass der Tirpitz-Plan vor allem eine politische Strategie im Inland verfolgte, um die Interessen der deutschen Industrie und Landwirtschaft als ein herrschendes Bündnis zusammenzuschließen.[12] Denn bei den Abgeordneten des Reichstages, die gegenüber den Tirpitz'schen Budgetforderungen skeptisch eingestellt und wegen der fortgeschrittenen Entwicklung des Unterseeboots durch die konkurrierenden Mächte beunruhigt waren, gewann die Idee des Unterseebootes als revolutionäre und verhältnismäßig billige Offensivwaffe eine zunehmende Unterstützung. Eingedenk dieser potentiellen Gefahr für den Schlachtschiffbau ging Tirpitz über das Unterseeboot als „eine kostspielige Liebhaberei" hinweg, bestenfalls auf „spezielle örtliche und zweitrangige Zwecke" begrenzt. Dass die deutschen Steuerzahler 1912 mehr als 43 Millionen Mark für jedes „Dreadnought"-Schlachtschiff[12a] aufbrachten, während sie der Bau von vier U-Booten weniger als sechs Millionen Mark kostete, zeugt von Tirpitz' politischem Einfluss und von seiner strategischen Unbeweglichkeit.

Als Zugeständnis gegenüber dem im Inland ausgeübten politischen Druck, mit der neuen marinetechnischen Entwicklung Schritt zu halten, stimmte Tirpitz jedoch zu, in bescheidenem Ausmaß in die Forschungs- und Entwicklungsarbeit des U-Bootes zu investieren. Im April 1904 erteilte Tirpitz den ersten Bauauftrag für ein Unterseeboot. Das Ergebnis, am 4. August 1906 vom Stapel gelaufen, erhielt im November die offizielle Bezeichnung *U 1* und wurde am 14. Dezember 1906 in Dienst gestellt. Bis zum Ende des Jahres 1909 kamen jedoch nur drei weitere Unterseeboote hinzu. Erst 1912 stieg die Fertigungsrate auf fünf Boote und steigerte sich 1913 auf sechs Einheiten.

Der Zeitraum von 1910 bis 1914 bestätigte auch die bedeutenden qualitativen Gegenleistungen für die bescheidenen Investitionen, die Tirpitz vorgenommen hatte. Die Einführung des *Dieselmotors* nach 1910 als Hauptantriebssystem (ab *U 19*) markierte einen großen Fortschritt. Er erweiterte die operative Seeausdauer des U-Bootes beträchtlich und förderte seine Verwendung als Offensivwaffe, wenn auch 1914 noch die meisten deutschen Unterseeboote mit den weniger leistungsfähigen Petroleummotoren ausgerüstet waren. Ab 1913 erhielten die neuen U-Boote auch eine *Funkanlage* als Standardausstattung zu einem Zeitpunkt, als sich viele britische Unterseeboote noch auf Brieftauben verließen. Deutsche Unterseeboote besaßen auch in der Qualität ihrer Sehrohre einen wesentlichen Vorteil; ihre optische Ausrüstung war jener ihrer späteren Gegner überlegen.

Noch wesentlicher war die Schaffung einer *U-Boot-Inspektion* durch kaiserlichen Erlass am 13. Dezember 1913 innerhalb der Kaiserlichen Marine (Abtrennung von der bisher zuständigen Torpedo-Inspektion). Die neue Inspektion nahm im März 1914 ihre Arbeit auf und war von nun an für die Entwicklung der U-Bootwaffe, den Bau der

Unterseeboote, die Erhaltung ihrer Kriegsbrauchbarkeit sowie auch für die Ausbildung des U-Bootpersonals zuständig.[13]

Doch die Rechnung für die langjährige Vernachlässigung des Unterseebootes durch Tirpitz wurde nach Kriegsbeginn im August 1914 letzten Endes fällig. Es fehlte an einer klaren U-Bootstrategie und die wenigen Werften, die U-Boote bauen konnten, ließen eine rasche Expansion der U-Bootwaffe nicht zu. Überdies hatte sich Tirpitz nie damit befasst, den Bau seiner großen Schlachtflotte mit der Bereitstellung eines angemessen ausgebildeten Personalbestandes, besonders an Offizieren, zu koordinieren. Dieser Umstand sollte später bei der personellen Besetzung der deutschen Unterseeboote und ihrer Auswirkungen auf die Überwasserstreitkräfte eine entscheidende Rolle spielen.

Als Tirpitz 1897 zum Staatssekretär im Reichsmarineamt ernannt wurde, belief sich die Personalstärke der Kaiserlich Deutschen Marine insgesamt auf etwa 26.000 Offiziere und Mannschaften. Bis zum August 1914 hatte sich der Personalbestand auf annähernd 80.000 Mann erhöht – eine ungeheure Verstärkung, die dennoch mit dem rasanten Bau neuer Kriegsschiffe nicht Schritt halten konnte. Bereits im November 1912 wiesen deutsche Admirale auf den Erschöpfungszustand des Flottenpersonals durch das Erfüllen mehrfacher Pflichten hin. So musste das in Ausbildung befindliche Maschinenpersonal zum Beispiel gleichzeitig nachts Wachdienst in der Kaserne verrichten. Nach Einschätzung der Marine würde erst zwei Jahre nach Fertigstellung der Flotte Maschinenpersonal in hinlänglicher Zahl zur Verfügung stehen.[14]

Woher diese Männer kamen und wie die stärkste Landmacht Europas ihre Ressourcen mobilisierte, um personell eine moderne Flotte zu besetzen, sorgt sowohl für den Auftakt zum Ersten als auch für ein Vermächtnis zum Zweiten Weltkrieg.

Des Kaisers Seeleute

Als zu Beginn des 20. Jahrhunderts größere und modernere Marinen entstanden, gewann das Problem der personellen Besetzung an Bedeutung. Die US-Marine entschied sich zum Beispiel dafür, sich vollkommen auf Freiwillige zu verlassen. Die Amerikaner mussten jedoch auch nicht mit der allgemeinen Heereswehrpflicht konkurrieren, wie dies in Deutschland der Fall war. Zudem hatte die US-Marine 1914 nur einen Personalbestand von 51.500 Mann. Ein wesentlicher Gesichtspunkt der Rekrutierung von Freiwilligen war in den Vereinigten Staaten ein geografischer Querschnitt durch das Land entgegen einer Beschränkung auf die Küstenregionen. Die Werbeoffiziere der Marine bevorzugten die „bessere Klasse von Männern", die sie im Mittelwesten gefunden zu haben glaubten, vor den an der Küste „sich vorübergehend Aufhaltenden" und den „Stadtjungs, die ein weniger erwünschtes Material sind".[15]

Im Gegensatz hierzu hatte Deutschland seit langem die Notwendigkeit der Wehrpflicht akzeptiert, um seine Kriegsschiffe zu bemannen; denn diese stützte sich auf völlig andere Teile der Bevölkerung. Die Reichsverfassung von 1871 befreite ausdrücklich die „gesamte seemännische Bevölkerung des Reiches" im Alter von 17 bis 45 Jahren vom Heeresdienst, behielt sich aber die Verpflichtung zum Dienst in der Kaiserlichen Marine vor. Eine besondere Marine-Novelle regelte 1894 die Einberufung der marinewehrpflichtigen Bevölkerungsgruppen:

1. Die „seemännische Bevölkerung", die vor allem aus den deutschen Küsten- und Binnenhäfen kam, d.h. alle Berufsseeleute, Schiffszimmerleute, Segelmacher, Maschinisten, Heizer, Schiffsköche und Stewards mit mindestens einjähriger gewerbsmäßiger Fahrenszeit zur See oder auf Flüssen.
2. Die „halbseemännische Bevölkerung", d.h. alle Seeleute mit einer Fahrenszeit von mindestens 12 Wochen bis zu einem Jahr sowie alle Fischer, Fluss- und Kanal-schiffer, Fähr- und Bootsleute, Flößer u.a.;
3. Heranziehen des Marine-Handwerkerpersonals aus anderen Berufssparten vor allem im Binnenland, d.h. Zimmerleute, Schlosser, Maschinisten, Maler, Böttcher, Bäcker, Metzger, Sattler, Seiler, Schreiber u.a.

Letztere Gruppe umfasste eher jüngere Gesellen als erfahrene Handwerker, die jedoch eine Grundausbildung in den Fertigkeiten besaßen, die für die Erhaltung des Schiffs-bestandes in einer zunehmend technischen Marine wesentlich waren. Die aktive Dienstzeit der Eingezogenen betrug drei Jahre mit weiteren vier Jahren im Reserve-verhältnis. Die Freiwilligen konnten sich variabel auf Zeit oder als Berufssoldaten ver-pflichten.

In der Praxis fehlte es der Marine an einem eigenen System zur Wehrpflichterfas-sung; sie musste daher ihre Personalanforderungen an das preußische Kriegsministe-rium richten, damit die Zuweisungen aus den Wehrbereichen des Reiches erfolgten. Infolge der besonderen Berufe und Gruppen, die der Marine vorbehalten waren, bedeu-tete dies, dass die Mehrheit der Marinewehrpflichtigen aus Norddeutschland, dem Rheinland und den Zentren der Schlüsselindustrien kamen. Ungefähr zur selben Zeit, in der Tirpitz Berühmtheit erlangte, nahm daher das grundlegende Personalmuster der Marine die Form an, die es bis 1945 behalten sollte.[16]

Bis zu Tirpitz' Ernennung spielte die Wehrpflicht bei der Rekrutierung des Mari-nepersonals keine herausragende Rolle. Doch die ehrgeizigen Bauprogramme des neu-en Staatssekretärs änderten diese Verfahrensweise rasch. Aus dem Jahr 1913 verfüg-bare Zahlen für den jährlichen Ersatz der Marine ergaben, dass die Freiwilligen – fast mit Sicherheit von der Marine aus denselben Berufssparten ausgewählt – nur etwa 28% betrugen. Zusätzliche 21% waren Wehrpflichtige aus seemännischen und halbseemän-nischen Berufen. Zusammen mit der Mehrzahl der Freiwilligen bildeten diese die Matrosen- und Torpedodivisionen der Stammtruppenteile. Sie stellten das Personal zur Erfüllung der seemännischen und militärischen Funktionen an Bord der Kriegsschif-fe. Die restlichen 51% stellten Landersatz aus der Binnenbevölkerung dar: Maschi-nenbauer, Schlosser, Handwerker und Arbeiter aus der Metallverarbeitung, die vor-wiegend aus den Industriegebieten West- und Mitteldeutschlands aber auch aus Ober-schlesien kamen, um insbesondere über die Werftdivisionen das Maschinen- und Funkpersonal zu stellen.[16a]

Infolgedessen vollzog sich in der Marine, wie der deutsche Marineoffizier und Historiker Rolf Güth ausführte, „ein personeller Strukturwandel: Neben den ruhigen norddeutschen Schiffer, Fischer und Schiffshandwerker trat der aufgeweckte west-

und mitteldeutsche Industriehandwerker und Arbeiter. Der eine war Individualist mit konservativer Einstellung, der andere arbeitstechnisch und politisch organisiert." Diese ungleiche Kombination sollte als Fundament der deutschen Marine und somit auch der U-Bootwaffe in zwei Weltkriegen dienen.[17]

Marineoffiziere gehörten zur deutschen Mittelklasse, insbesondere der oberen Mittelklasse. Eine statistische Studie hinsichtlich der Berufe bei Vätern von Marineoffizier-Anwärtern offenbarte 1907, dass nahezu die Hälfte Akademiker (90 von 197 = 46%) und mehr als ein Viertel (26%) Heeres- oder Marineoffiziere waren. In scharfem Gegensatz zum preußischen Heer, in dem die Angehörigen des Adels noch einen unverhältnismäßig hohen Einfluss ausübten, kamen nur 11% der Kadetten aus Adelsfamilien. Am anderen Ende dieser sozialen Stufenleiter nahmen nur zwei bis drei Kadetten für sich in Anspruch, aus kleinbürgerlichem Milieu zu stammen (Künstler, untere Staatsbeamte). Das Einstellungsverfahren war bewusst darauf abgestellt, die Auswahl auf die „besseren" Klassen zu beschränken. Auch waren unter den Kadetten die Protestanten aus dem norddeutschen Raum sehr stark vertreten. Fast 70% stammten aus den Küstenregionen von Nord- und Ostsee, während weniger als 13% aus den Teilen Deutschlands südlich des Mains kamen. Diese Verhältnisse blieben weitgehend erhalten und hatten sich bei den Offizieranwärtern 27 Jahre später nicht sehr geändert, wenn auch einiges in Bewegung geraten war.

Der Großteil der Offizieranwärter hatte sich für die Laufbahn des Seeoffiziers entschieden. Sie konnten erwarten, schließlich ihre eigenen Kriegsschiffe zu kommandieren. Auf der anderen Seite zeigten die Ingenieuroffiziere ein ganz anderes Bild. Für sie war die Herkunft aus der unteren Mittelklasse weitaus typischer. Auch wurde ihnen ein den Seeoffizieren vergleichbarer Status nicht eingeräumt und für ein Vorwärtskommen boten sich ihnen nur begrenzte Möglichkeiten. Die Identität der Herkunft aus einer bestimmten Klasse mit der Offiziersfunktion brachte 1913 ein deutscher Marineautor zum Ausdruck:

> „Führungsfähigkeiten, hervorgebracht durch Tradition und Bildung, können mit größerer Wahrscheinlichkeit bei den Söhnen aus bestimmten Klassen als bei jenen aus anderen festgestellt werden. Daher fordert es die Pflicht, solche jungen Männer in den Seeoffizierberuf zu bringen, während die tatsächliche Erfahrung uns sagt, dass die Jugendlichen, die aus den praktischen Berufen der mittleren Klassen kommen, ganz ausgezeichnete Ingenieure abgeben."[18]

Organisatorische Fragen bezüglich der ersten U-Boote fielen unter die Zuständigkeit der Torpedodivisionen der Marine, die auch für das nicht technische Personal der Besatzungen sorgten. Die Einrichtung der U-Boot-Inspektion brachte für das U-Bootpersonal die organisatorische Unabhängigkeit (U-Bootabteilungen bzw. -division). Freiwillige wandten sich nunmehr direkt an die U-Bootwaffe, verbunden mit dem zusätzlichen Anreiz von besonderem Salär und Privilegien. Bis zum August 1914 hatte die U-Bootwaffe einen Personalbestand von knapp 1400 Offizieren und Mannschaften. Hiervon bildeten 747 Mann die Besatzungen der Frontboote. Das übrige Personal besuchte die dreimonatigen Lehrgänge für die U-Ausbildung oder verrichtete Ausbildungstätigkeiten, Verwaltungsarbeit oder andere Unterstützungsaufgaben für die U-Boot-Inspektion.[19]

Die neue Waffe auf dem Prüfstand

Als der Krieg ausbrach, hatten weder Tirpitz noch die Führung der Hochseeflotte irgendwelche Pläne für den Einsatz der Unterseeboote, um die Handelsschiff-Fahrt anzugreifen. Doch innerhalb der U-Boot-Inspektion entwarf der militärische Referent, Kptlt. Ulrich-Eberhard Blum, im Mai 1914 eine Studie hinsichtlich der Anforderungen an die deutsche U-Bootwaffe in einem möglichen Krieg gegen England. Unter der Voraussetzung, dass die U-Boote in einer Handelskriegsstrategie eingesetzt werden sollten, um den britischen Handel abzuwürgen, vermutete Blum, dass 222 Unterseeboote erforderlich sein würden, um nach dem Rotationsprinzip 48 Schlüsselpositionen zum Errichten einer Blockade rund um die Britischen Inseln zu besetzen. Blums Vorgesetzte erwähnten diese Studie im Juni gegenüber Tirpitz, aber selbst sie ersuchten nicht um eine Beschleunigung des U-Bootbaus.

In Erwägung ziehend, dass nur eine Handvoll U-Boote damals imstande war, westlich von Großbritannien zu operieren, spiegelte Blums Bestreben eher eine optimale Möglichkeitsstudie als einen Plan wider. Das Reichsmarineamt demonstrierte im Juni und Juli sein anhaltendes Desinteresse an Unterseebooten, als es der Krupp-Germaniawerft in Kiel gestattete, mit den Verhandlungen für den geplanten Verkauf von fünf fertig gestellten Unterseebooten an Griechenland fortzufahren, den nur der Kriegsausbruch verhinderte. Blums Studie verrät jedoch viel von der Mentalität der deutschen U-Bootpioniere: Vertrauen in eine nicht erprobte Waffe, Glaube an eine radikale Strategie und intellektuelle Unabhängigkeit von der herrschenden Schicht.[20]

Schließlich ließ Blums Studie – und möglicherweise direkt beeinflusst – Dönitz' eigene Einschätzung von 1939 ahnen, dass mindestens 300 Frontboote erforderlich wären, um eine Kriegsführung gegen den alliierten Geleitzugverkehr im Atlantik zu gewinnen. Diese Einschätzungen von Blum und Dönitz scheinen auf seltsame Weise durch das Schicksal miteinander verbunden zu sein: Beide Prognosen, obwohl von den Anforderungen her realistisch, sollten sich für den Großteil eines Konfliktes als unerreichbar erweisen, der jeweils nur Wochen später ausbrach, nachdem sie abgegeben worden waren. Sogar nach Kriegsbeginn wurden diese Vorschläge erst dann zur Basis der Planung, als die strategischen Entwicklungen ihre Durchführung unterstützten.[21]

Für das kaiserliche Deutschland traten in den ersten Monaten des Großen Krieges zwei Entwicklungen dieser Art ein. Im Gegensatz zu den Erwartungen von Tirpitz lief die britische Flotte nicht in die deutschen Küstengewässer ein, um die Schlacht zu suchen, sondern errichtete an den Ausgängen der Nordsee zum Kanal und nach Norden eine Fernblockade. Der zahlenmäßig unterlegenen Hochseeflotte, die sich bewusst war, dass sie die britische *Grand Fleet* mit einer vernünftigen Erfolgschance nicht zu gleichen Bedingungen herausfordern konnte, fehlte es für diese Situation an einer strategischen Planung. Infolgedessen wartete sie im Hafen ab und verblieb dort für den größten Teil des Krieges.

Das zweite und elektrisierendere Ereignis sollte für immer die Vorstellungen der Militärs und der Öffentlichkeit vom Unterseeboot als Waffe verändern. In den Morgenstunden des 22. September 1914 versenkte *U 9* unter Kptlt. Otto Weddigen drei britische Panzerkreuzer vor der niederländischen Küste in wenig mehr als einer Stunde –

nachdem bereits 17 Tage zuvor *U 21* unter Kptlt. Hersing den britischen Kleinen Kreuzer PATHFINDER versenkt hatte. Weddigen und seine 28 Männer in einem veralteten Unterseeboot mit Petroleummotoren hatten Kriegsschiffe mit insgesamt 36.000 ts und 1460 britische Seeleute in einer nautischen Version von David und Goliath vernichtet. Über diese Demonstration des tödlichen Potentials eines Unterseebootes hinaus beflügelte das Ereignis die Vorstellungskraft der deutschen Öffentlichkeit in einem Maße, die Weddigen, den Krieg und den Kaiser überdauern sollte. Weddigens Tod im Kampf sechs Monate später erzeugte überall in Deutschland einen Erguss an Presseaufsätzen, Gedichten und Populärliteratur und das U-Boot wurde in der öffentlichen Meinung zu einem festen Begriff.[22]

Für viele der jüngeren Offiziere und Unteroffiziere diente Weddigens Tat als Magnet, zur U-Bootwaffe zu gehen. Die Gelegenheit, um Ruhm und Unabhängigkeit zu erlangen und der Langweiligkeit des Dienstes in einer inaktiven Flotte zu entkommen, führte bei vielen dazu, sich freiwillig für den Dienst auf U-Booten zu melden. Ein damaliger Mariner beschrieb die Einstellung an Bord eines Großkampfschiffes im Dezember 1914 wie folgt:

> „Unser ehemaliger Adjutant meldete sich gestern freudig zur Torpedoausbildung ab. ... Heute verließ uns einer unserer Maschinisten zum Dienst bei den U-Booten. Wie glücklich sie alle sind, auf Posten zu kommen, wo sie aktiv am Krieg teilnehmen können, obwohl ihnen klar ist, daß sie es nie mehr so bequem wie an Bord unseres großen ‚Zossen' haben werden. Aber danach strebt der Ehrgeiz nicht im Kriege."

Zwei Wochen später meldete sich auch der Schreiber dieser Zeilen zur U-Bootwaffe: „Jeder gratuliert mir. Ich bin sehr glücklich."[23]

Eine institutionelle Praxis in der deutschen Marine ermöglichte weitgehend eine einfache Versetzung bei Offizieren von einer Waffengattung in eine andere. Im Unterschied zur britischen Royal Navy, in der Seeoffiziere oft auf Torpedos, Artillerie, Navigation oder Fernmeldedienst spezialisiert waren, erhielten ihre deutschen Pendants auf all diesen Gebieten eine intensive Ausbildung, ohne an eine bestimmte Waffengattung oder Aufgabe gebunden zu sein. Die Fähigkeit, einen Artillerieoffizier von einem Kreuzer auf ein U-Boot zu versetzen, um dessen Führung zu übernehmen, demonstrierte die Flexibilität, die für eine Marine erforderlich war, der nur begrenzte personelle Ressourcen zur Verfügung standen.[24]

Ein Teil des Preises, der für diese Versetzungen bezahlt werden musste, wurde jedoch für den Matrosen Richard Stumpf an Bord des Linienschiffes HELGOLAND im März 1915 deutlich: „Die besten und intelligentesten unserer Offiziere sind auf Kreuzer, Torpedoboote und Unterseeboote versetzt worden. ... Mit wenigen Ausnahmen haben jene, die zurückgeblieben sind, nicht viel auf dem Kasten."[25] Die Ironie der stolzen Tirpitz'schen Schöpfung, auf ein Ersatzdepot reduziert worden zu sein, war auch dem offiziellen Historiker des U-Bootkrieges nicht entgangen, als er bemerkte: „Die Tatsache, daß es möglich war, die erforderliche Personalergänzung für unsere Unterseeboote auszuwählen, ... war weitgehend dem Umstand zuzuschreiben, daß die Flotte als Ausbildungsmittel einer Personalreserve diente, aus der Offiziere, Unteroffiziere und spezielle Mannschaftsdienstgrade sorgfältig ausgewählt werden konnten."[26] Der Preis für diese ständig zunehmende Belastung der Führung innerhalb der deutschen Flotte sollte in den Marinemeutereien von 1917 und 1918 offensichtlich werden, die schließlich die Niederlage des kaiserlichen Deutschlands einleiteten.[27]

Ein Hauptmotiv, sich 1914 freiwillig zur U-Bootwaffe zu melden, schloss die Aussicht auf Kampfhandlungen ein, besonders da die Hauptziele gegnerische Kriegsschiffe blieben. Im Gefolge von Weddigens Tat versenkten deutsche U-Boote bis Jahresende einen weiteren Kreuzer, ein „Vordreadnought"-Schlachtschiff, ein Unterseeboot, einen Seeflugzeugträger und ein Kanonenboot – mehr alliierte Kriegsschiffe, als in den kommenden fast vier Kriegsjahren versenkt werden sollten. Die Handelsschiff-Fahrt stellte nur ein zweitrangiges Ziel dar, denn in dieser Zeitspanne fielen U-Bootangriffen lediglich drei britische Dampfer zum Opfer. Ihre Versenkung erfolgte in strikter Befolgung der internationalen Prisenregeln, die eine vorherige Warnung und die Vorsorge für die Sicherheit der Besatzung verlangten.[28]

Dennoch berichteten U-Bootkommandanten diesen gesamten Herbst hindurch über günstige Aussichten für eine Handelskriegsführung gegen den starken und ungeschützten Handelsverkehr von und zu britischen Häfen. Die Gespräche in Marinekreisen erreichten im Oktober mit dem Vorschlag für einen umfassenden Angriff auf die Handelsschiffe in den britischen Küstengewässern einen Höhepunkt. Wenn auch nicht sofort gutgeheißen, lieferte dieses Konzept nichtsdestoweniger die Grundlage für die uneingeschränkte U-Bootkriegsführung, die der Kaiser im Februar 1915 billigte, eine Offensive, die letzten Endes angesichts von nur 21 Frontbooten mit einem großen Fahrbereich, des Fehlens einer klaren Strategie, unzulänglicher Informationen und kostspieliger Gleichgültigkeit gegenüber der internationalen Reaktion scheiterte – Ursachen, die Tirpitz'sche Vermächtnisse darstellten. Die den Versenkungen der Passagierschiffe LUSITANIA im Mai und ARABIC im August folgende amerikanische Entrüstung beschnitt die Offensive, die schließlich im September eingestellt wurde.[29]

Doch die Hoffnungen, die der uneingeschränkte U-Bootkrieg als die beste Möglichkeit weckte, um Großbritanniens wirtschaftliche Lebensadern zu durchtrennen und den Stillstand zu beenden, erwies sich als zu verführerisch. Unter dem Druck von Marine- und Heeresführung schwankte die deutsche Regierung während des gesamten Jahres 1916 zwischen dieser umfassenden Kriegsführung und dem Handelskrieg nach Prisenregeln unschlüssig hin und her. Doch nachdem die Skagerrakschlacht Ende Mai die dürftigen Chancen der Überwasserflotte bezüglich eines Durchbrechens der Blockade dargelegt und der „Steckrüben-Winter" 1916/17 Deutschlands Verwundbarkeit gegenüber Nahrungsmittelknappheit aufgezeigt hatten, erlangten die Befürworter der warnungslosen Versenkung durch die U-Boote die Oberhand.[29a] Mit der Entscheidung, am 1. Februar den uneingeschränkten U-Bootkrieg zu eröffnen, wurde das vernachlässigte Stiefkind der Tirpitz'schen Marine zur letzten Siegeshoffnung für Deutschland.

Der schon oft beschriebene Verlauf des U-Bootkrieges von 1917/18 bedarf hier keiner Darstellung im Einzelnen. Innerhalb von drei Monaten versenkten die U-Boote zwei Millionen BRT an alliiertem Schiffsraum, eine Versenkungsrate, die zur sicheren Niederlage der Alliierten geführt hätte, wenn sie so geblieben wäre. Doch die Einführung und allmähliche Ausweitung des Geleitzugsystems brachte die U-Bootoffensive letztlich zum Scheitern und der Kriegseintritt der Vereinigten Staaten als eine direkte Folge der uneingeschränkten U-Bootangriffe verurteilte Deutschland zur Niederlage. Die Verluste stiegen schließlich bei einem Gesamtbestand von 374 U-Booten auf 178 Einheiten und der Krieg ging zu Ende, ehe ein ehrgeiziges U-Bootbauprogramm Früchte trug.[30]

Hinter diesen bekannten strategischen Umrissen verbarg sich jedoch die Natur des Krieges, wie er von den deutschen U-Bootfahrern erlebt worden war, und bildete auf diese Weise die Grundlagen für ihre Nachfolger.

Vermächtnisse

In einer Marine, in der es keine engen Bande zwischen Offizier und Mann gab, bedeutete der Dienst auf einem U-Boot für alle Angehörigen seiner Besatzung eine gegenseitige Abhängigkeit hinsichtlich Erfolg und Überleben. Sie teilten den beengten Wohnraum und die allgemeine Verpflegung genauso miteinander wie die ständige Gefahr. Dies schloss sie zu einer Kameradschaft zusammen, wie sie an Bord der im Hafen lahm gelegten Großkampfschiffe nicht zu finden war. „Im allgemeinen waren wir jedenfalls alle ein Herz und eine Seele", erinnerte sich später ein Offizier. „Ich gestehe, ich mußte mich manchmal direkt zusammennehmen; ... denn ich fühlte mich mit meinen braven Leuten ... in wirklicher Freundschaft verbunden." Dieses Gefühl wurde durch umfassende Kontakte zwischen den Persönlichkeiten aus dem Bereich der U-Bootführung und den Familien der U-Bootmänner verstärkt. Es entstand darüber hinaus ein „U-Boot-Kreis", der einen Unterstützungsfonds innerhalb der Gemeinschaft der Angehörigen der U-Bootwaffe für Witwen und Waisen einschloss. Das Zusammenschmieden dieser 20 – 60 Mann starken U-Bootbesatzungen zu einer Kampfelite – vergleichbar den Sturmtruppen, gerühmt durch Ernst Jünger – kennzeichnete ein Hauptvermächtnis, das der Kriegsmarine hinterlassen wurde.[31]

Wenn sich auch die U-Boottypen in beiden Weltkriegen voneinander unterschieden, so erwiesen sich ihre Mannigfaltigkeit und ihre verschiedenen Zweckbestimmungen doch als Kontinuität. Die U-Boote von 1914 – 1918 rangierten in der Größe von den winzigen Booten des UB-I-Typs (humorvoll als „Nähmaschinen" bezeichnet[32]) mit einer Verdrängung über Wasser von lediglich 127 t und einer Besatzung von nur 14 Mann bis zu den „U-Kreuzern" von 2000 t mit zwei 8,8-cm-Decksgeschützen und 66 Mann Besatzung. Zwischen diesen Extremen stand der Typ, der sich für die Handelskriegsführung am besten erwies: Tauchboote vom Typ UB III mit einer Verdrängung über Wasser von 516 t, bewaffnet mit fünf Torpedorohren (vier im Bug und eines im Heck), zehn Torpedos und einem 10,5-cm- oder einem 8,8-cm-Decksgeschütz. Obwohl schwierig zu fahren, verkörperte der Typ UB III ein hochseefähiges Angriffs-U-Boot mit starker Offensivkraft, das sehr schnell gebaut werden konnte. Die bis Kriegsende in Dienst gestellten 84 Einheiten dieses Typs (mit späteren Modifizierungen) erwiesen sich als außerordentlich gelungen – wenn auch weniger leistungsfähig als die größeren Flottenunterseeboote –; sie dienten insgesamt als direkte Vorläufer des Typs VII C, des Rückgrats der U-Bootwaffe des Zweiten Weltkrieges.[33]

Eine Variante der Flotten-U-Boote des MS-Typs, die im Juli und August 1916 bei der Werft AG „Weser" in Bremen vom Stapel gelaufene Serie *U 60 – U 62*, wies die

Merkmale auf, die faktisch mit jenen des Typs VII C identisch waren, der 24 Jahre später in Dienst gestellt wurde (siehe Tabelle 3). Der Typ VII C besaß letztlich gegenüber den MS-Booten nur den wesentlichen Vorteil der leistungsfähigeren Dieselmotoren und der größeren Anzahl an Bugtorpedorohren. Eine größere Variante des MS-Typs, die 1916 begonnene und bis Kriegsende nicht mehr fertig gestellte Serie *U 115* und *U 116*, ließ einen ähnlichen Vergleich mit den Booten des Typs IX A zu, die 1938/39 in Dienst gestellt wurden. In ähnlicher Weise lässt sich die Genealogie der Küsten-U-Boote vom Typ II, die in den ersten Kriegsmonaten zum Einsatz kamen, zum 1917 entworfenen UF-Typ, von dem kein Boot mehr zur Fertigstellung gelangte, sowie die der Boote vom Typ I A (1936) zum projektierten UG-Typ von 1918 zurückverfolgen. Wie ein Historiker festgestellt hat, ist das Ausmaß der relativen Verbesserungen an Geschwindigkeit und Fahrbereich hinsichtlich der Entwicklung der U-Bootsklassen nicht beeindruckend. Für die Typen VII C und IX betragen diese Verbesserungen zum Beispiel gegenüber ihren Vorläufern insgesamt weniger als 6%.[34]

Dieses Vertrauen in die letzten U-Bootstypen des 1. Weltkrieges veranschaulicht die langfristigen Konsequenzen, die der Verlust dieses Krieges für die deutsche Marine hatte. Nach der Einstellung der Feindseligkeiten beschlagnahmten die Alliierten alle U-Boote (einschl. der 183 noch im Bau befindlichen), um sie unter den Siegermächten aufzuteilen und zu studieren. Der Gewinn an Unterseebootstechnik erwies sich von unschätzbarem Wert. So übernahm zum Beispiel die US-Marine den deutschen Kreiselkompass, zog ihre Lehren aus den deutschen Sehrohren und Antriebssystemen und nahm Merkmale der Bootskörper-Entwürfe, der Maschinenanlagen und der Torpedorohre der deutschen U-Boote in ihre zukünftigen Unterseeboote auf. Somit wurde der technische Vorteil Deutschlands auf diesem Gebiet an seine früheren Gegner selbst dann noch übertragen, als der Versailler Vertrag dem Land bereits jeglichen Bau von U-Booten untersagte. Fast sofort begann die Reichsmarine diese Beschränkungen im Geheimen zu umgehen. Hinsichtlich des U-Bootbaus kann dieser Vorgang jedoch die enormen Kosten dieser Entwicklungsarbeit für Deutschland in der Zwischenkriegszeit nicht verbergen. Während andere Marinen ihre unversehrt gebliebenen Unterseebootsflotten methodisch und stufenweise entwickelten, verlor Deutschland fast zwei Jahrzehnte, ehe es die 1918 unterbrochene Planung und Fertigung an dieser Stelle wieder aufnehmen konnte.[35]

TABELLE 3 **Vergleich zwischen *U 60 – U 62* des MS-Typs und dem Typ VII C**

Technische Daten	MS-Boote	Typ VII C
Verdrängung über Wasser (t)	768	769
Länge (m)	67,00	67,10
Breite (m)	6,32	6,20
Höchstgeschwindigkeit über Wasser (kn)	16,5	17,7
Höchstgeschwindigkeit unter Wasser (kn)	8,4	7,6
Fahrbereich (sm/kn)	11.400/8	8500/10
Torpedorohre (Bug/Heck)	2/2	4/1
Brennstoffvorrat (t)	128	113,5
Tauchzeit (s)*	30	30

*Schnelltauchen des Bootes in Fahrt.

Im Ersten Weltkrieg oblag die Handelskriegsführung als Hauptaufgabe den der Hochseeflotte zugeteilten Unterseebooten unter der operativen Führung von KKpt. Hermann Bauer als „Führer der Unterseeboote". Ihn ersetzte im Juni 1917 KptzS. und Kommodore Andreas Michelsen, der gleichzeitig zum „Befehlshaber der Unterseeboote" ernannt wurde. Die gleichen Dienststellungen bekleidete ab Januar 1936 bzw. ab Oktober 1939 auch Karl Dönitz. Ironischerweise operierten unter dem Befehl des FdU/BdU gewöhnlich nur etwa die Hälfte aller in Dienst gestellten U-Boote, so zum Beispiel im Februar 1917 nur 46 von 105 Booten und im Oktober 1918 nur 67 von 121 Booten.[35a] Zu den U-Booten der Hochseeflotte gehörten kleine U-Minenleger des UC-Typs, die Feindfahrten in englische Küstengewässer durchführten, sowie Flottenunterseeboote, die auf den atlantischen Zufahrtswegen zu den britischen Häfen westlich von Irland operierten. Nach Kriegsbeginn dauerte eine normale Feindfahrt nicht länger als fünf Tage und 1917 wies sie im Durchschnitt eine Länge von zwei bis vier Wochen auf. Eine solche Dauer lag nicht weit unterhalb der Länge einer normalen Feindfahrt eines VII-C-Bootes 1940 – 1943 von den französischen Stützpunkten aus.[36]

Im Kriege operierten die U-Boote weitgehend einzeln gegen die Handelsschiff-Fahrt. Doch bereits 1907 waren in einer deutschen Veröffentlichung die Möglichkeiten gemeinsam operierender U-Boote behandelt worden.[37] Im April 1917 schlug Bauer noch vor der Einführung des Geleitzugsystems vor, einen U-Kreuzer mit einer ausreichend starken Funkanlage als Führungs- bzw. Nachrichtenboot zu verwenden, um die Bewegungen und Maßnahmen der in diesem Raum eingesetzten U-Boote abzustimmen. Ein erster Versuch, mit dem Dönitz bei Manövern 1936 und bereits im Kriege mit *U 53* im September 1939 Versuche anstellte.[38] Als das alliierte Geleitzugsystem während der letzten 17 Kriegsmonate die Ziele beträchtlich verringerte, fassten die Strategen des U-Bootkrieges als Antwort darauf Gruppenoperationen ins Auge. Besonders Kptlt. Hans Rose und Kptlt. Hans v. Mellenthin widmeten beträchtliche Gedankenarbeit und praktische Erfahrung einem Verfahren, um Unterseeboote zu Gruppenangriffen auf Geleitzüge zusammenzuziehen. Dies führte zur Schaffung der Gruppen- oder Rudeltaktik, die später von Dönitz zu einer taktischen Doktrin entwickelt wurde.[39/39a]

Obwohl sich die Bedingungen auf dem Kriegsschauplatz des Mittelmeeres deutlich von den nördlicheren Einsatzräumen unterschieden, kann die dort vorherrschende Perspektive des U-Bootes durchaus einen übertriebenen Einfluss auf die Zukunft ausgeübt haben. Trotzdem im Mittelmeer wesentlich weniger deutsche U-Boote als im Atlantik operierten – 23 der in Dienst gestellten U-Boote im Februar 1917 bzw. 28 der 121 Boote im Oktober 1918 –, erzielten diese angesichts der reichlich vorhandenen Ziele unverhältnismäßig große Erfolge. Das Durcheinander bezüglich der Zuständigkeiten bei den britischen, italienischen und französischen Führungsstäben sowie eine unzureichende Geleitsicherung verhinderte die Einrichtung eines wirksamen Geleitzugsystems und die U-Bootkommandanten brauchten nicht zum uneingeschränkten U-Bootkrieg Zuflucht zu nehmen, um zu unglaublichen Erfolgen zu kommen. Hier gelang es Kptlt. Lothar v. Arnauld de la Perière, dem größten Ass unter den U-Bootkommandanten beider Weltkriege, den Großteil seines Rekorderfolges von 194 versenkten Handelsschiffen zu erzielen, einschließlich einer dreiwöchigen Feindfahrt im Juli/August

1916, auf der er mit *U 35* allein 54 Schiffe (91.000 BRT) gemäß Prisenordnung versenkte. Vom Beginn des Jahres 1916 bis zum Ende des Krieges versenkten die U-Boote der Hochseestreitkräfte im Atlantik insgesamt 4,45 Millionen BRT an alliiertem Schiffsraum, wohingegen der viel kleinere Verband der Mittelmeer-U-Boote im selben Zeitraum 3,32 Millionen BRT versenkte. Bis in die letzten Kriegsmonate hinein war für die Letzteren das Risiko auch viel geringer: 1917 etwa mit nur zwei Verlusten gegen 32 verloren gegangenen Unterseebooten der Hochseestreitkräfte.[40]

Da Dönitz seine gesamte Dienstzeit auf U-Booten während des Ersten Weltkrieges im Mittelmeer verbracht hatte, führte diese ungewöhnliche Erfolgsrate zu bedeutenden Folgerungen für die U-Bootwaffe des Zweiten Weltkrieges. Zuerst als Wachoffizier auf *U 39* (Januar – Oktober 1917), dann als Kommandant von *UC 25* (Februar – August 1918) und *UB 68* (September/Oktober 1918) beteiligte sich Dönitz an der Versenkung von mehr als 40 Handelsschiffen.[41] Diese Erfahrungen, die mit ihm auch andere Mittelmeer-Asse teilten, hinterließen bei Dönitz wahrscheinlich eine übersteigerte Vorstellung von den Fähigkeiten eines U-Bootes. Ohne auf Flottenunterseebooten gedient zu haben, die die Hauptlast des U-Bootkrieges trugen, mangelte es dem zukünftigen BdU am persönlichen Kontakt zu den Enttäuschungen und Beschränkungen der im Nordatlantik kämpfenden Hauptkräfte.

Ein besonderes Vermächtnis dieser optimistischen Perspektive kann in der späteren Einführung des statistischen Maßstabes gesehen werden, den KptzS. Kurt Graßhoff, der FdU Mittelmeer, benutzte, um die verhältnismäßige Leistung seines Kommandos festzustellen: Errechnen der Gesamttonnage an versenktem Handelsschiffsraum durch Addition und geteilt durch die Summe der auf Feindfahrt verbrachten Tage in See aller U-Boote ergab die versenkte Tonnage pro Seetag im Durchschnitt. Dies stellte eine genaue Berechnung der U-Booterfolge über eine gewisse Zeitspanne hinweg dar.[42] Dieses statistische Instrument, offensichtlich von einem Stabsgehilfen in Berlin stammend, brachte gute Ergebnisse hervor, wenn es sich um eine kleine und konstante Anzahl von U-Booten handelte, die auf einem speziellen Kriegsschauplatz operierten. Dönitz' späteres Übertragen auf eine ständig wechselnde Anzahl von U-Booten, die im gesamten Atlantik zum Einsatz kamen, sollte Anlass zu Erfolgserwartungen geben, die fast zu Enttäuschungen bestimmt waren.

Es ist bezeichnend, dass weder Bauer noch Michelsen diesen Maßstab für die U-Boote der Hochseestreitkräfte benutzten, die unter weit schwierigeren Bedingungen operierten. Stattdessen stellten sie statistische Durchschnitte für Unterseeboote zusammen, die in speziellen Einsatzgebieten über ausgewählte Zeiträume hinweg operierten, um lohnende Einsatzräume für die zukünftige Verwendung der verfügbaren Kräfte zu erkennen. Als sich daher im Juni/Juli 1917 die Durchschnittserfolge der zwischen den Shetland-Inseln und Norwegen operierenden U-Boote deutlich weniger lohnend zeigten als diejenigen der U-Boote, die vor der britischen Westküste standen, lieferten diese Zahlen die Rechtfertigung für eine größere Konzentration der Boote im letzteren Einsatzraum.[43] Trotz ihrer Unterschiedlichkeit maßen jedoch die analytischen Methoden, die von der Mittelmeer- und der Atlantikführung der U-Boote angewendet wurden, den Erfolg aus dem Blickwinkel der Versenkungsraten an Handelsschiffstonnage und kündigten Dönitz' Betonung des Tonnagekrieges von 1942 an.[44]

In vielerlei anderer Hinsicht schuf die allgemeine Verwaltung und Führung der U-Boot-waffe Präzedenzfälle für die Zukunft, nicht zuletzt im Hinblick auf ihr schnelles Anwachsen. Zu Kriegsbeginn 1914 hatte die Waffengattung eine Stärke von 1400 Mann. Bis Kriegsende 1918 stieg diese Zahl auf annähernd 18.000 Mann, die durch die Heimat- und Frontorganisation liefen. Von ihnen dienten vermutlich 11.400 Mann direkt auf den U-Booten. Während des Krieges fielen 5132 Offiziere und Mannschaften der U-Bootwaffe oder starben an ihren Verwundungen, zu denen zusätzlich noch 729 Mann kamen, die in Kriegsgefangenschaft gerieten – eine Verlustrate von über 51%. Mit Ausnahme der Offiziere bestand die U-Bootwaffe bis 1917 ausschließlich aus Freiwilligen. Danach musste sie sich infolge der Verstärkung zunehmend auf Reservisten und auf direkte Versetzungen qualifizierten Personals aus dem Rest der Flotte stützen. Die Infrastruktur der Organisation und Ausbildung musste ebenfalls mit der Folge verbessert werden, dass zumindest 20% der Mannschaften vor ihrer Abkommandierung keine U-Bootausbildung erhielten. Dennoch blieb die Moral intakt und die Gesamtergebnisse erwiesen sich als zufriedenstellend, die Grundlagen sowohl für die praktische Erfahrung als auch für ein Verlassen auf Improvisation legend, um mit unvorhergesehenen Problemen fertig zu werden.[45]

Ein Beispiel der konsequenten Personalpolitik kann in dem ständigen Wechsel unter den U-Bootbesatzungen gesehen werden, um altgediente U-Bootmänner als Kader für neue Unterseeboote bereitzustellen. Die Abkommandierung von bis zu 15% jeder Besatzung nach jeweils zwei Feindfahrten wurde ständige Praxis, um einen dauernden Fluss erfahrener Männer für die künftigen U-Boote sicherzustellen. Ein diensttuender Deckoffizier von *UC 32* verriet zum Beispiel seinen britischen Vernehmungsoffizieren, dass er in weniger als einem Jahr bereits auf vier U-Booten gedient hatte. Die Forderungen nach rascher Verstärkung sollten die Einführung ähnlicher Maßnahmen noch vor Ende 1939 diktieren.[46]

Bauer begründete einen weiteren Präzedenzfall für Dönitz, indem er vorschrieb, unter welchen Bedingungen Überlebende gesunkener Handelsschiffe als Kriegsgefangene an Bord zu nehmen waren. Die Befehle für seine Kommandanten zur Durchführung der uneingeschränkten U-Bootkriegsführung vorbereitend, schrieb Bauer Ende Januar 1917: „Kapitäne und Maschinisten sind, falls möglich, als Gefangene an Bord zu nehmen. Das U-Boot hat sich jedoch durch solches Handeln keinen Risiken auszusetzen." Einen fast identischen Befehl sollte die deutsche Seekriegsleitung im Juni 1942 erlassen. In beiden Kriegen entschlossen sich jedoch die U-Bootkommandanten zu eigenständigem Handeln, um die Gebote der Menschlichkeit gegen die Notwendigkeiten der uneingeschränkten U-Bootkriegführung abzuwägen.[47]

Verlust- und Erfolgsraten lieferten ebenfalls Vorbilder, die sich 25 Jahre später wiederholen sollten. Von 457 U-Bootkommandanten des Ersten Weltkrieges fielen 152 und 33 gerieten in Gefangenschaft. Dies entsprach einem Gesamtverlust von über 40% und ihre Nachfolger des Zweiten Krieges sollten 46% Verluste erleiden. Eindrucksvoller sind die unverhältnismäßigen Erfolgsziffern für eine kleine Anzahl von U-Boot-Assen; denn auf das Konto von 22 der über 400 U-Bootkommandanten kamen mehr als 60% aller versenkten Handelsschiffe der Alliierten während des Großen Krieges und lediglich vier Prozent aller U-Boote versenkten 30% aller Verluste an Handelsschiffen. Im Zweiten Weltkrieg wiederholte sich dieses Phänomen, als 30 U-Bootkommandanten (von annähernd 1300) fast 30% der gesamten Handelsschiffstonnage versenkten, die in diesem Konflikt verloren ging.[48]

Noch ein weiteres Vermächtnis hatte die Nachkriegserkenntnis bezüglich der Frage zur Folge: Wie viele Ressourcen der Alliierten waren durch den U-Bootkrieg gebunden worden? Alliierte Memoiren und Geschichtsdarstellungen heranziehend, verteidigten deutsche Teilnehmer ihre Erkenntnisse und lenkten zu verschiedenen Zeiten die volle Aufmerksamkeit auf ihre eigenen Zahlen hinsichtlich Kräfte und Material des Gegners. Eine Quelle berechnete sorgfältig, dass Großbritanniens Kampf gegen die U-Boote die Anstrengungen von 770.000 Menschen (einschließlich der Besatzungen von Kriegs- und Handelsschiffen, Werftpersonal, Hafenarbeiter und Arbeiter in Waffen- und Munitionsfabriken) in Anspruch nahm und etwa 13.000 Schiffsgeschütze, 3700 Scheinwerfer, nahezu 46.000 ts Munition und 16.327 km Stahlkabel für U-Bootabwehrnetze von anderweitiger Verwendung abzog. Dönitz sollte später genau denselben Argumenten Ausdruck verleihen, um nach dem Mai 1943 mit seinen U-Booten den Kampf fortzusetzen – nicht nur in seinen Lebenserinnerungen, sondern zur Aufmunterung der dem Untergang geweihten U-Bootbesatzungen, die er aufforderte, gegen eine ähnliche Übermacht weiterzukämpfen.[49]

Hinter diesen Rechtfertigungen verbarg sich das bedeutsamste und zweifelhafteste Erbe, das die U-Boote des kaiserlichen Deutschland der Zukunft hinterlassen hatten, eine kritische, aber unbeantwortete Frage: Hatte die uneingeschränkte Kriegsführung der U-Boote gegen die Handelsschiff-Fahrt Deutschlands Kriegsanstrengungen unterstützt oder sie behindert? Die Antworten entzweiten die deutschen Kriegsteilnehmer aus der Marine bitterlich. Die meisten U-Bootkommandanten waren der Auffassung, sie hätten die in das U-Boot gesetzten Erwartungen bestätigt, die uneingeschränkte U-Bootkriegsführung bekräftigend, und beschuldigten den Wankelmut ihrer Regierung 1915/16 oder das Versäumnis, zu einem früheren Zeitpunkt für den letztlichen Ausgang ausreichend Unterseeboote zu bauen. Für sie war die Kriegserklärung der Vereinigten Staaten im April 1917 eher von den seit langer Zeit bestehenden britisch-amerikanischen Geschäfts- und Handelsverbindungen als von den U-Bootangriffen abgeleitet worden.

Andererseits sprach Konteradmiral Arno Spindler, ein ehemaliger U-Bootoffizier und der offizielle Historiker des U-Bootkrieges, für viele führende Personen aus Marine und Politik mit seiner Beurteilung, dass sich die uneingeschränkte U-Bootkriegsführung eher als übereilt als zu spät erwiesen und ihre Ziele verfehlt hatte, während sie Amerikas Kriegseintritt beschleunigte. Er kritisierte auch Bauer und die U-Boote der Hochseeflotte, 1915/16 Gelegenheiten zur Handelskriegsführung gemäß Prisenordnung unterlassen zu haben. Führende Personen der Marine, die Spindler unterstützten, führten jedoch zuweilen noch einen weiteren Punkt aus dem Großen Krieg an, nämlich Besorgnis über die Gesamtstruktur und die Funktion der Marine, falls sich diese allmählich zu einem Gebilde entwickelte, das im Wesentlichen nur noch aus der U-Bootwaffe bestand. Die Leistungen des „Kriegs der Kapitänleutnante", wie einige den U-Bootkrieg bezeichneten, stellten die Erforderlichkeit einer großen und kostspieligen Schlachtflotte in Zweifel. Das Reichsmarineamt drückte bereits 1915 seine Besorgnis über die Möglichkeiten der Beförderung in die Flaggoffiziersränge offen aus, wenn die Überwasserstreitkräfte zunehmend überflüssig würden.[50]

Ungeachtet der Heftigkeit dieser Debatte, die sich bis in die 50er-Jahre hinein fortsetzte, bestand kein Zweifel hinsichtlich des Ausgangs, wessen Stimme das größere Gewicht hatte. Ein deutscher Marinehistoriker bemerkte 1944 in einer Darlegung über den Einfluss der U-Boot-Denkrichtung wehmütig:

> „Die unbestrittenen Hoffnungen, die sich auf die Auswirkungen des U-Bootkrieges gründeten, beruhten im Großen Krieg auf der Vorstellung, daß wir ihn gewonnen hätten, wenn wir nur genügend U-Boote gehabt und sie in einer umfassenden Anstrengung ohne Rücksicht auf politische Beschränkungen auch eingesetzt hätten. Die historische Forschung der vergangenen 20 Jahre stützt diese Behauptung nicht. Trotzdem war sie in der gesamten Nachkriegsmarine verbreitet vorhanden, unterstützt durch eine beträchtliche Marineliteratur, und konnte auch nicht durch die Zweifel erschüttert werden, die von den Erkenntnissen der Marineforschung und der Historischen Abteilung erhoben wurden. Diese Ansicht dominierte zweifellos das Denken der führenden Personen in der Marine zu Beginn des gegenwärtigen Krieges.[51]

Obwohl Erbe dieses umstrittenen Vermächtnisses war Dönitz eine viel zu sehr Bauer und seinen Kameraden verbundene zentrale Gestalt. Nach Feststellung der „negativen" Töne in Spindlers Geschichtsdarstellung verzichtete Dönitz auf die beiden Schlussbände und ihre Schlussfolgerungen.[52] Seine Übernahme des Kommandos über die U-Bootwaffe ab September 1935 verschaffte Dönitz jedoch weder Einfluss auf die U-Boottypen oder auf den U-Bootbau noch auf ihre strategische Verwendung. Als 1939 der Krieg ausbrach, gab es innerhalb der Marine keine übereinstimmende Auffassung hinsichtlich der strategischen Aufgabe oder der Bedeutung der Unterseeboote. Erst seine Ernennung zum Oberbefehlshaber der Kriegsmarine im Januar 1943 sollte Dönitz für den Bau und die Verwendung der U-Boote freie Hand geben.

Doch es gab wenigstens keine Zweifel darüber, was die Befähigung und das Ansehen der ersten Generation der U-Bootkrieger anbetraf. Von ihren dürftigen Anfängen an war die U-Bootwaffe rasch herangereift, bis sie im Großen Krieg Deutschlands letzte Möglichkeit eines Sieges zur See auf ihren Schultern trug. Das Scheitern dieser Anstrengungen bedeutete aber nicht, dass die U-Boote bezwungen worden waren. Durch die Schande unberührt geblieben, die der deutschen Überwasserflotte infolge Untätigkeit und Meuterei anhaftete, bewahrten sich die Unterseeboote ihr Ansehen, das auch fürderhin Personal garantierte. Und letzten Endes trat die Dönitz'sche U-Bootwaffe 1939 in die Feindseligkeiten mit einer Zuversicht ein, die zum großen Teil aus den Kampferfahrungen und Praktiken herrührte, die 25 Jahre zuvor unter großen Opfern erworben worden waren – eine Schuld, die in symbolischen Akten der Anerkennung eingelöst wurde.

An einem regnerischen, grauen Morgen des 5. Dezember 1940 stellte der Kommandant, KKpt. Hans-Georg Fischer, auf dem Werftgelände der Deschimag in Bremen ein neues U-Boot vom Typ VII C als *U 109* der deutschen Marine in Dienst. Zur Indienststellungsfeier waren als Ehrengäste auch der ehemalige Funkmaat Carl Keitel und der damalige Heizer Franz Dompke eingeladen, die letzten noch lebenden Angehörigen der Besatzung von *UB 109*, die den Untergang ihres Bootes durch einen Minentreffer 22 Jahre zuvor überlebt hatten.[53] Die Fackel war weitergereicht worden.

3. Kapitel
Der Rahmen des U-Bootkrieges

Die Besatzungen der deutschen U-Boote führten ihren Krieg innerhalb eines Rahmens, der sowohl seine Ziele umriss als auch die Mittel bestimmte, um sie zu erreichen. Dieser Rahmen umfasste folgende Elemente:

– Die *oberste Führung* der U-Bootwaffe, deren Wesen und Handlungsweise der Waffengattung die Identität gaben;
– der *Führungsstab*, der die Operationen leitete;
– die *Strategie und die Taktik*, die für den Einsatz, den Kampf und die Ausbildung die Ziele setzten; und
– die *U-Boote selbst*, deren physikalische Fähigkeiten letztlich den Unterschied zwischen Leben und Tod bedeuteten.

Jedes dieser Themen verdient ein eigenes Buch – und dies war auch oft der Fall. Hier bleibt nur Raum für eine kurze Beschreibung dieser Schlüsselelemente, deren jedes einen kurzen Einblick in die unsichtbaren Strukturen gewähren könnte, die auf die deutschen U-Bootbesatzungen selbst dann noch bestimmend einwirkten, wenn sie mit ihren Booten einem endlosen Horizont zustrebten.

Die Führung

Karl Dönitz dominiert jede Studie über den U-Bootkrieg, mehr als die Beschränkungen seiner Stellung und Zuständigkeiten anzudeuten scheinen. Mit Sicherheit prägte Dönitz sein Kommando mit der dynamischen Kraft, dem Charisma und der Entschlossenheit, die seinen eigenen Charakter kennzeichneten. Dennoch fehlte ihm vor 1943 die Autorität, um die U-Boottypen oder die Gesamtstrategie zu bestimmen, während ihm zugeschriebene Eigenschaften zuweilen gemeinsame charakteristische Merkmale in der Führung der Kriegsmarine reflektieren und die ungeheure Verstärkung der U-Bootwaffe notwendigerweise den Einfluss von Dönitz schwächte. Nichtsdestoweniger beginnt jede Studie über die deutsche U-Bootkriegsführung im Zweiten Weltkrieg mit dem Befehlshaber und seinem kleinen Stab, im Allgemeinen mit der Abkürzung „BdU" – Befehlshaber der Unterseeboote – identifiziert.[1]

Die Herkunft von Dönitz lässt nichts erkennen, das auf eine einzigartige Eignung für U-Boote hinweist. Am 16. September 1891 als Kind einer Familie der oberen Mittelschicht in Grünau bei Berlin geboren, gab es unter Dönitz' Vorfahren keine Tradition von Berufsoffizieren des Heeres oder der Marine. Seine Interessen als Jugendlicher an Soldaten und Forschungsreisenden ließen ihn 1910 in die Marine eintreten. In ihr glaubte er begeistert, beide Interessen befriedigen zu können.[2] Von seinen Vorgesetzten übereinstimmend gut beurteilt, besaß Dönitz einen scharfen Verstand (sein Intelligenzquotient wurde im Nürnberger Tribunal mit 138 bewertet, einer der höchsten bei den Angeklagten) sowie einen Sinn für Humor, der nach dem Kriege seine Gefängniswärter überraschte.[3] In den ersten 25 Jahren seiner Laufbahn verbrachte er jedoch nur etwas mehr als zwei Jahre auf U-Booten und Anfang der 30er-Jahre spielte er bei der geheimen Neuschaffung der U-Bootwaffe überhaupt keine Rolle. Als er im September 1935 sein Kommando als Chef der U-Flottille „Weddigen" antrat und kurze Zeit später zum Führer der Unterseeboote (FdU) ernannt wurde, reflektiert dies wahrscheinlich nichts anderes als das Vertrauen der Marine in seine erwiesenen Organisationsfähigkeiten[4], um die neu aufgestellte U-Flottille in eine leistungsfähige Einheit umzuwandeln. Er besaß jedoch nicht die Zuständigkeit, um die U-Boottypen oder den U-Bootbau zu bestimmen. Der Zeitpunkt seiner Ernennung fiel zeitlich fast mit einer inneren Umgestaltung in der Marineleitung zusammen, um die Leitung der U-Bootsentwicklung und -strategie in jene der konventionellen Überwasserstreitkräfte zu integrieren.[5]

Nichtsdestoweniger war es für Dönitz, wie er sich erinnerte, „selbstverständlich, daß ich nun alle meine Kräfte für das Gelingen des Aufbaues dieser neuen U-Waffe einsetzte. Ich wurde mit Leib und Seele wieder U-Boot-Mann."[6] Seine Begeisterung und sein persönliches Engagement formte die U-Bootwaffe mit Vertrautheit und einem Sinn für Kameradschaft, die den gesamten Krieg hindurch erhalten blieben. Von Anfang an brach Dönitz das militärische Protokoll, indem er seine Offiziere mit dem vertraulichen „Du" anredete und gelegentlich seinen Kommandanten ein Kraftfahrzeug lieh oder ihnen ein paar hundert Mark aus seinen eigenen Mitteln gab, wenn sie in Paris knapp bei Kasse waren. Er sorgte auch für eine besondere Behandlung seiner U-Bootmänner hinsichtlich Sold, Urlaub, Beförderungen und anderer Vorteile.[7]

Seinen beiden Söhnen gewährte er jedoch keine besondere Behandlung. Sie traten nach Kriegsbeginn als Offizieranwärter in die Marine ein. Peter, der jüngste Sohn ging zur U-Bootwaffe. Ein U-Bootfunker beschrieb die Begrüßung nach dem Einlaufen eines Bootes, auf dem sich sein Sohn als Offizier befand. Jeder Offizier nannte seinen Namen und wurde von Dönitz mit Handschlag begrüßt. Erst nach dem Kommando „Rührt euch!" ging er zu seinem Sohn und umarmte ihn. „Das imponierte uns mächtig", schrieb der Veteran. LtzS. Peter Dönitz nahm dieselben Risiken wie andere auf sich und teilte mit den meisten dasselbe Schicksal, als sein Boot – *U 954* (Kptlt. Odo Loewe) – am 19. Mai 1943 mit der gesamten Besatzung im Nordatlantik verloren ging. Sein älterer Bruder Klaus fiel ein Jahr später an Bord eines Schnellbootes im Englischen Kanal.[8]

Dönitz, der von seinen U-Bootmännern „der Löwe" genannt wurde, nahm diese tragischen Ereignisse in stoischer Ruhe hin, zeigte jedoch seine Krallen, wenn Kommandanten und Besatzungen magere Ergebnisse erbrachten. In den Anfangsphasen des Krieges hielt der BdU mit den zurückgekehrten Kommandanten zweistündige Besprechungen ihrer Feindfahrten ab. Er prüfte die in ihren Kriegstagebüchern verzeichneten Entscheidungen und Handlungen genau und kritisierte jeden Mangel an Angriffsgeist und jedes Fehlverhalten. Zuweilen wartete er die Besprechung nicht einmal ab, sondern brachte seine Kritik sofort auf dem Antreteplatz zur Sprache, wie im Falle von *U 109* (KKpt. Hans-Georg Fischer), als das Boot Ende Mai 1941 nach Lorient zurückgekehrt war:

„Er [der BdU] begrüßt die Offiziere mit Handschlag. … Dann stellt er sich ungefähr 15 Schritte vor die Front und verschränkt die Arme vor der Brust. Seine Lip-
pen werden schmal. Was wohl jetzt kommt? ‚Ihr habt Mist gemacht. Das wißt ihr.‘
Seine Stimme klingt jetzt scharf. ‚Und wenn ihr schon auf Tiefe geht, dann
braucht ihr nicht gleich einen Weltrekord aufzustellen. … Es war nicht viel mit
euren 7000 Tonnen. Das muß besser werden.‘ Der BdU läßt den Blick über die
Offiziere gleiten. Dann sieht er für einen Augenblick den Kommandanten an. Der
fährt mit der Hand an die Mütze. Er hat verstanden. Dönitz lächelt, und seine
Stimme klingt versöhnlich, als er fortfährt: ‚Aber ihr habt wenigstens das Boot
nach Hause gebracht. Das ist auch etwas wert.‘"[9]

Gegenüber seinen Männern entfaltete Dönitz stets Optimismus und die aufmun-
ternden Funksprüche an seine Kommandanten spiegelten einen aggressiven Angriffsgeist wider. Das berühmteste Beispiel war sein Funkspruch vom 21. Mai 1943, als die
Verluste in der sich zuspitzenden Schlacht im Atlantik einen Höhepunkt erreichten
(auszugsweise):

„Derjenige, der nun glaubt, daß die Geleitzugbekämpfung nicht mehr möglich ist,
ist ein Schwächling und kein echter U-Bootkommandant. Die Schlacht im Atlantik
wird härter, sie ist aber die entscheidende Kriegführung. Seid Euch Eurer hohen
Verantwortung bewußt und Euch darüber klar, daß Ihr Euer Handeln verantwor-
ten müßt. Tut Euer Bestes an diesem Geleitzug. Wir müssen ihn zerschlagen. … Hart
sein, nach vorne kommen und angreifen. Ich glaube an Euch. Oberbefehlshaber."[10]

Dieser und ähnliche Funksprüche sind als „Zuckerbrot-und-Peitsche-Schlagworte"
bezeichnet worden, die als Ersatz sorgfältiger Analysen dienten[11], obwohl derselbe Stil
auch bei einigen Funksprüchen Winston Churchills im Kriege beobachtet werden
kann.[12] Gegen Ende des Krieges setzte Dönitz in der Öffentlichkeit ein zuversichtliches
Gesicht auf, wie einer der Kommandanten nach einer Besprechung berichtete, einen
knappen Monat vor der Kapitulation der Wehrmacht: „Mein lieber Schaeffer, Sie wissen, wir werden bis zum Endsieg kämpfen, koste es, was es wolle, wir werden siegen."[13]

Privat wusste jedoch Dönitz, dass für seine Männer wenig Aussicht auf Erfolg
bestand. Am 28. August 1939, vielleicht die Studie von Kptlt. Blum von vor 25 Jahren
heranziehend und erweiternd, berechnete er ein Erfordernis von 300 hochseefähigen
Unterseebooten, die für eine erfolgreiche Handelskriegführung gegen Großbritannien
notwendig waren und von denen ständig 100 Boote im Operationsgebiet zu stehen hatten. Stattdessen besaß die deutsche Kriegsmarine beim wenige Tage später erfolgenden
Kriegsausbruch lediglich insgesamt 57 Unterseeboote, von denen wiederum nur 22
außerhalb der Nordsee wirksam operieren konnten.[14] Als am 3. September 1939 Großbritannien Deutschland den Krieg erklärte, nahm der Oberbefehlshaber der Kriegsmarine, Großadmiral Raeder, diese Nachricht mit der Bemerkung auf, dass die Kriegsmarine hoffnungslos unterlegen und auf einen globalen Krieg nicht vorbereitet, nur eines
tun könnte: „Den Beweis zu liefern, daß sie ehrenhaft zu sterben wisse."[15] Dönitz ging
nicht ganz so weit, aber die Beurteilung, so erinnert er sich, die er am 4. September vor
seinem versammelten Stab abgab, war kaum weniger grimmig: „Ich habe keine Illu-
sionen über diesen Krieg. Er wird sehr lange dauern, vielleicht sieben Jahre, und wir
können zufrieden sein, wenn es uns am Ende gelingt, ein Unentschieden zu erreichen."[16]

Seine Objektivität gestattete es Dönitz, im Umgang mit militärischen Problemen
sowohl anpassungsfähig als auch einfallsreich zu sein. Wie zu sehen sein wird,

erkannte er bereits 1942, dass die Wirksamkeit und das Anwachsen der alliierten Luftmacht die Hoffnungen auf einen langfristigen Erfolg mit den vorhandenen U-Boottypen zum Scheitern verurteilte. Er umging deshalb den Dienstweg der Marine, um Hellmuth Walters revolutionäre U-Bootentwürfe Hitler direkt vorzulegen und einen beschleunigten U-Bootbau mit Rüstungsminister Albert Speer zu erörtern. Obwohl anfänglich gegenüber Sonar und Radar[16a] skeptisch, ist seine Wandlung zu einem Anhänger der Technik von der kurzfristigen Einführung der Radarwarngeräte (FuMO) und verstärkten Flakbewaffnung bis hin zu der bereits 1942 erfolgten Festlegung auf U-Streitkräfte aus modernen U-Boottypen offensichtlich.

Dennoch konnte er in die Denkweisen des Ersten Weltkrieges verfallen, wie dies die schlecht beratene Umbewaffnung von *U 441* („U-Flak 1": Kptlt. Götz v. Hartmann) im April/Mai 1943 als erstes einer Serie von sieben „Flakfallen" zeigte – die Flakversion eines Q-Schiffes als Köder für alliierte Flugzeuge, um sie zu vernichten. Kptlt. Götz v. Hartmann hatte das Glück zu überleben, nachdem das Boot durch Bordwaffen-Angriffe britischer „Beaufighter"-Maschinen 23 Verluste (10 Gefallene) erlitten hatte. Dönitz zumindest gab diesen Gedanken rasch auf.[17/17a]

Am meisten war jedoch für seinen Führungsstil sein Vertrauen in die „Improvisation" charakteristisch. Vielleicht ließ die Knappheit an Ressourcen wenig Wahl; doch wenn dies auch stimmt, so fand Dönitz einen viel zu großen Gefallen an diesem ständigen Zustand. Wie unten zu erörtern ist, blieb der Führungsstab des BdU während des gesamten Krieges außerordentlich klein, eine Erleichterung für eine einheitliche Führung auf Kosten eines bis zur Erschöpfung überarbeiteten Personals und des Verlustes der Perspektive bei der Lösung von Problemen. Dieser Stil der „schwungvollen Improvisation" in einem hoffnungslosen, reaktiven Wettlauf mit überlegenen alliierten Ressourcen sowie einer ebensolchen Technik und Methodologie spiegelt, wie dies ein Historiker beschrieb, „einen geradezu als ‚romantisch' zu bezeichnenden Seekrieg" wider, einen schrecklichen Preis von jenen erheischend, die ihn so zu führen forderten.[18]

Zusammenfassend blieb Dönitz eher ein ungeduldiger Krieger, der eine Schlacht ausfocht, statt ein sorgfältiger Organisator zu sein, der geschickt mit den Ressourcen umging, um einen Krieg zu gewinnen. Auch nachdem er Oberbefehlshaber der Kriegsmarine geworden war, ergänzte er weder den BdU-Stab wesentlich mit qualifizierten Offizieren, die er von anderen Aufgaben abzog, noch revidierte er systematisch die Arbeit der technischen Ressorts, deren Fachkenntnisse in der Torpedoentwicklung oder in der Schlüsselsicherheit eine andere Beurteilung verdienten.[19] Was in dieser Hinsicht auch geschah, er war in der Öffentlichkeit mit der U-Bootwaffe identisch.

Doch Karl Dönitz formte nicht allein den Charakter seiner Besatzungen, und es ließe sich zu Recht behaupten, er übte hierbei weniger Einfluss aus als sein fast vergessener Mitstreiter: Hans-Georg von Friedeburg.[20] Nicht ganz vier Jahre jünger als sein Chef und ebenfalls ein U-Bootoffizier des Großen Krieges war Adm. v. Friedeburg für die Organisation und Verwaltung der gesamten U-Bootwaffe verantwortlich (BdU org). Der „vollkommene Gentleman, korrekt bis zum letzten"[21], wie er beschrieben wurde, stieß im Februar 1939 als designierter Nachfolger von Dönitz zur U-Bootwaffe, ein Wechsel, der für den 1. April 1940 vorgesehen war, den aber der Kriegsausbruch verhinderte. Der damalige KptzS. v. Friedeburg – der sich selbst als „der Büchsenspanner von Dönitz" bezeichnete, ein Ausdruck für eine Person, die auf der Jagd einen Jäger begleitet, wobei sie das Gewehr trägt und lädt – übernahm stattdessen im September 1939 im Stabe des FdU/BdU die Zuständigkeit für die gesamte Ausbildung und das Personal sowie für alle technischen einschließlich der waffentechnischen Fragen. Er behielt diese Organisationsaufgaben bis kurz vor Kriegsende und im Laufe der Zeit änderte sich mit der Verstärkung der U-Bootwaffe seine Dienstbezeichnung: Chef der Organisations-Abteilung des BdU (September 1939, vom OKM am 17. Oktober genehmigt, bis September 1941), Zweiter Admiral der Unterseeboote (September 1941 bis Januar 1943) und Kommandierender Admiral der Unterseeboote (Februar 1943 bis April 1945).[22] Der ehemalige Chef einer U-Flottille beschrieb ihn als „das größte Organisationsgenie, das die Marine hervorbrachte", dem es stets irgendwie gelang, „alles von den Stützpunkten, Schulen, dem gesamten Ausbildungsapparat bis hin zu sämtlichen Personalangelegenheiten vollständig aus dem Blauen zu zaubern".[23] Während Dönitz seine Männer im Kampf begeisterte und führte, war es die Aufgabe Adm. v. Friedeburgs sie in erster Linie auszuwählen und auszubilden; es war sein Geschick, hinter den Kulissen zu arbeiten und andere ins Rampenlicht zu stellen.

Wie Dönitz, so pflegte auch Adm. v. Friedeburg einen persönlichen Kontakt zur U-Bootwaffe, der sich jedoch in lebhaften und geistreichen Messegesprächen äußerte. Die Offiziere wussten, sie konnten sich an ihn um Unterstützung wenden, ob es um die Kommandierung zur U-Bootwaffe oder um Rückendeckung bei Kontroversen ging.[24] Tagsüber kümmerte er sich um Personal- und Ausbildungsangelegenheiten, nachts schrieb er regelmäßig an die U-Bootoffiziere in Gefangenschaft sowie an die Witwen und Familien jener, die nie von ihrer letzten Feindfahrt zurückkehren würden. Letzteres bedeutete keine bloßen Benachrichtigungen oder Kondolenzbriefe, sondern stellte eine weitergehende Korrespondenz dar, um den materiellen Bedürfnissen der Hinterbliebenen zu begegnen und psychologisch Trost zu spenden.[25]

Von einem seiner Stabsoffiziere als „außerordentlich selbstbewußt, sehr scharfsinnig und taktvoll, völlig verschieden von dem barschen Preußen Dönitz" beschrieben[26], brachte Hans-Georg v. Friedeburg ein umfangreiches Netz politischer Verbindungen in die U-Bootwaffe mit, die aus seiner vorherigen Zeit in Berlin herrührten, als er vom Februar 1933 bis zum September 1936 dem Reichskriegsminister, Generalfeldmarschall Werner v. Blomberg, als Adjutant zugewiesen war. Sein Berliner Posten reflektierte seine enge Freundschaft mit dem damaligen neuen Kriegsminister, die aus der Zeit seiner Abkommandierung als Verbindungsoffizier der Marine zum Stab General v. Blombergs, des Kommandeurs des Wehrkreises I in Königsberg/Ostpreußen, im April 1929 datierte. Die Konkurrenz im Heer sah in Hans-Georg v. Friedeburg einen Befürworter des Nationalsozialismus, eine Ansicht, die seine Billigung von Hitlers ersten Schritten verstärkte, als dieser die Juden aus dem deutschen Militär entfernte, sowie durch seine Einflussnahme, eine Arbeitsbeziehung zwischen dem Reichsführer SS Heinrich Himmler und Reichskriegsminister v. Blomberg herzustellen. Vielleicht erklärt dies in politischer Hinsicht seine kritische Empfindsamkeit und Gemäßheit; denn er hatte die tödliche Macht der SS begriffen, wie im Januar 1935 eine Bemerkung von ihm zu einem Stabsoffizier der Marine enthüllte: „Wenn einer von uns in ein SS-

Gebäude geht, weiß man nicht, ob er wieder herauskommen wird."[27] Später sollte einer der Söhne v. Friedeburgs ein prominentes Mitglied der SPD in Hessen werden.[28]

Dieser ausgeprägte politische Sinn erwies sich als nutzbringend, um Konflikte zwischen der Marine und der politischen Macht in Deutschland zu glätten. Als das U-Bootass Werner Henke einen Streit mit der Gestapo in Innsbruck wegen der Misshandlung einiger Freunde herbeiführte, nutzte Adm. v. Friedeburg seine Kontakte zur SS, um den Schaden zu begrenzen. Er entschuldigte sich danach direkt bei Himmler mit der Zusicherung von Henkes Bestrafung. Damit war das Problem beseitigt und der Kommandant blieb ohne Strafe weiterhin im Dienst.[29] In ähnlicher Weise unterdrückte Adm. v. Friedeburg einen Bericht der Abwehr, der sich kritisch über die sozialen Kontakte des damaligen Kptlt. Reinhard („Teddy") Suhren zu Nichtariern und anderen äußerte, die als „unerwünscht" galten – eine fast väterliche Beziehung zwischen Adm. v. Friedeburg und einem ungestümen Kommandanten reflektierend, der für die populärste Anekdote in der U-Bootwaffe verantwortlich war, die sich gegen das NS-Regime richtete.[30]

Welches auch immer v. Friedeburgs politische Ansichten 1933 gewesen sein mögen, infolge seines Intellektes war es ihm jedoch möglich, mit dem Fortschreiten des Krieges die zunehmende Unvereinbarkeit zwischen Realität und Selbsttäuschung zu begreifen. Ende März 1943, nachdem ihm der Kommandant eines Frontbootes beschrieben hatte, wie der BdU-Stab über seine Argumente bezüglich der alliierten Überlegenheit durch das Radar hinweggegangen war, nahm Adm. v. Friedeburg den erfahrenen Kommandanten beiseite und räumte ein, dass er vermutlich Recht hätte, riet ihm aber gleichzeitig: „Um Gottes willen halten Sie den Mund und verhalten Sie sich ruhig oder man wird Sie holen und einsperren. Zweifeln Sie nicht an meinen Worten, wir sind in einer schwierigen Lage. Unsere Führung hat keine Wahl."[31]

Im Gegensatz zu Dönitz untergrub jedoch die allmähliche Verschlechterung des U-Bootkrieges sichtbar die Stärke des „Büchsenspanners". Als er Ende August 1944 seinen Freund und Kameraden Karl-Friedrich Merten besuchte, den Chef der 24. U-Flottille in Memel, fand ihn der Letztere lethargisch. Angesichts der unvermeidlichen Niederlage Deutschlands schien er resigniert zu haben. In Adm. v. Friedeburgs späterer Erweiterung der Einheiten für die Torpedoschießausbildung und seiner Weigerung, Mertens Ersuchen zu bewilligen, ihm das Kommando über ein neues Boot des Typs XXI zu geben, sah Merten einen weiteren Beweis für die Hoffnung seines Vorgesetzten, wenn möglich sowohl seines als auch das Leben vieler anderer Deutscher zu retten.[32] Ende April 1945 fand ihn Erich Topp als einen Mann, der „nur noch ein Schatten seiner selbst" war, als er den Befehl weitergab, bis zur letzten Patrone zu kämpfen. Dann drückte er Topp zum letzten Mal die Hand und wandte sich um, als ihm die Tränen in die Augen traten. Wenige Tage später, nachdem er die bedingungslose Kapitulation der Wehrmacht mit unterschrieben hatte, nahm er sich das Leben.[33]

Der Führungsstab

Wenn auch Dönitz und v. Friedeburg die oberste Führung der U-Bootwaffe darstellten, so lag doch das Leben der U-Bootmänner in den Händen derer, die den U-Bootkrieg direkt führten: die *Operationsabteilung (BdU op)*, d.h. der Führungsstab. Dessen Aufgabe, Dönitz' Befehle in die Realität umzusetzen, verdient eine weit größere Aufmerksamkeit, als ihm hier zuteil wird. Doch zumindest einige bedeutsame charakteristische Merkmale sollten an dieser Stelle vermerkt werden.

Dönitz und sein Führungsstab zogen es vor, nahe der Front zu sein, wo sie unmittelbar mit den zurückkehrenden Kommandanten sprechen und rasch die Kampfbedingungen beurteilen konnten. Während des ersten Kriegsjahres befand sich die U-Bootführung zumeist in *Sengwarden* bei Wilhelmshaven und nach einem kurzen Zwischenaufenthalt in *Paris* richtete sie sich im November 1940 in einer beschlagnahmten Villa in *Kernével* direkt südlich des Hafens von Lorient ein. Von diesem aus Ziegel- und Sandsteinen erbauten „Sardinenschlößchen" aus, wie die Befehlsstelle genannt wurde, begrüßte der BdU jedes ein- oder auslaufende Boot der in Lorient stationierten 2. oder 10. U-Flottille mit einem Flaggensignal. Während des 16-monatigen Aufenthaltes in Kernével gehörte die Führung der 53 im Monatsdurchschnitt operierenden Frontboote, von denen jeweils nur ein Drittel in den Einsatzgebieten stand, zur Routine der Operationsabteilung.

Nachdem Ende März 1942 das britische Kommando-Unternehmen gegen das NORMANDIE-Dock in St. Nazaire die Verwundbarkeit dieser Häfen gegen Angriffe offenbart hatte, erhielt Dönitz von Hitler den Befehl, seine Befehlsstelle zurück nach *Paris* zu verlegen. Dort verblieb die U-Bootführung für ein Jahr. Im März 1943 ging Dönitz im Gefolge seiner Ernennung zum ObdM nach *Berlin*, wobei die U-Bootführung anfangs im Hotel „Am Steinplatz" in Charlottenburg residierte. Neun Monate später verlegte der Führungsstab nach schweren alliierten Luftangriffen, denen er in Paris nicht ausgesetzt war, in die geschütztere Bunkeranlage *„Koralle"* bei Bernau nordostwärts von Berlin.

Obwohl Dönitz auch danach weiterhin BdU blieb, fiel die tägliche Leitung der Operationen zunehmend dem KptzS (ab 1. März 1943 KAdm.) Eberhard Godt zu, dem Chef der Operationsabteilung (BdU op) und somit des kleinen Führungsstabes. Auf diese Weise stand Dönitz mit der Übernahme seiner neuen Dienststellung genau in dem Moment, als die Entscheidung im Atlantik fiel, den U-Bootoperationen nicht mehr so nahe. Zudem überließ er einem überlasteten Führungsstab die Leitung einer Serie von Geleitzugschlachten, wie sie an Umfang und Bedeutung noch nie da gewesen waren, verbunden mit der Führung von 238 Frontbooten im Monatsdurchschnitt während der Zeitspanne März – Mai 1943.[34] Die Bedeutung dieser Entscheidung für die Führung der Schlacht im Atlantik ist noch nie angesprochen worden.

Was seinen Führungsstab anbetraf, so verließ sich Dönitz auf eine kleine, hingebungsvolle Gruppe, die er kannte und der er vorbehaltlos vertraute. Dies erlaubte eine einheitliche, vereinfachte Leitung der Operationen, mit der es die Alliierten nicht aufnehmen konnten; denn in den ersten Kriegsjahren lag die Initiative beim BdU, der den Alliierten die schwerfällige Aufgabe überließ, die Anstrengungen der verschiedenen Nationen und ihrer rivalisierenden Marinen zu koordinieren. Unter Godt bestand die Operationsabteilung des BdU aus fünf, später sechs ehemaligen U-Bootkommandanten mit hervorragenden Leistungen, die schließlich von anderen erfahrenen Kommandanten abgelöst werden sollten. Ihre Arbeit ergänzten ein bis vier Ingenieuroffiziere, verschiedene Spezialisten (Sanitäts-, Waffen- und Fernmeldeoffiziere) sowie eine Hand voll Gehilfen und Sekretärinnen. In der Nähe stand ein besonderer Fernmeldebunker, ständig im Schichtdienst von 15 – 20 Funkern besetzt. Die mageren Ex-Kommandanten mit einem Durchschnittsalter Anfang dreißig wurden als der „Stab ohne Bäuche" bezeichnet, ein körperliches Merkmal, das die zehnstündigen Arbeitstage die ganze Woche hindurch verhinderte.[35/35a]

Jeden Tag tummelte sich diese kleine Gruppe geschäftig in zwei Lageräumen der Befehlsstelle. Einige markierten die Positionen der U-Boote auf dem Hin- und Rückmarsch sowie in den Einsatzgebieten, die Schulboote bei der Ausbildung in der Ostsee, die Bewegungen der alliierten Geleitzüge, die Verteilung und Stärke der alliierten Geleitsicherungskräfte, die gemeldeten Angriffe sowie Wetter, Gezeiten und Mondbedingungen. Andere überprüften die Kriegstagebücher der gerade von Feindfahrt zurückgekehrten U-Boote, beurteilten die Entscheidungen und Leistungen der Kommandanten oder bereiteten Befehle und Einsatzbesprechungen mit Kommandanten vor, die zur Feindfahrt auslaufen sollten. FKpt. Günter Heßler, der Schwiegersohn von Dönitz und ehemalige Kommandant von *U 107*, führte allein über 4500 Besprechungen mit Kommandanten durch, die von Feindfahrt zurückgekehrt waren. Wieder andere zeichneten den Fortgang des U-Bootkrieges in grafischen Darstellungen auf, die an den Wänden des „Museums" hingen. Hier waren gemeldete Erfolge und vermutliche Verluste erfasst, Kurven verfolgten wie Ebbe und Flut die versenkten Schiffe und ertränkten auf dem Papier die Männer mit Linien und Zahlen. Dieselben Szenen und statistischen Darstellungen waren auf der Gegenseite zu sehen, beim Kommando der *Western Approaches* im Derby House in Liverpool, aber in einem viel größeren und umfassenderen Maßstab.[35b] Zu diesem Kommando gehörten auch Vertreter der anderen Teilstreitkräfte sowie ein Stab von insgesamt mehr als 1000 Angehörigen.[36]

Dem weitaus kleineren deutschen Stab, zunehmend von der alltäglichen Führung der Operationen überlastet, fehlte es an Zeit und Ressourcen, um seine Annahmen zu erproben oder nochmals zu überprüfen. Die übliche Anzahl von Gehilfen und sonstigem Hilfspersonal wurde aus Sicherheitsüberlegungen noch weiter verringert, um überflüssiges Personal vom Zugang zu geheimen Schlüsselmaterialien auszuschließen, eine unerwartete Nebenfolge der „Ultra"-Nachrichten[36a], ein Vorteil, dessen sich die Alliierten nicht bewusst waren.[37] Jene, die übrig blieben, waren Frontoffiziere; ihnen fehlte es an allgemeiner Stabserfahrung und -ausbildung, und selbst ihre Fronterfahrung genügte als Vorbereitung nicht, um mit den raschen Entwicklungen der Alliierten hinsichtlich Waffen und Taktik Schritt zu halten. Es gab innerhalb des Stabes kein nachrichtendienstliches Referat sowie auch keine systematischen Bestrebungen, um in die Operationsplanungen nachrichtendienstliche Erkenntnisse einzubeziehen. Wie ein Stabsoffizier den Vorgang beschrieb: „Wir wurden ermutigt, nachrichtendienstliche Dinge zu berücksichtigen; jeder sah sie sich schnell an, wenn es die Zeit erlaubte".[38]

Überhaupt kein Versuch wurde unternommen, um die militärischen Operationen, die Suchverfahren oder die Wirksamkeit der Waffen wissenschaftlich zu untersuchen, wie dies die Alliierten mit Hilfe der „Operations Research" taten (OR – auch als *Operations Analysis* bezeichnet), ein Vorteil, der auch die überlegenen alliierten Ressourcen widerspiegelt.[38a] Allein die 16 Stabsoffiziere, die im OR-Referat des Küstenkommandos (*Coastal Command*) der RAF arbeiteten, übertrafen zum Beispiel den BdU-Stab zahlenmäßig im Verhältnis von 2:1. Oder: Im August 1943 umfasste die ASWORG, die OR-Gruppe für U-Bootabwehr, bei der 10. US-Flotte[38b] 44 Wissenschaftler, ein Verhältnis von mehr als 5:1.[39]

So arbeitete der BdU-Stab hinsichtlich seiner Informationen in einem relativen Vakuum und vertraute auf seine eigene Technik und auf die Berichte der eigenen U-Bootkommandanten: Grundlagen des Wunschdenkens, das weiterhin seine Beurteilungen der Gesamtlage vernebelte. Ein gutes Beispiel hierfür ist das, was sich mit dem Horchtorpedo T 5 „Zaunkönig" ereignete, einem akustischen Torpedo, der insbesondere für den Einsatz gegen alliierte Kriegsschiffe bestimmt war. Obwohl die Erprobungen dieses Torpedos noch nicht abgeschlossen waren und er erst Anfang 1944 für den Fronteinsatz vorgesehen war, befahl Dönitz seine Einsatzbereitschaft vorzeitig zum 1. August 1943. Der T 5 wies eine enorme Schlagkraft auf (mit ihm wurden beim ersten Einsatz drei Geleitsicherungsfahrzeuge versenkt, wobei es von ihren Besatzungen nur drei Überlebende gab)[40], aber der überlegene geheime Nachrichtendienst der Alliierten hatte das Vorhandensein und die Möglichkeiten dieser neuen Waffe festgestellt, während sich der Torpedo noch in der Erprobung befand, und als Gegenmaßnahme den „Foxer" entwickelt, eine hinter dem Schiff nachgeschleppte Geräuschboje, die den akustischen Lenkapparat des Torpedos anzog. Infolgedessen waren die von den Kommandanten der U-Boote gehörten Detonationen keine vernichtenden Treffer, sondern harmlose Explosionen in den Kielwassern der Schiffe. Bis zum Juli 1944 hatte der BdU-Stab von den alliierten Gegenmaßnahmen Kenntnis erhalten, war aber immer noch der Auffassung, dass die bis dahin abgeschossenen 345 T-5-Torpedos 175 definitive und 20 „wahrscheinliche" Treffer erzielt hätten. Hierdurch wären zumindest 128 Zerstörer und andere Geleitsicherungsfahrzeuge, ein Kreuzer, drei Unterseeboote und 20 Handelsschiffe mit Sicherheit und weitere 23 Kriegsschiffe „wahrscheinlich" versenkt worden. In Wirklichkeit beliefen sich die alliierten Verluste durch den T 5 auf nur einen Kreuzer und 21 Geleitsicherungsfahrzeuge sowie acht Handels- und Landungsschiffe, die versenkt wurden, während 15 weitere Geleitsicherungsfahrzeuge Beschädigungen erlitten.[41]

Auch in anderen Fällen trug die außerordentliche Unvollständigkeit der Informationen zu falschen Beurteilungen bei. Bei der Beurteilung der im Mai 1943 erlittenen katastrophalen Verluste führte diese der BdU korrekt auf die „entscheidende Rolle" der mit Radar ausgerüsteten Flugzeuge zurück, aber es fehlten die Angaben, um den wesentlichen Beitrag zu erkennen, den die eine enge Unterstützung gewährenden Geleitsicherungsfahrzeuge leisteten. Somit unterschätzte Dönitz die erhöhten taktischen Risiken beim Führen von Geleitzugschlachten.[42]

Die Reaktion des BdU-Stabes auf die Aufdeckung des „Ultra"-Geheimnisses veranschaulichte seine Grenzen sogar noch deutlicher. In einem vom 10. August 1943 datierten Bericht, der drei Tage später im KTB des BdU vermerkt wurde, hatte die deutsche Abwehrdienststelle in der Schweiz das größte nachrichtendienstliche Geheimnis des Krieges enthüllt: „Über die letzten paar Monate hinweg ist es dem Feind gelungen, die deutschen Marinefunksprüche zu entziffern, darunter auch die Befehle an die operierenden U-Boote. Alle Befehle sind vom Feind mitgelesen worden." Obwohl sich der langen Geschichte der vermuteten und untersuchten Gefährdung der Funkschlüssel scharfsinnig bewusst und trotz der Auswertung, dass alliierte Flugzeuge seit Anfang Juni bei 23 von 31 über Funk mitgeteilten Treffen zur Treibstoffergänzung oder aus anderen Gründen erschienen waren, beugten sich Godt und seine Mitarbeiter erneut dem Urteil der nachrichtendienstlichen Experten der Marine, die einen Einbruch in die Marineschlüssel für ausgeschlossen erklärten. Der BdU selbst war nach wie vor nicht davon überzeugt, dass eine systematische Entzifferung erfolgt war[42a], billigte aber kleinere Verbesserungen bezüglich der Tarnbezeichnungen und Schlüsseleinstellungen und schränkte die Verbreitung der als geheim eingestuften Informationen noch weiter ein.[43]

Diese überaus wichtige geheimdienstliche Nachricht, die ein seltenes Geschenk darstellte und für kurze Zeit die deutschen Nachteile neutralisiert hätte, die sich aus fehlender OR und dem Mangel an Ressourcen ergaben, kam genau im richtigen Augenblick, um eine Neubeurteilung der U-Bootanstrengungen vorzunehmen. Die in der Zeitspanne von März bis August 1943 erlittenen schweren Verluste, die einen Rückzug aus der Schlacht im Nordatlantik erzwangen, und das Ausschalten fast aller Versorgungs-U-Boote, die für ausgedehnte Operationen erforderlich waren, zusammen mit dem Versiegen der Erkenntnisse aus der Funkentzifferung, nachdem im Juni die Schlüssel für den alliierten Geleitzugverkehr geändert worden waren, unterstrichen die Notwendigkeit nach einem Wechsel in der Strategie und den Zielen. Die Entscheidung, sämtliche Boote mit Schnorchel-Anlagen auszurüsten, hätte zum Beispiel anstatt sechs Monate später bereits im Herbst 1943 getroffen werden können. Desgleichen wäre vielleicht das Einführen schon vorher aufgestellter Pläne, um den Funkverkehr deutlich zu verringern, möglich gewesen. Stattdessen beschloss der BdU, die Geleitzugschlachten mit nichts Neuartigem außer Torpedos, Radarwarngeräten und Flakbewaffnung wieder aufzunehmen. Dass die Enthüllung des Einbruchs in die Funkschlüssel ohne eine genauere Überprüfung oder größere Verbreitung durchschlüpfte – es gibt keinen Hinweis darauf, dass Dönitz diese geheimdienstliche Nachricht gesehen hat –, stellt ein ernsthaftes Fehlverhalten in der Sorgfalt der Beurteilung dar. Mehr noch als übermäßiges Selbstvertrauen oder Arroganz (bei den nachrichtendienstlichen Experten der Marine vielleicht ausgenommen) deutet dieses Fehlverhalten auf die Erschöpfung des BdU-Stabes hin, indem ein oft angesprochenes Problem lediglich an die mutmaßlichen Experten zur voraussagbaren Ablehnung weitergegeben wurde.[44] Dieser Vorgang markiert auch einen frühen Schritt in der fortschreitenden Verschlechterung der zentralisierten Führung der U-Bootoperationen.

Danach begannen sich die dünnen Fäden der Führung zu verwirren. Als neue alliierte Waffen und Taktiken offensichtlich wurden, vermied der BdU erneut eine grundsätzliche Überprüfung seiner Maßnahmen und Möglichkeiten zugunsten eines Stroms ständig neuer Instruktionen und Ratschläge an die U-Bootkommandanten zu jedem Aspekt der Ausrüstung, zu Waffen und Verfahren. Als die Kommandanten der U-Boote gegen diese zunehmende Flut an reaktiven Instruktionen protestierten, funkte der BdU am 15. Januar 1944 eine scharfe Erwiderung:

„Im Wettlauf, um den Vorsprung des Feindes in der Entwicklung wirksamer U-Abwehrmaßnahmen einzuholen, muss jede einzelne Erfahrung zur Feststellung dieser neuen Waffen und Verfahren genutzt werden, damit wir unsere eigenen

Gegenmaßnahmen so rasch wie möglich entfalten können. *Die Flut der ständig wechselnden Befehle und Instruktionen wird solange nicht aufhören* [Hervorhebung im Original], bis wir einen entscheidenden Vorteil erreicht haben. Bis dahin müssen sich die Boote damit befassen."[45]

Da Dönitz von den allgemeinen Marineangelegenheiten in Anspruch genommen wurde, stellte sich die Befehlserteilung hinsichtlich ihrer Quelle und Autorität zunehmend nebelhaft dar. Teilweise rührte dies aus der Verlegung des BdU-Stabes in den Bunker des Lagers „Koralle" außerhalb Berlins her; denn dort verband sich mit der räumlichen Trennung von den U-Bootstützpunkten eine psychologische Sperre. Ein ehemaliger Stabsoffizier beschrieb das neue Stabsquartier, in dem sich auch die Seekriegsleitung befand, „als einen seltsamen Ort, der fast byzantinisch anmutete", und erinnerte sich der Warnung eines Kameraden, dass „ich lernen müsse, die Atmosphäre hier richtig zu verstehen. Ich fühlte, daß viele nicht ganz so dachten, wie sie sprachen."[46] Sogar das vorbehaltlose Vertrauen und Verständnis der Stabsoffiziere der U-Bootwaffe litt unter den Anspannungen. Dies wurde offensichtlich, wenn die Flottillenchefs ihre Befehle in übereinstimmender oder in einer zur ursprünglichen Absicht gegensätzlichen Art interpretierten.

Das ernsteste Beispiel dieser Art begegnete KKpt. Karl-Heinz Moehle. Seit März 1936 zur U-Bootwaffe gehörend, befehligte Moehle *U 20* (September 1939 – Januar 1940) und *U 123* (Mai 1940 – Mai 1941). Er versenkte 22 Handelsschiffe und erhielt das Ritterkreuz des Eisernen Kreuzes. Danach diente er einen Monat im BdU-Stab, um im Juni 1941 den Befehl über die 5. U-Flottille in Kiel zu übernehmen. Mit einer kurzen Unterbrechung blieb er bis Kriegsende Chef dieser Flottille. Seine Aufgabe bestand in der endgültigen Ausrüstung der neuen Boote, um an die Front zu gehen, nachdem sie ihre Ausbildung in der Ostsee beendet hatten.[47] Im Zuge dieser Aufgabe unterwies Moehle die Kommandanten auslaufender Boote persönlich über Fragen zu Ausrüstung und Verfahrensweisen, darunter auch über das Verhalten gegen Überlebende torpedierter Schiffe. Aus unerklärlichen Gründen interpretierte Moehle den Dönitz'schen Befehl vom September 1942, keine Versuche zur Rettung Überlebender zu unternehmen – bekannt als der sog. „LACONIA-Befehl", nachdem der Vorfall mit diesem Schiff zu seinem Erlass geführt hatte –, als eine Ermutigung, sie zu töten. In Wahrheit hatte sich Dönitz dem mörderischen Vorschlag Hitlers widersetzt, genau dies zu tun, und Moehle räumte ein, dass er zu keiner Zeit weder Dönitz noch Godt um Klarstellung hinsichtlich der Bedeutung dieses Befehls ersucht hatte. Worauf es hauptsächlich ankam, war die Tatsache, dass unter vertrauten Personen innerhalb einer Kommandostruktur ein derartiges Missverständnis überhaupt entstehen konnte. Hinzu kam der Umstand, dass die Fehlinterpretation eines Nachgeordneten das war, was neue und beeinflussbare Kommandanten zu hören bekamen.[48]

Ein weiteres Beispiel betraf die Aufopferungsanstrengungen, die unternommen wurden, um die Normandie-Landungen zu stoppen, darunter auch der so genannte *Ramm-Befehl*. Im März und April 1944 erließ Dönitz allgemeine Direktiven an die U-Bootwaffe, die einen kompromisslosen Offensivgeist zur Pflicht machten, um der erwarteten Invasion zu begegnen. Insbesondere in einem Befehl im April klang der Ton extremer Selbstaufopferung an: „Jedes feindliche Fahrzeug, das der Landung dient, auch wenn es nur etwa ein halbes Hundert Soldaten oder einen Panzer an Land bringt, ist ein Ziel, das den vollen Einsatz des Bootes verlangt. Es ist anzugreifen, auch unter Gefahr des Verlustes des eigenen Bootes." Allein der Wortlaut dieses „Tagesbefehls" erwies sich für die U-Bootbesatzungen als beunruhigend, aber erfahrene Kommandanten wie Peter Erich Cremer nahmen ihn nicht allzu ernst: „Schließlich wird nichts so heiß gegessen, wie es gekocht wird. Was sollte ein Oberbefehlshaber in jenen Tagen denn schon sagen?"[49] Doch bereits im Mai fand eine Lagebesprechung im Stützpunkt der 1. U-Flottille in Brest statt, zu der sich 15 U-Bootkommandanten versammelt hatten, und irgendjemand – entweder KKpt. Werner Winter, der Flottillenchef, oder KptzS. Hans-Rudolf Rösing, der FdU West – wiederholte die Instruktionen auf eine Weise, die ein mögliches Rammen von Landungsfahrzeugen unter offensichtlicher Aufopferung des eigenen Lebens zu verstehen gab.[50]

Es gibt keinen Beweis, dass Dönitz je einen Ramm-Befehl erteilt hat. Wenn dieser Eindruck entstand, reflektiert er zweifellos einfach die Hinzufügung eines melodramatischen Anflugs zum April-Befehl durch Winter oder Rösing, ohne die Reaktion bei jenen voll abzuschätzen, die aufgefordert waren, sich zu opfern.[51] Als die Invasion schließlich begann, befahl Godt ausschließlich „Schnorchel-Boote" – d.h. Boote mit einer realistischen Überlebenschance – in die Gewässer des Kanals und hielt den Rest in Bereitschaft. Dönitz befahl dann schließlich doch alle verfügbaren Unterseeboote in den Invasionsraum, aber Godt ignorierte diese Weisung wirksam, indem er stattdessen die schnorchellosen U-Boote in einem Streifen quer über den Golf von Biskaya gegen einen „möglichen" alliierten Angriff von dieser Seite aus einsetzte. Diese Maßnahme rettete zweifellos einigen U-Bootfahrern das Leben, obwohl die U-Boote im Kanal letzten Endes um den Preis geringer Erfolge noch immer schwere Verluste erlitten. Doch zumindest wurde kein Versuch unternommen, ein Landungsfahrzeug zu rammen.[52]

Das Handeln von Moehle und von Winter oder Rösing offenbart einen inneren Zusammenbruch in der Führung der U-Boote, da zu dem Zeitpunkt keine dieser Personen eine operative Führungsfunktion ausübte. Allesamt U-Bootkommandanten aus der Vorkriegszeit, kannten sie Dönitz gut und fühlten sich offensichtlich zuständig, in derartigen Kernfragen wie der Tötung von Überlebenden und der „Selbstmord"-Angriffe „Führung" anzubieten – unter Darlegen von Ansichten, die mit der offiziellen Haltung unvereinbar waren oder sogar im Widerspruch zu ihr standen. Diese Verwirrung unter einer verhältnismäßig kleinen Gruppe langjähriger Gefährten veranschaulicht einerseits den psychologischen Tribut des Krieges sowie andererseits die Risse im Fundament der U-Bootführung.

Der misslichen Lage in der Führung entsprach – sie noch vergrößernd – eine anwachsende Krise in der Moral der U-Bootbesatzungen, die von Ende 1943 bis in das Frühjahr 1944 hinein anhielt. Von der technischen und materiellen Überlegenheit der Alliierten überflügelt und von ihrer Führung in Kenntnis gesetzt, dass ihre Aufgabe nunmehr darin bestünde, so viele alliierte Kräfte wie möglich zu binden, verschlechterte sich der Geist der U-Bootwaffe in diesem Zeitraum ständig. Probleme begannen zu entstehen und drastische Maßnahmen mussten bereits ergriffen werden, als die Krise – wie auch die missliche Lage der Führung – durch die Einführung des „Schnorchels" abgewendet wurde. Dieser einfache Röhrenmast, der einem U-Boot gestattete, unter Wasser seine Batterien wieder aufzuladen und sogar mit Dieselantrieb zu fahren, gab den einzelnen U-Bootbesatzungen ein gewisses Empfinden für Stärke wieder zurück, um ihr eigenes Schicksal zu bestimmen. Darüber hinaus markierte dieser Zeitpunkt die endgültige Aufgabe der Rudeltaktik und verringerte die Belastungen des BdU-Stabes.[53]

Der „Schnorchel" demonstrierte eine bekannte Lehre im der U-Bootkriegführung aufs Neue, wonach die Strategie im Kielwasser der Technik folgt. Bedauerlicherweise kam diese Ermahnung in der Entwicklung der deutschen Strategie und Taktik spät.

Strategie und Taktik

Die geringe Größe der U-Bootwaffe im September 1939 diktierte eine vereinfachte Strategie mit einer entsprechend im Einklang stehenden Taktik. Dönitz hatte beides entworfen und seine Kräfte auf diese Art und Weise eingesetzt, wenn immer dies möglich gewesen war; doch die von außen kommenden Forderungen verwässerten ständig seine Bestrebungen während des Zeitraums, in dem dies einen Unterschied hätte ausmachen können. Dann ergaben sich in zunehmender Weise jedoch rasche technische Entwicklungen – ob in Form von Flugzeugen, der Elektronik, von neuen Waffen oder neuen Unterseebooten –, die jeden Aspekt der Schlacht im Atlantik beherrschten, Fragen der Strategie und Taktik verdrängend.

Historiker haben häufig die Dönitz'sche Kriegsstrategie als „Tonnagekrieg" bezeichnet, ihn sogar zu einem theoretischen Vorbild erhebend.[54] Dies verwechselt jedoch eine Kriegsphase mit einem allgemeinen Plan. Dönitz und sein Stab improvisierten den gesamten Krieg über eine Strategie des U-Bootkrieges entsprechend der verfügbaren Stärke, der Sparsamkeit bei den Verlusten und der Notwendigkeit, andere Aufträge zu erfüllen. Der BdU beschrieb sein Leitprinzip am 5. November 1940 kurz und bündig so: „Das höchste Ziel kann nur darin bestehen, England den größtmöglichen Schaden zuzufügen."[55]

In den ersten beiden Kriegsjahren bestand die Strategie des BdU lediglich darin, so viele für Großbritannien bestimmte Schiffe zu versenken, wie dies die Bedingungen erlaubten, gleichgültig, ob es sich bei Letzteren um politische Beschränkungen oder – typischer – um eigene Forderungen des Oberkommandos der Kriegsmarine bezüglich der Verwendung von U-Booten handelte, wie etwa die Unterstützung der Besetzung Norwegens, die Durchführung von Feindfahrten in das Seegebiet vor der Küste Südafrikas oder eine Verlegung zur umfassenden Verstärkung im Mittelmeer. Dieses Abziehen von U-Booten vom atlantischen Kriegsschauplatz provozierte bei Dönitz stets größeren Widerspruch. Er konnte die Seekriegsleitung (oder genauer die 1/Skl)[55a] nicht überzeugen, dass U-Boote den Bodenoperationen wenig strategische Unterstützung gewähren konnten oder dass die Feindfahrten in weit entfernte Einsatzgebiete keine Erfolgsgarantie böten, aber viel an nicht versenkter Tonnage im Nordatlantik kosten würden.[56]

Tonnagekrieg verkörperte ein praktisches Argument gegen diese zweitrangigen Operationen bzw. zumindest für ein Integrieren in Dönitz' eigene Zuständigkeit und damit in den Zusammenhang des breiteren U-Bootkrieges. Er wurde zu einer selbstverständlichen Antwort auf die neue Lage, die der formelle Kriegseintritt der Vereinigten Staaten brachte, und dem rasch viele der lateinamerikanischen Staaten folgten. Dies hatte zur Folge, dass die Schiffe ihrer Handelsmarinen auch den alliierten Gesamtschiffsraum vergrößerten. Die Definition des BdU für den Begriff „Tonnagekrieg" findet sich in einem KTB-Eintrag vom 15. April 1942:

> „Die Schiffahrt der Feindmächte bildet ein großes Ganzes. Es ist also in dieser Beziehung gleichgültig, wo ein Schiff versenkt wird, es muß doch letzten Endes durch einen Neubau ersetzt werden. Auf lange Sicht liegt die Entscheidung im Wettrennen zwischen Versenkungen und Neubau."[57]

Doch ist der Zusammenhang dieser Äußerungen zu beachten, denn zum damaligen Zeitpunkt stand Dönitz im Begriff, die Fortsetzung der Operationen vor der amerikanischen Ostküste und in der Karibik zu rechtfertigen, so lange die Verteidigung dort noch schwach war. Einerseits musste die amerikanische Handelsschiffstonnage zu den Berechnungen der amerikanischen Fähigkeiten hinzugefügt werden; andererseits überzeugten Dönitz das Unvorbereitetsein und die Langsamkeit der Amerikaner bezüglich der Entwicklung eines Geleitzugsystems und einer wirksamen Verteidigung von der Möglichkeit, einen großen Schlag zu führen. Trotz dieser Erfolge – insgesamt wurden mehr als 2,9 Millionen BRT an Handelsschiffsraum vom Januar bis zum Juli 1942 bei einem Verlust von nur 21 U-Booten versenkt – fuhren Hitler und das OKM fort, seine Entscheidungsfreiheit einzuschränken, indem sie die Zuweisung von U-Booten für andere Aufgaben forderten.[58] Statt einer langfristigen Strategie, die von Anbeginn an in Dönitz' Planung verankert war, bestand der Tonnagekrieg eher aus einer besonderen Gelegenheit, die ausgenutzt werden musste, ehe die Verteidigung verbessert wurde. Er hätte als eine Strategie nur dann dienen können, wenn in ausreichender Anzahl U-Boote zur Verfügung gestanden hätten und die Verluste niedrig geblieben wären. Noch direkter ausgedrückt: Der Tonnagekrieg verkörperte eine innere Taktik für die Auseinandersetzungen, die Dönitz mit dem OKM um die Zuweisung und Verwendung der Ressourcen führte. Er stellte ein Argument dar, mit dem er die Dienstwege umgehen und sich an Hitler direkt wenden konnte.

Am 14. Mai 1942 hielt Dönitz Vortrag über die Gesamtsituation bei Hitler und machte geltend, dass die Versenkung von 700.000 BRT pro Monat (alle Ursachen) bzw. etwas mehr als 400.000 – 500.000 BRT pro Monat (U-Boote) ausreichend sein müsste, um mit dem Zuwachs an alliierten Neubauten Schritt zu halten. Zugestehend, dass eine wirksame Verbesserung der Verteidigung unvermeidlich war, hegte Dönitz nichtsdestoweniger die Auffassung – oder hoffte es –, er könnte diese Versenkungsrate infolge der größeren Anzahl an U-Booten, die damals vom Stapel liefen oder in Ausbildung waren, aufrechterhalten, um mit ihnen wirksamer die Geleitzüge anzugreifen und die Operationen in fernen Gewässern fortzusetzen. Unausgesprochen blieb jedoch die Möglichkeit, dass die amerikanische Schiffbauindustrie eine größere Anzahl Neubauten als erwartet fertig stellen könnte.[59]

Dönitz' optimistische Berechnungen stimmten überhaupt nicht mit den Zahlen der Operationsabteilung (1/Skl) überein. Diese war bereits im Juli zuvor – d.h. fünf Monate vor dem Kriegseintritt der USA, der zu einer Neubeurteilung zwang – der Auffassung gewesen, dass nach ihrer Schätzung zumindest 800.000 – 1.000.000 BRT monatlich „über einen längeren Zeitraum hinweg" versenkt werden müssten, ehe Großbritannien „friedensbereit" sein würde.[60] Anfang September 1942 beantwortete der Marinenachrichtendienst (3/Skl) das Grundprinzip des Dönitz'schen Tonnagekrieges mit einer detaillierten Gegenargumentierung. Die alliierten Schiffbaukapazitäten auf einer höheren Grundlage neu berechnend und die Versenkungsrate der U-Boote einschließlich der Operationen vor der amerikanischen Ostküste während des Jahres 1942 mit 400.000 BRT im Monatsdurchschnitt einschätzend, kam die MND-Studie zum Schluss, dass die Versenkungsrate 1943 um mehr als das Dreifache auf monatlich 1,3 Millionen BRT(!) steigen müsste, um die Neubaurate im Tonnagekrieg zu übertreffen. Die fast unmöglich zu erreichende Rate lag jenseits der deutschen Möglichkeiten, und so bestand die einzige Alternative in der Rückkehr zum Zufuhrkrieg, d.h. den Angriff gegen die Handelsschiff-Fahrt, die kriegswichtigen Nachschub und entscheidende Rohstoffe an strategische Punkte transportierte – zum Beispiel die arktischen Russland-Geleitzüge und das Natal-Freetown-Gebiet auf der Höhe von Westafrika sowie auch die nach Großbritannien bestimmten, voll beladenen Geleitzüge. Nur durch das Versenken der mit wertvollen Frachten beladenen Schiffe konnten die U-Boote „den Gegner an seinem verwundbarsten Punkt treffen".[61]

In Wirklichkeit zwangen die verbesserten alliierten Verteidigungsmaßnahmen die U-Bootführung dazu, den Schwerpunkt ihrer Anstrengungen zurück auf die nordatlantischen Geleitzugwege zu verlagern. Im November 1942 erreichten die U-Boote ihre höchste Versenkungsrate pro Monat, aber nur ein Viertel dieser Versenkungen erzielten sie im Nordatlantik.[62] Nach seinen Memoiren hatte Dönitz die Sinnlosigkeit des Tonnagekrieges bereits im Februar 1943 erkannt.[63] Als Reaktion auf die Entstehung des amerikanischen Kriegsschauplatzes Anfang 1942 hatte Dönitz den Tonnagekrieg als Gelegenheit präsentiert, eine große Anzahl Schiffe mit geringen eigenen Verlusten zu versenken und den Gegner zu zwingen, seine Verteidigung zu strecken. Innerhalb eines Jahres hatte sich diese Zielvorstellung erledigt bzw. war nicht mehr möglich und die Strategie, die letzten Endes die Möglichkeiten Deutschlands überstieg, war gescheitert. Als innere Taktik mag der Tonnagekrieg Erfolg gehabt haben, indem er zu Hitlers Entscheidung beigetragen hat, Dönitz am 30. Januar 1943 als Nachfolger Raeders zum Oberbefehlshaber der Kriegsmarine zu ernennen, um dem BdU schließlich die Autorität zu geben, die er brauchte – wodurch sich der Tonnagekrieg erübrigte.

Der erneuerte Angriff gegen die britischen Nachschubrouten im Nordatlantik dauerte bis in den Herbst 1943 hinein, als schwere Verluste und minimale Ergebnisse auch hier zur Aufgabe zwangen. Von da an lagen die Hauptziele einfach in der ständigen Bindung alliierter Ressourcen, bis die modernen Unterseeboote in ausreichender Zahl zur Verfügung stehen würden, um die Geleitzugschlachten wieder aufzunehmen. Das Angreifen der Handelsschiff-Fahrt 1944/45 in den entfernten Seegebieten war keine Fortsetzung des Tonnagekrieges, sondern lediglich Beharrlichkeit im Binden alliierter Verteidigungskräfte über ein so weit gespanntes Gebiet wie nur möglich.[64]

Von der Taktik her ist Dönitz zu Recht mit der Gruppentaktik – auch „Rudeltaktik" genannt – identifiziert worden, d.h. die Konzentration von U-Booten, um durch Kriegsschiffe geschützte Geleitzüge von Handelsschiffen anzugreifen. Ihre Ursprünge kön-

nen bis in die letzten Jahre des Ersten Weltkrieges zurückverfolgt werden, aber nicht
in direkter Linie. Da 1917 die Einführung der Geleitzüge durch die Alliierten die Handelskriegsführung der deutschen Marine vereitelt hatte, begannen schließlich Versuche, lose Gruppen von U-Booten zu bilden, um Geleitzüge an erwarteten Positionen
abzufangen. Ihnen war wenig Erfolg beschieden, da es zu wenig Boote und eine nur
unzureichende Aufklärung gab.[65] Dönitz selbst berichtete, dass bei seiner letzten
Feindfahrt im Oktober 1918 ein Nachtangriff über Wasser gemeinsam mit einem anderen U-Boot auf einen Geleitzug vorgesehen war. Er musste allerdings allein angreifen,
da das andere Boot nicht am Treffpunkt erschienen war.[66]

In der Zeit zwischen den Kriegen unterstützten mehrere ehemalige U-Bootfahrer
nachdrücklich die Gruppentaktik für die Zukunft. Kptlt. Erwin Waßner, ein hochde-
korierter Kommandant mehrerer U-Boote (und unter seinen Kameraden als „Onkel
Fritz" bekannt), schrieb im Juli 1922, dass in zukünftigen Konflikten ein Geleitzug
keinen besonderen Schutz mehr böte, sondern einem Überwasserangriff durch eine
größere Anzahl gemeinsam handelnder Boote, d.h. bei einem „Masseneinsatz von U-
Booten", und „bei weiterem Ausbau der Signaltechnik" verwundbar bliebe.[67]

Andere zogen jedoch die Schlussfolgerung, dass die Lösung des Problems, verteidigte Geleitzüge anzugreifen, eher bei der Technik als bei der Taktik liege. Eine Studie vom September 1927, angefertigt durch KKpt. Heino v. Heimburg, ist sowohl von
ihren Erkenntnissen als auch von ihren Voraussagen her besonders aufschlussreich.
Heino v. Heimburg, ein sehr erfolgreicher U-Bootkommandant, empfahl die Entwicklung schneller Torpedos von großer Reichweite – 5000 m Laufstrecke, 40 kn
Geschwindigkeit und ohne sichtbare Blasenbahn –, die es den U-Booten gestatten
würden, Geleitzüge aus sicheren Entfernungen anzugreifen. Außerdem sollten zukünftige U-Boote Folgendes aufweisen:
– Größere Tauchtiefen und schnellere Tauchzeiten, um den Wasserbomben zu entgehen,
– eine leistungsfähige Horchausrüstung, um Geleitsicherungsfahrzeuge zu orten und
   ihnen auszuweichen,
– Entfernen der schweren Decksgeschütze als überflüssig,
– stattdessen Erhöhen der Manövrierfähigkeit unter Wasser,
– Entwickeln geräuschärmerer Antriebsanlagen für den Unterwassermarsch.
Die größte Voraussicht bewies Heino v. Heimburg mit seinen Feststellungen zur
zukünftigen Rolle der Luftmacht:

> „Zweifellos wird die Luftmacht in zukünftigen Kriegen eine weitaus größere Rol-
> le spielen. ... U-Boote müssen begreifen, daß sie auf allen Meeren und jeden
> Augenblick aus der Luft erkannt und angegriffen werden können. Die beste Ver-
> teidigung gegen diesen Feind ist der Unterwassermarsch. Aufgetaucht sollten U-
> Boote ein Gefecht gegen Flugzeuge nur im Ausnahmefall und nur dann anneh-
> men, wenn es nicht anders geht. ... Die Luftmacht wird die U-Boote in Zukunft
> zunehmend dazu zwingen, bei Tage getaucht zu bleiben."[68]

Heino v. Heimburg und Dönitz waren sich nicht fremd. Beide führten im Ersten
Weltkrieg nicht nur Unterseeboote im Mittelmeer, sondern befehligten nacheinander
auch dasselbe U-Boot. Kaum zwei Jahre älter als sein später berühmterer Kamerad über-

gab Heino v. Heimburg im September 1918 das Kommando über *UB 68* an den Jüngeren. Die Versenkungserfolge des damaligen Kptlt. v. Heimburg – drei Unterseeboote, ein Panzerkreuzer, ein Truppentransporter und mehrere Handelsschiffe – brachten ihm die höchste Auszeichnung ein, den preußischen Orden *Pour le mérite*, und nach dem Kriege internationale Ehrungen.[69] Es ist interessant, darüber nachzudenken, wie die Zukunft der U-Bootwaffe ausgesehen hätte, wäre Heino v. Heimburg vor dem Zweiten Weltkrieg statt Dönitz an ihrer Spitze gestanden. Weit wahrscheinlicher ist jedoch, dass ein überarbeiteter und chronisch unterbesetzter BdU-Stab keinen Gebrauch von den kritischen Fähigkeiten eines Heino v. Heimburg während des Krieges gemacht hätte.[70]

In Wirklichkeit gab es jedoch für die in den Anfängen steckende U-Bootwaffe der frühen 30er-Jahre weder eine klare taktische Doktrin noch bestand eine übereinstimmende Ansicht über ihre Verwendung. Kptlt. Werner Fürbringer, einer der Väter für die Wiedergeburt der U-Boote und einer der ersten Lehrer in der neuen U-Bootausbildung, befürwortete die Zusammenarbeit von U-Bootgruppen, die aber für den Unterwasserangriff bei Tageslicht gegen Kriegsschiffe ausgebildet sein sollten. Er schlug auch den Einsatz von funk- und drahtgelenkten Torpedos als Verteidigungswaffe für Unterseeboote war. Daneben gab es immer noch Verfechter der großen U-Kreuzer, die imstande waren, ein Überwassergefecht zu führen. Wiederum andere teilten die Auffassungen von Ernst Hashagen (*U-Boote westwärts*), eines Asses des Ersten Weltkriegs, der im Januar 1932 in einem Vortrag vor der Bildungsinspektion der Marine für Unterseeboote wenig Chancen sah, da Zerstörer und Horchgeräte überlegen wären.[71]

Als Dönitz im September 1935 mit der U-Flottille „Weddigen" die Führung der neuen U-Bootwaffe übernahm, stellte er fest, dass in der U-Bootausbildung Heino v. Heimburgs Lehren über die Bekämpfung der Geleitzüge mit weit reichenden Torpedos vertreten wurden, während sich die U-Boote in der sicheren Entfernung von 3000 m aufhalten sollten, um gegen die Asdic-Ortung der Geleitsicherung geschützt zu sein. Die Hauptpunkte des von Dönitz sofort in Gang gesetzten Ausbildungsprogramms machten die neue taktische Einstellung deutlich:

1. Festsetzung der optimalen Schussentfernung beim Über- und Unterwasserangriff auf 600 m,
2. der Überwasserangriff bei Nacht gegen Geleitzüge nach Art der Kampftaktik von Torpedobooten und
3. Konzentration der Kräfte zu Gruppenangriffen gegen Geleitzüge.

Dies lieferte den Rahmen für intensive Übungen in den nächsten Jahren, deren Höhepunkt die Atlantikmanöver im Mai 1939 waren. Diese zielten speziell darauf ab, das Durchtrennen der britischen Versorgungswege zu üben. In den Bereichen der Entfaltung zu Aufklärungsstreifen, des Übergangs von der Aufklärung zum Angriff und der Nachrichtenübermittlung wurden viele Lehren gezogen.[72]

Doch als der Krieg kam, blieb noch eine Reihe von Fragen ungelöst und die Umstände verhinderten eine Zeit lang den vollen Einsatz der Gruppentaktik. Die Zusammenarbeit mit der Luftwaffe, die Dönitz für eine wirksame Aufklärung stets als notwendig erachtet hatte, erreichte zu keiner Zeit den in Aussicht genommenen oder für erforderlich gehaltenen Umfang. Andererseits führten die ständigen Forderungen der U-Bootwaffe nach Wachoffizieren zur Abkommandierung von genau den Offizieren der Seeflieger, die für diese Aufgabe am besten geeignet waren.[73] Im ersten Stadium des U-Bootkrieges experimentierte Dönitz noch mit der taktischen Führung von U-Bootgruppen durch einen an Bord eines *Führerbootes* eingeschifften Stabsoffizier. Doch ein taktischer Führer konnte sich den Problemen nicht entziehen, die eher Teil des Kampfgeschehens als der Führungsaufgabe waren.[74] Auf jeden Fall verhinderten 1940 weitgehend die politischen Einschränkungen der Angriffsziele, die Forderungen der Flotte und der allgemeine Mangel an U-Booten eine Anwendung der Gruppentaktik.

Erst im Frühjahr 1941 wurde die Anwendung der „Rudeltaktik" tatsächlich zur Regel, als ausreichend U-Boote zur Verfügung standen. Danach dominierte sie faktisch zwei Jahre lang. Die Führung ruhte zentral fest in den Händen des BdU und seines Stabes. Der Angriff einer U-Bootgruppe begann mit dem Einnehmen einer Angriffsaufstellung quer zum erwarteten Anmarschweg eines Geleitzuges, d.h. unter optimalen Bedingungen ggf. mit Unterstützung von Ergebnissen der Funkaufklärung durch den B-Dienst.[74a] Hatte ein U-Boot den Geleitzug erfasst, musste der Kommandant, statt sofort anzugreifen, am Geleitzug Fühlung halten, über Funk dem BdU Kurs, Geschwindigkeit und Zusammensetzung melden und ggf. Peilzeichen zum Heranführen der übrigen Boote senden. Dönitz oder Eberhard Godt, der Chef seiner Operationsabteilung, beurteilten den weiteren Kurs des Geleitzuges und zogen die U-Boote der Gruppe(n) zu einem Aufklärungs- oder Vorpostenstreifen zusammen, um den Geleitzug abzufangen – eine erschöpfende und häufig fruchtlose Jagd, wenn der Geleitzug den Kurs änderte oder die Fühlung abriss. Tagsüber versuchten die U-Boote, sich mit hoher Fahrt vor den Geleitzug zu setzen, um dann nachts im Inneren seiner Formation anzugreifen. Hatte der BdU die Vorbereitungen für eine höchstmögliche Konzentration von U-Booten abgeschlossen, erging über Funk der Befehl: „Angriff bei Einbrechen der Dunkelheit." Anschließend operierten die Boote selbstständig, bis die Fühlung verloren ging, und die Verfolgung begann von neuem. Für die Durchführung eines Überwasser- oder eines Unterwasserangriffes schärfte der BdU jedoch seinen Kommandanten ein, „so dicht wie möglich heranzugehen" und nur aus geringer Entfernung zu schießen.[75]

Die U-Bootgruppe verkörperte somit die Lösung eines taktischen Problems, den Angriff auf gesicherte Geleitzüge, und sein Schwerpunkt auf dem nächtlichen Überwasserangriff glich den im Asdic bestehenden technischen Vorteil auf alliierter Seite aus. Doch die Bildung der U-Bootgruppen sowie ihre Bewegungen hingen vollständig vom Gebrauch des Funks ab. Dies führte schließlich zur Anfälligkeit dieser Taktik durch die überlegene Technik der Alliierten im Auffangen und Entziffern der Funksprüche („Ultra"-Nachrichten) sowie im Orten der U-Boote bei der Funkspruchabgabe durch die Geleitsicherungsfahrzeuge (Einpeilen ihrer Standorte mit Hilfe der HF/DF-Ausrüstung). Die hart erarbeitete Erfahrung der Geleitsicherungsfahrzeuge durch fachmännisches Können und koordinierte Zusammenarbeit – noch ehe sie die alliierte Technik mit Radar ausstattete – beeinträchtigte den Wert des Überwasserangriffs der U-Boote. Die materielle Überlegenheit der Alliierten, die sich allmählich in der ständig zunehmenden Luftsicherung und den immer besser ausgerüsteten Geleitsicherungsfahrzeugen zeigte, ließ die Gruppentaktik zumindest mit den verfügbaren U-Boottypen veralten. Die einzige Alternative hierzu war der Unterwasserangriff der U-Boote, um kompliziertere Torpedos mit größerer Laufstrecke aus größeren Entfernungen in die Geleitzüge zu schießen – d.h. dies entsprach der von Heino v. Heimburg 1927 vertretenen und von den Lehrern in der U-Bootausbildung verkündeten Auffassung, ehe Dönitz die Führung der U-Bootwaffe übernahm.

Der Großteil der Unterseeboote fand seine Beute nicht. Als die britischen Analytiker nach dem Kriege die erbeuteten Kriegstagebücher der U-Boote studierten, kamen sie zur Schlussfolgerung, dass von nahezu 2700 Feindfahrten nur 770 – weniger als 30% – einen Angriff auf einen alliierten Geleitzug ergaben. Wenn die U-Boote jedoch ihren Gegner angriffen, dann führten sie getreulich die Dönitz'sche taktische Doktrin aus, vor dem Torpedoschuss „so dicht wie möglich heranzugehen". Die britischen Berechnungen ließen erkennen, dass von 2561 erfolgreichen Torpedoangriffen 1441 – d.h. mehr als 56% – und von 1788 erfolglosen Schüssen 984 – d.h. 55% – aus Entfernungen von unterhalb 1000 m erfolgten.[76]

Dennoch konnten derartige Bestrebungen das Scheitern der Rudeltaktik nicht retten; sie hatte dem alliierten Geleitzugsystem keinen wesentlichen Schaden zugefügt. Selbst während der Zeitspanne vom Januar bis August 1942, dem Höhepunkt der U-Booterfolge, wurden von 3283 in Geleitzügen fahrenden Schiffen nur 30 für Großbritannien bestimmte Schiffe versenkt. Vom September 1939 bis zum Mai 1943 waren 72% aller von den U-Booten versenkten Schiffe entweder Einzelfahrer oder Nachzügler aus Geleitzügen. Zudem stammten von den 620 aus Geleitzügen versenkten Schiffen nur 16 – d.h. weniger als ein Prozent aller Versenkungen – aus Geleitzügen, die nicht nur durch Kriegsschiffe sondern auch durch Flugzeuge gesichert waren. Im Gegensatz hierzu fielen 65% aller versenkten U-Boote den Geleitsicherungen zum Opfer.[77]

In Heino v. Heimburgs Beurteilung der U-Bootskriegsführung aus der Zeit zwischen den Kriegen sind es seine einleitenden Beobachtungen zum Krieg von 1914 – 1918 wert, wiederholt zu werden: „Mit dem Fortgang des Krieges entwickelten die Alliierten ihre U-Abwehrfähigkeiten faktisch aus dem Nichts zu einem sehr hohen Niveau. Andererseits erfuhren die U-Boote keine dieser Entwicklung entsprechenden Verbesserungen."[78]

Keine andere Lehre aus dem Ersten Weltkrieg hatte eine größere Bedeutung und keine wurde von der deutschen U-Bootwaffe des Zweiten Weltkrieges unter größeren Opfern missachtet. Zu einem großen Teil kann dies den technischen Fähigkeiten der deutschen U-Boote, dem tödlichen Potential und den verhängnisvollen Fehlern zugeschrieben werden, die den Charakter der Schlacht im Atlantik bildeten. Vor einer weiteren Betrachtung des U-Bootkrieges ist es daher erforderlich, die hauptsächlichen Typen der U-Boote zu untersuchen, auf denen so viele Männer in den Krieg und in einen frühen Tod fuhren.

Die U-Boote

Während des Krieges entwickelte die Kriegsmarine mehrere U-Boottypen, die verschiedenen Aufgaben dienten. Doch bis Kriegsende wiesen alle Typen physikalische Grundeigenschaften auf, die ihre Eignung als Unterwasserfahrzeug begrenzten. So verließen sie sich alle auf ein zweifaches Antriebssystem: *Dieselmotoren* für die Über-wasserfahrt – denn sie waren gebaut, um als Tauchboote den größten Teil der Zeit auf-getaucht zu fahren – und *Elektromotoren* für die langsamere und begrenztere Unter-wasserfahrt. Die Energie für die E-Motoren wie auch für die Beleuchtung, die Funk-anlage sowie für die gesamte elektrische Ausrüstung an Bord hing von großen elektri-schen Batterien ab, die im Mittelteil der Boote unter den Flurplatten verstaut waren. Die Batterien mussten täglich aufgeladen werden, ein Vorgang, der die Benutzung eines Dieselmotors für mehrere Stunden erforderte und bis zur Einführung des „Schnorchels" nur an der Wasseroberfläche möglich war. Ein deutsches U-Boot konn-te daher – wie die zeitgenössischen Unterseeboote der alliierten Mächte auch – genau-er als ein tauchfähiger Torpedoträger beschrieben werden, der den Großteil seiner Zeit an der Wasseroberfläche zubrachte, wo sich seine tägliche Routine um das erforderli-che Aufladen der Batterien drehte.

Es ist argumentiert worden, dass die deutsche Marine leichtfertig eine große Gelegenheit vergab, ein revolutionäres Unterseeboot zu entwickeln, als ihr Prof. Hellmuth Walter im Oktober 1933 zum ersten Mal die Möglichkeit hierzu in die Hand gab, und stattdessen die vertrauten Typen aus den Jahren 1916 – 1918 mit nur geringfügigen Verbesserungen wählte. Sich nicht auf Walters Einheitssystem – einen Hochgeschwindigkeitsantrieb für Über- und Unterwasserfahrt – festzule-gen, bedeutete mit den Worten eines Historikers: „Eine große Chance, wohl die einzige wirkliche Chance, den U-Boot-Krieg zu revolutionieren, wird von der Marine nicht wahrgenommen."[79/79a] Dieses harsche Urteil unterschätzt sowohl die Schwierigkeiten, ein revolutionäres Waffensystem bei begrenzten Haushaltsmit-teln neu zu entwickeln, wie es auch die Probleme des Walter-Verfahrens übersieht.

Weit bedeutungsvoller war die Wiederholung des Hangs der Marine aus dem Ersten Weltkrieg zum Bau mehrerer unterschiedlicher U-Boottypen, um verschie-denartige Aufgaben zu erfüllen. Von den ersten Plänen für den U-Bootbau Anfang der 30er-Jahre bis hin zum „Z-Plan" der Jahre 1938/39, der eine große Flotte ins Auge fasste[80], scheuten die Konstrukteure der Marine eine Vereinfachung. Statt-dessen frönten sie ihren Erinnerungen an spezialisierte U-Boote für spezielle Auf-gaben: Von kleinen Booten zur Küstenverteidigung über U-Minenleger bis hin zu „U-Kreuzern" (eine im Ersten Weltkrieg gebrauchte Klassifizierung), ausgerüstet mit schwerer Artillerie und Seeflugzeugen. Das Übertragen dieses Gedankengutes in eine Zeit angespannter Ressourcen und begrenzter Haushaltsmittel, verbunden mit der Unentschlossenheit der Kriegsmarine hinsichtlich der genauen Rolle des Unterseebootes in einem zukünftigen Konflikt, forderte in den kritischen Jahren vor dem Krieg einen enormen, wenn auch versteckten Preis an Produktionsverlust beim U-Bootbau. Als 1939 der Krieg begann, verkörperten die 57 in Dienst gestellten U-Boote vier verschiedene U-Boottypen – davon drei mit verschiedenen Varianten – und der Bau von Booten in zwei größeren Klassen hatte begonnen.[81] Somit fing für Deutschland der Krieg mit zu wenig Unterseebooten und zu vielen Typen an.

Eine vollständige Analyse der U-Bootentwicklung und der technischen Aspekte liegt außerhalb unserer Studie. An dieser Stelle werden wir unser Augenmerk auf die grundsätzlichen U-Boottypen beschränken, mit denen die deutschen U-Bootmänner den Krieg führten bzw. führen wollten. Ihre grundsätzlichen technischen Daten sind in der Tabelle 4 zusammengefasst.

TABELLE 4 **Die technischen Daten der hauptsächlichen U-Boottypen**

U-Boottyp:	II B	VII C	IX C	XXI
Anzahl in Dienst gestellt:	20	568	54	119
Verdrängung über Wasser (t):	279	769	1120	1621
Länge (m):	42,7	67,10	76,76	76,70
Breite (m):	4,08	6,20	6,76	8
Tiefgang (m):	3,90	4,74	4,70	6,32
Höchstgeschwindigkeit über/unter Wasser (kn):	13/7	17/7,6	18,3/7,3	15,6/17,2
Fahrtstrecke (sm)				
– über Wasser (bei 12 kn):	1800	6500	11.000	11.150
– unter Wasser (bei 4 kn):	43	80	63	400
Tauchtiefe(m)/-zeit(s)[*]:	150/25	200/30	200/35	240/20
Bewaffnung				
– Bugtorpedorohre:	3	4	4	6
– Hecktorpedorohre:	–	1	2	–
– Torpedos:	5	14	22	23
– Geschütze[**]:	1 x 2 cm	1 x 8,8 cm	1 x 10,5 cm	4 x 2 cm
		1 x 2 cm	1 x 3,7 cm	(2 x 2)
			1 x 2 cm	
Besatzung (Offiziere/Mannschaften):	3/22	4/40-44	4/44-50	5/52

* Maximale Tauchtiefe/Schnelltauchzeit des Bootes in Fahrt.
** Artilleriebewaffnung variierte nach 1942 erheblich (ohne Decksgeschütze sowie zusätzliche Fla-Geschütze in unterschiedlicher Anzahl).

Quellen: Rössler: *U-Bootbau*, Bd. 1, S. 266 – 269 (Tafel II: 1934-1943), Bd. 2, S. 535 – 539 (Tafel V: 1943-1945); Herzog: *60 Jahre deutsche U-Boote*, S. 194 – 203; Busch/Röll: *U-Bootbau*, S. 41, 54 – 61.

Die kleinen U-Boote vom Typ **II**, in der Marine „Einbäume" oder „Nordsee-Enten" genannt, stellten zunächst das Standardboot der ersten Flottillen dar und dienten während des Krieges der Ausbildung. Hauptsächlich zur Küstenverteidigung vorgesehen, führten die Boote des Typs **II B** in den ersten Kriegstagen riskante Minenunternehmungen vor den britischen Häfen durch. Der größte Teil dieser Boote wurde danach als Schulboote eingesetzt, obgleich sechs II-B-Boote 1942/43 auf dem Landweg über Elbe und Donau ins Schwarze Meer gebracht wurden. Dort operierten sie erfolgreich gegen sowjetische Nachschubschiffe und Seestreitkräfte, bis sich die letzten drei Boote, die nicht sowjetischen Bomben zum Opfer gefallen waren, im September 1944 an der türkischen Küste selbst versenkten. Die **II-D**-Boote der letzten Variante dieses Typs stellten ab Mitte 1940 in Dienst und hatten Seitentanks, die ihre Seeausdauer erheblich vergrößerten. Doch ihre geringe Größe und die wenigen mitgeführten Torpedos wiesen ihnen letzten Endes ebenfalls eine Ausbildungsaufgabe zu.[82]

Die U-Boote vom Typ VII und besonders die der Variante VII C waren die Arbeitspferde der deutschen U-Bootwaffe und die umfangreichste Einzelklasse in der Geschichte des Unterseebootes, die je gebaut wurde. Dieser Typ umfasste 703 der 1171 in Dienst gestellten U-Boote (60%), von denen 568 Einheiten von der Variante

VII C und weitere 91 Einheiten zur modifizierten Version VII C/41 zählten.[83] Wie früher bereits vermerkt, war der Typ VII aus dem gelungenen Typ UB III des Ersten. Weltkrieges abgeleitet und seine technischen Daten wiesen auch eine verblüffende Ähnlichkeit zu den 1916 in Dienst gestellten Booten des MS-Typs (*U 60 – U 62*) auf. Die ursprünglich geplante Größe des Typs VII (500 – 550 t Verdrängung über Wasser) erleichterte die maximale Fertigung eines hochseefähigen Kampfbootes innerhalb der Bedingungen des Deutsch-Britischen Flottenabkommens von 1935.[84] Dönitz bevorzugte den Typ **VII A** gegenüber dem größeren Typ I A, da er sich für die von ihm geplante Rudeltaktik sehr viel besser eignete: hohe Manövrierfähigkeit zusammen mit einer niedrigen Silhouette bei nächtlichen Überwasserangriffen, schnelle Tauchzeiten, eine gute Handhabung bei Tauchfahrt und beim Angriff sowie von der Größe her noch klein genug, um in großen Stückzahlen gebaut zu werden. Die Entwicklung zum Typ VII B mit verbesserter Seeausdauer und Überwassergeschwindigkeit kam durch Vergrößern der als „Satteltanks" bezeichneten Heizölbunker auf jeder Seite des Druckkörpers sowie durch Dieselmotoren mit Aufladung (Einbau eines Aufladegebläses) zustande.[85]

Die Variante **VII B** erwies sich tatsächlich als die gelungenste aller Varianten des Typs VII und trug von 1939 bis ins Jahr 1941 hinein die Hauptlast des U-Boothandelskrieges. Die ersten drei Asse der deutschen U-Bootwaffe – Günther Prien (*U 47*), Otto Kretschmer (*U 99*) und Joachim Schepke (*U 100*) – erreichten ihre hohen Versenkungserfolge mit VII-B-Booten. Das erfolgreichste deutsche U-Boot des gesamten Krieges war *U 48*, ebenfalls ein VII-B-Boot. Es versenkte auf seinen zwölf Feindfahrten unter drei Kommandanten insgesamt 54 Handelsschiffe mit zusammen 324.131 BRT und eine Sloop.[86] Von den 24 VII-B-Booten versenkten fünf mehr als 180 alliierte Schiffe, auf sechs weitere Boote entfielen je acht und mehr und fünf Boote vernichteten jeweils vier bis sechs Schiffe. Da von allen in Dienst gestellten U-Booten nur 131 erfolgreich sechs und mehr alliierte Schiffe angriffen, ist der verhältnismäßig hohe Anteil der VII-B-Boote ebenso bemerkenswert wie augenfällig.[87]

Die Variante **VII C** zeichnete sich besonders durch eine vergrößerte Zentrale aus, um ein noch in den Kinderschuhen steckendes aktives Schallortungsgerät (die S- oder Sonder-Anlage) unterzubringen. Die Pläne hierzu wurden wieder fallen gelassen, als es sich herausstellte, dass die Benutzung dieser Anlage weit wirksamer die eigene Position verriet, statt Hindernisse unter Wasser anzuzeigen. An weiteren Modifizierungen besaß diese Variante zusätzliche Tauchzellen, um das Tauchen zu erleichtern, vergrößerte Heizölbunker und ein verbessertes Aufladegebläse für die Dieselmotoren. Das kriegsbedingte Erfordernis nach einer höheren Geschwindigkeit über Wasser und der Fähigkeit, tiefer zu tauchen, führte zur Version **VII C/41,** bei der das durch Rationalisierung von Teilen der Antriebsanlage eingesparte Gewicht zur Verstärkung des Druckkörpers verwendet wurde, um Tauchtiefen von mehr als 200 m zu gestatten (eine Tiefe, die von den Kommandanten einiger VII-C-Boote in Notfällen bereits überschritten worden war). Eine weitere Modifizierung, die Version **VII C/42**, sah Pläne für eine nochmalige Verstärkung des Druckkörpers und zusätzlich stärkere Aufladungen für noch höhere Geschwindigkeiten bei den Dieselmotoren vor. Bauaufträge für 174 Einheiten dieser Version wurden vergeben. Doch am 30. September 1943 stoppte die Marine zugunsten der neuen Bootstypen Neubauten bzw. annullierte die Bauaufträge. Lediglich der Bau der VII-C/41-Boote wurde bis Kriegsende fortgesetzt.[88]

Die Indienststellung der ersten Einheit vom Typ VII C, *U 93* (Kptlt. Claus Korth), erfolgte am 30. Juli 1940 bei der Germaniawerft in Kiel und im Oktober trat das Boot seine erste Feindfahrt an. Am 12. April 1945 stellte ObltzS.d.R. Ewald Pick *U 1025* als letztes VII-C-Boot (Variante C/41) in Flensburg in Dienst. In den viereinhalb Jahren, die dazwischen lagen, lebte, kämpfte und starb die Mehrheit der deutschen U-Bootmänner an Bord dieser U-Boote im Nordatlantik, in der Arktis und im Mittelmeer. Versorgungs-U-Boote erweiterten die Seeausdauer der VII-C-Boote bis an die Küsten der Vereinigten Staaten und Brasiliens. Werftarbeiter gestalteten ihren Turmaufbau um und vergrößerten ihn zur Unterbringung einer umfangreichen Flakbewaffnung, um die immer stärker werdende alliierte Bedrohung aus der Luft zu bekämpfen. Doch das Durchhaltevermögen und die Vielseitigkeit dieser Boote konnten die Überlegenheit der Alliierten zur See nicht umkehren.[89]

Die Geschichte der VII-C-Boote kann im Kleinen an den Schicksalen der 25 U-Boote vom Typ VII C und VII C/41 abgelesen werden, die von Januar 1942 bis März 1943 auf der Bremer Vulkan-Werft in Vegesack auf Kiel gelegt und zwischen Ende November 1942 und Mitte Dezember 1943 als *U 275 – U 299* in Dienst gestellt wurden. Alliierte Streitkräfte versenkten 14 von ihnen – davon 13 mit der gesamten Besatzung, d.h. an Bord dieser Boote fielen insgesamt 630 Mann – und die restlichen Boote versenkten sich bei Kriegsende selbst oder kapitulierten. Im Austausch für dieses Opfer versenkte eines dieser U-Boote einen amerikanischen Zerstörer und einen britischen Dampfer, während ein zweites Boot ein amerikanisches Handelsschiff in die Tiefe schickte. Die übrigen Boote erzielten keine Versenkungen und sogar nur fünf Boote hatten die Gelegenheit, überhaupt Torpedos auf Ziele abzufeuern.[90]

Im Gegensatz hierzu waren die Erfolge der größeren U-Boote vom Typ **IX** unverhältnismäßig groß, ungeachtet der relativ schlechten Eigenschaften als Kampfboote. Die größere Oberdecksbreite, die für die Boote vom Typ IX so charakteristisch war, erhöhte die Tauchzeit um kostbare Sekunden und verringerte ihre Manövrierfähigkeit unter Wasser, wobei zu diesen Nachteilen noch ein größerer Turm und somit eine bessere Sichtbarkeit ihrer Silhouette hinzukam. Dönitz betonte diese Nachteile der „Seekühe" (wie die Besatzungen die Boote vom Typ IX im Marinejargon nannten), als er versuchte, ihren Einsatz im Mittelmeer und vor Gibraltar zu verhindern: „Sie sind leichter zu orten als Typ VII, komplizierter als diese und daher weniger standfest gegen Wasserbombenverfolgung, und tiefensteuermäßig schwieriger."[91] Als Dönitz im April 1943 versuchte, einen maximalen Druck auf die nordatlantischen Lebensadern aufrechtzuerhalten, enthüllten die Boote dieses Typs ihre Verwundbarkeit gegenüber der verbesserten Verteidigung der Geleitzüge. Obwohl die IX-C-Boote weniger als ein Drittel der gesamten U-Bootstärke ausmachten, erlitten sie schwerere Verluste als die VII-C-Boote.[92]

Dennoch erwiesen sich die U-Boote vom Typ IX infolge ihrer längeren Seeausdauer einschließlich einer größeren Fahrtstrecke als hervorragende Handelsstörer zu Anfang des Krieges gegen schwach gesicherte Geleitzüge oder später als „einsame Wölfe" operierend gegen den ungeschützten Schiffsverkehr in weit entfernten Operationsgebieten. Die 14 Unterseeboote vom Typ **IX B** (sämtlich 1940 in Dienst gestellt) versenkten während ihres Werdegangs durchschnittlich 100.000 BRT an Handelsschiffsraum und rangierten unter den erfolgreichsten U-Booten, gemessen an ihren Gesamtversenkungen, an dritter bis fünfter Stelle. Die drei erfolgreichsten Feindfahrten von U-Booten während des gesamten Krieges führten IX-B-Boote durch.[93]. Die 1941/42 in den U-Bootkrieg eingreifenden **IX-C**-Boote demonstrierten ihre Fähigkeiten während ausgedehnter Feindfahrten in die Karibik, in den Golf von Guinea und in die Gewässer vor Kapstadt. Obwohl die 141 Boote vom Typ IX C nur 12% der gesamten U-Bootstärke darstellten, kamen annähernd 37% der insgesamt versenkten alliierten Handelsschiffe auf ihr Konto.[94]

Ein solches Rekordergebnis hätte vom ursprünglichen Zweck des Typs IX C her nicht vorausgesagt werden können. Im Jahre 1935 dem MS-Boot *U 81* von 1915 ähnlich und sogar der geplanten und bis zum November 1918 nicht fertig gestellten Klasse großer MS-Boote (*U 115* und *U 116*) noch ähnlicher entworfen[95], war der Typ IX für ausgedehnte Feindfahrten in das westliche Mittelmeer sowie für Fernunternehmungen in den Mittel- und Südatlantik einschl. geplanter Unternehmen zur Sicherung deutscher Handelsschiffes(!) vorgesehen gewesen. Wie bereits früher bezüglich des Typs I A gab Dönitz 1937 klar zu erkennen, dass er die kleineren Boote des Typs VII vorzog, insbesondere angesichts der selbst auferlegten Tonnagebeschränkungen des Deutsch-Britischen Flottenabkommens. Während die 1938 von der Kriegsmarine entworfenen Pläne für eine zukünftige Flotte (Z-Plan) Ausgewogenheit zwischen den Unterseebooten vom Typ VII und Typ IX forderten, wollte Dönitz ein Verhältnis von 3:1 zugunsten der Ersteren haben.[96]

Das Vorurteil des BdU gegen die U-Boote vom Typ IX verstärkte sich, je länger der Krieg dauerte; denn die bei ihrem Bau verbrauchten Ressourcen verweigerten ihm eine größere Anzahl von Booten des Typs VII, die er verzweifelt haben wollte. Ende Januar 1942 betonte diesen Punkt eine Denkschrift der Amtsgruppe „U-Bootswesen" in der Seekriegsleitung und führte aus, dass jedes IX-C-Boot doppelt so viel Werftarbeiter erforderte wie die Fertigstellung eines VII-C-Bootes und dass jedes IX-C-Boot 60 t wertvollen Kupfers verschlang, während für ein VII-C-Boot nur 34 t notwendig waren. Auf diese Weise musste in jedes der größeren Unterseeboote dasselbe investiert werden wie in zwei Boote des kampfkräftigeren Typs VII.[97] Doch für eine Standardisierung der U-Boottypen war es bereits viel zu spät, und so stimmte Dönitz als Oberbefehlshaber der Kriegsmarine zu, die letzte Version – **IX C/40** – der IX-C-Variante noch bis weit in das Jahr 1944 hinein zu bauen.[98]

Die U-Boote der Variante **IX D** verkörperten eine gemischte Entwicklung aus dem Typ IX mit den Vorkriegsplänen für einen großen U-Kreuzer mit beträchtlicher Seeausdauer (bezeichnet als Typ XI) und dem Projekt eines „Flotten"-U-Bootes (Typ XII). Bei Kriegsausbruch wurden die Aufträge für den Typ XI annulliert und die Arbeiten am Entwurf für Typ XII eingestellt. Einige der diesen Projekten zugedachten Aufgaben wurden auf einen vergrößerten IX-C-Entwurf übertragen, der schließlich zur Variante IX D wurde, wobei bis zum Abschluss der Entwurfsarbeit noch andere Aufgaben hinzukamen. Insbesondere die Version **IX D₂**, ein U-Boot mit einem Fahrbereich über Wasser (23.000 sm), der doppelt so groß wie der eines IX-

C-Bootes war, repräsentierte die Kriegsmarine im Indischen und Pazifischen Ozean (im Marinejargon „Monsun-Boote" genannt). Von einem Stützpunkt aus, der mit japanischer Unterstützung in Penang auf der Malaienhalbinsel eingerichtet worden war, verrichteten diese U-Boote sowohl Transport- als auch Kampfaufgaben auf dem am weitesten entfernten Kriegsschauplatz der deutschen Marine. Falls erforderlich, konnte ein IX-D$_2$-Boot eine wertvolle Ladung, bestehend aus über 215 t Zinn, Gummi, Wolfram und Molybdän, nach Deutschland befördern – Rohstoffe, die in Europa nicht zur Verfügung standen.[99]

Zu jenen IX-D$_2$-Booten, die den Krieg überstanden, gehörten auch die Unterseeboote mit den Rekorden an Seeausdauer innerhalb der deutschen U-Bootwaffe, darunter *U 181* (KKpt. Wolfgang Lüth) mit der längsten Feindfahrt des Krieges: 203 Tage in See vom März bis Oktober 1943.[100] *U 862* (KKpt. Heinrich Timm) führte die Feindfahrt über die größte Distanz durch. Das Boot lief im November 1944 aus Deutschland aus, fuhr um Neuseeland herum und durchquerte bis zum Februar 1945 zweimal die Länge der gesamten australischen Südküste.[101] In gleicher Weise bemerkenswert war die Odyssee von *U 861* (Kptlt. Jürgen Oesten). Im Verlaufe einer 157 Tage dauernden Feindfahrt von Kiel nach Penang versenkte das U-Boot fünf Schiffe und entkam den alliierten Geleitsicherungsfahrzeugen und Flugzeugen nur knapp. Für mehr als drei weitere Monate neu ausgerüstet, trat das Boot mit wertvoller Fracht danach den Heimmarsch an, entging einem Hinterhalt amerikanischer Unterseeboote, überstand eine Kollision mit einem Eisberg vor Grönland und traf schließlich 90 Tage später im norwegischen Trondheim ein – dies alles ohne Benutzung eines „Schnorchels".[102]

Weitere, in begrenzter Anzahl gefertigte U-Boottypen waren für sehr spezielle Aufgaben entworfen worden. Am bedeutsamsten waren die zehn 1700 t großen Versorgungs-U-Boote des Typ **XIV** (auch als *U-Tanker* oder im Marinejargon als „Milchkühe" bezeichnet). Sie waren in der Lage, U-Boote in See mit Brennstoff, Torpedos und Proviant zu versorgen, um auf diese Weise die Seeausdauer der Kampfboote und damit die Länge der Feindfahrt auszudehnen. Nach Billigung ihres Baus im Dezember 1939 erleichterte das Auftauchen der ersten sechs U-Tanker 1942 die Ausweitung von Operationen in ferne Gewässer, um die Dönitz'sche Strategie des Tonnagekrieges zu unterstützen. Vier weitere dieser großen Boote liefen 1942/43 der Front zu. Doch dann war ihre Zeit abgelaufen, als die alliierte Luftüberlegenheit sich im Atlantik auszuwirken begann. Die Größe des Typs XIV beeinträchtigte die Geschwindigkeit, Tauchzeit und Manövrierfähigkeit dieser Boote, um Luftangriffen auszuweichen. Ihre Verwundbarkeit nutzten die Trägerflugzeuge der US-Marine aus, die aufgrund von „Ultra"-Nachrichten zu den Versorgungs-Treffpunkten mit U-Booten entsandt worden waren. Allein zwischen Mai und August 1943 gingen sechs der U-Tanker verloren und im Juni 1944 wurde auch das Letzte dieser Versorgungs-U-Boote versenkt.[103]

Auch die großen U-Boote des Typs **X B** beendeten häufig ihren Werdegang ebenfalls als U-Tanker, obwohl sie hierfür nicht gebaut worden waren. Als Minen-U-Boote mit großer Seeausdauer entworfen, waren die X-B-Boote mit 1760 t sogar noch größer als der Typ XIV. Doch nach dem Verlust der Versorgungs-U-Boote („Milchkühe") und der Blockadebrecher wurden die X-B-Boote in die Rolle von Versorgungs-

und Fracht-U-Booten gezwungen. Sechs der acht Einheiten des Typs X B gingen im Kriege verloren.[104]

Bleiben noch die fortschrittlichen Entwürfe von Unterseebooten übrig. Diese begannen mit den revolutionären Plänen von Professor Walter, die einen neuen strom-linienförmigen Entwurf des Bootskörpers, der sich besser für die Unterwasserfahrt eig-nete, mit der Verwendung des Einheitsantriebes kombinierten. Der Letztere bestand aus einer Gasturbine, in der hoch konzentriertes Wasserstoffsuperoxyd (in der als Per-hydrol bekannten Form) in Wasser und Sauerstoff zersetzt wurde, wobei Wärme anfiel, die durch die Turbine genutzt werden konnte, um hohe Unterwassergeschwin-digkeiten bis zu 30 kn zu erzielen. Bis 1942 entstanden Versuchsboote und Ende 1942 begann Walter mit der Unterstützung von Dönitz verschiedene Variationen der neuar-tigen Antriebsprinzipien unter der Sammelbezeichnung Typ **XVII** zu entwickeln. Bis 1944 sollten nach der Planung des BdU 24 der neuen Boote einsatzfähig sein.

Letzten Endes wurden jedoch nur sieben U-Boote des Typs XVII in Dienst gestellt, die prinzipiell Versuchszwecken dienten. Die Antriebsanlage blieb eine Quelle stän-diger Probleme, da sich insbesondere das Perhydrol als flüchtig erwies. Des Weiteren ergaben sich bei diesen U-Booten folgende Nachteile:
– Die Bau- und Betriebskosten waren außerordentlich hoch,
– große Mengen eines Treibstoffs wurden verbraucht, der nicht so ohne Weiteres zur Verfügung stand,
– die Offensivkraft war gering (zwei Torpedorohre mit gerade vier Torpedos) und schließlich
– war die Fahrtstrecke mit etwa 3000 sm sehr begrenzt.

Größere Versionen der Walter-U-Boote – Typ **XVIII** und Typ **XXVI** – wurden vor Kriegsende nicht mehr fertig gestellt.[105/105a]

Wenn die Walter-Entwürfe ein echtes Unterseeboot verkörperten, dann stellten die U-Boote der Typen **XXI** und **XXIII** das dar, was ein Historiker als „halb ferti-ges Haus" bezeichnete: Boote, die ihren Platz zwischen den Tauchbooten bisherigen Typs und den zukünftigen echten Unterseebooten hatten.[106] Die beiden neuen U-Boottypen waren das Ergebnis einer Besprechung im November 1942, auf der die Entwicklungsprobleme der Walter-Boote erörtert wurden. Daraufhin schlugen im K-Amt des OKM zwei Ingenieure als Interimslösung vor, in die neu entworfenen Bootskörper konventionelle Antriebsanlagen mit zusätzlichen elektrischen Batterien einzubauen. Mit verbesserten E-Motoren und eingebauten „Schnorchel"-Anlagen konnten die neuen „Elektroboote" unter Wasser weiter, schneller und für längere Zeitspannen fahren als in der Marinegeschichte je zuvor.[107] Obwohl ihr Bau erst nach dem Typ XXI begann, waren die U-Boote des Typs XXIII zuerst einsatzbereit und bis Kriegsende wurden über 60 dieser kleinen Unterseeboote (234 t) in Dienst gestellt. *U 2336* (Kptlt. Emil Klusmeyer, ein Obersteuermann der Vorkriegszeit und zum Kriegsoffizier aufgestiegen) versenkte am 7. Mai 1945 als letztes deutsches U-Boot ein Schiff. Zur Küstenverwendung entworfen, erstreckte sich die maximale Reichweite dieser Boote nur bis in die britischen Küstengewässer und ihre Offen-sivkraft beschränkte sich auf zwei Torpedorohre mit lediglich zwei Torpedos; ein Nachladen war nicht möglich.[108]

Erst der Typ XXI verkörperte Deutschlands Anspruch auf einen Platz in der U-Bootstechnik der Zukunft.[109] Im Frühjahr 1943 erstellten MBD Prof. Heinrich Oelfken und andere Konstrukteure im K-Amt den Entwurf, indem sie die stromlinienförmige Gestalt des Bootskörper-Entwurfes für das Walter-Boot vom Typ XVIII übernahmen und leichtgewichtige Dieselmotoren sowie zwei E-Motorensätze einschl. je eines kleineren E-Motors für Schleichfahrt einbauten. Mit einer gewaltigen Batterieleistung – zwei große Batteriesätze mit insgesamt 372 Batteriezellen: Dreimal so groß wie bei den Typen VII und IX – konnte ein U-Boot des Typs XXI bei einer Marschfahrtstufe von 5 kn etwa 60 Stunden und mit Höchstfahrt von 17,2 kn etwa eine Stunde unter Wasser marschieren, ohne die Batterien aufzuladen. Bei wirtschaftlichen Fahrtstufen musste ein solches U-Boot seine eingebaute „Schnorchel"-Anlage nur jeden zweiten Tag zum Aufladen der Batterien benutzen. Für den Kampf war der neue U-Bootstyp mit den neuesten FuMO- und FuMB- sowie aktiven und passiven Schallortungsanlagen ausgerüstet und führte sechs Torpedorohre im Bug, die mit einer halbautomatischen Hydraulik in 15 – 20 Minuten rasch nachgeladen werden konnten.

Aus Sicht dieses Buches verdienen die Konzessionen an eine bequeme Unterbringung der Besatzung eine Erwähnung. Zur Kombüse gehörte eine Tiefkühlkammer, um Fleisch für längere Zeit frisch zu halten. Zum ersten Mal hatte eine Besatzung drei Toiletten und einen separaten Waschraum mit Waschbecken und einer Dusche zur Verfügung. Die Mannschaften teilten sich zwar immer noch die Kojen, hatten aber endlich einen eigenen Wohnraum, der vom Bugraum getrennt war und in dem sie nicht mehr auf den Torpedos schlafen mussten.

Mit der Unterstellung der Marinerüstung im Sommer 1943 unter das Ministerium für Rüstung und Kriegsproduktion des Reichsministers Albert Speer beschleunigte sich der Ausstoß von U-Booten des Typs XXI (Sektions-Bauweise): Vorfertigung von acht Sektionen bei 32 Stahlbaufirmen überall in Deutschland, anschließende Ausrüstung dieser Sektionen bei elf Bauwerften und letztlich Endmontage der fertig ausgerüsteten Sektionen zum U-Boot auf drei Großwerften (die Bauzeit – pro Mann und Stunde erforderlich für eine Tonne Gewicht – lag bei Kriegsende für den Typ XXI um 41% niedriger als 1943 für ein VII-C-Boot). Kinderkrankheiten und Verzögerungen beim Einbau der neuen Ausrüstung verzögerten den Zeitpunkt für den Fronteinsatz der neuen Boote, bis es zu spät war. Von den 1944/45 in Dienst gestellten 119 U-Booten des Typs XXI hatte gerade ein Boot seine erste Feindfahrt angetreten als die Wehrmacht kapitulierte, und elf weitere waren bei ihren Frontkommandos in Norwegen eingetroffen. Eine Anzahl weiterer Boote geriet jedoch in Luftangriffe, ehe sie sich in den letzten Kriegstagen selbst versenkten.[110]

In diesen vom Typ her so verschiedenartigen U-Booten lebten und kämpften während des Krieges annähernd 50.000 deutsche Seeleute, von denen der größte Teil ums Leben kam. Doch ebenso wie sich ihre Boote im Verlaufe des Krieges vervielfachten und weiterentwickelten, so geschah dies auch hinsichtlich der Anzahl und des Charakters der Männer, die sie bemannten.

4. Kapitel
Das Gesicht des U-Bootkrieges
1939 – 1945

Teilnehmer und Historiker der „Schlacht im Atlantik" gliedern dieses Kampfgeschehen üblicherweise in bestimmte chronologische Zeitabschnitte, die bedeutsame operative Entwicklungen reflektieren.[1] Eine solche Einteilung, wenn auch logisch, übersieht oft die materiellen, organisatorischen und personellen Gesichtspunkte, die häufig die Verfügbarkeit und die Verteilung der Frontstreitkräfte bedingen. Dies ist besonders für die deutsche Seite zutreffend, die den ungleichen Kampf führte, während ein ständiges Ringen um einen größeren Anteil an den begrenzten Ressourcen stattfand, die für Deutschlands Kriegsanstrengungen verfügbar waren. In diesem Kapitel werden wir den Umrissen des U-Bootkrieges gemäß dem Rhythmus der inneren Entwicklung der U-Bootwaffe folgen, angepasst an die hauptsächlichen Stadien des Konfliktes.[2] Zunächst sind die Führung und die Waffen einer Betrachtung zu unterziehen, die den Charakter der U-Bootwaffe weitgehend formten.

Die Phasen des U-Bootkrieges: Eine neue Sicht

Die *Schlacht im Atlantik* scheint in leicht zu definierende chronologische Abschnitte zu zerfallen, gemäß der geografischen Ausweitung des Krieges sowie der Verfügbarkeit der Streitkräfte und Techniken für jede der gegnerischen Seiten. Doch aus dem Blickwinkel der Kriegsführung durch den BdU betrachtet, taucht noch ein anderes Muster auf, bei dem sich diese Abschnitte mit den Stadien des U-Bootbaus, der organisatorischen Erweiterung und der wechselnden strategischen Prioritäten vermischen, wobei sich dies alles vor dem ständigen Hintergrund technischer Probleme sowie der keineswegs einfachen Beziehungen zwischen der U-Bootwaffe und der Marine als Ganzes abspielte. Während des Krieges stellte Dönitz selbst eine Folge von Phasen auf der Grundlage der Verluste auf, die seine Streitkräfte erlitten hatten, wiedergegeben in Tabelle 5 auf Seite 69 Sie liefert den Rahmen für unsere eigene Chronologie.

Es ist jedoch von Bedeutung, zuerst die Wirksamkeit des U-Bootkrieges insgesamt nachzuweisen. Der Geschichtsforscher Jak Mallmann Showell kam nach der Betrachtung der von Jürgen Rohwer perfekt tabellarisch erfassten U-Booterfolge zu folgenden Schlussfolgerungen: Von 1171 in Dienst gestellten Unterseebooten griffen während des Krieges nur 321 Boote erfolgreich ein alliiertes Schiff an, indem sie es beschädigten oder versenkten. Der Großteil dieser Boote – nämlich 190 – griffen bis zu fünf Schiffe und lediglich 25 U-Boote 20 und mehr Schiffe an. Eine Handvoll Asse – typisch für diese

TABELLE 5 U-Boote und Verluste an Besatzungsangehörigen 1939 – 1945

Zeitraum von – bis	Anzahl der U-Boote in Dienst gestellt	Verluste**	Anzahl der Frontboote am Ende des Zeitraums	Verluste an*** Gefallenen	Verluste an*** Gefangenen	Verluste an*** Insgesamt	Verluste im Monatsdurchschnitt	Gesamtverluste in Prozent
1.9.39 – 21.8.40 (12 Monate)	29*	29	27	764	427	1.191	99	3,5
22.8.40 – 24.8.42 (24 Monate)	381	80	149	1891	721	2612	109	7,7
25.8.42 – 31.10.43 (14 Monate)	329	257	175	11.008	2027	13.035	931	38,6
– Aug.-Dez. 42	93	45	204	2230	698	2928	732	8,7
– Jan.-Jun. 43	139	114	214	5058	588	5646	941	16,7
– Juli – Okt. 43	97	98	175	3720	741	4461	1115	13,2
1.11.43 – 9.5.45 (18+ Monate)	375	455	126	15.085	1825	16.910	927	50,1
Insgesamt	**1114**	**821**	**–**	**28.748**	**5000**	**33.748**	**494**	**100**

* Angaben aus Busch/Röll: *U-Bootbau*, S. 6ff. (nicht eingeschlossen sind die bereits vor Kriegsbeginn in Dienst gestellten 57 U-Boote).

** Angaben stammen aus Tarrant: *Kurs West!*, S. 223 – 229, und Tarrant *Last Year*, S. 205 [„Letztes Jahr", S. 226].

*** Für den ersten Zeitraum: BdU op „1 Jahr U-Bootskriegsführung", 24. August 1940 (T1022/1724/PG 32011); für den zweiten Zeitraum: Skl/Amtsgruppe U-Bootswesen „Aufstellung U-Bootsverluste, Stand 24.8.1942", 3. September 1942 (T1022/1727/PG 32174); für den dritten Zeitraum: KTB BdU, 31.1.1944 (T1022/3981/PG 30339); Angaben für den letzten Zeitraum: Abgeleitet von den in Anhang 2 beschriebenen Gesamtzahlen an Gefallenen und Gefangenen.

Kommandanten – befehligte während des Krieges mehrere verschiedene Boote und füg-te den Alliierten unverhältnismäßig hohe Verluste zu: 30 Kommandanten (etwa 2%) ver-senkten fast 800 Schiffe oder verursachten nahezu ein Drittel aller Verluste, die die deut-schen U-Boote den Alliierten beibrachten. Unter Abzug der U-Boote, die nur Ausbil-dungs- oder Versorgungszwecken dienten oder die zu spät in Dienst gestellt wurden, um noch auf Feindfahrt zu gehen, versenkten im Gegensatz hierzu etwa 550 Kampfboote im Verlaufe ihres Werdegangs nicht ein einziges Schiff.[3] Der Historiker Bodo Herzog, der hinsichtlich der Daten von einer anderen Quelle ausging, kommt zum Schluss, dass 290 Frontboote verloren gingen, ohne je ein gegnerisches Schiff zu versenken, wobei 271 die-ser Boote nie einen Torpedo auf einen Gegner abschossen. Weitere 95 Frontboote über-dauerten den Krieg, ohne einen einzigen Erfolg zu erzielen.[4]

Während diese Analyse eine Perspektive für den gesamten U-Bootkrieg erstellt, müssen auch die hauptsächlichen Schwankungen innerhalb dieses Zeitraums einer Betrachtung unterzogen werden. Tabelle 6 unten zeigt die wechselnden Erfolgs- und Verlustraten für alle Frontboote während bestimmter Kriegsmonate. Diese Zahlen ent-hüllen sowohl die scharfen Kontraste als auch die fortschreitende Verschlechterung in den Kampfbedingungen, die die U-Bootbesatzungen im Verlaufe des Krieges erfuh-ren. Wie wir sehen werden, wurden diese Veränderungen nicht von einem einheitli-chen, wenn auch dahinschwindenden U-Bootkorps wahrgenommen, sondern von auf-einander folgenden Gruppen von U-Bootfahrern, welche die jeweils einzigartigen Bedingungen erfuhren, unter ihnen kämpften und oft genug starben, eine Phase des Krieges definierend.

TABELLE 6   **Wechselnde Erfolgs- und Verlustraten bei den Frontbooten (alle Kriegs-schauplätze) 1940 – 1944**

	Okt. 1940	Mai 1942	März 1943	Januar 1944
Frontboote	39*	124	229	169
Einsatzstärke**	20	62	115	85
U-Boote mit erfolgreichem Angriff	17	39	57	10
Erfolgsrate (in Prozent)	85,0	62,9	49,6	11,8
U-Bootsverluste***	1	4	14	15
Verlustrate (in Prozent)	5,0	6,5	12,2	17,6

* Anm.d.Ü.: Tarrant gibt nur 30 Frontboote an.
** Tatsächlich in diesem Monat in See stehende U-Boote, berechnet nach 50% der Gesamtstärke [d.h. im Okt. 1940 15 Boote].
*** Ausschließlich der in heimischen Gewässern verloren gegangenen U-Boote, ohne Frontboote zu sein.
Quellen: Zusammengestellt aus Angaben bei Tarrant *Kurs West!*, S. 132, 146, 161, 178; Rohwer *Axis Submarine Successes*, S. 31-35, 92-99, 153-60, 176/177, 198, 202, 204/205, 218, 220, 232/233, 244/245, 253/254, 267, 272/273; und Kemp *U-boats Destroyed*, S. 67, 81/82, 105-109, 162-166.

Erste Phase: September 1939 – August 1940

Diese Anfangsphase umfasste das erste Kriegsjahr, das in vielerlei Weise eine Wie-derkehr des U-Bootkrieges von 1916 -1918 darstellte, aber mit weniger günstigen

Chancen. Kptlt. Günther Priens verwegenes Eindringen mit *U 47* in den Flottenanker-
platz Scapa Flow und das Versenken des britischen Schlachtschiffes ROYAL OAK am
14. Oktober 1939 markierte für das Prestige der U-Bootwaffe einen ungeheuren Sieg[5],
täuschte aber über technische Mängel, verpasste Gelegenheiten und schwere Verluste
hinweg. Aufgrund der Versenkung des Passagierschiffes ATHENIA am 3. September
1939 durch *U 30* (Kptlt. Fritz-Julius Lemp) in eine peinliche Lage gebracht, zögerten
die Marineführung und Hitler die Durchführung des uneingeschränkten U-Bootkrieges bis zum August 1940 hinaus. Die geringe Anzahl der im Allgemeinen einzeln operierenden U-Boote musste in den ersten Kriegstagen nach den antiquierten Regeln des
Anhaltens und Durchsuchens gemäß Prisenordnung vorgehen. Küsten-U-Boote des
Typs II führten eine Reihe von Minenunternehmen in britische Küstengewässer durch.
Überdies hing Dönitz in der Verwendung seiner Kräfte von den übergeordneten Interessen der Marineführung ab – wie im April 1940, als er den größten Teil seiner U-Boote zur Unterstützung der Flottenoperationen bei der Besetzung Norwegens einsetzen
musste. Ihre hierbei erbrachten Leistungen waren gering, hauptsächlich infolge der
fehlerhaften Gefechtspistolen in ihren Torpedos. Von Oktober 1939 bis zum April
1940 betrug die Rate der Torpedoversager durchschnittlich 30%, ohne die normalen
Fehlschüsse zu berücksichtigen.[6/6a]

Das Entscheidende an diesem Problem war, dass der ineffektiven Handelskriegsführung lediglich eine weitere Dimension angefügt wurde. In den ersten neun Kriegsmonaten gelang es einer Handvoll Unterseebooten, 215 Handelsschiffe mit insgesamt
über 850.000 BRT zu versenken, aber von diesen fuhren nur 22 in Geleitzügen. Gleichzeitig vernichteten alliierte Geleitsicherungsfahrzeuge elf U-Boote, die an Geleitzügen
operierten. Dies waren untragbare Verluste, da zu wenig Boote zur Verfügung standen, die nur das gelegentliche Bilden einer U-Bootgruppe zuließen.[7] Die Dönitz'sche
Rudeltaktik blieb daher weiterhin nicht erwiesen.

Noch schlimmer waren die erbrachten Opfer. Dönitz berichtete am 24. August
1940, dass im ersten Kriegsjahr 28 von insgesamt 61 Front-U-Booten oder 46% verloren gingen. Die Personalverluste lagen nur geringfügig darunter. Das ursprüngliche
Personal der U-Bootwaffe bestand aus etwa 3000 sorgfältig ausgewählten freiwilligen
Offizieren und Mannschaften. Das Durchschnittsalter der Kommandanten lag bei 29,5
Jahren, während die große Mehrheit der Besatzungsangehörigen im Durchschnitt 21 –
25 Jahre alt war. Aus dieser Elite waren 79 Offiziere sowie 685 Unteroffiziere und
Mannschaften gefallen und weitere 33 Offiziere mit 394 Unteroffizieren und Mannschaften waren in Gefangenschaft geraten – insgesamt ein Verlust von nahezu 1200
Mann oder 40% des Personalbestandes, mit dem die U-Bootwaffe in den Krieg eingetreten war. Allein das Ersetzen der Unterseeboote erwies sich als ein quälend langsam
vor sich gehender Prozess. Von September 1939 bis Juni 1940 fertigten die deutschen
Werften im Schnitt nicht mehr als zwei U-Boote und von diesen 20 Booten waren nur
13 zu Atlantikoperationen fähig.[8] Doch wie konnten die Männer ersetzt werden?

Für den BdU vielleicht am meisten beunruhigend war die Tatsache, dass sich bei
seinen Kommandanten eine starke Beanspruchung ihrer physischen und psychischen
Gesundheit während der Feindfahrten zeigte. Einen Monat nach Kriegsbeginn notier-
te er die Notwendigkeit, zwei Kommandanten sofort ablösen zu müssen, wobei die

Wahrscheinlichkeit gegeben war, dass in Kürze weitere folgen würden. Die Mehrheit der Betroffenen, die nach mehrjähriger Erfahrung auf den kleinen Booten des Typs II zu den größeren des Typs VII oder IX wechseln mussten, hatte nach ein paar Wochen Kampfeinsatz an Bord dieser Boote festgestellt, dass der Übergang zu krass gewesen war, um – zumindest zeitweise – damit fertig zu werden.[9] Als Folge dieser Feststellungen musste Dönitz mit seinen Kommandanten „jonglieren", d.h. einige vollständig ablösen und andere je nach ihren Fähigkeiten auf kleinere oder größere Boote versetzen. In den ersten fünf Kriegsmonaten wechselten bei 20 Unterseebooten die Kommandanten; mehr als einmal war dies bei jedem dritten Boot der Fall und in fünf Fällen musste am Ende des vierten Monats sogar ein dritter Kommandant übernehmen.[10] Diese raschen und umfangreichen Wechsel der Kommandanten beeinträchtigten die Leistungen der U-Boote in den ersten Kriegsmonaten noch zusätzlich.

Günstige Entwicklungen außerhalb des Befehlsbereiches von Dönitz verbesserten nach und nach bis zum Ende dieses ersten turbulenten Zeitraums die Gesamtsituation. Eine formelle Untersuchung der Torpedokrise, deren Höhepunkt ein Kriegsgerichtsprozess gegen vier Verantwortliche der TVA Eckernförde war, führte zumindest in der zweiten Hälfte des Jahres 1940 zu einer Abnahme der Rate bei den Torpedoversagern auf 13%.[11] Nahezu alle Beschränkungen gegen die für England bestimmten Handelsschiffe wurden aufgehoben. Der Zusammenbruch Frankreichs und die Furcht vor einer deutschen Invasion in Großbritannien schwächten die alliierten U-Abwehrmaßnahmen zugunsten der Heimatverteidigung. Darüber hinaus ermöglichte die Besetzung Frankreichs vor allem die Umwandlung seiner Atlantikhäfen in U-Bootstützpunkte. Hierdurch verkürzte sich der Anmarschweg zu den Geleitzugrouten um 900 sm. Das erste U-Boot (*U 30*) traf am 7. Juli 1940 in Lorient ein und die Anzahl der versenkten alliierten Schiffe stieg zwischen Juni und August auf 157 mit fast 842.000 BRT, gerade als die Wiederaufnahme der Rudeltaktik noch höhere Versenkungszahlen versprach.[12]

Am bedeutsamsten für den zukünftigen Charakter der U-Bootwaffe sind die organisatorischen Schlussfolgerungen, die Dönitz in diesem Zeitraum zog. Die erlittenen schweren Verluste erschütterten seinen Glauben in seine Überzeugung nach immer mehr Unterseebooten nicht. Er gewöhnte sich vermutlich an die Wahrscheinlichkeit ihrer Wiederkehr als Teil der zyklischen Natur des U-Bootkrieges – schmerzhaft, aber zeitweilige Rückschläge mussten im Hinblick auf zukünftige Erfolge hingenommen werden. Zusätzlich demonstrierten die Verluste seiner Besatzungen im Kampf und die psychologisch bedingten Einbußen bei den Kommandanten die schreckliche Anfälligkeit selbst handverlesener und gut ausgebildeter Besatzungen in einer solchermaßen einzigartigen und gefahrvollen Waffengattung.

Die Lehren, die er zog, beweist eine Denkschrift über die Ausbildungsmöglichkeiten, die er im November 1939 erstellen ließ. Sie enthüllt auch, dass Dönitz von einer langen Kriegsdauer und den damit verbundenen Auswirkungen auf den Personalbedarf seiner U-Bootwaffe ausging. Der Plan stellte ein Ausbildungsprogramm für die Besatzungen von 40 neuen U-Booten zwischen April und Dezember 1940 sowie für 64 neue Unterseeboote in jedem Halbjahr danach auf, d.h. für voraussichtlich insgesamt 881 U-Boote bis zum Herbst 1943. Die dem Text beigegebenen präzisen Tabellen mit einem Personalbedarf von 3336 Offizieren und 33.120 Unteroffizieren und Mannschaften – in besondere Laufbahnen nach Dienstränge (für Unteroffizier mit und ohne Portepee sowie Mannschaften) und in sechsmonatige Zeiträume gegliedert – ließen erkennen, dass dieser Bedarf nicht mehr durch ausschließlich Freiwillige gedeckt werden konnte. Daher enthüllt dieses Dokument auch das Aufgeben der freiwilligen Rekrutierung für die deutsche U-Bootwaffe nur zwei Monate nach Kriegsausbruch durch Dönitz. [13] Obwohl der deutsche U-Bootbau diesem Zeitplan hinterherhinkte – das 881. U-Boot nach diesem Plan, *U 1053*, stellte erst am 12. Februar 1944 in Dienst –, beschleunigte Dönitz die Ausbildung der neuen Boote und ihrer Besatzungen, um in minimalster Zeit die größtmögliche Stärke zu erlangen. Die U-Bootwaffe sollte für diese Entscheidung einen hohen Preis bezahlen, ehe die Wichtigkeit einer längeren Ausbildung voll erkannt wurde.[14]

Im Nachhinein bleibt als charakteristisches Merkmal für das erste Kriegsjahr der Verlust von Zeit und Ressourcen für die U-Boot-Anstrengungen übrig. Zwölf Monate nach dem Beginn der Feindseligkeiten standen Dönitz nicht mehr U-Boote als am Anfang zur Verfügung. Im Oktober 1939 billigte Hitler ein großes U-Bootbauprogramm für eine jährliche Ablieferung von 352 Unterseebooten, aber die Verknappung an Rohstoffen und der Mangel an Facharbeitern veranlassten Raeder im März – Juli 1940, die Fertigung auf nur 25 Boote pro Monat zu verringern. Schließlich befand sich auf den Werften nur die Hälfte dieser Boote im Bau, teilweise der auf den Werften herrschenden Mentalität aus der Vorkriegszeit zuzuschreiben, aber letzten Endes waren die widersprüchlichen Anforderungen eines Großen Krieges an die begrenzten Ressourcen Deutschlands schuld. In den ersten 16 Monaten des Krieges wurden insgesamt nur 62 neue U-Boote in Dienst gestellt, eine Anzahl, die erst Ende 1943 um zwei Monate und zehn Tage übertroffen werden sollte. Verantwortlich war auch das Versäumnis im OKM, eine einheitliche und folgerichtige U-Bootstrategie zu entwickeln, seine Entscheidung, mehrere U-Boottypen mit unterschiedlichen Anforderungen zu bauen, und vielleicht auch sein Entschluss, die Entwicklung neuer Unterseebootsentwürfe zurückzustellen, wie jene von Dr.-Ing. Hellmuth Walter.[15]

Das Ausmaß der Verluste stellt jedoch auch die Frage nach dem Einsatz der U-Boote durch den BdU, insbesondere der auf Feindfahrt entsandten neuen Boote mit zu geringer Ausbildung. Doch Dönitz folgte hier nur der von seinem ObdM vorgegebenen Führung, der zu Anfang des Krieges eine aggressive und kostspielige Strategie verfolgte. Vielleicht sicherte er sich dadurch seine eigene Stellung; denn bis zum Juli 1940 wurde der Posten des Flottenchefs innerhalb von zehn Monaten infolge der Meinungsverschiedenheiten über Strategie und Handlungsfreiheit bereits zum dritten Mal besetzt.[16] Dönitz' Überleben als BdU trotz der Konflikte mit Raeder dürfte das wesentlichste Geschehen in dieser ersten Phase des U-Bootkrieges darstellen.

Zweite Phase: September 1940 – August 1942

Innerhalb der nächsten beiden Jahre veränderte sich die Schlacht im Atlantik in ihrer geografischen Ausdehnung und in ihrem Verlauf außerordentlich. Dennoch kann sie aus der Sicht des BdU als ein einheitliches Gebilde betrachtet werden – als einen ausgedehnten Zeitraum anhaltender Entwicklung in der Vorbereitung auf die entscheidenden Geleitzugschlachten, besondere Schwachpunkte in der Struktur des alliierten Schiffsverkehrs treffend, während strategischen Forderungen begegnet werden musste, die von der Seekriegsleitung diktiert wurden. Wieder mit dem Vorteil einer Betrachtung im Nachhinein lässt sich sagen, dass der U-Bootkrieg in dieser Zeitspanne durch das Unvermögen, Großbritannien niederzuringen noch ehe die Vereinigten Staaten in den Konflikt eintraten, fast entschieden war. Doch diese Erkenntnis war damals für die Teilnehmenden auf beiden Seiten nicht klar ersichtlich; beide sahen nur den wachsenden Druck des Ringens.

Für Dönitz verband in dieser Phase die operative Führung seine größten Triumphe mit an Verzweiflung grenzenden Enttäuschungen. Die erste „Glückliche Zeit" seiner U-Bootmänner erreichte im Oktober 1940 ihren Höhepunkt, als im Durchschnitt lediglich zwölf pro Tag in See stehende U-Boote 66 Schiffe mit insgesamt mehr als 363.000 BRT versenkten, wobei der Großteil dieser Versenkungen (41 Schiffe mit über 207.000 BRT) aus Geleitzügen erfolgte und nur ein einziges U-Boot verloren ging. Der statistische Maßstab, mit dem der BdU den Erfolg maß – durchschnittliche Versenkungsrate pro Boote und Seetag –, erreichte in diesem Monat mit 976 BRT während des gesamten Krieges seinen höchsten Wert.[17]

Wenn auch die Erfolge den Winter hindurch anhielten, so wurde doch eine allmähliche Zunahme der britischen und kanadischen Geleitsicherungsfahrzeuge sowie der Sicherung aus der Luft augenscheinlich. Nachdem in drei Monaten kein Unterseeboot verloren gegangen war, schockte im März 1941 der Verlust von dreien ihrer Spitzenasse durch die Sicherung an den Geleitzügen die U-Bootwaffe: Kptlt. Günther Prien von *U 47* und Kptlt. Joachim Schepke von *U 100*, die beide ums Leben kamen, und KKpt. Otto Kretschmer von *U 99*, der in Gefangenschaft geriet. Die Verstärkung der alliierten U-Abwehrmaßnahmen und die größeren Schwierigkeiten auf deutscher Seite beim Finden der Geleitzüge zitierend, datiert ein Historiker die entscheidende Wende im Verlauf des U-Bootkrieges von diesem verhängnisvollen März an – zwei Jahre vor dem Zeitraum der größten Geleitzugschlachten.[18]

Zweifellos schrumpfte der U-Bootkrieg im Nordatlantik für den Rest des Jahres 1941 zusammen. Im Juni vervollständigten die Briten den Einbruch in die deutschen Marinefunkschlüssel (nach dem Namen der Schlüsselmaschine bekannt als „Enigma", während die entzifferten Funksprüche mit „Ultra" bezeichnet wurden) und lasen bis zum Ende des Jahres die Funksprüche von Dönitz an seine Kommandanten mit nur wenigen Tagen Verzögerung bis zur Entzifferung mit. Dies gestattete der britischen Admiralität, die Geleitzüge um die U-Bootaufstellungen auf ihrem Kurs herumzuleiten – gemäß der detaillierten Betrachtung eines Historikers rettete „Ultra" 1941 vermutlich den Alliierten 1,6 Millionen BRT an Schiffsraum, der ansonsten versenkt worden wäre.[19] Im August ergab sich die seekranke und demoralisierte Besatzung von *U 570* (Kptlt. Hans-Joachim Rahmlow) in See einem britischen Flugzeug, überzeugend den Trugschluss einer abgekürzten Ausbildungszeit demonstrierend. Später verbrachten neue Boote mehr Zeit mit Erprobungsfahrten und Übungen in der Ostsee, aber diese Praxis verzögerte notwendigerweise Verstärkungen für die Front.[20] Inzwischen fuhr die Seekriegsleitung fort, U-Boote von den Altantik-Operationen für derart zweitrangige Aufgaben wie Wettermeldungen und Geleitsicherungsdienst für Blockadebrecher abzuziehen. Als Antwort auf die kritische Situation der Achsenstreitkräfte in Nordafrika erhielten schließlich Ende November alle Atlantikboote den Befehl, ins Mittelmeer bzw. in das Seegebiet vor dem Westausgang der Straße von Gibraltar zu gehen. Das katastrophale Jahr ging angemessen mit dem praktischen Aussetzen des U-Bootkrieges auf den Geleitzugrouten zu Ende. Am 25. Dezember 1941 befanden sich alle 17 in See stehenden U-Boote entweder auf dem Anmarsch oder auf dem Rückmarsch. Im gesamten Atlantik stand nicht ein einziges Unterseeboot in den Operationsgebieten.[21]

Dies vor allem führte den Nachteil vor Augen, 1940 nicht mehr U-Boote gebaut zu haben. Dennoch unterstrich dieser Umstand auch das zunehmende Problem vermehrter Wartungs- und Reparaturanforderungen, gerade als die Wehrmacht immer mehr der dringend benötigten Werftarbeiter einzog. Da die U-Boote „im Dienst alterten", erforderten sie längere Perioden der Überholung und Neuausrüstung: Zwei bis drei Monate („Kleine Werftliegezeit") für ein Unterseeboot nach 15 Monaten Fronteinsatz und sechs Monate („Große Werftliegezeit") für ein Boot nach 30 Monaten. Zu Beginn des Jahres 1942 fielen nur 5% aller U-Boote in diese letztere Kategorie, aber bis zum Ende des Jahres wurde ein Ansteigen auf 15% erwartet, vorausgesetzt, dass nicht noch mehr der dringend erforderlichen Facharbeiter durch Einberufungen verloren gingen. Im Sommer 1942 widmeten Dönitz und seine Berater diesen Besorgnissen beträchtliche Aufmerksamkeit.[22]

Ihr Erfolg, dieses Problem bewältigt zu haben, kann teilweise dem Bau der massiven U-Bootbunker in jedem der größeren französischen Häfen zugeschrieben werden, eine außerordentlich beachtenswerte Leistung im Rahmen der U-Boot-Anstrengungen im Jahre 1941. Als erstes U-Boot lief *U 203* (Kptlt. Rolf Mützelburg) am 30. Juni 1941 in einen U-Bootbunker in St. Nazaire ein. Bis zum Oktober 1941 waren auch in Brest, Lorient und La Pallice die ersten U-Bootbunker durch die *Organisation Todt (OT)*[22a] fertiggestellt worden. Durch starke Stahlbetondecken und -wände von 2,5 – 3,5 m Dicke geschützt, vollbrachten deutsche Techniker und französische Werftarbeiter bei der Wiederherstellung der Einsatzbereitschaft der U-Boote wahre Wunder. Oft waren die Boote überholt und Reparaturen durchgeführt, ehe die Besatzungen ihren Urlaub beendet hatten. Die Erweiterung und Verstärkung dieser Bauten hielt bis ins Jahr 1944 hinein an, um den verspäteten Versuchen der alliierten Bomber zu trotzen, die U-Boote dort zu treffen, wo sie am verwundbarsten waren.[23]

Das operative Bild hellte sich 1942 mit der Operation „Paukenschlag" auf, Dönitz' ersten Vorstoß gegen die mangelhaft geschützte Schiff-Fahrt vor der amerikanischen Ostküste, der sich zu einer anhaltenden Offensive entwickelte. Nachdem sich die Verteidigung der US-Marine schließlich gefestigt hatte, verlagerte sich das Kampfgeschehen im Mai in den Golf von Mexiko und in die Karibik. Doch der bereits oft berichtete Ablauf der Ereignisse von der zweiten „Glücklichen Zeit" der U-Boote[24] war wiederum nur mit einer verhältnismäßig kleinen Anzahl U-Boote verbunden, während weitere 20 Boote im Februar nach Norden verlegt wurden, um Norwegen gegen eine undeutlich wahrzunehmende Invasionsgefahr zu schützen – ein Abziehen von Kräften, von dem der BdU später berechnete, es hätte 500.000 BRT möglicher Versenkungserfolge gekostet.[25]

Ironischerweise erfreute sich Dönitz im Funkentzifferungskrieg über den größten Teil des Jahres hinweg eines seltenen und bedeutsamen Vorteils, da eine Verbesserung der „Enigma"-Schlüsselmaschine (Einführung der vierten Schlüsselwalze am 1. Februar 1942) seine Funkverbindungen gegen alliierte Entzifferung sicherten. Andererseits gelang es den Spezialisten des B-Dienstes der Kriegsmarine, den BdU mit der Entziffe-rung von 80% der die alliierten Geleitzüge betreffenden Funksprüche zu versorgen. Das Erscheinen der Versorgungs-U-Boote („Milchkühe") dehnte die Fähigkeit der Kampf-boote außerordentlich aus, über längere Zeiträume in fernen Gewässern und auf den nordatlantischen Geleitzugrouten zu operieren. Doch Dönitz konnte erst gegen Ende des Sommers den vollen Vorteil dieser Gelegenheiten in Anspruch nehmen, als von den Bau-werften über die Ausbildungseinrichtungen in der Ostsee U-Boote in größeren Zahlen der Front zuzulaufen begannen. Im August 1942 führten die Verbesserungen bei der alli-ierten Verteidigung zu einem allmählichen Rückzug der U-Boote aus den amerikani-schen und karibischen Gewässern und zu einem Aufmarschieren der Kräfte für die ent-scheidenden Schlachten entlang der nordatlantischen Geleitzugrouten.[26]

In diesem Zeitraum widmete Dönitz den Angelegenheiten der Heimatfront genauso viel Zeit wie dem Kampfgeschehen auf See. Deutschlands begrenzte Ressourcen und die vielfachen Anforderungen in einem globalen Krieg durchkreuzten seine Pläne für den Aufbau einer großen U-Bootflotte. Im Juli 1941 hatte er berechnet, dass die U-Bootwaf-fe – auch unter Einbeziehung steigender Verlustraten – 212 Frontboote bis zum Mai 1942, 313 bis Ende 1942 und 477 bis Anfang 1944 umfassen sollte. Doch nur fünf Monate spä-ter offenbarten die vorhandenen Fertigungs- und Wartungsprobleme, dass selbst bis Ende 1943 keine 300 Frontboote zur Verfügung stehen dürften.[27] Ernste Verknappungen an Kupfer zwangen 1942 zu einer Verringerung der Fertigung, bis – unter Anwendung von Erkenntnissen aus der Untersuchung eines erbeuteten britischen Unterseebootes – bei den Torpedorohren und Propellern Stahl das Kupfer ersetzte.[28] Von Januar bis Juni 1942 stieg die Anzahl der Frontboote langsam von 91 auf 126 Einheiten, obwohl die Verluste im Durchschnitt pro Monat nur 3,5 Boote betrugen.[29] Im Januar 1942 erörterte Dönitz den sich hinziehenden Prozess der Entwicklung des Walter-U-Bootes mit Prof. Walter selbst und forderte in einem Fernschreiben die volle Unterstützung des OKM, ohne dass sich ein Ergebnis zeigte.[30] Er traf sich auch im Juli erneut mit Reichsmarschall Göring, dem ObdL, und anderen Vertretern der Luftwaffenführung mit dem Ersuchen um stärkere Luftunter-stützung, aber wieder ergab sich nur ein begrenzter Erfolg.[31]

Die mangelhafte Wirksamkeit der Torpedos beunruhigte Dönitz weiterhin. Ohne ver-lässliche *Magnetpistole* fehlte den Torpedos der U-Boote die Schlagkraft; sie mussten weiterhin die weniger wirksame *Aufschlagpistole* verwenden und brauchten gewöhnlich mehrere Treffer, um ihre Ziele zu versenken. Die Feststellungen des BdU hatten erge-ben, dass 806 Torpedotreffer erforderlich gewesen waren, um 404 alliierte Handels-schiffe in der ersten Hälfte des Jahres 1942 zu versenken, abzüglich einer immer noch bedeutenden Anzahl von Torpedoversagern.[32] Obwohl neue Torpedos entwickelt wur-den, war Dönitz an ihrer Entwicklung nicht direkt beteiligt und stellte manchmal nur durch Zufall fest, dass andere militärische Forschungsstätten in Deutschland an Waffen-projekten arbeiteten, die für den U-Bootkrieg von direktem Interesse waren.[33]

Nur im Bereich der Organisation und des Personalbestandes ließ die U-Bootwaffe in diesem Zeitraum ein ständiges und gleichmäßiges Anwachsen erkennen, ein Ergeb-nis, das ebenso bedeutsam wie der Monat mit der höchsten Versenkungsrate war. Während eine verhältnismäßig kleine Anzahl von erfahrenen U-Bootmännern den Kampf auf See führte, nahm eine neue Generation von U-Bootfahrern in den Ausbildungseinrichtungen an der Ostsee Gestalt an. Bis zum Juli 1942 war das ursprüngliche Dönitz'sche Korps der 3000 Freiwilligen schon seit langem nicht mehr vorhanden. Tod, Gefangenschaft sowie Abkommandierungen, um Ausbildungsaufgaben wahrzunehmen bzw. um als Kader auf die neu in Dienst gestellten Boote verteilt zu werden, waren die Ursache gewesen. Eine neue U-Bootflotte, in der Zahl dreimal stärker, war an seine Stelle getreten: jünger – viel jünger; eher „freiwillig gemeldet worden" als sich aus freiem Entschluss zu entscheiden, aber begeisterter; unerfahren, jedoch zuversichtlich.[34] Da sie mit ihrem Befehlshaber weniger vertraut als ihre Vorgänger waren, wiesen sie eine sogar noch stärkere Abhängigkeit von seiner Führung auf. Eher als eine handverlesene Elite stellten sie das Produkt eines Systems dar, das darauf festgelegt war, den lose kämpfenden Verband in eine U-Bootflotte umzuformen.

Dies ließ sich nicht verwirklichen, ohne beträchtliche Risiken in Kauf zu nehmen und Opfer zu bringen, insbesondere zu Beginn dieses Zeitraums. Die Ausbildung wurde auf allen Ebenen beschnitten, der Mangel an Schulbooten behinderte die Grundschulung und von 1940 bis Mitte 1941 verbrachten die neuen U-Boote im Allgemeinen nur insgesamt zwei Monate mit Erprobungen und Übungen, ehe sie auf Feindfahrt gingen. Zunehmende Verluste bei neuen U-Booten, darunter die bereits früher beschriebene Übergabe von *U 570*, führten schließlich zu einem längeren und systematischeren Ausbildungsprogramm.[35] An der Front wurden erfahrene Besatzungen aufgelöst, um ihre Reife und Erfahrung unter die Neuankömmlinge zu verteilen. Zu diesem Zeitpunkt lief Günther Prien mit *U 47* zu seiner letzten Feindfahrt aus. An Bord hatte er eine Besatzung, in der sich keiner mehr der Offiziere und nur noch sieben Mann befanden, die mit ihm vor 17 Monaten in Scapa Flow eingedrungen waren. Von dieser letzten Feindfahrt kehrten weder die erfahrenen noch die 37 neuen Besatzungsangehörigen zurück – sehr wahrscheinlich ein Opfer der Unerfahrenheit bei so vielen Neulingen.[36]

Dennoch zahlten sich diese Risiken im Jahr darauf anscheinend aus. Nach den schweren Verlusten im März 1941 stabilisierten sich die U-Bootverluste bei einem Monatsdurchschnitt von 5%, während die Versenkung gegnerischen Handelsschiffsraums bis Ende Juni dramatisch zunahm.[37] Die Personalverluste in jedem dieser beiden Jahre glichen fast jenen in den ersten zwölf Kriegsmonaten (siehe oben Tabelle 5), aber die rasche Verstärkung der U-Bootwaffe sog sie auf – ein Beweis für die organisatorische Leistung, die der damalige KptzS. v. Friedeburg erbracht hatte. Am 1. Juli 1942 befehligte Dönitz eine U-Bootwaffe mit einer Frontstärke von 151 U-Booten und 13.115 Mann (einschl. Verwaltungs- und Werftpersonal), unterstützt durch weitere 32.247 Mann in heimischen Gewässern, die sich aus dem Personal der Ausbildungseinrichtungen und den künftigen U-Bootfahrern zusammensetzten.[38]

Für die näher rückende Prüfung sollte jedoch dieser Personalbestand bei weitem nicht ausreichen.

Dritte Phase: August 1942 – November 1943

Die folgenden 14 Monate markierten den Höhepunkt der Schlacht im Atlantik, ein Zeitraum außerordentlich schwankenden Geschicks für beide Seiten, ehe die alliierte

Überlegenheit offenkundig wurde. Doch auch die U-Boote hatten ihre Momente. Zwischen Juli und September 1942 griffen sie unter Beteiligung von durchschnittlich 13 Booten 15 alliierte Geleitzüge mit unterschiedlichem Erfolg an. Der November 1942 bildete mit 117 versenkten Handelsschiffen und insgesamt fast 758.000 BRT an Schiffsraum den erfolgreichsten Monat des gesamten Krieges. Allein in den ersten 20 Tagen des März 1943 versenkten die U-Boote 79 Schiffe mit über 500.000 BRT – von denen zwei Drittel aus Geleitzügen stammten –, während nur sieben eigene Boote verloren gingen. Dies veranlasste die britische Admiralität zur Feststellung, dass „die Deutschen nie wieder so nahe daran waren, die Seeverbindungen zwischen der Alten und der Neuen Welt zu unterbrechen".[39]

Diese Erfolge reflektierten eine Reihe von Vorteilen, die der deutschen Seite zu Beginn dieses Zeitraums zur Verfügung standen. Die Erfolge der Funkaufklärung des B-Dienstes und die Bedeutung der U-Tanker des Typs XIV für die Ausweitung der Operationen sind bereits erwähnt worden. Zudem brachte der November die seit langem überfällige Verbesserung der Torpedos mit der Einführung einer zuverlässigen Gefechtspistole, der *Pi 2* (oder *Pistole 2*), bei der Aufschlag- und Magnetzündungsfähigkeit kombiniert wurden. Ihr folgte kurze Zeit später der neu entwickelte und als Waffe zur Bekämpfung von Geleitzügen bezeichnete *FAT (Federapparat-Torpedo)*, um nach einer vorher bestimmten Geradlaufstrecke in einen Zickzack- oder Kurvenlauf überzugehen, sobald er die Marschsäulen eines Geleitzuges erreicht hatte.[40]

Doch diese zeitweiligen Erfolge stärkten lediglich die alliierte Entschlossenheit, die Lücken in ihren Verteidigungsmaßnahmen zu schließen. Die größeren U-Bootzahlen zwangen die Alliierten dazu, ihre Geleitzüge gegen die U-Bootgruppen eher zu verteidigen als ihnen wie 1941 auszuweichen. Die verstärkten Auswirkungen der erweiterten Sicherung aus der Luft, die erfahrenen und mit der neuesten Ortungs- und Waffentechnik ausgerüsteten Geleitsicherungsfahrzeuge sowie der erneute Einbruch in den deutschen Marinefunkschlüssel, um den Funkverkehr zu entziffern, führten zu einer vernichtenden Niederlage der U-Boote im späten Frühjahr und Sommer 1943. In der Erkenntnis, dass er allein in den ersten 21 Tagen des Mai 1943 mindestens 31 U-Boote verloren hatte – nahezu so viele wie im gesamten Jahr 1941 – zog Dönitz seine Kräfte von den nordatlantischen Geleitzugrouten ab und verlagerte ihren Einsatz in den mittleren Atlantik. Dort konzentrierten sich die amerikanischen U-Jagdgruppen, die sog. „Hunter-Killer-Groups", zusammengesetzt aus Geleitflugzeugträgern sowie aus Zerstörern und Fregatten, mit Hilfe von „Ultra"-Nachrichten auf die Treffpunkte zur Versorgung der U-Boote und versenkten fast alle Versorgungs-U-Boote des Typs XIV, die es den deutschen Kampfbooten ermöglicht hatten, weit entfernte Operationsgebiete anzusteuern. Ein erneuter Versuch von Dönitz im Herbst 1943, die nordatlantischen Geleitzugschlachten wieder aufzunehmen, nachdem die Boote mit neuen Radarwarngeräten (FuMB's), stärkerer Flakbewaffnung und akustischen Torpedos (dem *Horchtorpedo T 5 „Zaunkönig"*) ausgerüstet worden waren, brach nach anfänglichen Erfolgen zusammen und die alliierte Seeherrschaft im Atlantik war damit gesichert.[41]

Dönitz selbst definierte den Beginn dieses Zeitraums auf Ende August 1942, als ihn die Ausweitung der Luftsicherung für die Geleitzüge und eine alarmierende Zunahme der Verluste durch Flugzeuge warnten, dass die Grundlagen der Strategie für seine U-

Boote zerfielen. Am 21. August räumte der BdU formell ein: „Wenn dieser Nachteil weiterhin erhalten bleibt, kann die Fortführung der Operationen nur zu höheren und unhaltbaren Verlusten, weniger Erfolgen und schließlich zu einer Verringerung der Chancen für eine erfolgreiche U-Bootkriegsführung im ganzen führen."[42] Nur wenige Tage später räumte Dönitz auch die Verwendung eines schiffsgestützten Radars durch die Geleitsicherungsfahrzeuge ein, eine Möglichkeit, die er im Monat zuvor noch zurückgewiesen hatte.[43]

Ende September 1942 präsentierte er Hitler seine neue Einschätzung der Lage und ersuchte um Billigung einer stärkeren Unterstützung durch die Luftwaffe, einer verbesserten Flakbewaffnung, des Walter-Bootes und der Raketen zur Bekämpfung der Geleitsicherungsfahrzeuge (d.h. Seezielflugkörper).[44] Dieses Mal zeitigte die Initiative von Dönitz rasche Ergebnisse für die Fertigung des Walter-Bootes.[45] Doch seine ständige Einmischung in technische Fragen strapazierte seine Beziehungen zu Raeder weiter. Die Offiziere des BdU-Stabes befürchteten daher die Entlassung ihres Chefs; doch es war stattdessen Raeder, der gezwungen wurde zu gehen, und Dönitz trat am 30. Januar 1943 seine Nachfolge an.[46/46a]

Als ObdM besaß er endlich die Autorität, die der Marine zur Verfügung stehenden Ressourcen und ihre Strategie nach seinen Vorstellungen umzugestalten. In diesem Sinne unterrichtete er am 2. Februar 1943 in einer kurzen Ansprache die Amts- und Abteilungschefs des OKM: „Die Seekriegführung ist der U-Bootkrieg. Den Forderungen, die dieser stellt, ist rücksichtslos alles andere nachzuordnen."[47] Danach folgten für Dönitz organisatorische Probleme, die er mit beträchtlichem Erfolg löste. Gespräche mit Rüstungsminister Albert Speer führten im März 1943 zur Übernahme des U-Bootbaus, obwohl die endgültigen Direktiven erst im Juli erlassen wurden. Verhandlungen mit der Luftwaffenführung im April 1943 verbesserten die Beziehungen und zur Unterstützung der U-Boote standen mehr Aufklärungsflugzeuge zur Verfügung.[48] Doch wie bereits erwähnt, kam es zu keiner Vergrößerung des Stabes, dem die Führung der U-Bootoperationen oblag.

Diesen Zeitraum kennzeichnete für die neue Generation der U-Bootseeleute eine zunehmende Grausamkeit und Tödlichkeit. Das abrupte, dramatische Ansteigen der Verluste in den letzten vier Monaten des Jahres 1942 – es gab mehr gefallene oder in Gefangenschaft geratene U-Bootfahrer als in den 24 Monaten zuvor (siehe Tabelle 5, Seite 69) – ließ die Wirksamkeit des anwachsenden alliierten Arsenals zur Verteidigung der Geleitzüge ahnen. Im Verlaufe des Winters und des Frühjahrs wetterten die U-Bootbesatzungen eine Reihe von Stürmen ab, um Geleitzüge zu suchen oder sie zu verfolgen, waren beim Angriff auf Handelsschiffe in erschöpfende, nervenaufreibende Duelle mit alliierten Geleitsicherungsfahrzeugen verwickelt und mussten schließlich auf dem Heimmarsch die Angriffe der Flugzeuge überstehen – Flugzeuge, die mit Radargeräten ausgerüstet waren, die im Zentimeter-Wellenbereich arbeiteten, und deren Impulse von den Warngeräten der U-Boote nicht geortet werden konnten.[48a] Der Tribut an Menschenleben stieg mit über 5600 Toten oder Vermissten in den ersten sechs Monaten des Jahres 1943 steil an – einer von ihnen war LtzS. Peter Dönitz, der Sohn des Oberbefehlshabers, gefallen an Bord von *U 954*. Trotz aller nachfolgenden Anstrengungen von Dönitz, um die Bedingungen zu verbessern – ein zeitweiliges

Zurückziehen der Boote, Ausrüstung mit neuen Warngeräten und stärkerer Flakbewaffnung, neue Torpedos, Passieren des Golfs von Biskaya in Gruppen zur gegenseitigen Verteidigung –, stiegen die Verluste bei den U-Bootbesatzungen in den letzten vier Monaten dieses Zeitraums tatsächlich noch weiterhin an. Damit glich die Verlustrate von 1115 Mann pro Monat jener für das gesamte erste Kriegsjahr.[49]

In diesen 14 Monaten fielen mehr als 13.000 deutsche U-Bootfahrer oder gerieten in Gefangenschaft. Dies bedeutete, dass faktisch die gesamten, in der Zeitspanne von 1940 bis 1942 so sorgfältig aufgebauten U-Streitkräfte vernichtet worden waren. Doch so wie sie starben, floss auch weiterhin aus Admiral v. Friedeburgs Ausbildungsorganisation ein ständiger Strom an Ersatzbooten und -besatzungen in Richtung Atlantik. Trotz der schweren Verluste im August 1942 – April 1943 erreichte der Personalbestand der U-Bootwaffe im Mai mit einer Gesamtstärke (einschl. des Unterstützungspersonals) von 58.000 Offizieren und Mannschaften seinen Höhepunkt. Von ihnen standen 18.000 Mann im direkten Fronteinsatz bei den U-Flottillen und wahrscheinlich bildeten davon etwa 12.000 Mann die Besatzungen der Kampfboote.[50] Im November 1943 bestand die Frontstärke noch aus 162 U-Booten, während sich weitere 267 Unterseeboote in der Erprobung oder Ausbildung in heimischen Gewässern befanden.[51] Ihre Zeit sollte noch kommen.

Dass die Zahlen so hoch blieben, war die direkte Folge des Dönitz'schen Flottenbauprogramms von 1943, ein ehrgeiziges Projekt, auf dem Höhepunkt der Geleitzugschlachten geplant und trotz der verhängnisvollen Niederlagen gegen Ende des Frühjahrs und im Sommer durchgehalten. Nachdem er sich die Billigung Hitlers für die Steigerung der Stahlzuweisungen an die Marine und die Freistellung der Werftfacharbeiter von weiteren Einberufungen in die Wehrmacht gesichert hatte, bereitete Dönitz im April 1943 umfassende Erweiterungspläne für eine Marine vor, die aus Unterseebooten und leichten Überwasserstreitkräften bestehen sollte. Die jährlich geplante Fertigung von 360 U-Booten schloss die ersten Walter-Unterseeboote vom Typ XVII ein, aber zwei Drittel der neuen Boote sollten noch immer vom Typ VII C sein, lediglich modifiziert durch einen stärkeren Druckkörper (C/41), um größere Tauchtiefen zu erreichen.[52] Bereits im April entstanden im Marinepersonalamt Pläne für eine monatliche Versetzung von 40 jungen Leutnants aus anderen Bereichen der Marine zur U-Bootwaffe für den Zeitraum Januar – September 1944, danach sollten 45 Leutnants pro Monat versetzt werden.[53] Am 31. Mai 1943 legte Dönitz sein Bauprogramm Hitler vor, steigerte aber die geplante U-Bootfertigung von 30 auf 40 Boote pro Monat. Wie in der Folge vom Hauptamt Kriegsschiffbau (K) im OKM entwickelt, hing die für 1944 geplante Flotte von 434 U-Booten immer noch hauptsächlich von 225 VII-C- sowie 49 IX-C- und IX-D-Booten ab, wenn auch 90 Walter-Boote sowie sechs Boote des ebenfalls neuen Typs XXI hinzukommen sollten.[54]

Angesichts der seit dem vergangenen August eingeräumten Auswirkungen der alliierten Luftüberlegenheit und besonders der schweren Verluste im Mai erscheint dies im Nachhinein fast irrational. Tatsächlich spiegelt sich hier ein wiederkehrendes Dilemma der deutschen Kriegsanstrengungen wider; denn der größte Teil der industriellen Produktion wird einem Massenausstoß veralteter Waffensysteme (das Jagdflugzeug Bf 109, das U-Boot vom Typ VII C) zugeführt, um Zeit zur Entwicklung revolutionärer Waffenentwürfe (der Strahljäger Me 262, die U-Boote von Walter und vom Typ XXI) unter Nutzung nur begrenzter Ressourcen zu gewinnen. Das aufopferungsvolle Wesen der neuen U-Bootflotte wird in den Äußerungen von Dönitz und Hitler in der Besprechung vom 31. Mai dargelegt:

> „DÖNITZ: Ich bin nichtsdestoweniger der Ansicht, daß der U-Boot-Krieg weitergehen muß, um einen außergewöhnlich großen Teil feindlicher Kräfte zu binden, auch wenn das Ziel umfangreicher Versenkungen nicht mehr erreichbar ist. ...
> HITLER: (unterbrechend) Ein Nachlassen im U-Boot-Krieg steht außer Zweifel. Der Atlantik ist mein westliches Vorfeld, und wenn ich dort zur Defensive übergehen muß, dann ist das immer noch der Alternative vorzuziehen, an der Küste Europas kämpfen zu müssen. Auch wenn keine großen Erfolge erwartet werden können, kann ich es mir nicht erlauben, die riesigen feindlichen Ressourcen, die der U-Boot-Krieg bindet, für ein Einsetzen an anderer Stelle freizugeben."[55]

Um den umfangreichen Anforderungen an das Menschenpotential zu begegnen, die dieses Bauprogramm verlangte, entwarf das Marinepersonalamt bereits im Mai Pläne. Mit ihrer Hilfe sollten die fast 208.000 Mann an neuem Personal zusammengekratzt werden: Durch zusätzliche Einberufungen und Rekrutierungen, durch Umstufungen von Berufen, die bisher von der Einberufung freigestellt waren, sowie durch Ausdünnen der Bürokratie. Die Tinte der Unterschriften unter diese Pläne war noch nicht trocken, da erhob Dönitz die Forderung, der bis September 1944 insgesamt erforderliche Personalbedarf der Marine umfasse nahezu 438.000 Mann. Von ihnen sollten 62.000 Mann als zukünftige U-Bootbesatzungen der U-Bootwaffe zugewiesen werden.[56] Doch wenige Monate später musste dieses Programm einem neuen Bauprogramm weichen, das nur noch den Bau von Unterseebooten der neuen Typen XXI und XXIII vorsah. Die ersten Rekruten der bisherigen Planung waren jedoch mit dem Beginn der Schlussphase des U-Bootkrieges bereits in die Ausbildungseinrichtungen gelangt.

Vierte Phase: November 1943 – Mai 1945

Die letzten 18 Monate des Zweiten Weltkrieges werden trotz großer Veränderungen und Entwicklungen im U-Bootkrieg von einem blutigen Faden zusammengehalten. In der Schlacht im Atlantik bereits besiegt, begann jetzt die Hetze der U-Boote und ihre Vernichtung. Als ihre neue Aufgabe bezeichnete Dönitz das „Binden" großer alliierter Kräfte wie auch den Zwang zum weiteren Beibehalten des zwar sicheren, aber wirtschaftlich ineffizienten Geleitzugsystems. Er betrachtete diesen Zustand als eine Übergangsperiode, bis es die modernen Unterseebootstypen gestatteten, den Kampf mit ausgeglicheneren Chancen wieder zu beginnen – aber in Wirklichkeit bedeutete dieser Zustand die Schlussphase: Das große Sterben. Mehr als die Hälfte aller U-Bootmänner, die in diesem Krieg fielen, opferten in dieser Zeitspanne ihr Leben (siehe Tabelle 5, Seite 69), als die U-Bootkräfte neu gebildet waren, um doch wieder einfach nur ausgelöscht zu werden.

Eine Ausweitung der Operationen brachte die Eröffnung eines neuen Kriegsschauplatzes im Indischen Ozean mit sich, wo auf das Konto von ein paar Booten des Typs IX fast die Hälfte der im Sommer 1943 versenkten Handelsschiffe kam. Mit japanischer Kooperation kam es zur Einrichtung eines U-Bootstützpunktes in Penang (heute Pinang) auf der Malaienhalbinsel, der den deutschen Unterseebooten ständig zur Verfügung stand. In den letzten 18 Monaten des Krieges versenkten die U-Boote im Fernen Osten – im Allgemeinen als „Monsun"-Boote nach dem Decknamen für den ersten Einsatz von U-Booten in diesem Seegebiet im Sommer 1943 bezeichnet – 44 Handelsschiffe mit über 234.000 BRT an Schiffsraum und dienten als Blockadebrecher beim Austausch von Waffentechnologie und Rohstoffen zwischen den Achsenpartnern. Bemerkenswert ist der Umstand, dass von den 41 in Marsch gesetzten U-Booten 22 der Vernichtung anheim fielen, ehe sie Penang erreichten. Die wenigen übrig gebliebenen U-Boote nahmen die Aufmerksamkeit von fünf alliierten Geleitträgern, 90 Geleitsicherungsfahrzeugen und 15 Fliegerstaffeln in Anspruch.[57]

Zu Beginn dieses Zeitraums unternahmen die U-Boote auch den Versuch, die Geleitzugoperationen westlich von Gibraltar und mit einer gewissen Unterstützung der Luftwaffe sogar im östlichen Atlantik wieder aufzunehmen, kamen aber nur zu geringen Erfolgen. Fernfahrten der U-Boote des Typs IX führten weiterhin in die Karibik und in den Golf von Guinea sowie auf die Höhe von Kanada, die Alliierten an das mahnend, was den ohne Schutz einzeln fahrenden Handelsschiffen zustoßen könnte. Doch der ständigen Verbesserung der Funkmessbeobachtungsgeräte, der Flakbewaffnung und der Torpedos nach dem Sommer 1943 gelang es nicht, die hohen U-Bootverluste einzudämmen, die im Winter 1943/44 im Durchschnitt 20% aller in See stehenden Boote betrugen. Der Tausch so vieler Menschenleben gegen das Binden des Gegners erzwang schließlich einen psychologischen Tribut. Zum ersten und einzigen Mal ereignete sich unter den Frontbesatzungen ein Absinken der Moral, ein Problem, das sich Anfang 1944 einer Krise näherte, ehe durch technische Verbesserungen eine Lösung eintrat.[58]

Die Einführung des „Schnorchels" löste wirksam die missliche Lage, indem er zumindest die Illusion der Unsichtbarkeit wiederherstellte. Der Kriegsmarine gelangte diese Erfindung bereits im Mai 1940 an Bord von erbeuteten niederländischen Unterseebooten zur Kenntnis, die für den Einsatz in den Gewässern Niederländisch-Ostindiens bestimmt waren. Sie sollte der Luftzufuhr und dem Ableiten der Abgase bei langen Tauchfahrten im tropischen Klima dieser Kolonie dienen. Professor Walter schlug als erster die Verwendung des Schnorchels für die vorhandenen U-Boote sowie für seine eigenen Boote des Typs XVII im März 1943 vor und im August ergingen die ersten Aufträge an die Werften. Obwohl der Einbau der Anlage in neue Unterseeboote im September/Oktober 1943 begann, standen modifizierte Anlagen erst Anfang 1944 in größerer Zahl zur Verfügung. Der sich anschließende Einbau mit entsprechender Modifizierung des Kommandoturms erforderte im Durchschnitt einen zweimonatigen Werftaufenthalt pro Boot. Viel Zeit bedurfte es für die Beseitigung einiger Kinderkrankheiten und für das Einfahren der Besatzungen, die sich erst an die neue Fahrweise mit den Dieseln und an das Gefühl, an Bord eines wirklichen Unterseebootes zu sein, gewöhnen mussten. Daher gehörte der Schnorchel nicht vor dem Sommer 1944 zur Standardausrüstung für die U-Boote.[59]

Mit ihm erlangten die U-Bootbesatzungen schließlich eine Atempause vor der unaufhörlichen alliierten Präsenz in der Luft – selbst die Erprobungen nach dem Kriege durch Flugzeuge mit Radarausrüstung erbrachten nur eine 6%ige Fähigkeit, die aus dem Wasser ragenden Schnorchelköpfe zu orten – und die Abnahme der Verluste überraschte sogar Dönitz.[60] Doch die Zeit lief ab. Nach einer verhängnisvollen Anstrengung, zur Abwehr der Invasion in der Normandie einzugreifen, räumten die U-Boote die französischen Stützpunkte, die nunmehr von den Bodentruppen der Alliierten bedroht wurden, und verlegten nach Norwegen. Von dort aus konnten sie noch im Nordatlantik operieren, wobei dies jedoch hauptsächlich dem Sammeln meteorologischer Daten diente (die bedeutend zum Anfangserfolg der deutschen Gegenoffensive in den Ardennen im Dezember 1944 beitrugen).[61] Zudem liefen U-Boote zu Operationen dicht unter der britischen Küste und in die Irische See aus, Erinnerungen an die ersten Kriegstage wachrufend, und setzten gelegentliche Vorstöße in die kanadischen und amerikanischen Gewässer fort.[62] Alles wartete begierig auf das Erscheinen der revolutionären neuen Unterseeboote, um das Blatt zu wenden.

Im Nachhinein ist es leicht, diese illusorischen Hoffnungen zu durchschauen – der Schnorchel verzögerte lediglich die Vernichtung der Unterseeboote, bis sie mit den gegnerischen Kriegsschiffen ins Gefecht gerieten, und die Verzögerungen bei der Fertigung der modernen U-Boottypen ließen erkennen, dass sie zu spät kämen, um noch von Bedeutung zu sein. Doch für den Augenblick fühlten sich die U-Bootbesatzungen in ihrem Glauben an die neuen Boote bestärkt, besonders nachdem im Dezember und Januar eine Anzahl Erfolge erzielt worden waren,[63] ein Glaube, der so real wie die Furcht war, die sie unter den alliierten Führern erzeugten. Zum 26. Januar 1945 berief Churchill eine Sitzung des Kriegskabinetts mit den Stabschefs von Marine und Luftwaffe ein, um die neuerliche U-Bootgefahr zu erörtern, die durch die Einführung des Schnorchels, das erwartete Erscheinen der modernen U-Boottypen und den „viel offensiveren Geist" der U-Bootkommandanten hervorgerufen wurde. Die britische Admiralität vermutete, dass durch eine neue U-Bootoffensive, verstärkt durch bis zu 80 Unterseeboote des Typs XXI, der Verlust von 200 Handelsschiffen pro Quartal im Frühjahr 1945 erwartet werden dürfte (im ersten Quartal 1943 waren nur 183 verloren gegangen), wobei die Verluste im Sommer auf 270 Schiffe pro Quartal ansteigen könnten.[64]

Wie schon bei früheren Anlässen führten die alliierten Befürchtungen zu entschlossenem Handeln. Die Pläne, 300 Zerstörer und andere Geleitsicherungsfahrzeuge auf den pazifischen Kriegsschauplatz zu entsenden, wurden aufgeschoben und im Anschluss daran konzentrierte die britische Admiralität starke Abwehrkräfte in den Küstengewässern: 110 Zerstörer, 326 weitere Geleitsicherungsfahrzeuge sowie 528 Flugzeuge des Küstenkommandos *(Coastal Command)* der RAF, unterstützt durch das Legen von 17.000 Minen. Diese Maßnahmen führten im Februar und März zur Vernichtung von 31 der 55 in diese Gewässer entsandten U-Boote.[65] Inzwischen schloss der sich beschleunigende Zusammenbruch jeden sinnvollen Einsatz der neuen U-Boote aus, deren Erscheinen sich so lange verzögert hatte. Lediglich zwei U-Boote vom Typ XXI traten in den letzten Kriegstagen noch eine Feindfahrt an, hatten aber vor der Kapitulation der Wehrmacht keine Gelegenheiten mehr, Kampfhandlungen auszuführen. Eines der Boote erlitt zudem im Hauptmaschinenraum einen unangenehmen Wassereinbruch durch Unfall.[66]

Als eine letzte Karikatur des Mangels an Unterstützung gab die fast vernichtete deutsche Luftwaffe die Boote und Schiffe der Kriegsmarine den alliierten Luftstreitkräften als eine leichte Beute preis. Im letzten Monat des Krieges versenkten britische Flugzeuge mindestens 26 Unterseeboote, die aus ihren heimischen Stützpunkten nach Norwegen zu fliehen versuchten. Zumindest acht dieser U-Boote zerstörten „Typhoon"-Jagdbomber, die von eroberten deutschen Flugplätzen aus starteten, durch Raketenbeschuss. 18 weitere U-Boote, die sich noch in heimischen Häfen befanden, fielen Bombenangriffen zum Opfer.[67]

Sogar noch in den letzten Monaten erfüllten eine Reihe von U-Booten eine wertvolle, wenn auch völlig unmilitärische Aufgabe als Teil der Evakuierungsverbände, die deutsche Flüchtlinge vor der vorrückenden Roten Armee nach Westen brachten. Karl-Friedrich Merten, der als ehemaliger Kommandant von *U 68* das Ritterkreuz erhalten hatte, setzte einen Maßstab. Als Standortältester und Chef der 24. U-Flottille in Memel (heute Klaipeda/Litauen) evakuierte der damalige Fregattenkapitän im Juli/August 1944 mit Zustimmung von GAdm. Dönitz gegen den heftigen Protest des Gauleiters der NSDAP, Erich Koch, der ihn sogar vor ein Kriegsgericht stellen wollte, in mehreren Schüben 6000 Hitlerjungen zwischen 14 und 16 Jahren, die Schanzarbeiten leisteten, sowie die gesamte Zivilbevölkerung des Memellandes (ca. 50.000 Personen).[68] Im Januar und Februar 1945 wurden aus den U-Booten der Ausbildungseinrichtungen im ostpreußischen Pillau (heute Baltijsk/Russland) und in Hela an der Danziger Bucht (heute Hel/Polen) plötzlich „Flüchtlingsschiffe", die geflüchtete Zivilisten, von den Schanzarbeiten freigestellte Abteilungen der Hitlerjugend und verwundete Soldaten über die mittlere Ostsee zur Insel Bornholm brachten. An diesen Transporten war eine Mischung aus den ältesten und den neuesten U-Booten beteiligt – zumindest elf noch nicht einsatzfähige Boote des Typs XXI, mehrere VII-C-Boote und zwei veraltete „Einbäume" des Typs II als Schulboote –; jedes der Boote vom Typ XXI brachte zum Beispiel 40 – 60 Personen in Sicherheit. Doch *U 721* (ObltzS. Ludwig Fabricius) evakuierte mehr als 100 Flüchtlinge, während der knappe Raum an Bord von *U 56* (LtzS. Walter Kaeding) nur den Abtransport von zwei Frauen und vier Kindern, darunter ein Baby, zuließ.[69]

Ironischerweise erreichte der U-Bootbau 1944 mit nicht weniger als 387 fertig gestellten Unterseebooten im Gegensatz zu den nur 270 Booten 1943 seinen Höhepunkt. Diese späte Lösung eines chronischen Problems resultierte aus Dönitz' enger Beziehung zu Speer, dem Otto Merker, der Generaldirektor der Magiruswerke und Leiter des Hauptausschusses Schiffbau, zur Seite stand. Merker führte in enger Zusammenarbeit mit der deutschen Industrie für den U-Bootbau die oben erwähnte Sektionsbauweise ein. So umfassten die Fertigungszahlen für 1944 bereits 63 Boote vom Typ XXI und 31 Boote vom Typ XXIII, deren monatliche Fertigung sich bis Jahresende beschleunigte.[70]

Als die Operationen der U-Boote in die vertrauten Jagdgründe aus den ersten Kriegstagen zurückverlagert wurden, verringerte sich auch die Personalstärke der U-Bootwaffe auf den Stand von 1939/40. Mit dem Zusammenbruch des ehrgeizigen Flottenbauprogramms ließen auch die Forderungen nach weiterem U-Bootpersonal nach, zumal das Heer für die Rekrutierung Priorität forderte. Die im Winter 1943/44 neu aufgestellten *Kleinkampfverbände,* zu denen bemannte Torpedos, Klein-U-Boote,

Sprengboote und Kampfschwimmer und -taucher gehörten, zogen ebenfalls U-Boot-personal ab, insbesondere jüngere Offiziere und seemännische Unteroffiziere.[71/71a] Das im Oktober 1944 revidierte Bauprogramm sah für 1945 immer noch einen Bestand von 375 modernen Unterseebooten vor, darunter 188 Boote vom Typ XXI, 133 Boote vom Typ XXIII und 38 der neuen, größeren Walter-Boote (Typ XXVI). Doch wie bereits erwähnt, blieb durch Entwicklungsprobleme, Mangel an Arbeitern und Rohstoffen, die ständigen Bombenangriffe und die allgemeine Verschlechterung der Lage Deutschlands vieles nur eine Aussage auf dem Papier.[72] Jedenfalls erforderten die neuen U-Boottypen ein beträchtliches Maß an Ausbildung der Besatzungen, und zwar an den Booten und ihren Systemen selbst. Hätte sich der geplante Bestand für 1945 an Booten der Typen XXI, XXIII und XXVI verwirklichen lassen, dann wäre eine weitere Generation von U-Bootmännern – spezialisierter und noch angepasster an die beengte Umgebung unter Wasser – notwendig geworden, um sie bemannen.

Stattdessen ähnelte der Charakter der U-Bootwaffe bei Kriegsende in gewisser Weise dem bei Kriegsbeginn. Am 31. August 1939 standen 46 U-Boote in See und am 8. Mai 1945 waren es insgesamt 43 Boote. An beiden Zeitpunkten konzentrierte die U-Bootführung ihre Operationen rund um die Britischen Inseln und an beiden Tagen hoffte sie auf die Zukunft, um den wirklichen U-Bootkrieg zu führen. Vor allem waren die Besatzungen in beiden Zeiträumen weder Neulinge noch Teenager, sondern Männer Anfang zwanzig, die mit Unterseebooten vertraut waren und von Kommandanten geführt wurden, die ihr Geschäft verstanden. Der einzige entscheidende Unterschied bestand darin, dass 1945 das Sterben ein Ende hatte.[73]

* * *

Somit bildeten die an Bord der deutschen U-Boote dienenden Männer eher mehrere aufeinander folgende Korps statt einer einzigen großen Gruppe, eine Entwicklung, an der nur eine verhältnismäßig kleine Anzahl von U-Bootfahrern von Anfang an beteiligt war und bis zum Ende überlebte. Jedes neue Korps führte im Wesentlichen einen separaten U-Bootkrieg, in dem sich die Kampferfahrung der Nachfolger mit ausgeprägten, aber ständig verschlechternden Aussichten hinsichtlich Erfolg und Überleben überlappte – und jedes dieser Korps ging danach wieder seiner Vernichtung entgegen, wobei seine Überlebenden auf die neuen Boote sowie für Ausbildungsaufgaben verteilt wurden. Dennoch, obwohl die Vollständigkeit ihrer Niederlage heute selbstverständlich erscheint, bedeutete die Tatsache, dass sie weiterhin bis zum Ende ausliefen, einen Sieg, den ihre Gegner als Erste klar erkannten. Wie in der Geschichte der Funkaufklärungsoperationen des Nachrichtendienstes der US-Marine kurze Zeit nach dem Kriege zum Ausdruck gebracht:

„Es sollte nicht vergessen werden, dass die U-Bootwaffe im Mai 1945 auf See nicht besiegt wurde. Im Sommer 1943 waren zwar die U-Boote aus der Zeit vor dem Schnorchel vom Atlantik gefegt worden, aber der Verlust wurde wettgemacht und die U-Boote erschienen wieder in großer Zahl."[74]

Wer waren diese Männer? Wie kamen sie zusammen? Dies und einige Gesichtspunkte des von ihnen geführten Krieges bilden den Schwerpunkt unserer Darstellung.

5. Kapitel
Geist und Seele: Die U-Bootoffiziere

Die entscheidende Bedeutung des Kommandanten, um Erfolg oder Misserfolg eines U-Bootes herbeizuführen, ist in unserer Darstellung besonders erwähnt worden. Dies wird auch weiterhin so sein. Über jede Befähigung für den Kampf und jedes technische Können hinaus handelten der Kommandant und seine Offiziere als geistige Führer ihrer Besatzungen. Vor dem Kriege schrieb Dönitz: „Und die Seele des Bootes ist der Kommandant. Er muß der Führer seiner Männer sein, wie es anderswo kaum die Verhältnisse erfordern." Wolfgang Lüth, einer der erfolgreichsten dieser Führer, erweiterte diese Analogie auf alle Offiziere an Bord eines Unterseebootes: „Der Geist der Besatzung hängt vornehmlich von einem vorbildlichen Offizierskorps ab."[1]

Angesichts der dargelegten Bedeutung stellen sich sofort mehrere Fragen: Wer waren diese Offiziere? Woher kamen sie und welche Eigenschaften unterschieden sie? Bevor wir diese Hintergrundfragen untersuchen, sollten wir zuerst berücksichtigen, wie ihre Auswahl erfolgte.

Das Formen eines Offizierskorps

Die meisten Offiziere, die an Bord von U-Booten dienten, absolvierten – wie ihre amerikanischen Pendants auch – die Laufbahn eines Berufsoffiziers, nach ihrer Bestallung zu einer Dienstzeit von 25 Jahren verpflichtet. Sie verkörperten das Erzeugnis eines rigorosen Auswahlprozesses sowie einer intensiven Bildung und Ausbildung, ein Ergebnis der durch den Versailler Vertrag auferlegten Personalbeschränkungen (höchstens 1500 Offiziere), die die Marine nutzte, um ein ausgewähltes Offizierskorps zu formen. Von 1919 bis 1934 stieg die Anzahl der Seeoffiziere nur von 594 auf 737 Mann und die der Ingenieuroffiziere von 142 auf 184 Mann.[2] Dennoch bestanden im Laufe der Jahre an der Qualität dieses Reifeprozesses Zweifel, als internationale Krisen und Krieg unbarmherzig die theoretische und praktische Ausbildung verkürzten, sogar als die Anzahl der Offiziersanwärter weiterhin anstieg. In ihrer Eile, die Ausbildung der Offiziere durchzuorganisieren und zu beschleunigen, hatten die vorgesetzten Stellen der Marine wenig Zeit, einige fundamentale Mängel ihres Systems kritisch zu überprüfen.

Offiziersanwärter, die von Anfang der 20er-Jahre an bis Mitte der 30er-Jahre in die Marine eintraten, gehörten ungeachtet ihrer etwaigen Laufbahn als See-, Ingenieur-, Verwaltungs-, Waffen- oder Sanitätsoffiziere ihrer „Crew" an, der speziellen Bruderschaft ihres Einstellungsjahrgangs, wobei das Jahr ihres Eintritts in die Marine mit den letzten beiden Ziffern angehängt wurde. (Somit war das Pendant der „Crew 34" an der Marineakademie – *United States Naval Academy* – in Annapolis/Maryland die Klasse des Jahres 1938. Die Jahreszahl bezeichnete statt der Crew das Jahr, in dem die Kadetten die Akademie absolvierten und gleichzeitig ihre Ernennung zum Offizier erhielten.) Die 124 Angehörigen der Crew 26, die sich zum Beispiel im Jahr 1926 in Kiel versammelten, stellten die Endauslese aus 6000 Offiziersbewerbern dar – ein Verhältnis von fast 1:50. Zur Zeit der Auswahl der viel größeren Crew 34 mit 318 Angehörigen hatte die Notwendigkeit eines erweiterten Offizierskorps die Marine dazu veranlasst, die Eintrittsbedingungen zu lockern, besonders um ehemalige Handelsschiffsoffiziere (HSO) einstellen zu können. Dennoch betrug sogar das Verhältnis bei den eingestellten HSO's gegenüber der Auslese bei den Normalbewerbern immer noch zwischen 1:25 und 1:30.[3]

Um sich als Offiziersanwärter zu qualifizieren, galt es, eine beeindruckende Anzahl von Prüfungen zu bestehen, die den Bewerber in geistiger, körperlicher und psychologischer Hinsicht examinierten. Zu den Letzteren zählte eine „Mutprobe", bei der ein Eisenstab mit den Händen erfasst werden musste, durch den schmerzhaft ein elektrischer Strom geleitet wurde. Weitere Prüfungen beschreibt Wolfgang Ott in dem 1956 erschienenen Roman *Haie und kleine Fische*:

> „Also da ist einer, der sagt zunächst einmal in schneller Reihenfolge x-beliebige Zahlen, und wenn er 'ne grade Zahl nannte, sollte ich den rechten Arm heben, bei ungeraden Zahlen den linken. Wenn eine Zahl durch drei teilbar war, sollte ich mit dem rechten Fuß auf den Boden stampfen, wenn eine durch fünf teilbar war, mit dem linken. Bei Primzahlen sollte ich mit dem Kopf wackeln. Kein Witz, meine Herren, war wie im Irrenhaus, kann ich Ihnen flüstern."

Beobachter ausländischer Marinen teilten diese kritische Ansicht des Prüfungsvorganges, insbesondere beruhten die Auswertungen auf handgeschriebenen Analysen und verzeichneten unter anderem auch den jeweiligen Gesichtsausdruck unter Anspannung. Nichtsdestoweniger gab es bei den durch solche Verfahren Angenommenen eine geringere Durchfallquote in der sich anschließenden vierjährigen Zeit als Offiziersanwärter – im Falle der Crew 34 weniger als 5 Prozent. Dies ließ auf ein insgesamt wirksames Verfahren schließen.[4]

Die jedes Jahr Ausgewählten entwickelten starke kameradschaftliche Bindungen und die Crew-Bezeichnung wurde zum unauslöschlichen Markenzeichen für jeden späteren Offizier. In dieser Gemeinschaft von 18- bis 20-Jährigen kannten sich alle und sie teilten die Werte ebenso bereitwillig miteinander wie die Lektionen und die Mahlzeiten. Die „Bierzeitungen" der Crews beim Abschluss an der Marineschule karikierten bei jedem einzelnen Fähnrich seine Charakterzüge sowie Erinnerungen an peinliche Augenblicke in Knittelversen. Auch nach der Ernennung zu Offizieren hielten Mitteilungsblätter die Verbindung aufrecht und informierten über die Crew-Angehörigen, die über die gesamte Marine verstreut waren, bis hin zu ihren schließlichen Kriegsschicksalen. Auch heute noch, lange nach dem Kriege, der dem Reich und der Kriegsmarine ein Ende bereitet hatte, setzen die Überlebenden der Crews ihre Bindungen fort und erneuern alte Freundschaften, solange noch Crew-Angehörige am Leben sind.

Das, was sie als Offiziersanwärter erfahren und geteilt hatten, übertrugen sie wiederum auf die Männer, die sie in der U-Bootwaffe führten.[5]

Anders etwa als ihre Pendants von der US-Marine in Annapolis verbrachten die deutschen Offiziersanwärter Anfang der 30er-Jahre nicht vier lange Jahre in einer universitätsähnlichen Umgebung, sondern erfuhren eine Vielzahl von theoretischen und praktischen Ausbildungsgängen, dazu bestimmt, den Charakter, das praktische Können und die Erfahrung zu entwickeln. Nach einer sechsmonatigen Grundausbildung bei Stralsund[5a] wurden die *Seeoffiziersanwärter* zu *Seekadetten* ernannt. Für sie begann jetzt die Ausbildung an Bord, und zwar gewöhnlich für dreieinhalb Monate an Bord eines rahgetakelten Segelschulschiffes (einer Dreimastbark, wie z.b. der GORCH FOCK), gefolgt von einer 14-monatigen Weltreise an Bord eines Schulkreuzers (z.B. des Leichten Kreuzers KARLSRUHE). Daran schloss sich die Offiziersanwärterprüfung an und nach ihrem Bestehen wurden die Seekadetten zum *Fähnrich zur See* befördert. Nun folgte der einjährige theoretische Offizierslehrgang für die gesamte Crew (auch der Fähnriche aus den anderen Laufbahnen: Daher „Fähnrichslehrgang") an der Marineschule Mürwik, der „Roten Burg" an der Flensburger Förde, ein Gebäudekomplex aus roten Backsteinen, im Aussehen ähnlich den Burgen des Deutschen Ordens. Außer dem theoretischen Unterricht im Hörsaal (1936 umfasste dieser 46 Wochenstunden) gehörten auch Reiten, Fechten, Turnen, Segeln, Schießen sowie Stunden in Tanzen und Anstandsregeln zum Programm. Den Abschluss an der Marineschule bildete die Offiziershauptprüfung. Nach ihrem Bestehen erfolgte die Beförderung der Absolventen zum *Oberfähnrich*. Für die Seeoffiziersanwärter, nunmehr zum Oberfähnrich zur See befördert, schlossen sich weiterer Borddienst sowie eine Reihe von Lehrgängen an Spezialschulen an (z.B. Torpedo-, U-Abwehr-, Fla-Waffenausbildung). Die Offiziere des Schiffes, auf das der OFähnrzS kommandiert worden war, beurteilten ständig seine Leistungen auf allen Ebenen. Nach einer angemessenen Beobachtungszeit – entlehnt aus der alten preußischen Regimenttradition – entschieden sie durch ihre Beurteilungen seine Ernennung zum *Leutnant zur See*. Ein amerikanischer Beobachter, beeindruckt durch die großen Unterschiede zum Ausbildungsprogramm der US-Marine für Offiziersanwärter, war der Auffassung, die beiden Marinen hätten „sich kaum auf unterschiedlichere Art verhalten können".[6]

Ein wichtiger Teil ihrer Bildung konzentrierte sich auf das Befassen mit den Lehren aus den Meutereien von 1918. Um die Fähigkeit der künftigen Offiziere zu fördern, Männer der Unterschicht und der Arbeiterklasse zu führen, zielte das Ausbildungsprogramm zunächst darauf ab, ihre Führungsqualitäten zu entwickeln. Ende der 30er-Jahre versuchten die Marineausbilder sogar, den Horizont der Offiziersanwärter durch das Aufnehmen sowohl von NS-Schriften als auch von Werken der pazifistischen Literatur wie etwa *Im Westen nichts Neues* von Erich Maria Remarque zu erweitern. Dies war einer der Gründe, warum das Gewinnen von praktischer Erfahrung einen so hohen Stellenwert besaß, und besonders die U-Bootkommandanten erinnerten sich später an die Notwendigkeit der Erfahrung auf Unterseebooten, ehe sie sich in ihrer Führungssituation wohl fühlten.[7]

Mitte der 30er-Jahre gab es jedoch für Offiziersanwärter praktisch keine U-Bootsausbildung. Werner Henke, ein rückwirkend der Crew 33 zugeteilter HSO, besuchte

vom 21. Mai 1935 bis zum 21. Januar 1936 verschiedene spezielle Ausbildungslehrgänge, die ihn mit den neuesten Erkenntnissen über Waffen, Sperrwaffen und Nachrichtenübermittlung vertraut machten, aber in diesen acht Monaten beschränkte sich
die gesamte Unterrichtung an der U-Bootschule in Kiel auf sechs Tage.[8] Stattdessen
gab es eine zunehmende Betonung in der Ausbildung für eine völlig andere Waffengattung: Das Seeflugwesen. Eine Überprüfung der jährlich veröffentlichten *Rangliste
der Deutschen Kriegsmarine nach dem Stande vom 1. November 1937* lässt erkennen,
dass von den 167 Leutnants zur See der Crew 34 zu diesem Zeitpunkt nur 17 auf U-
Booten fuhren, während 31 zur Luftwaffe gegangen waren, um Seeflieger zu werden.
Von den 325 Oberfähnrichen zur See der Crew 35 war nicht ein einziger zur U-Bootwaffe gegangen, aber 161 von ihnen – 50 Prozent! – hatten sich zur Luftwaffe als Seeflieger gemeldet. Ein Jahr später gingen 35 von den 324 Leutnants zur See der Crew
36 zur U-Bootwaffe, aber 136 stießen zur Luftwaffe. Der Großteil von ihnen sollte dort
zumindest vier Jahre verbleiben, wenn nicht sogar für die Dauer des Krieges.[9] Wie es
schien, lag die Zukunft der Kriegsmarine, als der Krieg ausbrach, offensichtlich mehr
über den Wellen als darunter.

Die Anzahl und das rasche Zunehmen an Offiziersanwärtern im Jahre 1937 unterstreicht ein weiteres Problem in der Heranbildung von Marineoffizieren. Nach Hitlers
Machtübernahme und der konsequent beschleunigten Wiederaufrüstung fielen sowohl
die strengen Auswahlkriterien als auch die Länge der theoretischen und praktischen
Ausbildungsgänge zunehmend der erforderlichen Verstärkung der Marine zum Opfer.
Das Marineoffizierkorps hatte am 1. November 1932 eine Stärke von 1109 Mann,
wobei das Verhältnis von Seeoffizieren zu Unteroffizieren und Mannschaften
annähernd 1:20 betrug. Als sieben Jahre später der Krieg ausbrach, hatte sich die
Gesamtstärke des Offizierkorps der Marine auf 4375 Mann vervierfacht, aber das Verhältnis der Seeoffiziere zu den übrigen Dienstgraden war auf nur noch 1:30 zurückge-
fallen.[10] Um den zunehmenden Forderungen nach Offizieren zu entsprechen, übernahm die Marine ehemalige Offiziere der Handelsmarine, ließ qualifizierte Unteroffiziere aufsteigen und änderte die Einstellungsbedingungen, um mehr Offiziersanwärter
zu bekommen. Außerdem kürzte die Marine die theoretischen und praktischen Ausbildungsgänge, insbesondere die Ersteren, um schneller eine größere Anzahl von Offizieren zu erhalten.

Diese Entwicklungen können anhand der Anzahl von Offiziersanwärtern und der
Dauer ihrer Ausbildung bei mehreren Crews im Jahrzehnt vor dem Krieg verfolgt werden:

Crew	Offiziersanwärter	Ausbildungsmonate
Crew 30	78	54
Crew 33	151	42
Crew 34	318	36
Crew 38	578	30

Die Auswirkungen, die sich aus diesen Zahlen für das Nachlassen in der Qualität
der Ausbildung ergaben, sind offensichtlich. Selbst wenn eingeräumt wird, dass die
Reichsmarine ihre ursprünglichen Auswahlmaßstäbe zu hoch angesetzt hatte, so ist

doch klar, dass die weitaus größere Anzahl späterer Offiziersanwärter in jeder Crew nicht mehr dasselbe Niveau an theoretischer und praktischer Ausbildung erhalten konnte. Die ersten Einschnitte wurden vorgenommen, denen weitere folgten. So wurde zum Beispiel die Ausbildungsreise in außerheimische Gewässer an Bord eines Schulkreuzers zunächst auf neun und dann acht Monate reduziert. Gleichzeitig wurde die technische Fachausbildung durch Straffen des Unterrichtsstoffes verkürzt. Das Sammeln von praktischen Erfahrungen in der Führungstätigkeit blieb jedoch weiterhin eine Priorität und für die Crew 36 und alle späteren Crews bedeutete dies, dass diese Erfahrungen auch die tatsächliche Teilnahme an Kampfhandlungen einschlossen. Der größte Einschnitt vollzog sich in der theoretischen Ausbildung an der Marineschule Mürwik; denn die Fähnrichslehrgänge wurden zunächst auf neun und dann auf gerade sieben Monate reduziert. Da 11% der Zeit an der Marineschule für Formalausbildung abging, bedeutete dies eine wesentliche Verkürzung des Unterrichtes in Sprachen, Mathematik und Physik.[11]

Als dann der Krieg begann, gelangte eine Mehrheit deutscher Marineoffiziere in Führungspositionen, die eine kürzere theoretische und praktische Ausbildung erfahren hatten als ihre älteren Offizierskameraden. Hinzu kam die Tendenz, die praktische Erfahrung gegenüber dem akademischen Wissen vorzuziehen. Bei den Crews der Offiziersanwärter im Kriege beschleunigten sich diese Entwicklungen und schließlich blieb vom ursprünglichen Ausbildungsprogramm nicht viel mehr als ein Gerippe übrig. Die Bezeichnungen der Crews änderten sich durch das Vorsetzen des Monats in römischen Ziffern, da zwei Einstellungen im Jahr mit 1200 Offiziersanwärtern jeweils einen neuen Ausbildungsgang erforderten. Die im Dezember 1939 eingestellten Offiziersanwärter (die Crew XII/39) verbrachten zum Beispiel jeweils drei Monate in der Grundausbildung und an Bord eines der drei Segelschulschiffe, absolvierten danach einen sechsmonatigen Dienst auf einem Kadettenschulschiff (z.B. dem alten Linienschiff SCHLESIEN) sowie Fronteinsatz auf Vorposten-, Minensuch- oder sogar U-Booten, ehe sie zum fünfmonatigen Fähnrichslehrgang an „die Burg" kamen, die im Mai 1943 in Marinekriegsschule umbenannt wurde. Nach Ende des Lehrgangs und der Offiziershauptprüfung als Abschluss Ende April 1941 kam nach 17 Monaten die Kommandierung zu einem Frontkommando und damit begann der aktive Dienst.[12/12a]

Dennoch erkannte die Marineführung die Grenze, bis zu der ein Verkürzen der Ausbildung möglich war. Die Ausbildungszeit für die Offiziersanwärter der Ingenieuroffizier-Laufbahn aus der Crew 40 dauerte zum Beispiel zwei Jahre und drei Monate einschließlich einer mehrmonatigen Abkommandierung auf ein Front-U-Boot.[13] Bis Kriegsende stabilisierte sich die Lehrgangsdauer für jede Crew an der Marinekriegsschule auf etwa sechs Monate. Außerdem fielen einige frühere Standardausbildungen völlig weg, wie zum Beispiel der Artillerie-Lehrgang. Andererseits blieb der Unterricht über Anstandsregeln und über die richtige Wahl der Ehefrau – die Marine behielt sich das Recht vor, eine Offiziersheirat zu billigen – ein fester Bestandteil in der Offiziersausbildung.

Im März 1944 wurde das zunehmende Gewicht der U-Bootwaffe an der Marinekriegsschule offensichtlich, als nach einer persönlichen Inspektion durch Dönitz ein großer Teil des Lehrkörpers abgelöst und durch junge, hochdekorierte U-Bootkommandanten ersetzt wurde. Die neuen Lehrer waren oft überhaupt nicht glücklich darüber, aus dem aktiven U-Bootdienst genommen zu werden und einem Lehrauftrag nachkommen zu müssen. Mit dem 30. August 1944 endete dieser Prozess, als KKpt. Wolfgang Lüth, nach Kretschmer das führende U-Bootass, zum neuen Kommandeur der Marinekriegsschule Mürwik ernannt wurde.[13a] In Wirklichkeit änderte sich jedoch im Lehrplan und im Lehrbetrieb wenig, aber die Ernennung Lüths symbolisierte innerhalb der Marine den Triumph der U-Bootwaffe.[14]

Außerdem wurden während des Krieges noch zwei weitere Möglichkeiten erschlossen, um den Bedarf an Offizieren zu decken. Mit der Wiedereinführung des Reservestatus im Wehrgesetz vom Mai 1935 war es wieder möglich geworden, nach Absolvieren einer beschleunigten Ausbildung Reserveoffiziere zu ernennen, oft von einer rückwirkenden Zuweisung zu einer Crew begleitet. Zeichneten sich Kommandanten von Minensuch- oder Vorpostenbooten aus, konnten sie in die U-Bootwaffe übernommen werden. Letztlich stiegen 179 Reserveoffiziere der Marine zu U-Bootkommandanten auf, insbesondere in der Zeit zwischen 1943 und dem Ende des Krieges.[15] Dennoch hatten die aktiven Offiziere Priorität und der Druck der Verluste beeinträchtigte diese Wahl kaum.

Ein Vergleich zum Heer sogar noch vor Beginn des Russlandfeldzuges und die ihn begleitenden schweren Verluste ist aufschlussreich. Im Juni 1941 betrug das Verhältnis zwischen aktiven und Reserveoffizieren in den meisten deutschen Infanteriedivisionen 35:65 und in den motorisierten sowie in den Panzer- und Gebirgsdivisionen stieg es auf 50:50 an; Letzteres galt auch für die Luftwaffe. Im Juli 1942, als die U-Bootwaffe schließlich ihre maximale Stärke zu erreichen begann, betrug in den Frontflottillen der U-Boote das Verhältnis zwischen aktiven und Reserveoffizieren 80:20. In den Schulflottillen und in den Ausbildungseinrichtungen der U-Bootwaffe war das Verhältnis auf 87:13 angestiegen.[16] Heer und Luftwaffe hingen ganz erheblich von den Reserveoffizieren ab; bei der U-Bootwaffe war dies nicht der Fall.

Eine weitere Möglichkeit zur Deckung des Bedarfs an Offizieren bestand in der Ernennung qualifizierter Unteroffiziere aus dem Mannschaftsstand, damals im Allgemeinen mit dem Sammelbegriff „Volksoffiziere" bezeichnet, ein Verfahren, das in der Wehrmacht nach 1942 zunehmend an Bedeutung gewann. Wie die Reserveoffiziere erhielten auch die Volksoffiziere, die einen beachtlichen Anteil bildeten, eine intensive theoretische und praktische Ausbildung an der Marinekriegsschule und in anderen Ausbildungseinrichtungen, wobei sie ihre Fähigkeiten zum Ausüben einer höher gesteckten Verantwortung bewiesen. Erfahrene PUO's der Steuermannslaufbahn mit dem Dienstgrad Obersteuermann erwiesen als eine wertvolle Bereicherung des Seeoffizierskorps und nicht weniger als 35 von ihnen wurden U-Bootkommandanten. Marinenachrichten- bzw. Nachrichtentechnische Offiziere hatten es sehr schwer, aus den Unteroffiziersrängen der Funklaufbahn aufzusteigen. PUO's der Maschinenlaufbahn aus den Maschinenräumen wurden in der U-Bootwaffe zunehmend zu Ingenieuroffizieren und zu Leitenden Ingenieuren ernannt.

Der dringende Bedarf an Offizieren führte 1944 in der Marine zum Erlass eines Befehls, wonach jeder Befehlsbereich von den Marineoberkommandos bis hin zu jedem in Dienst gestellten U-Boot 0,5% seines Personalstandes als Offiziersanwärter

abgeben sollte. Einige Befehlsbereiche meldeten ordnungsgemäß die am besten qualifizierten Leute; andere wollten einfach nur Unruhestifter und Drückeberger loswerden.
Die Meldungen von U-Bootkommandanten betrafen beide Kategorien. Einige der
„Kandidaten" mussten erst zusätzlichen Schulunterricht erhalten, ehe sie mit der Offiziersausbildung beginnen konnten. Nach den Worten eines Personaloffiziers der U-
Bootwaffe erbrachte das Rohergebnis der Marine eine „50:50-Aufteilung zwischen
gutem und schlechtem Material".[17] Das Auswahlverfahren für Marineoffiziere hatte
einen weiten Weg zurückgelegt.

Dennoch gibt es bezüglich des Aufsteigens aus den Rängen der Mannschaften keinen Beweis für übertriebene Eile. Die Fälle des Aufstiegs aus dem Rang des Obersteuermanns zum U-Bootkommandanten waren ziemlich gleichmäßig während des
Krieges verteilt, mit einem mehr 1941 (sieben) und einem weniger 1944 (sechs). Zum
ersten Mal trat der Fall eines solchen Aufstiegs im November 1940 ein und das Jahr
mit den meisten dieser Fälle (1943 mit zehn) war auch das Jahr, in dem die U-Bootwaffe ihre größte Stärke aufwies. Ein Torpedo-Obermechanikersmaat eines U-Bootes,
der als Offiziersanwärter im Oktober 1943 empfohlen worden war, musste sechs
Monate warten, ehe er den Marschbefehl nach Deutschland erhielt. Danach verbrachte er 13 Monate in der theoretischen und praktischen Ausbildung, bevor er seine
Abschlussprüfung ablegte – elf Tage vor der Kapitulation.[18]

Die Wissenslücke in der theoretischen und praktischen Ausbildung zum regulären
Offizier, die sich von Mitte der 30er-Jahre an verbreitet hatte, war der Aufmerksamkeit von Dönitz nicht entgangen und verstärkte sowohl seine als auch Admiral v. Friedeburgs Vorliebe für Kommandanten aus den früheren Crews. Dönitz jedenfalls bevorzugte fast mit Sicherheit aus persönlichen Gründen ältere Offiziere – Männer, die er
kannte und auf die er glaubte sich verlassen zu können. Als Kommandant des Leichten Kreuzers EMDEN hatte er viele der Seekadetten aus der Crew 34 während ihrer
achtmonatigen Ausbildungsreise in außerheimische Gewässer kennen gelernt. Dieses
Vertrauen wird aus einer eher zufälligen Übersicht von 443 Kommandanten von Frontbooten im Verlaufe des Krieges deutlich (Tabelle 7).

TABELLE 7   **Das Verhältnis von Crew und U-Bootkommandanten**

Crew	Anzahl der Kommandanten	Prozentsatz
21 – 32	63	14
33	34	8
34	31	7
35	45	10
36	57	13
37 – X/37	82	19
38	39	9
39 – 39b	18	4
IX/39 – XII/39	49	11
40 – X/40	19	4
41 – V/41	6	1
Insgesamt	*443*	*100*

Quelle: Busch/Röll: *U-Bootkommandanten*, S. 15 – 117 (in alphabetischer Reihenfolge: A -J).
Bemerkung: Alle Kommandanten waren aktive Marineoffiziere und führten Front-U-Boote.

Aus den Zahlen kann ersehen werden, dass 71% dieser Kommandanten vor Ende 1937 und über die Hälfte vor Ende 1936 in die Marine eingetreten waren. Offiziere aus den Crews der Kriegszeit stellten nur 16% dieser überlebenden Kommandanten, obwohl zweifellos zahlreiche weitere Offiziere als Wachoffiziere Dienst verrichteten. Wie wir sehen werden, ist der Vorwurf, dass die U-Bootwaffe 1943 – 1945 zu einem „Kinder-Kreuzzug" verkommen wäre, außerordentlich übertrieben. Mit 26 – 28 Lebensjahren blieb das Durchschnittsalter der Kommandanten ziemlich konstant.[19]

Die Vorliebe für ältere Kommandanten endete vermutlich stufenweise im Sommer 1942 zugunsten eines zweckmäßigeren Vertrauens in die Jugend. Als schließlich U-Boote in größeren Zahlen verfügbar wurden, ergab sich die zunehmend offenkundiger werdende Notwendigkeit einer umfassenden Planung, um die erforderlichen Offiziere bereitzustellen. Als die U-Bootwaffe eine Stärke von 138 Frontbooten mit 208 weiteren in Ausbildung befindlichen U-Booten erreicht hatte, schloss Dönitz die Erstellung von Zeitplänen für ein methodisches Einberufen neuer Lehrgänge für Offiziere ab, die als Wachoffiziere eingesetzt werden sollten. Nach diesen Plänen konnte ein für U-Boote qualifizierter Angehöriger der Crew I/41 seine Dienststellung als II WO im März 1943 mit der Aussicht übernehmen, sechs Monate später zum I WO aufzusteigen. Neue Wachoffiziere aus der Crew V/41 sollten als II WO im Juli 1943 beginnen. Weitere Lehrgänge konnten im Verlauf des Krieges folgen, wenn wiederum die am besten qualifizierten Wachoffiziere Kommandantenstellungen besetzten. Dieser Plan bestand zweifellos als eine der Grundlagen für die projektierte Verstärkung der U-Streitkräfte im Jahre 1943 fort.[20]

Doch dieses ehrgeizige Programm fiel der Niederlage in der Schlacht im Atlantik und den gegensätzlichen Prioritäten zum Opfer und das Vertrauen in die älteren Offiziere blieb für den Rest des Krieges bestehen. Studien eines U-Bootveteranen offenbaren, dass die Kommandanten aus den Crews 20 – 24 immerhin 41% aller 1944 fertig gestellten Unterseeboote in Dienst stellten, ihre höchste Rate im Kriege, während im selben Jahr die Anzahl der Kommandanten aus den Crews 25 – 34 auf 52% abnahm, ihre niedrigste Rate. Im Gegensatz hierzu stellten die Crews 35 und später 1944 nur etwa 7% der Kommandanten, eine Rate, die ihrer durchschnittlichen Beteiligung von 1942 – 1945 entsprach.[21]

Die Beanspruchungen, welche die rasche Verstärkung an die Fähigkeiten der Offiziere stellte, enthüllte somit eines der Hauptdefizite in ihrem Ausbildungsprogramm. Eine weitere Unzulänglichkeit verriet der zunehmende Mangel an spezialisierten und technischen Offizieren. Die offensichtliche Betonung, die auf der Ausbildung von Seeoffizieren lag, von denen das Ausüben einer Führungsverantwortung erwartet wurde, stand letzten Endes im Widerspruch zum Ideal eines integrierten, aber überaus ausgewählten Korps von Offizieren gleicher Behandlung und Erfahrung, das sich in See-, Waffen-, Verwaltungs-, Sanitäts- und Ingenieuroffiziere (einschl. der Schiffbauoffiziere) aufteilte. In Wirklichkeit haftete den spezialisierten Offizieren stets etwas von einem Offizier „zweiter Klasse" an. Ingenieuroffiziere (oft als „Hochseemechaniker" bespöttelt), Waffen- und Verwaltungsoffiziere zum Beispiel erhielten eine theoretische Ausbildung im Hörsaal, während die Seekadetten an Bord eines Segelschulschiffes wie der GORCH FOCK an einer Ausbildungsreise teilnahmen.[22] Noch deutlicher: Spezialisierte Offiziere genossen immer nur einen Bruchteil des Ansehens von Seeoffizieren. Wenn die Marine eine ausreichende Anzahl der Letzteren schon nicht entsprechend ausbilden konnte, was hatte dies dann erst für Konsequenzen hinsichtlich der Offiziere aus den anderen Laufbahnen?

Für den U-Bootkrieg hatten insbesondere qualifizierte Ingenieuroffiziere eine entscheidende Bedeutung. Während das Ausbildungsprogramm der Marine aus den Crews 32 – 38 insgesamt 2180 Seeoffiziere hervorbrachte, betrug die Anzahl der Ingenieuroffiziere nur 421 und dies bedeutete ein Verhältnis von 5:1.[23] (Bei unserer Umfrage unter den U-Bootveteranen lautete das Verhältnis zwischen den See- und den Ingenieuroffizieren 4:1.) Da das typische Verhältnis an Bord eines U-Bootes bei 3:1 lag, erwies sich die Unvermeidlichkeit der Defizite unter dem herrschenden System als offensichtlich. Die Kriegsmarine versuchte, die Lage durch eine vermehrte Einstellung entsprechender Bewerber – von weniger als 7% im Jahre 1933 auf mehr als 34% im Jahre 1939 – zu verbessern, aber sogar diese Maßnahme konnte das Ungleichgewicht nicht verändern.[24] Die Folge scheint ein zunehmendes Vertrauen in den Aufstieg von PUO's (Maschinisten) aus der Maschinenlaufbahn gewesen zu sein, um die Lücken zu schließen – was wiederum ein riskantes Vorhaben angesichts des gleichermaßen vorhandenen ernsthaften Mangels an Maschinisten bedeutete. Nach den Worten eines Historikers der Crew 38 stellte der Mangel an qualifizierten Ingenieuroffizieren den Hauptgrund dar, warum die U-Bootwaffe nach den im Jahre 1943 erlittenen schweren Verlusten nie wieder ihre volle Leistungsfähigkeit zurückgewann.[25]

Um das Offizierskorps der U-Bootwaffe zu beurteilen, ist es erforderlich, jede der hauptsächlichen Offizierslaufbahnen zu untersuchen. Unsere Umfrage bezieht auch die ausgefüllten Fragebogen von 170 ehemaligen deutschen Marineoffizieren ein, die im Krieg auf Unterseebooten fuhren. Unter ihnen befanden sich:

2 Marine-Sanitätsoffiziere (Marineärzte);
1 Torpedotechnischer Offizier, der aus dem Mannschaftsstand (Laufbahn VII T) über diese Sonderlaufbahn aufgestiegen war;
1 Kriegsberichterstatter [sic];
7 Marinenachrichten- bzw. Nachrichtentechnische Offiziere, d.h. ehemalige U-Bootfunker, die über diese Sonderlaufbahn in den Offiziersrang gelangten;
32 Marine-Ingenieuroffiziere und
127 Seeoffiziere, d.h. 75% (einschl. Offiziersanwärter der Seeoffizierlaufbahn), mit der Befähigung zu Kommandanten oder Wachoffizieren.

Jede dieser Laufbahnen wird einer Betrachtung unterzogen werden, wenn auch mit besonderer Betonung der Laufbahn für Seeoffiziere. Zur Ergänzung dieses Querschnitts wird unsere Studie auch Angaben aus anderen Quellen auswerten, um ein möglichst vollständiges Bild des Offizierskorps zu bieten.

Seeoffiziere

In den meisten modernen Marinen haben Seeoffiziere im Offizierskorps dominiert – zum Nachteil der notwendigen, aber spezialisierten technischen Offiziere, verantwortlich für die Antriebs-, Waffen- und Unterstützungssysteme. Dies erwies sich für die deutsche Kriegsmarine als genauso richtig wie vordem für die Kaiserliche Marine oder später für die Bundesmarine. Drei von vier Offizieren, die zur Besatzung eines U-Bootes gehörten, waren üblicherweise Seeoffiziere, wie dies auch 68% aller Offiziere waren, die von 1930 – 1938 die Marineschule Mürwik durchliefen.[26] Ihre sogar noch stärkere Gegenwart unter den Befragten bezeugt ihre aktive Beteiligung an Angelegenheiten der Veteranen sowie ihr ständiges Interesse an historischen Fragen. Dies ist nur angemessen, da sie den Charakter und das Schicksal der U-Bootwaffe mehr als jede andere Gruppe oder Einzelperson formten.

Dieser Querschnitt, die statistischen Erhebungen einer Umfrage widerspiegelnd, die fast 50 Jahre nach Ende des Zweiten Weltkrieges durchgeführt wurde, ist durch jüngere U-Bootoffiziere beeinflusst.[27] Bei der anstehenden Erörterung sind die Angaben von vier Fähnrichen (Offiziersanwärter, die als Fähnrich zur See zu den Unteroffizieren ohne und als Oberfähnrich zur See zu den Unteroffizieren mit Portepee zählten) sowie die unzureichenden Angaben von vier Offizieren weggelassen worden. Somit verblieben insgesamt 119 Seeoffiziere. Der am häufigsten vertretene Dienstrang war Oberleutnant zur See (68 Offiziere), gefolgt vom Kapitänleutnant (26), Leutnant zur See (20) und Korvettenkapitän (5). 29 Oberleutnante zur See sowie die 31 Offiziere der höheren Ränge führten als Kommandanten eigene Boote. Von den übrigen 59 Seeoffizieren fuhren bis auf fünf, die in der U-Bootführung Dienst verrichteten, alle als Wachoffiziere. Besonders beachtenswert ist ihre Flexibilität innerhalb der U-Bootwaffe. Jeder Seeoffizier diente während seines Werdegangs auf durchschnittlich 2,5 U-Booten und drei von ihnen fuhren sogar auf sechs verschiedenen Unterseebooten. Unter den insgesamt 119 Seeoffizieren waren nur zwölf Reserveoffiziere, ein Verhältnis von 9:1, das einen weiteren Beweis dafür bot, dass sich die Marine viel weniger auf Reserveoffiziere stützte, als dies bei Heer und Luftwaffe der Fall war. Das verhältnismäßig junge Lebensalter der Offiziere unseres Querschnitts, besonders im Gegensatz zu dem der U-Bootkommandanten in Tabelle 7, wird durch das Jahr ihres Eintritts in die Marine veranschaulicht (siehe Tabelle 8).

TABELLE 8 **Die Crew-Zugehörigkeit der befragten Seeoffiziere der U-Bootwaffe**

Crew/Jahr*	Anzahl der Offiziere	Prozentsatz
30 – 32	2	2
33	4	3
34	6	5
35	3	3
36	4	3
37 – X/37	14	12
38	9	8
39 – XII/39	26	22
40 – X/40	13	11
41 – V/41	32	27
42	6	5
Insgesamt	*119*	*100***

Quelle: Fragebogen der Offiziere zum Querschnitt.
* In den Fällen, bei denen die Crew-Angabe fehlt oder unzutreffend ist, wird das Eintrittsjahr in die Marine verwendet.
** Die tatsächlich 100% übersteigende Summe ergibt sich durch Aufrunden.

Der Großteil der Offiziere unseres Querschnitts stammt aus Crews der Kriegszeit: 77 der 119 Seeoffiziere oder 65% traten 1939 oder später als Offiziersanwärter in die Marine ein. Diese Tatsache bietet einen einzigartigen Einblick in diese selten studierte Altersgruppe von U-Bootoffizieren. Ihre persönlichen Angaben liefern die Grundlage für einen Vergleich mit den Informationen, die bereits für U-Bootkommandanten und einzelne Crews zusammengestellt worden sind, und ergänzen sie gleichzeitig. Auf diese Weise können wir auch erkennen, ob die Crews der Kriegszeit im Vergleich mit dem Offizierskorps der Vorkriegszeit eine Verringerung des Standards oder einen Wechsel im Charakter darstellen.

Die Herkunftsmerkmale bei diesen zum U-Bootkrieg zu spät gekommenen Offiziere verraten eine ausgeprägte Homogenität. Allerdings offenbaren die geografischen Angaben in Tabelle 9 zur Herkunft aus einem bestimmten Teil des Reichsgebietes – nach Regionen von Nord nach Süd sowie nach Ländern bzw. besonderen Gebieten gegliedert – ein Überwiegen des norddeutschen Elementes, d.h. je weiter die Region bzw. das Land von der Küste entfernt lag, um so geringer war auch ihr bzw. sein prozentualer Anteil. Oder anders ausgedrückt: Auf der Brücke eines U-Bootes war häufiger das norddeutsche „Moin! Moin!" als das süddeutsche „Grüß Gott!" zu hören.[28]

Die klare Betonung des norddeutschen Raumes – im Wesentlichen das frühere Land Preußen – und die nicht zu übersehende Unterrepräsentierung Süddeutschlands einschließlich des zum Großdeutschen Reich gehörenden Österreichs sind Besonderheiten, die sich nicht auf die Offiziere beschränkten, wie wir später sehen werden. Interessant ist auch, dass die ehemaligen Hansestädte in Norddeutschland einen weitaus höheren Anteil aufwiesen: Die alten Handelshäfen Bremen und Hamburg mit einer Bevölkerung (2,16 Millionen), die zusammen nicht einmal die Hälfte der Einwohner Berlins (4,34 Millionen) erreichte, entsandten mehr als doppelt so viele ihrer Söhne zur U-Bootwaffe wie die Hauptstadt (17 gegen 7). Das Land Preußen, das sich sowohl über den Norden wie auch über die Mitte Deutschlands erstreckte, trug insgesamt 56% bei (jedoch ohne die beiden Hansestädte, Mecklenburg und Oldenburg). Diese Zahlen bestätigen die der Crew 34, von der 57% in Preußen und nur 9% südlich des Mains geboren waren. Sogar die nunmehr aus Großdeutschland kommende Crew 38 rekrutierte sich trotz der aus Österreich hinzugekommenen Offiziersbewerber noch aus ca. 50% Norddeutschen, während 37% aus dem Westen sowie der Mitte und nur 12% aus dem Süden Deutschlands und aus Österreich stammten.[29]

Auch Religion und Schulbildung dienten als Messzahlen der sozialen Homogenität des Marineoffizierskorps. Mit der Crew 34 setzte sich eine Tradition aus der Kaiserlich Deutschen Marine fort; denn das Verhältnis von Protestanten zu Angehörigen der römisch-katholischen Kirche betrug annähernd 7:1, eine unvermeidliche Konsequenz, die sich aus der Überzahl der Norddeutschen ergab. Die Crews der Kriegszeit aus unserem Querschnitt weichen mit 99 Protestanten und 15 Katholiken (neun weitere Offiziere gaben ihre Religion nicht an) ebenfalls nicht von dieser Norm ab.

Hinsichtlich der Schulbildung legten die oberen 10% der deutschen Schüler das begehrte Abitur ab, das vor dem Kriege als standardmäßige Voraussetzung für die Annahme als Marine-Offiziersanwärter diente, ausgenommen waren lediglich die HSO wegen ihrer nautischen Erfahrung. Mit dem Ablegen der Reifeprüfung, wie das

TABELLE 9   **Die geografische Herkunft der Seeoffiziere aus dem Querschnitt**

Teil des Reichsgebietes	Anzahl im Querschnitt
Hansestadt Bremen	5
Hansestadt Hamburg	12
Mecklenburg	3
Oldenburg	2
Ostpreußen	5
Westpreußen	3
Schleswig-Holstein	10
Pommern	6
Hannover	5
Brandenburg	2
Berlin	7

– *Insgesamt aus Norddeutschland (= 26% der deutschen Bevölkerung)**: 60
  (= 49% der Seeoffiziere)

Rheinland/Ruhrgebiet	8
Westfalen	9
Sachsen/Thüringen	20
Hessen/Hessen-Kassel	5
Rheinland/Rheinprovinz	1
Schlesien	3
Sudetenland	0

– *Insgesamt aus Mitteldeutschland (= 47% deutschen Bevölkerung)**: 46
  (= 37% der Seeoffiziere)

Baden/Württemberg	5
Bayern	2
Ostmark (Österreich)	3

– *Insgesamt aus Süddeutschland (= 27% der deutschen Bevölkerung)*: 10 (= 8% der Seeoffiziere)
– *Insgesamt außerhalb des Reichsgebietes geboren*: 6 (= 5% der Seeoffiziere

Quellen: Die Bevölkerungsangaben zum Deutschen Reich stammen vom Mai 1939 und sind entnommen aus *Statistisches Jahrbuch für das Deutsche Reich 1939/40*. Zu den Bevölkerungsangaben und zu den Definitionen der Regionen, Länder und Gebiete siehe in Tabelle 11 auf Seite 107. Der hier erörterte Querschnitt ist um die Herkunftsangaben der vier in Tabelle 8 weggelassenen Offiziere auf 123 Seeoffiziere erweitert worden.
* Die Trennung zwischen Nord- und Mitteldeutschland folgte eher geografischen als politischen Grenzen. Daher sind z.B. unter „Sachsen" nicht nur das Land Sachsen sondern auch die preußische Provinz Sachsen (Sachsen-Anhalt) zusammengefasst.

Abitur als notwendige Voraussetzung für einen Hochschulbesuch (Universität) auch genannt wurde, endete nicht nur der Besuch einer höheren Schule wie des Gymnasiums sondern auch ein langer Prozess des Lernens und der Auswahl, der das Bestreben fast der meisten akademisch begabten Schüler vorwegnahm. Hierbei lassen die jüngeren Crews unseres Querschnitts nur geringere Konzessionen an kriegsmäßige Bedingungen erkennen, denn 86 der 123 Offiziere (= 70%) besaßen das Abitur, während bei weiteren 19 Abgängern höherer Schulen lediglich die Kriegsereignisse einen Abschluss verhinderten. 18 Offiziere (= 15%) hatten die mittlere Reife, einen Schulabschluss (der Mittel- oder Realschulen) unterhalb des Abiturs, den etwa 20% aller deutschen Schüler ablegten und der damals üblicherweise zu beruflichen Werdegängen in gewissen Bereichen des öffentlichen Dienstes oder der Geschäftswelt führte.[30]

Dieses bildungsmäßige Niveau, mit jenem der früheren Crews übereinstimmend, verbirgt eine bedeutsame Entwicklung hinsichtlich der sozialen Herkunft bei den Offiziersanwärtern der Kriegszeit. Von der Zeit vor dem Ersten Weltkrieg bis in die Mitte der 30er-Jahre hinein stellte das Marineoffizierskorps in Deutschland die Hochburg der oberen Mittelschicht bzw. des Großbürgertums dar, verstärkt durch ein gewisses Kontingent aus dem Adel, vor allem dem preußischen, sowie einer schwächeren Gruppe aus dem Kleinbürgertum. Die Marine selbst verkündete, dass die Söhne von Offizieren, Beamten der höheren Laufbahnen sowie von Grundbesitzern den Vorzug hatten, gefolgt von den Söhnen der Akademiker (wie zum Beispiel von Ärzten, Rechtsanwälten, Lehrern) und letztlich von Söhnen der mittleren Beamtenschaft und Geschäftsleuten. Der Historiker der Crew 34 bemerkt abschließend: „Eher als streng abgegrenzte und rigoros angewendete berufliche Anforderungen dienten die richtige soziale Herkunft und der ‚Charakter' weiterhin der Marine als entscheidende Kriterien für die Auswahl ihrer Offiziersanwärter."[31]

Doch woraus bestand die deutsche Mittelschicht? Soziologen, politische Analytiker und Historiker dürften darin übereinstimmen, dass die aufgeführten Gesellschaftsgruppen sämtlich zur Mittelschicht gehörten, aber starke Meinungsunterschiede zwischen ihnen hinsichtlich der genauen Definition bestehen, wer die mittlere und untere Mittelschicht bzw. den Mittelstand oder das Kleinbürgertum bildet.[32] Dies zieht eine bedeutende politische Dimension nach sich, denn seit den 30er-Jahren haben Beobachter den Erfolg des Nationalsozialismus auf der Grundlage seiner Unterstützung durch den Großteil aus dieser Schicht erklärt. Die anhaltende Verteidigung dieser These beruht weitgehend darauf, wie diese Schicht definiert wird. Ob sie auch Handwerksmeister, Handwerker und Facharbeiter einschließt?[33] Für unsere Zwecke hat dieser letzte Punkt weniger Bedeutung; denn der Mittelstand – selbst wenn diese Berufsgruppen weggelassen werden – steuerte nahezu die Hälfte unseres Offiziersquerschnitts bei, der für die früheren Crews nicht charakteristisch war. Wird die von dem Soziologen Detlef Mühlberger vorgenommene Einteilung der Gesellschaftsgruppen benutzt und ebenso wie bei den Unteroffizieren und Mannschaften der Marine angewendet,[34] so repräsentieren die Väter von 52 Befragten (42,6%) aus unserem Querschnitt den Mittelstand: Nicht akademische Berufe (8), Beamte in mittleren und unteren Laufbahnen (13), Kaufleute und kleine Unternehmer (14), Angestellte (12) und begüterte Landwirte (5).

Eine Mehrheit der Seeoffiziere (55%) kam noch aus Familien der oberen Mittelschicht sowie der Oberschicht, dem traditionellen Ursprung der Marineoffiziere. Die Väter dieser Offiziersanwärter gehörten zu den akademischen Berufen (20), Beamten der höheren Laufbahnen (13), den Offizieren des Heeres und der Marine (14), leitende Angestellten (15 – von ihnen waren drei Kapitäne der Handelsmarine) sowie Unternehmer (5). Von der Oberschicht stammten drei der Offiziere aus dem Adel und nur drei der Seeoffiziere gaben an, aus der Arbeiterklasse zu kommen: Söhne eines Gärtners, eines Brauereiarbeiters und eines Drehers.

Das Anwachsen des Anteils der Seeoffiziere aus dem Mittelstand stößt auf ähnliche Veränderungen im Offizierskorps des Heeres. Eine Untersuchung zur sozialen Herkunft der Offiziersanwärter im Zeitraum von 1928 – 1930 enthüllt zum Beispiel Folgendes: 62,9% kamen aus der Oberschicht und der oberen Mittelschicht, 36,7% aus dem Mittelstand und nur 0,4% aus der Arbeiterklasse. Doch Ende 1942 war die Herkunft der jetzigen Offiziersanwärter aus dem Mittelstand (mittlere und untere Mittelschicht) auf nunmehr 51% und die aus der Arbeiterklasse auf beträchtliche 28% gestiegen.[35] Diese Entwicklungen blieben nicht auf den Krieg beschränkt, sondern stellten einen langfristigen Trend in der deutschen Gesellschaft dar. Verfügbare Daten für Beamte der höheren Laufbahn aus den ehemals preußischen Gebieten Westdeutschlands lassen zum Beispiel eine ständig zunehmende Herkunft aus der unteren Mittelschicht der Weimarer Republik in den ersten Jahren der Bundesrepublik Deutschland erkennen.[36]

Der hauptsächlichste Faktor für den gesellschaftlichen Aufstieg war die Bildung. Von den 52 befragten Offizieren mit Herkunft aus dem Mittelstand hatten 34 das Abitur abgelegt, wie dies auch bei zweien der drei Offiziere aus der Arbeiterklasse der Fall war. Diese akademische Befähigung der Offiziersanwärter spielte zweifellos bei ihrer Auswahl für die Marine eine bedeutende – wenn nicht die entscheidende – Rolle. Die Möglichkeit, diesen formalen Bildungsabschluss zu erwerben, verkörperte jedoch eine Entwicklung, die für frühere Generationen unvorstellbar, aber in der Nachkriegszeit üblich war. Beamte wie Lehrer, Polizisten und Eisenbahner, die selbst keine Qualifikation für einen Zugang zur Universität besaßen, schickten ihre Söhne zunehmend auf höhere Schulen. In den frühen 60er-Jahren setzte sich ein Drittel aller Universitätsstudenten aus Söhnen oder Töchtern von Staatsbediensteten zusammen, die nur 6% der Gesamtbevölkerung ausmachten.[37]

Dieser Wandel in der sozialen Herkunft veranschaulicht natürlich eher eine allmähliche Entwicklung als eine dramatische Veränderung. Andere charakteristische Merkmale blieben für die Seeoffiziere über einen längeren Zeitraum hinweg bemerkenswert konstant. Die Tabelle 10 verfolgt bei Offizieren aus der Crew 07, der Crew 34 und aus unserem Querschnitt ausgewählte Merkmale als relative Messzahlen für Veränderung und Kontinuität innerhalb des Seeoffizierkorps von Wilhelm II. bis Hitler.

Wie sich augenscheinlich zeigt, blieben bestimmte Merkmale konstant, während sich bestimmte Bereiche allmählich veränderten. Die Seeoffiziere stellten eine soziale Gruppe von einzigartiger Homogenität dar – mit Norddeutschen, Protestanten und dem Mittelstand von der Eigenart her in der Überzahl. Die Stärke dieser Bindungen trug zweifellos zu ihrer Fähigkeit bei, das zu ertragen, was von ihnen gefordert wurde.

TABELLE 10 **Kontinuität und Wandel bei den deutschen Seeoffizieranwärtern 1907 – 1942**

Merkmale	Crew 07	Crew 34	Querschnitt (84% Crews 37 – 42)
Geografische Herkunft (in Prozent):			
– Preußen	65,9	57,3	56,3
– Hamburg	3,3	4,9	9,8
– Südlich des Mains	12,7	9,1	8,4
Religion (Protestanten:Katholiken)	9:1	7:1	7:1
Bildungsabschluss (in Prozent): Abitur	58,9	87,7	70,05
Herkunft des Vaters (in Prozent):			
– Adel	11,2	5,0	4,1
– Heeres- bzw. Marineoffizier	26,4	25,0	12,3
– Mittelstand	>20,0	>30,0	42,6

Quellen: Herwig: *Elitekorps*, S. 39/40; Rust: *Crew 34*, S. 20 – 24;
Offiziers-Fragebogen aus dem Querschnitt.

Ingenieuroffiziere und Offiziere anderer Laufbahnen

Im Unterschied zu den Seeoffizieren gibt es systematische Studien über Ingenieuroffiziere seltener. Darin spiegelt sich die selbstverständliche Präferenz wider, eher mehr über diejenigen zu erfahren, die Führungsaufgaben wahrnehmen, statt über jene, die für die Antriebsanlagen verantwortlich sind. Die Basis unseres Querschnitts ist mit 32 Ingenieuroffizieren zu schmal, um allgemeine Schlussfolgerungen zu gestatten, bietet aber einige interessante Vergleiche mit den stärker vertretenen Seeoffizieren.

Obwohl sich die Unterschiede zwischen den Laufbahnen der See- und Ingenieuroffiziere auf vielerlei Weise zeigen, verliefen Rangstruktur und Dienstzeit zum Profil ihrer jüngeren Pendants weitgehend parallel. So ergab sich bei den Diensträngen folgendes Bild: 18 Oberleutnante (Ing.), acht Leutnante (Ing.), drei Kapitänleutnante (Ing.) und ein Fähnrich (Ing.) sowie bei den Stabsoffizieren je ein Korvettenkapitän (Ing.) und ein Fregattenkapitän (Ing.). Wie die Seeoffiziere wurden auch sie innerhalb der U-Bootwaffe mehrfach versetzt, wenn auch in etwas geringerem Umfang: Durchschnittlich fuhr jeder von ihnen während seines Werdegangs auf zwei Unterseebooten. Besonders beachtlich ist jedoch die Tatsache des Aufstiegs von fünf Ingenieuroffizieren während des Krieges aus dem Mannschaftsstand, das sind immerhin fast 16% der Befragten.

Die Unterschiede zwischen See- und Ingenieuroffizieren begannen sich allerdings in ihrer Herkunft zu zeigen. Von den 32 Befragten kamen zehn (31%) aus dem Norden, aber 18 (56%) aus der Mitte Deutschlands. Der süddeutsche Raum ist sogar in noch geringerem Maße als bei den Seeoffizieren vertreten: Zwei Ingenieuroffiziere oder 6%; dies entspricht auch dem Anteil der außerhalb der Grenzen Deutschlands geborenen Offiziere. Nicht überraschend ist hierbei, dass über die Hälfte der befragten Offiziere aus den Industriegebieten kam. Sechs der Offiziere stammten aus Sachsen und Thüringen, eine Region mit verschiedenen Industrien, die aber von beträchtlichem Umfang waren (Textil-, Maschinenbau-, metallverarbeitende und chemische Industrie), während aus dem Eisen und Stahl erzeugenden Rheinisch-Westfälischen Industriegebiet weitere sieben Offiziere kamen. Der Norden war mit seinem stärksten Kontingent (drei der Befragten) aus Berlin vertreten. Jedes dieser Industriegebiete war auch die Heimat von Ingenieuroffiziersanwärtern, die beim Untergang des Segelschulschiffes NIOBE ertranken, das in einem Sturm im Juli 1932 in der Ostsee kenterte.[38/38a]

Weitere Unterschiede zwischen See- und Ingenieuroffizieren ergaben sich wie folgt: Das Verhältnis bei den Letzteren zwischen Protestanten (23 der befragten Offiziere) und Katholiken (7) betrug 3,3:1 und lag daher mehr als die Hälfte unter dem der Seeoffiziere (zwei Offiziere gaben keine religiöse Zugehörigkeit an). Im Bereich der Schulbildung gab es folgende Ergebnisse: 20 Offiziere hatten nach dem Besuch einer höheren Schule das Abitur abgelegt, fünf weitere Offiziere hatten den Besuch des Gymnasiums bedingt durch den Krieg abgebrochen und drei Offiziere hatten mittlere Reife. Ein Offizier hatte eine Ingenieurschule besucht, während drei der Befragten lediglich der Schulpflicht gemäß acht Jahre Volksschule und anschließend eine Lehre in einem Handwerk mit dem üblichen Besuch der Berufsschule absolvierten.

In scharfem Gegensatz zur sozialen Herkunft bei der Mehrheit der Seeoffiziere kamen 21 der befragten 30 Ingenieuroffiziere (70%) aus dem Mittelstand, aus dem auch eine wachsende Anzahl von Seeoffizieren hervorzugehen begann.[39] Ihre Väter waren Geschäftsleute, Lehrer, Reichsbahnbeamte und Ingenieure. Die restlichen neun Offiziere kamen aus der oberen Mittelschicht mit Vätern, die leitende Angestellte, Beamte der höheren Laufbahn, Akademiker und Unternehmer waren. Keiner der Ingenieuroffiziere stammte aus der Arbeiterklasse.

Inwieweit diese Merkmale unseres Querschnitts auf das breite Spektrum der U-Boot-Ingenieuroffiziere übertragen werden können, ist unklar. Das Fehlen qualifizierter technischer Offiziersanwärter führte zu einer allmählichen Änderung im Auswahlverfahren. Während von der Crew 33 keine Ingenieuroffiziere aus der Arbeiterklasse oder aus der Schicht der Handwerker und der Beamten des einfachen bzw. mittleren Dienstes stammten, kamen 1939 aus diesen sozialen Schichten 40% der angenommenen Offiziersanwärter.[40] Trotzdem, wie bereits erwähnt, führte der Nachdruck, den die deutsche Marine in ihrem Auswahlprogramm auf Seeoffiziere legte, zu einem chronischen Mangel an Ingenieuroffizieren.

Doch diese Defizite waren für die gesamte deutsche Wirtschaft ebenso charakteristisch. Im März 1939 erfuhr die Marine, dass die deutsche Privatindustrie 17.000 nicht besetzte Stellen für qualifizierte Ingenieure aufwies.[41] Als dann der Krieg kam, geriet die Kriegsmarine im Wettstreit um dieses kostbare fachliche Können unter den Teilstreitkräften ins Hintertreffen. Um dies auszugleichen, wurde einer beträchtlichen Anzahl von Unteroffizieren aus der Maschinenlaufbahn der Aufstieg in die Ingenieuroffizierslaufbahn ermöglicht. Der Begriff „Volksoffizier" fand zwar auf alle Anwendung, die aus dem Mannschaftsstand in die Seeoffizier- oder in technische Offizierlaufbahnen aufstiegen, galt aber insbesondere in Verbindung mit den Ingenieuroffizieren. Aussagen in Verhören gefangen genommener U-Bootfahrer lassen erkennen, dass sich ein Fünftel bis ein Viertel der Leitenden Ingenieure zwischen 1942 und 1944 als Volksoffiziere qualifiziert hatte.[42] Nichts lässt darauf schließen, dass ihre Leistung unter die der regulären Offiziere abgesunken wäre. Doch die Beförderung als solche erzeugte bisweilen einen starken psychologischen Druck, der sich aus Veränderungen im Verhalten ergab.

Wie sich dies auf eine erfolgreiche U-Bootbesatzung auswirken konnte, veranschaulicht die jahrelange Feindschaft zwischen dem Leitenden Ingenieur und dem Dieselobermaschinisten von *U 515* (Kptlt. Werner Henke). Als Maschinisten und PUO's früher befreundet, entzweiten sich die beiden nach der Beförderung des einen zunehmend. Hinter größeren Meinungsverschiedenheiten über technische Probleme bezüglich der Antriebsanlage des U-Bootes versteckte sich die natürliche Eifersucht des Obermaschinisten. Doch für die Mehrheit des Maschinenpersonals lag das Hauptproblem in der beruflichen Unsicherheit des Leitenden Ingenieurs. Dass die meisten Techniker in der Regel mehr zu ihren PUO's hielten statt zum LI trug auch nicht zur guten Laune des Letzteren bei. Schließlich nahm der LI eine gescheiterte Treibstoffergänzung in See zum Anlass, um seinen Rivalen der aktiven Sabotage zu beschuldigen. Der Kommandant stellte sich auf die Seite des LI, arretierte den Obermaschinisten und ließ ihn mit gefesselten Händen an Bord des Versorgungs-U-Bootes, einer „Milchkuh", schaffen, das ihn zurückbringen sollte, um ihn in Deutschland vor ein Kriegsgericht stellen zu können. Nach der Rückkehr von *U 515* sagte das gesamte Maschinenpersonal beim Prozess vor dem Kriegsgericht in Torgau aus. Ihre Unterstützung verhinderte für den PUO einen Schuldspruch und eine Abkommandierung in eine Strafkompanie. Die kurze Zeit später erfolgte Ablösung des Leitenden Ingenieurs war vielleicht eine Art ausgleichender Gerechtigkeit, aber die langjährigen Maschinisten waren durch diese Erfahrung schockiert. „Alles, woran wir glaubten oder was uns gelehrt worden war, wurde durch diesen Vorfall auf den Kopf gestellt", erinnerte sich einer noch nach 50 Jahren traurig.[43]

Für die Seeoffiziere blieben selbst jene Ingenieuroffiziere irgendwie Offiziere zweiter Klasse, die ebenfalls durch den sorgfältigen Auswahlprozess gegangen und an der Marineschule Mürwik Crewkameraden gewesen waren. Die offensichtliche Bevorzugung, die sich in der Übertragung eines Kommandos – selbst eines Landkommandos – zeigte, und der Groll über die Behandlung sowie den formellen Status führte dazu, dass sich die Ingenieuroffiziere Mitte der 30er-Jahre offen bei ihren Vorgesetzten beschwerten. Dies veranlasste Admiral Raeder schließlich, dieser Situation seine persönliche Aufmerksamkeit zu widmen, die – ungeachtet einer wenig sensiblen Ansprache am 27. Januar 1936 vor Ingenieuroffizieren an der Marineschule Kiel, die lediglich die Situation verschärfte – letzten Endes doch zu einer allmählichen Verbesserung der Lage für die Ingenieuroffiziere führte.[44] Einzelne mochten sich noch als geringschätzig behandelt fühlen, aber andere betrachteten die herabsetzenden Bemerkungen der Seeoffiziere als normale Späße und schenkten ihnen wenig Aufmerksamkeit.[45]

In diesem Bereich stand die U-Bootwaffe irgendwo zwischen Tradition und Neuerung, wie dies die radikalen Vorschläge eines Ingenieuroffiziers in einer Ausbildungseinrichtung veranschaulichten. Der Kptlt. (Ing.) – später KKpt. (Ing.) – Dipl.-Ing. Hans Müller, Kommandeur der strapaziösen Technischen Ausbildungsgruppe für Front-U-Boote (Agru-Front), befürwortete 1942 die Ernennung Leitender Ingenieure zu Kommandanten von Unterseebooten. Sie waren nicht nur mit dem U-Bootwesen vertraut, so argumentierte er, sondern konnten auch später die eigenen LI's besser schulen. Der Mangel an qualifizierten Ingenieuroffizieren reichte aus, um Müllers Vorschlag zu Fall zu bringen. Doch der bilderstürmerische Ingenieuroffizier schlug weiter vor, nach Ende des Krieges bei der Ausbildung junger Offiziersanwärter der Marine von Anbeginn an jede Laufbahneinteilung in See- oder Ingenieuroffiziere bzw. andere technische Spezialisten zugunsten einer einheitlichen theoretischen und praktischen Ausbildung für alle Offiziersanwärter zu vermeiden. Die neu ernannten Offiziere könnten dann gemäß den Erforderlichkeiten statt der vorbestimmten Laufbahnen in ihre Dienststellungen abkommandiert werden. Dieser revolutionäre Vorschlag fand die uneingeschränkte Zustimmung des engsten Mitarbeiters von Dönitz, des Admirals v. Friedeburg, der ihm einen persönlichen Vortrag beim Chef des Marine-Personalamtes vermittelte. Der Vorstoß blieb ohne Erfolg und der Krieg endete, ohne dass diese Idee weiterverfolgt worden wäre.[46]

Die Notwendigkeit zur Spezialisierung kann jedoch bei anderen Offizierslaufbahnen gesehen werden, die ein technisches oder intensiv geschultes fachliches Können anderer Art erforderten. Nachrichtenspezialisten zum Beispiel erlangten erst im Oktober 1936 den Offiziersstatus und dann auch nur als Reserveoffiziere. Aktive Offiziere blieben davon bis zum Oktober 1944 ausgeschlossen – trotz der ungeheuren Zunahme an Bedeutung, die sowohl der Funkverkehr als auch der hiermit verknüpfte Bereich der Funkaufklärung erfuhren (das Personal des deutschen Marinenachrichtendienstes nahm nach dem September 1939 allein um das Zehnfache zu).[47/47a] Die sieben Marinenachrichtenoffiziere und Offiziersanwärter aus unserem Querschnitt waren sämtlich ehemalige U-Bootfunker, die aus dem Mannschaftsstand aufgestiegen waren und dann bis auf einen in Landdienststellen abkommandiert wurden. Der ranghöchste Offizier wurde nach längerer Verwendung im Funkdienst auf U-Booten und an Land zum Oberleutnant z.S. befördert und kehrte als II WO auf ein U-Boot zurück; der einzige der sieben Befragten, der bis Kriegsende auf einem U-Boot fuhr. Vier von ihnen waren Leutnant (M.N.) – Leutnant des Marine-Nachrichtenwesens – und die beiden Letzten waren im Mai 1945 noch Fähnriche. Der Bedarf der Marine an solchen Spezialisten offenbart sich durch die Unerheblichkeit des Dienstalters: Zwei der sieben Befragten traten erst im April 1942 in die Kriegsmarine ein und stiegen in weniger als drei Jahren aus dem Mannschaftsstand in den Offiziersrang auf.

Die Herkunft dieser Offiziere entspricht der der Funker im Mannschaftsstand (siehe 6. Kapitel). Sie kamen aus denselben kleinbürgerlichen Familien, die zunehmend immer mehr reguläre Offiziere stellten, und bezüglich ihrer geografischen Herkunft herrschte wieder das mittlere Deutschland vor (fünf der sieben Befragten). Überdies zeigten sie eine erhebliche akademische Befähigung: Zwei von ihnen hatten das Abitur abgelegt, drei hatten bereits längere Zeit eine höhere Schule und ein Sechster eine Technische Hochschule besucht.

Zusätzlich zu den Funkern aus dem Mannschaftsstand gehörten zu den U-Bootbesatzungen gelegentlich auch Nachrichtenspezialisten aus dem B-Dienst (Funkbeobachtungsdienst) des MND, um Aufgaben der Funkaufklärung sowie der Entzifferung alliierter Funkschlüssel für Kriegs- und Handelsmarine zu erfüllen. Auf einem Unterseeboot, *U 664* (ObltzS. Adolf Graef), fuhren im April bis August 1943 Spezialisten des B-Dienstes bei mehreren Feindfahrten im Nordatlantik mit. Ihre wahre Identität wurde jedoch vor der Besatzung verschleiert, die der Auffassung war, ihr Boot hätte zusätzliche Artilleriemechaniker an Bord.[48]

Weitaus spezialisierter an Ausbildung und fachlichem Können waren die Sanitätsoffiziere, die entweder als reguläre Offiziersanwärter in die Marine eintraten oder für die Dauer des Krieges als Reserveoffiziere dienten. Die beiden Sanitätsoffiziere aus unserem Querschnitt waren bereits Ärzte mit abgeschlossenem Studium an der Medizinischen Fakultät einer Universität, ehe sie 1939 im Alter von 26 bzw. 27 Jahren in die Marine eintraten, und bekleideten beide schließlich den Rang eines Marinestabsarztes (vergleichbar dem Kapitänleutnant). Sie stammten beide aus wohlhabenden Familien im mittleren Deutschland (Sachsen und Westfalen).

Es entsprach nicht allgemeiner Gepflogenheit, dass U-Boote einen Sanitätsoffizier an Bord hatten, spiegelte jedoch die allgemeine Entwicklung des U-Bootkrieges wider. In den ersten Kriegsjahren nahmen nur wenige Sanitätsoffiziere an Feindfahrten von U-Booten teil, obwohl der erste Bordarzt bereits kurze Zeit nach Kriegsbeginn am 13. Oktober 1939 auf See fiel; er gehörte zur Besatzung von *U 40* (KKpt. Wolfgang Barten), eines großen IX-A-Bootes. Neben der rudimentären Sanitätsausbildung der Offiziere, die ein Teil ihrer allgemeinen Ausbildung war, gehörten die Sanitätsaufgaben in der Regel zur zusätzlichen Verantwortlichkeit eines hierfür vorgesehenen Unteroffiziers, gewöhnlich eines Funkers, der einen 36-stündigen Sanitäts-Schnellkursus erhalten hatte. Ernste Krankheiten oder Verletzungen bei Besatzungsangehörigen erforderten im Allgemeinen ein Zusammentreffen mit einem auf dem Heimmarsch befindlichen U-Boot, um den Betreffenden zur späteren Behandlung in ein Marinelazarett zu bringen. Bisweilen war sogar dies nicht möglich. Es wird von einem Kommandanten berichtet, der in einer Notoperation den Fuß eines verwundeten Besatzungsangehörigen amputierte, während ein Marinearzt in einem U-Stützpunkt über Funk die Anweisungen hierzu erteilte.[49]

Mit der Ausweitung der U-Bootoperationen in die amerikanischen, karibischen und südatlantischen Gewässer gehörten Bordärzte zu den neuen U-Tankern („Milchkühe") des Typs XIV als Teil der von ihnen gebotenen Versorgung; so weit erforderlich versorgten sie die Besatzungen der Kampfboote während der Brennstoffübernahme. Als jedoch 1943 die U-Boote versuchten, sich über Wasser gegen die zunehmenden alliierten Luftangriffe zur Wehr zu setzen, begannen die U-Bootbesatzungen vermehrt unter Gefechtsverlusten zu leiden. Dönitz befahl daher am 23. Mai 1943, jedem zweiten Frontboot einen Bordarzt zuzuweisen. In gewissem Sinne stellte dies eine taktische Antwort auf die sich verschlechternden Kampfbedingungen dar; sie scheiterte auf dieselbe Weise, wie auch die ständig verstärkte Flakbewaffnung nicht in der Lage war, die U-Boote gegen Flugzeuge zu schützen. Von 243 Sanitätsoffizieren, die als Bordärzte auf U-Booten zum Einsatz kamen, verloren 117 ihr Leben – die Mehrheit von ihnen noch vor Jahresende 1943, während andere das Glück hatten, als Kriegsgefangene zu überleben. Dieser Aderlass von Fachkräften aus dem kleinen Korps der Sanitätsoffiziere konnte nicht toleriert werden, und die Proteste des Sanitätschefs der Kriegsmarine zwangen Dönitz 1944 dazu, ihren weiteren Einsatz aufzugeben, ausgenommen auf Booten, die für ostasiatische Gewässer bestimmt waren. Da auch das Funkpersonal durch erhöhte Anforderungen ausgelastet war, nahmen ihren Platz Sanitätsunteroffiziere mit Sonderausbildung ein, die im 6. Kapitel besprochen werden.[50]

Über ihre ärztlichen Pflichten an Bord von U-Booten jedoch hinaus studierten diese Marineärzte die Lebensbedingungen der U-Bootmänner und die langfristigen Auswirkungen des U-Bootdienstes auf die Angehörigen der Besatzungen. So benutzte zum Beispiel der Marineoberstabsarzt Dr. Jobst Schaefer seine ausgedehnten persönlichen Erfahrungen mehrerer Feindfahrten, um die Speisezettel und die Ernährungserfordernisse der U-Bootfahrer eingehend zu untersuchen und jedem Smutje Richtlinien für die Art und Lagerung der verschiedenen Nahrungsmittel einschließlich Empfehlungen für die tägliche Speisekarte bei langen Feindfahrten anzubieten.[51]

Im Marineärztlichen Forschungsinstitut für U-Boot-Medizin in Carnac in der Bretagne untersuchte ein Stab aus 20 Ärzten verschiedene medizinische Gesichtspunkte des U-Bootdienstes: Temperatur- und Kohlendioxid-Pegel an Bord von U-Booten, Auswirkungen auf den Menschen bei langfristig anhaltenden Vibrationen und Lärm der Dieselmotoren, Probleme bei der Verwendung des Schnorchels sowie die psychologische Belastung, hervorgerufen durch langen Einsatz auf U-Booten u.Ä. So wurden zum Beispiel nach Untersuchungen, die in den U-Booträumen höhere CO_2-Pegel eher auf Augen- statt auf Fußhöhe bestätigten, die Belüftungssysteme in den U-Booten geändert. Die Ergebnisse trugen noch lange Zeit nach dem Kriege zu einem breiteren Verständnis der U-Bootmedizin bei.[52]

Schlussfolgerung

Die führenden Marineoffiziere der U-Bootwaffe tendierten dazu, eine sozial homogene Gruppe zu bilden: im Ursprung norddeutsch, protestantisch aus der mittleren bis oberen Mittelschicht. Obgleich für einen Aufstieg von unten offen – vor allem für technische Offiziere –, galten ihre Dienstränge als ein Bund, den ein ausgewähltes und intensives Programm hervorgebracht und bis an die Grenze durch die Forderungen der kriegsmäßigen Verstärkung strapaziert hatte. Die Tatsache, dass dieses System so gut zusammenhielt, angesichts der hohen Verluste, die in der modernen Kriegsgeschichte beispiellos sind, veranschaulicht seine Elastizität und Stärke im Hervorbringen von Frontoffizieren.

Unsere Studie hat etwas Licht auf ihre gemeinsamen Eigentümlichkeiten und ihre Herkunft geworfen, aber was ihre Auswahl als Offiziere bestimmte, blieb der Beurteilung ihres persönlichen Charakters überlassen. Diese charakteristische Qualität des gesamten deutschen Militärs gestattete eine große Bandbreite hinsichtlich der Persönlichkeit und sogar der ideologischen Haltung, wie sich in den späteren Kapiteln zeigen wird. Denn insbesondere die Marine hat auch die Fähigkeit besessen, über das hinausgehend, was gelehrt wurde, mehr in sich aufzunehmen. Jenseits des Könnens in Taktik, Navigation und Artilleriewesen mussten die Offiziere sowohl das Verständnis für die einzigartigen Traditionen einer Marine mit einer unruhigen Vergangenheit als auch die Fähigkeit entwickeln, unter ungünstigen Bedingungen zu führen.

Hinsichtlich ihrer Führungsfähigkeiten blieben unter ihnen jedoch riesige Unterschiede bestehen. Die einen passten in das Bild des „Einzelgängers", in den Kinofilmen damals wie heute popularisiert, während andere sich als strenge Vorgesetzte erwiesen, die alles ganz genau nahmen. Einige entwickelten sich zu hervorragenden U-Bootkommandanten, andere blieben hinter den Erwartungen zurück und viele lebten nicht lange genug, um ihre individuellen Fähigkeiten zu offenbaren.

Wie in allen Marinen, so nahmen auch die deutschen Marineoffiziere als Teil ihrer Ausbildung die Werte und die Einstellung zu ihrer Waffengattung und zur Natur ihres Dienstes in sich auf. Für die Crews jedoch, welche die Marineschule Mürwik durchliefen, beruhte dieses Erbe nicht auf einer seit langer Zeit existierenden Marine mit jahrhundertealter Tradition. Deutsche Offiziersanwärter standen stattdessen in dem langen Schatten, den das Vermächtnis der Untätigkeit der Flotte und der Meutereien in der Kaiserlichen Marine im Ersten Weltkrieg geworfen hatte, und starrten über die Hand voll an leichten Seestreitkräften und veralteten Schlachtschiffen hinaus, die der Versailler Vertrag belassen hatte, auf eine imaginäre Flotte der Zukunft und auf den Traum von globaler Seemacht. Die deutschen U-Bootoffiziere sollten ihren Krieg mit dem beruflichen Können und mit der technischen Fachkenntnis führen, die ihrer Ausbildung entsprachen. Dennoch färbten Elemente der Ungewissheit, des Fatalismus und der übertriebenen Selbstaufopferung die Ränder und führten zu Anfälligkeiten, die zur Ausnutzung durch den nationalsozialistischen Staat einluden.[53] Doch ehe wir weiterhin untersuchen, wie die deutschen Offiziere Raeders Maxime „ehrenvoll zu sterben" begegneten, müssen wir zunächst die charakteristischen Eigenheiten der mit ihnen verbundenen Unteroffiziere und Mannschaften einer Betrachtung unterziehen.

6. Kapitel
Der richtige Mann am richtigen Platz

Das Propagandabild der U-Bootbesatzungen, das der deutschen Öffentlichkeit vermittelt wurde, betonte nicht nur den Heldenmut, die Tapferkeit und die Selbstaufopferung der U-Bootmänner sondern auch, dass sie das Spiegelbild des gesamten deutschen Volkes waren. Die Sonntagsausgabe der *Hamburger Illustrierten* vom 13. Februar 1943 zum Beispiel stellte elf Angehörige der Besatzung von *U 203* (Kptlt. Hermann Kottmann) vor, die aus verschiedenen Regionen kamen und von verschiedener Herkunft waren. Jeder von ihnen übte an Bord eine besondere Funktion auf einem anderen Niveau aus. „So sollte es überall in Deutschland sein", schloss der Aufsatz. „Wie diese U-Bootbesatzung, so kämpft die gesamte Nation in einem gemeinsamen Ringen."[1]

Nach Abstrichen für dichterische Freiheit ging der Aufsatz nicht fehl, wenn er behauptete, die deutschen U-Bootfahrer wären von verschiedener Herkunft und repräsentierten alle Teile des Reiches. Doch war dies für die U-Bootwaffe typisch oder offenbarten die U-Bootmänner besondere Muster gemeinsamer Eigentümlichkeiten? Wie fand die Kriegsmarine den Inhalt des Inserats heraus: „Der richtige Mann am richtigen Platz!", wie dies ein Marinepsychologe beschrieb?[2] Dieses Problem ist noch nie systematisch studiert worden und die verfügbaren Beweise haben sich als nicht schlüssig erwiesen.

Während des Krieges schätzte zum Beispiel das U-Bootass Wolfgang Lüth, dass 20% seiner Besatzung aus dem Rheinland und die anderen zu je 10% aus allen übrigen Gebieten Deutschlands stammten.[3] Nachrichtendienstliche Studien der Briten bei deutschen Kriegsgefangenen ließen 1944 erkennen, dass sich bei jeder Gruppe aus zehn Unteroffizieren und Mannschaften der U-Bootwaffe in etwa Folgendes ergab: Vier Mann kamen aus Norddeutschland, drei aus dem Rheinland oder Westfalen und die restlichen drei verteilten sich proportional zwischen dem mittleren Deutschland und den übrigen Teilen des Reiches. Zudem fanden die Briten heraus, dass ihre U-Bootgefangenen alle aus der Arbeiterklasse kamen und dass sich ihre allgemeine Schulbildung weitgehend auf Volks- und Berufsschulbesuch beschränkte – in deutlichem Gegensatz zur Herkunft aus der Mittelschicht und der besseren Schulbildung bei Angehörigen von Flugzeugbesatzungen der Luftwaffe.[4] Die eigenen Studien des Verfassers bei den Kriegsgefangenen aus U-Bootbesatzungen in den USA stützen diese Feststellungen. Doch ein amerikanischer Historiker zog vor kurzem die Schlussfolgerung, dass die Mehrheit der deutschen U-Bootmänner aus Mittel- und Süddeutschland gekommen wäre, da die Norddeutschen die Risiken des Dienstes auf U-Booten besser einschätzen konnten und sie daher gemieden hätten.[5]

Die Prüfung dieser Ergebnisse war ein Hauptzweck, um diesen Querschnitt der U-Bootveteranen zu studieren. Nachdem die deutschen Offiziere bereits im vorigen Kapitel einer Betrachtung unterzogen worden sind, wollen wir uns an dieser Stelle mit den Unteroffizieren und Mannschaften der U-Bootwaffe beschäftigen. Hierzu werden wir die Herkunft von jedem Einzelnen der 937 Unteroffiziere und Mannschaften untersuchen, die sich an unserer Umfrage beteiligt hatten, und zwar zunächst gemeinsam und dann getrennt nach jeder Laufbahn innerhalb der Marine.

Die geografische Verteilung der Geburtsorte von den 937 Befragten unseres Querschnitts ist aus Tabelle 11 zu ersehen, gegliedert (wie in Tabelle 9) nach Regionen, Ländern und besonderen Gebieten. Ferner ist auch für jeden Teil des damaligen Reichsgebietes die entsprechende Bevölkerungszahl angegeben, so dass das grafisch dargestellte Verhältnis für jeden Block von 250.000 Einwohnern als eine weitere Messzahl angesehen werden kann, wie die einzelnen Reichsgebiete an Bord der deutschen U-Boote des Zweiten Weltkrieges vertreten waren. Anschließend werden für jede Region die jeweiligen Gesamtsummen angegeben, wobei die Prozentsätze auf die deutsche Gesamtbevölkerung sowie auf die Gesamtzahl der Befragten bezogen sind.

Die Ergebnisse verraten ausgeprägte Muster bezüglich der regionalen Herkunft, wobei sowohl das nördliche und nordöstliche als auch das mittlere Deutschland verhältnismäßig stark vertreten sind, während der Süden weit zurückbleibt – identisch mit den bereits beim Marineoffizierskorps erkanntem Bild. Diese Erkenntnisse stützen auch weitgehend die britischen Feststellungen im Kriege: Wird Berlin weggelassen, dann steigt die Verhältniszahl pro 250.000 Einwohner für Nord- und Ostdeutschland auf 3,59 und überschreitet die Messzahl für die mitteldeutsche Region. Zudem fuhren aus den Küstengebieten an der Nordsee im Verhältnis mehr Deutsche auf U-Booten als aus den Gebieten an der Ostsee. Während die Zahlen die Ansicht widerlegen, dass die in den Küstengebieten geborenen Deutschen bewusst die U-Bootwaffe mieden, bestätigen die Angaben eine Begeisterung für den Dienst auf U-Booten bei den jungen Deutschen aus den Industriezentren des Binnenlandes.

TABELLE 11 **Die geografische Verteilung der Geburtsorte bei den Unteroffizieren und Mannschaften aus dem Querschnitt**

Teil des Reichsgebietes	Bevölkerung in Mio.	Anzahl im Querschnitt	Verhältniszahl pro 250.000 Einwohner
Hansestadt Bremen	0,45	13	7,22
Hansestadt Hamburg	1,71	27	3,95
Mecklenburg	0,90	11	3,06
Oldenburg	0,58	10	4,31
Ostpreußen	2,19	25	2,85
Schleswig-Holstein	1,59	27	4,25
Pommern	2,39	31	3,24
Hannover	3,48	55	3,95
Brandenburg	3,01	35	2,91
Berlin	4,34	31	1,79
– *Insgesamt aus Nord- und Ostdeutschland*:	20,64 (26%)	265 (28%)	3,21
Rheinland/Ruhrgebiet*	4,18	56	3,35
Westfalen	5,21	80	3,84

Sachsen/Thüringen**	11,61	191	4,11
Schlesien	4,87	59	3,03
Hessen***	4,14	49	2,96
Rheinland/Rheinprovinz	3,80	33	2,17
Sudetenland	2,94	21	1,79
– *Insgesamt aus*			
Mitteldeutschland:	36,75 (47%)	489 (52%)	3,33
Saargebiet/Pfalz	1,89	32	4,23
Baden/Württemberg	5,40	51	2,36
Bayern	7,17	50	1,74
Ostmark (Österreich)	6,97	15	0,54
– *Insgesamt aus Süddeutschland*			
und der Ostmark:	21,43 (27%)	148 (16%)	1,73

- Außerhalb des Reichsgebietes geboren: 18 der Befragten = 2% (13 von ihnen in Danzig und Polen, d.h. in den ehemals preußischen Provinzen Westpreußen und Posen)
- Keine Angaben: 17 der Befragten = 2%

Quelle: Die Bevölkerungsangaben stammen vom Mai 1939 und sind entnommen aus *Statistisches Jahrbuch für das Deutsche Reich 1939/40* (Berlin 1940).
* Der Regierungsbezirk Düsseldorf der preußischen Rheinprovinz.
** Die Länder Sachsen, Thüringens (9), Braunschweig und Anhalt sowie die preußische Provinz Sachsen (Sachsen-Anhalt).
*** Das Land Hessen sowie die preußische Provinz Hessen-Nassau.

Die tabellarische Darstellung der Geburtsorte lässt jedoch kein Muster über die Verteilung zwischen Großstädten und weniger dicht bevölkerten Gebieten erkennen. Die Hafenstädte und die Industriezentren sind stark vertreten, während Berlin viel schwächer und München sowie Wien überhaupt nicht in Erscheinung treten. Die ländlichen Gebiete haben anscheinend keinen guten Nährboden für eine Rekrutierung abgegeben, wobei seltsamerweise Hannover sowie die bayerische Pfalz mit dem Saargebiet Ausnahmen bildeten. Beachtenswert sind auch die Unterschiede zwischen den Industriegebieten in West- und Mitteldeutschland, aus denen viele der Befragten kamen: Das weitgehend katholische Rheinisch-Westfälische Industrierevier als Zentrum der Kohleförderung, der Eisen- und Stahlerzeugung sowie der chemischen Industrie, ein Gebiet, das für die deutsche Industrie des 20. Jahrhunderts bahnbrechend war, während das protestantische Sachsen und Thüringen für viele kleinere Betriebe mit einer industriellen Vielfalt charakteristisch war, darunter metallverarbeitende, Maschinenbau- und optische Industrie.[6] Der erst 1938 erfolgte Anschluss Österreichs und des Sudetenlandes sind zweifellos eine teilweise Erklärung für die sehr geringe Anzahl der von dort gekommenen U-Bootfahrer.

Das Ausmaß, bis zu dem diese deutlichen regionalen Unterschiede schlaglichtartig ein populäres Interesse an der U-Bootwaffe bekunden oder auf die Auswahl der Rekruten durch die Marine zurückzuführen sind, bleibt ungeklärt. Aller Wahrscheinlichkeit nach waren beide Faktoren ursächlich, wenn auch die besonderen Interessen der Rekrutierung durch die Marine dominierten. Wie wir im nächsten Kapitel sehen werden, muss die Bezeichnung „Freiwilliger" – technisch auf die

Mehrheit der in der Kriegsmarine dienenden Soldaten anwendbar – mit Vorsicht und im Zusammenhang mit den Vorschriften über die allgemeine Wehrpflicht gebraucht werden.

Ein hervorstechender Punkt bleibt die landsmannschaftliche Mischung jeder U-Bootbesatzung. Wenn auch unausgeglichen, trug die geografische Aufteilung zur Bildung eines Nationalcharakters auf jedem Unterseeboot bei, Deutsche aus allen Regionen und Gebieten zusammenführend, die sich um ihres Lebens willen in diesem intimsten Typ von Kampfeinheit aufeinander verlassen mussten. Dieses Organisationsmuster teilte die Marine mit der Luftwaffe und der Waffen-SS. Im Gegensatz hierzu bewahrte das Heer weitgehend sein Vertrauen in die regional gebildeten Einheiten, d.h. in Einheiten wie zum Beispiel Regimentern, die im Wesentlichen nur aus Preußen, Sachsen, Bayern oder Kärntnern bestanden, beruhend auf der Überzeugung, dass der Zusammenhalt in der Einheit von der gemeinsamen sozialen Herkunft abhing. Ironischerweise funktionierten beide Systeme, vielleicht die moderne deutsche Gesellschaft im Übergang widerspiegelnd: Die einen verbanden ein Massenheer durch die traditionellen Mittel von regionaler und kultureller Identifikation fest miteinander, während die anderen einen ausgewählten und spezialisierten Verband durch die Bande technischen Könnens formten.[7]

Zu unserem Querschnitt zurückkehrend, betrifft ein weiteres charakteristisches Merkmal, das sich aus dem Vergleich zwischen dem Ruhrgebiet/Westfalen und Sachsen/Thüringen ergibt, die Religionszugehörigkeiten der U-Bootbesatzungen. Die Daten aus unserem Querschnitt werden mit den Angaben für Deutschland von 1938 (vor dem sog. *Anschluss* Österreichs) und 1939 (einschl. Österreich und dem Sudetenland) in Tabelle 12 verglichen.

TABELLE 12 **Die Religionszugehörigkeit bei den Unteroffizieren und Mannschaften aus dem Querschnitt**

Religionszugehörigkeit	1938	Deutschland	1939	Querschnitt
Protestantisch*	62,1%		54,3%	59,2
Römisch-katholisch	33,1%		41,0%	27,6
Andere/keine Religion	4,8%		4,7%	13,1

Quelle: Statistisches Jahrbuch für das Deutsche Reich 1939/40, S. 25; Angaben aus den Fragebögen der Umfrage.
* Unter *protestantisch* ist evangelisch-lutherisch und evangelisch-reformiert zu verstehen.

Zumindest in der Religion glichen sich die U-Bootbesatzungen dem nationalen Durchschnitt in Deutschland während der Zeit von 1933 – 1938 an. Eine offensichtlich moderne Tendenz kann in der Zunahme bei den Antworten in der Rubrik „Andere/keine Religion" erblickt werden, vermutlich eine eher gegenwärtige Aussage der deutschen Veteranen, die es vorziehen, den Glauben ihrer Jugendzeit nicht anzugeben. Es gibt kaum Grund zur Annahme, dass die Katholiken später ihren Glauben in größerer Zahl als die Evangelischen oder umgekehrt aufgegeben hätten. Daher gleichen sich letztlich die beiden Prozentsätze vermutlich im selben Verhältnis aus.

TABELLE 13 **Allgemeine Schulbildung/-abschlüsse bei den Unteroffizieren und Mannschaften aus dem Querschnitt**

Allgemeine Schulbildung/Abschluss	Anzahl im Querschnitt	Prozentsatz
Volksschule*	613	65,4
Volksschule/Berufsschule*	156	16,7
Mittel-/Realschule: Mittlere Reife	108	11,5
Maschinenbau-/Ingenieurschule	31	3,3
Höhere Schule: Abitur	24	2,6
Universität	1	0,1
Keine Angaben	4	0,4
Ingesamt	*973*	*100*

Quelle: Angaben aus den Fragebögen der Umfrage.
* Die beiden ersten Kategorien könnten durchaus zusammengefasst werden, da sich für die meisten Volksschüler eine Berufsausbildung (Lehre) mit der Pflicht eines Berufsschulbesuchs anschloss, ehe sie in die Marine eintraten.

Im Vergleich dient das Durchschnittsniveau der allgemeinen Schulbildung als ein ausgeprägtes charakteristisches Merkmal der U-Bootmannschaften. Analytiker des britischen Nachrichtendienstes ermittelten Ende 1943, dass von 351 gefangen genommenen Unteroffizieren und Mannschaften der U-Bootwaffe lediglich 5 Prozent über die obligatorischen acht Jahre Volksschule hinaus eine Mittel- bzw. Realschulbildung besaßen. Diese Zahl bedeutete weniger als die Hälfte des nationalen Durchschnitts und stellte nur einen Bruchteil der 34-Prozent-Rate bei den Mannschaften der Luftwaffe dar.[8] Die in Tabelle 13 wiedergegebenen Zahlen aus unserem Querschnitt belegen diese Verhältnisse.

Um diese Angaben jedoch begreifen zu können, muss der Betrachter das deutsche Bildungssystem verstehen, wie es über einen Großteil dieses Jahrhunderts hinweg funktioniert hat. Das deutsche Volksschulsystem glich an Intensität das aus, was andere nationale Systeme über die Zeit vorsahen. Ein amerikanischer Beobachter verglich 1914 wohlwollend die nationalen Bildungsmaßstäbe eines längeren Schuljahres mit einer größeren Anzahl wöchentlicher Unterrichtsstunden in Deutschland mit den in den Vereinigten Staaten vorherrschenden Verhältnissen. Für diejenigen, die nach sieben- oder achtjährigem Schulbesuch in die Arbeitswelt eintraten, blieb der Besuch der Berufsschule für eine unterschiedliche Anzahl von Wochenstunden bis zum Alter von 18 Jahren Pflicht, hinzukommend zur speziellen Berufsausbildung (mit Prüfungen), die einen Lehrling an seinem Arbeitsplatz erwartete.* Noch 1962 besuchten 82% aller Deutschen „nur" die damals auf neun Jahre verlängerte Grundschule* *, wie sie inzwischen hieß und mit der Volksschule aus unserem Querschnitt noch identisch war.[9]

Interessanterweise wiesen die Unteroffiziere der Marine gegenüber ihren Untergebenen keine bildungsmäßigen Vorteile auf. Nur 22% hatten den Abschluss einer Mittel- oder Realschule bzw. einer Maschinenbau- oder Ingenieurschule, während 61% die Volksschule besucht hatten. Dies lässt erkennen, dass der Aufstieg aus den Mannschaften im Allgemeinen nicht an Zeugnisse allgemeinbildender Schulen gebunden war, ausgenommen bestimmte Laufbahnen, wie wir noch hören werden.

Bedeutsamer für die Rekrutierung am Anfang war die Berufsausbildung der U-Bootmänner, denn zusätzlich zu den 20%, die regelmäßig eine Handels- oder eine technischen Lehranstalt besuchten, hatte der durchschnittliche Mannschaftsangehörige vor seinem Eintritt in die Marine als Lehrling einen Beruf erlernt. Diese erlernten Berufe erwiesen sich für die Marine von zielstrebigem Interesse; sie stellten keine zufällige Beigabe dar.

Als sich die Briten mit kriegsgefangenen U-Bootmannschaften beschäftigten, stellten sie fest, dass 55% des Mannschaftspersonals vorher als Facharbeiter oder als angelernter Arbeiter beschäftigt gewesen war. Doch sie untersuchten die Angelegenheit nicht in den Einzelheiten.[10] Die Aussage aus unserem Querschnitt, wiedergegeben in Tabelle 14, verwendet eine andere Klassifizierung der Berufe, die ein Eingruppieren nach dem sozialwirtschaftlichen Status gestattet, wie sie bereits beim gesellschaftlichen Profil der NSDAP-Mitglieder angewendet worden ist.[11] Überdies liefert sie vergleichbare Angaben über die Väter der befragten Veteranen, um ihren Status innerhalb der deutschen Gesellschaft zu bezeichnen.

Wie klar ersichtlich ist, kamen die U-Bootmannschaften fast zu gleichen Teilen aus der Arbeiterklasse und dem Mittelstand. Eine Herkunft aus der oberen Mittelschicht bzw. der Oberschicht war faktisch unwesentlich, wie auch die Väter kaum ins Gewicht fielen, die Berufssoldaten oder bei der Handelsmarine waren. Zumindest sieben der Befragten aus dem Querschnitt gaben jedoch an, dass ihre Väter während des Ersten Weltkrieges bei der Marine gedient hatten. Sie fuhren allesamt auf kleineren Fahrzeugen wie Torpedo- oder Unterseebooten. Noch ein weiterer Befragter gab an, sein Vater wäre bei der Marine gewesen, aber mit dem einzigartigen Unterschied, dass er das Blau der US-Marine getragen hätte.[12] Besonders interessant ist die Häufung der Väter, die Facharbeiter und Handwerker waren und die Grenzlinie zwischen der Arbeiterklasse und der unteren Mittelschicht eingabelten. Zu ihnen gehörten Bäcker, Metzger, Installateure, Schuster, Uhrmacher, Schneider, Schlosser, Nieter, Former, Dreher, Werkzeugmacher, Maschinenschlosser und verschiedene Mechanikerberufe. Am bedeutsamsten war, dass diese Gruppe – obwohl sie nur 40% der Väter von U-Bootmannschaften umfasste – das Berufsmuster für die riesige Mehrheit jener bildete, die schließlich in die U-Bootwaffe eintreten sollten.

Die Kontinuität dieses Musters bei den Unteroffizieren und Mannschaften der Marine kann auch aus einer Studie über die Herkunft des Personals ersehen werden, das 1931 in der Reichsmarine diente. Von 13.436 Unteroffizieren und Mannschaften kamen 49% aus industriellen oder technischen Berufen und 16% hatten Handwerks-

---

*Sofern er eine Lehrstelle bekam – was bis Mitte der 30er-Jahre nicht selbstverständlich war – und die seine Eltern finanzieren mussten, sofern sie es konnten. Die Redewendung „sein Lehrgeld bezahlen" kommt nicht von ungefähr. Viele junge Menschen wurden damals ohne weiterführende Ausbildung in die Arbeitswelt entlassen, vor allem in der Landwirtschaft, oder fristeten als „Angelernte" weiter ihr Dasein.
** Der Unterricht in der klassischen Volksschule, in der oft *ein* Lehrer gleichzeitig mehrere Klassen unterrichten musste, ist vom pädagogisch-didaktischen Ansatz her längst überholt, sollte aber keinesfalls unterschätzt werden. Viele ehemalige Volksschüler lassen heutige Abiturienten erschreckend „alt" aussehen (von amerikanischen *High school*-Absolventen einmal ganz zu schweigen), insbesondere wenn es um Kenntnisse in Geografie, Natur- und Heimatkunde, Rechtschreibung und in den Grundrechenarten angeht. Die Gedächtnisschulung durch Auswendiglernen (oder Zeichnen nach dem Gedächtnis) spielte eine tragende Rolle. *Anm. d. Lekt.*

berufe gehabt. 9% waren an Privatunternehmen beteiligt und nur 3% Landwirte gewesen. Der sehr kleine Umfang der deutschen Handelsmarine spiegelte sich in den 2% wider, die diesen Beruf angegeben hatten.[13]

Die von den zukünftigen U-Bootmännern gewählten Berufe enthüllen bedeutsame Muster sowohl für die Möglichkeiten eines zivilen Werdegangs als auch für die Rekrutierung bei der Marine. Obwohl die Mehrheit von ihnen noch nicht weit über die Lehrzeit hinausgekommen war, ehe sie in die Marine eintraten, sollte ihre Berufswahl im Wesentlichen den Verlauf ihrer Zukunft bestimmen. Die Aussagen lassen erkennen, dass die erlernten Facharbeiterpositionen, die sie einzunehmen begannen, weder zufällig noch traditionell bedingt waren, sondern eine Gelegenheit für den sozialen Aufstieg in einer sich ändernden Welt bedeuteten.

TABELLE 14 **Vorkriegsberufe der Väter und der befragten U-Bootmannschaften aus dem Querschnitt (in Prozent)**

Berufliche Eingruppierung	Väter	Befragte Söhne
Arbeiterklasse		
1. Landarbeiter	1,3	1,1
2. Ungelernte/angelernte Arbeiter	17,7	6,7
3. Facharbeiter: Handwerker	22,1	66,6
4. Andere Facharbeiter*	5,6	11,4
5. Hauspersonal	0,2	–
Insgesamt	*46,9*	*85,8*
Untere und mittlere Mittelschicht: Mittelstand		
1. Handwerksmeister	11,6	0,1
2. Nichtakademische Berufe	4,1	2,6
3. Untere und mittlere Angestellte	5,9	3,5
4. Handelsmarine	1,0	2,5
5. Berufssoldaten	0,6	0,6
6. Beamte einfacher/mittlerer Dienst	14,1	0,4
7. Kaufleute	3,6	1,6
8. Selbständige Landwirte	5,0	0,3
Insgesamt	*45,9*	*11,6*
Obere Mittelschicht/Oberschicht		
1. Leitende Angestellte, Beamte gehobener/höherer Dienst	0,3	–
2. Berufsoffiziere, akademische Berufe	0,6	–
3. Unternehmer	0,7	–
4. Studenten	–	1,9
Insgesamt	*1,6*	*1,9*
Keine Angaben	*5,5*	*0,5*

Quelle: Fragebogen der befragten Unteroffiziere und Mannschaften der U-Bootwaffe.
* Facharbeiter in „neueren" Industriezweigen, darunter Kfz.- und Flugzeugmechaniker, Elektriker und Schweißer.

In Zusammenhang mit einer früheren Studie untersuchte der Verfasser in amerikanischen Archiven die aufgeführten Berufe von über 600 kriegsgefangenen U-Bootmännern aus dem Zeitraum von 1942 – 1944. Die Anteile der Berufe standen zur tatsächlichen geografischen Verteilung in keinem Verhältnis und überstiegen Letztere bei weitem. In der Landwirtschaft waren zum Beispiel im Mai 1939 mehr als 28% der arbeitenden Bevölkerung Deutschlands tätig, aber unter den von US-Streitkräften gefangen genommenen U-Bootmännern waren nur 3% Bauern oder Landarbeiter. Noch eindrucksvoller war die Dominanz der Metallfacharbeiter bei den Kriegsgefangenen. In diesem Bereich waren 1939 weniger als 10% der deutschen Arbeiterschaft beschäftigt, aber aus der Studie ergaben sich insgesamt 56%. Die von deutscher Seite aus definierten Einstufungen in diese allgemeine Kategorie umfassten in Wirklichkeit eine große Bandbreite von Berufen: Sie reichten von Werkzeugmachern, Maschinenbauern und Elektrikern über Mechaniker jeder Art bis hin zu Installateuren, Schmieden und Schlosserlehrlingen.[14]

In dem für unsere Studie verwendeten Querschnitt bilden die Metallberufe erneut die Mehrheit. Mit 59% weisen sie einen ähnlichen Umfang wie in der früheren Studie auf, d.h. fast alle gelernten Facharbeiter (Handwerker) unter den zukünftigen U-Bootmännern waren vorher in der Metallbranche tätig gewesen. Wie wir sehen werden, sind sie in der Marine nicht gleichmäßig verteilt, sondern konzentrieren sich in bestimmten Laufbahnen. Von unmittelbarerer Bedeutung ist daher die Erklärung, warum so viele junge Männer einen Metallberuf erwählten und wie daraus ein Zugang in die U-Bootwaffe entstand.

Angesichts der großen Bandbreite der Metallberufe ist das Ziehen fester Schlussfolgerungen schwierig. Langfristige Trends lassen keine bedeutenden Verbesserungen im Status erkennen. So lag zum Beispiel die Einstufung der Metallfacharbeiter unter den verschiedenen Facharbeitersparten, wie etwa den Kohlebergbau-, Bau- und Holzverarbeitungsberufen, in der Steigerung der Stundenlöhne zwischen 1913 und 1939 stets unterhalb des Durchschnitts.[15] Dennoch blieben solche Trends hinter den populären Vorstellungen verborgen, wonach sich in der Metallbranche gute Bezahlung und Zukunftsaussichten boten – Vorstellungen, die durch solch vorübergehende Erscheinungen wie die Fähigkeit eines erfahrenen Metallfacharbeiters genährt wurden, mit Überstunden und Leistungszulagen mehr als 100 Reichsmark pro Woche zu einer Zeit nach Hause zu bringen, als sich der durchschnittliche Wochenverdienst in der Industrie auf nur 27 Mark belief.

Ende der 30er-Jahre, als der Bedarf an Metallfacharbeitern mit dem Ansteigen der Rüstungsindustrie in der Priorität wuchs, richtete die Regierung ein nationales Berufsausbildungsprogramm ein, das speziell auf die Zunahme der Metallfacharbeiter abzielte, deren es im Ersten Weltkrieg angesichts eines großen Bedarfs zu wenig gegeben hatte. Im Dezember 1936 wurden für alle Firmen in der Metallindustrie mit mehr als zehn Beschäftigten Lehrlings-Programme zwingend vorgeschrieben. Knapp zwei Jahre später forderte ein neue Novelle zum Schulgesetz alle Jugendlichen nach Verlassen der Volksschule auf, sich für die industriellen Ausbildungsprogramme anzumelden.

Zusammen führten Politik und erkannte Vorteile der Metallbranche neue Facharbeiter zu, in der die Arbeiterschaft von 1933 bis 1937 um 250% anstieg. Bis 1941 begannen derart viele Jugendliche eine Lehre in einem Metallberuf, dass die Regierung versuchte, den Zulauf stark zu bremsen, aber mit nur begrenztem Erfolg. Statt einer geplanten Obergrenze von 105.000 Lehrlingen in Metallberufen im Jahre 1943 wählten 149.000 Jugendliche einen solchen Beruf. Sogar noch 1945 fiel diese Anzahl nur auf 134.000.[16]

Die Männer in diesen Berufen stellten einen unschätzbaren Aktivposten innerhalb der deutschen Kriegsanstrengungen dar. Ältere Metallfacharbeiter (43% der insgesamt im Mai 1942 Beschäftigten) erfreuten sich mit Ausnahme des Transportsektors der höchsten Freistellungsrate vom Militärdienst als Anerkennung ihrer Bedeutung für die Produktion von Flugzeugen, Panzern, Fahrzeugen, Schiffen und Waffen.[17] Andererseits bedeuteten die jüngeren Metallfacharbeiter für die Wehrmacht einen Segen, die sich auf diese Weise viel Zeit und Kosten für die Ausbildung fachlichen Könnens sparte, das bereits am früheren Arbeitsplatz erworben worden war. Daher zogen gelernte Mechaniker, Elektriker, Schweißer, Installateure, Dreher und andere Handwerker das besondere Interesse des Heeres auf sich, das eine derartige Herkunft für das Bemannen und Warten seiner Panzer und gepanzerten Fahrzeuge schätzte. Mit solchen Angaben über die Herkunft, bei der Musterung auf ihren Karteikarten für bestimmte Laufbahnen verzeichnet, konnte das Heer seinen Bedarf mit entsprechenden Einberufungen decken.[18]

Die Kriegsmarine stützte sich hingegen zumeist auf Freiwillige, darunter auch genau auf jene Freiwilligen, die einer Einberufung ins Heer entgehen wollten. Auch die Marine legte für den Schiffsdienst und den Umgang mit den Waffen an Bord auf Metallfacharbeiter Wert, wie dies in einem Handbuch von 1935 zum Ausdruck kam: „Besonders erwünscht sind Seeleute, Hochsee- und Küstenfischer, Leute mit technischer Ausbildung in der Metallindustrie sowie Handwerker aller Art."[19] Eine Veröffentlichung von 1938 ging sogar noch weiter: „Besonders erwünscht sind Handwerker aller Art, vor allem aus der Metallindustrie, wie etwa Schlosser, Elektriker, Feinmechaniker, Grobschmiede, Kupferschmiede, Installateure, Maschinenschlosser [und] Former. ... Der Bedarf an jenen, denen es an einer technischen oder handwerklichen Ausbildung mangelt, ist sehr begrenzt."[20] Die Veröffentlichungen zur Anwerbung legten auf diese Berufe besonderen Wert; so verlautete zum Beispiel in der Ausgabe *Die Kriegsmarine* vom Januar 1939: „Eine Flotte braucht heute vor allem Leute mit einem Beruf. ... Eine vorherige handwerkliche Ausbildung als Mechaniker, Schlosser, Möbeltischler, Blechschmied usw. sollte, wenn möglich, dem Dienst in der Flotte vorausgehen."[21] Die Ausgabe von 1939 eines Marinejahrbuches veröffentlichte sogar die Wechselbeziehungen zwischen den vorherigen Berufen und bestimmten Laufbahnen in der Marine.[22] Nur der Druck des kriegsmäßig erforderlichen Menschenpotentials veranlasste die Marine, ihre Maßstäbe geringfügig zu senken – klar ersichtlich aus dem folgenden Zitat, das aus einem Anwerbungsinserat stammt, das am 17. Mai 1941 in allen deutschen Zeitungen erschien: „Bewerber zwischen 17 und 25 Jahren, die die Gesellenprüfung in einem technischen Beruf bestanden haben oder sie ablegen können, sind besonders gesucht. Doch auch gelernte und ungelernte Arbeiter dieser Altersgruppen werden angenommen."[23]

Solche Appelle erwiesen sich im Allgemeinen als erfolgreich, da die Angesprochenen die Option besaßen, sich für eine Teilstreitkraft freiwillig zu melden, nachdem sie ihren Musterungsbescheid erhalten hatten. Die Anwerbemaßnahmen riefen somit das Interesse bei den Zielgruppen hervor und sicherten der Marine die eigene Auswahl bei der Annahme der Rekruten. Anwerbekommissionen, aus aktiven Offizieren, Ärzten und Psychologen bestehend, reisten durch Deutschland, um die Bewerbung des Freiwilligen zu beurteilen, und empfahlen sowohl seine Annahme als auch die entspre-

chende Laufbahn bei jenen, die sie für den Dienst in der Marine als qualifiziert erachteten. Psychologen der Marine waren der Auffassung, ihre Bewertungen verringerten die Ausfallrate unter den Rekruten bei spezieller Ausbildung um 30 – 40%.[24] In Anbetracht der Vielfalt spezialisierten Marinepersonals wurden jedoch Regulierungen erforderlich und die Rekrutierung musste angepasst werden, um den Bedarf ohne Rücksicht auf die Vorbildung der Rekruten zu decken. Wie die Daten aus unserem Querschnitt veranschaulichten, erwies sich das Ergebnis als eine interessante Mischung im sozialen Gefüge jeder Marine-Laufbahn. Tabelle 15 gibt hierzu an:
– Die Laufbahn mit ihrer offiziellen römischen Nummerierung und Bezeichnung sowie als Klammerzusatz darunter die Anzahl der Befragten aus dem Querschnitt, die zu dieser Laufbahn gehörten;
– die Dienstgrade der Unteroffiziere und Mannschaften innerhalb ihrer Laufbahn sowie in Klammern darunter ihr jeweiliger Anteil bei den Befragten aus dieser Laufbahn in Prozent.

Der in die Marine eingetretene Soldat blieb gewöhnlich in der ihm zugewiesenen Laufbahn, so lange er der Marine angehörte (eine Ausnahme bildete der unten erörterte Obersteuermann). Innerhalb seiner Laufbahn stand er nach besonders festgelegten Mindestzeiten zur Beförderung heran: So zum Beispiel ein Jahr (später 9 Monate) vom Matrosen zum Gefreiten, ein Jahr vom Gefreiten zum Obergefreiten, drei Jahre (später auf zwei verringert) vom Maat zum Obermaat. Doch die lediglich in einem Dienstgrad verbrachte Zeit ersetzte die individuellen Leistungsbeurteilungen nicht, um das Vorwärtskommen zu sichern. Die Beförderung zum Unteroffizier erforderte zudem den förmlichen Vorschlag eines Vorgesetzten sowie den erfolgreichen Besuch des Unteroffizier-Lehrgangs und der für seine Laufbahn einschlägigen Kurse. Obwohl das Prinzip der individuellen Entscheidung die nominelle Grundlage für die Beförderung blieb, unterstrich das offensichtlich rasche Vorwärtskommen in einigen Laufbahnen die Vorrangigkeit der Anforderungen an das besondere technische Können.[25]

Die seemännische Laufbahn

Die seemännische Laufbahn schlechthin ist die *Laufbahn I*, offiziell seit dem 1. April 1938 als *Bootsmannslaufbahn* bezeichnet (aber oft nur Matrosen genannt);[26] sie gilt als die grundsätzlichste Laufbahn und umfasst die Erfüllung aller allgemeinen Aufgaben an Bord eines Schiffes bzw. Bootes (siehe 1. Kapitel). Die Beförderung zum Bootsmann und danach zum Oberbootsmann bedeutete den Höhepunkt im dienstlichen Werdegang eines Mannschaftsdienstgrades.[26a] Das Abzeichen dieser Laufbahn für Mannschaften bestand aus einem fünfzackigen Stern, während die Unteroffiziere (PUO's auf den Schulterklappen) den unklaren Anker ohne Zusatz führten. (Bei den übrigen Laufbahnen bestand das Laufbahnabzeichen für Mannschaften aus einem typischen Symbol, das bei Unteroffizieren die Mitte eines Ankers zierte, daher „Ankerabzeichen" genannt.) In der Vergangenheit bildeten die Angehörigen der seemännischen Laufbahn die Mehrheit einer Kriegsschiffsbesatzung, aber die Zunahme der Technik schränkte ihre Anzahl nach und nach ein. Wie im 1. Kapitel angedeutet, bestand jede U-Bootbe-

TABELLE 15 Verteilung der Laufbahnen und Dienstgrade aus dem Querschnitt

Laufbahn (Anzahl im Querschnitt)	PUO's	Unteroffiziere	Unteroffiziere ohne Portepee	Hauptgefreite	Mannschaften Obergefreite	Gefreite	Matrosen
I Bootsmanns- (229)	Oberbootsmann/ Bootsmann (1%)	Oberbootsmannsmaat (13%)	Bootsmannsmaat (18%)	Matrosenhauptgefreiter (9%)	Matrosenobergefreiter (50%)	Matrosengefreiter (8%)	Matrose (2%)
II Maschinen- (395)	Stabsober-/Obermaschinist (13%)	Obermaschinenmaat (11%)	Maschinenmaat (29%)	Maschinenhauptgefreiter (4%)	Maschinenobergefreiter (36%)	Maschinengefreiter (6%)	Matrose (0,5%)
III T/U/M Bootssteuermanns- (46)	Stabsober-/Obersteuermann (89%)	Obersteuermannsmaat (9%)	Steuermannsmaat (2%)	– –	– –	– –	– –
IV Fk Funk- (139)	Oberfunk-/Funkmeister (7%)	Oberfunkmaat (27%)	Funkmaat (22%)	Funkhauptgefreiter (2%)	Funkobergefreiter (36%)	Funkgefreiter (6%)	Matrose (0%)
VII A/B Art./Torp.-Mechaniker- (117)	Stabsober-/Obermechaniker (9%)	Obermechanikersmaat (15%)	Mechanikersmaat (20%)	Mechanikerhauptgefreiter (0,8%)	Mechanikerobergefreiter (38%)	Mechanikergefreiter (18%)	Matrose (0%)
XI Sanitäts- (9)	Sanitätsoberfeldwebel (0%)	Sanitätsobermaat (22%)	Sanitätsmaat (78%)	0%	0%	0%	0%

Anmerkung: Der bei den Dienstgraden jeder Laufbahn angegebene Prozentsatz bedeutet den bei Kriegsende erreichten Dienstgrad aus dem Querschnitt mit 935 befragten Unteroffizieren und Mannschaften. Zwei der Befragten gehörten der Verpflegungslaufbahn (IX Vp) an und wurden weggelassen. Bei der Steuermannslaufbahn wurde unterschieden in Schiffs- (III S) und in Bootssteuermannslaufbahn (III T = Torpedo-, III U = Untersee- und III M = Minensuchboots-Steuermannslaufbahn).

satzung nur noch etwa zur Hälfte aus seemännischem Personal, ein Verhältnis, das sich im Wesentlichen wiederholte, sogar auf der Ebene eines Schlachtschiffes wie der BISMARCK.[27] Von den 937 Unteroffizieren und Mannschaften, die auf die Umfrage mit ausgefülltem Fragebogen antworteten, kamen nur 229 (24%) der Befragten aus dieser Laufbahn. Sie ist daher in unserem Querschnitt sehr unterrepräsentiert.

Von der geografischen Herkunft her ergab sich bei den Angehörigen der seemännischen Laufbahn ein engeres Anlehnen an das nationale Muster als bei anderen Laufbahnen: 23% aus dem Norden und Osten, 55% aus der Mitte, 18% aus dem Süden und 4% von außerhalb Deutschlands (die nationalen Durchschnitte sind in Tabelle 11 auf Seite 107 angegeben). Die einzige Ausnahme stellt das völlige Fehlen von Berlinern in dieser Gruppe dar. Dies reflektiert vielleicht die Neigung der in der Kriegsmarine für das Personal zuständigen Offiziere, die Hauptstadt zu meiden, wenn damit nicht ein erwünschtes fachliches Können verbunden war. Unter dem seemännischen Personal befand sich auch die geringste Anzahl mit beruflicher Ausbildung, denn 78% hatten lediglich acht Jahre die Volksschule besucht, die höchste Rate in einer Gruppe. Die Gründe hierfür hatten weit weniger mit dem sozialwirtschaftlichen Status zu tun als vielmehr mit ihrer relativen Jugend und der Kriegsbegeisterung, Soldat zu werden. Seeleute neigten dazu, vom Alter her viel früher als andere in die Marine einzutreten: 38% mit 17 Jahren und 2% mit 16 Jahren (erneut die höchste Rate). Damit verkörperten sie eine Gruppe, die fast ausschließlich der Kriegszeit entstammte, denn volle zwei Drittel kamen erst 1941 oder später zur Marine.

Ihre Väter bestätigten das allgemeine, in Tabelle 14 angegebene sozialwirtschaftliche Herkunftsmuster – 54% Arbeiterklasse, 45% Mittelstand, 1% obere Mittelschicht/Oberschicht –, obwohl das Verhältnis der ungelernten Arbeiter unter ihnen das höchste unter den Laufbahnen ist. Hinsichtlich der beruflichen Bandbreite entwickelten sie jedoch eine Verschiedenheit, die für die deutsche Gesellschaft kennzeichnender war. Eine Mehrheit hatte traditionelle Handwerksberufe, insbesondere Bäcker (eine Anzahl von ihnen fuhr als Köche auf U-Booten), Metzger, Brauer, Friseure, Schneider und Tischler. Andere kamen von Bauernhöfen, aus Kohlebergwerken und dem Handel. Metallarbeiter sind hierbei am wenigsten vertreten (9%), aber zu dieser Laufbahn zählte die stärkste Konzentration ehemaliger Seeleute der Handelsmarine (von nur 23 Männern mit dieser Herkunft in unserer Umfrage waren 18 ehemalige Seeleute), darunter auch der bereits erwähnte U-Bootmann mit dem Vater aus der US-Marine.

Einzelheiten ihrer gemeinsamen Marinedienstzeit lassen erkennen, dass die Laufbahn I nicht die schnellste Karriereleiter war, um befördert oder versetzt zu werden. Obwohl sie durchschnittlich länger als zwei Jahre (28,4 Monate) auf U-Booten fuhren, verbrachten 60% diese Zeit auf einem einzigen U-Boot, die geringste Mobilität aller Laufbahnen. Und da die Angehörigen der seemännischen Laufbahn bereits frühzeitig in die Marine eintraten, qualifizierten sie sich auch als die jüngsten U-Bootfahrer: 68% begannen ihren U-Bootdienst, ehe sie 20 Jahre alt waren (einschl. der erst 16-Jährigen).

Die Chancen für Beförderungen innerhalb dieser Laufbahn erwiesen sich als mangelhaft. Nur 74 (32%) der Befragten stiegen in den Unteroffiziersrang auf und lediglich drei von ihnen erreichten den Status des PUO. Damit bildeten sie unter unseren Laufbahngruppen das Schlusslicht. Teilweise verschleiert dies jedoch die Versetzung vieler der Besten und Intelligentesten dieser Laufbahn in eine andere, um sie auf diese Weise zu belohnen.

Die Steuermannslaufbahn

Die *Laufbahn III,* gegliedert in die *Schiffs- (III S)* und in die *Bootssteuermannslaufbahn (III T, U oder M),* stellte unter den Unteroffizieren und Mannschaften die Elite des Marinepersonals dar, im Allgemeinen nur im Rang des Steuermannsmaaten und darüber existierend. Wie im 1. Kapitel beschrieben, oblagen dem Obersteuermann an Bord eines U-Bootes die gesamten Aufgaben der Navigation und des Proviantes, und wie im vorigen Kapitel bereits erwähnt, öffnete dies für ihn auch die Tür, um zum Offizier und zum Kommandanten eines Unterseebootes aufzusteigen – die einzige Laufbahn im Mannschaftsstand, aus der Letzteres möglich war. Für Rekruten nicht zugänglich, konnte der Eintritt in diese Laufbahn üblicherweise erst dann erfolgen, wenn in einer anderen Laufbahn der Unteroffiziersrang erreicht worden war (1941 wurde die Laufbahn III auch für hervorragende Mannschaftsdienstgrade geöffnet). Sehr häufig führte der Weg über die Bootsmannslaufbahn, obwohl manche auch über die *Signallaufbahn (IV Sig)* Zugang fanden. Die für diese Laufbahn Auserwählten besuchten Sonderlehrgänge in Gotenhafen, Tönning oder Wüstrow, die eine Spezialausbildung vermittelten, ehe sie als Laufbahnabzeichen die beiden gekreuzten Anker tragen durften (für qualifizierte Mannschaften bestand das Laufbahnabzeichen ab 1941 aus einem Sextanten).[28]

46 der Befragten aus unserem Querschnitt gehörten zu dieser Gruppe, aber nur fünf von ihnen hatten als PUO's den höchsten Rang erreicht: Obersteuermann oder Stabsobersteuermann. Da nahezu alle aus der Bootsmannslaufbahn kamen, ergänzen die Daten für diese Gruppe ihre Angaben über Herkunft und Eigenheiten; sie sollten daher vielleicht in dieser Hinsicht als eine einzige Gruppe betrachtet werden. Ihr einzigartiger Status sorgt jedoch für einen kurzen Einblick in die Charakteristika einer Mikroelite.

Im Gegensatz zu anderen Laufbahnen kamen die Angehörigen der Steuermannslaufbahn überdurchschnittlich aus dem Norden und Osten (41%) und unterdurchschnittlich aus der Mitte Deutschlands (ebenfalls 41%), und wie schon bei der Laufbahn I hatte keiner der Befragten Berlin als Geburtsort angegeben. Sie stammten auch aus wohlhabenderen Familien: 65% aus dem Mittelstand und 9% aus der oberen Mittelschicht bzw. der Oberschicht. Zudem lag bei ihnen die Rate mit einer Mittel- bzw. Realschulbildung (37%) höher als bei jeder anderen Gruppe. (Die Navigation erforderte gute Kenntnisse in Mathematik; überraschend ist lediglich, dass der Prozentsatz so niedrig war.) Hinsichtlich der Berufswahl wiederholte sich die Mannigfaltigkeit, wie sie bei den Angehörigen der Bootsmannslaufbahn zu finden war, ebenfalls mit einem geringeren Anteil an Metallarbeitern, während jener höher lag, die mit einer mittleren oder höheren Schulbildung direkt in die Marine eintraten. Als der Krieg kam, hatten manche die Marine als beruflichen Werdegang gewählt, während andere zunächst einen zivilen Berufsweg einschlugen.

Am deutlichsten unterschieden den Obersteuermann in seiner Marinedienstzeit von anderen sein Lebensalter und sein hohes Dienstalter. Ein Drittel der Männer dieses

Dienstgrads trat vor Ende 1935 in die Marine ein (der Dienstälteste von ihnen 1927), während zwölf weitere 1936/37 zur Marine stießen. Die meisten von ihnen gingen erst im Alter von 23 Jahren oder später zur U-Bootwaffe und eine größere Anzahl von ihnen nahm erst Anfang dreißig zum ersten Mal an Kampfhandlungen teil. Da Angehörige dieser Laufbahn in jungen Jahren Vorteile in der Schulbildung erfuhren, erhielten sie auch ihren Status durch höheres Dienstalter.

Als ein wertvoller Vorteil war anzusehen, dass ein späterer Obersteuermann in der Marine häufig versetzt wurde. Nur 14 unter den Befragten fuhren während des Krieges lediglich auf einem einzigen Unterseeboot, während 20 von ihnen auf drei und mehr U-Booten dienten, um in vielen Fällen schließlich zur Erfüllung von Ausbildungsaufgaben in die Ostsee versetzt zu werden. Der abwechslungsreiche dienstliche Werdegang von Heinz Theen im Kriege – eines Obersteuermanns, der 1934 in die Marine eintrat und nur auf einem einzigen Front-U-Boot fuhr – verdient erwähnt zu werden, um zu veranschaulichen, wie sehr der Werdegang des Einzelnen sowohl durch planmäßige Versetzungen wie auch durch die Umstände geformt werden konnte:

Juli 1934:	Eintritt in die Marine (Bootsmannslaufbahn) im Alter von 20 Jahren
1939/40:	Oberbootsmannsmaat auf dem Leichten Kreuzer KARLSRUHE
April 1940:	Überlebender des Untergangs der KARLSRUHE, freiwillig zur U-Bootwaffe gemeldet (die Alternative war eine Versetzung auf das Schlachtschiff BISMARCK)
Mai 1940:	Versetzung in die Steuermannslaufbahn, Beginn der U-Bootausbildung
Mai 1941 – Okt. 1943:	Obersteuermann an Bord von *U 653*
Jan. 1944 – Febr. 1945:	Flottillen-Obersteuermann im Stab der 27. U-Flottille in Travemünde
Febr. – Mai 1945:	Flottillen-Obersteuermann im Stab der 26. U-Flottille in Warnemünde – knapp der russischen Gefangenschaft entkommen.[29]

Insgesamt lässt sich sagen, dass die Angehörigen der Bootsmanns- und der Steuermannslaufbahn wahrscheinlich die optimale Fähigkeit der Marine repräsentieren, Rekruten aus einem Reservoir von Freiwilligen auszuwählen und für den Aufstieg jener zu sorgen, die es wert waren. Das Erfüllen der Aufgaben beruhte auf der Ausbildung; erlernte Fähigkeiten zählten weniger als Herkunft und Eigenheiten des Einzelnen. Jene, die sich bewährten, wurden zu weiterer Beförderung in eine Speziallaufbahn versetzt; die Übrigen blieben mehr oder weniger an Ort und Stelle hängen. Doch für die notwendigen technischen Funktionen musste die Marine diejenigen aussuchen und belohnen, von denen sie abhing.

Die Maschinenlaufbahn

Gegenüber der seemännischen Laufbahn erfreute sich das Maschinenpersonal der U-Boote mehrerer Vorteile. Obwohl während des Krieges im Allgemeinen als „Heizer" bezeichnet (noch aus den früheren Tagen der Dampfschiffzeit herrührend, als die Kessel ständig mit Kohlen befeuert werden mussten), verbesserte sich der Status dieser Gruppe endgültig, als die Marine 1938 die Laufbahn änderte und ihre Klassifizierung formell in „Maschinenpersonal" zu einem Zeitpunkt umbenannte, da die Royal Navy noch immer das anachronistische „Stoker" (brit. Heizer) verwendete und die US-Marine fortfuhr, das Maschinenpersonal als „Firemen" (am. Heizer) einzustufen. Gleichzeitig erfolgte die Umnummerierung der „Maschinisten-" oder gebräuchlicher der „Maschinenlaufbahn" aus der *Laufbahn XIIIa* in die *Laufbahn II*. Am wichtigsten war jedoch der Umstand, dass ein fähiger junger Mann mit dem Dienstgrad „Matrose" oder „Maschinengefreiter" (nicht mehr „Heizer" oder „Heizergefreiter"), der als Laufbahnabzeichen das Zahnrad auf dem linken Oberarm trug, erwarten konnte, in den Unteroffiziersrang befördert zu werden. Er erhielt eine umfangreichere Spezialausbildung in Theorie und Praxis als seine Kameraden von der Bootsmannslaufbahn.[30]

Diese Beförderungsmöglichkeiten waren eine Folge des chronischen Mangels an qualifiziertem Maschinenpersonal überall in der Marine. Der Druck, den Aufstieg der Mannschaften in den Unteroffiziersstand zu beschleunigen, hatte sogar schon vor dem Kriege eingesetzt. Musste ein Mannschaftsdienstgrad der Reichsmarine noch drei Jahre Seedienst ableisten, ehe er sich als Unteroffiziersanwärter qualifizieren konnte, so wurde diese Voraussetzung 1938 auf ein Jahr herabgesetzt. Auf diese Weise qualifizierten sich 48% der Mannschaften aus der Laufbahn II.[31] Selbst diese drastischen Maßnahmen konnten den unersättlichen Forderungen nach Unteroffizieren nicht abhelfen, die auf den Ausbruch des Krieges folgten. Eine Denkschrift vom November 1940 beschrieb die Lage der Maschinenlaufbahn als „sehr angespannt", vor allem im Hinblick auf die Unteroffiziere. Für 410 freie Planstellen, die mit PUO's besetzt werden mussten, standen nur 232 qualifizierte Bewerber zur Verfügung und bei nahezu 1300 freien Planstellen für Maate erfüllten nur 455 die Anforderungen.[32] Dies bedeutete unvermeidlicherweise beschleunigte Beförderungen sowie Verringerungen der Ausbildungszeiten, ein Druck, der den gesamten Krieg über anhielt. Anfang des Krieges bestand die Maschinisten-Ausbildung an der Marineschule Kiel für das U-Boot-Maschinenpersonal aus einem fünfmonatigen Lehrgang sowohl für Diesel- wie auch für E-Motoren an der Schiffsmaschineninspektion in Gotenhafen. 1942 wurde der Lehrgang auf drei Monate verkürzt und entweder auf Diesel- oder E-Motoren beschränkt. 1943 führten die anhaltenden Forderungen zu einer weiteren Verringerung bei beiden Lehrgängen auf sechs Wochen.[33]

Die überhastete Verstärkung des Maschinenpersonals schlägt sich auch im Größenumfang dieser Gruppe nieder, der größten für eine Laufbahn in unserem Querschnitt: 395 bzw. 42% aller Befragten. Ihr auffallendstes Charakteristikum ist ihre gemeinsame berufliche Vorbildung als Metallfacharbeiter, die für 91% (360 der Befragten) der Gruppe zutraf. Die ständigen Aufrufe der Marine nach Rekruten für diese speziellen Kategorien trugen offensichtlich Früchte, ohne die Dönitz die riesige Verstärkung seiner U-Bootwaffe von 1941 bis 1943 nicht hätte durchführen können. Eine Aufschlüsselung nach den wichtigsten Einzelberufen einschl. der Anzahl, darunter Schlosser und Mechaniker jeder Art vom Lehrling an aufwärts, zeigt folgendes Bild:

Schlosser	167
Dreher	33
Installateure/Klempner	33
Kupfer- und Blechschmiede	32
Maschinenbauer	26
Monteure	21
Werkzeugmacher	20
Elektriker	18

Von der geografischen Herkunft her bestätigte das Maschinenpersonal weitgehend das Gesamtmuster des Querschnitts: 30% aus dem Norden und Osten, 52% aus der Mitte und 15% aus dem Süden Deutschlands (die letzten 3% waren entweder außerhalb des Reiches geboren oder machten keine Angaben). In deutlichem Gegensatz zur Bootsmanns- und Steuermannslaufbahn kamen aus dieser Gruppe 18 der Befragten aus Berlin. Ein Ergebnis war die verblüffende Mischung aus homogenem beruflichen Können mit der heterogenen geografischen Herkunft. Daraus ergab sich die Gelegenheit zu Gesprächen über die Arbeitsbedingungen an anderen Orten Deutschlands. Während seiner Wache auf einem U-Boot konnte der Schlosserlehrling aus Dresden Erfahrungen mit einem Maschinenschlosser aus dem Rheinland oder einem Installateur aus Hamburg austauschen. Improvisierte Notreparaturen an Dieselmotoren oder das Schweißen von Rissen im Druckkörper, verursacht durch Wasserbomben, stellten nicht nur eine berufliche Herausforderung sondern auch eine militärische Notwendigkeit dar.

Es ist wichtig festzustellen, dass sich das Bildungsniveau und die Familienherkunft des Maschinenpersonals kaum von jenen bei den Angehörigen der seemännischen Laufbahn unterschied. 71% der Befragten schlossen ihre Schulbildung mit dem Besuch der Volksschule ab. Dies entsprach fast der Rate von 79% beim seemännischen Personal. Im Verhältnis häufiger vervollständigte jedoch der Besuch ergänzender Handels-, Techniker- oder Ingenieurschulen die Bildung (21% gegenüber 13%). Eine Aufschlüsselung der väterlichen Berufe hinsichtlich der Gesellschaftsschichten wiederholt faktisch das Bild beim seemännischen Personal, lediglich mit dem geringfügigen Unterschied einer größeren Anzahl von Angestellten und Beamten (20% gegenüber 13%). Der einzig bedeutsame Unterschied zwischen den beiden Gruppen besteht darin, dass fast alle Befragten des Maschinenpersonals vor dem Eintritt in die Marine einen Metallberuf gewählt hatten.

Die Verflechtungen dieser Herkunft mit dem Personalmangel in der Marine scheinen jedoch von großer Bedeutung zu sein, wenn die beiden Laufbahnen miteinander verglichen werden. Während beim seemännischen Personal nur 32% den Unteroffiziersrang erreichten, waren es beim Maschinenpersonal 53%. Nur drei der Befragten aus der Laufbahn I waren PUO's, d.h. Bootsmann und höher, aber 51 aus der Laufbahn II hatten den Rang eines Maschinisten oder höher innegehabt. Das Maschinenpersonal tendierte auch dazu, später in die Marine eingetreten und damit auch später zur U-Bootwaffe gekommen zu sein (siehe Tabelle 21). Daher fuhren sie auch durchschnittlich eine geringere Zeit auf U-Booten (26,0 Monate gegenüber 28,4 Monate). Schließlich gab es bei ihnen auch eine größere Mobilität innerhalb der U-Bootwaffe, denn 48% (gegenüber 40% der Laufbahn I) fuhren auf zwei und mehr U-Booten.

Aber wenn auch die Notwendigkeiten innerhalb der Marine eine raschere Beförderung diktierten, so wurde doch beträchtliche Aufmerksamkeit der Leistung und den Qualifikationen des Einzelnen gewidmet. Dies wird durch die Daten unseres Querschnitts hinsichtlich der Unteroffiziere (Maate) der Maschinenlaufbahn bestätigt, deren Eintrittsdatum in die Marine in Tabelle 16 mit ihrem 1945 zuletzt erreichten Rang verglichen wird. Standardmäßige Dienstzeit-Qualifikationen blieben offensichtlich bei den Beförderungen der größte Faktor, aber die Bandbreite der Daten offenbart auch eine beträchtliche Schwankung bezüglich der persönlichen Fähigkeiten. Wenn fünf im Herbst 1940 in die Marine Eingetretene 1945 Maschinenobermaat waren und dabei 23 mit ihnen zum Maschinenmaat Beförderte hinter sich gelassen hatten, dann wurde auch die persönliche Leistung gewertet.

TABELLE 16   **Unteroffiziere der Maschinenlaufbahn: Datum des Eintritts in die Marine und 1945 erreichter Rang**

Datum des Eintritts	Maschinenobermaat	Maschinenmaat
1938 und früher	8	0
Jan.-Sept. 1939	6	2
Okt.-Dez. 1939	8	8
Jan-Mai 1940	10	5
Juni-Dez. 1940	5	23
Jan.-Mai 1941	6	37
Juni-Dez. 1941	0	27
1942	0	11

Quelle: Angaben aus dem Querschnitt.

Auf diese Weise deuten die Handlungsweisen der deutschen Marine eine Tendenz zur Förderung des Maschinenpersonals an, um dem Mangel an Personal zu begegnen, verließ sich aber immer noch hinsichtlich des Aufstiegs auf die persönlichen Beurteilungen der Leistung. Dies zeigte sich sogar noch deutlicher bei anderen Speziallaufbahnen.

Artillerie- und Torpedomechanikerlaufbahn

Die Laufbahn für Waffenspezialisten, die *Laufbahn VII* (Mechanikerlaufbahn), umfasste die *Artilleriemechaniker (VII A)*, die *Torpedomechaniker (VII B)* und seit 1938 die *Sperrmechaniker (VII Spr)*.[33a] Im Allgemeinen gehörten zu einer U-Bootbesatzung nur zwei bis vier Angehörige der Laufbahnen VII A und B, aber sie stellten häufig den Schlüssel für Erfolg oder Misserfolg dar. Den Torpedomechanikern – im Marinejargon als „Mixer" bezeichnet – oblag, wie im 1. Kapitel angemerkt, die Wartung der Hauptoffensivwaffe des U-Bootes, während die Artilleriemechaniker für die Wartung des Decksgeschützes, auf dessen Konto in den ersten Phasen des Krieges so manche Versenkung kam, oder für die der Fla-Geschütze zuständig waren; Letztere sollten in immer größerer Anzahl die tödlichen alliierten Luftangriffe abwehren. Normalerweise erhielten die Torpedomechaniker ihre Ausbildung an der Torpedoschule in Flensburg sowie auf Torpedo-Lehrgängen in Kiel und Kolberg, während die Artilleriemechaniker ihr Handwerk an einer von mehreren Artillerieschulen in Deutschland oder in den besetzten Gebieten lernten. Das Laufbahnabzeichen bestand aus einem Zahnrad mit einem waagerechten Torpedo (Torpedokopf nach vorn) oder zwei gekreuzten Geschützrohren (die sich bei Unteroffizieren wieder auf einem Anker befanden).[34]

Aus unseren Querschnitt gehörten 117 der Befragten zur Mechanikerlaufbahn: 99 als Torpedo- und 18 als Artilleriespezialisten. Ihre Herkunft und Vorbildung waren noch charakteristischer als bei den übrigen Befragten; sie zeigen ein von der Marine gewolltes Profil notwendiger Fertigkeiten, die die Eigentümlichkeit der Laufbahn formten. Wie beim Maschinenpersonal bleibt das herausragende Merkmal das zuvor in einem Metallberuf erworbene Können – in diesem Fall sogar die Fertigkeiten des Maschinenpersonals übersteigend (95% gegenüber 91%). Erneut dominieren die Schlosser (56 der Befragten), gefolgt von Mechanikern aller Art (18), Werkzeugmachern (13) und Drehern (10).[35] Die geringe Zahl noch übrig bleibender Berufe reichte von Technischen Zeichnern bis zum Postbediensteten.

Im Unterschied zum Maschinenpersonal waren die Mechaniker von der Charakteristik her nördlicher geprägt, sowohl was die geografische Herkunft (40% gegenüber 31%) als auch was die Religion betraf (69% Protestanten, mehr als bei jeder anderen Gruppe), weshalb weniger aus Süddeutschland stammten (nur 10%). Bei den Berufen der Väter lagen die Zahlen geringfügig über dem allgemeinen Muster: 49% Arbeiterklasse, 49% Mittelstand und 2% obere Mittelschicht/Oberschicht, wobei die Mehrheit (53%) den Facharbeitern oder den Handwerksmeistern zuzurechnen war. Im Schnitt hatte die Gruppe der Mechaniker eine bessere Bildung; denn 18% hatten eine Mittel- bzw. Realschule oder sogar eine höhere Schule besucht, eine Bildung, die beim Maschinenpersonal weniger als 8% aufwiesen.

Ironischerweise führten diese Vorteile der Herkunft gegenüber dem Maschinenpersonal nicht zum selben Niveau des militärischen Vorwärtskommens. Bis Kriegsende hatte die Marine nur 43% der Mechaniker unseres Querschnitts zu Unteroffizieren befördert und nur zehn stiegen mit der Beförderung zu Ober- oder Stabsobermechanikern in die höchsten Ränge dieser Laufbahn auf, obwohl ihr Eintrittsalter in die U-Bootwaffe faktisch dem der Angehörigen aus der Maschinenlaufbahn entsprach. Aller Wahrscheinlichkeit nach unterstreicht dies lediglich die Bedeutung des Mangels an Maschinenpersonal, der zu außergewöhnlichen Maßnahmen führte, die sich aber nicht für andere Laufbahnen wiederholten. Andererseits war es wahrscheinlicher, dass mehr Mechaniker auf zwei und mehr U-Booten fuhren (46% der Befragten), obwohl ihre Dienstzeit durchschnittlich nur knapp 22 Monate überstieg und damit von allen wichtigeren Laufbahnen die niedrigste war.

Die Funklaufbahn

Die spezialisierteste der Laufbahnen war die der Funker, die *Laufbahn IV Fk*, die mit den *Laufbahnen IV Sig (Signaler)* und *IV Fs (Fernschreiber)* zur *Nachrichtenlaufbahn (IV)* gehörte. Ihre rasche Entwicklung kann über ihre administrativen Spuren verfolgt werden. Vor dem 1. April 1938 waren die Funker noch nicht mit den Signalern und Fernschreibern zur neuen Laufbahn IV verbunden, sondern bildeten als *Oberfunkmeisterlaufbahn (XIIIb)* zusammen mit der *Obermaschinistenlaufbahn (XIIIa)* die alte

Laufbahn XIII (Maschinenpersonal). Im späteren Verlauf des Krieges kamen zur Laufbahn IV weitere Unterlaufbahnen hinzu: *IV B (B-Dienst)* seit April 1940, *IV Nf (Nachrichten-Fernsprecher)* seit Oktober 1942, *IV D (Drahtnachrichtenmechaniker)* seit Juli 1943 und *IV E (Funkmeß)* seit Ende 1943. Die Bedeutung des Funkwesens einschließlich der Ver- bzw. Entschlüsselungs- sowie der Entzifferungsarbeit unterstrich die Abhängigkeit der Marine von Männern, die neben dem erforderlichen Intellekt auch über die notwendigen physikalischen Kenntnisse und das entsprechende funktechnische Können verfügten. Diese Funker, die als Laufbahnabzeichen einen Blitzstrahl mit der Spitze nach links unten (bei Unteroffizieren auf dem Anker) führten, trugen eine unverhältnismäßig hohe Arbeitsbelastung und Verantwortung.[36]

Diese Bedeutung erweiterte die Charakteristik der Funker in einem Maße, wie sie unter den Gruppen unseres Querschnitts einzigartig ist. Die 139 befragten Funker unterscheiden sich in ihrer Herkunft wesentlich, beginnend mit ihren Geburtsorten. Nur 20% stammten aus dem Norden und Nordosten, während 58% aus der Mitte und weitere 20% aus dem Süden Deutschlands kamen, für beide Regionen im Verhältnis der höchste Anteil unseres Querschnitts. Diese Herkunft widerspiegelnd, zeigte sich unter den Funkern gegenüber allen anderen Gruppen eine höhere Rate an Zugehörigkeit zur römisch-katholischen Kirche (32%) sowie einer geringeren Rate an Protestanten (55%). Zudem kamen die Funker eher aus dem Kleinbürgertum als aus der Arbeiterklasse, wobei 57% der Väter Berufe des Mittelstandes ausübten. Hinsichtlich der Schulbildung rangierten sie direkt hinter den PUO's der Steuermannslaufbahn; denn 35% hatten einen Mittel- bzw. Realschulabschluss. Aus ihren Reihen kam auch der einzige Universitätsstudent unter den 937 Befragten des Querschnitts, der als Oberfunkmaat diente. Es sollte daher überhaupt nicht überraschen, dass drei ehemalige U-Bootfunker ihre Erlebnisse und Erfahrungen veröffentlicht haben.[37]

In ihrer eigenen Berufswahl legten die Funker mehr Ausgeglichenheit statt der Extreme anderer Laufbahngruppen an den Tag. Erneut herrschten die Metallberufe vor, wenn auch nur mit 51% der Befragten: 17 Mechaniker verschiedener Art, 15 Schlosser, 14 Installateure und 8 Elektriker. Zu den restlichen Berufen zählten 20 Angestellte oder Verkäufer, 6 Studierende, 6 Beamte, 4 Technische Zeichner, 3 Bergarbeiter und verschiedene Handwerker traditioneller Berufe wie Schriftsetzer, Friseur, Metzger und Weber, deren Fingerfertigkeit zweifellos die Arbeit als Funker erleichterte.

Für ihr Können belohnte die Marine ihre Funker: 55% der Befragten aus unserem Querschnitt stiegen in den Unteroffiziersrang auf, unter ihnen 34% PUO's – abgesehen von jenen, die in die Offizierslaufbahn aufstiegen, wie im vorhergehenden Kapitel erläutert. Eine solche Praxis gewinnt an Bedeutung, wenn sich der Leser daran erinnert, dass diese Gruppe vor dem Krieg kaum existierte; denn drei Viertel der Funker unseres Querschnitt sind erst nach dem 1. Januar 1940 in die Marine eingetreten. Der hierfür geforderte Preis konnte jedoch ständige Risiken und Unsicherheit bezüglich der Kommandierungen bedeuten. Einer der Funker stellte fest, dass er im Mai 1940 „freiwillig" als Funkmaat auf einem Torpedoboot zur U-Bootwaffe gemeldet worden war. Er fuhr von Dezember 1940 bis Oktober 1942 auf einem U-Boot, wurde nach einem Lazarettaufenthalt zur Ausbildung (Oberfunkmeister-Lehrgang) abkommandiert und wurde nach seiner Beförderung im Januar 1944 erneut auf ein U-Boot versetzt.[38] Die

Mehrheit aus unserem Querschnitt fuhr jedoch nur auf einem einzigen U-Boot und die Dienstzeit der Gruppe der Funker betrug im Schnitt 22,6 Monate. Von besonderem Interesse ist die Tatsache, dass 27 der befragten Funker (fast 20%) erst nach dem September 1943 zur U-Bootwaffe stießen.

Die Sanitätslaufbahn

Die *Laufbahn XI* war die Sanitätslaufbahn, die in unserem Querschnitt von der Anzahl der Befragten her (9 Sanitätsmaate bzw. -obermaate) nur unbedeutend vertreten ist. Sie verdient jedoch als letzte der Speziallaufbahnen Aufmerksamkeit, denn die Sanitäter (im militärischen Jargon allgemein als „Sani" bezeichnet) waren auch für die allgemeine Gesundheit der U-Bootbesatzungen zuständig. Ihr Laufbahnabzeichen war der Äskulapstab, bei den Unteroffizieren war dieser mit dem Anker gekreuzt. Wie im vorhergehenden Kapitel bereits festgestellt, erfolgte die Abkommandierung von Sanitätsunteroffizieren mit Sonderausbildung (US) auf die U-Boote als ein besonderer Versuch, den U-Bootfahrern eine qualifizierte medizinische und zahnmedizinische Fürsorge zu bieten, um die Ärzte mit ihrer vollen Ausbildung angesichts der außerordentlichen Gefahren des U-Bootdienstes zu schonen. Die Sanitätsunteroffiziere (US) tauchten nach dem Sommer 1943 auf den U-Booten in vermehrter Zahl auf. Bei der in Kiel stationierten 5. U-Flottille, die für die Ausrüstung der an die Front gehenden Unterseeboote nach Abschluss ihrer Ausbildung in der Ostsee zuständig war, begannen Anfang 1944 monatlich 30 Sanitätsunteroffiziere (US) zum Einsatz auf U-Booten einzutreffen. Doch infolge fehlender Planstellen auf den U-Booten konnten die Sanitätsunteroffiziere (US) nicht zu Sanitätsfeldwebeln befördert werden.[39]

Einige charakteristische Merkmale bei den neun Sanitätern aus unserem Querschnitt lassen diese administrativen Entwicklungen erkennen. Der höchste Rang, der erreicht wurde, war Sanitätsobermaat, keiner stieß vor 1943 zur U-Bootwaffe, vier von ihnen sogar erst 1944 und nur zwei der Sanitäter fuhren auf mehr als einem Boot. Bei einer derart kleinen Gruppe kann keine Analyse von Herkunftsdaten verlässlich sein. Vom völligen Fehlen der Metallberufe einmal abgesehen, sind ihre früheren Berufe nicht aufschlussreich: Zwei Verkäufer, zwei Friseure, ein Apotheker, ein Binnenschiffer, ein Dachdecker, ein Lagerarbeiter und ein Berufssoldat. Friseure und Apotheker wurden jedoch oft der Sanitätslaufbahn zugeteilt.[40] Die Sanitäter-Ausbildung erforderte keine vorherige umfassende Schulbildung, da nur einer der Sanitäter die Realschule besucht hatte.

* * *

Aus den Beispielen unseres Querschnitts wurde ein Leitmotiv für die Personalpolitik der Marine deutlich: Abhängigkeit von vorher erworbenen Fachkenntnissen, um wichtige technische Funktionen zu verrichten. Insbesondere Metallfacharbeiter wurden bewusst rekrutiert und aus dem verfügbaren Menschenpotential ausgewählt, eine Politik, die zumindest noch in den 50er-Jahren die neue deutsche Bundesmarine verfolgte.[41]

Die Aussagen lassen erkennen, dass diese Männer später auf eine Weise rasch gefördert wurden, die sowohl dem dringenden Bedarf nach Spezialisten begegnete als auch die persönlichen Qualifikationen belohnte. Im Vergleich hierzu scheint das seemännische Personal sorgfältiger auf persönlicher Grundlage statt nach erworbenen Fachkenntnissen ausgewählt, aber in langsamerem Tempo gefördert worden zu sein. Letzteres weist auf die ideale Rekrutierung und Personalpolitik der Kriegsmarine hin, aber sie hatte eine Strategie zu verfolgen, die diese Idealform für die technischen Laufbahnen drastisch revidieren musste, um den Forderungen des totalen Krieges zu entsprechen.

Als Nebenprodukt dieser administrativen Praxis repräsentierten U-Bootbesatzungen eine Mischung sowohl aus heterogener als auch aus homogener Herkunft. Die Bootsmanns- und die Steuermannslaufbahn bildeten die Auslese von Freiwilligen aus verschiedener Herkunft, während die technischen Laufbahnen das Beste an Männern mit speziellen Fachkenntnissen darstellten, rekrutiert aus einer Zielgruppe an Berufen von schmaler Bandbreite. Auch wenn die Techniker nicht präzise der geografischen Verteilung der deutschen Bevölkerung im Durchschnitt entsprachen, so glichen sie nichtsdestoweniger den allgemeinen regionalen Mustern. Für die Spezialisten öffneten die erworbenen Fachkenntnisse und die qualifizierte Erfüllung ihrer Pflichten die Tür zu Entgelt und Vorwärtskommen, die für sie im Zivilleben weit weniger zugänglich gewesen wären. Ungeachtet der Laufbahnen oder vorherigen Berufe repräsentierten die Angehörigen der Besatzungen eine unterschiedliche Familienherkunft von der Gesellschaftsschicht her als Teil der Arbeiterklasse oder des Mittelstandes.

Der Vergleich zwischen ihrer sozialen Herkunft und jener ihrer Offiziere, wie im vorhergehenden Kapitel dargelegt, erheischt die Aufmerksamkeit für die Veränderungen, die sich in weniger als 25 Jahren ereigneten. Der gesellschaftliche Hintergrund der deutschen Marine hatte sich seit dem Ersten Weltkrieg kaum verändert: Die Offiziere kamen vorwiegend aus der oberen Mittelschicht und der Oberschicht, während die Mannschaften aus dem Mittelstand (mittlere und untere Mittelschicht) und der Arbeiterklasse stammten. Doch dort, wo die Meutereien von 1917/18 in der Hochseeflotte lebhafte Spannungen innerhalb dieser Hierarchie verrieten, veranschaulichte die U-Bootwaffe von 1939 – 1945 ihre erstaunliche Fähigkeit zum Zusammenhalt unter der schrecklichen Anspannung einer Verlustrate von 70%. Ein kleiner Teil dieser Bindekraft konnte dem Zuströmen von Söhnen aus Familien des Mittelstandes in das Offizierskorps während des Krieges zugeschrieben werden: Die erste Vermengung gemeinsamer Herkunft zwischen Offizieren und Mannschaften.

Weit bedeutender als die Klassenmerkmale hielt die U-Bootbesatzungen jedoch zum Teil die gemeinsame Haltung zusammen, die sie aus sich selbst und ihrer gesellschaftlichen Stellung gewonnen hatten. Doch vor allem rührte ihre Bindung aus den gemeinsamen Kriegserfahrungen her. Sich selbst ihres Elitestatus bewusst, geführt von Offizieren, die die schmerzlichen Lehren des Ersten Weltkrieges über Führungseigenschaften gelernt hatten, konnten die deutschen U-Bootfahrer zusätzliche Stärke aus gemeinsamen beruflichen Interessen und sozialer Herkunft schöpfen. Wenn auch nicht immer im genauen Verhältnis zueinander, kennzeichneten die Offiziere und Mannschaften der U-Boote nichtsdestoweniger das volle Spektrum der deutschen Gesellschaft genauer, als sich das die Herausgeber der *Hamburger Illustrierten* 1943 je vorgestellt hatten.

Adolf Hitler, begleitet von Großadmiral Erich Raeder (ganz links) und Kptlt. Günther Prien (zweiter von links), empfängt am 18. Oktober 1939 die Besatzung von *U 47* in der Neuen Reichskanzlei in Berlin, vier Tage später nach ihrem mutigen Eindringen in Scapa Flow und der Versenkung des britischen Schlachtschiffes ROYAL OAK.
National Archives, 131-2A-66

Admiral Karl Dönitz begrüßt einen Maschinengefreiten bei einer offiziellen Zeremonie im Mai 1942 in einem französischen Stützpunkt.
National Archives, 242-PKA-2-127

Die letzten Augenblicke von *U 378* (Kptlt. Erich Mader), angegriffen am 20. Oktober 1943 von einem Trägerflugzeug der USS CORE (CVE-13) nördlich der Azoren. Am Turm (vergrößerte Version zur Aufnahme der neuen Funkmessausrüstung) ist gerade noch das Emblem des Bootes zu erkennen; von seiner 52-köpfigen Besatzung überlebte niemand.
National Archives, 80-G-207651

Seltenes Foto vom Endgefecht eines U-Bootes mit einem Zerstörer: *U 515* (Kptlt. Werner Henke) am 9. April 1944 unter Beschuss von USS CHATELAIN (DE-149), gezwungen nach erschöpfender Wabo-Verfolgung aufzutauchen.
National Archives, 80-G-227192

Blick in den Kommandantenraum von *U 505* (ObltzS.d.R. Harald Lange) unmittelbar nach dem Aufbringen durch US-Seestreitkräfte, 4. Juni 1944. Die eigene Koje und die Kaffeekanne markieren den einzigen Luxus, den ein U-Bootkommandant hatte. *National Archives, 80-G-324334*

Der U.O.-Raum an Bord von *U 505*. Die Vorhänge links verschaffen den Kojen etwas Privatsphäre und verbergen offene Wandregale (Mitte) zur Unterbringung von Handbüchern, Lesestoff und eigener Habe. National Archives, 80-G-324372

Der Anfang: KptzS. Robert Bräutigam (zweiter von rechts) und drei seiner Offiziere vom U-Bootabnahmekommando fachsimpeln irgendwann im Sommer 1939 miteinander, bekleidet mit der grauen Lederjacke der Vorkriegszeit. Bräutigam, ein U-Bootkommandant des Ersten Weltkrieges starb im Oktober 1944 eines natürliches Todes.
National Archives, 306-NT-1291-A-10

Das Ende: Kptlt.d.R. Uwe Kock (mit weißer Mütze) und seine Offiziere grübeln auf der Brücke von *U 249* über die Zukunft nach, das erste U-Boot, das am 10. Mai 1945 nach der Kapitulation der Wehrmacht in die englische Weymouth Bay einlief.
National Archives, 306-NT-1342B-2

Letzte Musterung: Die Besatzung von *U 249* lässt eine Vielfalt von U-Bootuniformen erkennen, während sie weggetreten sind und unter den wachsamen Augen der Royal Navy und ihrer Wachen zum letzten Mal an Land gehen.
National Archives, 306-NT-1342B-4

Der Kommandoturm des neu in Dienst gestellten *U 566* (Kptlt. Dietrich Borchert) im Sommer 1941, das sich auf einen Einsatz in arktischen Gewässern vorbereitet. Das Emblem am Turm zeigt das Stadtwappen von Lindau im Bodensee, eine ehemalige Freie Reichsstadt und der Geburtsort von Borchert. Die beiden Besatzungsangehörigen im „U-Bootpäckchen" neben dem 8,8-cm-Decksgeschütz können wegen ihrer fehlenden Haarpracht bedauert werden, ein nicht seltenes Vorkommnis unter U-Bootfahrern.
Mit freundlicher Erlaubnis von Inge Molzahn

Dieses Foto von *U 566* vor Norwegen ca. Juli 1941 zeigt das Aussehen eines VII-C-Bootes Anfang des Krieges. Erkennbar sind die anfangs schräg und dann gerade nach achtern verlaufenden Flutschlitze, das 8,8-cm-Geschütz vor und der kleine „Wintergarten" achteraus des Turms sowie der vordere Netzabweiser. Das gefleckte Tarnmuster führten vermutlich U-Boote vor Norwegen.
Mit freundlicher Erlaubnis von Inge Molzahn

Der übliche Anblick für U-Bootseeleute: Der Bug eines VII-C-Bootes durchschneidet die Wellen in Richtung auf den endlosen atlantischen Horizont.
Mit freundlicher Erlaubnis von Inge Molzahn

Generaladmiral Hans-Georg von Friedeburg, der letzte Oberbe-fehlshaber der Marine und hin-ter Dönitz die langjährige Num-mer 2 der deutschen U-Bootwaf-fe. Ursprünglich vorgesehen, um 1939 Dönitz abzulösen, übernahm er stattdessen die Abteilung BdU org und war für die gesamte Verwaltung und Ausbildung der U-Bootwaffe zuständig. Er wählte bei Kriegs-ende den Freitod.

Mit freundlicher Erlaubnis des U-Boot-Archivs, Cuxhaven-Altenbruch

Künftige U-Bootfahrer bei Übungen, um unter Wasser aus einem U-Boot auszusteigen, als Teil ihrer Ausbildung bei der 1. ULD in Neustadt/Holst. Mit Ausnahme des Ausbilders im Bademantel tragen sie den Tauchretter von Dräger, eine Kombination aus Atem-gerät und Rettungsweste.

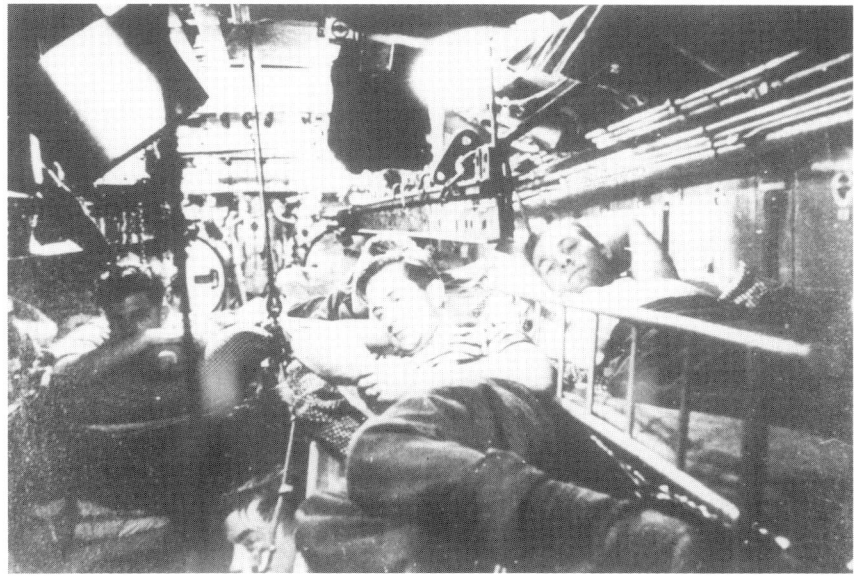

Die Freiwache im beengten Bugtorpedoraum von *U 552* zu Beginn einer Feindfahrt, wie die noch glatt rasierten Gesichter der „Lords" erkennen lassen, während die Gedanken noch im Urlaub sind.
Mit freundlicher Erlaubnis des U-Boot-Archivs, Cuxhaven-Altenbruch

Der Torpedo-Mechanikersmaat rechts hilft im Bugraum an Bord von *U 376* einem jungen Seemann, das obere Torpedorohr an Backbord zu verriegeln. Im Übrigen wurde jede verfügbare Ecke ausgenutzt.
Mit freundlicher Erlaubnis des U-Boot-Archivs, Cuxhaven-Altenbruch

Ein Maschinengefreiter ölt einen der Diesel im Dieselmotorenraum an Bord von *U 376*.
Mit freundlicher Erlaubnis des U-Boot-Archivs, Cuxhaven-Altenbruch

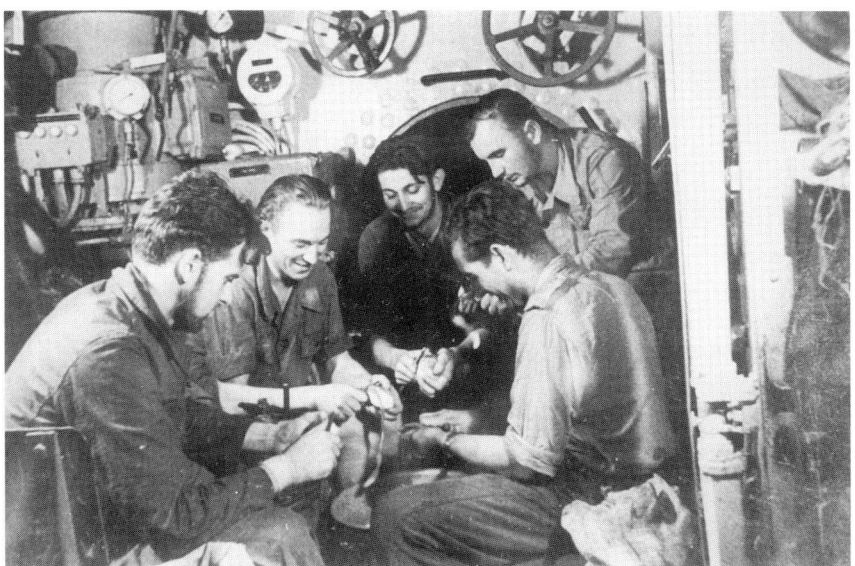

In der Zentrale von *U 431*: Fünf Seeleute beim Kartoffelschälen direkt vor dem vorderen Zentraleschott. Kartoffeln bildeten für jede U-Bootbesatzung ein Grundnahrungsmittel.
Mit freundlicher Erlaubnis des U-Boot-Archivs, Cuxhaven-Altenbruch

In der Kombüse von *U 376*: Der Smutje bei der Arbeit. Er benutzt einige Konservenbüchsen, um im Ofen Brot zu backen. Auf dem Herd stehen primitive Kochtöpfe und rechts steckt der Schlüssel im Schloss eines Vorratsfaches.

In der Offiziersmesse an Bord von *U 124*: Die „Kantine" ist geöffnet. Auf der Back stehen Packungen mit Süßigkeiten, Zigaretten und anderes an begehrter Marketenderware.
Mit freundlicher Erlaubnis des U-Boot-Archivs, Cuxhaven-Altenbruch

An Bord der „Milchkuh" *U 461* Anfang 1943: Zwei „Lords" treiben auf Kosten eines dritten Unfug. Das Versorgungs-U-Boot befand sich zu dieser Zeit vermutlich westlich der Kapverdischen Inseln, um andere U-Boote zu versorgen.
Mit freundlicher Erlaubnis des U-Boot-Archivs, Cuxhaven-Altenbruch

Auch im Kriege: Äquatortaufe an Bord von *U 459*, als das Versorgungs-U-Boot vom Typ XIV am 11. September 1942 die „Linie" überquert. Neptun, der König der Meere, kommt mit großem Gefolge an Bord, um die Täuflinge innerlich und äußerlich vom Dreck der nördlichen Halbkugel zu reinigen, damit sie die Taufe würdig empfangen, um in Neptuns Reich einzugehen . Ganz rechts ist mit der weißen Mütze der Kommandant zu erkennen, der die Zeremonie beobachtet: Korvettenkapitän z.V. Georg von Wilamowitz-Moellendorf.
Mit freundlicher Erlaubnis des U-Boot-Archivs, Cuxhaven-Altenbruch

Neue Unterseeboote, alte Gewohnheiten: Direkt achteraus des stromlinienförmigen Kommandoturms von *U 3037* (Kptlt. Gustav-Adolf Janßen), eines Bootes vom Typ XXI, raucht ein Besatzungsangehöriger eine Zigarette. Das Foto des U-Bootes ist vermutlich im März 1945 auf der Weser aufgenommen, knapp zwei Monate vor Kriegsende.
Mit freundlicher Erlaubnis des U-Boot-Archivs, Cuxhaven-Altenbruch

Humorvolle „Urkunden und Bescheinigungen" inoffizieller Art, von Kameraden in lie-
bevoller Arbeit gefertigt, wurden in der deutschen Marine seit jeher bei entsprechenden Anlässen und Festen überreicht, wie dies auch heute noch geschieht. Im Bild eine
solche Urkunde vom 19. September 1943 für einen Marine-Ingenieuroffizier nach dem
Abschluss seiner Ausbildung zum „Leitenden Ingenieur" bei der Agru-Front in Hela.
Mit freundlicher Erlaubnis des U-Boot-Archivs, Cuxhaven-Altenbruch

Kapitel 7
Qualität vor Quantität:
Die Ausbildung der U-Bootmänner

In den beiden letzten Kapiteln haben wir die Herkunft und die Charakteristika der Offiziere und Mannschaften, die die U-Bootbesatzungen der Kriegsmarine bildeten, einschließlich ihrer verschiedenen Laufbahnen einer Prüfung unterzogen. Doch was unterschied diese Männer als U-Bootfahrer? Was veränderte sie zum „Freikorps Dönitz"? Und entsprach ihre Ausbildung der eigenen Maxime von Dönitz „Qualität geht vor Quantität!"? Wir sollten an dieser Stelle auf diese Fragen nach Antworten suchen, beginnend mit der wichtigen Frage, ob es sich bei ihnen um eine ausschließlich freiwillige Elite gehandelt hat.

Genaues Umreißen einer Kampfelite

Wie in Anhang 2 besprochen, scheint die häufig akzeptierte Zahl von rund 41.000 Offizieren und Mannschaften der U-Bootwaffe zumindest um zehn Prozent unter der tatsächlichen Zahl von U-Bootfahrern zu liegen, die während des Krieges zur U-Bootwaffe gehörten. Eine schließlich höhere Gesamtzahl zwischen 45.000 und 50.000 U-Bootfahrern beeinträchtigt jedoch nicht wesentlich das Problem des „Elite"-Charakters der U-Streitkräfte. Das Fortsetzen der Operationen durch diese Waffengattung angesichts der schrecklichen Verluste von fast 34.000 Mann an gefallenen und in Gefangenschaft geratenen U-Bootmännern – eine ständige Verlustrate von mehr als 70% – qualifiziert die deutschen U-Bootfahrer allein schon als eine außerordentliche Gruppe in der Militärgeschichte.

Dennoch bleiben ernste Fragen über die Natur dieser nahezu vernichteten Elite bestehen. Das traditionelle Bild einer handverlesenen, gänzlich aus Freiwilligen bestehenden Waffengattung gab Dönitz in einer Erklärung vor dem Kriege zu verstehen: „Die Kriegsmarine repräsentiert die Creme aller bewaffneten Streitkräfte. Die U-Boot-Waffe aber ist die Creme der deutschen Kriegsmarine."[1] Kürzlich erfuhr dieses Bild durch eine fast gegensätzliche Ansicht eine Veränderung: „Es war deutsche Politik, Wehrpflichtige auf die U-Boote zu schicken." Oder: „Die Mehrheit waren Wehrpflichtige, einberufen in die U-Bootwaffe."[2] Welche Beurteilung ist richtig?

Dönitz' Idealvorstellung galt zweifellos als Maßstab, als im September 1939 der Krieg ausbrach. Eine wahrhaft handverlesene Elite von 3000 U-Bootmännern für die Frontboote verkörperte nur 8 – 10% von jenen, die sich in der Vorkriegszeit bei der U-Bootwaffe beworben hatten.[3] Einer von jenen, der seine Dienstzeit an Bord von drei

U-Booten überlebte und nahe seiner Geburtsstadt Hamburg bei Kriegsende in britische Gefangenschaft geriet, erinnerte sich später, dass mehr als ein Loch im Zahn ausreichte, um einen U-Bootbewerber zu disqualifizieren. Von 150 Bewerbern seines Einstellungsjahrganges von 1938 erfüllten nur 50 die strengen körperlichen Anforderungen. Von diesen wiederum bestanden nur 20 der Bewerber die schwere schriftliche Prüfung.[4]

Wie wir gesehen haben, erlitt dieses Elitekorps im ersten Jahr des Krieges 40% Verluste an Gefallenen und Vermissten, eine schmerzliche Realität, die größere Auswirkungen nach sich zog. Diese schweren Verluste veranschaulichten vor allem die tödliche Bedeutungslosigkeit des U-Bootkrieges gegenüber intensiver Ausbildung oder sorgfältiger Auswahl der Besatzungen. Überdies hätte sich ein bloßes Ersetzen dieser Verluste innerhalb einer kurzen Zeitspanne schon als schwierig genug erwiesen, aber der Krieg mit Großbritannien erforderte 1940 – 1942 eine massive Verstärkung der U-Bootwaffe. Um die Besatzungen für eine derartig steigende Zahl an Unterseebooten zu bekommen, bedurfte es mehr als eines bloßen Herabsetzens der Vorkriegsmaßstäbe. Dönitz hatte dies bereits im November 1939 begriffen, als er Pläne für die Ausbildung von mehr als 4000 U-Bootmännern noch vor Ende des nächstes Jahres sowie mehr als 26.000 Mann bis zum Ende des Jahres 1943 entwarf, ausreichend, um eine ins Auge gefasste Flotte von 881 U-Booten zu bemannen. Die Erfordernisse dieses Programms im Hinblick auf besondere Kategorien an technischem Personal, so z.b.

– 3538 Unteroffiziere und 6.220 Mannschaften aus der Maschinenlaufbahn,
– nahezu 3900 Funker und
– fast 3000 Torpedomechaniker,

schlossen jeden Glauben daran aus, dass die entsprechende Anzahl qualifizierter Freiwilliger stufenweise rechtzeitig zur Verfügung stehen sollte.[5]

Genau wie die Kaiserliche Marine das Freiwilligenprinzip zur Bemannung ihrer U-Boote vor dem Ende des Jahres 1917 aufgegeben hatte,[6] erkannte daher auch Dönitz bereits wenige Monate nach Ausbruch des Krieges dieselbe Notwendigkeit. Das Vertrauen in die Freiwilligkeit hielt noch bis Ende 1940 an, aber bis Mitte 1941 war die Zuweisung des erforderlichen Personals zur U-Bootwaffe allgemeine Praxis geworden.[7]

Die Offiziere spürten die ersten Auswirkungen dieser Veränderung. ObltzS. Siegfried Koitschka, der als Kommandant von *U 616* schließlich das Ritterkreuz erhielt, verlor 1939 seine Hoffnung, auf ein Torpedoboot zu kommen, als ihn die Sanitätsoffiziere bei der ärztlichen Untersuchung als tauglich für den U-Bootdienst qualifizierten. Er sollte bis zu seiner Gefangennahme 1944 bei der U-Bootwaffe bleiben. Werner Henke wurde im März 1940 von seinen Vorgesetzten einfach zur U-Bootausbildung abkommandiert, ungeachtet der Tatsache, dass er für den Dienst auf U-Booten kein Interesse hatte. Oblt. (Ing.) Rudi Töpfer erhielt den Befehl, sich zur U-Bootausbildung zu melden, nachdem ERICH GIESE, sein Zerstörer, im April 1940 bei Narvik gesunken war. Im Oktober 1940 verloren die deutschen Zerstörer FRIEDRICH IHN und FRIEDRICH ECKHOLDT ihre Torpedo- und Artillerieoffiziere, die zur U-Bootwaffe abkommandiert wurden.[8] Im selben Monat lehnte Großadmiral Raeder nachdrücklich die Versetzung von jungen Offizieren in großem Stil zur U-Bootwaffe ab – Versetzungen, die das Indienststellen des Schlachtschiffes TIRPITZ verzögert hätten –;

dennoch blieb das Unvermeidliche bloß aufgeschoben.[9] Ein Jahr später hatte diese Praxis ein Stadium erreicht, dass der Führer der Zerstörer sarkastisch schrieb, er betrachte „es als eine seiner Aufgaben, Offiziere für den Dienst auf U-Booten auszubilden und dann abzukommandieren", selbst auf Kosten der fehlenden Kriegsbereitschaft bei zweien seiner Zerstörer infolge der Versetzungen von Personal.[10]

Der Bedarf der U-Bootwaffe beraubte auch die deutschen Zerstörer und Torpedoboote vieler Ingenieuroffiziere. Einer dieser Offiziere beschrieb seine eigene Abkommandierung zur U-Bootwaffe wie folgt:

> „Ende 1941 hatten alle Zerstörer noch drei Ingenieuroffiziere. Dann wurden die ‚Dritten' allesamt heruntergenommen und zu den U-Booten versetzt. Ich erfuhr dies mit gemischten Gefühlen; denn einerseits verlor ich diese große und starke Antriebsanlage auf dem Zerstörer nicht gern, aber andererseits gefiel es mir, so rasch eine Position als L.I. zu bekommen. Außerdem stand zu diesem Zeitpunkt bei den U-Booten alles zum Besten und sie genossen hohes Ansehen."[11]

Der für das Personal zuständige Offizier im Marineoberkommando Ost (Nachfolger der Marinestation der Ostsee)[11a] kommandierte alle Offiziere zur U-Bootwaffe ab, die von der ärztlichen Untersuchung her als „Tauglich für kleine Fahrzeuge" eingestuft worden waren.[12] Die Seeflieger, die als Marineoffiziere in den 30er-Jahren zur Luftwaffe versetzt worden waren, erwiesen sich ebenfalls als eine ergiebige Quelle für U-Bootoffiziere. Viele meldeten sich freiwillig zur U-Bootwaffe, aber Mitte Dezember 1940 wurde auch eine Gruppe einfach zur U-Bootausbildung abkommandiert.[13] Diese Versetzungen in großem Umfange gingen nach der Ernennung von Dönitz zum ObdM am 30. Januar 1943 weiter. So fanden sich zum Beispiel 125 Offiziere und Fähnriche z.S., die für die Ausbildung als Seeflieger vorgesehen waren, plötzlich zur U-Bootwaffe abkommandiert wieder.[14]

Diese Personalbewegungen führten eine Umwandlung im U-Bootoffizierskorps herbei. Dönitz' Kommandanten sind zu Beginn des Krieges als eine „U-Bootgemeinschaft" innerhalb der Marine beschrieben worden, als Offiziere, deren begrenzte Perspektive sie von ihren Kameraden aus der Flotte absonderte.[15] Sowohl die Stichhaltigkeit als auch die Grenzen dieser Interpretation können aus der früheren Verwendung von 1152 U-Bootkommandanten über den Verlauf des Krieges hinweg ersehen werden, wiedergegeben in Tabelle 17:

TABELLE 17 **Frühere Verwendung von 1152 U-Bootkommandanten**

Verwendung	Anzahl	Prozentsatz
Nur U-Bootwaffe	422	37
Leichte Seestreitkräfte*	294	25
Zerstörer	48	4
Kreuzer, Schlachtschiffe	135	12
Luftwaffe (Seeflieger)	99	9
Marineartillerie (Landeinheit)	114	10
Kommandostäbe	40	3
Insgesamt	*1152*	*100*

Quelle: Zusammengestellt aus Lohmann/Hildebrand: *Die deutsche Kriegsmarine* (Personalien).
* Torpedoboote, Schnellboote, Minensuchboote, Vorpostenboote u.Ä.

Die Angaben offenbaren, dass die Mehrheit der U-Bootkommandanten – neben den vielen, die ausschließlich aus der U-Bootwaffe hervorgingen – tatsächlich aus anderen Bereichen der Marine kamen. Gegenüber dem Beitrag der schweren Überwassereinheiten reflektiert jener der leichten Seestreitkräfte u.ä. wahrscheinlich am besten den verhältnismäßig großen Anteil des Marinepersonals, das im Gegensatz zur verhältnismäßig kleinen Überwasserflotte zur Wahrnehmung von Küstenaufgaben eingesetzt war. Wenn auch das U-Bootpersonal innerhalb der deutschen Marine nicht voll integriert war, so fand sich die Letztere zunehmend innerhalb der U-Bootwaffe wieder.

Doch die Offiziere waren nicht die einzigen, die auf den Booten als außerordentlich qualifizierte Freiwillige gebraucht wurden. Auch technische Spezialisten – wie Diesel- und E-Maschinenpersonal, Funker und Torpedomechaniker – mussten den ständig anwachsenden U-Streitkräften ohne Rücksicht auf personelle Bevorrechtigungen zugeführt werden, wobei die ersten Versetzungen im Frühjahr 1940 begannen. Funkmaat Wolfgang Hirschfeld, Funker auf dem Torpedoboot *T 139*, der im Dezember 1935 in die Marine eingetreten war, erfuhr im April 1940, dass er einfach zur U-Bootwaffe abkommandiert worden war. Die einzige Wahl, die ihm belassen wurde, war die zwischen einer Versetzung auf ein Boot vom Typ VII oder Typ IX.[16] Zumindest bei einer Gelegenheit wurden alle aus ärztlicher Sicht tauglichen Obermaschinisten für Diesel- und E-Motorenanlagen unmittelbar nach dem erfolgreichen Abschluss ihres Lehrgangs an der Marineschule in Kiel auf Front-U-Boote abkommandiert.[17]

Ein Torpedomechaniker erinnerte sich, wie laufbahnmäßige Beförderungen nach der Qualifizierung in eine Rekrutierungstaktik für die U-Bootwaffe umgewandelt wurden. Nach dem Abschluss des Ausbildungslehrgangs vom April bis Juni 1941 an der Torpedoschule in Mürwik wurde den Lehrgangsteilnehmern mitgeteilt, sie erhielten die fällige Beförderung zum Mechanikersmaat erst dann, wenn sie ihre U-Boot-Grundausbildung abgeschlossen hätten – und von da an für den U-Bootdienst geeignet wären.[18] Die Knappheit an PUO's beim seemännischem Personal führte zur Abkommandierung qualifizierter Oberfeldwebel der Bootsmannslaufbahn, selbst wenn sie keine U-Booterfahrung besaßen. Dies geschah einem 42-jährigen Stabsoberbootsmann, der 1944 auf *U 233* (Kptlt. Hans Steen) zu seinem ersten Dienst auf einem U-Boot seit seinem Eintritt in die Marine im Jahre 1921 abkommandiert wurde.[19] Als 1943 weiteres Personal für die im Mittelmeer stationierten U-Boote gebraucht wurde, erhielten alle Mannschaften der in Castellammare del Golfo/Sizilien stationierten 2. Landungsflottille den Befehl, sich zur ärztlichen Untersuchung auf Tauglichkeit für den U-Bootdienst zu melden.[20]

Über die direkten Abkommandierungen hinaus spielte auch ein gewisser Druck eine Rolle, um die weniger begeisterten „Freiwilligen" zu veranlassen, sich zu melden. Ein Maschinenmaat, der auf dem im August 1942 durch britische Streitkräfte versenkten *U 464* (Kptlt. Otto Harms) fuhr, beschrieb seine Rekrutierung Anfang des Jahres in einem abgehörten Gespräch mit einem Kameraden wie folgt:

> „In Kiel taten sie, was sie konnten, um die U-Boote schmackhaft zu machen. Ich hatte daheim versprochen, mich nicht zur U-Bootwaffe zu melden. Dann aber sagten sie uns: ‚Wer will zur U-Bootwaffe?' Ich dachte: Nein, das will ich nicht. Doch einer nach dem anderen hob dann seine Hand und mein Freund meinte:

,Heb' die Hand. Wir bleiben zusammen.' Ich dachte wieder: Nein. Dann zog er meinen Arm hoch, als wir an die Reihe kamen, und unsere Namen wurden notiert. Danach dachte ich: Vielleicht habe ich bei der Untersuchung Glück. Aber sie haben mich genommen."[21]

Auf diese Weise kam so mancher zur U-Bootwaffe, obwohl er dies nicht wollte oder weil ihm kaum eine Wahl blieb. Zudem kamen viele, die in der Marine dienten, immer wieder einmal dem Namen nach zu einem „Freiwilligen"-Status. Sogar schon vor dem Kriege wählten Einberufene die Kriegsmarine als vorzuziehende Alternative, da sie wussten, dass sie ansonsten zum Heer eingezogen würden. „Ich mochte den Gedanken nicht, nach Rußland zu müssen und zu frieren, daher meldete ich mich freiwillig zur Marine", erläuterte ein U-Bootveteran.[22] Somit hatten die Musterungskommissionen die Auswahl unter den Rekruten, soweit diese die Tauglichkeitsprüfungen bestanden hatten, die bei der Marine gebrauchten Fachkenntnisse besaßen und das vorzogen, was für sie ein besseres Leben zu sein schien. Dass diese Männer und die Älteren in der Marine, die sich in den frühen 30er-Jahren für zwölf Jahre verpflichtet hatten, gleichermaßen als „Freiwillige" eingestuft wurden, sollte nicht den Unterschied zwischen ihnen verdecken.

Dennoch konnten sogar solche Motivationen keine ausreichende Anzahl von qualifizierten Rekruten hervorbringen. Anfang Juni 1941 meldete die Marine eine ernsthafte Personalknappheit mit sich sogar noch verschlechternden Aussichten für die unmittelbare Zukunft. Dies betraf vor allem eine unzureichende Anzahl Freiwilliger für die Kampfeinheiten.[23] Diese Lage veranschaulichte die Unzulänglichkeiten bei der noch verbleibenden Kategorie von Rekruten für die Marine: den Wehrpflichtigen.

In der Vorkriegszeit bestanden die jährlichen Einberufungen von Wehrpflichtigen der Marine aus etwa 12.000 – 14.000 Mann im Alter zwischen 18 und 45 Jahren der „seemännischen und halbseemännischen" Bevölkerung. Sie dienten zwei Jahre und bildeten danach die Reserve der Marine. Als der Krieg ausbrach, wurden sie und ihre Fischerboote bzw. anderen zivilen Boote bezeichnenderweise zum Vorposten- und Minensuchdienst bzw. zur Erfüllung von Küstenverteidigungsaufgaben zur Marine eingezogen.[24] Wie ausgedehnt die „halbseemännische" Bevölkerung jedoch interpretiert werden konnte, wurde Gegenstand eines beliebten Witzes 1940 während der Vorbereitungen für die später aufgegebene Landung in England. Auf der verzweifelten Suche nach geeigneten Binnenschiffern frug der Chef einer Musterungskommission einen bayerischen Landstreicher nach seinem Beruf und erhielt in schwer verständlichem bayerischen Dialekt die Antwort „Bianazichta" (Bienenzüchter), worauf er seine sofortige Einberufung befahl.[25]

Infolge ihrer sich ständig ausweitenden Rolle und Verantwortlichkeiten war die Marine bestrebt, ihren Anteil an Wehrpflichtigen zu erhöhen, aber das Oberkommando der Wehrmacht (OKW) regulierte strikt das zur Verfügung stehende Menschenpotential, die rivalisierenden Ansprüche der Teilstreitkräfte entsprechend den dringendsten Forderungen jonglierend. Heer und Luftwaffe hatten im September 1939 Vorrang und die Marine erhielt aus dem gesamten Ersatzkontingent (Freiwillige und Wehrpflichtige) lediglich 9%, eine Zuweisung, die sich ein Jahr später auf 4,4% verringerte. Im Oktober 1941 stieg diese Quote auf 10,2%, den Höhepunkt der Rekrutierung für die Marine, ehe der unersättliche Schlund der Ostfront das deutsche Menschenpotential zu verschlingen begann.

Im November 1942 hatte das OKW die Marinequote auf jährlich 30.000 Freiwillige/Wehrpflichtige festgesetzt. Im Gefolge seiner Ernennung zum ObdM wandte sich jedoch Dönitz mit dem Ersuchen um Billigung eines umfangreichen Programms zur Verstärkung der Marine durch Unterseeboote samt der notwendigen Besatzungen an Hitler. Vom Marinepersonalamt im Mai 1943 entworfene Pläne schlugen die Erhöhung der Jahresquote an Freiwilligen auf 70.000 Mann für die 1926 Geborenen sowie auch eine Ausweitung der Definition für „seemännische Bevölkerung" vor, um mehrere tausend frisch qualifizierte Jugendliche der Marine-HJ einzubeziehen, des Marinezweigs der *Hitlerjugend*. Mehr als 30.000 Jungen aus diesem erheblichen Reservoir – Freiwillige und Wehrpflichtige – wurden vorgesehen, um zur U-Bootwaffe einberufen zu werden.[26] Anlässlich seines Vortrags bei Hitler am 15. Juni 1943 setzte Dönitz diese Zahlen sogar noch höher an.[27].

Dieses Programm und die Statistik werden durch das Erleben eines einzigen Mannes veranschaulicht: Eduard Vogt hatte drei Jahre lang als Kesselschmied bei der Kriegsmarinewerft seiner Geburtsstadt Wilhelmshaven gearbeitet, als er im August 1943 knapp einen Monat nach seinem 18. Geburtstag seinen Einberufungsbescheid zur Marine erhielt. Ihm war nicht bewusst geworden, dass seine Zugehörigkeit zur Marine-HJ und eine administrative Umklassifizierung plötzlich seine Kriegsverwendungsfähigkeit geändert hatten. Nachdem Vogt die ärztliche Untersuchung mit Bravour bestanden hatte, wurde er als „U-Boot-Tauglich" eingestuft und der Mechanikerlaufbahn zugewiesen. Anfang 1944 begann er seine U-Bootausbildung an Bord des früheren KdF-Passagierschiffes ROBERT LEY; wie es schien, war er hiermit zum Frontdienst bestimmt und hatte eine Chance von weniger als 50%, um zu überleben. Doch wie wir im nächsten Kapitel sehen werden, erreichte die Anfang 1944 geplante Verstärkung nie ihr Ziel. Stattdessen verringerte sich der Umfang der U-Bootwaffe, als sich der Schwerpunkt auf die neuen Unterseebootstypen verlagerte. Vogt wurde in die Reserve nach Kiel versetzt. Dort verbrachte er den Rest des Krieges in einer U-Boot-Reparaturwerkstätte. Dass er nie auf ein U-Boot kam, könnte bloßes Glück oder eine bewusste Entscheidung bedeuten, um den weiteren Einsatz von Wehrpflichtigen zu vermeiden, vor allem da die Einführung der neuen, modernen U-Boottypen ein verstärktes Zurückgreifen auf bereits ausgebildete und erfahrene U-Bootmänner mit sich brachte.[28]

Die Zuweisung von Wehrpflichtigen zur U-Bootwaffe blieb eine Seltenheit; die Mehrheit jener, die diesen Status für sich beanspruchten, tauchen bei den Kriegsgefangenen von U-Booten nur 1943/44 auf, ihre Verbindung zum teilweise durchgeführten Flottenbauprogramm aus dieser Zeit untermauernd. Manche behaupteten, aus Mischehen mit einem polnischen Elternteil zu stammen; aber polnisch klingende Familiennamen waren in der deutschen Wehrmacht durchaus nichts Ungewöhnliches. Vier Überlebende von *U 505*, im Juni 1944 auf See gefangen genommen, berichteten zwar ihren Vernehmungsoffizieren, sie wären Wehrpflichtige, aber dies könnte auch eine Fehlinterpretation ihrer unfreiwilligen Abkommandierung zum U-Bootdienst bedeuten.[29] Zudem gibt es keinen Beweis dafür, dass Einzelne gezwungen worden wären, an Bord von Unterseebooten zu bleiben, ein Zustand, der für die übrige Besatzung genauso unerwünscht gewesen wäre wie für die Betroffenen selbst.

Obwohl sich die Zugehörigkeit zur U-Bootwaffe in der deutschen Marine als weniger freiwillig erwies, wie dies damals verkündet wurde, so sollte doch auch nicht zu viel Wesens darum gemacht werden. Jeder, der sich für den U-Bootdienst als ungeeignet zeigte, blieb nicht lange dabei; dies forderte schon die Sicherheit der übrigen Besatzung. Wie viele echte Freiwillige blieben dann übrig? „Ich schätze, dass 80% wirklich Freiwillige waren, aber von Ende 1942 an ... gab es nicht mehr so viele", rief sich ein Bootsmannsmaat ins Gedächtnis und setzte noch hinzu: „Ich erinnere mich an das fast vollständige Fehlen verheirateter Freiwilliger nach diesem Zeitpunkt."[30] Andererseits gab es zu keiner Zeit einen Mangel an Freiwilligen. Studien des U-Boot-Archivs lassen erkennen, dass 1944 nur 37% von jenen, die sich zur U-Bootwaffe bewarben, angenommen wurden.[31] Wenn viele auf den U-Booten nicht so ganz freiwillig dienten, dann deshalb, weil eine beträchtliche Anzahl der Freiwilligen den Maßstäben nicht gerecht wurde.

Darüber hinaus trug das Verfahren, aus der gesamten Marine das Personal zu ergänzen, dazu bei, die U-Bootwaffe in die Kriegsmarine als Ganzes zu integrieren. Aus einem exklusiven, aber abgesonderten Dienstzweig entwickelten sich die U-Bootfahrer direkt zur gefährlichsten Waffengattung der gesamten Marine. Das Selbstbewusstsein des Elitestatus veränderte sich allmählich zu einem objektiveren und professionelleren Gleichmut. Ein U-Bootoffizier, der von 1942 – 1945 zur See fuhr, drückte diese Haltung so aus: „Wir hatten das Gefühl, wir erfüllten unsere Aufgabe genauso wie andere auch. Jeder in der Marine musste eine schwere Last tragen und die unsere war nicht schlimmer als die der anderen auch."[32] Wenn tatsächlich eine bedeutende Anzahl nicht freiwillig den U-Bootdienst wählte, dann bedarf es mehr als das Prestige der U-Bootwaffe, um ihre Fähigkeit zu erklären, die Verluste zu ertragen, wie dies der Fall war. Um eine Erklärung zu erhalten, müssen wir das Verfahren untersuchen, das aus ihnen U-Bootfahrer machte.

„Auf Feindfahrt mit Barkow!"

Der gewaltige Bedarf an Rekruten für die U-Boote, ob nun freiwillig oder nicht, bedeutete eine ungeheure Anspannung für ihre Ausbildungseinrichtungen, da das Bestreben bestand, die Verluste zu ersetzen, die Anzahl der Frontboote beträchtlich zu erhöhen und einen erfahrenen Ausbildungskader zu schaffen. Dass eine Streitkraft von 3000 Mann im September 1939 mit einer Verlustrate von 40% im ersten Kriegsjahr in der Lage sein konnte, bis zum Juli 1942 eine Frontstärke von über 13.000 Mann zu erreichen, zeugt von einer umfassenden Leistung.

Dies konnte nur durch vielfältig erfolgte Straffungen zu Stande gebracht werden. So wurden zum Beispiel viele neu ernannte Offiziere direkt den U-Booten als Wachoffiziere zugeteilt; sie bedurften daher nur einer abgekürzten Ausbildung, um ihren Aufstieg in Führungsfunktionen abzuschließen. Dringender Personalbedarf führte gelegentlich zum direkten Durchschleusen neuer Rekruten unmittelbar von der Grundausbildung auf die Kampfboote ohne vorausgegangene U-Bootausbildung, wie dies von Kriegsgefangenen behauptet wurde, gerettet aus drei durch US-Streitkräfte versenkten U-Booten. Dasselbe geschah auch mit Günter Koch, einem Befragten aus unserem Querschnitt, der sich im Dezember 1942 als Smutje an Bord von *U 66* (Kptlt. Friedrich Markworth) kommandiert wieder fand.[33] Die Mehrheit der U-Bootmänner durchlief jedoch einen regulären, aus zwei Abschnitten bestehenden Ausbildungsprozess, und zwar eine Grundphase für den Einzelnen und später eine zweite Phase, in der leistungsfähige Besatzungen geformt wurden. Im Verlauf des Krieges variierten jedoch beide Ausbildungsphasen vom Umfang und von der Qualität her.

Die früheste Vorkriegsausbildung fand im Geheimen unter dem Deckmantel der Bezeichnung *U-Boot-Abwehrschule (UAS)* der Reichsmarine statt, eingerichtet am 1. Oktober 1933 in Kiel. Innerhalb des nächsten Jahres durchliefen nur eine Klasse aus sieben See- und zwei Ingenieuroffizieren sowie etwa 70 – 80 Mannschaften einen Lehrgang an dieser Einrichtung, die politischen Besorgnisse und den zeitweiligen Aufschub des geplanten U-Bootbaus reflektierend.[34] Während des Jahres 1935 blieb die neue Ausbildung vom ungleichmäßigen Tempo des U-Bootbaus abhängig. Die Lehrgangsteilnehmer erhielten im Lehrsaal Unterricht über die technischen Gesichtspunkte des U-Bootsentwurfs, die Antriebssysteme, das Trimmen und die Tauchfahrt des Unterseebootes sowie über Entkommenstechniken unter Wasser. „In den ersten Wochen des Kursus wurden wir mit Theorie bis zur Halskrause vollgestopft", schrieb Günther Prien, der seine sechsmonatige Ausbildung im Oktober 1935 begann. Priens Lehrgang, zu dem auch die zukünftigen Asse Joachim Schepke und Viktor Schütze gehörten, wurde der erste, der Anfang 1936 an Bord der ersten deutschen U-Boote seine Ausbildung erhielt.[35]

Mit der Aufstellung der U-Flottille „Weddigen" Ende September 1935 unter KptzS. Karl Dönitz setzte ein regelmäßiges sechs Monate dauerndes Ausbildungsprogramm ein. Sechs U-Boote vom Typ II A – *U 1* bis *U 6* – bildeten den Schulverband. Auf ihnen verbrachte jeder Auszubildende zwischen vier und 20 Tagen in See (je nach Laufbahn-Ausbildung), um zusätzlich zum Unterricht im Lehrsaal durch praktische Unterweisung die Realität an Bord kennen zu lernen. Gefechtsübungen und Torpedoangriffe wurden jedoch mit den Kampfbooten der U-Flottille – anfänglich *U 7* bis *U 12* – durchgeführt, wobei so viel Zeit wie möglich in See zugebracht wurde. Jedes U-Boot führte je 66 simulierte Torpedoabschüsse (mit einem „Druckluft-Ausstoß", da es nur wenige Torpedos gab, die zudem noch teuer waren) als Überwasser- wie auch als Unterwasserangriffe durch, ehe die detaillierte taktische Ausbildung (erster Torpedo-Schießabschnitt) erfolgte. Zur Letzteren gehörten taktische Übungen bei Tag und Nacht, die Durchführung von Überwasser- und Unterwasserangriffen, Überlebensmanöver und die Bedienung der Boote bei Tauchfahrt. Das Erproben weiterer in Dienst zu stellender bzw. gestellter U-Boote oblag seit dem 1. Juni 1935 dem *Erprobungsausschuß für U-Bootneubauten (EAU),* ab 1. Februar 1937 als *Erprobungsgruppe U-Boote* dem Erprobungskommando für Kriegsschiffneubauten unterstellt und am 1. Januar 1940 in *U-Bootabnahmekommando (UAK bei BdU org)* umgewandelt. Vom Umfang her umfassten die Erprobungen sowohl Druckkörper, Antriebsanlagen und Einrichtungen der Boote als auch die Fähigkeit der Besatzungen, sie zu bedienen. Die zunehmende Vergrößerung der U-Bootwaffe zwang im Mai 1937 zur Verlegung der U-Bootschule (die Tarnbezeichnung UAS war bereits seit längerem aufgegeben worden) von Kiel nach Neustadt in Holstein und die zu dieser Ausbildungseinrichtung gehörende Schulflottille umfasste im August 1939 bereits zwölf U-Boote.[36]

Gründlich, wie die Ausbildung war, vermittelte sie auch angesichts der vermuteten Überlegenheit der alliierten Technik den optimistischen Geist einer „Wir schaffen es!"-Einstellung. Vor allem Dönitz strebte danach, dem weit verbreiteten Glauben den Nimbus zu nehmen, wonach das Sonar (oder das *Asdic*, wie die britische Bezeichnung lautete) den Unterseebooten den Mantel der Unsichtbarkeit abstreifen würde, eine Überzeugung, die von den U-Bootkommandanten des Ersten Weltkrieges 1934/35 in ihren Ausbildungslektionen an der U-Bootschule vermittelt wurde.[37] Als Beweis seines Erfolgs in dieser Hinsicht zitierte er später den Kommentar, den einer seiner Kommandanten nach dem Kriege abgab:

> „Das Bemerkenswerteste an diesem Ausbildungsjahr 1935 bis 1936 ist die Tatsache, daß allen Kommandanten und Besatzungen der unzweifelhaft weitverbreitete Komplex, das U-Boot sei eine überholte Waffe und zu einer Kraftleistung infolge der hoch gezüchteten U-Bootabwehr nicht mehr befähigt, genommen wurde."[38]

Dennoch ging diese Beweisführung nicht glatt vonstatten. Die erste taktische Übung, durchgeführt im Frühjahr 1939 in der Kieler Bucht, bei der U-Boote gegen ein mit einer aktiven Schallortungsanlage ausgerüstetes U-Jagdfahrzeug operierten, scheiterte völlig. Zum Ärger von Dönitz wurden die U-Boote geortet, noch ehe sie einen Torpedo abfeuern konnten. In den sich anschließenden Übungen im Mai und Juni in der mittleren Ostsee und im Skagerrak verkehrte er das Urteil durch erfolgreich simulierte U-Bootangriffe ins Gegenteil, indem die U-Boote einer aktiven Schallortung auswichen. Nach Ansicht eines an der U-Abwehr während dieser Übungen beteiligten Marineoffiziers war die Unwirksamkeit der aktiven Schallortung hier weniger auf eine überlegene Taktik als vielmehr auf die wärmeren Strömungen in den Gewässern der Ostsee zurückzuführen.[39] Für den neuen Befehlshaber der U-Boote, der seinen Besatzungen bezüglich ihrer eigenen Fähigkeiten Zuversicht einflößte, bedeutete dies mehr als der technische Vorgang. Doch noch ehe der April 1940 zu Ende ging, sollte Dönitz nachdrücklich auf wirksame Maßnahmen oder Geräte gegen das Asdic als „der dringendsten Aufgabe" bestehen, „entscheidend für den Erfolg des kommenden U-Bootkrieges".[40]

Gegen Ende der Herbstmanöver 1938 ließ Dönitz eine ähnliche Abneigung gegen die Funkmessentwicklung erkennen. ObltzS. Otto Köhler, damals Funkoffizier auf der KÖNIGSBERG sowie Verbindungsoffizier zu Dönitz und dessen Stab, die während des Manövers an Bord des Leichten Kreuzers untergebracht waren, wies korrekt darauf hin, dass die Funkmessgeräte von der Entwicklung her bald die Fähigkeit besitzen würden, Objekte auf der Wasseroberfläche und bei Nacht zu orten, die kleiner als Markierungsbojen wären. Die unbeeindruckten U-Bootoffiziere verspotteten diese Vorstellung. Köhler hatte als Kommandant von *U 377* Gelegenheit, 1943 an diese Diskussion zu erinnern, als er auf dem Rückmarsch aus dem Einsatzraum knapp den radargelenkten britischen Angriffen entkam.[41]

Diese Beispiele illustrieren die Einstellung der U-Bootführung gegen U-Abwehrtechniken, als der Krieg begann. Es herrschte der Glaube vor, menschliche Klugheit und Entschlossenheit könnten die technischen Fähigkeiten der Ortungsgeräte überwinden oder aufheben und die Technik müsste sich schließlich dem menschlichen Geist beugen. Doch so lobenswert auch das Bestreben von Dönitz war, seinen Männern Zuversicht einzuimpfen, es war auf lange Sicht nicht von der Suche nach Antworten auf die technischen Probleme begleitet, die Asdic/Sonar und Radar für den U-Bootkrieg bereithielten. Gemeinsam mit den Routinelektionen über Auftrieb und Trimm bei Tauchfahrt wurde dieses Einbläuen von Zuversicht Teil des Ausbildungsprogramms, das den U-Bootmännern gelehrt wurde. In den ersten Kriegsjahren trugen solche Lektionen zweifellos zur Aggressivität und zum Erfolg der U-Bootkommandanten bei. Doch von 1943 an machten die Fortschritte der alliierten Ortungstechnik und Waffenentwicklung eine derartige Einstellung gefährlich für das Überleben.

Der Ausbruch des Krieges begann sich sofort auf die U-Bootausbildung auszuwirken. Die gesamte Schulflottille musste während des Polenfeldzuges eingesetzt werden (wenn auch nur zur Wahrnehmung defensiver Aufgaben), ein Einsatz, der sich im folgenden April während der Besetzung Norwegens wiederholte.[42] Die schweren Verluste und die Notwendigkeit, eine maximale Kampfkraft aufrechtzuerhalten, zwang zur Aufgabe des Vorkriegsverfahrens, Wachoffiziere und PUO's einzusetzen, um neue Besatzungen auszubilden.[43] Beim Umreißen seiner Erweiterungspläne im November 1939 zollte Dönitz dem Grundsatz „Qualität vor Quantität" in der Kriegsausbildung nur noch ein Lippenbekenntnis, sogar als er einräumte, dass jeder in der Ausbildung stehende U-Bootfahrer nicht länger erwarten könnte, eine praktische U-Bootserfahrung vermittelt zu bekommen. Dasselbe Dokument sah auch die Einrichtung einer zweiten U-Bootschule zur Ausbildung am 1. Juli 1940 in Gotenhafen vor.[44]

Im Verlaufe des Jahres 1940 nahm die Organisationsstruktur für die U-Bootausbildung ihre grundsätzliche Kriegsform an. Dönitz musste zunächst den Vorschlag des OKM abwehren, die Ausbildungseinheiten nach dem Zusammenbruch Frankreichs an der Front einzusetzen, und dann erfolgreich eine heftige administrative Auseinandersetzung führen, um die Ausbildung in seiner Zuständigkeit zu behalten, die Raeder dem Kommandierenden Admiral der Marinestation der Ostsee unterstellen wollte. Nachdem sich Dönitz dieses Vorrecht gesichert hatte, vereinigte Dönitz die Verwaltungs- und die Ausbildungsaufgaben seines Kommandobereiches unter dem damaligen KptzS. v. Friedeburg. Damit entstand neben der BdU/Operationsabteilung – BdU op – (KptzS. Godt) die BdU/Organisisationsabteilung oder BdU org. Wie wir gesehen haben, bot Hans-Georg v. Friedeburg in dieser Stellung Kontinuität und dies galt auch während des gesamten Krieges für seine späteren Stellungen zunächst als 2. Admiral der U-Boote und dann als Kommandierender Admiral der U-Boote. Nach Ansicht eines ehemaligen Flottillenchefs hatte es Dönitz einzig dem genialen Organisationstalent Admiral v. Friedeburgs zu verdanken, dass Ausbildungseinrichtungen errichtet und Ausbildungsprogramme aufgestellt wurden, um neue U-Boote mit frischen Besatzungen an die Front zu bringen.

Hans-Georg v. Friedeburg traf eine seiner ersten und zugleich wichtigsten Entscheidungen im April 1940, als die Alliierten die Gewässer vor Kiel verminten, so dass die *U-Bootschule* (ab Mai 1940 die *1. U-Bootschule*) gezwungen war, in den ostpreußischen Hafen Pillau bei Königsberg zu verlegen. Dort erfolgte Mitte Juni 1940 ihre Umbenennung in *1. Unterseebootslehrdivision* oder *1. ULD* unter FKpt. Hans Ibbeken. Die neue U-Bootsschule in Gotenhafen eröffnete durch Bauverzögerung im November 1940 als *2. Unterseebootslehrdivision (2. ULD)* unter FKpt. Werner Hartmann, der als Kommandant von *U 37* in den ersten sieben Monaten des Krieges über 100.000 BRT an Schiffsraum versenkt hatte.[45] (Eine Übersicht zu den Ausbildungseinrichtungen mit Stand vom 1. Juli 1942 ist aus dem Organisationsschema der U-Bootwaffe in Anhang 3 auf Seite 265 zu ersehen.)

Jede ULD umfasste zwischen 2000 und 4000 Schüler und bestand aus zwei Abteilungen, wobei die zahlenmäßig größere für die Mannschaften und die kleinere für die Offiziere und Unteroffiziere bestimmt war. Jede Abteilung war wiederum in Kompanien zwischen 90 bis 250 Mann je nach Dienstrang und Laufbahn gegliedert. Daneben gab es besondere Lehrgänge für künftige Kommandanten, Leitende Ingenieure und Wachoffiziere. Die Auszubildenden wohnten an Bord von ehemaligen Passagierschiffen, die in Wohn- und Ausbildungsschiffe umgewandelt waren, oder in Kasernen an Land und brachten ihre Zeit mit theoretischer und praktischer Ausbildung zu. Die ernsthaftesten Prüfungen betrafen die Notausstiegsübungen, die sich mehrere Male wiederholten. Sie wurden in einem acht Meter tiefen Wassertank mit und ohne Tauchretter (einer Art künstlichen Lunge, bekannt als Dräger-Gerät) durchgeführt. Ein Prozent der bei diesen Übungen getesteten Auszubildenden erlitt ernste Mittelohrverletzungen einschließlich Platzen der Trommelfelle, weshalb die Anzahl dieser Übungen verringert wurde. Letztlich waren die meisten Übungen dieser Art angesichts der Schnelligkeit der Vernichtung und der Tiefen der Meere rein akademischer Natur. Dennoch sollten die Tauchretter U-Bootmännern aus zumindest zwölf gesunkenen U-Booten das Leben retten. Die größten Tiefen, aus denen Überlebende den Notausstieg wagten und an die Oberfläche gelangten, lagen bei 70 m und 73 m. Im ersteren Fall handelte es sich um ein Besatzungsmitglied von *U 767* (ObltzS. Walter Dankleff) vor der Isle of Wight im Juni 1944, im zweiten um Obersteuermann Klaussen von *U 1199* (Kptlt. Rolf Nollmann) im Januar 1945 im Englischen Kanal.[46]

Für die Übungen in See war jeder ULD eine Schulflottille von annähernd 20 U-Booten verschiedener Typen beigegeben, und zwar die *21. U-Flottille* (entstanden aus dem früheren Schulverband) in Pillau und die *22. U-Flottille* in Gotenhafen. Ursprünglich mit der Absicht aufgestellt, allen Auszubildenden eine praktische U-Bootausbildung zu vermitteln, blieb es jedoch diesen Flottillen zunehmend vorbehalten, Offiziere und Unteroffiziere zu schulen. Ende 1941, als die rasche Verstärkung der U-Bootwaffe höchste Anforderungen an das Ausbildungsprogramm stellte, erhielten nur die fünf Besten aus den Mannschaftskompanien in Pillau das Privileg, an Bord eines U-Bootes in See ausgebildet zu werden. Die Übrigen mussten mit Übungen auf Minensuchbooten und schnellen abendlichen Besichtigungen der im Hafen vertäut liegenden U-Boote vorlieb nehmen. Selbst mit der Aufstellung der 3. ULD im September 1943 (hauptsächlich für technisches Personal vorgesehen) und der 4. ULD im Februar 1944 (weitgehend für das technische Personal der neuen U-Boottypen bestimmt) verbesserte sich diese Situation nicht wesentlich, da sich der Schwerpunkt hin zu den U-Booten des neuen Typs XXI verlagerte, für den keine Schulboote zur Verfügung standen.[47]

Die Mannschaften schlossen ihre ULD-Ausbildung anfangs in sechs Monaten ab, später wurde sie auf drei Monate und dann auf acht Wochen verringert. Bei den Funkern und den Torpedomechanikern erfuhr die fachliche Ausbildungszeit sogar eine Herabsetzung auf nur fünf Wochen. Wie bei den Offizieren wurde die Ausbildung mit den steigenden Personalstärken entsprechend verkürzt. Vom September 1942 bis zum Dezember 1943 durchliefen etwa 15.000 Rekruten allein die 2. ULD in Gotenhafen. Ein Teil von ihnen kam sofort auf U-Boote, besonders technisches Personal, das erforderlich war, um durch Krankheit oder Versetzung frei gewordene Lücken zu füllen. Der Großteil von ihnen wurde jedoch als Personalreserve in den *Unterseebootsausbildungsabteilungen (UAA)* in Bereitschaft gehalten: *1. UAA* in Plön (Februar 1940), *2. UAA* in Neustadt i.H. (April 1941) und *3. UAA* in Pillau (April 1943). Entsprechend der 4. ULD bestand sogar für kurze Zeit (Februar – November 1944) die 4. UAA für die neuen U-Boottypen. In den UAA's erhielten auch erfahrene U-Bootmänner turnusmäßig eine zusätzliche Ausbildung oder absolvierten Auffrischungslehrgänge, so zum Beispiel für Köche, Flakbedienungen oder Maschinenpersonal. Die Angehörigen der UAA's mussten jedoch zur jederzeitigen Abkommandierung auf ein U-Boot verfügbar sein.

Bei den Befragten unseres Querschnitts, die 1941 zur U-Bootwaffe kamen, schwankten die Ausbildungszeiten beträchtlich. Zwei fanden sich fünf Monate nach Eintritt in die Marine auf U-Booten wieder, drei verbrachten weniger als drei Monate in der U-Bootausbildung und einer durchlief sie sogar in nur sieben Wochen. Wieder andere erfuhren dagegen die standardmäßigen Ausbildungszeiten von fünf bzw. sechs Monaten. Das Vorhandensein derartiger Unterschiede in einem einzigen Kalenderjahr lässt darauf schließen, dass – wie bei den U-Bootkommandanten auch – die persönliche Beurteilung der Fähigkeiten des Einzelnen über den Umfang der erhaltenen Ausbildung entschied.[48]

Für Seeoffiziere vollzog sich die praktische Ausbildung auf Unterseebooten im Allgemeinen wechselweise mit theoretischem Unterricht auf wöchentlicher Grundlage, wobei während eines achtwöchigen Lehrgangs durchschnittlich insgesamt 17 – 18 Tage in See verbracht wurden. Die Hörsäle selbst boten an komplizierten Simulatoren Möglichkeiten der praktischen Demonstration und Ausbildung. Einer dieser Simulatoren bestand zum Beispiel aus einer Attrappe der Brücke auf einem U-Bootturm mit dem aufgesetzten Doppelglas der U-Bootzieloptik, durch das die Offiziere Schiffsmodelle anvisierten, um die Entfernung und den Vorhaltewinkel für einen Überwasser-Torpedoangriff zu ermitteln. Komplizierter war das in Neustadt/Holstein benutzte „Fahrt-Gerät" (F-Gerät): Ein maßstabgerechter, um seine Achse drehbarer Kommandoturm, aufgehängt über einem großen Wassertank, auf dessen Wasseroberfläche sich Miniaturschiffe als Einzelfahrer oder in Geleitzugformation bewegten. Der Auszubildende saß im Kommandoturm und blickte durch die Optik des ausgefahrenen Angriffssehrohres auf die Wasseroberfläche. Die Schiffsmodelle, auf Metallstäbe montiert und von einem Zivilisten bedient, konnten verschiedene Geschwindigkeiten simulieren, indem sie auf das Sehrohr zu oder von ihm weg bewegt wurden. Auch die Lichtverhältnisse und der Seegang konnten verändert werden, um Tag- oder Nachtangriffe auf Geleitzüge in rauer oder ruhiger See nachzubilden. Von den Auszubildenden wurde die Durchführung von 15 erfolgreichen „Unterwasser"-Angriffen mit diesem Gerät auf Geleitzüge erwartet. Danach konnten sie sagen, sie wären „Auf Feindfahrt mit Barkow!" gewesen – der Name des Mannes, der die Steuervorrichtung für die Schiffsmodelle bediente.[49]

Zur Ausbildung der Wachoffiziere gehörte auch die Beherrschung einfacherer Einrichtungen. Eine ihrer Pflichten an Bord bestand im Auspumpen des Inhalts einer U-Bootstoilette in 20 m Wassertiefe, eine relativ einfache Aufgabe im Vergleich zu der des Hochdruck-Aborts, der im späteren Verlauf des Krieges in Gebrauch kam, aber eine Aufgabe, die jedem von ihnen den humorvoll so genannten „W.C.-Schein" einbrachte. Über ihren praktischen Wert hinaus trugen solche Übungen dazu bei, Offiziere mit den Intimitäten des U-Bootlebens vertraut zu machen und die Barrieren zwischen Offizieren und Mannschaften zu lockern.[50]

Wenn auch kriegsbedingte Notwendigkeiten die Ausbildungszeiten in den ULD's für Seeoffiziere von drei Monaten auf acht Wochen verkürzten, so absolvierten künftige Kommandanten noch durchschnittlich sechs Monate an Gesamtausbildung. Nach einer speziellen Torpedo- und Funkausbildung schloss ihre besondere Unterrichtung mit einem vier- bis sechswöchigen Kommandanten-Lehrgang bei der *24. U-Flottille* in Memel (später durch die *23. U-Flottille* in Danzig unterstützt) ab. Diesen Lehrgang mussten auch U-Bootwachoffiziere ablegen, die im Übrigen das restliche Kommandanten-Ausbildungsprogramm beiseite lassen konnten. Hierbei erlernten im Monatsdurchschnitt 18 – 20 künftige Kommandanten die Feinheiten der Schießkunst bei Überwasser- und Unterwasser-Torpedoangriffen unter Anleitung so erfahrener Atlantik-Veteranen wie FKpt. Karl-Friedrich Merten, verbunden mit praktischer Erfahrung, um mit dem Asdic/Sonar fertig zu werden. Die Schulboote selbst wurden von ehemaligen Wachoffizieren geführt, die noch nicht alt genug für ein Frontkommando waren. Der Höhepunkt des Lehrgangs war ein anstrengender, mehrere Tage dauernder Torpedoschießabschnitt – ein hohe Anforderungen stellendes Tagesprogramm, das Angriffsübungen von 7 Uhr morgens bis 3 Uhr nachmittags umfasste, gefolgt vom erneuten Anbordnehmen von Torpedos und anschließenden Nachtschießübungen von 8 Uhr abends bis Mitternacht oder sogar bis 2 Uhr in der Frühe, dem sich wiederum ein erneutes Anbordnehmen von Torpedos für den nächsten Tag anschloss. Jeder der angehenden Kommandanten schoss üblicherweise 35 – 50 Torpedos im Verlaufe von 20 – 30 verschiedenen Angriffsübungen unter wechselnder Simulation der Frontbedingungen. Diese Übungen fanden ohne Unterbrechungen statt und das Ausbildungspersonal selbst erhielt nur an jedem vierten Wochenende Urlaub.[51]

Mit dem Abschluss dieses letzten Lehrgangs konnte der künftige Kommandant sein eigenes Boot erhalten, entweder um einen Frontkommandanten abzulösen (genau das Richtige für einen erfahrenen Wachoffizier), um ein Schulboot oder – am wahrscheinlichsten – das Kommando über ein neues Unterseeboot zu übernehmen. Mit dem Letzteren begann ein zweiter Ausbildungsabschnitt.

Frontreif

Der für ein neues Unterseeboot vorgesehene Kommandant begab sich zunächst zu einer der U-Bootbauwerften, auf der sein Boot die letzten Stadien der Fertigstellung durchlief. Dort sollte er bereits seinen LI antreffen, der sich mit einem Teil des Maschinenpersonals schon in der ersten Phase der Baubelehrung befand. Möglicherweise begegnete er auch bereits dem I WO und den übrigen PUO's, die ebenfalls die Baubelehrungsphase in Angriff nahmen. Diese vier bis sechs Wochen dauernde Zeitspanne gestattete den Offizieren und Unteroffizieren, ihr neues Boot genau kennen zu lernen, seine Fähigkeiten und Grenzen mit den Fachleuten und Arbeitern der Werft (im Marinejargon als „Werftgrandis" bezeichnet) zu diskutieren und vielleicht kleine Änderungsvorschläge zu veranlassen. Nicht weniger wichtig war dabei, dass die Baubelehrung den Offizieren und Unteroffizieren die Gelegenheit bot, miteinander genauer bekannt zu werden. In den letzten Wochen traf dann auch nacheinander der Rest der Besatzung auf der Werft ein. Üblicherweise bestand die Besatzung aus einer Mischung aus erfahrenen und frisch beförderten Unteroffizieren und Mannschaften, die von einer ULD bzw. UAA kamen. Mit einer förmlichen Indienststellungszeremonie, an der neben den Vertretern der Werft und den zuständigen Marinebaubeamten auch häufig örtliche Würdenträger und U-Bootveteranen des Ersten Weltkrieges teilnahmen, stellte dann der Kommandant mit Heißen von Flagge und Wimpel das Boot und seine Besatzung als eine Einheit der Kriegsmarine in Dienst. Hiermit ging das Boot auch in das Eigentum der Kriegsmarine über. Häufig erhielt jeder Angehörige der Besatzung von der Bauwerft eine kleine Erinnerungsgabe – zum Beispiel ein Fotoalbum u.Ä. –, die er zusammen mit der blauen Marineuniform wegstaute, wenn im Anschluss an diese Zeremonie die See-Erprobungen und die erschöpfende Ausbildungszeit begannen.

Der erste Abschnitt vollzog sich in Kiel, wenn in den nächsten zwei oder mehr Wochen das *U-Bootabnahmekommando (UAK)* die Druckkörper- und Maschinenerprobungen durchführte. Diese grundlegenden Erprobungen im Kieler Druckdock bei simulierten Tiefen bis zu 90 m (Sicherheitstauchtiefe) sollten kleinere Lecks aufdecken, die unweigerlich bei neuen Booten auftraten. Dem schlossen sich die Maschinenerprobungen der Antriebssysteme bei wechselnden Geschwindigkeiten sowohl über als auch unter Wasser an. Die Tauch- und Trimmerprobungen prüften die Fähigkeiten der Besatzung – und besonders die der Offiziere –, um ein getauchtes Unterseeboot zu handhaben, sowie auch die Seetüchtigkeit des Bootes. Zur Beurteilung gelangte auch die Bedienung der Torpedorohre, des Decksgeschützes, der Funkanlage und der Fla-Bewaffnung. Schließlich wurde der Bootskörper noch „abgewischt", d.h. entmagnetisiert. (Hierbei wurde der metallische Bootskörper der Einwirkung eines äußeren, seine Polarität verändernden Magnetfeldes ausgesetzt. Der damit erreichte Schutz gegen Magnetminen hielt aber – ohne *Magnetischen Eigenschutz (MES)* – nur eine kurze Zeit vor.)

Den nächsten Schritt bildeten die Schleichfahrt-Erprobungen. Sie wurden in der Regel vor Rönne an der Westküste der Insel Bornholm durchgeführt. Dort maßen Horchstationen an Land mit Unterwassermikrofonen die Geräusche des Bootes, wenn es auf Grund lag oder unter Wasser mit Schleichfahrt dahinglitt. Bei den Erprobungen, die sich über mehrere Tage erstreckten, wurden die Geräuschdaten der E-Motoren des Bootes, der Hilfsmaschinen an Bord, der Trimm-Manöver, der Ruderbewegungen und der Weitergabe von Befehlen gesammelt und die optimale Schleichfahrt-Geschwindigkeit des U-Bootes festgelegt.

Danach variierte der weitere Verlauf der Ausbildung je nach Zeitspanne und Umstände. Hatte das Unterseeboot einen erfahrenen Kommandanten konnte sich seine Ausbildung lediglich auf ein paar Wochen mit Torpedoschieß- und taktischen Gefechtsübungen beschränken, ehe es nach Kiel zurückkehrte, um zur ersten Feindfahrt auszurüsten, sofern keine Restarbeiten in der Werft mehr zu erledigen waren. Für unerfahrene Kommandanten und Besatzungen war bis 1942 ein umfangreicheres und standardisiertes Programm erarbeitet worden, beginnend mit zusätzlichen Maschinen- und Geschwindigkeits-Erprobungsfahrten bei der *U-Bootausbildungsgruppe (UAG)* in Danzig, die acht Tage dauerten. Anschließend verlegte das U-Boot für zwei bis drei Tage nach Gotenhafen zu Torpedo-Erprobungen. Hierbei wurden zum ersten Mal echte Torpedos verwendet, um den Abfeuerungsmechanismus zu prüfen. Mit dem Abschluss dieser Erprobungen endeten für die Besatzung die gemütlichen Ausbildungstage, denn dann verlegte das U-Boot nach Hela an der Spitze der gleichnamigen Halbinsel zur gefürchteten Agru-Front.

Die *Technische Ausbildungsgruppe für Front-U-Boote (Agru-Front)* entstand im Herbst 1941 und entwickelte sich zu einer unorthodoxen, aber außerordentlich realistischen Einrichtung zur Erprobung des fachlichen Könnens und des Mutes der U-Bootmänner. Der anfänglich nur zwei Wochen dauernde Lehrgang wurde nach und nach auf fünf Wochen verlängert. Er umfasste zermürbende und gefährliche Erprobungen von simulierten Notsituationen in tiefen Gewässern, unterbrochen durch zusätzliche theoretische Unterrichtungen im Lehrsaal. Hierzu kam ein Ausbildungsoffizier mit umfangreicher Kampferfahrung an Bord – so z.B. Kptlt. (Ing.) Gerd Suhren, der als erster LI eines U-Bootes das Ritterkreuz erhielt, Bruder des Kommandanten Reinhard („Teddy") Suhren, eines U-Bootasses –, um plötzliche Schwierigkeiten bei der Durchführung der Manöver zu inszenieren. Er konnte während eines Schnelltauchmanövers bei voller Fahrt Steuereinrichtungen für ausgefallen erklären oder die Besatzung zwingen, beim Schein von Taschenlampen simulierte Schäden zu reparieren, während er eine Rauchbombe zündete. Derartige Übungen erprobten die Fähigkeit der Besatzung, mit Notfällen fertig zu werden, ohne in Panik zu geraten, und bereitete sie auf die Realitäten der atlantischen Kriegsführung vor, sogar um den Preis, ernste Ausbildungsrisiken in Kauf zu nehmen. Suhren selbst musste die Kontrolle über das absinkende *U 512* zurückgewinnen, um während einer Erprobung im April 1942 der Vernichtung zu entgehen. Andere Übungen befassten sich speziell mit Maßnahmen bei Wasserbombenangriffen und ab 1944 mit dem Gebrauch der Schnorchelanlage.

Kein Wunder, dass diese nervenaufreibenden Erprobungen der *Agru-Front* unter den U-Bootfahrern den Spitznamen „Die fünfte Kolonne" einbrachten. Nach dem Abschluss dieses Kursus konnte die U-Bootbesatzung jedoch stolz einen roten Winkel unter ein tauchendes U-Boot in einem Kranz aus Eichenblättern malen, das Emblem der *Agru-Front*, wonach das Unterseeboot für „Frontreif!" erklärt worden war.[52]

Tatsächlich markierte dieser Zeitpunkt den Übergang zu den Schlussphasen der Ausbildung, deren erste in der Torpedo-Schießausbildung in Pillau bestand. Etwa zehn Tage dauernd, prüften diese Übungen die Schießkunst des Kommandanten mit Übungstorpedos, abgefeuert auf unterschiedliche Entfernungen gegen Zielschiffe. Hierbei soll ObltzS. Günter Leupold von *U 1059* im November 1943 den Maßstab mit 57 Treffern bei 58 Schüssen gesetzt haben, darunter mehr als 40 Treffer mittschiffs. In der Anfangsphase des Krieges ergänzte ein viertägiges Artillerieschießen die Torpedo-Schießausbildung. Doch da sich den U-Booten zunehmend weniger die Gelegenheit bot, Handelsschiffe mit Artillerie zu versenken, und zudem die Decksgeschütze der Boote weitgehend durch eine stärkere Fla-Bewaffnung ersetzt wurden, trat an die Stelle dieser Übung die Schießausbildung mit Fla-Waffen.

Als Letztes kamen die komplizierten Gruppenübungen verbunden mit Angriffen auf Geleitzüge, die im Allgemeinen vor Pillau oder Danzig mit der 20. U-Flottille durchgeführt wurden. Diese Manöver dauerten zehn bis 14 Tage und die U-Boote blieben in dieser Zeit in See und simulierten bei Tag und Nacht Gefechtsoperationen. Erfahrene Ausbilder lehrten den U-Bootbesatzungen geeignete Verfahren, um an einem Geleitzug Fühlung zu halten, während sich eine U-Bootgruppe zum Angriff sammelte, oder die optimalen Kurse, um ein Zielschiff zu verfolgen, sich zu nähern und anzugreifen, oder Ausweichmanöver, um einem Angriff durch die Geleitsicherungsfahrzeuge zu entgehen, sowie wirksame Verteidigungsmaßnahmen gegen angreifende Flugzeuge. Auch Brennstoffergänzungen in See (unter Benutzung von Wasser statt von Dieselöl) wurden geübt. Unterseeboote, die bei diesen Übungen scheiterten, konnten sie wiederholen, obwohl die U-Bootführung in dieser Hinsicht Grenzen gesetzt hatte. Die Befehle des Kommandeurs der Ausbildung hinderten den Übungsleiter daran, mehr als zwei Boote zurückzunehmen, wenn er nicht wollte, dass seine gesamte U-Bootgruppe scheiterte.[53]

1943 wurde der letzte Ausbildungsabschnitt überarbeitet und neu strukturiert, um die Leistungsfähigkeit bei Geleitzugoperationen zu verbessern. Nach Abschluss ihrer Zeit bei der *Agru-Front* bekam eine U-Bootbesatzung als Vorbereitung eine zehn Tage dauernde taktische Ausbildung in Manövern und Angriffen. Dem schloss sich eine Angriffs- und Torpedoschießübung von 14 – 16 Tagen Dauer an, wobei sechs bis neun U-Boote gegen Geleitzüge operierten, die aus drei bis vier Zielschiffen mit Geleitsicherungen bestanden. Den Abschluss bildeten die Gruppenübungen mit fünf taktischen Problemstellungen über eine Zeitspanne von zehn Tagen und Nächten. Hierbei griffen durchschnittlich acht U-Boote einen simulierten Geleitzug aus drei bis fünf Handelsschiffen an, geschützt durch vier bis fünf Geleitsicherungsfahrzeuge sowie eine von der Luftwaffe gestellte Luftsicherung. Die Simulation der Gefechtsbedingungen war so lebensecht wie möglich, darunter auch eine überaus große Anzahl hin und her gehender Funksprüche, die von den Funkern auf FT-Formulare aufgezeichnet, ent- und verschlüsselt sowie schließlich in die Funkkladden eingetragen werden mussten.[54]

Nach abgeschlossener Ausbildungszeit ging das U-Boot zu einer letzten Überholung ins Trockendock der Werft. Die Diesel- und E-Motoren sowie die gesamte Ausrüstung wurden ein letztes Mal überprüft und das Boot bekam einen neuen Anstrich, während die Besatzung einen letzten Heimaturlaub erhielt. Anschließend kehrte das Unterseeboot nach Kiel zurück, wo die ersten Erprobungen des neuen Bootes begonnen hatten, um das Boot für seinen ersten Einsatz auszurüsten. Scharfe Torpedos, Munition, Proviant und Brennstoff kamen an Bord. Der Einsatzbefehl für die erste Feindfahrt traf ein, der das U-Boot zuweilen direkt in das Operationsgebiet dirigierte, aber im Allgemeinen den Kommandanten anwies, durch Kattegat und Skagerrak in die Nordsee und von da aus rund um die Britischen Inseln zu seinem künftigen Stützpunkt in Westfrankreich zu marschieren. Alles in allem verbrachte ein U-Boot etwa sechs Monate mit Erprobungen, Einfahren und Ausbildung, obwohl Verzögerungen oder technische Probleme zu Rückschlägen führen konnten. Infolge von Motorenproblemen und kleineren Schäden, die bei einer Kollision entstanden waren, verbrachte *U 512* (Kptlt. Wolfgang Schultze) zum Beispiel mehr als acht Monate von der Indienststellung bis zum Auslaufen zur ersten Feindfahrt.[55]

Die U-Bootausbildung erwies sich als gefährlich. Dies galt nicht nur für die Neulinge sondern auch für die Besatzungen der Ausbildungseinheiten. Zu den Hauptrisiken, die dem Wesen nach zur Handhabung von U-Booten durch unerfahrene Besatzungen gehörten, kam 1944/45 eine umfangreiche Minenoffensive der britischen Luftwaffe in der Danziger Bucht hinzu. Insgesamt 30 U-Boote mit 856 Offizieren und Mannschaften fanden im Verlaufe der Erprobungen und Ausbildungsübungen in der Ostsee ihr Ende: Hierbei sanken sechs durch Tauchunfälle, 16 bei Kollisionen und acht nach Minentreffern. Darunter waren 20 neue Unterseeboote in der Ausbildung sowie zehn Schulboote der Ausbildungseinrichtungen. Von größerem Interesse ist das chronologische Ansteigen der Verluste von zwei U-Booten 1942 über acht 1943 bis zu 18 U-Booten zwischen Februar 1944 und März 1945.[56]

* * *

Angesichts der erlittenen hohen Verluste und der enormen Forderungen nach rascher Verstärkung bleibt die Schlüsselfrage der U-Bootausbildung weiterhin bestehen: Wie gut ist diese Ausbildung gewesen? Die Antwort hängt vom Zeitraum ab, der in Betracht gezogen wird.

Vom Kriegsausbruch bis zum Herbst 1941 setzte Hans-Georg v. Friedeburg auf eine intensivierte, aber verkürzte Ausbildung, um so rasch wie möglich die Kampfstärke zu erhöhen. Zu Beginn des Krieges waren die Ausbildungszeiträume mit unheilbringenden Folgen außerordentlich kurz: Von den acht neuen Unterseebooten, die vom September 1939 bis zum Januar 1940 in Dienst gestellt wurden, gingen bis Mitte April 1940 sechs Boote verloren. Das am 21. November 1939 in Dienst gestellte *U 55* (Kptlt. Werner Heidel) lief knapp zwei Monate später bereits zu seiner ersten Feindfahrt aus und ging nach 13 Tagen verloren. *U 63* (ObltzS. Günther Lorentz), ein kleines Küsten-U-Boot vom Typ II C, das am 18. Januar 1940 in Dienst gestellt wurde, unterzog sich einer nur 29 Tage dauernden Ausbildung(!)[56a], ehe es zu seiner ersten Feindfahrt auslief, die nur neun Tage später mit seiner Vernichtung endete.[57]

Danach pendelten sich die Einfahr- und Ausbildungszeiten für die einzelnen U-Boote so um die drei Monate herum ein und die in den restlichen Monaten des Jahres

1940 in Dienst gestellten U-Boote wiesen längere Werdegänge auf. Die im Frühjahr 1941 erfolgten Verbesserungen in der alliierten U-Abwehr senkten jedoch die Lebenserwartung der noch unerfahrenen Kommandanten und Besatzungen erneut. Das erste Boot, das diesen Preis zu zahlen hatte, war *U 70* (Kptlt. Joachim Matz), das knapp drei Monate nach seiner Indienststellung zu seiner ersten Feindfahrt von Kiel aus in See ging und nur 15 Tage später am 7. März 1941 versenkt wurde. Sieben weitere Boote, die zwischen Februar und Juni 1941 in Dienst gestellt wurden, gingen in weniger als fünf Monaten nach diesem Zeitpunkt verloren. Eines von ihnen, *U 452* (Kptlt. Jürgen March), sank mit der gesamten Besatzung nur 88 Tage nach dem Heißen von Flagge und Wimpel.[58] Den Einzelverlust mit den nachteiligsten Folgen betraf jedoch *U 570* (Kptlt. Hans Rahmlow). Drei Monate und eine Woche nach der Indienststellung lief das U-Boot zu seiner ersten Feindfahrt aus Trontheim aus. Vier Tage später war das Boot mit seiner seekranken Besatzung vom Kurs abgekommen und fast auf Grund gelaufen. Als ein angreifendes Flugzeug das U-Boot beschädigte, ergab es sich den erstaunten britischen Fliegern und blieb zuvorkommend mehrere Stunden lang an der Wasseroberfläche liegen, ehe Schlepper die Beute einbrachten. Die Royal Navy stellte *U 570* als HMS GRAPH in Dienst, nachdem das U-Boot den Alliierten wertvolle technische Informationen geliefert hatte – eine direkte Folge des Unvorbereitetseins dieser besonderen Besatzung auf den Fronteinsatz.[59]

Es ist behauptet worden, dass der Verlust von *U 570* zu längeren Ausbildungszeiten geführt hätte.[60] Dies trug zweifellos zu diesem Ergebnis bei, aber in Wahrheit war die Ausdehnung der U-Bootausbildung auf mindestens vier Monate der Verknappung an Werftpersonal für Reparaturen sowie dem Mangel an entsprechenden Torpedofangbooten in den Ausbildungseinrichtungen zuzuschreiben, wie KptzS. v. Friedeburg am 24. Oktober 1941 Dönitz informierte.[61] Diese Verzögerungen erwiesen sich jedoch wahrscheinlich als vorteilhaft, da der U-Bootausbildung mehr Ressourcen zugewiesen wurden, als die Anzahl der neuen Boote und Besatzungen dramatisch zunahm. Im letzten Quartal 1940 wurden nur durchschnittlich sieben neue U-Boote pro Monat in Dienst gestellt, während sich ein Jahr später diese Zahl verdreifacht hatte.[62] 1942 hatte sich das Ausbildungssystem diesen Herausforderungen angepasst und brachte eine immer noch zunehmende Zahl ausgebildeter Unterseeboote und Besatzungen hervor. Mit einer Kampfstärke von 105 Booten in See bildete der Oktober einen Höhepunkt, während die jährliche Verlustrate weit unter die Prozentsätze der Vorjahre absank.[63] Die Ausbildung verkörperte Vertrautheit mit den U-Abwehrmaßnahmen und -taktiken der Alliierten und markiert den damaligen Höhepunkt deutscher U-Bootausbildung. Niemand ahnte voraus, wie rasch die technische und materielle Überlegenheit der Alliierten das Gleichgewicht verändern sollte.

Mit Dönitz als neuem ObdM und festgelegt auf ein neues Flottenbauprogramm reorganisierte und erweiterte Admiral v. Friedeburg Anfang 1943 die Ausbildungseinrichtungen dementsprechend. Ab Januar 1943 unterstand die Grundausbildung der U-Bootmänner in den ULD's und den UAA's (einschl. der 21. und 22. U-Flottille) der Leitung durch das „Höhere Kommando der U-Bootausbildung" (HKU) mit KptzS. Albrecht Schmidt, einem weiteren Veteranen des Ersten Weltkrieges, als dessen Kommandeur. Die sonstige Ausbildung, insbesondere das Einfahren der neuen U-Bootbesatzungen, gehörte ab März 1943 zur Zuständigkeit des ebenfalls neu geschaffenen *FdU Ausb* (Ausbildungsflottillen: 18. – 20. sowie 24. – 27. U-Flottille) in Gotenhafen mit KptzS. Viktor Schütze als Chef, ebenfalls ein Ass des U-Bootkrieges. Hierzu wurden eine Anzahl älterer VII-C-Boote von der Front zu Ausbildungsaufgaben zurückgezogen; sie ersetzten die bis dahin verwendeten, veralteten Boote des Typs II. Gleichzeitig stieg die Gesamtanzahl der Schulboote von 62 im November 1942 auf 90 Einheiten im Dezember 1943.[64]

Zusätzlich zu den erweiterten und verbesserten taktischen Übungen, die bereits erwähnt wurden, hatten die für die Ausbildung Verantwortlichen aus den Fehlern von 1941 gelernt und lehnten es ab, die neuen Boote und ihre Besatzungen an die Front zu hetzen. *U 1059*, die erste Einheit des Typs VII F, brachte nach der Indienststellung am 1. Mai 1943 insgesamt neun Monate mit Erprobungen und Ausbildung zu, ehe das Boot der Front zulief. Die ständige Verschlechterung der militärischen Lage Deutschlands im Jahr 1944 führte nicht dazu, die neuen Unterseeboote mit übermäßiger Hast an die Front zu bringen, wie die folgenden Beispiele veranschaulichen. Sie geben den Zeitraum an, der zwischen der Indienststellung und der Herstellung der Kriegsbereitschaft liegt:

U 995:	16. September 1943 – 24. April 1944	(7 Monate)
U 1002:	30. November 1943 – 23. Januar 1945	(14 Monate)
U 1229:	13. Januar – 12. Juli 1944	(6 Monate)
U 1169:	9. Februar 1944 – 7. Februar 1945	(12 Monate)
U 1273:	16. Februar 1944 – 10. Februar 1945	(12 Monate)
U 1051:	4. März – 18. Dezember 1944	(9,5 Monate)
U 1209:	13. April – 13. November 1944	(7 Monate)
U 1172:	20. April – 6. Dezember 1944	(7,5 Monate)
U 327:	18. Juli 1944 – 19. Januar 1945	(6 Monate)[65]

Dasselbe Maß an Geduld konnte bei der Ausbildung der U-Boote neueren Typs und ihrer Besatzungen beobachtet werden. Um zum Beispiel den Fronteinsatz der Boote des Typs XXI zu beschleunigen, plante die Marine ursprünglich für Erprobung und Ausbildung nur eine Zeitspanne von nicht mehr als 17 Wochen ein. Doch technische Probleme zwangen die Verantwortlichen nach und nach, diese ehrgeizigen Vorstellungen aufzugeben und sich mit durchschnittlich vier bis sechs Monaten zufrieden zu geben.[66] Geduld bedeutete jedoch weder einen Mangel an Intensität noch an Risiko, wie der Verlust von acht U-Booten während der Ausbildung im Jahre 1943 sowie von weiteren 18 Booten im Zeitraum vom Februar 1944 bis zum März 1945 erkennen ließ, d.h. von 4,3% der 600 in dieser Zeit in Dienst gestellten Unterseeboote.

Dennoch erwiesen sich alle Anstrengungen, Geduld und Intensität als verschwendet. Den Einrichtungen der U-Ausbildung – wie auch der gesamten Kriegsmarine im Allgemeinen – fehlten einfach die technischen Möglichkeiten, um die Männer angemessen auf die Kriegführung im Atlantik vorzubereiten. Den paar deutschen U-Jägern und anderen Geleitsicherungsfahrzeugen, die an den taktischen Übungen beteiligt waren, mangelte es an den modernen Waffen, Radargeräten, HF/DF-Anlagen und an der Asdic/Sonar-Ausrüstung, wie sie die alliierten Kriegsschiffe weitgehend besaßen. Sie konnten daher die Nachteile nicht wiedergeben, unter denen die U-Boote vom

Frühjahr 1943 an operieren mussten. Die Asse von 1940 – 1942, die die Lehrgänge leiteten und die Ausbildungsflottillen führten, konnten hinsichtlich der Bedingungen, die sie nie selbst kennen gelernt hatten, kaum einen Ratschlag geben. Verlängerte Ausbildung allein zählte deshalb wenig für die Fähigkeit eines U-Bootes, um zu überleben. Von den zehn oben aufgelisteten U-Booten gingen acht in den Kämpfen während der Schlussphasen des Krieges verloren.[67]

Die außerordentlich hohen Verluste, die den U-Bootkrieg kennzeichneten, verhinderten zudem das Umsetzen von Lehren. Ohne die Möglichkeit, Überlebende zu befragen, wie ihre Boote gejagt worden waren, mangelte es den Verantwortlichen der Marine an wesentlichen Informationen, um die ihnen zur Verfügung stehenden begrenzten Ausbildungsmethoden zu verbessern. FKpt. Karl-Friedrich Merten, der künftige Kommandanten im Torpedoschießen ausbildete, bemerkte hierzu:

> „Die Kriegstagebücher der Frontboote, aus denen wir Lehren für die Ausbildung der jungen Kommandanten zogen, waren oft zu alt, um die tatsächliche Lage zu schildern. Auf diese Weise hinkte das, was wir lehrten, um Wochen hinter den Realitäten des Krieges zurück, so wichtig dies für die Jungs gewesen wäre. Dies beschränkte sich auch keineswegs nur auf das Torpedoschießen."[68]

In den Einsatzleistungen zeigte sich die Offensichtlichkeit der Ergebnisse. Irrtümer in der Navigation und beim Torpedoschießen sowie fragwürdige Entscheidungen durch Kommandanten (einschl. hoch dekorierter erfahrener Offiziere) sind letztlich auf ein Versagen der Ausbildung zurückgeführt worden, die Handhabung eines Unterseebootes zu beherrschen, besonders wenn es sich um Männer handelte, die sorgfältig für diese Aufgabe ausgewählt wurden.[69] Das U-Bootass „Teddy" Suhren, der vom März 1943 bis zum Mai 1944 zusammen mit Erich Topp zu einer Ausbildungsflottille gehörte, kritisierte besonders, dass der den taktischen Übungen zugewiesene Zeitraum von zehn Tagen viel zu kurz wäre: „Das war die Diskrepanz: Wir rieten, besser ausbilden, besser ausbilden. Andererseits hieß es: Boote an die Front, Boote an die Front!. Wie wenig sie darauf vorbereitet waren, hat sich gezeigt."[70]

Bezüglich der Kritik des Systems gebührt das Schlusswort am gesamten Ausbildungsprogramm dem ehemaligen Kommandeur der *Agru-Front*, KKpt.(Ing.) Hans Müller, in seiner Beurteilung nach dem Kriege: „Die U-Bootschulen und Ausbildungsflottillen ernteten mit Sicherheit keine Lorbeeren. ... Was U-Bootmänner *nicht* wussten und was sie *nicht* konnten, war erschreckend."[71]

Dennoch muss daran erinnert werden, dass alles oben Gesagte Erinnerungen mit der stillschweigend enthaltenen Schlussfolgerung als eine Tatsache darstellen, wonach eine verlängerte Ausbildung verbesserte Leistungen erbracht und Menschenleben gerettet hätte. Diese These, dass die neuen U-Bootbesatzungen technisch inkompetent waren, wird durch eine Nachkriegsumfrage bei 115 U-Bootkommandanten angefochten, die zwischen 1943 und 1945 U-Boote führten. Von ihnen hatten 87% keinen Grund, sich über die technische oder psychologische Vorbereitung ihrer Besatzungen zu beklagen. Ob die verbliebenen 13% eine wesentliche Zunahme über die Erfahrungen der Kommandanten von 1939 – 1942 hinaus bedeuten, ist nicht bekannt. Doch die Gesamtbeurteilung scheint zufriedenstellend zu sein.[72]

Darüber hinaus übersieht das Problem des Vorbereitetseins der Besatzungen die größere Verwundbarkeit der deutschen Unterseeboote gegenüber den neuartigen Waffen und der neuen Technik der Alliierten in der zweiten Hälfte des Krieges. Wenn dasselbe Ausbildungsprogramm Verlustraten von nur 3,9% vom Januar bis Juni 1942 ergab, aber zu Verlusten von 39,3% im Juli 1943 führte, dann lag das Problem weniger am Ausbildungsplan als vielmehr an der Fähigkeit, mit den Entwicklungen in der Schlacht im Atlantik Schritt zu halten. Zweifellos durch die schweren Verluste seiner U-Boote 1939/40 beeinflusst, war Dönitz selbst der Auffassung, dass die Ausbildung kein Ersatz für Kampferfahrung war, wie er am 25. Juli 1942 ins KTB des BdU schrieb: „Wir können die Tatsache nicht ändern, dass die schwierige Schule des Geleitzugangriffs nicht in der Heimat vervollständigt werden kann, sondern letztlich nur in der direkten Fühlung mit dem Gegner."[73] Ein Leitender Ingenieur wiederholte diese Gedanken als Erläuterung zur Bedeutung der Ausbildung:

> „Alle Ausbildung der Welt half mit wenigen Ausnahmen früheren Kommandanten nicht, um zu überleben; es sei denn, sie wurden wie Topp früh aus der Front zurückgezogen. ... 1944/45 war der Ausbildungsstand der Kommandanten von verhältnismäßig geringer Bedeutung. Erfahrene Kommandanten gingen genauso wie die ‚jungen' Anfänger gleichermaßen vor die Hunde und das Überleben war in weitaus größerem Ausmaß reine Glückssache. Wenn man entdeckt wurde, dann gab es kaum eine Chance, um zu überleben, ganz gleich, wie erfahren der Einzelne war."[74]

Doch wenn auch eine U-Bootausbildung letzten Endes nicht mit Erfolg verknüpft war, so waren die vermittelten Kenntnisse trotzdem real.

Schlussfolgerung

Das Ende der Ausbildung markierte natürlich für die deutschen U-Bootmänner lediglich ein weiteres Stadium im Lernprozess, ehe sie die harten Lektionen der Kampferfahrung zu lernen hatten. In scharfem Gegensatz zur britischen *Western Approaches Tactical Unit* existierte kein System für eine weitere einsatzmäßige Ausbildung, sobald die Boote in ihren Frontstützpunkten eingetroffen waren.[75] Die Erfahrung der ersten Feindfahrt – wenn sie das Glück gehabt hatten zu überleben – erwies sich als eine weitaus wirksamere Lehre als jeder Ausbildungsplan in der ULD. Am anderen Ende dieser Bandbreite saßen erfahrene U-Bootkommandanten in einem Pariser Hotel und tauschten Erfahrungen über Ausweichmanöver bei Wasserbombenangriffen aus.[76] In den Jahren von 1942 – 1944 wurde die Zeit einer U-Bootbesatzung während ihres Aufenthalts im Hafen zunehmend von neuen Funkmessbeobachtungsgeräten, Fla-Geschützen und Torpedos sowie der Ausbildung an ihnen in Anspruch genommen. Die U-Bootführung als der einzigen Zentrale, um nachrichtendienstliche Erkenntnisse über alliierte U-Abwehrmaßnahmen zu sammeln und auszuwerten, gab einen ständigen Strom von Funkmeldungen an die Kommandanten mit Warnungen und Ratschlägen über Taktik, Gegenmaßnahmen und dem Gebrauch der Ausrüstung heraus – die natürlich alle ordnungsgemäß von den alliierten Nachrichtendiensten abgehört, entziffert und gelesen wurden![77]

Doch die Ausbildung, die während der Zeit der Erprobungen und des Einfahrens eines U-Bootes erfolgte, hatte einen anderen, mehr grundsätzlichen Zweck. Sie hat Seeleute in U-Bootfahrer und einen zusammengewürfelten Haufen Männer in Besatzungen umgewandelt. Ihre Ausbildung vermittelte den deutschen Seeleuten nicht nur, wie sie Unterseeboote zu handhaben hatten, sondern brachte ihnen auch das Verständnis bei, wie sie sich auf den anderen hinsichtlich Erfolg und Überleben verlassen mussten. Die Bande der gegenseitigen Abhängigkeit erwiesen sich für die Kameradschaft dauerhafter als eine Nationalität oder Ideologie. Sie lernten die Namen, Gesichter, Stimmen und Gerüche der Männer kennen, mit denen sie die mühsamen Wachen, das Bier, den Urlaub und – für die meisten von ihnen – den Tod teilen mussten.

Für die Offiziere – oder zumindest für die Besten unter den Offizieren – unterstrich die U-Bootausbildung das einzigartige Führertum, das die U-Bootkriegsführung forderte. Sie lernten mehr zu *führen*, statt einfach zu *kommandieren*, Bescheidenheit mit Entschlossenheit zu mischen und diese Werte an ihre Nachfolger weiterzugeben. So waren zum Beispiel amerikanische Vernehmungsoffiziere im Mai 1943 erstaunt zu erfahren, dass der I WO (Kptlt. Siegfried Sterzing) an Bord von *U 128* (ObltzS. Hermann Steinert) im Rang höher als der Kommandant war und dennoch infolge seiner größeren U-Booterfahrung von seinem Nachgeordneten voll respektiert wurde.[78]

Als ein weiteres Beispiel passt hierzu das Folgende: Im September 1943 meldete sich der Fähnrich z.S. Horst Bredow bei ObltzS. Willy Meyer, dem Kommandanten von *U 288*, als das Boot seine Ausbildungszeit in der Ostsee beendete. Der Kommandant ließ dem jungen Fähnrich z.S. die Wahl, entweder Offizier zu spielen oder das richtige U-Bootdasein zu erfahren. Bredow entschied sich für das Letztere, woraufhin ihn Meyer anonym sechs Wochen lang unter die Mannschaften steckte, um Leben und Dienst mit den „Lords" zu teilen, aber auch um wertvolle praktische Erfahrungen in Navigation und Torpedotechnik zu lernen. Nach seinem kurzen Umlauf besuchte Bredow den formellen Ausbildungslehrgang zum U-Boot-Wachoffizier und wartete als LtzS. auf seine erste Abkommandierung auf ein Frontboot. Zu seiner Freude und Überraschung forderte ihn Meyer als seinen neuen II WO auf *U 288* an. Bredow meinte hierzu: „Das war die größte und bedeutungsvollste Auszeichnung, die ich während meiner ganzen Marinelaufbahn erfuhr."[79]

Diese Beziehungen und Einstellungen, die nicht einhellig in der U-Bootwaffe geteilt wurden, offenbaren nichtsdestoweniger viel von ihrem Charakter und ihrer Anziehungskraft. Das Ausbildungsprogramm spielte eine fundamentale Rolle bei der Formung der deutschen U-Bootfahrer, obwohl es sich als eine Versicherung für das Überleben als überholt erweisen sollte. Die Frage bleibt: Wirkten sich Faktoren wie Alter und Erfahrung auf eine derartige Weise aus, dass sie für Kommandanten und Besatzungen der U-Boote einen gewissen Schutz boten?

8. Kapitel
Ein Kinderkreuzzug? Alter und Erfahrung der U-Bootbesatzungen

In seinen Büchern betonte Lothar-Günther Buchheim über das Leben an Bord eines U-Bootes im 2. Weltkrieg, mit Nachdruck stets die außerordentliche Jugend der deutschen U-Bootfahrer, die er von Dönitz als geopfert ansah: „In den letzten Kriegsjahren bestand die Mehrheit der Besatzungen fast noch aus Kindern", schrieb er und wies auf das besondere Beispiel eines 16-Jährigen an Bord von *U 96* (Kptlt. Heinrich Lehmann-Willenbrock) hin.[1] Der deutsche Marinehistoriker Michael Salewski akzeptierte diese Bewertung auch für die Offiziere und legte dar, dass die U-Bootkommandanten zwischen 1943 und 1945 – als die U-Bootwaffe vorgeblich zu einem „Reich des Todes" wurde – nur 21 bis 22 Jahre und die Wachoffiziere nur 19 bis 20 Jahre alt gewesen wären.[2] Das ehemalige U-Bootass Erich Topp unterstützte diese Ansicht mit der Erklärung, dass „nach 1943 ... die Kommandanten im allgemeinen 23 waren".[3]

Weder Buchheim noch Salewski zitierten für ihre Angaben Quellen, aber sie hätten sich auf eine Ansprache von Dönitz selbst im Dezember 1943 stützen können, als er die Kommandeure der Kriegsmarine informierte, dass das Menschenpotential der Marine dringend ein größeres Vertrauen in die Jugend brauchte, und er zitierte Beispiele von 21 Jahre alten U-Bootkommandanten und 20 Jahre alten Leitenden Ingenieuren.[4] Eine spezifischere Beweisführung könnte überflüssig erscheinen, da jeder amerikanische Veteran, der nach Deutschland kam, sich an die Heranwachsenden und an die alten Männer erinnert, die 1945 die Wehrmacht darstellten. Die Logik der immer jüngeren und unerfahreneren Besatzungen, die immer stärkere Verluste erlitten, scheint unvermeidlich zu sein.

Logik und Wahrheit sind jedoch nicht immer dasselbe.

U-Bootkommandanten

Bei der Betrachtung des Alters der U-Bootkommandanten ist es bemerkenswert, vergleichsweise die Erfahrung der Royal Navy in Erwägung zu ziehen, wie sie von dem britischen U-Bootass, dem späteren Rear-Admiral Ben Bryant, beschrieben wird:

> „Während des Krieges hatten wir Kommandanten von 22 Jahren. Aber im Durchschnitt gesehen, glaube ich, dass das wahrscheinlich beste Alter eines U-Bootkommandanten zwischen 25 und 30 Jahren liegt – alt genug, um Erfahrung, Selbstvertrauen und Urteilskraft zu haben; jung genug, um nicht zu viel nachzudenken."[5]

Obwohl die Personalakten der deutschen Marine im Allgemeinen nicht für die Öffentlichkeit frei zugänglich sind, stehen die biografischen Daten der U-Bootkommandanten in Nachschlagewerken zur Verfügung.[6] Unter Benutzung dieser Angaben widerlegten der KptzS.a.D. Rolf Güth, ehemals *Militärgeschichtliches Forschungsamt* der Bundeswehr, heute Potsdam, und Jochen Brennecke Salewskis Schlussfolgerungen mit jährlichen Zusammenfassungen der Altersstufen deutscher U-Bootkommandanten während des Krieges (Tabelle 18). Die Daten bestätigen, dass die deutsche Marine und Admiral Bryant dieselben Ansichten hinsichtlich des optimalen Alters von Kommandanten teilten. Obwohl in den Diensträngen jüngere Kommandanten erscheinen, bleibt das Durchschnittsalter in den entscheidenden Jahren 1942 – 1944 bemerkenswert konstant und steigt 1945 sogar noch.

TABELLE 18 **Alter der U-Bootkommandanten zum Zeitpunkt ihres ersten Kommandos**

Altersstufe	1939/40	1941	1942	1943	1944	1945
20 – 21	0	0	0	9	14	1
22 – 24	6	14	59	115	115	20
25 – 27	34	78	129	122	80	20
28 – 30	29	38	41	49	33	10
31 – 35	36	53	27	44	49	20
36+	10	20	15	19	15	6
Insgesamt	*115*	*203*	*271*	*368*	*304*	*77**
Durchschnittsalter	29,5	29,5	26,7	26,8	26,7	28,8
Gefallen	16,5%	32,5%	33,2	29,0%	20,8%	4,0

Quelle: Güth/Brennecke: „Hier irrte", S. 43 – 47.

Anmerkung: Das Alter der Kommandanten bei Übernahme des zweiten und weiterer Kommandos wurde weggelassen.
* Insgesamt 1338 Kommandanten.

Güth und Brennecke fanden heraus, dass die Anzahl der 21 Jahre alten Kommandanten, die ein eigenes U-Bootkommando erhielten, genau 23 betrug. Selbst wenn die 62 Offiziere hinzugerechnet werden, die mit 22 Jahren ebenfalls ein eigenes Kommando bekamen, bedeutet die Gesamtzahl aus beiden Jahrgängen zusammen immer noch weniger als 12% der Gesamtzahl aller neuen U-Bootkommandanten (549) in der fraglichen Zeitspanne und nur 9% von den in Dienst gestellten U-Booten. Eine weitere Analyse bei 100 Kommandanten unter 25 Jahren, die in der Zeit vom Dezember 1943 bis zum Dezember 1944 in ein eigenes Kommando aufstiegen, offenbart, dass 90 von ihnen zuvor als U-Bootwachoffiziere – 75 von ihnen sogar elf Monate und länger – gefahren sind. Somit wird deutlich, dass für die U-Bootkommandanten der späten Kriegsjahre weder ein extrem jugendliches Alter noch mangelnde Erfahrung charakteristisch waren.[7]

Noch interessanter sind die Verlustraten. Weit vom Todesurteil entfernt, erlitten jene, die 1943 zum ersten Mal Unterseeboote kommandierten, verhältnismäßig geringere Verluste als ihre Kameraden von 1941 und 1942 – und bei den neuen Kommandanten von 1944 waren die Verluste sogar noch geringer. Doch wenn jugendliches Alter und Unerfahrenheit der Kommandanten für die katastrophalen Verluste der U-

Bootwaffe 1943 – 1945 nicht ursächlich waren, welche Ursache liegt dann vor? Die hohen Verlustraten von 1941/42 weisen jedenfalls darauf hin, dass die Erfahrung – wie die Antwort auch letztlich lauten mag – kein ausschlaggebender Faktor war.

Der Eindruck, dass die jüngeren Kommandanten in der zweiten Kriegshälfte unverhältnismäßig litten, bezieht seine Stärke aus der Verbindung der U-Bootasse mit Alter und Erfahrung. Jak Mallmann Showell beschrieb diese Handvoll außerordentlich erfolgreicher Kommandanten wie folgt:

> „Nur 30 Kommandanten versenkten fast 800 [alliierte] Schiffe. ... Acht dieser Kommandanten traten vor 1927 in die Marine ein, 19 von ihnen stießen in der Zeit von 1930 – 1934 hinzu und drei gehörten zur Crew 35. Daher wurden nahezu 33% aller alliierten Schiffe von 30 älteren Kommandanten versenkt, die in die Marine eintraten, ehe Hitler 1935 die allgemeine Wehrpflicht wieder einführte."[8]

Diese Beobachtung wird durch die individuellen Angaben für die 32 Kommandanten bestätigt, die zumindest 100.000 BRT an alliiertem Schiffsraum versenkten. Die Reihenfolge ihrer Auflistung in Tabelle 19 wurde nicht nach der Höhe der versenkten Tonnage sondern durch ihr Lebensalter zum Zeitpunkt der ersten Versenkung bestimmt. Der versteckten Andeutung, die sich ergeben könnte und wonach diese Asse den U-Bootkrieg eröffneten bzw. ihre Erfolge in den Anfangsphasen dieses Krieges erzielten, wird durch das Einbeziehen des Datums der ersten Versenkung begegnet. Obwohl alle vor 1936 in die Marine eintraten, erhielten viele von ihnen erst im Zuge der großen Verstärkung von 1940 – 1942 ein Kommando als U-Bootkommandant. Um fernerhin den Zusammenhang zu ihren Erfolgen aufzuhellen, wird auch der U-Boottyp aufgeführt, mit dem jedes der Asse die Mehrheit seiner Versenkungen erzielte

Beim Überprüfen der Informationen in dieser Tabelle werden einige Muster deutlich. Nur acht der 32 Kommandanten waren in den Anfangsmonaten des Krieges im aktiven Einsatz, gefolgt von fünf weiteren bis zum Ende der ersten zwölf Kriegsmonate. Zehn von ihnen versenkten ihr erstes Schiff nicht vor dem August 1941 und jeder dieser Kommandanten erzielte seine Erfolge – bedeutsamerweise – mit Unterseebooten des Typs IX. Dies trifft ebenso auf 20 andere Kommandanten aus der gesamten Gruppe zu; zu diesen kommen noch zwei weitere, die zunächst erfolgreich ein Boot vom Typ VII und dann erst ein solches vom Typ IX führten. Außerdem versenkte genau die Hälfte der Gruppe das erste Schiff im Alter von 30 und mehr Jahren, wobei die überwiegende Mehrheit von ihnen auf Booten des Typs IX fuhr.

TABELLE 19   **Alter der erfolgreichsten 32 U-Bootkommandanten zum Zeitpunkt ihrer ersten Versenkung**

Name	Alter[1]	Datum[2]	U-Boottyp[3]
Jochen Mohr	25-3	9/41	IX B
Erich Topp	25-11	6/40	VII C
Harald Gelhaus	26-1	8/41	IX C
Wolfgang Lüth	26-2	12/39	IX A, IX D$_2$
Jürgen Oesten	26-3	1/40	IX B
Hans Jenisch	26-5	3/40	VII A
Georg Lassen	26-10	3/42	IX C
Günther Krech	26-11	8/41	VII C
Helmut Witte	27-1	5/42	IX C

Carl Emmermann	27-2	5/42	IX C
Otto Kretschmer	27-4	9/39	VII B
Ernst Bauer	27-5	7/41	IX C
Joachim Schepke	27-6	9/39	VII B
Reinhard Hardegen	27-9	12/40	IX B
Heinrich Lehmann-Willenbrock	29-0	12/40	VII C
Engelbert Endraß	29-3	6/40	VII B, VII C
Herbert Schultze	30-1	9/39	VII B
Robert Gysae	30-2	3/41	VII C, IX D_2
Heinrich Bleichrodt	30-11	9/40	VII B, IX B
Günther Heßler	31-4	10/40	IX B
Adolf Piening	31-5	2/42	VII B
Günther Prien	31-8	9/39	VII B
Heinrich Liebe	31-8	9/39	IX A
Hans-Ludwig Witt	32-6	6/42	IX C
Victor Oehrn	32-7	5/40	IX A
Klaus Scholtz	32-11	2/41	IX B
Karl-Friedrich Merten	33-1	9/41	IX C
Victor Schütze	33-8	10/39	IX B
Werner Henke	34-4	9/42	IX C
Ernst Kals	36-4	12/41	IX C
Werner Hartmann	36-9	9/39	IX A, IX D_2
Richard Zapp	37-2	6/41	IX C

Quelle: Herzog: *60 Jahre deutsche U-Boote*, S. 255, und *Ritterkreuz und U-Bootwaffe*, S. 248/249, ergänzt durch Angaben bei Busch/Röll: *U-Boot-Kommandanten* sowie *U-Bootbau* und Rohwer: *Submarine Successes*. Zusätzliche biografische Daten zu diesen U-Bootkommandanten sind bei Dörr *Ritterkreuzträger*, passim, zu finden.
[1] Ausgedrückt in Jahren und Monaten (abgerundet auf den vollen Monat vor der Versenkung).
[2] Ausgedrückt in Monat/Jahr.
[3] Angeführt ist jeweils nur der Haupttyp des Bootes im Verlaufe des Werdegangs des Kommandanten. Allerdings erzielten Gelhaus, Topp, Lüth, Oesten, Kretschmer, Schepke und Hardegen ihre ersten Versenkungen mit U-Booten vom Typ II und Schütze mit einem I-A-Boot.

Die Verbindung dieses U-Boottyps mit den hochrangigen Assen ist nicht zufällig entstanden. Wie bereits im 3. Kapitel ausgeführt, erwiesen sich diese Unterseeboote – imstande zu langen Feindfahrten in weit entfernte Seegebiete – als besonders wirksam, um nicht gesicherte und einzeln fahrende Schiffe in weit entfernten Operationsgebieten wie der Karibik oder den west- und südafrikanischen Gewässern zu jagen. Wenn die U-Boote des Typs VII die Vorteile ihrer jugendlichen Kommandanten – Tatkraft, Aggressivität, schnelle Reaktionen und Optimismus – für die Geleitzugschlachten erforderten, so verlangten die U-Boote des Typs IX die Tugenden der Reife von erfahrenen Offizieren – Geduld, Ausdauer, Scharfblick, Gelassenheit unter Druck und Besonnenheit –, während sie in entfernten Seeräumen auf Feindfahrten operierten, die im Schnitt länger als 100 Tage dauerten. Von den Kommandanten der 40 neuen IX-C-Boote, die 1941 in Dienst gestellt wurden, waren zum Beispiel 27 Offiziere 31 Jahre alt oder älter. Doch ungeachtet des genauen Alters nutzten die Kommandanten der Boote des Typs IX ihren Vorteil voll aus, um die verwundbare Schiff-Fahrt in diesen entfernten und schwach verteidigten Gebieten anzugreifen. Von diesen 40 Kommandanten errangen 18 mit ihren Versenkungen das Ritterkreuz und acht von ihnen endeten unter den 30 erfolgreichsten U-Bootkommandanten, trotz der Tatsache, dass sie verhältnismäßig spät zum Einsatz kamen.[9]

Insoweit hatte das Alter eines Kommandanten mit dem Erfolg weniger zu tun als mit der Tatsache, dass es des Glückes bedurfte, das Kommando über ein U-Boot vom Typ IX zu erhalten, ehe die alliierten Verteidigungsmaßnahmen in den entfernten Gewässern verbessert wurden. Dass dieses U-Boot jedoch normalerweise von einem älteren Offizier geführt wurde, bedeutet nicht, dass das Alter allein einem Kommandanten eine größere Erfolgs- oder Überlebenschance bot, wie noch zu sehen sein wird.

Es sind die Ausmaße der Verluste im Gegensatz zur Anzahl der Überlebenden, die es nicht gestatten, das Verhältnis zwischen Alter und Leistungsfähigkeit ausführlicher zu ermitteln. Unser Querschnitt an deutschen U-Bootoffizieren bietet bei dieser Analyse nur geringe Hilfe, da die Anzahl der Befragten zu klein ist und „nur" Überlebende betrifft. Von den 167 befragten Offizieren fuhren bei Kriegsende noch 97 auf U-Booten; von diesen befanden sich 46 auf modernen Booten der Typen XXI und XXIII und 20 der Seeoffiziere dienten noch als Wachoffiziere. Die Bandbreite ihrer U-Bootdienstzeit im Fronteinsatz betrug bis Kriegsende durchschnittlich 20 Monate. Offensichtlich bestand keine Eile, Wachoffiziere zu Kommandanten zu ernennen.

Um zu ermitteln, ob ein besonderes Maß an Erfahrung oder andere Charakteristiken zu den Verlusten in Wechselbeziehung standen, bedarf es einer Prüfung der Werdegänge von allen U-Bootkommandanten. Unter Verwendung der im *U-Boot-Archiv* zusammengetragenen Daten (die sich geringfügig von jenen unterscheiden, die Güth/Brennecke benutzten) werden wir einige der entscheidenden charakteristischen Merkmale aus den Hintergründen der 1386 deutschen U-Bootkommandanten und ihrer Kommandos während des Zweiten Weltkrieges herauslösen und analysieren.[10]

Von diesen 1386 Kommandanten fielen 530 und 104 gerieten in Gefangenschaft, d.h. die Gesamtverluste betrugen 634 Kommandanten oder 46%. 28 weitere Kommandanten starben bei Unglücksfällen oder aus anderen Ursachen sowie 17 verloren ihr Kommando durch Unglücksfälle oder aus anderen Ursachen, überlebten jedoch und dienten weiterhin in der Wehrmacht. Diese 45 Kommandanten wurden in unsere Überlegungen zu den Verlusten nicht einbezogen. Von den verbliebenen Kommandanten erhielten 369 im Verlaufe des Krieges ein Kommando, das bis Kriegsende nichts mehr mit der Führung eines U-Bootes zu tun hatte. Somit besaßen am 8. Mai 1945 nur 338 Offiziere den Status eines U-Bootkommandanten – Zahlen, die einen Beweis dafür liefern, dass an U-Bootoffizieren kein Mangel bestand.

Der erste Faktor, der zu untersuchen ist, betrifft die Auswahl seiner Kommandanten durch Admiral Dönitz, ein höchst subjektiver Vorgang, der sich letztlich auf eine Beurteilung der individuellen Fähigkeiten stützte. „Die Fähigkeit des Kommandanten wird stets der entscheidende Faktor sein", schrieb Dönitz,[11] und in der Anerkennung dieser Aussage gab es für ihn keine fest umrissene Formel, die einen Offizier automatisch zum Kommandanten qualifizierte. Auf Beobachtung, Erfahrung und eine Reihe von Prüfungen gestützt, bewerteten dienstältere U-Bootoffiziere den Charakter und die Fähigkeiten eines Kandidaten, um seine Tauglichkeit für die einzigartige Aufgabe eines U-Bootkommandanten festzustellen. Als Folge hiervon legten U-Bootkommandanten eine große Bandbreite an vorausgehender U-Bootdienstzeit und persönlichen Qualifikationen an den Tag. Ist es möglich, aus dieser Verschiedenartigkeit charakteristische Merkmale herauszulösen, um einen anfälligen Bereich zu identifizieren?

So hatten zum Beispiel 873 Kommandanten vorher als Wachoffiziere auf U-Booten gedient. Die durchschnittliche Erfahrung als Wachoffizier lag knapp unter einem Jahr (11,3 Monate), wies aber beträchtliche Unterschiede auf. Die größten Häufungen sammelten sich bei sechs bis acht sowie bei 14 bis 18 Monaten, aber viele andere verbrachten nur einen Monat in dieser Stellung. Vielfach übernahm der I WO das Kommando eines U-Bootes, weil sein Kommandant für andere Aufgaben abkommandiert wurde. Die Gesamtzahl der Verluste bei diesen 873 Offizieren betrug 403, d.h. mit 46% lag die Verlustrate exakt genauso hoch wie die der Gesamtverluste. Dies bedeutet, dass vorausgegangene Erfahrungen offensichtlich wenig oder gar nichts zählten, wie bereits zu den Verlusten bei den U-Bootkommandanten in den Jahren 1941 und 1942 aus Tabelle 18 auf Seite 164 angemerkt. Kommandanten mit 14 Monaten oder weniger an Erfahrung als Wachoffiziere erlitten höhere Verluste (52%) als jene mit 15 Monaten oder mehr (32%). Doch dies mag lediglich bestätigen, dass die Letzteren einer zusätzlichen Reife bedurften (und sie erhielten), ehe sie sich das Kommando über ein U-Boot verdienten.

Auf der anderen Seite hatten 412 Kommandanten überhaupt keine frühere Erfahrung als Wachoffiziere. Ihre Verluste betrugen 189 Offiziere, d.h. erneut betrug die Verlustrate 46% und lag exakt genauso hoch wie die der Kommandanten, die vorher Wachoffiziere waren. 70 von ihnen (darunter auch einige mit Wachoffizier-Erfahrung) genossen den Vorteil einer „Konfirmanden"-Feindfahrt, d.h. als Kommandantenschüler an Bord eines Frontbootes mit einem erfahrenen Kommandanten als Lehrmeister. Die Verluste innerhalb dieser Gruppe, nachdem sie ihr eigenes Kommando erhalten hatten, beliefen sich auf 31 Offiziere, d.h. auf nahezu 44%. (Hiervon ausgenommen sind zumindest 27 weitere Kommandantenschüler, die an Bord von Front-U-Booten fielen oder in Gefangenschaft gerieten, während sie sich noch in der Ausbildung befanden.) Daneben gab es Kommandanten, die überhaupt keine vorherige U-Booterfahrung hatten, ehe ihnen ein Kommando anvertraut wurde. Der erfolgreichste aus dieser Gruppe war KptzS. Kurt Dobratz, der direkt von der Luftwaffe kam und im März 1944 den Befehl über *U 1232* übernahm. Er absolvierte lediglich den Kommandanten-Lehrgang und erwarb dennoch im Alter von 40 Jahren das Ritterkreuz des Eisernen Kreuzes, als er im Januar 1945 drei Schiffe versenkte und zwei weitere beschädigte.[12]

Ein besonderes Problem betrifft die Erfolglosigkeit von U-Bootkommandanten. Der einzigartige Druck der U-Bootführung erforderte einen täglichen Tribut an Widerstandskraft und geistiger Beweglichkeit. Er gab die zunehmende Schärfe wieder, die eine sich ständig steigernde Wirksamkeit der alliierten U-Abwehr hervorrief. Einige Kommandanten erfüllten nie die in sie gesetzten Erwartungen; andere erfüllten sie durchaus, waren aber dann auf Grund zu vieler Entscheidungen oder zu großer Anspannungen „ausgebrannt". Trotz der Knappheit an Offizieren musste Dönitz einen Monat nach dem Ausbruch der Feindseligkeiten damit beginnen, Vorkriegskommandanten aus „Gesundheitsgründen" abzulösen.[13] Die schmerzlichen Lehren, die er im Frühjahr 1941 durch die Kürzungen der Kommandantenausbildung erfuhr, sind bereits erwähnt worden. Auch einige fragliche Entscheidungen, Glücklosigkeit und feindselig gesinnte Untergebene konnten die Karriere eines Kommandanten beenden.[14]

Doch selbst bewährte Kommandanten konnten schließlich unter dem Druck zusammenbrechen. Der Träger des Eichenlaubes zum Ritterkreuz, KKpt. Heinrich („Ajax")

Bleichrodt von *U 109*, musste im Januar 1943 eine Feindfahrt in der Karibik abbrechen und Kptlt. Peter Zschech von *U 505*, der bereits ein Jahr als Kommandant und zuvor ein Jahr als Wachoffizier gefahren war, verübte im Oktober 1943 während eines Wasserbombenangriffs Selbstmord.[15] Weitere bemerkenswerte Vorfälle umfassten die Ablösung und Degradierung des Kommandanten von *U 3*, Kptlt. Helmut Franzke, im November 1940 sowie die Ablösung von Kptlt. Heinz Hirsacker, Kommandant von *U 572* vom Mai 1941 bis Dezember 1942, mit Kriegsgericht und anschließender Exekution wegen Feigheit vor dem Feind.[16] Darüber hinaus ereigneten sich noch weitere psychologische Zusammenbrüche ohne offizielle Dokumentation, wie sich der Leitende Ingenieur eines U-Bootes erinnerte, das sich bei Kriegsende ergab, wobei nur die Kapitulation der Wehrmacht eine mögliche Meuterei abwendete.[17]

Doch diese Beispiele bilden kaum einen Beweis für ein allgemeines Versagen des von Dönitz und v. Friedeburg entwickelten Kommandanten-Auswahlverfahrens. Die US-Marine im Pazifik führte einen erfolgreichen U-Bootkrieg mit viel geringeren Verlusten und verließ sich auf konventionellere Praktiken der Personalzuweisung, musste jedoch 30 % seiner U-Bootkommandanten im Jahre 1942 und in jedem der beiden folgenden Jahre 14 % wegen Erfolglosigkeit ablösen.[18] Da deutsche Kommandanten mit verschiedenartigen Werdegängen dieselben Verluste und Erfolge erfuhren und keinen allgemeinen psychologischen Zusammenbruch erlitten, funktionierte das Auswahlverfahren. Eine Erklärung für die untragbar hohen Verluste muss an anderer Stelle gesucht werden.

Außer Alter und Auswahlverfahren kann die Länge der Kommandantenzeit untersucht werden, um zu versuchen, eine Wechselbeziehung zwischen Verlusten und relativer Erfahrung herzustellen. Unter Benutzung des Datums für die Übernahme des ersten Kommandos durch einen Kommandanten als Ausgangspunkt wird die gesamte Fronterfahrung bis zum Tode oder der Gefangennahme in Tabelle 20 aufgeführt. Auf den ersten Blick hin bestätigen diese Daten die Anfälligkeit der Kommandanten mit weniger als einem Jahr Erfahrung, insbesondere da die ersten vier bis sechs Monate üblicherweise nur Ausbildung in der Ostsee darstellen. Dennoch umfassen diese Angaben eben auch Kommandanten, die bereits über eine gewisse Kampferfahrung verfügen. Die hohen Verluste aus der Gruppe jener Kommandanten, die mehr als ein Jahr Frontdienst hinter sich hatten, nämlich über 40 %, erweitern diese Feststellung noch und lassen eine entscheidende Realität für die deutschen U-Bootfahrer erkennen: Die alliierte Wirksamkeit der U-Abwehr verbesserte sich nicht nur dramatisch sondern auch rasch; sie ließ alle Lehren, die in früheren und weniger gefährlichen Zeiten erworben worden waren, völlig nutzlos werden.

Hierbei erwies sich Dönitz in seiner Handlungsweise als unklug, indem er seine Asse von den Brücken der Frontboote nahm, um sie als Chefs von Frontflottillen, in der Ausbildung und in Stabspositionen zu verwenden. 1941 bot dies eine ideale Lösung, um das „Ausbrennen" der Kommandanten zu begrenzen, um die Kenntnisse und Erfahrungen zu bewahren und an neue Kommandanten weiterzugeben sowie um den kleinen BdU-Stab mit den benötigten Perspektiven und Ratschlägen auszustatten – eine andere Lösung ergab in der Tat damals keinen Sinn. Doch bis 1943 hatten neue Techniken, größere Ressourcen und eine verbesserte Taktik der Alliierten die bisherigen Grundsätze für den Fronteinsatz der U-Boote verändert und die Erfahrungen früherer Kommandanten ziemlich bedeutungslos werden lassen.

TABELLE 20 **Das Verhältnis von Verlusten und Fronterfahrung bei U-Bootkommandanten**

Erfahrung in Monaten	Anzahl	Prozentsatz
6 oder weniger	71	11
6 – 12	268	42
13 – 20	169	27
21 – 30	72	11
31+	16	3

Anmerkung: Oben sind 38 Verluste (6%) weggelassen, die Kommandanten aus der Vorkriegszeit und dem September 1939 betrafen. Die durchschnittliche Fronterfahrung eines U-Bootkommandanten betrug aus dieser Tabelle unter Einbeziehung aller Kommandanten: 13,5 Monate.

Dönitz und sein kleiner Führungsstab hielten zu keiner Zeit mit den raschen technischen Entwicklungen angemessen Schritt, die auf Seiten der Alliierten eintraten, besonders was die Waffentechnik betraf. Ohne die Unterstützung eines unabhängigen Gremiums wissenschaftlicher Ratgeber und gezwungen, sich auf die überforderten technischen Abteilungen der Kriegsmarine zu verlassen, arbeiteten der BdU und sein Stab während des größten Teils des Krieges in einem technischen Vakuum. Erst im Juni 1942 kam der Marinenachrichtendienst zur Erkenntnis, dass alliierte Flugzeuge Radar benutzten, um aufgetaucht fahrende U-Boote zu orten. Ferner enthüllten erst im September desselben Jahres die eigenen primitiven Funkmessbeobachtungsgeräte der U-Boote, dass auch die alliierten Kriegsschiffe mit Radar ausgerüstet waren, eine Möglichkeit, die eine offizielle Untersuchung nur wenige Monate zuvor abgelehnt hatte. Und bis zum Juni 1944 blieb die Benutzung eines schiffsgestützten Kurzwellenpeilgerätes (HF/DF-Gerät) auf alliierter Seite unbekannt, um den Funkverkehr der U-Boote einzupeilen.[19] Angesichts derart langsam vonstatten gehender Erkenntnisse über die technischen Fähigkeiten der Alliierten konnten die Übungen in der U-Bootausbildung niemals mitziehen. Die ansonsten vernünftige Praxis, erfahrene U-Bootkommandanten als Chefs von Flottillen sowie in Ausbildungs- und Stabspositionen zu berufen (dies traf auf 20 – 30 der bereits früher erwähnten Asse zu)[20], um ihre Erfahrungen den jüngeren Nachgeordneten mitzuteilen, erreichte kaum ihr Ziel, wenn die alliierten Kriegsschiffe ständig verbesserte Waffen und Taktik einsetzten, die diese U-Bootkommandanten nie kennen gelernt hatten.

Die Leichtigkeit, mit der die alliierten Verbesserungen in Taktik und Technik den Ausbildungsstand der deutschen Seite überholten, wird im gemeinsamen Schicksal der größten „Crew" von U-Bootkommandanten veranschaulicht – jener 448 Offiziere, die ihre Boote 1941 übernahmen. Die Einbrüche, die das Jahr der gewaltigen Verstärkung der U-Bootwaffe in die Ausbildung brachte, forderten mit nur 24 erlittenen Verlusten (etwa 5%) in den ersten sechs Monaten der Fronterfahrung keinen übermäßig hohen Tribut. Doch mit einer Fronterfahrung von sieben bis 20 Monaten fielen 184 der Kommandanten von 1941 oder gerieten in Gefangenschaft, eine ernste Verlustrate von 41%, wobei diese Verluste zumeist von Herbst 1942 bis Sommer 1943 eintraten. Auch bei den bereits früher erwähnten 40 Kommandanten der IX-C-Boote erwies sich das Glück als vergänglich – ihre Verlustrate lag mit 21 gefallenen oder in Gefangenschaft geratenen Kommandanten sogar noch höher. Dies war das wahre „Reich der Toten".[21]

Dennoch war die hohe Sterblichkeit in der U-Bootwaffe nicht nur das Ergebnis der alliierten Überlegenheit an Waffen und der Anzahl der Geleitsicherungsfahrzeuge. Die 70 in der Vorkriegszeit ausgebildeten U-Bootkommandanten bildeten Dönitz' ursprüngliche Elite, bewiesen durch ihren Anteil von 19 Kommandanten an den 35 erfolgreichsten, die Deutschland während des Krieges hervorbrachte. Doch sie entrichteten einen hohen Tribut, denn 38 von ihnen (54%) standen auf der Verlustliste, ehe der Rest als Flottillenchefs, in der Ausbildung oder in Stabsstellungen Verwendung fand. In den ersten neun Kriegsmonaten fielen 24 der 57 U-Boote der Vernichtung anheim, die zu Beginn der Feindseligkeiten einsatzfähig gewesen waren. Ihren Gegnern in der Royal Navy erging es nicht viel anders; sie verloren bis zum Dezember 1940 ebenfalls 26 der 52 verfügbaren Unterseeboote. In einem Zeitraum verhältnismäßig einfacher U-Abwehrmaßnahmen bezüglich Waffen und Kräfte unterstrichen diese Verluste die Gefahren und möglichen Risiken der U-Bootkriegsführung sogar unter günstigen Bedingungen.[22]

Zwei kleinere Kategorien besonderer Offiziere verdienen ebenfalls Erwähnung. Marineoffiziere der Reserve führten häufig Unterseeboote für besondere Aufgaben oder Zeiträume, wie etwa U-Boote, die aus der Front in heimische Gewässer zurückgezogen wurden. In dieser Eigenschaft erlitten auch sie wesentliche Verluste: 65 von 179 Kommandanten, d.h. 36%. Die geringste Verlustrate zeigte sich bei den Kommandanten, die aus dem Mannschaftsstand als Obersteuermann kamen: Nur neun von 35 Kommandanten, d.h. 26%. Die Mehrheit von ihnen befehligte keine Frontboote sondern Schulboote; aber ihre Auswahl zum Vorwärtskommen scheint durch ihre einzigartige Fähigkeit, den widrigen Chancen die Stirn zu bieten, mehr als bestätigt worden zu sein.

Allen anderen Kategorien der U-Bootkommandanten brachten jedoch die überlegenen Waffen und Kräfte der Alliierten ohne Unterschied der Ränge den Tod. Lebensalter, vorhergehende Erfahrung und charakteristische Merkmale der U-Bootkommandanten spielten kaum eine Rolle – angesichts der rasch und wirksam eintretenden Verbesserungen bei Waffen, Ausrüstung und Taktik der Alliierten, verdoppelt durch zahlreiche Geleitsicherungskräfte zu Wasser und in der Luft. Die Unfähigkeit der deutschen Marine, mit diesen Entwicklungen Schritt zu halten, worin sich die Knappheit der Rohstoffe und die Mängel der Technik bezüglich der gesamten deutschen Kriegsanstrengungen widerspiegelten, weihte die U-Bootkommandanten und ihre Besatzungen wirksamer als alle Beschränkungen der Personalpolitik dem Untergang.

Aber die Anklage bleibt, dass die relative Jugendlichkeit der U-Bootmannschaften bei dem Unheil eine Rolle spielte und dass sich der U-Bootkrieg als ein Kinderkreuzzug gegen hoffnungslose Aussichten darbot. Um diese Anklage zu widerlegen, bedarf es einer Untersuchung des Lebensalters bei den deutschen U-Bootmannschaften.

U-Bootmannschaften: Die Entwicklung der Personalpolitik

Die große Anzahl der Unteroffiziere und Mannschaften, die auf den deutschen U-Booten die Besatzungen bildeten, verhindern eine ähnliche Analyse ihrer persönlichen charakteristischen Merkmale und ihrer U-Booterfahrung wie die vorhergehende. Nichtsdestoweniger liefert unser Querschnitt von 937 befragten Unteroffizieren und Mannschaften einige allgemeine Angaben wie das Lebensalter und das Jahr des Eintritts in die Marine, wiedergegeben in den Tabellen 21 und 22.

Am aufschlussreichsten ist das Verhältnis zwischen den Rekruten der Vorkriegs- und der Kriegszeit. Unser Querschnitt lässt erkennen, dass 16% der U-Bootmannschaften vor Januar 1939 in die Marine eintraten, d.h. Männer, die vor dem Kriege eine Laufbahn in der Marine planten, wurden ein Faktor. Dieses Verhältnis bleibt in den technischen Laufbahnen annähernd konstant, aber es ist bemerkenswert, dass diese kleine Gruppe 78% aller Unteroffiziere in der Steuermannslaufbahn und nur 8% in der Bootsmannslaufbahn beisteuerte. Daher blieb diese Laufbahn fast ausschließlich das Reservat der vor dem Kriege in die Marine Eingetretenen, während die allgemeinere Bootsmannslaufbahn im Wesentlichen aus Rekruten der Kriegszeit bestand. Die Maschinen-, Mechaniker- und Funkerlaufbahnen offenbaren hingegen interessanterweise ein Gleichgewicht zwischen der Rekrutierung in den Vorkriegs- und in den Kriegsjahren. Dies verrät die Erkenntnis der Marine, dass sie vom technischen Fachpersonal ungeachtet der internationalen Lage abhängig war.

TABELLE 21   **Jahr des Eintritts der Unteroffiziere und Mannschaften des Querschnitts in die Marine**

Laufbahn:	Bootsm.-	Steuerm.-	Masch.-	Mech.-	Funk.-	Sani.-	Insgesamt
Vor 1936	2	16	27	5	4	0	54
1936-1937	4	12	12	5	10	1	44
1938	12	8	19	4	9	1	53
1939	16	5	33	8	12	1	75
1940	41	5	48	13	26	4	137
1941	67	0	124	29	33	4	257
1942	59	0	95	33	34	0	221
1943	25	0	33	20	11	0	89
1944	2	0	2	0	0	0	4

Anmerkung: Drei der Befragten machten keine Angaben.

TABELLE 22   **Lebensalter der Unteroffiziere und Mannschaften des Querschnitts beim Eintritt in die Marine und in die U-Bootwaffe**

Lebensalter	Eintritt in die Marine	Eintritt in die U-Bootwaffe
16 oder jünger	10	1
17	281	40
18	350	268
19	202	240
20	69	143
21	14	83
22 oder älter	7	156

Anmerkung: Keine Angaben machten vier der Befragten zum Eintritt in die Marine und sechs der Befragten zum Eintritt in die U-Bootwaffe.

Die Angaben zum Lebensalter unterstützen das Bild von einer jugendlichen U-Bootwaffe, bestätigen aber, dass zwischen dem Eintritt eines Rekruten in die Kriegsmarine und seinem späteren Eintritt in die U-Bootwaffe ein gewisser Zeitraum liegt. Auch die Tatsache, dass 41% der insgesamt in die U-Bootwaffe Eingetretenen 20 Jahre alt oder älter waren, spricht gegen die Ansicht einer Waffengattung aus Jugendlichen und Heranwachsenden.

Weitaus interessanter ist die chronologische Aufschlüsselung des Diensteintritts der Unteroffiziere und Mannschaften aus unserem Querschnitt: nahezu ein Viertel bis Ende 1939, die Mehrheit (51%) in den entscheidenden Jahren 1941 und 1942 und im Gegensatz hierzu in den Jahren 1943 und 1944 lediglich 10% der Befragten. Diese Unterschiede lassen erkennen, dass ein Untersuchen der charakteristischen Merkmale bei den U-Bootmannschaften zu verschiedenen Zeiträumen des Krieges die Entwicklung der Personalpolitik der U-Bootwaffe im Kriege veranschaulichen könnte.

Seine handverlesenen Besatzungen verkörperten zu Kriegsbeginn die beste Mischung aus Lebensalter und Ausbildung, die Dönitz in den vier Jahren seit seiner Ernennung zum Führer der U-Boote zu Stande bringen konnte. In dieser Zeit war die Anzahl der U-Bootfahrer von fast 850 auf 3000 Mann gestiegen.[23] Die Mehrheit der Kommandanten war, wie wir gesehen haben, im Alter zwischen 27 und 31 Jahren. Erich Topp, damals Wachoffizier an Bord von *U 46*, erinnerte sich später, dass in dieser Zeit das Durchschnittsalter der U-Bootmänner bei 23 – 24 Jahren lag.[24] Die 129 von den britischen Streitkräften in den ersten vier Monaten des Krieges gefangen genommenen Unteroffiziere und Mannschaften der U-Bootwaffe waren ebenfalls durchschnittlich im Alter von Mitte bis Ende zwanzig:[25]

– 20 Jahre oder jünger: 9 (=7%),
– 21 bis 25 Jahre: 94 (=73%),
– 26 bis 29 Jahre: 14 (=11%) und
– 30 Jahre oder älter: 12 (=9%).

Von den 937 Befragten unseres Querschnitts waren 144 vor dem Kriegsausbruch in die Marine eingetreten, aber nur 48 von ihnen fuhren im September 1939 auf Unterseebooten. Bezeichnenderweise betrug ihr Durchschnittsalter zu diesem Zeitpunkt 23,0 Jahre, wohingegen ihre 96 Kameraden, die noch nicht zur U-Bootwaffe gegangen waren, mit einem durchschnittlichen Alter von 21,6 Jahren wesentlich jünger waren. Es besteht kaum Zweifel an der Tatsache, dass Dönitz im September 1939 Mannschaften vorzog, die eher ein reiferes Alter um die Mitte zwanzig als ein Alter unter zwanzig besaßen. Ein wahrscheinlicher Grund dafür kann natürlich die Schaffung eines Grundstocks an zukünftigen Unteroffizieren gewesen sein, um erforderlichenfalls eine große Verstärkung der U-Bootwaffe zu ermöglichen.

Doch als der Krieg ausbrach, verhinderten weder die beste Ausbildung noch das optimalste Alter, dass die Besatzungen von Dönitz im ersten Kriegsjahr schwere Verluste erlitten. In dem Zeitraum, den die Historiker immer noch als „die erste glückliche Zeit der ‚Grauen Wölfe'" beschreiben, beliefen sich die Verluste des U-Bootpersonals an Gefallenen und Vermissten in den ersten zwölf Monaten auf insgesamt fast 1200 Mann. Dies entsprach erschreckenden 40% der ursprünglichen Stärke.[26]

Das Ausmaß dieser frühen Verluste ist für zwei zukünftige Entwicklungen bedeutsam. Zum einen liefern sie einen gewissen Ausblick bezüglich der Hinnahme der verheerenden Verluste durch Dönitz 1943/44: Seine Entscheidung, den U-Bootkrieg fortzusetzen, beeinflusste zweifellos seine damalige Erkenntnis, dass die U-Bootwaffe einen ähnlichen Aderlass bereits 1939/40 verkraftet hatte. Zum anderen ist jedoch von nahe liegenderer Bedeutung, dass die mit diesen Männern so frühzeitig im Kriege verloren gegangene Erfahrung und Ausbildung dazu beitrug, die Entwicklung der vorgesehenen Verstärkung der U-Bootwaffe zu hemmen. Von 57 U-Booten im September 1939 ausgehend, wurde eine Gesamtstärke von 100 verfügbaren Unterseebooten erst im Februar 1941 und eine durchschnittliche Stärke von 30 in See stehenden U-Booten sogar erst im Juni 1941 erreicht. Dönitz selbst sollte später dies den an falscher Stelle gesetzten Prioritäten in der Zuweisung der Ressourcen zuschreiben.[27] Doch in Wahrheit fehlte es dem BdU sowohl an Menschenpotential – insbesondere an qualifizierten Unteroffizieren –, um die Besatzungen für die von ihm ins Auge gefasste Verstärkung der U-Streitkräfte bereitzustellen, als auch an der notwendigen organisatorischen Infrastruktur, um sie auszubilden.

Die neuerliche Krise zwang zur Improvisation, zur Verwässerung der Maßstäbe und zur Rückkehr zu alten Maßnahmen. Das Ringen von Dönitz zur Erweiterung der Ausbildungseinrichtungen für die U-Bootwaffe ist bereits erwähnt worden. Im November 1939 bestätigte er nochmals die Bedeutung des Grundsatzes „Qualität vor Quantität", um seine Besatzungen auf den Krieg vorzubereiten, gab aber das Prinzip auf, wonach jeder künftige U-Bootfahrer seine Ausbildung tatsächlich an Bord eines Unterseebootes erhalten sollte. Im selben Monat führte das Flottenkommando die Praxis aus dem Ersten Weltkrieg wieder ein, 15% jeder U-Bootbesatzung nach zwei Feindfahrten als Grundstock für eine neue Besatzung abzukommandieren.[28]

Als das Gespenst eines sich lange hinziehenden Seekrieges Gestalt annahm, sannen die Verantwortlichen in der deutschen Marine mit tiefer Besorgnis über die quälenden Probleme der Erfordernisse an Menschenpotential und über die verfügbaren Ressourcen nach. Die Besetzung Dänemarks, Norwegens, der Beneluxstaaten und Frankreichs brachte der Marine die Verantwortung für die Sicherheit der ausgedehnten Küsten; Italiens Niederlagen zur See zwangen zur Abzweigung ohnehin schon knapper Ressourcen ins Mittelmeer und das Führen eines Seekrieges mit Großbritannien hatte ein ozeanisches Ringen mit den damit verbundenen Forderungen nach Neubauten und logistischer Unterstützung zur Folge. Aus einer insgesamt aus Freiwilligen bestehenden Teilstreitkraft von sorgfältig ausgewählten 78.000 Mann bei Kriegsausbruch drohte die Verstärkung der Kriegsmarine auf 370.000 Mann bis zum Juni 1941 zu einer Überbeanspruchung ihrer Fähigkeiten zu werden, um sowohl die Rekruten angemessen auszubilden als auch für leistungsfähiges Führungspersonal an Offizieren und Unteroffizieren zu sorgen. Im August 1939 betrug zum Beispiel das Verhältnis zwischen Offizieren und Mannschaften 1:16, wohingegen dieses Verhältnis bis zum März 1941 trotz einer Vergrößerung des Offizierskorps um 250% auf 1:28 angestiegen war. Dennoch waren immer mehr Männer erforderlich, um die vielfältigen Forderungen zu erfüllen.[29]

Diese Erfordernisse legten der Entscheidungsfreiheit von Dönitz ernste Beschränkungen auf. Im Herbst 1940 gelangte das OKM zur Schlussfolgerung, dass die von

Dönitz geplante Verstärkung der U-Bootwaffe nur vorgenommen werden könnte, wenn die Überwasserflotte jüngere Offiziere abgeben und Verzögerungen bei der Indienststellung des Schlachtschiffes TIRPITZ sowie der Wiederindienststellung des Leichten Kreuzers LEIPZIG hinnehmen würde – Alternativen, die der ObdM, Großadmiral Raeder, entschieden ablehnte.[30] Ein Jahr später forderte die Notwendigkeit, die schweren Verluste des Heeres im Russlandfeldzug zu ersetzen, Priorität in der Zuweisung von Menschenpotential und setzte die vorherige Zuteilung von 10% der neu in die Wehrmacht einberufenen Rekruten auf bloße 4,4% herab.[31]

Hinsichtlich des Ersatzes und der Verstärkung nahm die U-Bootwaffe unvermeidlicherweise zu jüngeren Altersgruppen und verhältnismäßiger Unerfahrenheit Zuflucht. Die Veränderung konnte bei den Überlebenden beobachtet werden, die 1940 in britische Kriegsgefangenschaft gerieten, denn von ihnen waren 25% nur 20 Jahre alt oder jünger, eine Altersgruppe, die 1941 auf mehr als 32% anstieg.[32] Das Durchschnittsalter von 269 Besatzungsangehörigen (ausschließlich der Offiziere), die 1941 an Bord von acht Unterseebooten fielen, lag bei nur 22,7 Jahren.[33] Buchheims Hinweis auf einen 16-Jährigen, den er auf *U 96* antraf, sollte hier eingeordnet werden. Sehr wahrscheinlich ereignete sich dies während der Abkommandierung des PK-Berichters auf dieses Boot vom Oktober bis Dezember 1941.[34]

Bezeichnenderweise führte weder das zunehmende Stützen auf jüngere Altersgruppen noch das Kürzen der Ausbildung zu höheren Verlusten, als die Verstärkung der U-Streitkräfte Platz griff. Vom Dezember 1940 bis zum November 1941 wurden 185 U-Boote in Dienst gestellt, aber nur 25 Boote gingen verloren. In der ersten Jahreshälfte 1942 stieg die Anzahl der Frontboote von 91 im Januar auf 138 im Juli, während nur 21 Unterseeboote den alliierten Streitkräften zum Opfer fielen – eine Verlustrate von weniger als 4%, bezogen auf die jeden Monat in See stehenden Unterseeboote. Dönitz hatte übrigens keine Bedenken, seine neuen Boote und Besatzungen in die Geleitzugschlachten zu schicken: „Dabei waren sehr oft auf 75 Prozent der U-Boote, die einen Geleitzug bekämpften, junge Kommandanten, die sich mit ihren Besatzungen auf ihrer ersten Feindfahrt befanden."[35]

Die vergrößerten U-Streitkräfte, die 1942 – 1944 in den entscheidenden Schlachten im Atlantik kämpften, behielten ihren jugendlichen Charakter bei, wurden aber durch immer mehr (und ältere) Reservisten ergänzt. KKpt. Wolfgang Lüth charakterisierte später das Alter seiner Besatzungen, die er in dieser Zeit führte, so: „Die Männer sind 20 bis 22 Jahre, die Unteroffiziere 23 bis 25 Jahre alt."[36] Eine ausführliche Studie mit den persönlichen Daten von 619 deutschen U-Bootmännern (wiederum die Offiziere ausgenommen), die von den amerikanischen Streitkräften vom Mai 1942 bis zum August 1944 gefangen genommen wurden, bestätigt Lüths Beobachtung. Zum Zeitpunkt ihrer Gefangennahme gehörte fast die Hälfte (307) der Altersgruppe von 20 – 22 Jahren und 19% der Altersgruppe von 23 – 25 Jahren an, während sich der Rest zwischen den Altersgruppen von 18 – 19 Jahren (18%) und 26 Jahre oder älter (14%) aufteilte. Von besonderer Bedeutung ist der Umstand, dass sich dieses Muster bei den gefangen genommenen U-Bootmännern im Sommer 1944 fortsetzt, als eher jüngere Besatzungen zu erwarten waren. Statt dessen sank die Altersgruppe der unter 20-Jährigen auf 7% ab, während die der über 26-Jährigen auf 19% anstieg.[37]

Wären 1943 die ursprünglichen Pläne von Dönitz umgesetzt worden, hätten die 18-
und 19-Jährigen in den deutschen U-Bootbesatzungen durchaus eine stärkere Rolle
spielen können. Mit seiner Ernennung zum Oberbefehlshaber der Marine am 30. Januar 1943 hatte Dönitz endlich innerhalb der Marine die erforderliche Autorität wie auch
den notwendigen Einfluss bei Hitler erhalten, um sein eigenes Programm durchzuführen. Nachdem er im November 1942 erfahren hatte, dass die neuen U-Boottypen
mit höherer Unterwassergeschwindigkeit und -seeausdauer erst Ende 1943 für eine
Serienfertigung in Frage kämen,[38] entschloss er sich, die vorhandenen Tauchbootty-
pen so lange wie möglich weiterzubauen. Wie bereits im 4. Kapitel erwähnt, hatte
Dönitz begonnen, im April 1943 eine erhebliche Verstärkung der U-Streitkräfte zu planen und stillschweigend im Atlantik einen Abnutzungskrieg hinzunehmen, bis die
neue Generation der Unterseeboote zur Verfügung stand. Es war ein Hasardspiel, dessen Preis bald offenkundig werden sollte.

Im Mai 1943 fügten die alliierten Streitkräfte der U-Bootwaffe die schwersten Verluste des Krieges zu: 41 vernichtete Unterseeboote, mehr als in den ersten 19 Monaten
des Krieges versenkt worden waren. Dennoch änderte diese Katastrophe die Dönitz'-
schen Pläne nicht, sondern störte sie lediglich. In den Lagevorträgen bei Hitler Ende
Mai und im Juni erreichte er seine Billigung für eine Steigerung der Neubauten auf 40
U-Boote pro Monat sowie für den Bau zusätzlicher leichter Überwasserstreitkräfte.
Das für dieses Programm bis zum September 1944 erforderliche Personal umfasste
nahezu 440.000 Mann. Davon waren 62.000 Mann für die 634 U-Boote vorgesehen,
deren Bau geplant war. Hierbei räumte Dönitz ein, dass die neuen U-Bootoffiziere vom
Heer und von der Luftwaffe versetzt werden sollten. Derartig fantastische Zahlen überstiegen die vorhandenen Zuweisungen an Menschenpotential um mehr als 300% und
veranlassten einen äußerst überraschten Hitler zum Einwand: „Ich habe diese Kräfte
nicht." Das eigene Verwaltungsamt im Allgemeinen Verwaltungshauptamt der
Kriegsmarine berechnete, dass eine Erfüllung dieses Personalbedarfs bedeuten würde,
die zukünftigen U-Bootbesatzungen aus „45-jährigen Reservisten, Elsässern, ethni-
schen deutschen Minderheiten in fremden Ländern und Kriegsgefangenen" aufzustellen.[39]

Trotzdem fuhr Dönitz fort, sein Programm bis zum November 1943 voranzutrei-
ben, als den Defiziten an notwendigem Menschenpotential – besonders an Technikern
– nicht mehr ausgewichen werden konnte. Das Oberkommando der Wehrmacht
(OKW) versuchte, seinen Forderungen nachzukommen, sogar mit der Versetzung von
mehreren tausend Mann des Heeres, aber die geforderten Zahlen konnten nicht
erbracht werden. Generalfeldmarschall Wilhelm Keitel, der Chef des OKW, stellte
hierzu fest: „Diese Erfordernisse ... werden wahrscheinlich aus den jährlich frisch Einberufenen nicht erfüllt werden können, besonders nicht der Bedarf an technischem Personal, das einfach nicht vorhanden ist."[40]

Letztendlich blieb das Programm unerfüllt; nur ein Bruchteil des geforderten Personals wurde schließlich zugewiesen. Das Wesen der U-Bootbesatzungen blieb, einige individuelle Ausnahmen abgesehen, grundsätzlich unverändert erhalten und Dönitz
musste sich den unheilverkündenden Voraussagen für die Zukunft niemals stellen. Im
August 1943 räumte Dönitz das Veralten der Unterseeboote des Typs VII und IX ein,

die vier Jahre lang die Hauptlast der Atlantikschlachten getragen hatten und gestaltete das Bauprogramm um – noch immer optimistisch auf 40 Boote pro Monat ausgelegt –, das nunmehr die neuen U-Boottypen XXI und XXIII zum Inhalt hatte. Die Kinderkrankheiten, die derart modernen Entwürfen jedoch innewohnten, verzögerten das großangelegte Bauprogramm unvermeidlicherweise bis Ende 1944 und noch darüber hinaus.[41]

Bis dahin sollte der U-Bootkrieg mit den veralteten Unterseebooten, deren Entwürfe aus der Zwischenkriegszeit stammten, auf dem atlantischen Kriegsschauplatz fortgesetzt werden. Verbesserte Torpedos, verstärkte Flakbewaffnung und ständig verbesserte FuMBO's (Radarwarngeräte) dienten als Notbehelfe in dem aussichtslosen Wettlauf mit der alliierten Technik. In Erwartung der Dönitz'schen Pläne für eine außerordentlich vergrößerte U-Bootwaffe erfuhren jedoch die Besatzungen eine beschleunigte personelle Umgruppierung, da erfahrene Männer abkommandiert wurden: Zu weiterer qualifizierter Ausbildung, zu Beförderungen und neuen Kommandos. An ihre Stelle traten unerfahrene Rekruten. Das Geschehen an Bord von *U 172* während seiner Liegezeit in Lorient im November 1943 bietet ein Beispiel:

> „Achtzehn Männer der alten Besatzung gingen von Bord, darunter der Kommandant, der Leitende Ingenieur, der II.W.O., der Oberbootsmann, der Torpedomechanikersmaat und fünf weitere Unteroffiziere. Als Ersatz kamen 28 neue Offiziere und Mannschaften an Bord, letztere mit einem Durchschnittsalter von 20 Jahren, einige von ihnen waren weder auf der U-Bootschule gewesen noch jemals zur See gefahren. … Mit der Abkommandierung unserer alten Leute waren wir nicht mehr die alte kampferprobte Besatzung. Für unser Boot eine Katastrophe."

U 172 ging unter seinem neuen 21 Jahre alten Kommandanten, ObltzS. Hermann Hoffmann, auf seiner nächsten Feindfahrt verloren.[42]

Das Schicksal dieses U-Bootes unterstützt den Eindruck von den unerfahrenen und zu jungen Besatzungen, die im späteren Verlauf des Krieges zu einem aussichtslosen Kampf eingezogen wurden. In ähnlicher Weise war die Charakterisierung von *U 377* (ObltzS. Gerhard Kluth) als ein „erfahrenes und bewährtes Boot" durch den BdU zu bewerten, als es im Januar 1944 – wahrscheinlich durch seinen eigenen Horchtorpedo – verloren ging. Sie strafte der Tatsache Lügen, dass der Kommandant erst auf seiner zweiten Feindfahrt war und der Leitende Ingenieur, ein Funker, ein Dieselmaat und ein Torpedomechaniker über keinerlei Erfahrung verfügten.[43] Wie wir im folgenden Kapitel sehen werden, trugen solche Erfahrungen in dieser Zeitspanne zur Krise in der Moral der U-Bootwaffe bei. Dennoch verkörpert dieses Muster der Umgruppierung von Besatzungen eine Linie der Kontinuität in der Personalpolitik, die auf die rasche Verstärkung der U-Bootwaffe in den Jahren 1940 – 1942 zurückging. In diesen frühen Tagen hatte das Dönitz'sche Hasardspiel mit dem Leben seiner Besatzungen Erfolg, um seine Streitkräfte aufzubauen; 1943/44 scheiterte der Versuch, dasselbe Risiko einzugehen, um die Verluste zu ersetzen, die während des Wartens auf die neuen Unterseeboote eintraten.

Um einen ungeheuren Preis zogen sich die U-Boote aus den Geleitzugschlachten im Atlantik zurück und überließen danach die Gewässer des Kanals den für die Normandie bestimmten alliierten Invasionsstreitkräften. Gezwungen, ihre französischen Stützpunkte und schließlich auch die heimischen deutschen Gewässer aufzugeben, verlegten die U-Boote in die norwegischen Häfen, ständig durch die allgegenwärtigen alliierten Flugzeuge gejagt – und mit ihren aktiven Operationen kehrten die U-Boote in ihre Jagdgründe zu Beginn des Krieges zurück: in die Gewässer der englischen Ost-küste. Der Verlust der Schlacht im Atlantik durch die Kriegsmarine im Mai 1943 ist heute allgemein anerkannt. Hingegen sind die gewaltigen Verluste häufig übersehen worden, die nach dem Treffen der Entscheidung eingetreten waren, sich aus dem Atlantik zurückzuziehen. In den letzten 23 Monaten des Krieges gingen viel mehr U-Boote verloren (396) als in der Zeit vom September 1939 bis zum Mai 1943 versenkt worden waren (234). Wie bereits im 4. Kapitel erwähnt, traten mehr als die Hälfte aller Personalverluste der U-Bootwaffe nach dem Oktober 1943 ein.[44]

Die Bedeutung dieser Verluste kann aus einer genau vier Monate umfassenden Zeit-spanne von April bis Juli 1944 ersehen werden. Nach dem Februar versuchte Dönitz die U-Bootstärke zu konsolidieren, indem er Geleitzugangriffe insgesamt als zu kost-spielig aufgab; dennoch waren die Unterseeboote nicht einmal in der Lage, den alli-ierten Streitkräften geschickt auszuweichen. Im April und Mai verlor die U-Bootwaf-fe im Gegenzug zu nur 13 versenkten Handelsschiffen in jedem dieser Monate durch Feindeinwirkung genauso viele oder mehr Männer (790 bzw. 757 Mann) wie sie im gesamten ersten Kriegsjahr verloren hatte (764 Mann). Im Monat darauf stiegen die Verluste im Gefolge der Invasion an der Normandieküste dramatisch an: über 1200 Mann gefallen oder in Gefangenschaft geraten gegen magere 16 Versenkungen. Im Juli fanden weitere 713 U-Bootfahrer den Tod, als die U-Boote begannen, die französi-schen Häfen zu räumen, die vier Jahre lang ihre Heimat gewesen waren. Insgesamt ver-lor Dönitz in diesen vier Monaten 3222 Mann, die gefallen waren, und 785 Mann, die in Gefangenschaft gerieten – allein die Anzahl der Toten entsprach fast der Gesamt-zahl an gefallenen amerikanischen U-Bootmännern während des gesamten Zweiten Weltkrieges (3506 Mann).[45]

Welcher Art war dann das Wesen der U-Bootbesatzungen angesichts dieser Verlu-ste gegen Ende des Krieges? In scharfem Gegensatz zum Heer, das in diesen letzten Kriegstagen Truppen in den Kampf warf, die aus Jugendlichen und alten Männern bestanden, hatte sich das Personal der U-Bootwaffe in diesen letzten beiden Jahren nicht wesentlich verändert. Die zusammengestellten Geburtsdaten von 611 Unteroffi-zieren und Mannschaften der U-Bootwaffe, die in der letzten Kriegswoche im Mai 1945 in Europa gefallen oder in Gefangenschaft geraten waren oder sich ergeben hat-ten, enthüllen eine Altersstruktur, die mit der ihrer Vorgänger von 1942 – 1944 bis auf die geringere Anzahl aus der Altersgruppe der unter 20-Jährigen übereinstimmt. Hier-bei ist sogar der Altersvergleich mit dem Mannschaftspersonal der US-Marine aus dem Jahre 1945 (siehe unten Tabelle 23) noch interessanter.

Ein ungewöhnlich großes Vertrauen in das Mannschaftspersonal aus der Alters-gruppe der unter 20-Jährigen ist daher 1945 *weniger* für die U-Bootwaffe als für die Marine der Vereinigten Staaten im Allgemeinen charakteristisch. Wenn argumentiert worden ist, dass viele junge amerikanische Seeleute eher zu logistischen als zu Kampf-aufgaben herangezogen wurden, so lassen die entsprechenden Daten für das Mannschaftspersonal des US-Marineinfanterie-Korps – 21.1% hatten 1945 ihren 20. Geburtstag noch vor sich – keinen Raum für Zweifel.[46]

TABELLE 23 **Lebensalter der U-Bootbesatzungen 1942 – 1944 und 1945 sowie der US-Marine 1945**

Alters- gruppen	U-Bootbesatzungen		US-Marine
	1942 – 1944	**1945**	**1945**
18 – 19	17,8%	11,0%	24,9%
20 – 24	65,2%	73,2%	41,0%
25 – 29	13,8%	14,0%	17,3%
30+	3,2%	1,8%	16,8%

Anmerkung: Angaben für die U-Bootmannschaften 1942 – 1944 aus Mulligan: „German U-boat Crews", S. 270/271; die 611 Mannschaftsdienstgrade für den Mai 1945 verkörpern Gefallene und Kriegsgefangene aus 15 versenkten U-Booten oder bei Kriegsende Internierte, die sich ergeben hatten, und stammen aus denselben Quellen wie die vom Verfasser für 1942 – 1944 benutzten; und die Angaben zur US-Marine stammen vom Chef des Bureau of Medicine and Surgery im Navy Department: *Annual Report of the Surgeon General, U.S. Navy, to the Secretary of the Navy Concerning Statistics of Diseases and Injuries in the U.S. Navy for Calendar Year 1945*, S. 16. Die deutschen Angaben für 1945 geben ein jüngeres Altersprofil wieder, da bei ihnen 16 verheiratete Unteroffiziere (mit Sicherheit über 20 Jahre) weggelassen worden sind, die *U 977* in Norwegen an Land gesetzt hatte, ehe das U-Boot seine nachfolgende Fahrt nach Argentinien in die Internierung antrat (siehe Schaeffer: *U-boat 977*, S. 147 – 150 [„*U 977*", S. 211 – 216]).

Die U-Bootbesatzungen von 1945 behielten diese Altersstruktur infolge eines Nebeneffekts aus dem erweiterten U-Bootprogramm bei, das Dönitz im Juni 1943 anstrebte. Obwohl die ursprünglichen Zielvorgaben hinsichtlich U-Bootbau und Personalbedarf nie verwirklicht wurden, hatte die Infrastruktur der U-Bootausbildung – unter der Gesamtleitung von Admiral v. Friedeburg im Januar 1943 reorganisiert – ihre Ressourcen ausgedehnt und ihre Verfahren rationalisiert, um so viele U-Bootmänner wie möglich an die Front zu bringen. Obwohl die Qualität der Ausbildung, wie wir gesehen haben, Besorgnis erregte, bedeutete das bloße Hervorbringen von 616 neuen U-Bootbesatzungen 1943 – 1945 angesichts früherer Erfahrungen eine erstaunliche Leistung. Es ist vielleicht fraglich, ob dieses Programm den Erfordernissen der ursprünglich geplanten U-Streitkräfte entsprochen hätte, aber es diente durchaus den Bedürfnissen einer U-Bootwaffe, die am 1. Mai 1945 insgesamt fast 400 U-Boote umfasste. Angesichts der Tatsache, dass die Mehrheit der älteren U-Boote außer Dienst gestellt war und die Boote neuerer Typen gerade von den Ausrüstungskais ablegten, gab es mehr qualifizierte U-Bootseeleute als Unterseeboote zu bemannen waren.

Zu ihnen gehörte auch Maschinen-, Funk- und anderes technisches Fachpersonal in großer Anzahl, das ebenfalls ausgebildet war und zur zukünftigen Verwendung bereitstand. Doch im Gegensatz zur großen Personalverstärkung von 1940 – 1942, als die Rekruten abgekürzte Ausbildungslehrgänge durchliefen und danach zu den „Flottillenreserven" in Frankreich zur individuellen Zuweisung abkommandiert wurden, blieben ihre Nachfolger von 1944/45 in den U-Bootausbildungseinrichtungen als eine Art „Personalpool" zusammen, wobei die Ausbildung und die Übungen weitergingen. Im Frühjahr 1945 waren zum Beispiel nahezu 300 voll ausgebildete Unteroffiziere bei der 1. UAA in Plön mit Sport und Segeln beschäftigt, während sie auf ihre Abkommandierung warteten, wohingegen die überzähligen Kommandanten und Wachoffiziere andere Aufgaben zugewiesen erhalten hatten.[47]

Daher ging für die deutsche U-Bootwaffe der Krieg nicht mit einer verzweifelten Personal- und Ausbildungssituation zu Ende, die für die übrigen Teile der Wehrmacht 1945 kennzeichnend waren. Bis zu einem gewissen Grade trifft die Beschreibung, der U-Bootkrieg hätte einen „Kinderkreuzzug" gebildet, eher auf die große Verstärkung der U-Streitkräfte von 1940 – 1942 zu, als die Verluste noch niedrig blieben. Viele alliierte Erfolge und deutsche Mängel entschieden den Ausgang der Schlacht im Atlantik; das Lebensalter und die relative Erfahrung der deutschen U-Bootbesatzungen spielten bei dieser Entscheidung keine Rolle.

Aber Schafe brauchten keine Lämmer für die Schlachtbank zu sein. Zeiten schwerer Verluste bildeten einen Teil im Rhythmus der atlantischen Kriegsführung von 1939 bis 1943 und in diesem Zusammenhang ist die Dönitz'sche Auffassung vom Mai 1943 verständlich, diese Verluste wären eher ein Rückschlag als eine unwiderrufliche Katastrophe. In ähnlicher Weise stellt das Opfern von Leben, um Zeit zu gewinnen, eine militärische Notwendigkeit dar und die U-Boote banden mit Sicherheit 1944/45 einen unverhältnismäßig hohen Anteil alliierter Streitkräfte.[48] Doch ob dieser Auftrag den ungeheuren Aderlass einer technisch und taktisch überflügelten U-Bootwaffe nach dem Sommer 1943 rechtfertigte, muss in der letztlichen Beurteilung von Dönitz' Handeln schwer wiegen.

9. Kapitel
„Mehr kann man nicht sein!"
Die Moral einer unfreiwilligen Elite

Mehr als 50 Jahre nach dem zu Ende gegangenen U-Bootkrieg bleibt die zwingendste Frage bestehen: Wie konnten die deutschen U-Bootfahrer ihre Moral und ihren Kampfgeist angesichts derart schrecklicher Verluste aufrechterhalten? Kein Geringerer unter den unerbittlichen Gegnern als Winston Churchill selbst bezeigte seine Hochachtung „der Beharrlichkeit von Deutschlands Anstrengungen und der Standhaftigkeit der U-Bootwaffe", die bis zum letzten Kriegstag kämpfte.[1] Dennoch ist wenig unternommen worden, um über das Studium der Dönitz'schen Führungseigenschaften und der eigenständigen Entwicklung der „Inneren Führung" in der deutschen Bundesmarine hinaus die Grundlage für diese unvergleichliche Moral zu beurteilen.[2] Andererseits argumentieren einige Historiker, dass der Sieg der alliierten Geleitsicherungskräfte allein den Beweis dafür erbringt, dass sie „die Willenskraft der U-Bootbesatzungen überdauert" hätten oder dass die Grundursache der Niederlage von Dönitz im Mai 1943 „bei den U-Bootbesatzungen lag. ... Sie hatten den Mut verloren."[3] Vielleicht liegt das Verständnis für die Motivierung der U-Bootmänner einfach außerhalb des Begriffsvermögens eines Außenseiters, wie dies ein deutscher U-Bootfahrer kurz vor seinem Tod in den ersten Tagen des Krieges zum Ausdruck brachte: „Wir erfüllten nur unsere Pflicht; aber begreift nicht, was dies bedeutet, weil man sie einfach nicht kennt."[4]

Dies mag stimmen, denn die Moral der U-Bootwaffe – wie bei jedem besonderen Kampfverband in einem bestimmten Zeitpunkt – umfasste ein kompliziertes Mosaik aus kulturellen, militärischen und einsatzmäßigen Faktoren vermischt mit jenem der spezifischen Waffengattung, die je nach Zeit und individueller Einheit variierten. Wie bereits zu Beginn des 7. Kapitels erörtert, hörten die U-Bootbesatzungen binnen eines Jahres nach Kriegsbeginn auf, eine nur aus Freiwilligen bestehende handverlesene Waffengattung zu sein. Wie die Marine und Dönitz das Selbstbewusstsein ihrer Besatzungen bewahrten, einen Elitestatus zu besitzen, wird ein Schwerpunkt unseres Bestrebens sein, aber nur im allgemeinen Zusammenhang mit der Frage, wie diese Moral aufrechterhalten werden konnte, während die „Elite" zunichte wurde.

Allgemeine Faktoren in der Moral der U-Bootbesatzungen

Ehe wir das Spezifische an der Kampfmoral des Personals der Kriegsmarine im Allgemeinen und der U-Bootbesatzungen im Besonderen behandeln, müssen wir zunächst die Grundlagen betrachten, die lange vor ihrem Eintritt in die Marine gelegt worden sind.

Der deutsche Nationalcharakter hat sich im 20. Jahrhundert als Gegenstand vieler kritischer Bemerkungen erwiesen, besonders in Bezug auf übertriebene soldatische Tugenden und autoritäre Werte. Klischees und Halbwahrheiten dienten in vielem als Ersatz für Analysen, zurückgeführt auf entwicklungsgeschichtliche oder kulturelle Ursachen. Im Grunde ist dieser Charakter das Erzeugnis einer erfolgreichen militärischen Schicht, einer herrschenden Schicht, die anfangs im 19. Jahrhundert eine Eigenschaft zur operationsfähigen Vortrefflichkeit demonstrierte. Nationale „Eigenschaften" spielen deshalb in unseren Überlegungen keine Rolle.[5] Doch es kann kein Zweifel daran bestehen, dass jene, aus denen die U-Bootbesatzungen bestanden, von den Kräften des Patriotismus, des Idealismus und der harten Arbeit, die allen nationalen Kulturen zu eigen sind, stark angezogen wurden.

Die Verhältnisse, die im nationalsozialistischen Deutschland vorherrschten, hatten jedoch einen direkten Einfluss auf die Entwicklung der zukünftigen U-Bootfahrer. Die Zugehörigkeit zum *Deutschen Jungvolk* (zehn bis 14-Jährige) und zur *Hitler-Jugend* (14- bis 18-Jährige), nach dem Dezember 1936 obligatorisch, bereitete alle deutschen Jungen durch körperliche Ertüchtigung, Formalausbildung und Geländeübungen (Kampfspiele) auf den Militärdienst vor. Die ideologische Schulung verstärkte deshalb auch den Zug zum Nationalismus; Selbstaufopferung und Loyalität zum Regime wurde bereits in den Schulen und zu Hause gelehrt. Danach absolvierten fast alle jungen Männer ihre ebenfalls obligatorische sechsmonatige Dienstzeit im *Reichsarbeitsdienst* mit weiterer vormilitärischer Ertüchtigung und Ausbildung. Das U-Bootass Karl-Friedrich Merten lobte die Qualitäten, die im Gegensatz zu den älteren Seeleuten die jüngeren Rekruten mitbrachten:

> „Nach der Wiedereinführung der allgemeinen Wehrpflicht (1935) brachten die Angehörigen aller Laufbahnen eine große Begeisterung mit. Nahezu alle waren vorher in der Hitler-Jugend gewesen und hatten bereits die harte Schule des Reichsarbeitsdienstes hinter sich. Sie hatten eine sehr idealistische Einstellung und erfüllten ihre Aufgaben mit Freude. Dies stand in bemerkenswertem Gegensatz zu den alten Berufssoldaten der Reichsmarine, deren begrenzte Beförderungsmöglichkeiten ... ihren militärischen Ehrgeiz abstumpften und häufig zu disziplinären Problemen führten."[6]

Die Rolle des Nationalsozialismus und sein Verhältnis zur Marine wird im 11. Kapitel erörtert werden.

Vor allem nahmen die künftigen U-Bootfahrer als Jugendliche den Gedanken einer elitären Unterseebootswaffe in sich auf, die sich im Kampf ausgezeichnet hatte sowie Mut, Können, Patriotismus und Selbstlosigkeit als Eigenschaften verkörperte, welche die Vorstellungskraft der Öffentlichkeit fesselten. Das allgemeine Interesse, entstanden während des Ersten Weltkrieges, setzte sich in der Zwischenkriegszeit mit der Einweihung von öffentlichen Ehrenmalen wie dem am 12. Juni 1938 eingeweihten *U-Boot-Ehrenmal* in Kiel-Möltenort (damals Gedächtnis an 199 U-Boote im Ersten Weltkrieg), mit den veröffentlichten Memoiren von U-Bootveteranen, mit ihren Vorträgen, mit gleichzeitig in verschiedenen Zeitungen veröffentlichten Artikeln sowie mit Kinofilmen fort. Das Unterseeboot verband das öffentliche Interesse an dem „modernen Wunderwerk der Technik" mit der Anziehungskraft des Abenteuers. Werner Fürbringer, ein erfolgreicher ehemaliger U-Bootkommandant, beschrieb sein Bestreben, die Werte seiner Generation von U-Bootfahrern während einer Reihe von Vorträgen im Frühjahr 1932 an die nächste zu vermitteln:

> „Ich erzähle, erzähle viele Stunden. ... Ich merke, wie allmählich eine Brücke geschlagen wird zwischen meinen Hörern und mir, fühle, daß die inneren Beziehungen zwischen uns immer stärker werden, je mehr ich davon erzähle, wie unsere U-Bootsleute um das höchste Gut gekämpft haben, wie sie sich eingesetzt haben, wenn der Kampf auch noch so fraglich, ja hoffnungslos erschien, wie aber der unerschütterliche Glaube an Deutschland ihnen die Kraft gab, durchzuhalten und den letzten Tropfen Blut zu opfern fürs Vaterland."[7]

Fürbringers Überzeugungskraft sollte sich für die Zuhörerschaft seiner Zeit als überzeugend und prophetisch erweisen.[7a] Die Moral der Dönitz'schen U-Bootbesatzungen beruhte auf einem Fundament aus kulturellen Werten, die sie als Kinder und Jugendliche aufnahmen. Dennoch variierte die Stärke dieser Grundlage bei den Einzelnen und sollte durch Gefangenschaft und dem Ausgesetztsein durch andere Kulturen erprobt werden. Für jene, emporgehoben durch die nationalsozialistischen Lehren deutscher Überlegenheit und Selbstgerechtigkeit, konnte sich die Prüfung durch den Kampf als ein Schock erweisen.

Privilegien und Sold: Belohnungen der Marine für die U-Bootwaffe

Allein die Aufnahme in die Kriegsmarine führte zum Prestige der Exklusivität. Diesbezüglich überdauerte die Vorkriegspolitik der Marine ihren Kriegsbedarf an Wehrdienstpflichtigen, da sich dieser selbst auf seinem Höhepunkt (810.000 Mann im Jahre 1944) auf weniger als 9% der Gesamtstärke der Wehrmacht belief. 1941 betrug der verhältnismäßige Anteil weniger als 6% und 1940 waren es gar nur 4% gewesen.[8] Wie im 6. Kapitel erwähnt, prüften die Musterungskommissionen der Marine in der ersten Hälfte des Krieges die Bewerbungen der Freiwilligen gründlich, ehe sie diese in die Marine aufnahmen, eine modernere Form der Auslese als die vom Heer für die Einberufung der jungen Deutschen in größerer Zahl angewendete – obwohl sie sich grundsätzlich nicht von ihr unterschied.[9]

Doch wie wir auch gesehen haben, wählte die Rekrutierungsstrategie der Marine nicht nach den besten zur Verfügung stehenden Talenten, sondern eher mit dem Blick auf das zivile Fachkönnen aus, das zu den speziellen Bedürfnissen der Marine passte. Das starke Abstützen auf Metallarbeiter, um als technisches Fachpersonal zu dienen, veranschaulicht besonders ein oft übersehenes Nebenprodukt für die Moral: Die bemerkenswerte Homogenität der Herkunft und Berufe, die das kämpfende Personal der deutschen Marine im Allgemeinen und der U-Bootwaffe im Besonderen kennzeichnete. Die Gelegenheit, allgemeine Erfahrungen und berufliche Kenntnisse auszutauschen, diente als Teil der Bindungen, welche die auf engstem Raum zusammenlebenden Angehörigen der Besatzung miteinander verband, die zudem häufig mit langen Zeiträumen der Inaktivität konfrontiert waren.

Der „Aufbau der Moral" begann in den Kasernen der Grundausbildung wie bei jedem anderen Rekruten, der in der Wehrmacht diente. Über die Grundausbildung und die körperliche Ertüchtigung hinaus verlieh der Übergang zum militärischem Dasein auch Werte des Dienstes und der Disziplin, die den bloßen Gehorsam gegenüber der Autorität überstiegen. Gegen Ende dieses ersten Stadiums der Dienstzeit legten die Rekruten im Rahmen einer feierlichen Zeremonie den Treueid ab, eine seit langer Zeit bestehende militärische Tradition in Deutschland, die Hitler angepasst hatte, um sie seinen eigenen Zielen dienstbar zu machen. Eine halbamtliche Veröffentlichung der Kriegsmarine beschreibt ihre Rekruten als „begeistert, als ob ein heiliger Ruf" erginge, wenn sie gelobten:

> „Ich schwöre bei Gott diesen heiligen Eid, daß ich dem Führer des deutschen Reiches und Volkes, Adolf Hitler, dem Oberbefehlshaber der Wehrmacht, unbedingten Gehorsam leisten und als tapferer Soldat bereit sein will, jederzeit für diesen Eid mein Leben einzusetzen."

Hiermit erhielten die Rekruten das Recht, unter der Kriegsflagge zu kämpfen und als „Soldaten" bezeichnet zu werden [d.h. den Kombattantenstatus nach internationalem Recht].[10/10a] Der starke Einfluss dieser Tradition kann aus dem Kommentar eines U-Bootveteranen aus Jahre 1982 ersehen werden:

> „Wir kannten nur das, was uns gesagt wurde: Unseren Dienst. Wir hatten das Gefühl, dass wir eines Tages von der Hand der Amerikaner oder der Russen zusammen sterben würden. Aber wir hatten unseren Eid geleistet. Das ist ein schlechter Soldat, der vergisst, dass er seine drei Finger gehoben hat. Überall auf der Welt müssen Soldaten in allen Streitkräften dasselbe gedacht haben."[11]

Infolge der Natur der modernen Seekriegsführung stellte der Tod im Gefecht mehr etwas Abstraktes als eine tägliche Realität dar. Bis er sie überraschte, existierte das letztliche Schicksal für so viele deutsche U-Bootmänner mehr in ihren Vorstellungen als in ihren Erfahrungen. Teilweise reflektierte dies ein in allen Marinen während beider Weltkriege beobachtetes Phänomen: Das fast völlige Fehlen psychiatrischer Verluste. Da die verbesserte Waffentechnologie die Entfernungen vergrößerte, auf die ein Gefecht zur See stattfand, entfernten die größeren Distanzen die Seeleute gefühlsmäßig auch vom Akt des Tötens. Die gegnerischen Ziele waren in erster Linie „nur" Schiffe und Flugzeuge und weniger menschliche Wesen. Die U-Bootbesatzungen feierten eher das Versenken einzelner Schiffe sowie die versenkte Gesamttonnage und nicht die Vernichtung von Menschenleben an Bord. Das Schicksal der Überlebenden torpedierter Schiffe war ein Thema, das im Allgemeinen in den Gesprächen an Bord vermieden wurde. Wie wir sehen werden, verweigerte sich Dönitz definitiv dem Vorschlag Hitlers, die Überlebenden versenkter Schiffe zu töten, der Auswirkungen wegen, die dies auf die Moral seiner Besatzungen haben könnte.[12]
Gleichzeitig mussten sich die U-Bootseeleute – im Unterschied zu ihren Heereskameraden an den Fronten – nicht an Schlamm, Blut, Tod und scheußliche Verwundungen gewöhnen, die das Alltagsgesicht der Kriegsführung bedeuteten. Von einem begrenzten Zeitraum abgesehen, als U-Boote an der Wasseroberfläche blieben, um

angreifende Flugzeuge zu bekämpfen, erlitten die U-Bootfahrer kaum Verluste, die nicht auch den Untergang ihrer Boote nach sich zogen. Wenn Freunde und Kameraden auf anderen Unterseebooten in Verlust gerieten, dann verschwanden sie einfach, ohne die Notwendigkeit einer Identifizierung oder eines Begräbnisses. Durch die Umstände der U-Bootkriegsführung bedingt, vielleicht als die Tücke eines lachenden Verhängnisses, bestand für einen U-Bootfahrer die übliche Begegnung mit dem Tod nur aus seinem eigenen. Solange er sich diesem Schicksal entzog, genoss er das ungewöhnliche Privileg, zu einer ausersehenen Kampfelite zu gehören, der üblicherweise der Anblick von Gefallenen und Verwundeten erspart blieb.

Unter den besonderen Maßnahmen, um die Moral aufrechtzuerhalten, dienten Nahrungsmittel und Besoldung innerhalb der Marine als direkte Hinweise einer Vorzugsbehandlung. Als ein direktes Vermächtnis des Ersten Weltkrieges führte die Marine etwas Neues ein, um die Qualität des Proviantes für die Mannschaften zu verbessern. Im Gehalt eines jeden Marineangehörigen war ein Verpflegungsgeld enthalten, ein Anteil, der vom Grundgehalt aller Dienstränge im aktiven Dienst abgezogen wurde. U-Bootbesatzungen erhielten stets reichliche Zuteilungen an Frischfleisch, Kartoffeln, Brot, Gemüse und frisches Obst für den Beginn einer jeden Feindfahrt sowie für den verbleibenden Zeitraum Vitamine als Ergänzung zum Dauerproviant. Zu den 14 t Proviant, die normalerweise ein IX-C-Boot für eine zwölfwöchige Feindfahrt mitführte, gehörten 864 kg Milch, 220 kg Obstsäfte, 180 kg Kaffee, Tee und Kakao sowie 54 kg Schokolade. Soweit das Wetter und die Kampfbedingungen die Benutzung des Kochherds gestatteten, erhielten die U-Bootbesatzungen täglich drei Mahlzeiten, die eher für Appetit sorgten als eine ausgeglichene Kost. Sorgfältige Studien der Gewichtsveränderungen im Winter 1942/43 während der Feindfahrten im Atlantik enthüllten, dass mehr Männer an Gewicht zunahmen (durchschnittlich um fast 4,5 kg) als verloren. Nur auf langen Feindfahrten im Nordatlantik, wenn das schlechte Wetter die Zubereitung warmer Mahlzeiten verhinderte, kehrte sich das Muster um (nunmehr mit fast 4,5 kg Gewichtsverlust). U-Bootseeleute genossen [wie alle Frontsoldaten] auch das Privileg eines besonderen Urlauber-Pakets, bekannt als „Führerpaket", das hoch geschätzte Nahrungsmittel wie feines Weizenmehl, Butter, Zucker, Kaffee und Wurst enthielt und bei Urlaubsantritt mit nach Hause genommen wurde. Gute Nahrungsmittel in ausreichender Menge lieferten einen greifbaren Beweis für einen besonderen Status.[13]

Doch damals wie heute blieb die Besoldung [damals offiziell „Gebührnisse" genannt] der wahre Prüfstein für berufliche Anerkennung. Die Tabellen für das Grundgehalt [je nach Besoldungsgruppe entsprechend den Dienstgraden] waren für die gesamte Wehrmacht verbindlich, d.h. das jährliche Grundgehalt für einen Matrosengefreiten betrug 1080 Reichsmark. Das Gehalt in dieser Höhe erhielt auch ein Gefreiter des Heeres oder der Luftwaffe. [Bei den Offizieren enthielten die Tabellen das Grundgehalt nicht jährlich sondern monatlich, abgestuft nach Dienstalter.][13a] Darüber hinaus hatte jedoch das Marinepersonal den Vorteil einer allgemein schnelleren Beförderung mit einer größeren Bandbreite bei den Unteroffizieren sowie auch eines Systems breit gefächerter Zulagen. Neben dem Wohnungsgeldzuschuss [je nach Ortsklasse und Besoldungsgruppe], dem Kinderzuschlag, der Felddienst- und der Kampfzulage, die das gesamte Personal der Wehrmacht erhielt, kamen daher für die U-Bootfahrer noch meh-

rere besondere Zulagen hinzu. Für jeden auf Feindfahrt in See verbrachten Tag erhielten die Mannschaften zum Beispiel nach Dienstgraden gestaffelt eine Raumbeschrän-
kungs-Zulage. Zudem gab es je nach technischer Laufbahn eine Funk-, Mechaniker-
oder Maschinenzulage. Während der Ausbildung in heimischen Gewässern bekamen
die U-Bootfahrer eine besondere Tauchzulage für jeden Tag, den das Unterseeboot
tauchte, wiederum nach Dienstgraden gestaffelt. Während des Krieges wurden diese
Zulagen vereinfacht und etwas erhöht, so stieg zum Beispiel im März 1941 die Tauchzulage für Feldwebel von 1,50 RM auf 2,50 RM. Im November 1944 wurden die verschiedenen Zulagen zu einer Einheitszulage zusammengefasst: 2 RM für jeden Tag auf
Feindfahrt für jeden Angehörigen der Besatzung ungeachtet des Dienstgrades.[14]

Da viele Zulagen mit den Dienstgraden gekoppelt waren, ergab sich für die Beförderung bei den Unteroffizieren und Mannschaften eine sogar noch größere Bedeutung
und während des Krieges wurde ein rasches Vorwärtskommen immer üblicher. In der
Vorkriegszeit gingen die Beförderungen langsam vonstatten. Die Richtlinien schrieben
für die Beförderung vom Matrosen zum Gefreiten und ebenso zum Obergefreiten sowie
auch zum Maat Wartezeiten von mindestens je einem Jahr vor, während der Letztere
drei Jahre lang warten musste, ehe er zum Obermaat qualifiziert war.[15] Im Dezember
1941 – genauer gesagt, als die Verstärkung der U-Bootwaffe voll einsetzte – wurden
diese Wartezeiten zugunsten der erbrachten Leistungen gelockert. Ein Matrose konnte
nunmehr nach neun Monaten zum Gefreiten und ein Maat bereits nach zwei Jahren zum
Obermaat befördert werden. Vor allem existierten für eine Beförderung in den Status
eines Portepee-Unteroffiziers keine zeitlichen Beschränkungen mehr. Somit wurde zur
Leistung als einziger Qualifikation ermutigt. Andererseits bedeuteten Beförderungen
oft auch eine zeitweilige Unterbrechung des normalen Dienstes, da die Kandidaten vorher abkommandiert wurden, um einen vier- bis sechswöchigen Ausbildungslehrgang zu
besuchen und die erforderliche Prüfung abzulegen. Danach kamen mit dem neuen
Dienstgrad üblicherweise die Versetzung auf ein gerade erst in Dienst gestelltes Boot
und ein Neubeginn. Das allmähliche Öffnen des elitären Offizierskorps für den Zugang
aus dem Mannschaftsstand, wie im 5. Kapitel beschrieben, bot einen weiteren Beweis,
dass die Marine Leistungen anerkannte und über die Referenzen stellte.[16]

Rasche Beförderungen und höhere Zulagen gestatteten somit den U-Bootfahrern,
auf beträchtliche Auszahlungsbeträge zu kommen. Viele, insbesondere die Offiziere,
lebten von ihren Feldzulagen und überwiesen das Gehalt nach Hause. Andere verbrauchten ihr Geld sofort. „Für die vier Monate in See bekamen wir eine Menge Geld
ausbezahlt", erinnerte sich der Veteran Peter Petersen von *U 518* (Kptlt. Friedrich-Wilhelm Wissmann). „Sie bezahlten uns einen hohen Sold und wir erhielten reichlich
Zulagen, so dass wir genug Geld hatten, das wir mit Mädchen, Bier und Geschenken
auf den Kopf hauten."[17]

Die zusätzliche Bezahlung vervollständigte noch ein weiterer Vorteil des Dienstes
bei der U-Bootwaffe: der Heimaturlaub. Als allgemeine Verfahrensweise erhielten die
U-Bootbesatzungen zehn bis zwölf Tage Heimaturlaub abwechselnd nach Rückkehr
von jeder Feindfahrt, wobei jeweils die Hälfte der Besatzung binnen 48 Stunden nach
dem Einlaufen auf Urlaub fuhr. Die Urlauber waren hierbei nicht auf regelmäßig ver-
kehrende öffentliche Verkehrsmittel angewiesen, sondern ein besonderer Schnellzug,

bekannt als der „BdU-Zug", brachte sie [von den französischen Atlantikhäfen über Paris] heim nach Deutschland. In den ersten Kriegsjahren bedeutete ein Urlaub ein sorgloses Vergnügen und eine sorgenfreie Entspannung mit der Familie, den Freunden oder Mädchen. Zu Hause abgöttisch verehrt, genossen sie oft freie Getränke, Mahlzeiten und andere Annehmlichkeiten. Ab 1943 nahm der Heimaturlaub jedoch einen völlig anderen Charakter an, als die alliierten Bombenangriffe auf deutsche Städte ständig zunahmen und sich der Schwerpunkt von der Erholung zur Sorge um die geliebten Menschen hin verlagerte. Für viele Angehörige der U-Bootbesatzungen, deren Familien in den gefährdeten Hafenstädten oder in den Industriestädten an Rhein und Ruhr wohnten, bedeutete der Urlaub die Gelegenheit, sich um die Bedürfnisse der Familie zu kümmern. Die Glücklicheren unter ihnen konnten ein Umsiedeln der Familie zu Verwandten arrangieren, die in weniger luftgefährdeten Gebieten wohnten; die dieses Glück nicht hatten, mussten oft für ein Begräbnis sorgen.[18]

Derartige Urlaubserfahrungen 1943/44 erwiesen sich für die Moral als zweischneidig. Bei einer Anzahl von Gelegenheiten beendeten verbitterte Besatzungsangehörige ihren Urlaub frühzeitig, um so schnell wie möglich zum Stützpunkt und auf das Kampffeld zurückzukehren. „Zumindest hier war alles an seinem Platz und ich wusste, wo vorn und hinten war", schrieb später ein Veteran. Die Anfälligkeit ihrer eigenen Familien gegenüber Luftangriffen brachte den U-Bootfahrern die bedenkliche Lage Deutschlands wirksamer zum Bewusstsein als ihre eigenen Erfahrungen. Ein U-Bootkommandant, der im zerstörten Hamburg auf Heimaturlaub war, beschrieb seine Gefühle so:

> „Draußen ist es schon schlimm genug. Aber wenn mich dort jemand angreift, kann ich mich doch wenigstens wehren und mit aller Kraft zurückschlagen, und das sage ich, ich tu's auch! Aber hier kann man ja nur ruhig dasitzen und das Beste hoffen, die reine Zielscheibe ist man. Und sich sagen zu müssen, daß alles was wir draußen tun, so einen Angriff nicht verhindern kann!"[19]

Die Mehrheit der U-Bootfahrer begriff die Notwendigkeit, den Kampf fortzusetzen und die alliierten Flugzeuge zu binden, aber dies konnte nicht von der deprimierenden Vorahnung der deutschen Niederlage befreien.[20]

Dennoch kann das Urlaubsprivileg, dessen sich die U-Bootbesatzungen erfreuten, in Bezug auf die übrigen Wehrmachtsteile in seiner Bedeutung nicht hoch genug eingeschätzt werden. Im Schnitt hatte der deutsche Soldat nur ein Anrecht auf 14 Tage [normalen] Urlaub im Jahr (zuzüglich zwei Reisetage), der stets von der Kriegslage abhängig war. [Sonderurlaub für gute Leistungen oder gewährt im Zusammenhang mit der Verleihung von Auszeichnungen ist hier nicht berücksichtigt]. Ein Jahr oder länger ohne Urlaub war für einen Soldaten an der Ostfront nicht ungewöhnlich. Als die beste Einzelmöglichkeit, um die Kampfkraft der Soldaten zu stärken, traten deutsche Infanteriekommandeure nachhaltig, aber vergeblich dafür ein, alle sechs Monate zumindest 15 Tage Heimaturlaub zu gewähren. 1944 wurde in die deutschen Marinedienstvorschriften für die U-Bootwaffe genau diese Forderung aufgenommen.[21]

Zusätzlich zum Heimaturlaub verbrachten die U-Bootmänner außerdem entsprechend lange Liegezeiten in den Stützpunkten. Während die eine Hälfte der Besatzung auf Heimaturlaub war, verrichtete die andere ihren Dienst: Reinigen und Malen des

Bootes, Durchführen von Reparaturen, Überholen der Diesel- und E-Motoren, Einbauen und Erproben neuer Ausrüstungen sowie Unterrichtung über die jüngsten Modelle von Torpedos, Funkmessbeobachtungsgeräten und Fla-Geschützen. Diese Tätigkeiten vollzogen sich während regelmäßiger Dienststunden mit Ausgang nach Dienstschluss, um sich in der Stadt zu amüsieren. Alliierte Luftangriffe zerstörten später die Städte, beeinträchtigten aber nur selten die U-Boote, die sicher in ihren massiven Betonbunkern lagen, oder ihre Besatzungen, deren Quartiere Anfang 1943 in neu erbaute Barackenlager weit außerhalb der Hafenstädte verlegt wurden. (Weit entfernt, „von Bomben in ihren Biskaya-Stützpunkten terrorisiert [sic] zu werden", wie ein Autor dies nannte, nutzte die Besatzung von *U 515* in Lorient die Gelegenheit und schickte ihren hierfür bestimmten „Organisierer" nach Luftangriffen los, um in den Ruinen von Wehrmachtsdepots brauchbare Güter zu „organisieren", ehe die Feldgendarmerie erschien.[22/22a]) Von diesen Unterkünften aus – mit Kino und Sporteinrichtungen ausgestattet – wurden die U-Bootmänner stets mit Bussen zu den U-Bootbunkern gebracht. Dies erinnerte fast an Friedensverhältnisse. Alles in allem verbrachte ein U-Bootfahrer vielleicht ein Drittel seiner Dienstzeit im Stützpunkt bzw. auf Heimaturlaub, abseits von der Langweiligkeit und dem Schrecken, die den U-Bootkrieg kennzeichneten.[23]

Wenn ein U-Bootfahrer aus dem Urlaub zurückkehrte, geschah es, dass ihm die Basis seiner Moral zum Bewusstsein kam.

Sein Boot und seine Bordkameraden

Seit dem Zweiten Weltkrieg hat eine stattliche Anzahl von Studien nachgewiesen, dass das Bindemittel, das die Männer im Kampf zusammenschmiedet, in erster Linie der Zusammenhalt in der Gruppe ist, die Loyalität, die unmittelbare Kameraden in ihrer Gruppe (Korporalschaft) bzw. in jeder anderen kleinen Einheit miteinander teilen. Treue gegenüber der Nation oder einer Ideologie nimmt gegenüber jenen um sich herum, auf die sich der Einzelne für sein Überleben verlassen muss, erst den zweiten Platz ein. Zwei amerikanische Psychologen lieferten den Großteil der Grundlagen für diese These mit ihren Untersuchungen durch Befragen deutscher Kriegsgefangener während des Krieges zu Einstellung und Motivierung. Ihre Untersuchungen offenbarten die Bedeutung dieser Eigenschaften: „Für den deutschen Soldaten im Besonderen hatten die Forderungen seiner Gruppe, verstärkt durch offiziell vorgeschriebene Richtlinien, die Wirkung einer externen Autorität."[24] Eine U-Bootbesatzung unterschied sich von einer Gruppe Infanteristen durch die Häufigkeit und Intensität, mit der die Letztere dem Kampfgeschehen ausgesetzt war, aber die Prinzipien blieben dieselben. Überdies erweiterte die absolute Abhängigkeit jedes Einzelnen von der gesamten U-Bootbesatzung notwendigerweise das Konzept zu einer doppelten Primärgruppe: Zum einen die unmittelbaren Bordkameraden der eigenen Laufbahn (seemännisches Personal, Maschinenpersonal, Funker), mit denen der Einzelne besondere Verantwortlichkeiten an Bord teilte, und zum anderen die größere Gruppe der Besatzung selbst. Ein Matrosengefreiter im vorderen Torpedoraum muss nicht den Namen des Maschinenmaats im E-Motorenraum kennen, um die Wichtigkeit des Letzteren während eines Alarmtauchmanövers zu begreifen.

Andererseits gewährte die Beengtheit eines Unterseebootes mit 50 Mann Besatzung eine Ungezwungenheit und Vertrautheit, die auf einem größeren Kriegsschiff oder in der unpersönlichen Beziehung einer Gruppe in einer Infanteriekompanie zu einer Batterie Artillerie bei den Divisionstruppen unmöglich waren. Die von einer Besatzung miteinander geteilten Erfahrungen – und vor allem die Erfolge – sorgten bei jedem U-Boot für einen ureigenen Geist, um dessen Leistungen von denen jedes anderen identischen Bootes zu unterscheiden, das neben ihm seinen Liegeplatz hatte. Zur ausersehenen Elite der U-Bootwaffe zu gehören, verlieh einen Status und Privilegien, aber Mitglied einer U-Bootbesatzung zu sein, verlangte vom Einzelnen, sein Leben den anderen genauso anzuvertrauen, wie diese das ihre ihm.

Als einen symbolischen Ausdruck des Identifizierens machten die einzelnen U-Boote wie auch die U-Flottillen reichlich Gebrauch davon, charakteristische Embleme am Kommandoturm anzubringen oder Mützenabzeichen zu tragen. Diese Embleme, oft von Epigrammen begleitet, reflektierten eine große Bandbreite einzigartiger Erfahrungen, Empfindungen, Funktionen und Hintergründe aus dem bisherigen Werdegang der einzelnen U-Boote und konnten im Laufe der Zeit durch neue Kommandanten oder Geschehnisse ergänzt oder ersetzt werden. Die Marine erkannte die Bedeutung solcher Embleme für die Moral klar und akzeptierte sie stillschweigend – trotz der nachrichtendienstlichen Risiken, die sie hinsichtlich einer leichten Identifizierung der einzelnen U-Boote und ihrer Besatzungsangehörigen im besetzten Frankreich und Norwegen bedeuteten. Nach den 1943 erlittenen schweren Verlusten verbot Dönitz offiziell ein festes Anbringen dieser Embleme; dies führte zu ihrem Ersatz durch hölzerne Plaketten, die während der Zeit des Auslaufens zur Feindfahrt oder der Rückkehr von Feindfahrt abgenommen werden konnten. Allerdings blieben die Embleme während des gesamten Krieges hindurch in Gebrauch, selbst bei solchen Unterseebooten der modernen Typen XXI und XXIII, die nie zu einer Feindfahrt ausliefen.[25]

Inspirationen zu diesen Emblemen leiteten sich von jeder denkbaren Quelle her. Ein U-Bootkommandant konnte das Symbol für seine Besatzung aus seiner eigenen Crew-Bezeichnung ableiten, so zum Beispiel die fünf olympischen Ringe bei Offizieren, die zur Crew 36 gehörten (dem Jahr der Olympischen Spiele in Deutschland). Sie erschienen am Turm von mindestens 36 U-Booten. Ein anderes allgemein verwendetes Motiv war das Wappen der Geburtsstadt des Kommandanten, die wiederum zur Patenstadt des Bootes wurde. Zu weiteren bekannten Symbolen gehörten die Darstellungen von Teufeln (von 14 Booten benutzt), Fischen (ebenfalls von 14 Booten), Hunden (13) und Wölfen (10), aber das beliebteste Wappentier war der Elefant, der auf den Kommandotürmen von nicht weniger als 16 U-Booten auftauchte. Andere verwendeten das Flottillen-Emblem oder fügten es hinzu, wie zum Beispiel der „lachende Schwertfisch" der 9. U-Flottille (wiederum aus dem Emblem von *U 96* entliehen, dem ursprünglichen Boot des Flottillenchefs, KKpt. Heinrich Lehmann-Willenbrock) oder der „schnaubende Bulle", das Motiv der 7. U-Flottille, ein Tribut an Günther Prien und sein persönliches Emblem auf *U 47* (der „Stier von Scapa Flow"), übernommen im März 1941 nach seinem Tod auf See. Wie diese Embleme auch immer aussahen, jedes verkörperte für seine Besatzung eine eigene Geschichte und Bedeutung.[26]

Die Verbindung zu einer Patenstadt stärkte nicht nur die charakteristische Eigenart eines U-Bootes, sondern auch sein Verhältnis zur deutschen Zivilbevölkerung. Eine solche Verbindung führte häufig zu Einladungen durch die Patenstadt für die Besatzung „ihres" U-Bootes, deren Abordnungen mit Ansprachen, Banketten und Geschenken festlich aufgenommen wurden. Nach seiner Rückkehr von der zweiten erfolgreichen Feindfahrt an die amerikanische Ostküste musste U 123 (Kptlt. Reinhard Hardegen) zur Durchführung von Reparaturen nach Kiel verlegen. Während dieser Werftliegezeit reiste die Besatzung in Hardegens Heimatstadt Bremen zu einem zweitägigen offiziellen Besuch. „Nur unter den größten Schwierigkeiten konnte unsere vollständig auseinander gerissene Formation den Ratskeller erreichen. Das Meer von Blumen und die Menschenmengen waren schlimmer als alles im Atlantik", beobachtete Hardegen. Während ihres Aufenthaltes dort besuchte die Besatzung fast mit Sicherheit auch „Mutti" Rosiefski, Inhaberin eines Bremer Cafés und „Pflegemutter" vieler U-Bootbesatzungen.[27] Die kleine Stadt Plauen im Vogtland, in der südwestlichsten Ecke Sachsens gelegen, nahm in ähnlicher Weise Kptlt. Werner Hartenstein, den Sohn dieser Stadt, sowie die Besatzung seines Bootes, *U 156*, auf und unterhielt eine ständige Verbindung zu ihnen. Hierbei stattete sie das Patenschaftsboot mit 50 Mundharmonikas, einer Gitarre und einem Schifferklavier zur musikalischen Unterhaltung an Bord aus.[28]

U-Bootfahrer genossen daher zahlreiche gemeinsame Vorteile als Angehörige der Marine, der U-Bootwaffe sowie ihrer eigenen erweiterten Primärgruppen von Kameraden. Zu diesen vielen Vorteilen konnten noch die persönlichen Vorrechte an Orden und anderen Auszeichnungen hinzugerechnet werden.

Orden und Anerkennung

Als Ergänzung von Besoldung und Beförderungen stellte die Marine eine großzügige Bandbreite an Kriegsabzeichen und Orden zur Verfügung, die sie ihrem Kampfpersonal zukommen ließ. Hinsichtlich seiner U-Bootmänner sorgte Dönitz überdies dafür, dass sie ihre Auszeichnungen so rasch wie möglich erhielten:

> „Bei diesem Begrüßen und Sprechen [unmittelbar nach dem Einlaufen] mit einer soeben zurückgekehrten Bootsbesatzung verlieh ich ihr im Namen des Oberbefehlshabers der Kriegsmarine auch sogleich die verdienten Auszeichnungen, die der Kommandant des Bootes mir vorgeschlagen und die ich geprüft und unter Berücksichtigung einer einheitlichen Behandlung aller Bootsbesatzungen für berechtigt gehalten hatte. Es gab in der Frage der Auszeichnungen bei der U-Bootwaffe keinen Schriftwechsel oder gar Bürokratismus. Der U-Bootmann konnte wenige Tage nach dem Einlaufen seines Bootes bereits mit der auf der letzten Unternehmung erworbenen Auszeichnung auf Erholungsurlaub in seinen Heimatort zu den Seinen fahren, die stolz auf ihn waren. Ich hielt die sofortige Verleihung einer verdienten Auszeichnung an den kämpfenden Frontsoldaten für psychologisch wichtig."[29]

Privat scheint Dönitz zum Wert von Orden ziemlich skeptisch eingestellt gewesen zu sein. Ein Admiralstabsoffizier im Stabe des BdU hat unmittelbar nach Kriegsausbruch den folgenden, eher spaßhaft an seinen Stab gerichteten Vorschlag festgehalten:

„Jetzt wird es wieder Orden geben. Sie müssen sein, aber werten Sie sie richtig. Manch einer, der wirklich einen Orden verdient, kriegt keinen und andere kriegen zwei. Ich bin dafür, daß jeder am Anfang des Krieges alle Orden kriegt, die es gibt und immer, wenn er etwas geleistet hat, wird ihm einer abgenommen. Wer schließlich keinen hat, das ist der Beste und dann braucht er auch keine Orden mehr!"[30]

Die grundsätzlichste dieser Auszeichnungen war das *U-Boots-Kriegsabzeichen* – die Wiederbelebung einer Auszeichnung aus dem Ersten Weltkrieg: Ein ovaler Lorbeerkranz mit dem Emblem eines Unterseebootes darüber und oben in der Mitte hatte der Adler mit Hakenkreuz die Kaiserkrone ersetzt. Dieses feuervergoldete Bronzeabzeichen erhielt jeder U-Bootfahrer nach zwei Feindfahrten. Im Mai 1944 führte die Marine die *U-Boots-Frontspange in Bronze* für U-Bootmänner ein, die bereits das Kriegsabzeichen besaßen und weiterhin verdienstvoll ihren Dienst verrichteten. Im Übrigen waren die Bedingungen nicht festgelegt, so dass Dönitz jede Verleihung persönlich genehmigen musste. Im November 1944 folgte als zweite Stufe die *U-Boots-Frontspange in Silber*, die ähnlich verliehen wurde.[31]

Ebenfalls keine genauen Bedingungen waren für die Verleihung des traditionellsten deutschen Ordens festgelegt: des *Eisernen Kreuzes* (1939) I. und II. Klasse (im militärischen Sprachgebrauch als *EK I* und *EK II* abgekürzt).[31a] Es stehen keine statistischen Unterlagen zur Verfügung, wie oft jeder der beiden Orden an U-Bootfahrer verliehen wurde. Diese Auszeichnungen wurden kumulativ verliehen – das EK II als niedrigste Stufe zuerst – und konnten daher sowohl für eine einzelne heldenhafte Tat als auch für ständige verdienstvolle Leistung verliehen werden. Inhaber von EK I und II des Ersten Weltkrieges (mit der Jahreszahl 1914) erhielten zu diesen bei einer Neuverleihung je eine *Spange* (kleiner Adler mit Hakenkreuz und Jahreszahl 1939). Während des Krieges wurden ca. 2,3 Millionen EK II und ca. 300.000 EK I einschließlich Spangen an Angehörige des Heeres und der Waffen-SS verliehen. Bei einer Gesamtstärke von etwa 11 Millionen Mann entsprach dies einem Verhältnis von ca. 1:5 bzw. 1:37. Im Bereich der Kriegsmarine gab es zumindest ähnliche Verleihungsraten, wobei die U-Bootbesatzungen vermutlich einen höheren Anteil aufwiesen. Nichtsdestoweniger lassen die vorhandenen Beweise erkennen, dass das Eiserne Kreuz eine Auszeichnung blieb, die verdient werden musste und nicht als selbstverständlich betrachtet werden konnte.[32]

Ein außergewöhnlicher Erfolg führte in der Regel zur Verleihung von Auszeichnungen an die gesamte Besatzung. Günther Priens Eindringen nach Scapa Flow und die Versenkung der ROYAL OAK im Oktober 1939 brachte ihm sofort das EK I und seiner gesamten Besatzung das EK II ein. Als Kptlt. Jost Metzler, der Kommandant von *U 69*, das Ritterkreuz des Eisernen Kreuzes im Juli 1941 erhielt, wurde seiner gesamten Besatzung das EK II bzw. das EK I verliehen, so weit sie das Erstere bereits besaßen.[33] Als die Versenkungserfolge jedoch immer schwieriger zu erzielen waren, führten die Verleihungsbedingungen zu Beschwerden. Als Kptlt. Karl-Heinz Marbach, der Kommandant von *U 953*, zehn seiner Männer nach einigen gefährlichen Schnorchel-Feindfahrten 1944 für das EK I vorschlug, wurden nur drei seiner Vorschläge gebilligt. Heftige Proteste Marbachs erreichten schließlich eine weitere Verleihung; aber diese Verleihungen beruhten mehr auf der Grundlage der in See verbrachten Zeit als auf heldenhaftem Verhalten.

Selbst Wolfgang Lüth räumte ein, dass es hinsichtlich der Ordensverleihungen Kontroversen gab und schlug als einen praktischen Kompromiss vor: Wenn nur ein EK I bei zwei vorhandenen Anwärtern verliehen werden kann, es dem zu geben, der an Bord bleibt, und nicht dem, der aussteigen muss, weil er das Glück hat, befördert zu werden.

Als Folge der Unbestimmtheiten, die für diese Verleihungen maßgebend waren, variierte die Verteilung der Eisernen Kreuze je nach der relativen Erfahrung ihrer Besatzungen weitgehend von Boot zu Boot. So besaßen von den 57 erfahrenen Offizieren und Mannschaften an Bord von Werner Henkes *U 515* zu Beginn seiner fünften Feindfahrt 43 das EK II, aber nur 16 das EK I. Nach Beendigung dieser sehr gefährlichen und schwierigen Feindfahrt schlug Henke für ihre Leistung und Tapferkeit jeweils acht weitere Angehörige seiner Besatzung für das EK I und II vor. Im Gegensatz hierzu konnte die im Februar 1944 zu ihrer ersten Feindfahrt ausgelaufene Besatzung von *U 1059* mit weit weniger rechnen. Die 55 unerfahrenen Offiziere und Mannschaften hatten nur neun EK II und sogar nur zwei EK I.[34]

In der ersten Hälfte des Krieges diente für U-Bootkommandanten das Erreichen von 100.000 BRT als versenkt angenommenen Handelsschiffsraums als Kriterium für das Verleihen des *Ritterkreuzes des Eisernen Kreuzes*. Obwohl nur 32 Kommandanten diesen Versenkungserfolg tatsächlich erreichten, verlieh die Kriegsmarine 145 Ritterkreuze an Angehörige der U-Bootwaffe, d.h. nahezu die Hälfte der im Kriege an das Personal der Kriegsmarine insgesamt verliehenen 318 Ritterkreuze. Von den Ausgezeichneten der U-Bootwaffe bildeten Seeoffiziere (124) die große Mehrheit: 121 Kommandanten, zwei Wachoffiziere und Dönitz selbst. Ferner erhielten 14 Ingenieuroffiziere und sieben Mannschaftsdienstgrade (vier von ihnen aus der Steuermannslaufbahn) diesen Orden. Offensichtlich blieb das Ritterkreuz ausschließlich den Kommandanten vorbehalten, bis sich Ende Oktober 1940 Kptlt. Heinrich („Ajax") Bleichrodt als Kommandant von *U 48* weigerte, diesen Orden entgegenzunehmen, wenn ihn nicht auch ObltzS. Reinhard („Teddy") Suhren, sein I WO, bekam. Die später etwas großzügigere Verleihung dieser Auszeichnung spiegelte die Notwendigkeit wider, die Moral in schwierigen Zeiten aufrechtzuerhalten. Auf diese Weise belohnte Dönitz die Kommandanten in der zweiten Kriegshälfte gleichermaßen für ihre Anstrengungen wie er ihre Vorgänger für ihre Erfolge ausgezeichnet hatte. 1944 erhielten 17 Kommandanten das Ritterkreuz, während es achtzehn 1940 und zwanzig 1941 bekommen hatten. U-Bootkommandanten dominierten innerhalb der Marine auch bei der Verleihung der höheren Stufen zum Ritterkreuz. Unter den 53 Angehörigen der Kriegsmarine, die das *Eichenlaub zum Ritterkreuz des Eisernen Kreuzes* erhielten, waren 28 U-Bootkommandanten, desgleichen auch alle fünf Träger des *Eichenlaub mit Schwertern* zum Ritterkreuz des Eisernen Kreuzes aus der Marine.[35/35a]

Im September 1941 wurde als neue Tapferkeitsauszeichnung das *Deutsche Kreuz in Gold* eingeführt, um eine herausragende Kriegsleistung anzuerkennen, die das EK I überstieg, aber noch nicht für das Ritterkreuz ausreichte. Im Soldatenjargon wurde es nach dem runden, silberfarbenen Mittelteil mit Hakenkreuz „Spiegelei" genannt. Daneben gab es noch das *Deutsche Kreuz in Silber*, das ähnlich wie das Kriegsverdienstkreuz für Verdienste hinter der Front verliehen wurde. In der Marine bekamen das Deutsche Kreuz in Gold 1381 Offiziere, Unteroffiziere und Mannschaften. Von ihnen waren 12%

Offiziere (häufig Ingenieuroffiziere) und 26% Unteroffiziere und Mannschaften der U-Bootwaffe, während sich der Rest auf andere Offiziere (51%), Unteroffiziere und Mannschaften (11%) in Frontkommandos (einschl. in den Frontstäben) verteilte.[36]

In Anbetracht seiner zahlenmäßigen Stärke erhielt das U-Bootpersonal einen höheren Anteil an Orden und Auszeichnungen als andere Waffengattungen. Einige Historiker kritisieren Dönitz' Preisgabe der vorherigen Maßstäbe zugunsten übertriebener Behauptungen der U-Boote über Versenkungserfolge als Schutz seiner Kapitulation vor der Propaganda.[37] Sie scheinen den Umstand außer Acht zu lassen, dass der letztendliche Zweck von Orden darin besteht, überragende Leistungen anzuerkennen, um dadurch die Moral der Männer stärker aufrechtzuerhalten als durch das Beibehalten abstrakter Leistungsmaßstäbe. Die Flexibilität des Großadmirals, Maßstäbe anzupassen, um die Leistungen seiner Besatzungen 1943/44 genauso zu belohnen wie er früher die erreichten Erfolge seiner U-Bootmänner in den Jahren 1939 – 1942 geehrt hatte, veranschaulicht sein Verstehen dieses Grundsatzes.

Doch über Ordensverleihungen hinaus gewährte Dönitz seinen Männern auch auf andere Weise Anerkennung. Er teilte über Funk den einzelnen Besatzungsangehörigen in See die Geburt von Kindern mit – so bedeutete zum Beispiel „ein U-Boot mit Sehrohr heute eingetroffen" ein Junge und „ein U-Boot ohne Sehrohr" ein Mädchen – und gestattete über dieses Medium auch Ferntrauungen.[38] Engen Kontakt hielt er mit den U-Bootgefangenen in Nordamerika und plante sogar zwei Ausbrüche aus kanadischen Gefangenenlagern in Neubraunschweig (New Brunswick) und Ontario, die von einem wagemutigen Treffen und der Rettung der Entkommenen durch *U 262* (ObltzS. Heinz Franke) und *U 536* (Kptlt. Rolf Schauenburg) an verschiedenen Punkten an der Küste von Neubraunschweig im April bzw. September 1943 gekrönt sein sollten. Letzten Endes scheiterten diese Pläne und *U 536* wurde im Nordatlantik versenkt, aber diese Bemühungen offenbaren auf einzigartige Weise die Bindung zwischen Dönitz und seinen Männern selbst in der Gefangenschaft.[39]

Disziplin und Führung

Die militärische Bindung besteht letztlich aus den Mitteln der Disziplin, die eingesetzt werden, um die Männer zusammenzuhalten. Die Kriegsmarine hatte ihre Offiziere ausgebildet, eher Führung auszuüben statt lediglich zu kommandieren; aber wie in allen Streitkräften mussten die Wehrmacht im Allgemeinen und die Marine im Besonderen für ihre Soldaten Verhaltensgrenzen festlegen und durchsetzen. Hierbei komplizierten den Vorgang sowohl das eigene Vermächtnis der Marine im Hinblick auf die Meutereien gegen Ende des Ersten Weltkrieges als auch die ideologische Natur des Staates, dem diese Marine diente. Im Schnitt brachte die Marine ihren U-Bootbesatzungen erfolgreich eine Selbstdisziplin bei, die auf gegenseitigem Vertrauen und gegenseitiger Achtung beruhte. Ehemalige U-Bootkommandanten erinnerten sich nach dem Krieg auf Befragen an solche besonderen Maßnahmen, um das Vertrauen ihrer Besatzungen in Form direkter persönlicher Gespräche aufrechtzuerhalten, wie das Mitteilen wichtiger Informationen, Teilnahme der Besatzung an der Gestaltung der Bordroutine sowie an gewissen operativen Entscheidungen.[40] Falls erforderlich, erwies sich das Ausüben von Autorität als eine komplizierte und paradoxe Mischung aus Verständnis und kompromissloser Härte. Die Mehrheit der Besatzungsangehörigen begriff diese Grenzen, selbst als sich diese änderten, und hielt auch dann noch zusammen, als die Kampfbedingungen begannen, die Grundlagen zu untergraben.

An Land konnte die Disziplin als ein Mittel dienen, eine Besatzung einzubinden, wenn die U-Bootmänner Probleme mit einer externen Autorität wie zum Beispiel der deutschen Feldgendarmerie hatten. Dönitz und seine Nachgeordneten hegten eine vom gesunden Menschenverstand geprägte Auffassung der Nachsicht, um ihren Männern zu gestatten, „Dampf abzulassen", zumindest so lange kein ernsthafter Schaden angerichtet wurde. Wenn zum Beispiel Besatzungsangehörige seines *U 515* mit der Polizei bzw. der Feldgendarmerie aneinander gerieten, sorgte Henke stets für ihre Entlassung. Als dann später Henke selbst mit NS-Funktionären und der Gestapo in Innsbruck zu tun bekam, intervenierten Dönitz und Admiral v. Friedeburg direkt bei Heinrich Himmler, um die Angelegenheit ohne Kriegsgericht zu bereinigen. Im Oktober 1943 feierte eine Anzahl Besatzungsangehöriger von *U 518* außerhalb von Lorient zu ausgelassen mit ihren Handfeuerwaffen und machte eine Heereseinheit rebellisch, um nach französischen Partisanen zu suchen. Die Missetäter erhielten von ihrem Kommandanten eine gehörige Abreibung, aber die Drohung eines allnächtlichen Exerzierens verwandelte sich in eine Ruhe im Kornfeld. Und nach einem Luftangriff am 3. Juni 1942 auf Lorient meldete der wachhabende Offizier der 2. U-Flottille:

> „Die Besatzungen von *U 154* [KKpt. Walther Kölle] und *U 505* [Kptlt. Axel-Olaf Loewe] konnten noch 30 Minuten nach dem Auslösen des Fliegeralarms nicht wachgerüttelt werden. Die Männer befanden sich in einem derartigen Zustand volltrunkener Betäubung mit Erbrechen, daß sie sich nicht in die Luftschutzbunker begeben konnten und nicht auf die energischen Bemühungen reagierten, sie wachzubekommen. Für dieses Verhalten hat der Flottillenchef beiden Besatzungen für zwei Tage den Landurlaub und den Kantinenbesuch gestrichen; wahrscheinlich der Mindestzeitraum, erforderlich für die Männer auf jeden Fall, um ihren Katzenjammer loszuwerden."[41]

Doch die Aufrechterhaltung der Disziplin in See erforderte eine andere Handhabung, um die Moral an Bord eines jeden Unterseebootes zu bewahren. Sie verlangte von jedem Kommandanten zu jeder Zeit eine besondere Geschicklichkeit sowie außerordentliche Fähigkeiten, je stärker sich die Niederlage drohend abzeichnete. Wolfgang Lüth, das U-Bootass, der seine herausragende Frontkarriere mit einer langen Feindfahrt von unglaublichen 203 Tagen an Bord von *U 181* abschloss, erhob unübertroffen die Handhabung der Disziplin zu einer Kunstform. Jahrzehnte nach dem Krieg verehrten ihn seine ehemaligen Besatzungsangehörigen noch immer in einem Maße, dass ein amerikanischer Biograf nicht ein einziges böses Wort über ihn hörte.

Am 17. Dezember 1943 hielt der damalige Korvettenkapitän, der fast 227.000 BRT an alliiertem Handelsschiffsraum auf den Grund des Meeres geschickt hatte, auf der Befehlshabertagung der Kriegsmarine in Weimar in Anwesenheit des ObdM einen Vortrag, in dem er seine Geheimnisse weitergab. Er begann mit der Beobachtung, dass der erste Faktor in der Moral einer Besatzung die Borddisziplin war: „Im allgemeinen hatte ich das Bestreben, möglichst wenig zu bestrafen. Das macht man ... indem man sich besonders um seine Soldaten kümmert, sie wirklich führt, wirklich erzieht und ihnen durch klare Befehle das Gehorchen erleichtert." Besondere Beispiele für Bestrafungen folgten: Ein Mann, der „pampig" zu seinen Vorgesetzten war, erhielt statt drei Tage Arrest drei Tage „hartes Lager" [d.h. Schlafen an Deck ohne Matratze und ohne Decke]. Ein anderer, der Proviant gestohlen hatte, wurde mit 14 Tagen „Verschiss" bestraft [d.h. keiner darf mit ihm sprechen und Schlafen auf hartem Lager]. Einmal hatte Lüth einen „ewigen Nörgler an Bord, der ... über alles meckerte". Vor versammelter Besatzung machte er ihm klar: „Entweder kommst Du nach Hause als mein Freund oder Du kommst nach Hause und ich schicke Dich in eine Strafkompanie an die Ostfront. Jetzt machst Du 14 Tage Strafarbeitsdienst." Er machte seinen Strafdienst tadellos: Schlechte Kartoffeln aussortieren, Bilgen reinigen, Proviant umstauen usw. Er verhielt sich weiterhin gut und bekam später das Eiserne Kreuz. Nachdem Lüth viele alltägliche Möglichkeiten aufgezählt hatte, um die Moral zu heben und aufrechtzuerhalten, kehrte er am Schluss seines Vortrags zu seiner grundsätzlichen Aussage zurück: „Es ist die Pflicht des Kommandanten, Vertrauen zu seinen Männern zu haben; er muß es haben w o l l e n [Hervorhebung durch Lüth], auch wenn sie ihn in manchen Einzelfällen enttäuscht haben. ... Wir müssen sie nur anleiten und müssen sie gern haben."[42]

Ein anderer, der diese Einstellung veranschaulichte, war KptzS. Kurt Freiwald, der als FKpt. im Alter von 37 Jahren Lüth im November 1943 als Kommandant von *U 181* ablöste. Freiwald, der Adjutant von Raeder und später von Dönitz, der seit der Vorkriegszeit kein Unterseeboot mehr geführt hatte, sah sich jetzt einer langen Feindfahrt in die heute indonesischen Gewässer gegenüber, während er einen legendären Kommandanten zu ersetzen hatte. Doch Freiwald besaß die Zuversicht eines Kommandanten, sich das Vertrauen seiner Besatzung zu erwerben. Im Offiziersbereich erfand er den F.v.D., den „Feigling vom Dienst", den im täglichen Wechsel immer ein anderer Offizier spielte, um den Kommandanten zu kritisieren, über dies und jenes zu meckern oder Sorgen und Nöte der Besatzung auszudrücken, die das Ohr des Kommandanten sonst nicht erreichen würden. Freiwald konnte sich dann den angesprochenen Problemen zuwenden und Änderungen herbeiführen, wenn er dies für erforderlich hielt. Wie einer seiner Offiziere beobachtete, hatte Freiwald damit „so etwas wie eine demokratische Kommandoführung auf unserem U-Boot" eingeführt.[43]

Jede gegen ein Besatzungsmitglied verhängte Bestrafung hatte in erster Linie stets dem allgemeinen Zusammenhalt statt dem bloßen Abrügen eines Vergehens zu dienen. Als ein Seemann auf der Brücke von *U 518* gelangweilt Wache schob und sich unbeabsichtigt eine Leuchtpistole durch den Kommandoturm in die Zentrale entlud, musste er für den Rest der Feindfahrt den unbeliebten Dienst als Backschafter im Unteroffiziersraum versehen, um den Maaten ihre Mahlzeiten zu bringen und ihr Geschirr zu säubern. Im Gegensatz hierzu verursachte ein 18-Jähriger an Bord von *U 505* fast den Verlust des Bootes, als er bei einem Tauchmanöver die achteren Entlüftungsklappen zu spät öffnete. Ehe das Boot wieder unter Kontrolle war, tauchte der Bug unter, während das Heck aus dem Wasser ragte. Damit war das U-Boot jedem alliierten Flugzeug auf einem Patrouillenflug hilflos preisgegeben. Doch *U 505* hatte

Glück; es entkam unbeobachtet und unversehrt. Kptlt. Loewe nahm sich den schluchzenden Seemann vor, der für das Fehlverhalten verantwortlich war, und forderte von ihm lediglich das Versprechen, dass so etwas nie wieder vorkäme. Es kam nicht mehr vor und Loewes ruhige Handhabung des Vorfalls festigte das Verhältnis zwischen Kommandant und Besatzung.[44]

Einzelne fügten sich jedoch einfach nicht in den Charakter der U-Bootwaffe ein; entweder fehlte ihnen der Anstoß durch einen hervorragenden Kommandanten oder sie konnten einfach nicht erreicht werden. Ein unseliges Besatzungsmitglied an Bord von *U 1221* (ObltzS. Paul Ackermann) schlief wiederholt im Dienst und seine Bordkameraden mochten ihn überhaupt nicht. Eines Tages beendete ein Sprung von der Brücke in die See 300 sm südwestlich von Neuschottland (Nova Scotia) seine Misere. Eine Untersuchung an Bord verwarf die Annahme eines Selbstmordes zugunsten von Fahnenflucht mit Eintreten des Todes durch Unglücksfall.[45] Mit nur etwa einem halben Dutzend registrierter Fälle blieben unter den U-Bootbesatzungen solche Ereignisse jedoch außerordentlich selten.[46]

Vor dem Hintergrund der ständigen Verstärkung der U-Bootwaffe war jedoch der routinemäßige Wechsel von erfahrenen U-Bootkommandanten in Ausbildungs- und Stabsstellungen für die Moral von einem weit größeren Nachteil; denn dies bedeutete unvermeidlicherweise, dass jüngere und weniger erfahrenere Offiziere mit weniger Selbstbewusstsein im Offizierkorps der U-Bootwaffe nachrückten und üblicher wurden. Schlimmer noch, denn von jenen, die 1942/43 die Führung von U-Booten übernahmen, wurde ein Wiederholen der Erfolge ihrer Vorgänger erwartet. Doch die Risiken, die sie hierbei eingingen, wurden diesmal mit Vernichtung belohnt.

Unter den Ersten, die die Folgen erkannten, waren die erfahrenen Unteroffiziere der U-Bootwaffe, sensibel gegenüber der Notwendigkeit gegenseitigen Vertrauens auf einem Unterseeboot zwischen Kommandant und Besatzung und gleichzeitig sich der Verbesserungen bei den alliierten Waffensystemen bewusst. Ihre Beobachtungen wurden von den alliierten Vernehmungsoffizieren rasch zur Kenntnis genommen. Überlebende von *U 606* (ObltzS. Hans Döhler), versenkt am 22. Februar 1943 im Nordatlantik, beschrieben den letzten ihrer drei Kommandanten als einen „schwachen Charakter, vollständig vom I WO beherrscht", den Leitenden Ingenieur als „einen Ignoranten" und den I WO als einen Offizier, dem es Spaß machte, schwere Strafen für verhältnismäßig kleine Verfehlungen zu verhängen. Die „ungewöhnlich schlechte Moral" der Besatzung zusammenfassend, stellte ein Unteroffizier die rhetorische Frage: „Welche Sünden habe ich in meinem Leben begangen, daß ich auf ein solches Boot abkommandiert werden mußte?"[47]

Obwohl Kptlt. Adolf Graef im 13-monatigen Werdegang von *U 664* der einzige Kommandant blieb, gewann er seine Besatzung nie für sich. Sie betrachtete ihn als einen „Leuteschinder ..., einen Mann, dem alle Fähigkeiten fehlten, die ein U-Bootkommandant brauchte, ... völlig außerstande, die Probleme seiner Besatzung zu begreifen".[48] Auf sechs Feindfahrten hielt sich die Besatzung von *U 591* (ObltzS. Reimar Ziesmer) für erfolgreich und glücklich, aber Ende Juni 1943 wurden der Kommandant, der I WO und der LI abkommandiert. Nach den Aussagen der einen Monat später am 30. Juli in Gefangenschaft geratenen Überlebenden blieb dies nicht so:

„[Ihre Nachfolger] ließen einen Niedergang in der U-Bootwaffe erkennen. Insbesondere die erfahreneren Unteroffiziere waren unzufrieden und hatten das Gefühl, dass die jungen Offiziere auf die Führung eines Frontbootes unter den vorherrschenden gefährlichen Bedingungen schlecht vorbereitet waren, zeigten aber auch keine Bereitschaft, in guter Absicht angebotene Ratschläge zu akzeptieren."

Ein Portepee-Unteroffizier unter den Überlebenden dehnte diese Einschätzung auf die gesamte U-Bootwaffe aus, als er beobachtete: Die jungen Offiziere „sind entweder zu vorsichtig ... oder zu tollkühn. ... Unerfahrene Besatzungen reagieren auf jede dieser Haltungen ungünstig." Sowohl er als auch andere „alte Hasen" reagierten „fatalistisch": „Viele aus der Besatzung hatten das Gefühl, die U-Bootwaffe hat den Krieg bereits verloren."[49]

Diese Ansichten spiegelten natürlich die Folgen der von Mai bis Juni 1943 erlittenen Niederlagen wider. Wenn auch die Einzelheiten nicht bekannt waren, so wurden sich die U-Bootbesatzungen allmählich des Ausmaßes der Katastrophe bewusst. Sie erfuhren die Verbesserungen bei den alliierten Gegenmaßnahmen und Waffen aus eigenem Erleben. Die Unfähigkeit der FuMB's, die ausgesandten Impulse des gegnerischen Zentimeter-Radars zu erkennen und rechtzeitig vor Luftangriffen zu warnen, erwies sich als besonders entnervend. Die Funker hörten inzwischen die von der Befehlsstelle des BdU wiederholt ausgesandten, aber unbeantwortet gebliebenen Rufe an Unterseeboote mit, die nicht mehr imstande waren, eine Antwort zu funken. Die Besatzungen, die das Glück hatten, zum Stützpunkt zurückzukehren, sahen die leeren Liegeplätze von U-Booten, die vor dem Beginn ihrer eigenen Feindfahrt ausgelaufen waren, und konnten nur hoffen, dass die Freunde und Kameraden als Kriegsgefangene überlebt hatten. Dönitz, sich sensibel der Auswirkungen auf seine Männer bewusst, ermahnte am 6. August seine Kommandanten über Funk: „Nicht zu viele schlechte Nachrichten melden, um die anderen Boote nicht zu beunruhigen; jeder Funkspruch macht auf jedem Boot bei der Besatzung die Runde. Falls erforderlich, sind Dinge, die die Mannschaften nicht zu wissen brauchen, mit Offiziersschlüssel zu berichten."[50]

Doch es war zu spät.

Die Krise in der Moral: Herbst 1943 – Frühjahr 1944

In seinen Erinnerungen beschrieb Dönitz die durch defekte Torpedos verursachte Vertrauenskrise im Frühjahr 1940.[51] Doch jeden Hinweis auf ein weiteres Abstürzen der Moral, das im Herbst 1943 begann und sich bis weit in das Frühjahr 1944 hinein fortsetzte, ließ der Großadmiral weg. Dieser Einbruch hatte seine Ursachen in den technischen Mängeln der deutschen Unterseeboote, die sich als veraltet zeigten. Doch diesmal sollte es keine förmliche Bestätigung einer Krise geben, noch viel weniger eine offizielle Untersuchung der Ursachen; eine Bestätigung wurde eher auf unterschiedlichen Ebenen in verschiedener Art und Weise deutlich. Der Beweis für den Ernst dieser Krise ergibt sich aus einigen der ergriffenen Gegenmaßnahmen, bei denen die deutsche Seite nicht ihren fachlich guten Ruf sondern Leben opferte.

Das Bekenntnis des BdU-Stabes, dass ein Problem der Moral überhaupt existierte, stimmte mit der zur damaligen Zeit einzigen Lösung überein: Der Chance der Selbstaufopferung. Nachdem der Versuch, die Geleitzugschlachten im Nordatlantik wieder aufzunehmen, unter schweren Verlusten gescheitert war, übermittelte der BdU am 13. November 1943 seinen U-Bootbesatzungen einen langen Funkspruch, der mit dieser Passage schloss: „Ihre Angriffe haben bedeutende gegnerische Luft- und Seestreitkräfte gebunden. Diese Kräfte dürfen zum Einsatz gegen die Heimat nicht frei werden. Daher schützen Sie die Heimat, selbst wenn der Kampf für Sie hoffnungslos zu sein scheint."[52] Dönitz selbst verbreitete dies als Evangelium bei seinen Besuchen in den französischen Atlantikhäfen.[53] Selbst jenen, die diese These akzeptierten, bot es wenig Trost, gesagt zu bekommen, um andere zu retten, muss der Kreuzestod erlitten werden.

Unter den allgemeinen Anzeichen konnten Signale der Unzufriedenheit in einer Veränderung der Militärstraftaten abgelesen werden, die 1944 vor die Marinekriegsgerichte kamen. In einem wahllosen Querschnitt von 4000 Fällen, die während des Krieges vor Marinegerichten verhandelt wurden, darunter Verfahren gegen 375 Angehörige der U-Bootwaffe, tauchten bestimmte Muster von disziplinarischen Problemen auf. Bis 1942 waren gegen U-Bootfahrer zu wenig Anklagen erhoben worden, um daraus Schlussfolgerungen zu ziehen. Dies bestätigte die ausgezeichnete Moral der U-Bootbesatzungen in diesem Zeitraum. 1943 hatte bei den U-Bootfahrern der Diebstahl nach dem Militärstrafgesetzbuch den Ungehorsam im Dienst als an erster Stelle rangierende Militärstraftat verdrängt, aber die Probleme der Moral begannen in Form der Fahnenflucht und der unerlaubten Entfernung von der Truppe in Erscheinung zu treten. Sie umfassten bereits 16 von 153 Straftaten (10 Prozent), darunter auch fünf Fälle von Wehrkraftzersetzung (d.h. Defätismus bzw. Verbreiten von Gerüchten). 1944 kann bei den U-Bootfahrern ein weiteres Absinken der Moral beobachtet werden, d.h. die Fälle von Fahnenflucht und unerlaubter Entfernung von der Truppe stiegen auf 20 von 121 Straftaten (17 Prozent) mit sieben Fällen von Wehrkraftzersetzung oder regelrechtem Hochverrat an. Dies geschah trotz der wiederholten Aufforderung zur Einhaltung der Dienstvorschriften einschließlich des Hinweises auf die Folgen sowie der persönlichen Ermahnung durch Dönitz: „Fahnenflucht kostet Ihnen den Kopf!"[54]

Darüber hinaus beschränkten sich diese Probleme nicht auf die Unteroffiziere und Mannschaften. Mit Beginn des Sommers 1943 mussten die U-Bootoffiziere des atlantischen Kriegsschauplatzes Pflichtvorträge besuchen, die über das Versprechen neuer Waffen und Ausrüstung in naher Zukunft hinaus versuchten, mehr Begeisterung anzufachen und mehr Groll gegen den Feind zu erzeugen. Schlagworte wie „Sieg um jeden Preis!" und „Wer die bessere Moral hat, wird gewinnen!" hallten hohl als Echo aus den Reihen der Veteranen langer Wasserbombenverfolgungen wider und soufflierend geflüsterte Antworten raunten: „Sie täten besser daran, uns anständige Waffen zu geben, dann könnten wir ohne das Geschwätz kämpfen." Ein Ritterkreuzträger explodierte gegenüber seiner Frau:

> „Das ist doch wirklich die Höhe! Man hat uns gerufen, um uns zu sagen, daß wir den Feind hassen und verachten sollen, wir könnten sonst unsere Pflicht nicht erfüllen. ... Allein schon der bloße Hinweis darauf ist eine Unverschämtheit. Warum soll ich die Feinde hassen? Sie verteidigen ihr Vaterland wie ich das meine. Sie

verachten? Wozu? Keinem von uns dort draußen, der bei Sinnen ist, würde es auch nur im Traum einfallen, den Gegner zu unterschätzen. … Und außerdem – wie ausgesprochen dumm das wäre! Den Feind verharmlosen hieße doch nur, die eigene Leistung zu schmälern."[55]

Die Unwirksamkeit dieser Ansprachen wird auch in den Bemerkungen der überlebenden Offiziere von *U 231* (Kptlt. Wolfgang Wenzel) – versenkt am 13. Januar 1944 im Nordatlantik – deutlich, die solche anfeuernden Worte als „die übliche Dönitz-Scheiße" gegenüber ihren Vernehmungsoffizieren charakterisierten – direkte Zielpersonen der intensivierten „Hass"-Kampagne.[56]

Obwohl diese Äußerungen die Unwirksamkeit der Anfeuerungsbestrebungen bewiesen, verkörperten sie nichts anderes als Symptome einer tiefer gehenden Krise, die sich wie eine Krankheit unter der Oberfläche allmählich, aber ständig ausbreitete. Sie fraß die Bindungen weg, die die U-Bootwaffe selbst dann noch zusammenhielten, als diese ständig schrumpfte, und zwar von 111 der im Monatsdurchschnitt täglich in See stehenden Frontboote in der ersten Jahreshälfte 1943 auf lediglich 67 Boote von November 1943 bis April 1944.[57] Es war bequem, die Anzeichen für die Erschöpfung zu verkennen, besonders nach den schweren Verlusten im Sommer 1943: Ein „Ausgebrannt-Sein" der Kommandanten und Besatzungen war, wie früher bereits bemerkt, kein ungewöhnliches Phänomen. Doch in den letzten Monaten des Jahres 1943 begannen die sich summierenden Auswirkungen des verloren gehenden U-Bootkrieges zum ersten Mal den Willen jener zu brechen, die den Kampf führen sollten.

Der erste klare Beweis zeigte sich, als sich Kptlt. Peter Zschech, der Kommandant von *U 505*, während eines Wasserbombenangriffs am Abend des 25. Oktober 1943 erschoss. Als der einzige bekannte Freitod eines U-Bootkommandanten, dessen Boot nicht sank,[58/58a] kann die Handlungsweise von Zschech nur seinem psychischem Zustand zugeschrieben werden. Der Wasserbombenangriff dauerte weder lange noch verursachte er schwerere Beschädigungen; er war lediglich entnervend. Zschech, obwohl erst 25 Jahre alt, übernahm das Kommando über *U 505*, nachdem er bereits ein Jahr Erfahrung als Wachoffizier auf *U 124* hatte, versenkte aber in 13 Monaten nur ein einziges Schiff. Sein I WO brachte *U 505* nach Lorient zurück, wo über den Vorfall Stillschweigen bewahrt wurde.[59]

Etwas über einen Monat später machte *U 154* unter ObltzS. Oskar Heinz Kusch nach seiner zweiten Feindfahrt im selben Hafen fest, ohne einen Versenkungserfolg erzielt zu haben. Nachdem der I WO, ObltzS.d.R. Dr. Ulrich Abel, Lorient verlassen hatte, um die Ausbildung zum U-Bootkommandanten zu absolvieren, denunzierte er seinen Kommandanten wegen Wehrkraftzersetzung und Abhören von Feindsendern. Vom LI und vom Bordarzt, der auf *U 154* abkommandiert war, unterstützt, wurde Kusch von Dr. Abel beschuldigt, wiederholt Bemerkungen gegen Hitler und das NS-Regime sowie Kritik an den veralteten deutschen U-Booten in Hörweite der Besatzung geäußert zu haben. Am 16. Januar 1944 wurde gegen Kusch Haftbefehl erlassen und am 29. Januar 1944 wurde er von einem Kriegsgericht – ein weiteres Vorkommnis, das unter U-Bootkommandanten einzigartig war – wegen fortgesetzter Wehrkraftzersetzung zum Tode verurteilt. Ein entscheidender Faktor war auch das Verhalten vor seiner Besatzung. Am 12. Mai 1944 starb Kusch durch ein Exekutionskommando auf dem Schießplatz Kiel-

Holtenau – ironischerweise ereilte der Tod Dr. Abel zwei Wochen vorher auf See als Kommandant von *U 193*. Der „Fall Kusch" wird im 11. Kapitel ausführlicher von seiner politischen Bedeutung her beschrieben, aber er verdient an dieser Stelle erwähnt zu werden, zum einen als Bekundung eines U-Bootkommandanten, der die Treuepflicht gegenüber dem Regime brach, und zum anderen bezüglich der Bereitschaft der Marine, sich unbarmherzig mit jedem zu befassen, der nach Auflehnung roch.[60/60a]

Doch Kusch brach nicht allein die Treuepflicht. Im selben Augenblick, als Dr. Abel seine Meldung gegen Kusch vorbereitete, traf der I WO von *U 172*, ObltzS. Max Coreth, die persönliche Entscheidung, auszuscheren und den amerikanischen Marinenachrichtendienst bei der Vernehmung seiner früheren Kameraden zu unterstützen. Coreth schloss sich damit zumindest vier weiteren Überlebenden von U-Booten an, die im Juni und August 1943 versenkt worden waren. Auch diese U-Bootmänner waren überredet worden, im geheimen Verhörzentrum *(Interrogation Center)* von Fort Hunt in Virginia, wenige Meilen südlich von Washington/D.C. gelegen, als „Lockspitzel" zu dienen. (Die Briten verwendeten in ähnlicher Weise bereitwillige Kriegsgefangene der U-Bootwaffe, aber Einzelheiten sind nicht zur Verfügung gestellt worden.[61]) Der bei der Versenkung von *U 172* am 13. Dezember 1943 gefangen genommene Coreth war in Fort Hunt nach seinem Eintreffen dort am 8. Januar 1944 zu einem „Stück Inventar" geworden. Er teilte die mit Abhörvorrichtungen versehenen Zellen mit anderen gefangen genommenen U-Bootoffizieren, um sie in freundschaftliche Gespräche zu verwickeln und so viele militärische Informationen wie nur möglich zu sammeln.

Über den nachrichtendienstlichen Wert der Informationen hinaus, die Coreth verriet oder anderen entlockte, stach er als einziger Frontoffizier der U-Bootwaffe in amerikanischer Gefangenschaft hervor, der seine Dienste dem Feind anbot. Neben den vier bereits erwähnten Gefangenen in Fort Hunt unterstützen ihn zumindest drei weitere Mannschaftsdienstgrade der U-Bootwaffe, die im Mai/Juni 1944 in Gefangenschaft geraten waren, um unter ihren ehemaligen Kameraden als Informanten zu fungieren.[62] Von geringerer aktiver Zusammenarbeit, aber nicht weniger verräterisch waren die Handlungsweisen eines weiteren U-Bootoffiziers und zweier -funker (jeweils von anderen U-Booten), um im Zeitraum von Dezember 1943 – März 1944 Informationen über das Funkschlüsselverfahren und die Schlüsselmaschine „Enigma" zu liefern.[63]

Noch weitere Kriegsgefangene sagten sich vom Regime und von der U-Bootwaffe los. Unter ihnen war ObltzS. Günter Leupold, der Kommandant und einer der wenigen Überlebenden von *U 1059*, eines Transport-U-Bootes vom Typ VII F, das in ostindische Gewässer bestimmt war, als es am 19. März 1944 westlich der Kapverdischen Inseln von US-Trägerflugzeugen überraschend angegriffen und versenkt wurde. Der bei seiner Gefangennahme erst 23-jährige Leupold, dem Bild vom jungen deutschen Offizier Hohn sprechend, der von der NS-Ideologie stark durchdrungen war, arbeitete voll mit seinen bisherigen Gegnern zusammen, die ihn als einen „Nazi-Gegner" mit „Begeisterung für Amerika, die keine Grenzen kennt" einstuften. Als er danach in ein Kriegsgefangenenlager für NS-Gegner kam, versetzte er die amerikanische Lagerleitung in eine peinliche Lage, als er andere deutsche Gefangene gegen sich aufbrachte. Ein Offizier des US-Marinenachrichtendienstes sah in ihm „einen Fanatiker, das heißt, er ist nicht nur bösartig gegen die Nazis, sondern offensichtlich gegen das gesamte Deutschland, und so von Amerika begeistert, dass er kein klares Urteilsvermögen besitzt."[64]

Der Preis für die Kollaboration mit dem Gegner konnte sehr hoch sein. Der Mechanikerobergefreite Werner Drechsler war einer der ersten „Lockspitzel", der nach seiner Rettung am 12. Juni 1943 aus den Wrackteilen von *U 118* (KKpt. Werner Czygan) in Fort Hunt Verwendung fand. Wahrscheinlich beruhte dies auf dem Umstand, dass sein Vater drei Jahre lang als politischer Gegner in einem Konzentrationslager inhaftiert war. Nach mehreren Monaten des Einsatzes unter der Tarnung als „Obermaat Limmer" bat Drechsler um seine Ablösung und Unterbringung in einem Kriegsgefangenenlager für NS-Gegner. Infolge eines bürokratischen Irrtums landete Drechsler stattdessen im Lager Papago Park in Arizona, wo ihn Besatzungsangehörige von *U 615* sofort als „Spitzel" erkannten, der versucht hatte, sie in militärische Gespräche zu verwickeln. Kaum sieben Stunden nach seinem Eintreffen am 12. März 1944 in Papago Park starb Drechsler von der Hand seiner ehemaligen Kameraden in einem Duschabteil. Dönitz, der erst längere Zeit nach dem Vorfall über Briefcode Kenntnis erhielt, billigte das Vorgehen und ergriff Maßnahmen, um später die beteiligten U-Bootmänner zu befördern. Stattdessen identifizierten die amerikanischen Behörden sieben der Beteiligten. Sie wurden nach gerichtlicher Untersuchung wegen Mordes verurteilt und im August 1945 hingerichtet.[65]

Die Beispiele von Zschech, Kusch, Coreth, Leupold, Drechsler und der Deserteure haben eine Bedeutung, die ihrer Anzahl nicht entspricht – Beweis der Abnützung im Selbstbewusstsein einer Elite, die ihr Blut vergoss und weder freiwillig noch handverlesen war. Dies stellt angesichts der eingeräumten Niederlagen und des ständigen Aderlasses vom Mai 1943 bis zum Frühjahr 1944 keine Überraschung dar. Jedoch zeugt es von der Reaktion der Marineführung auf dieses Problem, dass sich die Krise nicht ausbreitete.

Das Meistern der Krise: Frühjahr – Sommer 1944

Wenn auch Dönitz und seine Nachgeordneten nie zugaben, dass sich 1943/44 eine Krise in der Moral entwickelt hatte, handelten sie trotzdem, um sie zu entschärfen. Die anfeuernden Reden wurden mit neuen Hinweisen auf greifbare Anzeichen hinsichtlich der schon lange versprochenen neuen U-Boottypen fortgesetzt, die 1944 endlich zu erscheinen begannen. Dönitz machte damals regelmäßig bei den Ausbildungsflottillen in der Ostsee die Runde, um anzukündigen, dass diese und weitere Geheimwaffen schließlich eine Wende herbeiführen würden. Mit psychologischer Grundlage versehen, erwies sich der Optimismus des Oberbefehlshabers als ansteckend. „Wenn er uns besucht hatte, verspürten wir neuen Auftrieb, und trotz der trüben Gegenwart sahen wir hoffnungsvoll in die Zukunft", stellte ein Kommandant und Veteran aus den Atlantikschlachten 1942/43 fest.[66]

Es entspricht auch einem Zusammenhang mit dem Problem der Moral, dass Lüth seinen bekannten Vortrag über die „Menschenführung auf einem U-Boot" am 17. Dezember 1943 auf der Befehlshabertagung der Kriegsmarine in Weimar hielt. Der Vortrag und

seine spätere weite Verbreitung, zu der auch seine zeitweise Aufnahme in die Offiziersausbildung gehörte, spiegelt einiges an Aufmerksamkeit hinsichtlich derselben Beschwerden wider, die in Gefangenschaft geratene Unteroffiziere der U-Bootwaffe Anfang
1943 bei ihren amerikanischen Vernehmungsoffizieren zur Sprache brachten.[67/67a]

Andererseits folgte für diejenigen, die aus dieser offiziellen Linie ausschoren, eine
rasche, schwere und öffentlich bekannt gegebene Bestrafung. Die Akten von Marine-
kriegsgerichtsverfahren lassen erkennen, dass allein vom Juli bis zum Dezember 1944
zumindest 139 Angehörige der Kriegsmarine wegen verschiedener Delikte exekutiert
wurden. Nahezu 80% dieser Delikte waren Fahnenflucht und Volksverhetzung bzw.
Wehrkraftzersetzung. Die Mehrheit dieser Fälle betraf Personal in Landkommandos,
aber diese Zahlen umfassten zweifellos auch, wie bereits früher angemerkt, die U-Bootfahrer, die in diese Kategorien fielen.[68] Die Schicksale von Kusch und Drechsler bezeug-
ten die Härte, mit der die Marine gegen die eigenen Leute vorgehen konnte. Eine britische Einschätzung im März 1944 lautete: „U-Bootgefangene zeigen ein viel höheres
Sicherheitsbewusstsein als vor sechs Monaten. Es entspricht allgemeiner Auffassung,
dass diejenigen, die Informationen preisgeben, nach dem Kriege bestraft werden."[69]

Zur gleichen Zeit versüßte mehr Zuckerbrot die drohende Peitsche. Am 30. November 1943 gab Konteradmiral Eberhard Godt, der Chef von BdU op, den Kommandanten bekannt: „In der gegenwärtigen Lage sind die Aussichten gering, Schiffe zu versenken. Wenn Auszeichnungen in Frage kommen, werde ich deshalb mehr Gewicht
auf Entschlossenheit und Beharrlichkeit der Operationen legen, selbst wenn sie nicht
zum Erfolg führten." Das Ergebnis bestand in einer unmittelbaren Zunahme an Auszeichnungen mit dem Deutschen Kreuz in Gold. Dies betraf vor allem das U-Bootpersonal. Die offiziellen Verlautbarungen über Ordensverleihungen für den viermonati-
gen Zeitraum von Juli – Oktober 1943 nannten insgesamt 138 Personen, unter ihnen
befanden sich 49 U-Bootmänner (d.h. 36%); aber für den nur dreimonatigen Zeitraum
von Dezember 1943 – Februar 1944 stieg jedoch die Gesamtanzahl auf 197 Ausgezeichnete, davon 120 Offiziere und Mannschaften der U-Bootwaffe (d.h. 61%).[70]

Trotz allen zersetzenden Potentials drang die Krise in der Moral von 1943/44 nicht
wesentlich in der U-Bootwaffe durch. Die alliierten Propagandaleute hofften im September 1943, dass die während des Sommers zugefügten schweren U-Bootverluste und
eine geschickte Rundfunkpropaganda zum „vollständigen Zusammenbruch der Moral,
... insbesondere bei den deutschen Seestreitkräften" führen würden.[71] Eine Beurteilung
der Kriegsgefangenen aus der U-Bootwaffe durch die britische Admiralität im März
1944 ließ jedoch diese Hoffnung scheitern: Einräumend, dass die Besatzungen immer
jünger wurden, immer weniger leistungsfähig und immer mehr von einem endgültigen
alliierten Sieg überzeugt waren, stellte die Studie nichtsdestoweniger „keine merkliche
Verschlechterung im Kampfgeist bei den Offizieren und Mannschaften [fest], die noch
immer engagiert den Krieg führten"; auch „erwiesene Fälle von Gehorsamsverweige-
rung" wären nicht zu erkennen.[72]

So notwendig diese gesamten persönlichen Maßnahmen auch gewesen sein mögen,
die Krise in der Moral, herrührend aus der technischen Unterlegenheit der deutschen
Unterseeboote, und ihre Bewältigung erforderten letzten Endes technische Lösungen.
Diese begannen im März 1944 mit der Einführung einer Kombination aus dem aktiven

Funkmessortungsgerät FuMO 61 „Hohentwiel U" und der Doppelanlage des passiven Funkmessbeobachtungsgerätes FuMB 26 „Tunis" mit der Dipolantenne „Fliege" für den 9-cm-Wellenbereich und der neu entwickelten Hornstrahler-Antenne „Mücke" für den 3-cm-Wellenbereich. Mit dem Letzteren war den U-Booten eine leistungsfähigere Warnung vor den von den Alliierten verwendeten Kurzwellen-Radargeräten möglich. Vor allem begann Anfang 1944 nach und nach der Einbau der Schnorchelanlage in die verbliebenen Frontboote. Er setzte sich bis in den Herbst hinein fort und verbesserte die Fähigkeit der U-Boote beträchtlich, einer Ortung zu entgehen. Obwohl das „Schnorcheln" unangenehm war, gewährte diese Anlage den U-Booten zumindest eine gute Chance, in ihre Operationsgebiete zu gelangen und von dort zurückzukommen (wenn auch die Überlegenheit der alliierten Technik sich in der Regel dann durchsetzte, um das Schnorchelboot an der unmittelbaren Kampfaufnahme zu hindern). Nachdem die Besatzungen gelernt hatten, mit den technischen Problemen fertig zu werden und sich an die Lebensbedingungen eines echten „Untersee"-Bootes anzupassen, verbesserte sich die Moral wesentlich. Nach dem Abschluss einer mit *U 1199* völlig unter Wasser durchgeführten 50-tägigen Feindfahrt im Oktober 1944 vor der schottischen Ostküste meldete Kptlt. Rolf Nollmann, seine Besatzung wäre „überzeugt, daß die U-Bootwaffe wieder dem Gegner überlegen ist".[73]

Für die restliche Dauer des Krieges blieb die U-Bootmoral stabil, offensichtlich durch den Zusammenbruch Deutschlands im Mai 1945 unbeeinflusst. In einer 1981 durchgeführten Umfrage bei 115 U-Bootkommandanten aus dem Zeitraum 1943 – 1945 gaben 87% an, sich nicht an Probleme mit der Moral oder dem technischen Können ihrer Besatzungen zu erinnern.[74] Kriegsgefangene der U-Bootwaffe in Papago Park organisierten und bewerkstelligten Ende Dezember 1944 die größte Massenflucht in den Vereinigten Staaten.[75] Die U-Bootbesatzungen in Norwegen, weit von den Verwüstungen in ihrer Heimat entfernt, konnten von ihren U-Booten ein psychologisches Entfliehen oder, wie dies ein damaliger Kommandant beschreibt, eine „Flucht aus der Wirklichkeit" erwarten – um das fortzusetzen, wozu sie ausgebildet worden waren und wozu sie die Fähigkeit hatten, während Deutschlands Schicksal jenseits ihrer Möglichkeiten lag, um es zu beeinflussen. „Mehr als Seemann auf einem U-Boot kann man nicht sein!", lautete ein von Hand geschriebenes Schlagwort an der Wand einer Marinebaracke Ende Januar 1945.[76] Wie repräsentativ diese Haltung für die gesamte Marine auch sein mag, sie reflektiert eine Treue zu sich selbst als U-Bootmänner, welche die Loyalität zum Regime übertrifft. Ein britischer Augenzeuge des Eintreffens von acht U-Booten, die kapituliert hatten, am 14. Mai 1945 in Londonderry beschrieb die Besatzungen als

„... in der Mehrheit junge Männer. Einige waren mürrisch und viele waren arrogant. ... Ein Offizier aus [Admiral Sir Max] Hortons Stab sagt, dass die Moral der Kommandanten ungebrochen wäre. ... Ihre erste Frage lautete: „Wann fangen wir an, gegen die Russen zu kämpfen?" "[77]

Zum Glück für sie, war ihr Kampf vorüber.

10. Kapitel
Menschlichkeit gegen Notwendigkeit
Die U-Boote und die uneingeschränkte U-Bootkriegführung

„Kann ich im Krieg mich doch menschlich fassen,
Aber nicht auf mir trommeln lassen."
Schiller *Wallenstein I: Wallensteins Lager, 11. Auftritt*

S eit der Versenkung der LUSITANIA im Jahre 1915 hat sich die öffentliche Vorstellung der Alliierten von den U-Booten als kaltblütige Mörder von Frauen und Kindern sowie von ihren Kommandanten und Besatzungen als genauso fanatisch wie entschlossen und als genauso grausam wie fähig eingeprägt. Ein 1943 veröffentlichter britischer Bericht beschrieb zum Beispiel U-Boote, wie sie mit Torpedos Rettungsboote in Trümmer schossen.[1] Nach dem Kriege fanden diese Vorstellungen der Propaganda eine endlose Fortsetzung und haben ein unauslöschliches Zeichen in der öffentlichen Kultur der Vereinigten Staaten und Großbritanniens hinterlassen.[2]

Überdies fahren verschiedene Historiker fort, diese Perspektive aufrechtzuerhalten. Steven Roskill, der Verfasser des offiziellen britischen Seekriegswerkes *The War at Sea*, schrieb ein Jahrzehnt nach dem Kriege:

„Obwohl wir Briten von Natur aus schlechte Hasser sind …, gibt es keinen Zweifel, dass die deutschen U-Boote schließlich Gefühle stärksten Abscheus in den Ansichten [britischer Seeleute] wachriefen. … Es ist bloße Spitzfindigkeit von deutschen Verteidigern zu behaupten, dass ihre Methoden der Kriegsführung gerechtfertigt oder sogar humanitär waren."[3]

In einer mit vernichtender Kritik geschriebenen Biografie von Dönitz folgerte der britische Marinehistoriker Peter Padfield, dass der BdU im September 1942 seinen U-Bootkommandanten geheime mündliche Weisungen erteilt hätte, alle Überlebenden versenkter Schiffe zu töten. John Terraine pflichtet bei, dass zwischen Hitler und Dönitz in der Frage des Tötens von Seeleuten der Handelsschiffe nur ein „kleiner Unterschied" bestanden hätte.[4] Ein weiterer Historiker deutet an, dass ein vollständigeres Verständnis der Billigung des mörderischen nationalsozialistischen Programms durch die Marine erlangt werden wird, wenn in der Zukunft eine Studie über das „Schießen auf die Überlebenden der U-Bootsangriffe" erstellt wird.[5]

Dies bleibt jedoch weiterhin eine Angelegenheit der Beweisführung.

Die Anwendung der uneingeschränkten Unterseebootskriegsführung im Zweiten Weltkrieg blieb nicht auf Deutschland beschränkt. In dem Verfahren vor dem Internationalen Militärtribunal in Nürnberg erhielt Dönitz Unterstützung durch eidesstattliche Erklärungen, vorgelegt durch die britische Admiralität und Admiral Chester Nimitz von der US-Marine. Sie räumten die Durchführung derselben Verfahrensweise auf alliierter Seite ein. Amerikanische Unterseeboote im Pazifik trafen keine Vorkehrungen für die Sicherheit oder Rettung japanischer Seeleute der torpedierten Handelsschiffe. Im Gegenteil, bei einem Vorfall im Januar 1943 tauchte Captain Dudley („Mush") Morton, USN, der Kommandant der USS WAHOO, mit seinem Boot auf und ließ die Überlebenden des von ihm torpedierten japanischen Truppentransporters umbringen.[6] Lt.Cmdr. Anthony Miers, RN, der Kommandant des britischen Unterseebootes HMS TORBAY, ließ am 9. Juli 1941 deutsche Soldaten durch Maschinengewehrfeuer töten, die die Versenkung ihrer Kaïk, unterwegs von Kreta zum griechischen Festland, überlebt hatten – ein Vorfall, der sehr einem früheren Verhalten des britischen Unterseebootes HMS RORQUAL ähnelte.[7] Über einzelne Vorfälle und ihre Umstände hinaus untergruben die Diktate und technischen Entwicklungen des totalen Krieges unvermeidlicherweise das internationale Recht und die Moral. Allein die Zunahme und die Fähigkeiten der Luftmacht setzten aufgetaucht fahrende Unterseeboote unerträglichen Risiken aus, je länger sie am Ort eines Angriffs verweilten.

Dennoch diente die deutsche Marine den besonderen Zielen des „Dritten Reiches" und ihre Angehörigen wuchsen unter dem Einfluss der nationalsozialistischen Doktrin und ihrer Lehren auf. Ein heutiger Historiker argumentiert, dass die Übernahme der NS-Rassenideologie ins deutsche Heer das Begehen von Kriegsverbrechen in der UdSSR förderte und bemerkt beiläufig, dass die Kriegsmarine ebenfalls „von der nationalsozialistischen Schulung tief durchdrungen" war. Zur Unterstützung dieses Arguments stellte Padfield die Hypothese auf, dass alle einzeln fahrenden Handelsschiffe, die mit der gesamten Besatzung bei einem U-Bootangriff verloren gingen, ein vorsätzliches Handeln zur Vernichtung der Handelsschiffsbesatzungen widerspiegeln.[8]

Eine gegenteilige Ansicht berichtete das U-Bootass Otto Kretschmer als „Ständiger Befehl Nr. 4" von *U 99*: „Überlebenden muß in jedem Falle geholfen werden, wenn es die Zeit erlaubt und wenn Gewißheit besteht, daß das eigene Boot dadurch nicht in unnötige Gefahren gebracht wird. Der Besatzung [von *U 99*] darf die Hoffnung nicht geraubt werden, daß sie ... auch vom Gegner gerettet und wie Schiffbrüchige behandelt werden. Das ist genau das, was der Gegner mit Recht auch von uns erwartet."[9] Der ehemalige U-Bootkommandant Peter („Ali") Cremer stimmte in diese Haltung ein: „Für uns U-Bootkommandanten war eine menschliche Behandlung schiffbrüchiger Seeleute der Feindmächte eine Selbstverständlichkeit. Sie waren keine Gegner mehr –, nur eben Schiffbrüchige, denen soweit wie möglich geholfen werden mußte."[10] Können solche unterschiedlichen Perspektiven in Einklang gebracht werden?

Das erfordert eine Untersuchung des Ablaufs der Verfahrensweise deutscher U-Boote: Wie hat diese sich im Laufe der Zeit entwickelt? Inwieweit hing sie letzten Endes von den Weisungen – geheim oder sonstig – des Karl Dönitz ab?

Die ersten Kriegsmonate

Wie bereits angemerkt, sahen die ersten zehn Kriegsmonate eine Rückkehr zu den Verhältnissen von 1914 – 1918. Ungeachtet der irrtümlichen Versenkung der ATHENIA operierten die deutschen U-Boote in den ersten Kriegstagen im Rahmen einer komplizierten Folge von politischen Beschränkungen und nach den Regeln des internationalen Prisenrechtes. Trotz der Beschuldigungen, dass die deutsche „Unterseebootskultur" von Anbeginn an auf einem totalen Krieg gegen den Handelsverkehr drängte,[11] befolgten die Dönitz'schen Kommandanten in diesem Zeitraum die Regeln der Prisenordnung des Deutschen Reiches, die dem internationalen Prisenrecht entsprach.[11a] Als Kptlt. Günther Prien am 5. September 1939 sein erstes Opfer versenkte, den britischen Frachter BOSNIA, barg er vorher die Besatzung und übergab sie einem vorbeikommenden norwegischen Dampfer.[12] Bis zum Monatsende hatten Prisenkommandos von U-Booten fünf Handelsschiffe durch das Anschlagen von Sprengpatronen versenkt, nachdem sie angehalten und durchsucht worden waren, und drei weitere wurden als Prisen in deutsche Häfen eingebracht; keiner der ursprünglichen Besatzungsangehörigen erlitt eine Schramme.

In dieser Zeitspanne retteten mehrere zukünftige U-Bootasse Überlebende versenkter Schiffe und übergaben sie an neutrale oder sogar an britische Schiffe, damit die Geretteten sicher nach Hause gelangten: So zum Beispiel Kptlt. Herbert Schultze von *U 48* (Überlebende der ROYAL SCEPTRE, 5. September), Kptlt. Heinrich Liebe von *U 38* (Überlebende der INVERLIFFEY, 11. September) und Kptlt. Joachim Schepke von *U 3* (Überlebende der VENDIA, 30. September). Schultze entfaltete später eine Mischung aus herausforderndem Benehmen und Menschlichkeit, als er den Dampfer FIRBY am 11. September versenkte und einen offenen Funkspruch abgab, in dem er die Position der Versenkung mitteilte und die Royal Navy aufforderte, die Überlebenden aufzunehmen. Am 7. September hielt Kptlt. Hans-Wilhelm v. Dresky mit *U 33* den britischen Frachter OLIVEGROVE an und versenkte ihn, nachdem die Besatzung in die Rettungsboote gegangen war. Danach geleitete Kptlt. v. Dresky die Boote neun Stunden lang, bis die Engländer durch den über Funk herbeigerufenen amerikanischen Passagierdampfer WASHINGTON geborgen werden konnten.[13]

Die bemerkenswerte Feindfahrt von *U 35* (Kptlt. Werner Lott) im September/Oktober 1939 liefert die klarste Demonstration an Menschlichkeit in der Seekriegsführung. Lott erlaubte dem ersten britischen Hochseetrawler, den er im Nordatlantik antraf, die Weiterfahrt, als er erkannte, dass die 13-köpfige Besatzung mit dem verfügbaren Rettungsboot nicht imstande war, Land zu erreichen. Als Gegenleistung warnte der dankbare britische Kapitän den U-Bootkommandanten vor der Anwesenheit des Flugzeugträgers ARK ROYAL in dem allgemeinen Seegebiet. Im späteren Verlauf dieses Tages versenkte *U 35* zwei aus einer Gruppe von drei Trawlern – den Dritten verschonte er, um allen drei Besatzungen eine sichere Heimkehr zu ermöglichen. Am 30. September bekam Lott den abgedunkelten, 45.000 BRT großen Passagierdampfer AQUITANIA auf eine Entfernung von nur 500 m in Sicht. Er respektierte jedoch das bestehende Angriffsverbot gegen solche Schiffe (das ironischerweise bereits aufgehoben war, obwohl dies *U 35* noch nicht übermittelt worden war) und ließ die AQUITANIA unbelästigt ziehen. Drei Tage später versenkte Lott den nach Großbritannien bestimmten griechischen Dampfer DIAMANTIS, nahm aber vorher seine gesamte Besatzung an Bord und brachte sie am nächsten Tag in der Dingle-Bay des neutralen Irland an Land.[14/14a]

Diese begrenzte und zuweilen ritterliche Kriegsführung hatte jedoch bereits begonnen, in ein vernichtenderes und allgemeineres Ringen überzugehen. Das Operieren gemäß Prisenordnung überließ den Vorteil oft den Handelsschiffen, wie *U 53* (KKpt. Ernst Sobe)[14b] feststellte, als zwei britische Dampfer seine Signale ignorierten, um zur Durchsuchung beizudrehen, und die Position des U-Bootes funkten, ehe sie mit Höchstfahrt abliefen. Insbesondere Dönitz befürchtete ein Wiederaufleben der *Q-Schiffe* des 1. Weltkrieges: Als harmlose Handelsschiffe getarnte U-Bootfallen, die von regulären Besatzungen der Marine bemannt waren und versteckte Geschütze in der Hoffnung führten, um ein ahnungsloses Unterseeboot in sein Verhängnis zu locken. Auf die von diesen Schiffen ausgehende Bedrohung, der im Ersten Weltkrieg zumindest 15 deutsche U-Boote zum Opfer fielen, verwies in markanter Weise eine Dienstvorschrift der Kriegsmarine von 1939 mit Lehren und Warnungen, die aus den Jahren 1914 – 1918 stammten. Doch wenn er in den Kriegstagebüchern die Erläuterungen seiner Kommandanten zu Maßnahmen las, die sie zugunsten von Handelsschiffsbesatzungen ergriffen hatten, erkannte Dönitz, dass er sich nicht mit seiner Ansicht durchgesetzt hatte. Als die U-Bootverluste von einem Boot im September auf sechs im Oktober 1939 stiegen, gewann er die Überzeugung (irrtümlich, wie wir heute wissen), dass die seinen Unterseebooten auferlegten Beschränkungen hauptsächlich für diese Verluste verantwortlich waren.[15]

Hitler milderte teilweise am 23. September die Situation, als er die Vorschläge des BdU billigte, die zum Angriff freigegebenen Schiffskategorien zu erweitern, darunter auch die warnungslose Torpedierung von Handelsschiffen mit eindeutig identifizierter Bewaffnung.[16] Doch dies war nicht genug, wie Dönitz Ende November zum Ausdruck brachte, als er für seine Kommandanten neue taktische Richtlinien im *Ständigen Kriegsbefehl Nr. 154* erließ. Zusätzlich zu den Kampfanweisungen betonte er:

> „Keine Leute retten und mitnehmen. Keine Sorge um Boote des Dampfers. Wetterverhältnisse und Landnähe sind gleichgültig. Nur Sorge um das eigene Wohl und Streben, sobald wie möglich den nächsten Erfolg zu erringen. Wir müssen in diesem Kriege hart sein."

Vor dem Nürnberger Tribunal rechtfertigte Dönitz speziell diese Ermahnung auf der Grundlage der Jugend und Unerfahrenheit von vielen seiner Kommandanten, deren „sehr selbstlose Rettungstaten" ihre Menschlichkeit widerspiegelten, aber die Sicherheit ihrer Unterseeboote aufs Spiel setzten. Er war davon überzeugt, obwohl er dies nicht beweisen konnte, dass einige der in dieser Frühzeit eingetretenen Verluste solchen verfehlten Rettungsanstrengungen zuzuschreiben waren – eine Auffassung, die erst nach dem Kriege widerlegt wurde. Der ehemalige BdU wies außerdem darauf hin, dass dieser Befehl nur für bevorstehende Operationen in britischen Küstengewässern bestimmt war und 1941 bereits wieder aufgehoben wurde.[17]

Da die Mehrheit der alliierten Handelsschiffe inzwischen bewaffnet war und im Geleitzug fuhr, hielten sich die U-Bootkommandanten an die Weisung, unternahmen jedoch oft humanitäre Maßnahmen aus eigenem Antrieb. Zwischen Februar und November 1940 versorgten Kptlt. Heinz Scheringer (*U 26*), Kptlt. Fritz-Julius Lemp (*U 30*), KKpt. Hans-Gerrit v. Stockhausen (*U 65*) und Kptlt. Otto Kretschmer (*U 99*) Überlebende der von ihnen versenkten Schiffe mit Wasser, Spirituosen, Zigaretten, Decken u.Ä. sowie Navigationshilfen. Im September 1940 holte Kretschmer bei einer Gelegenheit einen verblüfften Seemann eines britischen Handelsschiffes aus der See,

ließ ihn sich erholen, kleidete ihn ein und brachte ihn zu einem Rettungsboot mit seinen Kameraden – gegen die Proteste des Matrosen, der angenommen hatte, er wäre von
einem britischen Unterseeboot gerettet worden. Im Mai 1940 rettete Lemp 13 Überlebende des neutralen schwedischen Schiffes HAGAR, das durch Treffer einer britischen Treibmine gesunken war.[18]
    Im Sommer 1940 wirkten sich die Umstände auf den Charakter des U-Bootkrieges
aus und führten zu größeren Veränderungen. Der Zusammenbruch Frankreichs verlagerte den Schwerpunkt des U-Bootkrieges in den Nordatlantik und Hitler ließ gleichzeitig bis zum August die Mehrheit der Beschränkungen für die Handelskriegsführung fallen. Zur selben Zeit beschleunigte sich die Verstärkung der U-Bootwaffe, weshalb Offiziere und Mannschaften zu dieser Waffengattung kamen, die nichts von den Beschränkungen der Kriegsführung in den ersten Kriegsmonaten wussten. Die neue Phase des U-
Bootkrieges brachte daher neben strategischen auch moralische Auswirkungen.

Die Ära des Ermessens: Sommer 1940 – September 1942

Ohne Rücksicht auf die verschiedenen strategischen Phasen kann der Zeitraum vom
Fall Frankreichs bis zum September 1942 als eine einzige Ära hinsichtlich der humanitären Aspekte des U-Bootkrieges gesehen werden. Im Gegensatz zu seiner straffen
Führung der Operationen erteilte Dönitz keine detaillierten Weisungen über die Ret-
tung oder Nichtrettung von Überlebenden, sondern überließ diese Entscheidung dem
Urteil jedes Kommandanten. Die Verlagerung der Operationen aus den britischen
Küstengewässern und der Nordsee in die offenen Weiten des Atlantik veränderte von
selbst den Charakter des Kampfes hin zu einer allgemeineren, unpersönlicheren und
vernichtenderen Konfrontation zwischen den Geleitzügen und den U-Bootgruppen.
Britische Statistikangaben offenbarten, dass das Verhältnis zwischen Torpedo- und
Artillerieangriffen durch U-Boote auf Handelsschiffe von knapp 3:1 im ersten Kriegsjahr auf 8:1 in den sechs Monaten nach dem September 1940 zunahm.[19] Zudem führten die alliierten Handelsschiffe inzwischen Decksgeschütze, bemannt mit regulären
Marineangehörigen, die – wenn es die Umstände gestatteten – zu einem ernsthaften
Gegner wurden, wenn unvorsichtige U-Boote über Wasser zu dicht herankamen.[20] Die
größeren Schwierigkeiten beim Angriff auf Handelsschiffe und die verstärkten Risiken, die von den alliierten Geleitsicherungsfahrzeugen ausgingen, ließen die Frage
einer Rettung durch U-Boote häufig zu einer akademischen werden. Doch noch ohne
die Allgegenwärtigkeit der alliierten Luftmacht und angesichts der Gegebenheiten bei
bestimmten Versenkungen sahen sich die deutschen U-Bootkommandanten noch
immer dem Dilemma der Wahl ausgesetzt.
    Angriffe auf Geleitzüge offenbarten die grausamsten Aspekte der U-Bootkriegs-
führung. Im Zeitraum von 1940/41 fuhren die Geleitzüge mit schwacher Geleitsicherung
und nur gelegentlich von Schiffen begleitet, die dafür vorgesehen waren, als Rettungsschiffe für torpedierte Opfer zu handeln. Umstände, die wesentlich zur Versenkung des
11.081 BRT großen Passagierschiffes CITY OF BENARES am 17. September 1940
durch *U 48* (nunmehr unter Kptlt. Heinrich Bleichrodt) beitrugen. Dieser Tragödie, die

in der alliierten Presse große Beachtung erfuhr, fielen 256 Menschenleben zum Opfer, darunter 77 Kinder.[20a] Im März 1943 hatten die Geleitsicherungen den Befehl erhalten, nicht zu stoppen, um Überlebende aufzunehmen, solange noch Kontakt mit den angreifenden U-Booten bestand. Die riesigen Passagierschiffe, die als Truppentransporter eingesetzt waren, hatten ebenfalls die Weisung, Überlebende zu ignorieren, wie dies im Mai 1942 die QUEEN MARY demonstrierte, als sie mit hoher Fahrt fünf überfüllte Rettungsboote eines gesunkenen kanadischen Passagierschiffes passierte. Die Verlustraten unter den Besatzungen der britischen Handelsschiffe, die durch U-Boote verloren gingen, stiegen von 11 Prozent 1939 auf 30 Prozent 1940 und sogar auf 39 Prozent 1941 – die höchste jährliche Verlustrate des Krieges. Erst mit der Ausrüstung von über 30 speziellen Rettungsschiffen, beginnend Ende 1941, sowie mit der bedeutenden Verstärkung der Geleitsicherungsfahrzeuge 1942/43 konnten die Besatzungen der Handelsschiffe im Geleitzug eine bessere Chance erwarten, eine Versenkung zu überleben.[21]

Zum Teil spiegelte dies die Wahl vieler U-Bootkommandanten wider, die Dönitz´schen Ermahnungen zu befolgen – ob gegen Geleitzüge oder Einzelfahrer operierend – und nichts zu riskieren, um Überlebenden zu helfen, auch wenn dadurch das Einholen wichtiger Informationen unterblieb. Typisch für diese Haltung war Kptlt. Friedrich Markworth, dessen *U 66* am 30. August 1942 den einzeln fahrenden Dampfer WEST LASHAWAY südwestlich von Trinidad versenkte. Zum erfolglosen Versuch kurz auftauchend, sein Opfer zu identifizieren, unternahm Markworth vor dem Ablaufen keinen Versuch, die 19 Überlebenden zu befragen oder ihnen zu helfen.[22] Im Verlaufe einer Geleitzugschlacht im April 1943 näherte sich *U 631* (ObltzS. Jürgen Krüger) den Überlebenden des niederländischen Schiffes BLITAR. Krüger ließ den Kapitän an Bord holen und nach einer kurzen Befragung wieder zurück ins Wasser werfen. Trotz seines Signals an die Rettungsboote zur Aufnahme des Kapitäns gelang es nicht, ihn zu retten. Der Kapitän ertrank, ehe ihn die anderen Überlebenden erreichen konnten.[23]

Unter anderen Umständen führte die Notwendigkeit, Torpedos zu sparen und stattdessen die Artillerie einzusetzen, zum unvermeidlichen Risiko des Beschusses und der Tötung von Menschen, wenn sie die Rettungsboote aussetzten. Als Kptlt. Victor Oehrn (*U 37*) am 27. Mai 1940 den britischen Frachter SHEAF MEAD durch Artilleriebeschuss versenkte, erwartete er weder das kalte Schweigen, mit dem die Überlebenden seine Fragen beantworteten, noch die spätere Einbeziehung des Zwischenfalls durch die Alliierten als Kriegsverbrechen.[24/24a] Ähnliche Beschuldigungen in Zusammenhang mit den Versenkungen des brasilianischen Küstenfrachters ANTONICO durch *U 516* (Kptlt. Gerhard Wiebe) im September 1942 und des britischen U-Jagdtrawlers NOREEN MARY im Juli 1944 durch *U 247* (ObltzS. Gerhard Matschulat) fallen wahrscheinlich in dieselbe Kategorie: Der Beschuss des Schiffes wurde als Feuern auf die Überlebenden interpretiert. Wie Dönitz bemerkte, liefen die U-Boote unmittelbar nach der Versenkung der Schiffe ab und verweilten nicht, um diejenigen zu töten, die noch am Leben waren; darauf hatte sich sehr wahrscheinlich das Verhalten konzentriert.[25]

Überraschenderweise stiegen die Chancen der Überlebenden, wenn ihr Schiff als Nachzügler eines Geleitzuges oder als Einzelfahrer versenkt wurde. Am 8. April 1941 operierte *U 124* (Kptlt. Wilhelm Schulz) in den von Geleitzügen freien Gewässern vor Freetown und versenkte den kleinen britischen Dampfer TWEED etwa 150 sm vor der

Küste. Schulz beobachtete durch das Sehrohr, dass das größere der beiden, von der Besatzung ausgesetzten Rettungsboote gekentert war. Trotz des Risikos eines Luftangriffs ging Schulz bei vollem Tageslicht aufgetaucht an die Rettungsboote heran, nahm die Überlebenden an Bord, richtete das größere Boot auf, takelte den Mast für das Setzen des Segels, leistete den beiden verwundeten Besatzungsangehörigen medizinische Hilfe und gab den Schiffbrüchigen Proviant, Wasser und Alkohol mit, als sie für die Fahrt nach Freetown wieder an Bord ihrer Boote gingen. Dieses Handeln brachte Schulz 17 Jahre später eine Einladung für ein Wiedersehen mit den damaligen Überlebenden in Poole/England ein.[26] Im Monat darauf traf Kptlt. Jost Metzler (*U 69*) ähnliche Maßnahmen für die Besatzung und die Passagiere der ROBIN MOOR, des ersten im Kriege versenkten amerikanischen Handelsschiffes, unterwegs von New York nach Kapstadt.[27] Im Juni versorgte KKpt. Klaus Scholtz (*U 108*) Überlebende des griechischen Dampfers DIRPHYS mit Wasser, Hartbrot, Rum, Aspirin und Streichhölzern.[28]

Der reine Zufall diktierte oft die Gelegenheit, sich um Überlebende zu bemühen. Als KKpt. Walter Flachsenberg (*U 71*) am 17. März 1942 den norwegischen Motortanker RANJA im Nordatlantik versenkte, verlor er keine Zeit, sondern setzte die Fahrt in sein Operationsgebiet vor der amerikanischen Ostküste fort. Als er sich drei Wochen später auf dem Heimmarsch befand, sichteten die Ausgucks von *U 71* ein Rettungsboot mit drei bis zum Skelett abgemagerten Gestalten darin. Sie stellten sich als die letzten von elf Überlebenden derselben RANJA heraus, die dem U-Boot auf dem Hinmarsch zum Opfer gefallen war. Bewegt versorgte Flachsenberg die Schiffbrüchigen mit Proviant, Wasser, Spirituosen, Zigaretten und einer Karte, um ihnen die Weiterfahrt nach Grönland zu erleichtern.[29]

Das Mitgefühl beschränkte sich nicht auf ältere Kommandanten, sondern verlangte nach den richtigen Umständen. Als der Kommandanten-Neuling Cremer sein *U 333* im Januar 1942 auf den atlantischen Geleitzugwegen zum Einsatz brachte, sank sein erstes Opfer, der britische Frachter CALEDONIAN MONARCH, mit der gesamten Besatzung in der rauen See. Als Cremer vier Tage später den Nachzügler VASSILIOS A. POLEMIS versenkte, ließ er Verbandsmaterial und Brandbinden für die Verwundeten sowie Hartbrot und Zigaretten für alle Überlebenden herüberreichen und gab ihnen den Kurs nach Halifax an. Nach dem Versenken seines nächsten Schiffes, des Norwegers RINGSTAD, näherte sich Cremer den Rettungsbooten, zögerte jedoch, als er beobachtete, wie die Überlebenden einen Löschfunksender benutzten, mit dem die gut ausgerüsteten Boote versehen waren. Den ihnen von Cremer angebotenen Proviant und das Trinkwasser lehnten sie ab. Anschließend setzte sich *U 333* in großer Eile ab, da sie seine Position meldeten – eine gute Demonstration des Abwägens zwischen humanitären Anstrengungen und militärischer Notwendigkeit.[30]

Zwischen August 1940 und Oktober 1941 bargen deutsche U-Boote bei verschiedenen Gelegenheiten Überlebende alliierter Handels- und Kriegsschiffe als Gefangene. So rettete zum Beispiel *U 34* (Kptlt. Wilhelm Rollmann) am 1. August 1940 den einzigen Überlebenden des britischen Unterseebootes SPEARFISH, *U 123* und *U 65* nahmen Überlebende torpedierter Opfer im Oktober und November auf hoher See auf und *U 75* (Kptlt. Helmuth Ringelmann) barg britisches Heerespersonal von zwei Truppen befördernden Leichtern, die er im Oktober 1941 vor der libyschen Küste versenkte.[31]

Vielleicht durch solche Erfahrungen angeregt, erließ die Seekriegsleitung am 5. Juni 1942 eine Weisung, die den U-Booten befahl, die Kapitäne versenkter Handelsschiffe als Gefangene an Bord zu nehmen, so weit solche Anstrengungen je nach Zeit und Ort das Unterseeboot weder in Gefahr brachten noch seinen Kampfauftrag beeinträchtigten. Stillschweigend die hohe Überlebensrate unter den Handelsschiffsbesatzungen einräumend, beabsichtigte der Befehl, den Alliierten so viele voll ausgebildete und erfahrene Handelsschiffsoffiziere wie möglich zu entziehen und zudem noch nachrichtendienstliche Informationen zu gewinnen.[32]

Dönitz betrachtete diese Verfahrensweise nie als Erfolg versprechend und glaubte irrtümlich sogar noch nach dem Kriege, dass nicht mehr als zehn bis zwölf Kapitäne und Ingenieuroffiziere von Handelsschiffen durch seine U-Boote mitgebracht worden waren. In Wirklichkeit förderte diese Weisung die Rettungsbemühungen dazu neigender U-Bootkommandanten in viel größerem Umfange. Allein vom Mai bis Mitte September 1942 nahmen deutsche Unterseeboote mindestens 24 Überlebende versenkter alliierter Schiffe bei 17 verschiedenen Gelegenheiten an Bord. Die Mehrheit der Geretteten bildeten Handelsschiffsoffiziere, wie sie in der Skl-Weisung angegeben waren, aber es waren auch drei gewöhnliche Matrosen der MENDENAU darunter, aufgenommen von *U 752* (Kptlt. Karl-Ernst Schroeter), das den niederländischen Dampfer vor Westafrika versenkt hatte. Nahezu alle Aufnahmeaktionen betrafen Einzelfahrer, die in Seegebieten unterwegs waren, in denen Geleitzüge noch nicht eingerichtet worden waren, da Dönitz die Operationen in immer neue Gewässer ausweitete.[33]

Als Anfang 1942 eine Hand voll U-Boote vor der amerikanischen Ostküste unter der nicht in Geleitzügen zusammengefassten Schiff-Fahrt ein Chaos verursachte, hielt die Nähe der US-See- und Luftstreitkräfte die Mehrheit der U-Bootkommandanten davon ab, es nicht zu riskieren, Überlebenden Hilfe zu gewähren. Bei einer Gelegenheit wollte Hardegen jedoch mit *U 123* kein Risiko eingehen, während er dicht vor der Küste operierte. Nachdem er den Tanker GULFAMERICA am 10. April vor Jacksonville/Florida torpediert hatte, entschloss er sich, sein Opfer mit Artillerie zu erledigen. Um aber das Leben amerikanischer Zivilisten am Strand und in den Häusern nicht durch Fehlschüsse zu gefährden, manövrierte er stattdessen vorsichtig in das flache Wasser zwischen dem schwer beschädigten Schiff und der Küste, um seinen Artilleriebeschuss seewärts zu richten.

Weiter von den gefährlichen Küstengewässern entfernt, fühlte sich Hardegen sicher genug, größere Maßnahmen zugunsten der Handelsschiffsbesatzungen zu treffen. Im Januar 1942 versorgte er die Überlebenden des britischen Dampfers CULEBRA mit Lebensmitteln und dem Kurs zu den Bermudas. Am nächsten Tag, als er den norwegischen Frachter PAN NORWAY versenkt hatte, fing Hardegen die griechische MOUNT AETNA unter schweizer Flagge ab und leitete das Schiff zur Bergung der Überlebenden um – wobei er die MOUNT AETNA zwingen musste, das Rettungswerk zu vollenden, nachdem das schweizer Schiff versucht hatte, den Akt der Barmherzigkeit abzubrechen.[34]

Dönitz' Verlagerung des Schwerpunktes in die karibischen Gewässer im Sommer 1942 bot den U-Bootkommandanten mehr Ziele, aber die begrenzten Gewässer und die immer mehr zunehmende Luftmacht der Alliierten erforderten sogar eine noch größere Vorsicht. Die Nähe der gegnerischen Küsten bedeutete, dass das Notsignal eines torpedierten Schiffes rasch beantwortet werden konnte. Einem aufgetaucht fahrenden Unterseeboot blieb nur ein geringer Sicherheitsvorsprung übrig. Dennoch versahen Kommandanten wie Nicolai Clausen (*U 129*), Karl-Friedrich Merten (*U 68*), Fritz Poske (*U 504*), Ulrich Heyse (*U 128*), Werner Schulte (*U 582*), Walther Kölle (*U 154*), Ulrich Gräf (*U 69*), Axel-Olaf Loewe (*U 505*) und Werner Henke (*U 515*) in dieser Zeit Überlebende mit Proviant und Kursangaben. Dies tat auch Heinrich Bleichrodt (nunmehr Kommandant von *U 109*), der vor der westafrikanischen Küste operierte. Kleine Küstenschoner, wichtig für den Handel mit Nahrungsmitteln zwischen den karibischen Inseln, wurden häufig von Unterseebooten angehalten und durch Artilleriebeschuss versenkt, nachdem die Besatzungen die Schiffe verlassen hatten. In einem Fall nahm Kptlt. Albrecht Achilles (*U 161*) die achtköpfige Besatzung eines dominikanischen Schoners an Bord, da ihr Rettungsboot seeuntüchtig war, und entließ sie am nächsten Tag wieder, um auf ein anderes Segelschiff umzusteigen.[35]

Bei zumindest zwei weiteren Gelegenheiten in der Karibik retteten U-Bootkommandanten amerikanische Seeleute der Handelsmarine und nahmen sie für längere Zeit an Bord ihrer Boote. Am 16. Juni 1942 rettete Kptlt. Ernst Bauer (*U 126*) den 36-jährigen Archie Carr Gibbs vom amerikanischen Frachter KAHUKU, nachdem er das Schiff torpediert hatte. Bauer behielt Gibbs vier Tage lang an Bord, hielt dann eine venezolanische Motorschaluppe an und entließ seinen Gefangenen. Es ist aufschlussreich, dass Bauer dies nicht meldete und auch keinen offiziellen Bericht seiner Tat abgab, die Dönitz' besondere Befehle sowie jede militärische Sicherheitsvorschrift verletzte – ein Punkt, den Gibbs' späterer 14-seitiger Bericht an den amerikanischen Marinenachrichtendienst über seine Beobachtungen an Bord des U-Bootes demonstrierte. Das Handeln von Bauer ist angesichts seiner Eingruppierung unter die 32 führenden U-Bootasse des Krieges besonders bemerkenswert.

Zwei Wochen vorher hatte Kptlt. Jürgen von Rosenstiel (*U 502*) den amerikanischen Tanker M.F.ELLIOTT 150 sm nordwestlich von Trinidad torpediert. Das sinkende Schiff ließ seine Rettungsboote kentern, aber den abgegebenen Notruf beantworteten Flugzeuge der US-Marine mit dem Abwurf von Rettungsflößen, die der Mehrheit der Schiffbrüchigen Sicherheit boten. Zwei Angehörige der Besatzung blieben jedoch schwimmend ohne Floß zurück. Plötzlich sahen sie vor sich *U 502* aus der Tiefe auftauchen. Das U-Boot nahm die Amerikaner an Bord und entließ sie nach einem dreistündigen Aufenthalt in der Beengtheit des vorderen Torpedoraums in einem mit Proviant und Wasser versehenen Schlauchboot, bis sie schließlich ein brasilianisches Schiff rettete. Wie sich zeigte, hatten sie mehr Glück als ihre Retter; denn am 5. Juli 1942 bombte ein alliiertes Flugzeug *U 502* im Golf von Biskaya westlich von La Rochelle, das mit der gesamten Besatzung verloren ging.[36]

Ähnliche Handlungsweisen ereigneten sich zur selben Zeit auch in weit von der Karibik entfernten Seegebieten. Mehrere tausend Seemeilen ostwärts stellte Kptlt. Wilhelm Franken (*U 565*) den Artilleriebeschuss auf eine Flotte kleiner Segelschiffe nahe dem Suezkanal ein, als er erkannte, dass diese keine Waren transportierten, sondern nur Fischerboote waren. Er barg die Besatzung eines Schoners, den er versenkt hatte, versorgte einen verwundeten Matrosen und übergab die Leute danach einem anderen Boot aus der Fischerflotte. KAdm. Leo Kreisch, der FdU Italien/Mittelmeer, konnte eine solche Handlungsweise nicht billigen, da jeden Augenblick ein gegnerisches Flugzeug hätte auftauchen können, bekannte aber: „Ich bin trotzdem zufrieden."[37]

Im Verlaufe des Gemetzels unter den Schiffen des Geleitzugs PQ 17 im Juli 1942 in den arktischen Gewässern gewährten mehrere U-Boote Überlebenden versenkter Handelsschiffe Unterstützung. Nach der Versenkung der 6645 BRT großen EMPIRE BYRON am 5. Juli fischte Kptlt. Heinz Bielfeld (*U 703*) einen Maschinisten aus dem Wasser und übergab ihn zusammen mit Hartbrotbüchsen, Apfelsaft und einem Stück Wurst einem der Rettungsboote, während das U-Boot einen Gefangenen mitnahm, der für den Kapitän gehalten wurde. Am Abend dieses Tages versenkte Bielfeld noch den britischen Dampfer RIVER AFTON und versorgte die Überlebenden mit Wasser und einer großen Wurst, sein Bedauern darüber ausdrückend, dass er sie nicht an Bord nehmen könnte, ehe das U-Boot ablief. Am 6. Juli versenkte *U 255* (Kptlt. Reinhard Reche) den amerikanischen Frachter JOHN WITHERSPOON und gab den Überlebenden anschließend Wasser, Zigaretten und Kognak mit, wobei ihnen erklärt wurde, wie sie dem vor ihnen liegenden Packeis ausweichen konnten. Einen Tag später fiel der britische Dampfer HARTLEBURY *U 355* (Kptlt. Günther La Baume) zum Opfer, das die Überlebenden mit Hartbrot, Gin, Rum und den zu steuernden Kurs versorgte. Am 13. Juli übergab *U 376* (Kptlt. Friedrich-Karl Marks) Wasser, Zigaretten, Hartbrot, Decken, einen Kompass und Seekarten – wobei die wagemutigen U-Bootleute den größten Teil von einem noch schwimmenden Wrack heruntergeholt hatten – an die in einem Rettungsboot angetroffenen Überlebenden des britischen Dampfers CARLTON, der bereits am 5. Juli von einem anderen U-Boot versenkt worden war.[38]

Diese Ereignisse und besonders auch jene in der Karibik veranschaulichen, wie viel Initiative den U-Bootkommandanten erhalten blieb, um Rettungsmaßnahmen zu unternehmen, selbst unter Missachtung der eigenen Sicherheit. Unvermeidlicherweise sollte einer dieser Vorfälle in hinreichend großem Umfange Dönitz zum Versuch verleiten, diese Klugheit aufzugeben und eine unmissverständliche Verfahrensweise einzuführen.

Der LACONIA-Zwischenfall

Wie den gesamten Krieg hindurch nahm 1942 die tägliche Leitung der U-Bootoperationen Dönitz' Aufmerksamkeit voll in Anspruch. Die Vielzahl der taktischen und technischen Einzelheiten, die in einem globalen Konflikt aufeinander abgestimmt werden mussten, verdrängten Untersuchungen über Rettungsanstrengungen der U-Boote. Ironischerweise wurde der erste Druck auf den BdU, in dieser Hinsicht eine Änderung der Verfahrensweise in Erwägung zu ziehen, eher von oben als durch das Verhalten seiner Nachgeordneten ausgelöst.

Am 3. Januar 1942 traf Hitler mit dem japanischen Botschafter Hiroshi Oshima in Berlin zusammen, um die Kriegslage nach dem Angriff auf Pearl Harbor zu erörtern. Hinsichtlich der Schlacht im Atlantik betonte Hitler die Wichtigkeit, dass bei den Torpedierungen so viele Seeleute von den Besatzungen der amerikanischen Handelsschiffe wie möglich umkämen, um neue Leute von der Anwerbung abzuschrecken:

„Ich muß daher auch den Befehl geben, falls die fremden Seeleute nicht zu Gefangenen gemacht werden können, was auf offener See meist nicht möglich ist, daß die U-Boote nach der Torpedierung auftauchen und die Rettungsboote zusammenschießen." In Wirklichkeit erging kein derartiger Befehl, aber Hitler hatte seine eigene Position auf eine bezeichnende unbarmherzige Art und Weise enthüllt.[39]

Die Angelegenheit kam anlässlich eines Lagevortrags von Raeder bei Hitler in Anwesenheit von Dönitz am 14. Mai im ostpreußischen Führerhauptquartier erneut zur Sprache. Hitler befrug seinen Befehlshaber der U-Boote, ob etwas getan werden könnte, um die Anzahl der Überlebenden von versenkten Handelsschiffen zu verringern. Dönitz erwiderte lediglich, dass neuere, stärkere Torpedos durch schnelleres Versenken der Schiffe zu größeren Personalverlusten führen würden. Hitler akzeptierte diese Antwort und ließ das Thema fallen.[40] Möglicherweise veranlasste diese Diskussion die Weisung der Skl im nächsten Monat hinsichtlich der Gefangennahme von Offizieren der alliierten Handelschiffe.

Am Abend des 12. September 1942 stand *U 156* (Kptlt. Werner Hartenstein) südlich des Äquators auf der Position 04°S, 11°W im Golf von Guinea. Das IX-C-Boot war zusammen mit drei weiteren U-Booten der Gruppe „Eisbär", unterstützt durch einen U-Tanker, unterwegs ins Operationsgebiet vor Kapstadt und dem Kap der Guten Hoffnung, als es ein Nordwestkurs steuerndes großes Schiff mit zwei Torpedos versenkte. Befragungen Überlebender ergaben, dass es sich um das 19.695 BRT große britische Passagierschiff LACONIA handelte, das neben 1800 italienischen Kriegsgefangenen Hunderte von alliierten Militär- und Zivilpersonen an Bord hatte und auf dem Wege nach England war. Die Zwangslage der Wahl, deren sich viele U-Bootkommandanten in kleinem Maßstab gegenübergesehen hatten, konfrontierte jetzt Hartenstein mit der Entscheidung über Leben und Tod für fast 3000 Menschen: Was sollte er tun?

Hartenstein konnte unter vielen U-Bootkommandanten des Jahres 1942 als typisch betrachtet werden. Obwohl er bereits 1928 als Offiziersanwärter in die Marine eingetreten war, wechselte er erst im März 1941 zur U-Bootwaffe. Seit einem Jahr Kommandant von *U 156* hatte er gerade eine erfolgreiche Feindfahrt in die Karibik hinter sich, auf der er wagemutig die Ölraffinerien auf der Insel Aruba beschossen hatte. Vor allem angesichts der vielen italienischen Verbündeten musste Hartenstein ein Risiko eingehen; er verschwendete keine Zeit und traf seine Entscheidung. Im Einklang mit dem Handeln anderer U-Bootkommandanten entschloss er sich nach seinem Ermessen, Rettungsmaßnahmen einzuleiten. Jedoch in Anbetracht des Umfanges, den eine derartige Operation erforderte, meldete er die Lage dem BdU und setzte hinzu, dass er bereits 90 Überlebende an Bord genommen hatte.

In seiner Pariser Befehlsstelle wog Dönitz die verschiedenen Umstände ab und gelangte zum Schluss, dass die Notwendigkeit vorrangig war, die Italiener zu retten. Das Risiko für das Boot, die verloren gegangene Zeit für Operationen und die Unmöglichkeit, die italienischen von den alliierten Schiffbrüchigen zu unterscheiden, kamen hinsichtlich der Verpflichtungen gegenüber dem Achsenpartner erst an zweiter Stelle der Überlegungen. Zudem zog Dönitz die Auswirkungen auf die Moral seiner Männer in Erwägung, wenn er ihnen befehlen sollte, die geretteten Überlebenden wieder zurück ins Wasser zu stoßen. Trotz der Weisungen Raeders und Hitlers, seine Unterseeboote nicht in Gefahr zu bringen, entschloss sich der BdU, Hartenstein nicht nur zu unterstützen, sondern die Rettungsaktion erheblich zu erweitern. Daher befahl Dönitz am nächsten Tag den vier übrigen Booten der Gruppe „Eisbär", darunter dem U-Tanker, das Unternehmen nach Kapstadt abzubrechen und mit hoher Fahrt zu Hartenstein heranzuschließen, um die Rettungsaktion zu unterstützen. Zwei weitere U-Boote, *U 506* (Kptlt. Erich Würdemann) und *U 507* (KKpt. Harro Schacht), sowie das italienische Unterseeboot CAPPELLINI (Kptlt. Marco Revedin), die vor Freetown, Sierra Leone, operierten bzw. in diesem Seegebiet standen, wurden ebenfalls entsandt.

Verhandlungen mit der Vichy-französischen Regierung über die Waffenstillstandskommission in Wiesbaden ergaben eine Beteiligung französischer Kriegsschiffe von ihren Stützpunkten in Dakar bzw. Französisch-Äquatorialafrika aus. Hierdurch konnten die Boote der Gruppe „Eisbär" die Kapstadt-Unternehmung fortsetzen und den Marsch nach Süden wieder aufnehmen. Doch auch ohne diese Boote bleibt das Umdirigieren der beschränkten U-Bootressourcen zu diesen Rettungsmaßnahmen in der Geschichte der Unterseebootskriegsführung beispiellos. Im Verlaufe der nächsten drei Tage begannen *U 156*, *U 506*, *U 507* und CAPPELLINI mit der Rettungsaufgabe eine Herkulesarbeit zu leisten. Jedes der deutschen U-Boote nahm zwischen 110 und 150 Überlebende an Bord und hatte zudem noch mehrere Rettungsboote mit Hunderten von Schiffbrüchigen im Schlepp. Die U-Bootmänner übernahmen damit die Rolle von Gastgebern für die an Bord genommenen Überlebenden. Eine Engländerin erinnerte sich später:

> „Wir bekamen heißen Tee und Kaffee, Schwarzbrot und Butter, Zwieback und Marmelade. ... Die deutschen Offiziere gaben uns ihre Kojen und viele aus der Besatzung stellten ihre unseren Männern und den Italienern zur Verfügung. ... Die ganze Zeit über behandelten uns die Deutschen mit Freundlichkeit und Respekt; unsere Notlage tat ihnen wirklich Leid. Einer brachte uns Eau de Cologne, ein anderer Salbe gegen unseren Sonnenbrand und wieder andere gaben uns Zitronen aus ihren eigenen Beständen, Kleidungsstücke und Obstkonserven. Der Kommandant war besonders charmant und hilfreich."[41]

Die Decks waren von diesen Maßnahmen der Menschlichkeit überfüllt und die U-Boote steuerten einen nordöstlichen Kurs, um mit den Vichy-französischen Schiffen zusammenzutreffen. Hartenstein sendete einen offenen Funkspruch in Englisch, der seine Lage und die Position beschrieb, und entfaltete von der Brücke aus eine Rotkreuzflagge. Doch am Nachmittag des 16. September erschien ein „Liberator"-Bomber (B-24) der 343. Bombardment Squadron (Bomberstaffel) der USAAF am Himmel. Sein Kommandant, Lt. James D. Harden, nahm Verbindung zu seinem Vorgesetzten auf, dem Führer der amerikanischen *1. Composite Air Squadron* auf der Insel Ascension. Dieser gab ihm den Angriffsbefehl. Trotz der Rettungsboote, der überfüllten Decks und der über das vordere Decksgeschütz des U-Bootes gebreiteten Rotkreuzflagge flog Harden mehrere Angriffe mit Bomben, die ihn dazu verleiteten, das U-Boot als vernichtet zu melden. In Wirklichkeit richteten die Bomben der B-24 auf dem Unterseeboot nur einen mäßigen Schaden an, zerstörten aber ein Rettungsboot und töteten weitere Schiffbrüchige im Wasser. Hartenstein ließ in aller Eile das Schlepptau kappen, zwang die an Bord genommenen Überlebenden dazu, wieder zurück ins Wasser zu gehen, und tauchte, um weiteren Beschädigungen zu entgehen.

Als Hartenstein über Funk den Angriff meldete, wies Dönitz *U 156* an, sich nicht länger an der Rettungsaktion zu beteiligen. Ein zweiter Funkspruch befahl *U 506* und *U 507*, alle Überlebenden mit Ausnahme der Italiener an die Rettungsboote zu übergeben, um manövrierfähig und tauchklar zu bleiben. Doch noch ehe die U-Boote mit den Vichy-Schiffen zusammentreffen konnten, entging *U 506* am 17. September nur knapp der Vernichtung durch einen weiteren Angriff von Hardens B-24. Schließlich sichteten die deutschen U-Boote noch am selben Tag die drei französischen Schiffe, die das Rettungswerk sofort begannen und eine Suche einleiteten, die sie am nächsten Tag fortsetzten, als sie auch von der CAPPELLINI noch Überlebende übernahmen.

Somit endete das, was als der LACONIA-Zwischenfall bekannt geworden ist. Letzten Endes scheiterte die Verwirklichung aller Absichten, die den besonderen Entscheidungen zu Grunde lagen. Hartensteins Initiative rettete mehr als 1000 Überlebende, aber unter ihnen waren nur etwa 450 Italiener.[41a] Dem amerikanischen Bomber gelang es nicht, *U 156* zu versenken oder ernsthaft zu beschädigen, stattdessen fügte er der hohen Anzahl an Toten weitere Opfer hinzu. Auch sollte trotz der Bestrebungen von Dönitz, das Bündnis zu bewahren, Italien in weniger als einem Jahre aus der Achse ausscheiden. Schließlich gelang es nicht einmal, aus dem Umdirigieren der wertvollen Ressourcen zu einer humanitären Aktion einen propagandistischen Scheinerfolg zu machen, sondern der später ergangene Befehl des BdU führte zu einer Anklage wegen Kriegsverbrechens vor dem Nürnberger Militärtribunal.

Letztlich hatte der LACONIA-Zwischenfall Dönitz von der Notwendigkeit überzeugt: „Ich mußte daher jetzt einen Befehl erlassen, der solche Fälle künftig ausschloß und der den Kommandanten die Ermessensfreiheit und die Entscheidung abnahm, ob die Luftgefahr ein Retten erlaubte oder nicht". Und so erging am Abend des 17. September über Funk an alle Unterseeboote der folgende Befehl:

> „Jeglicher Rettungsversuch von Angehörigen versenkter Schiffe, also auch Auffischen von Schwimmenden und Anbordgabe auf Rettungsboote, Aufrichten gekenterter Rettungsboote, Abgabe von Nahrungsmitteln und Wasser, haben zu unterbleiben. Rettung widerspricht den primitivsten Forderungen der Kriegsführung nach Vernichtung feindlicher Schiffe und Besatzungen."

Die besonderen Hinweise auf die Praxis der Kommandanten ohne Beziehung zum LACONIA-Fall offenbaren die Entstehung des Befehls. Dönitz' augenscheinliche Befürchtungen hinsichtlich der Risiken, die seine Männer seit 1940 bei der Hilfeleistung für Schiffbrüchige eingingen, schienen durch die Zunahme der alliierten Luftüberlegenheit und ihre unbarmherzige Anwendung vollauf bestätigt. Bis zu diesem Punkt hatte er seinen Kommandanten volle Ermessensfreiheit für humanitäre Maßnahmen zugestanden, die sich erkenntlich zeigten, indem sie ihre Boote nicht in Gefahr brachten, wenn sie Überlebenden Beistand leisteten. Als die zunehmende Gefahr durch alliierte Flugzeuge die Fähigkeit eines Kommandanten verringerte, den Sicherheitsfaktor zu beurteilen, beseitigte Dönitz dessen Ermessensfreiheit völlig. „Ich wollte [dem U-Bootkommandanten] keine Gelegenheit mehr geben, nach eigenem Ermessen selbständig zu handeln", erklärte Dönitz später. Der Befehl der Skl, wenn möglich Kapitäne und Chefingenieure mitzubringen, blieb jedoch bestehen, ergänzt durch den Zusatz: „Schiffbrüchige nur retten, falls Aussagen für Boot von Wichtigkeit."[42]

Nach dem Kriege versuchten die alliierten Anklagevertreter vor dem Nürnberger Militärtribunal Dönitz infolge dieses Befehls – später als der „LACONIA-Befehl" bekannt – wegen eines Kriegsverbrechens anzuklagen; sie interpretierten ihn als eine Weisung, schiffbrüchige Überlebende zu töten. Wenn dem so gewesen wäre, hätte er sich bereits innerhalb einer Woche seit seinem Erlass als unnütz erwiesen; denn am 24. September rettete *U 617* (ObltzS. Albrecht Brandi) einen Überlebenden des belgischen Dampfers ROUMANIE im Nordatlantik.[43]

Am 28. September wurde der Umstand, dass der Dönitz'sche Befehl weit hinter den Erwartungen einer Weisung zum Töten zurückblieb, zum Gegenstand der Erörterung während eines Lagevortrags von Raeder vor Hitler im Beisein von Dönitz in der Neuen Reichskanzlei in Berlin. Hitler ergriff den LACONIA-Fall als Gelegenheit, um das vorbehaltlose Töten der Überlebenden zu befürworten: „Es ist Unsinn, den Überlebenden in ihren Rettungsbooten Lebensmittel anzubieten oder Kursanweisungen für ihre Rückkehr nach Hause zu geben. Ich befehle hiermit, daß Schiffe und ihre Besatzungen zu vernichten sind, selbst wenn sich die Besatzungen in den Rettungsbooten befinden." Ein Augenzeuge verzeichnete Dönitz' Reaktion wie folgt:

> „Nein, mein Führer. Es geht gegen die Ehre eines Seemanns, schiffbrüchige Überlebende zu erschießen. Ich kann einen solchen Befehl nicht geben. Meine U-Bootmänner sind Freiwillige, die einen wertvollen Kampf im Glauben führen, ehrenvoll für eine gute Sache zu kämpfen. Ein solcher Befehl würde ihre Kampfmoral untergraben. Ich muß darum ersuchen, ihn zurückzuziehen."

Hitler, in seinen österreichischen Dialekt verfallend, wich zurück: „Machen's, was Sie woll'n, aber keine Hilfeleistung und Kursanweisungen mehr anbieten."[44] Nur wenige widersetzten sich Hitler auf diese Weise und noch weniger erreichten ihr Ziel. Hierfür verdient Dönitz gebührende Anerkennung, aber vielleicht ist dies letztlich seinem Verständnis zuzuschreiben, was seinen U-Bootmännern zugemutet werden konnte und was nicht.

Krieg bis zum Tod?

Dönitz Befehl hatte zweifellos Auswirkungen, aber möglicherweise geringere als die Fakten des Vorfalls selbst. U-Bootoffiziere in See, die Hartensteins Funkverkehr mithörten, stellten die Klugheit seines Handelns in Frage (einer bezeichnete es als „Selbstmord") und sagten den wahrscheinlichen Ausgang voraus.[45] Die Nachrichten von dem Vorfall beeindruckten zweifellos U-Bootkommandanten von der Entschlossenheit der Alliierten, U-Boote um jeden Preis zu vernichten, und unterbanden Neigungen, Rettungsmaßnahmen zu unternehmen, obwohl die Feindseligkeit gegenüber Schiffbrüchigen versenkter Schiffe nicht zunahm.[46]

Das Problem wurde jedoch in hohem Grade immer akademischer, als die U-Boote immer weniger und schwierigere Ziele antrafen. Die zunehmende Wirksamkeit der alliierten Luftüberlegenheit, die sich im LACONIA-Fall zeigte, veranlasste auch Dönitz zu einem weitgehenden Rückzug seiner Streitkräfte aus der Karibik. Vom Herbst 1942 bis zum Frühjahr 1943 kehrten die U-Boote in den Nordatlantik zurück und konzentrierten sich auf die Geleitzugwege, die zeitweilig noch außer Reichweite der landgestützten Flugzeuge lagen. Die Geleitzugschlachten erlaubten weniger Hilfe-leistungen für Schiffbrüchige. Zudem überzeugte der gemeinsame Einfluss des Dönitz'schen Befehls und der alliierten Luftangriffe während des LACONIA-Vorfalls zweifellos viele U-Bootkommandanten von der Unmöglichkeit, Überlebenden zu hel-fen. In diesem Kampf diente Barmherzigkeit in erster Linie als Gehilfe nachrichten-dienstlicher Tätigkeit; dennoch gab es auch weiterhin Beispiele für Rettung und Humanität als Teil des Gesamtbildes.

In diesem entscheidenden Zeitraum der Geleitzugschlachten befassten sich die alli-ierten Streitkräfte mit Gefangenen – trotz der Behauptungen mancher Nachkriegshi-storiker[47] – zumeist nur vom Standpunkt der Gefahr und des Vorteils aus. So weiger-te sich zum Beispiel Capt. Frederic John Walker, der bekannte U-Bootjäger der Royal Navy, die Überlebenden von *U 202* (Kptlt. Günter Poser) an Bord seiner Sloop HMS STARLING zu lassen, ehe sie nicht die Identität ihres Bootes und ihres Kommandan-ten verrieten.[48] Auf britischen offiziellen Unterlagen beruhende Studien offenbarten überdies die folgenden Vorfälle:

23. April 1943:	Ein britisches Flugzeug versenkte *U 189* (KKpt. Helmut Kur-rer) und beobachtete, wie die Besatzung ins Wasser ging. Der Vorschlag des Flugzeuges, die Geleitzugsicherung sollte die Überlebenden aufnehmen, wurde vom Führer der Geleitsicherung (Escort Commander) wegen der möglichen Anwesenheit weiterer U-Boote abgelehnt. Keiner aus der Besatzung dieses U-Bootes überlebte.
6. Mai 1943:	Die britische Korvette HMS SNOWFLAKE beschädigte *U 125* (Kptlt. Ulrich Folkers) durch Rammstoß verhängnisvoll und ersuchte anschließend um die Erlaubnis, die Überlebenden zur Vernehmung zu bergen. Der Führer der Geleitsicherung lehnte ab und die Überlebenden kamen um.
23. Mai 1943:	Nachdem ein britisches Flugzeug *U 752* (KKpt. Karl-Ernst Schroeter) tödlich getroffen hatte, rettete der Zerstörer HMS ESCAPADE 13 deutsche Überlebende, ließ aber schätzungs-weise 20 – 30 weitere Schiffbrüchige im Wasser zurück, von denen nur vier überlebten (schließlich durch ein anderes U-Boot gerettet).
16. Oktober 1943:	Als ein Flugzeug *U 470* (ObltzS. Günter Grave) im Kielwasser des Geleitzuges ON 206 versenkte, erhielt der Zerstörer HMS DUNCAN den Befehl, Überlebende zu bergen. Sein Komman-dant zog es aber vor, ein Stoppen nicht zu riskieren, und barg lediglich zwei Mann, die das Glück hatten, sich an den herab-hängenden Greifnetzen festzuklammern. Schätzungsweise 15 – 20 weitere Überlebende blieben zurück und ertranken.[49]

In diesem Zeitraum war es für die deutschen U-Boote zunehmend schwieriger geworden, durch die Geleitsicherungen zu gelangen, um vorrangig Schiffe zu versen-ken. Interessanterweise war die Verlustrate bei den Besatzungen der versenkten briti-schen Handelsschiffe 1943 (29 Prozent) tatsächlich gegenüber der von 1942 (30 Pro-zent) abgesunken, ein Zeugnis für das Wirken der Rettungsschiffe in den Geleitzügen und ein weiterer Beweis dafür, dass U-Bootkommandanten in Wirklichkeit keine Überlebenden töteten. Im Gegenteil, wenn die Umstände es gestatteten, fuhren die deutschen U-Bootkommandanten fort, Überlebende ihrer Opfer zu bergen.

Von Mitte September 1942 bis Mai 1943 bargen 24 verschiedene U-Boote nicht weniger als 49 Überlebende versenkter Schiffe. Erneut handelte es sich bei der Mehrheit von ihnen um Schiffsoffiziere und in zumindest einem Fall (*U 632* unter Kptlt. Hans Karpf) erbrachte die sofortige Vernehmung eines Chefingenieurs wertvolle Informationen, die den Kurs des nächsten Geleitzuges betrafen.[50] Am 28. November 1943 barg *U 238* (ObltzS. Horst Hepp) zwei britische Flieger aus der See, Überlebende einer B-17 der RAF, die von *U 764* (ObltzS. Hanskurt v. Bremen) zuvor abgeschossen worden war. Die wesentlichen Angaben aus ihrer Vernehmung fanden noch am selben Abend Eingang in das KTB des BdU.[51] In zwei Fällen retteten U-Boote ganze Gruppen von Überlebenden: *U 753* (KKpt. Alfred Manhardt v. Mannstein) nahm am 27. Februar 1943 sechs Überlebende des niederländischen Schiffes MADOERA auf und *U 336* (Kptlt. Hans Hunger) fischte am 5. April 1943 sechs Überlebende des amerikanischen „Liberty"-Schiffes JONATHAN STURGES aus der See.[51a] In beiden Fällen hatten die rettenden U-Boote das betreffende Schiff nicht angegriffen, sondern waren einfach auf die Schiffbrüchigen gestoßen und hatten gehandelt, um Leben zu retten. Die Ermessensfreiheit, die Dönitz glaubte seinen Kommandanten genommen zu haben, wurde von ihnen in Wahrheit weiterhin ausgeübt. Wenn auch der BdU seinen Männern vorschrieb „Hart sein!" und Überlebende des Gegners als von keinem praktischen Nutzen abschrieb, so demonstrieren doch die Beispiele dieser Boote ein weit verbreitetes Festhalten an früheren Praktiken.[52]

Im Verhalten von Kptlt. Harald Gelhaus (*U 107*) konnte ein zusätzlicher Beweis gesehen werden, wonach alte Gewohnheiten kaum ausstarben. Nach der Versenkung des britischen Handelsschiffes ROXBOROUGH CASTLE am 22. Februar 1943 nordwestlich der Azoren fuhr Gelhaus an die Rettungsboote mit den Überlebenden heran. Einer von ihnen erinnerte sich später:

> „Der U-Bootkommandant frug uns dann (in perfektem Englisch), ob wir Verletzte hätten, ob wir Lebensmittel oder Wasser brauchten, ob wir überhaupt etwas brauchten. Wir bedankten uns bei ihm und antworteten auf jede seiner Fragen mit „Nein". Dann entschuldigte er sich bei uns für die Versenkung und teilte uns mit, wie weit es war [bis zur nächsten Insel], gab uns den Kurs, den wir steuern mussten, wünschte uns viel Glück und lief ab."[53]

KKpt. Wolfgang Lüths letzte Feindfahrt mit *U 181* im Indischen Ozean – mit 203 Tagen die zweitlängste im Kriege (Kptlt. Kentrat mit *U 196*: 225 Tage) – liefert Beispiele aller Alternativen, die ein Kommandant entsprechend den jeweiligen Umständen ergreifen konnte. Am 26. Mai 1943 versenkte er das schwedische Motorschiff SICILIA. Nach Prisenordnung hielt er das Schiff an, prüfte die Schiffspapiere und ließ der Besatzung Zeit, sich sicher zu entfernen. Am 15. Juli fiel Lüth der britische Kohlendampfer EMPIRE LAKE zum Opfer. Überlebende blieben ohne weitere Umstände auf einem treibenden Wrackstück zurück. Als er jedoch etwa einen Monat später die CLAN MACARTHUR ins Jenseits beförderte, ließ er die Verwundeten an Bord seines Bootes ärztlich behandeln, gab den Überlebenden Zucker und Wasser (mehr konnte er nicht entbehren) und setzte für sie in sicherer Entfernung einen Funkspruch an die alliierten Marinestellen auf Mauritius ab.[54]

Somit widerlegt diese Beweisführung die Hypothese, wonach Dönitz nach dem LACONIA-Zwischenfall geheime Befehle erlassen hätte, Überlebende zu töten. Das Problem des Überlebens der Handelsschiffsbesatzungen nahm jedoch bezüglich präziser Zahlen in den Erörterungen der deutschen Seekriegsleitung einen bedeutenden Raum ein, selbst als sich die Geleitzugschlachten ihrem Höhepunkt näherten. Mitte Dezember 1942 vereinigten das Auswärtige Amt, das Amt Ausland/Abwehr im OKW und das Oberkommando der Marine ihre Bemühungen, um Anzahl und Verluste der Besatzungen alliierter Handelsschiffe zu berechnen. Nach ihrer Schätzung wies die Handelsflotte der Alliierten einen Personalbestand von 190.000 Seeleuten auf, die bis zu diesem Zeitpunkt einen Verlust von 63.000 Mann zu verzeichnen hätte. Dies sollte sich als beträchtliche Überschätzung herausstellen, da die Gesamtzahl der durch Feindeinwirkung umgekommenen Seeleute der alliierten und neutralen Handelsmarinen während des gesamten Krieges bei ca. 50.000 Mann liegt. Der Fehler in der Berechnung wurde deutlich, als das britische Transportministerium bekannt gab, dass durchschnittlich 87 Prozent der Seeleute aus den Besatzungen der versenkten Handelsschiffe überlebten. Diese neue nachrichtendienstliche Erkenntnis wurde der Seekriegsleitung zur weiteren Veranlassung vorgelegt, stillschweigend inbegriffen als Alternative die Tötung von Überlebenden.[55]

Die Seekriegsleitung wich dem Problem nicht aus. „Es liegt im Interesse unserer Kriegsführung die Besatzungen versenkter Handelsschiffe an einer erneuten Verwendung zu hindern", vermerkte die 1/Skl am 4. April 1943 in ihrem KTB, „aber das Ergreifen besonderer Maßnahmen, um die Rettung feindlicher Überlebender zu verhindern, wird als unangemessen angesehen." Als ob dies nicht deutlich genug wäre, fuhr die Skl im KTB fort:

> „Eine Weisung, um gegen die Rettungsboote versenkter Schiffe und im Wasser treibende Besatzungsangehörige vorzugehen, ist aus psychologischen Gründen *für die U-Bootbesatzungen untragbar, da das dem innersten Gefühl jedes Seemannes widerspricht* [Hervorhebung durch den Autor]. ... Ein Handeln der U-Boote gegen die Besatzungen versenkter Schiffe, das schnell bekannt werden dürfte, würde die ernstesten Vergeltungsmaßnahmen des Feindes gegen Besatzungsangehörige von U-Booten hervorrufen, die sich jetzt oder in Zukunft in seinen Händen befinden. Eine Maßnahme von zweifelhafter Wirksamkeit zu ergreifen, die aber auch die äußersten Folgen für unsere U-Bootbesatzungen haben muß, ist unverantwortlich."[56]

Auf dieselbe Weise wie Dönitz im Mai Hitler abgelenkt hatte, so schlug auch die Seekriegsleitung vor, dass der beste Weg zum Verringern der Überlebenden im Verwenden stärkerer Torpedos bestünde. Diese Entscheidung gewinnt an Bedeutung, wenn sich der Betrachter daran erinnert, dass Dönitz am 30. Januar 1943 zum Oberbefehlshaber der Kriegsmarine ernannt worden war. Die Auffassung der Skl bestätigt ein Ablehnen des Tötens von Überlebenden als ein Mittel der Taktik genauso wie das Handeln nach Ermessen durch einzelne Kommandanten.

Trotzdem verstärkte Dönitz im Herbst 1943 die Härte des U-Bootkrieges. Nachdem die schweren Verluste ihn im Mai zur zeitweiligen Aufgabe der Geleitzugschlachten gezwungen hatten, beschleunigte der BdU die Ausrüstung seiner Unterseeboote mit einer verstärkten Fla-Bewaffnung, neuen Torpedotypen und verbesserten Funkmessbeobachtungsgeräten. Im September war er bereit, den Kampf wieder aufzunehmen.

Als die U-Boote in den Nordatlantik zurückkehrten, erließ Dönitz am 7. Oktober eine Weisung, um besonders die Rettungsschiffe als Ziel zu nehmen, die jetzt die alliierten Geleitzüge begleiteten: „In Anbetracht der erwünschten Vernichtung der Schiffsbesatzungen ist ihre Versenkung von großem Wert."[57] Die alliierte Überlegenheit und die Unfähigkeit der U-Boote, eine anhaltende Bedrohung der atlantischen Geleitzüge aufrechtzuerhalten, ließ diesen Befehl nicht wirksam werden.

Mehr als jeder besondere Befehl beeinflussten jedoch die scharfe Sprache und der harsche Befehlston von Dönitz manchen seiner Untergebenen. KKpt. Karl-Heinz Moehle war bereits vor dem Krieg U-Bootkommandant gewesen und hatte 22 alliierte Schiffe versenkt, als er 1939 – 1941 Kommandant von *U 20* und *U 123* war. Im Juni 1941 erhielt er das Kommando über die in Kiel stationierte 5. U-Flottille, eine der drei Flottillen, deren Aufgabe darin bestand, die Endausrüstung der für den Fronteinsatz im Atlantik bestimmten Unterseeboote durchzuführen (siehe das Organisationsschema in Anhang 3). Hierbei händigte Moehle den Kommandanten der neu aus dem Heimatbereich zur Front tretenden U-Boote auch die letzten Weisungen und die Stehenden Befehle der U-Bootführung aus, ehe sie zur Feindfahrt ausliefen. Als Moehle seine Kopie des LACONIA-Befehls bekam, betrachtete er seine zweideutige und interpretationsfähige Ausdrucksweise als eine Billigung des Tötens von Überlebenden. Nachdem er in einem späteren Gespräch mit einem Admiralstabsoffizier des BdU-Stabes eine scheinbare Bestätigung dieses Eindrucks gewonnen hatte, begann Moehle in seiner Einheit diese Auffassung in den Unterrichtungen der Kommandanten vor dem Auslaufen zur Feindfahrt bekannt zu geben. Erst im Februar 1945 informierte Moehle neue Kommandanten über die „ungeschriebenen Befehle" von Dönitz, um Überlebende versenkter alliierter Schiffe oder abgeschossener Flugzeuge zu töten, obwohl er gleichzeitig betonte, dass ein derartiger Entschluss letztlich die Gewissensentscheidung jedes Kommandanten wäre.[58]

Auf diese Weise interpretierten den LACONIA-Befehl jedoch weder Dönitz und sein Führungsstab noch irgendein anderer Kommandant in einer Frontflottille. Im Januar 1946 unterzeichneten 67 U-Bootkommandanten, die sich im britischen Kriegsgefangenenlager Featherstone Park befanden, eine Petition, dass sie nie einen Befehl erhalten hätten, wonach sie zur Tötung von Überlebenden ermuntert worden wären. Moehles vermeintliche Bestätigung einer dieser Weisung innewohnenden Tötungsabsicht beruhte auf einem Vorfall, bei dem ein Kommandant angeblich gemaßregelt worden wäre, weil er im Golf von Biskaya abgeschossene britische Flieger in einem Schlauchboot nicht „bekämpft" hätte. Die dokumentarische Beweisführung ergibt in Wirklichkeit das Gegenteil: Dönitz rügte den betreffenden Kommandanten (ObltzS. Fritz Albrecht von *U 386* im September 1943), weil er diese Flieger zu Vernehmungszwecken n i c h t gerettet hatte.[59] Am wesentlichsten ist jedoch die Tatsache, dass keiner der jungen U-Bootkommandanten – abgesehen von einem – aufgrund seiner „Hinweise" handelte.

Auch die gegen sowjetische Streitkräfte operierenden U-Boote verhielten sich keineswegs anders. Im Schwarzen Meer retteten *U 23* (Kptlt. Rolf-Birger Wahlen) und *U 24* (Kptlt. Klaus Petersen) neun sowjetische Überlebende, darunter einen Verwundeten von einem gesunkenen Landungsfahrzeug, im Zeitraum von August bis Oktober 1943. In arktischen Gewässern operierend, barg *U 957* (ObltzS. Gerd Schaar) im August/September 1944 drei Überlebende eines sowjetischen Vermessungsschiffes und die vierköpfige Besatzung einer sowjetischen Funkstation auf der Insel Sterligo-wa, während *U 995* (ObltzS.d.R. Hans-Georg Heß) im Dezember 1944 vor der sowjet-ischen Eismeerküste die Überlebenden eines russischen Fischkutters aufnahm.[60]

Ein Vorfall im März 1944 lieferte das belastendste Beispiel für eine „unbarmher-zig" verschärfte U-Bootkriegsführung: Der einzige unstreitige Fall, bei dem ein U-Boot auf Überlebende schoss. Unterwegs ins Operationsgebiet im Indischen Ozean traf *U 852* (Kptlt. Heinz-Wilhelm Eck) am 13. März den griechischen Dampfer PELEUS südwestlich von Freetown im Südatlantik an und versenkte ihn. Nach einer kurzen Befragung der Überlebenden entfernte sich das U-Boot, kam aber dann wieder zurück und eröffnete das Feuer auf die Rettungsflöße und die großen Wrackteile. Alle Über-lebenden wurden getötet bzw. tödlich verwundet, ausgenommen drei Seeleute, die 25 Tage später gerettet wurden. *U 852* beendete seine Feindfahrt nicht, sondern wurde Anfang Mai versenkt. Eck und der größte Teil seiner Besatzung gerieten in Gefangen-schaft und wurden nach Großbritannien gebracht. Die Schuldigen sollten im Oktober 1945 wegen Kriegsverbrechens vor ein Kriegsgericht gestellt werden.

Obwohl sich dies als Ecks einzige Feindfahrt als Kommandant eines U-Bootes mit der PELEUS als seinem ersten Opfer erweisen sollte, war er kein Neuling. Seit zehn Jahren in der Marine hatte er von Kriegsbeginn an Minensuchboote geführt, ehe er im Juni 1942 zur U-Bootwaffe ging. Offensichtlich von der Notwendigkeit überzeugt, jede Spur von der Anwesenheit seines Bootes zu beseitigen, rechtfertigte Eck sein Han-deln als einen Versuch, jeden materiellen Beweis der Versenkung zu vernichten, der seine Position verraten könnte. Er gab diesen Versuch erst auf, als er erkannte, dass die Rettungsflöße nicht zu zerstören waren. Die britischen Vernehmungsoffiziere der Besatzung von *U 852* notierten: „Hinsichtlich dieses Handelns scheint es unter den Mannschaften sehr viel Kritik und Empörung gegeben zu haben." Als Eck später zu seiner niedergedrückten Besatzung sprach, wiederholte er die bekannten Phrasen von „Härte" und den Vergleichen mit den alliierten Bombenangriffen auf deutsche Städte, aber zu keiner Zeit verteidigte er sein beispielloses Handeln als Interpretation des LACONIA-Befehls. Wegen Kriegsverbrechens verurteilt, erschoss ein britisches Exe-kutionskommando am 30. November 1945 Eck und zwei seiner Offiziere.[61]

Es ist nicht zufällig, dass sich der PELEUS-Vorfall während der Krise ereignete, die Anfang 1944 die Moral der U-Bootwaffe traf. Wie an anderer Stelle zuvor bereits erörtert, hatten die psychischen Belastungen für die Kommandanten und die Besat-zungen zugenommen, als sich ihre U-Boote gegenüber den alliierten Gegenmaß-nahmen immer verwundbarer erwiesen. Ecks Versuche, jede Spur seines Opfers zu vernichten und sein Handeln vom Standpunkt der alliierten Bombenangriffe her zu rechtfertigen, lässt auf die Unsicherheit eines neuen Kommandanten unter den sehr widrigen Bedingungen schließen, die in diesen Monaten vorherrschten. Doch zum Zeitpunkt von Ecks Tat übten die U-Boote keinen großen Einfluss mehr auf den See-krieg aus. Die U-Streitkräfte, die 1942 allein 452 britische Handelsschiffe als ver-senkt beanspruchten, machten 1944 nur noch 67 und 1945 lediglich noch 30 Schif-fe dieser Art geltend. Die Überlebensrate der Besatzungen versenkter Handelsschif-fe stieg in umgekehrter Weise von 71 Prozent 1943 auf 74 Prozent 1944 und sogar auf 84 Prozent 1945. Bis zum Kriegsende waren somit in diesen letzten Monaten des

Krieges alle Probleme bezüglich Ermessensfreiheit der U-Bootkommandanten, selektivem Nichtretten und stärkerer Torpedos durch die alliierte Überlegenheit zur See bedeutungslos geworden.[62]

Schlussfolgerungen

Im August 1945 informierten die ermittelnden Offiziere der britischen Admiralität und der US-Marine den amerikanischen Chefankläger für das Nürnberger Tribunal von „unzureichenden Beweismitteln, um [Dönitz] zu überführen oder um sein Aburteilen zu gewährleisten".[63] Während des Prozesses kommentierte Frank Biddle, der älteste amerikanische Richter des Internationalen Militärtribunals: „Deutschland führte den Krieg [zur See] sauberer als wir dies taten." Dennoch sollte Dönitz in drei Punkten angeklagt werden:

1. Teilnahme an einer Verschwörung oder einem gemeinsamen Plan für das Begehen von Verbrechen gegen den Frieden,
2. Begehung von Verbrechen gegen den Frieden, und zwar durch Planen, Vorbereiten, Entfesseln und Führen von Angriffskriegen, sowie
3. Kriegsverbrechen.

In den Punkten 2 und 3 wurde er schuldig gesprochen und zu zehn Jahren Haft verurteilt. Hierzu schrieb ein Historiker des Nürnberger Prozesses: „Die Mehrheit des Gerichtes hatte Dönitz wegen der U-Bootkriegsführung verurteilt, war aber einverstanden zu sagen, er wurde aus anderen Gründen verurteilt." Sein gemäßigtes Urteil reflektierte jedoch zumindest eine teilweise Rechtfertigung der U-Bootwaffe durch seine Gegner, wenn nicht eine stillschweigende Anerkennung der Fragwürdigkeit alliierter Handlungsweisen im Seekrieg.[64]

Die Augenscheinlichkeit bestätigt die unbarmherzige Natur der uneingeschränkten Unterseebootskriegsführung und gegenüber den Besatzungen der Handelsschiffe zeichnete sich nach dem ersten Kriegsjahr eine klare Trennung in den Überlegungen ab. Dennoch trafen in den nächsten beiden Jahren viele U-Bootkommandanten auch weiterhin Vorkehrungen für die Überlebenden von Schiffen, die sie versenkt hatten, und dehnten sie auf Maßnahmen aus, die sie der U-Bootführung nicht immer berichteten. Sogar nach dem LACONIA-Zwischenfall und dem nachfolgenden Dönitz-Befehl, der das Problem scheinbar regelte, und trotz Moehles offener Ermutigung, Überlebende zu töten, ergriffen einzelne Kommandanten noch immer Rettungsmaßnahmen nach eigenem Ermessen.

Im *Dritten Reich* verdient die Dönitz'sche Weigerung Aufmerksamkeit, die vom *Führer* geäußerten Ansichten über die Tötung von schiffbrüchigen Überlebenden zu akzeptieren. Eindrucksvoller ist jedoch die Folgerichtigkeit, mit der eine beträchtliche Anzahl von U-Bootkommandanten nach eigenem Ermessen entschied, ein gewisses Maß an Humanität mit einer Waffe zu bewahren, die [wie andere Waffen auch] im Grunde unmenschlich war.

Und dies wiederum lässt die Frage nach den Beziehungen der U-Bootkommandanten und ihrer Besatzungen zum Nationalsozialismus aufkommen.

11. Kapitel
Unparteiliche Dienstleistung
Die Kriegsmarine und der Nationalsozialismus

Ein Problem, das Historiker stets interessiert, die sich mit der deutschen Wehrmacht beschäftigen, ist das Ausmaß, in dem gewöhnliche Soldaten und Seeleute als Bannerträger des Nationalsozialismus und seiner Ideologie dienten. Die neueren Studien des israelischen Gelehrten Omer Bartov, der die Schlussfolgerung zieht, dass Verbrechen der Wehrmacht während des Russlandfeldzuges einen weit verbreiteten Einfluss der NS-Ideologie mit ihren rassistischen Ansichten veranschaulichen, hat diese Frage erneut in den Vordergrund gerückt.[1] Hier werden wir dieser Frage im Hinblick auf die deutschen Marineoffiziere und die Angehörigen der U-Bootbesatzungen des Zweiten Weltkrieges nachgehen. Wir werden die Relevanz der Aussagen aus unserem Querschnitt abwägen, die Entwicklung der Beziehungen zwischen Marine und Nationalsozialismus von den 20er-Jahren bis hin zu Dönitz verfolgen und den Standort der Marine innerhalb des deutschen Widerstandes untersuchen. Zunächst müssen wir jedoch die deutlichen Veränderungen in den Erkenntnissen anmerken, die diese Besprechung erfordern.

Die Entwicklung der Geschichtsschreibung

Als sich die Leidenschaften nach dem Zweiten Weltkrieg abgekühlt hatten, akzeptierten die Historiker im Allgemeinen die Beziehung der Kriegsmarine zum Nationalsozialismus, wie sie Hitler angeblich beschrieben hat: „Ich habe ein reaktionäres Heer, eine nationalsozialistische Luftwaffe und eine christliche Marine."[2] Die Marine als die kleinste der drei Teilstreitkräfte – geografisch beschränkt auf die atlantische Peripherie des besetzten Teils von Europa – entging einer Teilnahme an den Gräueltaten, die mit dem Krieg im Osten verbunden waren. Hitlers Kontinentaldenken und seine auf das Land ausgerichtete Strategie hinterließen bei ihm im Hinblick auf Marineangelegenheiten eine relative Unkenntnis und Losgelöstheit, veranschaulicht durch Raeders und Dönitz' offene Verachtung des *Führers*, zumindest wie dies in den Memoiren verzeichnet ist. Die Marine blieb „unpolitisch", behauptete Raeder, verpflichtet ihrer „Tradition zur Vaterlandsliebe und dem Staat zur unparteilichen Dienstleistung".[3]

Im Laufe der Zeit war der Zugang zur Benutzung der Primärquellen möglich und eine kritischere Generation wertete sie aus. Manche Historiker argumentierten, dass die gesellschaftspolitisch konservative Marine die nationalsozialistische Machtübernahme erleichterte und dass die Marineführung Hitler zu seinen Plänen einer globalen Vorherrschaft ermunterte, um ihre eigenen Ziele einer starken Schlachtflotte mit überseeischen Stützpunkten zu fördern. Andere fanden umfassende Beweise für die innere Anpassung der Marine an das Alltagsgeschehen im Inland, besonders offenkundig angesichts der Nichtteilnahme von Marineoffizieren am deutschen Widerstand. Vor allem Karl Dönitz geriet wegen seiner unbedingten Loyalität zu Hitler und der bedingungslosen Bereitschaft, seine Besatzungen einer verlorenen Sache zu opfern, in das Blickfeld einer scharfen Prüfung. Allem Anschein nach hat die Bundesrepublik Deutschland diese Bewertung bestätigt, als sie Soldaten der Bundeswehr beim Begräbnis von Dönitz 1981 untersagte, in Uniform aufzutreten.[4]

Unvermeidlicherweise sind auch die Männer der U-Bootwaffe in den Blickwinkel dieser neuen Untersuchungen geraten, aber nicht auf eine systematische und überzeugende Art und Weise. So argumentiert zum Beispiel der Biograf von Wolfgang Lüth, dass das U-Bootass ein überzeugter Nationalsozialist gewesen wäre (obwohl einräumend, dass Lüth weder Mitglied der Partei war noch seine Ansichten seiner Besatzung aufzwang), aber die Aussage bleibt eher eine Behauptung als eine Grundlage für eine weitere Untersuchung.[5] Eine allgemeine Darstellung des U-Bootkrieges von 1987 widmet ein Kapitel der zunehmenden Rolle der „Nazis" unter den U-Bootoffizieren nach 1940, stützt sich aber lediglich unkritisch auf die Äußerungen britischer Vernehmungsoffiziere während des Krieges. Eine Untersuchung ähnlicher amerikanischer Vernehmungsberichte von Kriegsgefangenen offenbart, dass jeder Deutsche, der das Standardverfahren befolgte und sich weigerte, mehr als Name, Dienstgrad und Personalnummer anzugeben, in der Regel als „fanatischer Nazi" eingestuft wurde.[6] Die Perspektive Bartovs reflektierend, kommentiert 1996 eine britische Filmdokumentation:

> „Das Gefühl, besonders für eine der gefährlichsten und anspruchsvollsten Aufgaben in der Wehrmacht ausgewählt zu sein, reizte die hingebungsvollen jungen Nazis. Die Folge davon war, dass die U-Bootwaffe durch die Ideologie tiefer politisiert und mehr vorangetrieben wurde als jede andere Waffengattung der Wehrmacht."

Jedoch weder der erzählende Text des Films noch sein Vorspann liefern eine Quelle oder einen Beweis für diese Behauptung, die in ihrem Inhalt genauso bemerkenswert übertrieben wie unbegründet ist.[7]

Die Forschung in diesem Bereich befindet sich daher noch in einem Frühstadium und bleibt infolge ihrer ideologischen Natur ausweichend subjektiv. Wir können hier nicht völlig ihren Grenzen entgehen, aber die Angaben der U-Bootoffiziere und -mannschaften aus unserem Querschnitt könnten eine gewisse greifbare Beweisführung bieten, um auf ihrer Grundlage verlässlichere Schlussfolgerungen zu ziehen.

Aussagen aus dem Querschnitt

Die politische Wahl bleibt stets eine Angelegenheit der persönlichen Meinung, abhängig von Veränderungen nach Zeit und Umständen. Daher könnten die 50.000 Männer, die während des Krieges Deutschlands Unterseeboote bemannten, 50.000 individuelle Antworten auf die Frage ihrer Einstellung zum Nationalsozialismus bieten, die sich bei jedem von ihnen im Laufe der Zeit durchaus geändert haben mag. Um aber ein Beispiel zu nehmen: Erich Topp trat mit 19 Jahren im Mai 1933 mit der Mitglieds-Nr. 2.621.078 in die NSDAP ein und meldete sich 1934 auch zur Aufnahme in die Allgemeine SS als Anwärter. Als die Marine im März 1934 seine Bewerbung als Offiziersanwärter annahm, musste er infolge seiner neuen Rechtsstellung als Soldat der Wehrmacht die aktive Mitgliedschaft in beiden Organisationen ruhen lassen.[7a] Nach einer außerordentlich erfolgreichen Laufbahn als U-Bootass bewertete Topp seine Erfahrungen allmählich neu und gelangte hinsichtlich der verbrecherischen Natur des Hitler-Regimes zu einer Neuorientierung. In ihm erhielt Dönitz auch einen scharfen Kritiker, der schließlich erregte Debatten mit ehemaligen Kameraden über die Sache führte, für die sie gekämpft hatten.[8]

Bei den übrigen herausragenden Assen kann in ihren Einstellungen eine beträchtliche Abweichung beobachtet werden. Weder Otto Kretschmer (geboren im Mai 1912) noch Joachim Schepke (geboren im März 1912) traten vor ihrem Eintritt in die Marine im Jahre 1930 der NSDAP bei, obwohl die Kriegserinnerungen des Letzteren die NS-Ideologie mit ihrem Antisemitismus widerspiegeln.[9] Andererseits trat Günther Prien (geboren im Januar 1908) im Mai 1932 mit der Mitglieds-Nr. 1.128.487 in die Partei ein, eine Tatsache, die auch in seiner Autobiografie erwähnt ist, die ansonsten keine Notiz von NS-Themen nimmt.[10] Wie wir sehen werden, erwiesen sich andere U-Bootasse und Kommandanten als entschiedene NS-Gegner.

Diese Gegensätze sowie Topps eigenständiger Weg zeigen die Grenzen jeder quantitativen Studie auf. Die Angaben aus unserem Querschnitt, orientiert an der persönlichen Herkunft und der Militärdienstzeit der U-Bootveteranen, widmen sich keinen politischen Fragen, die ohnehin passender an ihre Väter für den entscheidenden Zeitraum von 1924 – 1933 gerichtet worden wären. Die umfangreiche jüngste Erforschung soziologischer Profile der NSDAP-Abstimmungsmuster und -Mitgliedschaft warnt vor Verallgemeinerungen und Weiterführung, beruhend auf geografischen oder beruflichen Gesichtspunkten.[11]

Bei den Berufen der Väter haben wir zum Beispiel bereits gesehen, dass 36,2% Facharbeiter und Handwerker waren, eine Kategorie, die traditionellerweise als eine Säule für die Unterstützung der Nationalsozialisten betrachtet wurde. Dennoch erfreute sich Hitler innerhalb dieser Gruppe – die so verschiedenartige Berufe wie Konditor in einem Familienbetrieb, Maschinenschlosser in der neuen Flugzeugindustrie und Schuhmachermeister, der ein eigenes Geschäft besaß – keiner klaren Mehrheit. Hinzu kommt, dass die Mehrheit der jüngsten Forschungsarbeiten große Unterschiede in den Mustern der NSDAP-Mitgliedschaft bei den Facharbeitern erkennen lässt, entsprechend den äußeren Faktoren (Religion, Region, Größe der Gemeinde, Alter) wie auch der inneren Überlegungen (Aussichten für einen eigenen Betrieb, Ausmaß der gewerkschaftlichen Organisierung sowie Orientierung zu einheimischen oder Exportwaren).[12] Zweifellos wuchs eine Reihe von Angehörigen der U-Bootbesatzungen in einem Zuhause auf, in dem die Väter begeisterte NS-Anhänger waren, aber ob dies für U-Bootmänner eher zutrifft als für Angehörige anderer Waffengattungen kann aus dem verfügbaren Beweismaterial nicht festgestellt werden. Andererseits gibt es besondere

Beispiele von Männern, die sich freiwillig zum Dienst auf U-Booten meldeten, um für ihre Väter „reinen Tisch zu machen", deren NS-feindliche Ansichten zur Inhaftierung in Konzentrationslagern geführt hatten.[13]

Der Querschnitt bietet jedoch die Gelegenheit, die Herkunft des Marineoffizierkorps mit jener der „Prätorianergarde" der deutschen Streitkräfte, der Waffen-SS, zu vergleichen. Bernd Wegners Analyse der Männer, die in der Letzteren dienten, umfasst ein gesellschaftliches Profil von 582 Offizieren, deren ideologische Bindung an den Nationalsozialismus außer Frage stand.[13a] Teilten U-Bootkommandanten und Offiziere der Waffen-SS dieselben oder ähnliche charakteristische Merkmale bzw. eine solche Herkunft?

Ein Vergleich von Angaben zu regionaler Herkunft, Religionszugehörigkeit und abgeschlossener Schulbildung (Tabelle 24) lässt erkennen, dass die beiden Offiziersgruppen sich nicht nur weitgehend unterscheiden, sondern fast aus verschiedenen Welten stammen. Im Vergleich zu den Angehörigen der Waffen-SS kommen die Marineoffiziere eher aus Nord- und Mitteldeutschland, sind protestantisch und haben eine gute Schulbildung, wobei diese Unverhältnismäßigkeit sogar noch gravierender ist, als dies die Tabelle ausweist. So ist zum Beispiel die „süddeutsche" Herkunft der Ersteren in Wirklichkeit stärker vertreten, denn die Mehrheit der als „im Ausland geboren" angegebenen Offiziere der Waffen-SS kamen aus Österreich. Außerdem beziehen sich die Angaben zur Schulbildung auf alle Offiziere der Waffen-SS einschl. der Generale, wohingegen unser Querschnitt der U-Bootoffiziere fast nur Dienstgrade bis einschließlich Kapitänleutnant umfasst. Werden für die Waffen-SS nur die Sturmbann- (Stubafü) und Obersturmbannführer (OStubafü) – vergleichbar den Dienstgraden Major oder Korvettenkapitän bzw. Oberstleutnant oder Fregattenkapitän – in den Mittelpunkt gerückt, sind die Unterschiede in der Schulbildung sogar noch ausgeprägter:[13 b]

Schulabschluss	Stubafü/OStubafü	U-Bootoffiziere
Volksschule	38,1%	0,5%
Mittlere Reife	29,6%	30,0%
Abitur	32,3%	69,5%

TABELLE 24   **Herkunft der Waffen-SS- und U-Bootoffiziere**

Parameter	Deutschland[1]	Waffen-SS	U-Bootwaffe
Geografische Herkunft			
– Norddeutschland[2]	32,3%	32,8%	44,9
– Mitteldeutschland[3]	46,5%	30,9%	43,1%
– Süddeutschland[4]	17,5%	21,0%	5,4%
– Ausland[5]	–	10,3%	6,0%
– Ohne Angaben	–	5,0%	0,6
Religionszugehörigkeit[6]			
– Protestantisch	62,1%	74,1%	77,2%
– Römisch-katholisch	33,1%	25,9%	14,4%
– Andere	4,8%	–	8,4%
Schulabschluss			
– Volksschule	–[7]	21,3%	0,5%
– Mittelschule[8]	–	31,4%	30,0%
– Abitur[9]	–	47,3%	69,5

Quellen: U-Bootquerschnitt für 167 U-Bootoffiziere, zusammengestellt durch den Verfasser; Angaben für 582 Offiziere der Waffen-SS in Wegner *Hitlers politische Soldaten*, 217 – 227; und Angaben in *Statistisches Jahrbuch für das Deutsche Reich*, S. 25.
[1] Aller männlichen Erwachsenen innerhalb der deutschen Reichsgrenzen vom Januar 1938, d.h. ohne Österreich
[2] Einschl. Ostpreußen, Pommern, Mecklenburg, der Reichshauptstadt Berlin, Brandenburg, Hannover, Oldenburg, Schleswig-Holstein sowie den Hansestädten Hamburg, Bremen und Lübeck.
[3] Einschl. Westfalen, Rheinland (preuß. Rheinprovinz), Hessen, Hessen-Nassau (preuß.), Sachsen, der preußischen Provinz Sachsen, Thüringen und Schlesien.
[4] Einschl. Baden, Württemberg, Bayern mit der Pfalz und dem Saargebiet.
[5] Die von Wegner benutzte Spalte „Deutschland" umfasst auch die Angaben für Elsaß-Lothringen bzw. 3,2% der Gesamtzahl für Deutschland.
[6] Bei 433 Offizieren der Waffen-SS ist die ursprüngliche Religionszugehörigkeit beim Diensteintritt angegeben; viele dieser Offiziere traten später aus ihren Kirchen aus. Nahezu 150 Offiziere (26%) machten keine Angaben.
[7] Angaben für die deutsche Gesamtbevölkerung stehen nicht zur Verfügung.
[8] Mittelschulen einschl. der Realschulen.
[9] Das Abitur (Reifeprüfung) konnte im Allgemeinen an den Gymnasien (alle Arten) und Oberrealschulen abgelegt werden.

Somit klaffte von der Herkunft her zwischen den Offizieren der U-Bootwaffe und den Offizieren mit der doppelten Siegesrune auf den schwarzen Kragenspiegeln eine beträchtliche Kluft. Warum kämpften dann beide Gruppen so getreulich für dieselbe Sache? Die Suche nach einer Antwort muss mit dem Ende des Ersten Weltkrieges beginnen.

Zurückführungen 1918 – 1933

Deutschlands Niederlage von 1918 markierte den Tod der Kaiserlich Deutschen Marine und die Geburt des Nationalsozialismus, eine allgemein noch immer vernachlässigte Entwicklung, die später Hitler und die Kriegsmarine in einer ungleichen Partnerschaft aneinander binden sollte. Als die eben gegründete NSDAP das Verdikt von 1918 nicht anerkannte, dachten Marineoffiziere über ihre eigene Verantwortung für den Zusammenbruch nach. Nach dem Übernehmen einer in keinem Verhältnis stehenden Rolle beim Herbeiführen des Konfliktes, indem die Marine Großbritannien gegen sich aufbrachte, hatte sie sich dann als unfähig erwiesen, die alliierte Blockade aufzubrechen, die Deutschland schließlich aushungerte. Ihre groß angelegte U-Bootoffensive scheiterte nicht nur, um den versprochenen Sieg zu erreichen, sondern führte auch zum Eintritt Amerikas in den Krieg. Die anhaltende Inaktivität der deutschen Hochseeflotte wurde von Meutereien gekrönt, die letztlich die Revolution von 1918 auslösten, die den Sturz der Monarchie und die Beendigung des Krieges herbeiführte. Hitler selbst urteilte in *Mein Kampf*:

„Die Marineführung war selbst vom Geist der Halbherzigkeit infiziert. … Während die Oberste Heeresleitung frei von falschen Gedankengängen blieb, erlag die Marine, die bedauerlicherweise eine bessere ‚parlamentarische' Vertretung hatte, dem Geist des Parlaments. Sie war auf der Grundlage unausgegorener Ideen aufgebaut und wurde später in ähnlicher Weise eingesetzt."[14]

Marineoffiziere, die im Zeitraum zwischen Kaiser und *Führer* in der Marine dienten, entgingen zu keinem Zeitpunkt diesen Geistern der Vergangenheit. „Es war für jeden Vorgesetzten in der Marine ein stiller Schwur", schrieb Raeder, „daß niemals wieder ein November 1918 in der Marine eintreten dürfe."[15] Die Empfindlichkeit gegen einen angeblichen Mangel an Aggressivität sowie gegen eine schwache Führung wurde zu einem Vermächtnis für die Zukunft; sie beeinflusste die politische Einstellung gegen die Weimarer Republik und das Akzeptieren strategischer Risiken sowie das Befolgen von Selbstaufopferung und bedingungsloser Loyalität im Kriege.

Die ersten schwachen Glieder einer Verbindung zu den Nationalsozialisten können in der Beteiligung von Marineoffizieren, insbesondere von der U-Bootwaffe, an den Freikorps gesehen werden – bewaffneten Freiwilligenverbänden in den Anfangstagen der Weimarer Republik. Sie bildeten den Grenzschutz gegen Polen und bekämpften in Oberschlesien die polnischen Insurgenten. Im Inneren des Reiches schlugen sie in teilweise erbitterten Straßenkämpfen die Aufstände kommunistischer Gruppierungen (wie der sog. „Roten Armeen") im Ruhrgebiet, Hamburg, Berlin und München nieder. Die größten Korps dieser Art waren die Marinebrigaden, im Allgemeinen nach ihren Kommandeuren bezeichnet. Zu der in Kiel aufgestellten III. Marinebrigade unter KKpt./FKpt. v. Loewenfeld (Freikorps bzw. Brigade v. Loewenfeld) gehörten viele ehemalige Kommandanten und Besatzungsangehörige von U-Booten. Kptlt. Lothar v. Arnauld de la Perière, das Ass der Asse, führte 1919 das „Sturmbataillon v. Arnauld de la Perière" als Kommandeur. In seinen Reihen fiel im Sommer 1920 Heinrich Kukat, ein Freund und Crewkamerad von Dönitz, bei der Niederschlagung des Aufstandes im Ruhrgebiet. Andere U-Bootmänner gehörten zur radikaleren II. Marinebrigade unter KKpt. Ehrhardt.[15a] Daneben bestand 1919 kurzfristig die I. Marinebrigade unter Oberst v. Roden. Diesen Freikorps war allen eines gemeinsam: Sie waren gegen die neue Republik feindselig eingestellt, wie dies 1920 bei der Unterstützung des Kapp-Putsches vor allem durch die Brigade Ehrhardt offenkundig wurde, eines von rechts unternommenen, gescheiterten Versuches, die Regierung zu stürzen. Richard Zapp, eines der zukünftigen U-Bootasse, begann seine militärische Laufbahn bei einem Freikorps in Oberschlesien und gehörte dann zu den Kapp-Anhängern in den Straßen von Berlin.

Weil viele Angehörige der Freikorps später in die SA (im Allgemeinen als „Braunhemden" bekannt) und in andere Gliederungen der NSDAP eintraten, sind diese Einheiten als „die Vorhut des Nazismus" bezeichnet worden. Doch hier soll nur die Verbindung zur Marine aufgezeigt werden, die sich auf lediglich drei der mehr als 40 Freikorps beschränkte; eine weitere Erörterung würde zu weit führen. Ein ehemaliger U-Bootkommandant und Freikorps-Veteran war Wilhelm Canaris. Er spielte später eine herausragende Rolle im Widerstand gegen Hitler; dies sollte ihm das Leben kosten.[16] Bedeutsam war jedoch die Eingliederung dieser stark nationalistischen und antirepublikanischen Einstellungen in die Reichsmarine der Zwischenkriegszeit. Sehr offenkundig zeigte dies die massive Übernahme von 2500 Angehörigen des Freikorps v. Loewenfeld 1922 in eine Reichsmarine, die eine Personalstärke von insgesamt nur 15.000 Mann aufwies, d.h. jeder Sechste kam aus dem Freikorps. Das Vermächtnis kann auch in der Bezeichnung der gesamten deutschen U-Bootwaffe im Kriege als „Freikorps Dönitz" gesehen werden.[17]

Mehrere prominente Offiziere der kaiserlichen Marine stießen später zur NSDAP. Der ehemalige KAdm. Magnus v. Levetzow, nach dem Kapp-Putsch aus der Marine entlassen, stand schon in den 20er-Jahren mit der NS-Bewegung in Verbindung, offensichtlich als Teil einer Bestrebung, Hitler innerhalb einer Koalition traditioneller konservativer Parteien zu überwachen. 1932 zog er als Abgeordneter der NSDAP in den Reichstag ein.[18] Auch zwei U-Bootasse des Ersten Weltkrieges, Hans Rose und Otto Steinbrinck, traten in die Partei ein und erlangten in der Allgemeinen SS einen Offiziersstatus, während ein dritter, Max Valentiner, im November 1932 ebenfalls Parteimitglied wurde.[19] Wie bereits im 2. Kapitel erwähnt, kehrten Rose und Valentiner bei Kriegsbeginn wieder in die U-Bootwaffe zurück. Steinbrinck, der eine leitende Stellung im Flick-Konzern hatte, stieg in den Rang eines SS-Brigadeführers (Generalmajor) auf und gehörte zu Himmlers engerem Kreis. Nach dem Kriege wurde er im Nürnberger Flick-Prozess zusammen mit anderen leitenden Angestellten des Konzerns zu fünf Jahren Gefängnis verurteilt.

Andere ehemalige U-Bootkommandanten bewegten sich in eine völlig andere Richtung: Martin Niemöller zum Beispiel wurde evangelischer Pfarrer, begründete 1933 die „Bekennende Kirche" und gehörte schon früh zum deutschen Widerstand gegen Hitler.[19a] Die alten Bande erwiesen sich jedoch stärker als die neue Politik: Steinbrinck intervenierte zugunsten Niemöllers bei Himmler und der ehemalige Häftling in einem Konzentrationslager revanchierte sich, indem er Steinbrinck vor seinen alliierten Anklägern unterstützte.[20]

In dem Zeitraum, der Hitlers Machtübernahme unmittelbar vorantrieb, forderten Sympathien für die Nationalsozialisten innerhalb der Marineränge die Kritik heraus. Sie kam aus so verschiedenen Quellen, wie etwa von Marineoffizieren, dem späteren Reichskanzler General v. Schleicher oder Joseph Goebbels, dem Organisator der NS-Propaganda, als Deutschland einem wirtschaftlichen Zusammenbruch und einer politischen Revolution entgegenschwankte.[21] So fand die Ernennung Hitlers zum Reichskanzler am 30. Januar 1933 unter den Offizieren und Mannschaften der Marine eine Quelle der Unterstützung. Die Reaktionen des nächsten Jahrgangs von Offiziersanwärtern bestanden aus aufrichtiger Begeisterung für die neue Regierung in Erwartung nationaler Einigkeit, innerer Stabilität und der Aussicht auf Wiederaufrüstung, obwohl sich diese aus Sorge um mögliche Konsequenzen etwas abschwächte.[22] Karl-Friedrich Merten, zu diesem Zeitpunkt bereits sieben Jahre in der Marine und ein zukünftiges U-Bootass, beschrieb freimütig die Reaktionen, als er und ein Kamerad den Ereignissen des 30. Januar im Radio zuhörten: „Wir waren überwältigt, tief beeindruckt und akzeptierten das Ereignis als das, was es war: Eine nationale Erhebung. ... Nie wieder in meinem Leben sollte ich so hingerissen sein wie in diesem Augenblick."[23]

Admiral Erich Raeder, der Chef der Marineleitung, begrüßte Hitlers Ernennung, aber weniger als Sympathisant sondern mehr als Opportunist. Er hatte nach seiner Berufung an die Spitze der Marine im Oktober 1928 versucht, die Marine zu reaktionären Organisationen und „politischen Vorfällen" auf Distanz zu halten und präsentierte sich als Anhänger der Republik, während er bestrebt war, Tradition und konservative Werte innerhalb der Marine aufrechtzuerhalten. Er war der Auffassung, Hitlers Bewegung könnte endlich die breite politische Grundlage bieten, um wieder eine große Flotte aufzubauen, die zu den Bestrebungen Deutschlands – und der Marine – als einer globalen Macht passen würde.[24] Auf diese Weise verkörperte Raeder die Verbindungen der Marine zum Nationalsozialismus zwischen den Kriegen: Skeptisch, wenn nicht feindselig gegenüber der Republik, aber positiv zu einer nationalistischen Massenbewegung eingestellt, die den früheren Status und Ruhm der Marine wiederherstellen könnte, und ziemlich gleichgültig gegen jede spezifische politische Ordnung aus Dankbarkeit für innere Stabilität und das Erscheinen nationaler Einigkeit. Wie sich die Marine dem an der Macht befindlichen Nationalsozialismus anpassen würde, ergab eine andere Prüfung.

Raeder und die Anpassung der Marine: 1933 – 1942

Hitler handelte in den ersten Monaten nach seiner Ernennung zum Reichskanzler rasch, um seine Autorität durch einen als Gleichschaltung bezeichneten Vorgang unter Zerschlagen des politischen Widerstandes, vor allem auch aus der Arbeiterklasse, und Säubern der Zivilverwaltung zu konsolidieren. Als Gegenleistung für ihre Nichteinmischung in innere Angelegenheiten entging die Reichswehr der unmittelbaren Aufmerksamkeit, aber das Heer als die bedeutendste und stärkste Teilstreitkraft stand bald im Brennpunkt eines Ringens, das während der gesamten Existenz des *Dritten Reiches* anhalten sollte. Durch seine Komplizenschaft bei Hitlers Beseitigung der SA-Führung unter Stabschef Röhm [der die SA zu einer Art Volksheer zu machen gedachte, was den Widerstand der Reichswehr herausforderte] sowie anderer Widersacher im so genannten *Röhm-Putsch* vom 30. Juni 1934 kompromittiert, stellte das Heer eine zunehmende Unterminierung seiner Selbstständigkeit fest. Dennoch zeigte sich das Potential des Heeres als ein Zentrum des Widerstandes am 20. Juli 1944, als eine Hand voll Verschwörer das Regime fast stürzten und damit andeuteten, was in den vorangegangenen Jahren hätte erreicht werden können.[25]

Im Umgang mit Hitler operierte das Heer jedoch aus dem Nachteil vermeintlicher Stärke, die sich letzten Endes als illusorisch erwies. Im Vergleich hierzu machte sich die Marine bewusst ihre verhältnismäßige Schwäche zunutze, um Anpassungen an den Nationalsozialismus weiterhin zum eigenen Nutzen zu Stande zu bringen.

Zu den ersten Vorgängen der Anpassung gehörte die Entfernung der Juden aus der Marine – wobei es nach der Definition des Begriffes „Nichtarier" genügt, wenn ein Eltern- oder Großelternteil (auch außerehelich) „nichtarisch" ist –, verfügt im März 1934. Bis zum Juni hatte die Marine drei Offiziere sowie elf weitere Dienstgrade entlassen, die unter diese Definitionen fielen. Offensichtlich schützte Raeder die Offiziere vor weiterer Verfolgung und sicherte sogar ihre Wiedereinstellung als Reserveoffiziere, als der Krieg ausbrach. Er veranlasste auch die Freilassung einzelner Juden, mit denen er bekannt war. Dennoch dienten diese lobenswerten Handlungen – die es auch an anderer Stelle in der Wehrmacht gab – lediglich dazu, um die Trennung zwischen persönlicher Anständigkeit und offizieller Anpassung zu unterstreichen. In weniger als 14 Monaten nach der Machtübernahme der Nationalsozialisten hatte die Wehrmacht in einer Kernfrage des NS-Dogmas stillschweigend kapituliert.[26]

Die Findigkeit des ObdM gestattete ihm jedoch, sich an die NS-Ideologie anzupassen, um seiner eigenen Ordnung von gesellschaftlicher Etikette zu entsprechen, eine Inanspruchnahme, die Raeder den Spitznamen „Der Schulmeister!" einbrachte. 1935 verbot er den Offizieren wegen des negativen Bildes, das dies vermittelte: Aktentaschen zu tragen, Regenmäntel anzuziehen, Pfeife zu rauchen oder stolz Monokel zur Schau zu tragen. Im selben Zusammenhang empfahl er dem Personal der Marine nachdrücklich, beim Besuch der Olympischen Spiele 1936 in Berlin „Besuche von jüdischen Restaurants und jüdischen Geschäften" zu vermeiden, da dies „das öffentliche Ansehen der Wehrmacht schädigen" würde. Spätere Verfügungen verboten das Tanzen nach amerikanischen Jazzmelodien („Negermusik in heißem Stil") oder des englischen „Lambeth Walk", wenn auch das Ausmaß des tatsächlichen Einhaltens dieser Verbote zweifelhaft bleibt.[27]

Die Billigung der gelegentlichen antisemitischen Rhetorik durch die Marine kann aus den Texten im Jahrbuch der Crew 35 ersehen werden, die den Besuch an der „Ostküste Amerikas, dem Zentrum der jüdischen Weltfinanz" beschreiben.[28] Doch die Marineoffiziere reagierten heftig gegen die Gewalttätigkeiten, die sich gegen jüdische Geschäfte, Synagogen und Einzelpersonen während der „Reichskristallnacht" vom 9./10. November 1938 richteten. Raeder protestierte gegen dieses Unrecht direkt bei Hitler.[29]

Trotzdem war es das Problem der inneren Werte der Marine, das Raeders stärkste Meinungsverschiedenheiten mit Hitler und dem Regime hervorrief. Zum Beispiel widersetzte er sich den Versuchen der NSDAP, die Aktivitäten der Marinepfarrer zu verringern oder zu überwachen, und fuhr fort, traditionelle christliche Werte in der Marine zu fördern, obwohl dies eher eine persönliche Gewissensfrage als politischer Aktivismus war.[30] Raeders größte Konfrontation mit Hitler – eine zweistündige lautstarke Auseinandersetzung im Juni 1939 auf dem Berghof – drehte sich um sein Vorurteil hinsichtlich der Auswahl geeigneter Ehefrauen für die Offiziere. Der Streit entzündete sich an der „fragwürdigen Vergangenheit" der Ehefrau von Hitlers Marineadjutanten, wobei der Oberbefehlshaber der Marine die Entlassung des Adjutanten verlangte und der *Führer* das Recht verteidigte, seine Stabsoffiziere selbst auszuwählen. In der sich entwickelnden Mischung aus Seifenoper und Posse gewann Raeder nach Punkten, obwohl der entlassene Offizier weiterhin als Hitlers persönlicher Adjutant blieb. Ein pikierter Raeder weigerte sich lange, einen Nachfolger zu ernennen, und ein verdrießlicher Hitler blieb dem Stapellauf des nächsten Schiffes fern. Die Ehe endete mittlerweile mit der Scheidung und die Frau kehrte zu ihrem früheren Liebhaber zurück.[31]

Raeders Auswahl seiner Schlachtfelder mit Hitler dient als ein Index seiner Prioritäten. Der allmähliche Aufbau der Flotte, gefördert durch das Deutsch-Britische Flottenabkommen vom Juni 1935, sorgte für eine gemeinsame Plattform zwischen Politik und Marine. Fast ein Jahr vor dem Zwischenfall mit der Ehefrau des Marineadjutanten trat der Chef des Generalstabes des Heeres, Generaloberst Ludwig Beck, aus Protest gegen Hitlers Bereitschaft zurück, einen Krieg mit Großbritannien, Frankreich, der Sowjetunion und der Tschechoslowakei zu riskieren, um das Sudetenland zu bekommen. Die einzige Teilstreitkraft repräsentierend, die zumindest fähig war, Großbritan-

nien entgegenzutreten, hätte sich Raeder mit Beck verbinden können. In der Tat pflich-
tete ein Stabsoffizier der Seekriegsleitung damals (Juli 1938) in einer vorbereiteten
Denkschrift dem bei, indem er den verhängnisvollen Ausgang eines solchen Konfliktes voraussagte, der letztlich vermutlich auch die Vereinigten Staaten mit einbeziehen
würde.[31a]

Trotzdem nahm Raeder von Einwänden Abstand und stattdessen wurde die Krise
zur Grundlage für eine systematische Planung der Flottenverstärkung, um einem Krieg
mit England zu begegnen. So entstand im Oktober 1938 eine Denkschrift für eine groß
angelegte Kreuzerkriegsführung, die sich hauptsächlich auf Panzerschiffe, Minen-
schiffe und U-Boote stützte. Im Monat zuvor hatte der Flottenchef die Situation
benutzt, um für den Aufbau einer heimischen Schlachtflotte und von vier starken
Kampfgruppen für Operationen rund um den Globus in der Erwartung eines zukünftigen Konfliktes „gegen die Hälfte bis zwei Drittel der Weltmächte" einzutreten. Später
befahl Hitler eine Revision der Planung zugunsten von mehr Schlachtschiffen. Das am
29. Januar 1939 von Hitler genehmigte Endergebnis, der „Z-Plan", sah eine Flotte in
folgender Stärke vor (einschließlich einiger Änderungen), die 1948 hätte zur Verfügung stehen sollen: 8 Schlachtschiffe, 5 Schlachtkreuzer, 3 Panzerschiffe, 4 Flugzeugträger, 27 Schwere und Leichte Kreuzer, 22 Spähkreuzer, 68 Zerstörer, 90 Torpedoboote, 249 U-Boote und weitere 300 kleine Kampfschiffe.[32]

Den verschiedenen Plänen lag die Erkenntnis zugrunde, dass der Bau der geplanten
Kriegsschiffe mehrere Jahre erfordern würde. Gleichzeitig war daher von der Diplomatie das Vermeiden eines Konfliktes mit Großbritannien so lange wie möglich gefordert. Raeder hatte deshalb eine zweite Gelegenheit, Hitlers Handlungen zu beeinflussen und Ludwig Becks Beispiel zu folgen, falls dies scheiterte. Stattdessen wählte er
den einfachen Weg, Hitlers Urteil im Riskieren eines globalen Krieges zu vertrauen,
während er sich mit dem *Führer* über den moralischen Charakter der Ehefrau eines
Untergebenen zankte. Einige Historiker brachten als Erklärung vor, dass Raeder schon
immer beabsichtigt hatte, eine starke Flotte zu bauen, und bereits 1934 begonnen hatte, einen Seekrieg mit Großbritannien in Erwägung zu ziehen.[33] Es genügt zu sagen,
dass Raeders Versuch fehlschlug, die NS-Ambitionen mit seinen eigenen Absichten
für den Wiederaufbau einer Flotte in Einklang zu bringen.

Um seine künftigen Überwasserkriegsschiffe und U-Boote zu bemannen, entdeckte Raeder eine weitere Möglichkeit, bei der sich die Kriegsmarine die Politik zu Nut-
ze machen konnte. Wie schon früher festgestellt, spukte das Gespenst der Meutereien
von 1917/18 in den Köpfen der Marineführung nach dem Kriege. Sie untersuchte die
Probleme der Führung und das Verhältnis zwischen Offizieren und Mannschaften
methodisch und versuchte, Lösungen zu finden. So wandte sie zum Beispiel die
Bestimmungen des Versailler Vertrages, welcher der Marine ernste personelle
Beschränkungen auferlegt hatte, zu ihren Gunsten an, indem sie die Offiziersanwärter
und Rekruten gleichermaßen sorgfältig im Hinblick auf die bestmöglichen körperlichen und charakterlichen Eigenschaften überprüfte. In den Jahren 1926/27 wurden
weniger als 1,5% der jährlichen Bewerber in die Marine aufgenommen und die Anzahl
der Offiziere fiel tatsächlich unter den durch den Versailler Vertrag erlaubten Bestand
von 1500 Mann. Zum Teil spiegelte dies die bewusste Einstufung der qualifizierten

Offiziersanwärter in den Mannschaftsrang wider, um die Bedingungen und Einstellungen der Mannschaften aus erster Hand kennen zu lernen, ehe sie schließlich selbst führen durften.[34]

Auf der Suche nach Beispielen wirklicher Führer, die aus dem Mannschaftsstand aufgestiegen waren, brauchte die Marine ihren Blick nur auf den *Führer* zu richten. 1932 verfasste der damalige KKpt. Siegfried Sorge das Manuskript eines Handbuches über Führertum für Marineoffiziere, das keinen Bezug zu Hitler enthielt: *Der Marineoffizier als Führer und Erzieher.* Als das Werk Anfang 1937 schließlich erschien, enthielt es jedoch zahlreiche Verweise auf Hitler, gelegentlich durchsetzt mit NS-Schlagworten und Zitaten aus *Mein Kampf*, wie es auch Zitate von Julius Cäsar, Martin Luther, Goethe, Theodor Storm und dem kritischen Matrosen Richard Stumpf aus dem Ersten Weltkrieg brachte. Hitler in der preußisch-deutschen Tradition hinter Friedrich dem Großen, Bismarck und Hindenburg einreihend, berief sich Sorges Behandlung der Thematik auf die NS-Ideologie, um Konventionen zu stützen, wie zum Beispiel die „richtige" Frau eines Marineoffiziers beschaffen sein sollte, oder zu lehren, wie Offiziere am besten Mannschaften aus dem Milieu der Arbeiterklasse zu führen hatten. Sorge empfahl den Offizieren besonders eine nationalsozialistische Schulung, um den Einfluss der industriellen Revolution auf die deutsche Arbeiterschaft zu begreifen und um zu erkennen, dass der „Volksgenosse aus dem anderen Stand und dem anderen politischen Lager ein tapferer, aufrechter deutscher Mann und ein selbstloser Kamerad" war. Das Handbuch unterstützte auch die traditionellen Ansichten über den Wert der Religion und zitierte Hitlers Verunglimpfung von Aktivitäten, die sich gegen die Religion richteten, als „närrisch oder verbrecherisch".[35]

Welche Schlussfolgerungen hinsichtlich des NS-Einflusses innerhalb der Marine auch gezogen werden mögen, das Werk von Sorge sowie andere Veröffentlichungen dieser Art dienten einem praktischen Zweck: Sie unterstützten ältere Offiziere aus der oberen Mittelschicht, um erfolgreich eine neue Generation von Besatzungsangehörigen aus der Arbeiterklasse zu führen, die nur das NS-Regime als Deutschlands Regierung kannten. Wie bereits früher erwähnt, traten die 30 erfolgreichsten U-Bootasse fast alle vor 1935 in die Marine ein, ihre Fähigkeit bezeugend, die Besatzungen zum Erreichen von Erfolgen einzubinden. Bei dieser Verschmelzung trugen der umsichtige Gebrauch eines idealisierten Hitler sowie ausgewählter NS-Erkenntnisse einiges als Bindemittel bei. Als ein Beispiel dieser Wechselwirkung hielt Wolfgang Lüth sonntägliche Vorträge vor seiner Besatzung über die Geschichte des Reiches sowie seine großen Gestalten und sprach an „Führers Geburtstag" direkt über Hitler, obwohl er offenkundige politische Ansprachen vermied. Karl-Friedrich Merten zeigte sich von einer anderen Seite, wenn er die begeisterten jungen Rekruten von 1939, idealistisch und begierig zu dienen, mit den weniger motivierten und oft mehr Unruhe stiftenden älteren Berufssoldaten verglich.[36]

Doch dieser Prozess bedeutete für die damaligen Offiziere zu keinem Zeitpunkt die Integration der Marine in die NS-Philosophie und ihre Prinzipien, die im Gegenteil der Auffassung waren, dass sie diese Marine vor der NS-Ideologie und deren Praktiken schützte. Offiziersveteranen der Crew 34 erinnerten sich später: „Wir waren froh, dass uns die Reichsmarine vor der Partei und ihren Institutionen schützte."[37] Offiziersanwärter der Marine, die aus der Handelsmarine kamen, versuchten insbesondere, auf diese Weise dem wachsenden Einfluss der SA innerhalb der deutschen Handelsmarine zu entgehen, in der Stewards und Köche mit ihrem Parteibuch „wedelten", um Offiziere zu ihrem persönlichen Vorteil einzuschüchtern.[38] Besonders bezeichnend sind die Beispiele jener Offiziere, die einen lebhaften Widerwillen gegen das NS-Regime hatten und den Dienst in der Marine wählten, um ihm zu entkommen. Einer von ihnen war Oskar Kusch, dessen Fall unten noch erörtert wird. Ein anderer, ein U-Bootoffizier und österreichischer Aristokrat, der später mit den Amerikanern zusammenarbeitete, beschrieb die Einstellung seiner Kameraden, die vor dem Kriege in die Marine eintraten, so:

> „Es mag gesagt werden, dass die von den Marineoffizieren vertretenen Auffassungen in vielen Fällen nicht mit den nationalsozialistischen Vorstellungen übereinstimmen. Daher hat [besonders] bei den Offizieren von 1930 – 1938 eine eindeutige Meinungsfreiheit bestanden. Diese Gedankenfreiheit erstreckt sich sogar auf die Politik und auf die ausländischen Beziehungen und ist von den Meinungen verhältnismäßig unabhängig, die in der deutschen Presse erscheinen. ... [Diese] Offiziere, angeregt durch den Mangel an ausländischen Zeitungen hören ausländische Rundfunksendungen von neutralen wie auch von alliierten Stationen."[39]

Mit einem Wort, die Bemühungen Raeders einer Anpassung an den Nationalsozialismus erinnern an den Versuch durch konservative deutsche Politiker im Januar 1933, Hitler im Zaum zu halten, indem sie ihn an die Regierung brachten, um seine Bewegung für den manipulierenden Gebrauch durch traditionelle Eliten zur Erhaltung ihrer Macht zu „bändigen" [„Einrahmungs"-Politik]. Während sich der Oberbefehlshaber der Marine letzten Endes als nicht erfolgreicher als der Politiker Franz v. Papen und seine Kollegen erwies, bewahrte er nichtsdestoweniger seiner Teilstreitkraft eine beträchtliche Selbständigkeit. Wenn Raeder die Gelegenheit verpatzte, der mit Risiken beladenen Diplomatie Hitlers zu widerstehen, so muss daran erinnert werden, dass der mutige Schritt Becks letztlich nichts erbrachte. Hingegen billigte oder fügte sich die Marine der Politik, auch wenn sie sich nicht mit ihr verband. Der endgültige Bruch zwischen Raeder und Hitler im Januar 1943 bestätigt die Kluft, die sie trennte. Raeders Abschiedsrede zollte dem Nationalsozialismus die notwendige Reverenz, betonte jedoch stattdessen das Vermächtnis der inneren Disziplin und des Gehorsams gegenüber der Autorität, das er seinem Nachfolger hinterließ.[40]

Dönitz: Das Bündnis der Marine mit dem Nationalsozialismus

Die Kommandoübernahme durch Großadmiral Karl Dönitz markierte einen deutlichen Wechsel in den Beziehungen der Marine zum Regime. Dort, wo sein Vorgänger Mittel und Wege fand, um sich den NS-Vorstellungen anzupassen und der Marine eine weitgehend friedvolle Umgebung zu erhalten, brachte Dönitz die Marine in Einklang mit den Erfordernissen Hitlers für den totalen Krieg. Der scharfsichtige amerikanische Psychiater, der die beiden Oberbefehlshaber der Marine in Nürnberg befragte, drückte den Unterschied zwischen ihnen wie folgt aus: „Raeder war ein Plänemacher, dessen Plan es war, Hitler f ü r die Marine zu benutzen; Dönitz war ein Anhänger, dessen Absicht es war, Hitler m i t der Marine zu dienen." (Hervorhebung im Original.)[41] Dennoch die Frage bleibt: Verkörperte seine Anpassung mehr eine Ausweitung und Übertreibung der Marinetraditionen oder war sie eher einer Umwandlung der Marine zuzuschreiben? Oder anders ausgedrückt: Bedeutete sie einen Wechsel in der Substanz oder nur im Stil?

Als Karl Dönitz den Oberbefehl über die Kriegsmarine übernahm, wurde in seiner Antrittsrede ein NS-Ton hinsichtlich seiner Führung offenkundig:

> „Unser Leben gehört dem Staat. Unsere Ehre liegt in unserer Pflichterfüllung und unserer Einsatzbereitschaft. Niemand von uns hat das Anrecht auf Privatleben. Es handelt sich für uns darum, diesen Krieg zu gewinnen. Dieses Ziel haben wir mit fanatischer Hingabe und härtestem Siegeswillen zu verfolgen."[42]

Unsere Untersuchung hat bereits einen ähnlichen Inhalt in den Dönitz'schen Ermahnungen an die U-Bootkommandanten festgestellt, Sendschreiben, welche die Aufmerksamkeit der Historiker als einen weiteren Beweis für die NS-Sympathien von Dönitz auf sich gelenkt haben.[43] Doch wie wir auch beobachtet haben, spiegelten solche „anfeuernden Worte" das hauptsächliche Interesse des BdU wider, die Angriffslust seiner unerfahrenen Kommandanten zu ermutigen, die er nicht kannte. Daher gehörten diese mehr zur militärischen Taktik als zur politischen Ideologie.

Weitere spezielle Punkte betreffen die persönliche Loyalität von Dönitz zu Hitler und das Ausmaß, inwieweit dieses Merkmal seiner Persönlichkeit die Kriegsmarine prägte, eine Frage, die durch das verhältnismäßige Fernbleiben vom deutschen Widerstand bedeutsam wurde. Die Tatsache, dass Dönitz von Hitler fasziniert war, kann nicht bestritten werden. Er schrieb Mitte August 1943:

> „Die ungeheure Kraft, die der Führer ausstrahlt, seine unbeirrte Zuversicht, die vorausschauende Beurteilung der Lage in Italien hat es in diesen Tagen sehr deutlich gemacht, daß wir alle miteinander sehr arme Würstchen sind im Vergleich zum Führer, daß unser Wissen, unser Sehen der Dinge aus unserem beschränkten Sektor heraus Stückwerk sind. Jeder, der glaubt, es besser machen zu können als der Führer, ist dämlich."[44]

In der Schlussansprache auf der Befehlshabertagung der Kriegsmarine im Dezember 1943 wiederholte er die Ansichten Hitlers über die Notwendigkeit ideologischer Überzeugung bei den Offizieren der Wehrmacht:

> „Es ist daher notwendig, daß der Soldat mit allen seinen geistigen und seelischen Kräften und mit seiner Willenskraft seine Pflicht erfüllt. Und dazu gehört seine Überzeugung, seine Weltanschauung. ... Es ist Unsinn etwa zu sagen, der Soldat oder der Offizier müsse unpolitisch sein. Der Soldat verkörpert den Staat, in dem er lebt, er ist der Vertreter, der ausgesprochene Exponent dieses Staates. Also hat er mit seiner ganzen Wucht hinter diesem Staat zu stehen."[45]

Dönitz demonstrierte dies im Februar 1944 persönlich, als er mit der Mitglieds-Nr. 9.664.999 in die NSDAP eintrat.[46] Gemäß Albert Speer, dem Reichsminister für Rüstung und Kriegsproduktion, erkannte und schätzte Hitler die Qualitäten seines neuen Oberbefehlshabers der Kriegsmarine: „Dönitz ist ein Nationalsozialist durch und durch, und er hält die Marine frei von allen schlechten Einflüssen. Nie wird die Marine kapitulieren. Er hat ihr eine nationalsozialistische Auffassung von Ehre eingepflanzt."[47]

Doch wenn Dönitz etwas einpflanzte, dann war er darauf bedacht, die vorhandenen Wurzeln nicht zu zerstören. Am 9. September 1943 verfügte er zum Beispiel den „Erlaß gegen die Kritiksucht und Meckerei". Darin bedrohte er die chronischen Meckerer mit unerbittlicher kriegsgerichtlicher Bestrafung, erkannte aber besonders das Recht des Frontsoldaten an, dass diese „einmal schimpfen, [sie] erleichtern sich und schaden keinem".[48]

In Übereinstimmung mit der überall in der Wehrmacht Ende 1943 verfolgten Politik richtete Dönitz beim OKM einen „Wehrgeistigen Führungsstab" zur NS-Schulung ein, der bei den Fronteinheiten jedoch nur geringen Einfluss ausübte. Zu *NS-Führungs-offizieren* ernannte Stabsoffiziere waren im Allgemeinen Männer, denen ein NS-Hintergrund fehlte, die aber regelmäßig einer Kirche angehörten.[49] „Politik war kein Thema für uns", stellte ein Offizier aus der Crew 34 fest, während ein anderer kommentierte: „Gespräche über Politik wurden üblicherweise als ein sehr unangenehmes Thema vermieden."[50] Diese Verhältnisse änderten sich für jene nicht, die bis zum letzten Kriegstag dabei waren, wie der LI von *U 190* (ObltzS. Hans-Edwin Reith) während der Zeit vom Februar 1944 – Mai 1945 eingehend berichtete:

> „Jedem Versuch, unser Leben mit politischer Ideologie zu durchsetzen, wurde mit tiefem Unwillen begegnet. Die paar jungen Nazi-Fanatiker, die an Bord erschienen, wurden mit nachsichtiger Belustigung betrachtet und ansonsten ignoriert. ... Etwas, über das wir bitteren Groll empfanden, war nach dem Attentatsversuch [vom 20. Juli] das Ersetzen des militärischen Grußes durch den sogenannten „Deutschen Gruß" mit dem Heben des rechten Armes, aber wir schluckten auch das hinunter."[51]

Obwohl der „Hitlergruß" in der Kriegsmarine – wie in der gesamten Wehrmacht – nach dem Sommer 1944 allgemein eingeführt wurde, hielt Dönitz andererseits die NSDAP auf Distanz. Wie bereits erwähnt, beschränkte er den Einfluss der NS-Führungsoffiziere und zu keinem Zeitpunkt gestattete er das Stationieren „Politischer Kommissare" an Bord seiner U-Boote – eine nicht bewiesene, aber noch immer wiederholte Behauptung.[52] Im Wesentlichen war dies aus zwei Gründen nicht erforderlich: Erstens existierte zwischen dem Lippenbekenntnis zu den NS-Idealen und der tatsächlichen Praxis ein beträchtlicher Spielraum und zweitens urteilte die Marine über sich selbst.

Die Kriegsmarine und die Judenfrage

Die Trennung zwischen der von Dönitz proklamierten Rhetorik und der tatsächlichen Führung wird in seiner Behandlung der Judenpolitik veranschaulicht. Im März 1944 vertrat der Großadmiral Hitler bei der Feier zum Heldengedenktag in Berlin und hielt eine aufrüttelnde Rede über die Einheit des Volkes unter dem Nationalsozialismus mit Hinweisen auf die „entwürdigende jüdische Menschenversklavung" und das „auflösende Gift des Judentums".[53] Als Admiral Kurt Fricke, Befehlshaber des Marinegruppenkommandos Süd, jedoch vorschlug, aus rumänischen Schwarzmeerhäfen nach Palästina auslaufende Transportschiffe mit jüdischen Flüchtlingen an Bord zu vernichten, ignorierte Dönitz die „Vorschläge" von Fricke und sorgte in Wirklichkeit für eine Sicherung der Flüchtlingsschiffe durch die Marine während des ersten Teils ihrer Reise.[54]

Ein weiteres Beispiel des Widerspruchs zwischen Doktrin und Praxis war Helmut Schmoeckel, der 1936 begeistert als Offiziersanwärter in die Marine eintrat, ehe festgestellt wurde, dass sein Großvater mütterlicherseits „Volljude" war. Dies führte zu seiner Entlassung aus der Marine als „Mischling" (Halbjude). Schmoeckels Vater ersuchte nichtsdestoweniger um seine Wiedereinstellung, die im Juli 1939 gewährt wurde. Nachdem Schmoeckel auf dem Schweren Kreuzer ADMIRAL HIPPER gedient hatte, meldete er sich 1942 zur U-Bootwaffe und erhielt im September 1943 als Kapitänleutnant das Kommando über *U 802*. Er überstand die schwierigste Zeitspanne des Krieges und versenkte im März 1944 sogar ein Handelsschiff. Bei Kriegsende befand er sich unterwegs in sein Operationsgebiet vor New York.[55] Ein Angehöriger der Crew 34 von ähnlicher Abstammung musste ebenfalls aus der Marine ausscheiden und obwohl sich seine Bemühungen auf Wiedereinstellung als wenig erfolgreich erwiesen, erhielt er während des Krieges seine Ernennung zum Reserveoffizier.[56]

Überlebende Offiziere der Crew 34 räumten ein, von der Verfolgung deutscher Juden vor dem Kriege Kenntnis gehabt zu haben, bestritten aber jedes Wissen vom Völkermord, der dann folgte.[57] Vielleicht die nachhaltigste Unterstützung dieser Auffassung liefert das Verhör eines 22-jährigen Maschinenmaats, den die Amerikaner im April 1944 gefangen genommen hatten. Er sagte zu den Fragen über den nationalsozialistischen Antisemitismus folgendes:

> „Das Unrecht gegenüber den Minderheiten sollte schließlich aufhören, denkt der Kriegsgefangene, genau wie das Unrecht gegen die Indianer und Neger in diesem Land schließlich zu Ende gehen wird. Außerdem gab es viele verdienstvolle Juden und sogar ehemalige Kommunisten, die vom Regime nicht belästigt worden sind, so lange sie mitmachten. ... Selbst ein Deutschland unter Hitler hätte ohne Schwierigkeiten mit den USA auskommen sollen. Die beiden Völker hätten sich zum Beispiel über die Judenfrage einigen und sie im Handumdrehen lösen können – vorzugsweise der deutsche Weg, aber den Juden nichtsdestoweniger als eine Konzession an die USA eine bessere Chance zu gewähren."[58]

Diese Interpretation „des deutschen Wegs" durch den Maschinenmaat der U-Bootwaffe, um „die Judenfrage zu lösen" lässt sowohl die Isoliertheit der deutschen U-Bootfahrer von der wahren Natur ihres Regimes als auch die niedrige Stufe der Indoktrination mit der NS-Rassenlehre bei den Frontsoldaten erkennen.

Dennoch kam ein gewisser Einblick in die Wahrheit der „Endlösung" durch Brüder, Onkel und Vettern zustande, die von den Verhältnissen im besetzten Polen und im besetzten Teil Russlands Kenntnis hatten, und gelegentlich auch durch die eigenen Erlebnisse eines U-Bootmannes, ehe er zur U-Bootwaffe stieß. Ein Besatzungsangehöriger von *U 569*, der im lettischen Hafen Libau (heute Liepája) zur Ausbildung gewesen war, bestätigte in amerikanischer Gefangenschaft seinen Kameraden die

Wahrheit der Behauptungen von den Massenerschießungen deutscher Juden, die dort geschehen waren:

> „Ein Kamerad, der dabei war, erzählte mir, dass sie [die Juden] um drei Uhr morgens weit außerhalb der Stadt in die Wälder getrieben wurden. ... Um vier oder fünf Uhr konnten wir das Schießen hören. Das geschah zu dieser Zeit, damit es keiner sehen konnte."

Einer seiner Zuhörer berichtete daraufhin von einer Gräueltat, deren Zeuge sein Onkel in Polen gewesen war: „Es war unmenschlich. ... Sie prügelten sie zu Tode und taten die denkbar schrecklichsten Dinge. Danach machten sie keine Meldung und gingen nach diesen Untaten schlafen." Der abschließende Wortwechsel verkörperte wahrscheinlich die Gefühle vieler deutscher Soldaten gegenüber diesem Holocaust:

> *Besatzungsmitglied 1*: Für dies alles, was wir getan haben, werden wir mit Sicherheit bezahlen müssen; hunderte und tausende unschuldiger Männer, Frauen und Kinder sind ermordet worden.
> *Besatzungsmitglied 2*: Wir können nichts tun, Junge.
> *Besatzungsmitglied 1*: Konnten die armen Juden etwas dagegen tun, ermordet zu werden?
> *Besatzungsmitglied 2*: Nein, das ist das Schlimmste von allem."[59]

Offiziell blieb jedoch die Kriegsmarine von solch erdrückendem Wissen ausgeschlossen, wie sich dies offenkundig aus einer Rede des Reichsführer SS Himmler auf der Befehlshabertagung der Kriegsmarine in Weimar im Dezember 1943 ergibt. Vorgetragen nur zwei Monate später, nachdem er den Völkermord an den europäischen Juden vor einer Versammlung von SS-Führern und vermutlich anderen Offiziellen in Posen offen erörtert hatte,[60] verbarg Himmlers Dezember-Ansprache mehr, als sie enthüllte. Nach einem einführenden Hinweis auf den „gegenwärtigen Kampf Rasse gegen Rasse, der wahrhaften Prüfung der Auswahl, um zu entscheiden, welches Volk und Blut vorherrschen und welches ausgerottet werden wird", bestand der Großteil seiner Rede aus einer allgemeinen Beschreibung der SS und ihrer einzelnen Teilbereiche. Im Verlauf seiner Rede informierte Himmler die Befehlshaber der Marine, dass sich die Gestapo „nur auf ein paar Dutzend" Agenten verließe, um innerhalb Deutschlands die Zwietracht zu überwachen, statt der Tausende, die sich der Feind eingebildet hätte. Zudem bestünde die Mehrheit jener, die in die Konzentrationslager kämen, um nützliche Arbeit zu leisten, nicht aus politischen Gefangenen, sondern aus deutschen Gewohnheitsverbrechern, obwohl es dort „natürlich viele Polen und Russen" gäbe.

Abgesehen von einem Hinweis auf seine Befehle, um an der Ostfront „Partisanen und jüdische Kommissare zu erschießen", ergab sich Himmlers einziger Kommentar zum Schicksal der europäischen Juden – und verlor sich darin – aus dem Zusammenhang der Bevölkerungsbewegungen: Soundsoviele „Juden sind in den Osten gebracht worden". Der beschönigende Ausdruck „Wiederansiedlung" war lange Zeit als Tarnbegriff für Völkermord gebraucht worden. Doch Himmlers damaliges Umgehen des wahren Programms zusammen mit dem Gebrauchen anderer Verdrehungen von SS-Operationen ist aufschlussreich: Marinebefehlshaber waren formell vom dunkelsten Geheimnis des Regimes ausgeschlossen.[61]

Politischer Widerstand innerhalb der Marine

Obwohl die persönliche Loyalität des Großadmirals und des Admirals v. Friedeburg gegenüber Hitler außer Frage steht, tolerierten sie auch eigenwillige Charaktere unter den vielen jungen U-Bootkommandanten, sogar wenn die Eigenwilligkeit eines Kommandanten eine politische Dimension annahm. So wurde zum Beispiel der Ritterkreuzträger Werner Henke im Juli 1943 seinem eigenwilligen Ruf gerecht, als er Beamte der Innsbrucker Gestapo-Dienststelle für die Misshandlung einiger Freunde als „Banditen" beschimpfte. Nur eine direkte Entschuldigung von Dönitz bei Himmler verhütete die Inhaftierung des U-Bootasses. Noch mehr Glück hatte ein anderer Freigeist, der spätere FKpt. Reinhard („Teddy") Suhren, der in der Marine Berühmtheit wegen einer einzigen kritischen Bemerkung erlangte. Sorgfältig den Zeitpunkt seines Festmachens mit *U 564* am Liegeplatz in Brest am Ende einer langen Feindfahrt wählend, schrie er durch sein Megafon: „Sind die Nazis immer noch am Ruder?" Als vom Kai die Antwort kam: „Ja!", ließ er die Maschine sofort rückwärts gehen und hielt vom Kai ab, auf diese Weise das Gelächter aller Anwesenden hervorrufend.[62]

Solche Redensarten erforderten jedoch die sympathischen Ohren vertrauter Kameraden. Suhren zum Beispiel behauptete, seine Bemerkung wäre speziell an Kptlt. Horst Uphoff gerichtet gewesen, seinem Freund und Kameraden, den erfolgreichen Kommandanten von *U 84* (die Versenkung von mehr als 28.000 BRT an Schiffsraum brachte ihm das Deutsche Kreuz in Gold ein), der in der gesamten Flottille für seine sarkastischen Späße auf Kosten der „Braunen" bekannt war. Keinem dieser Kommandanten passierte etwas und Suhren stieg sogar zum FdU Nordmeer auf.[63]

Andere Kommandanten – wie viele werden wir nie wissen – teilten seine Ansichten. Kptlt. Hans-Joachim Brans von *U 801*, der Führer eines Kampfflugzeugs im Einsatz über England gewesen war, ehe er sich zurück in die Marine versetzen ließ, wurde von seiner Besatzung als ein „extremer Nazi-Gegner" bezeichnet. Sie setzten hinzu, dass er „zusammen mit dem LI bestrebt war, die Partei von Bord fernzuhalten". Interessant ist die Feststellung, dass Brans zu einem früheren Zeitpunkt drei Monate lang unter Uphoff auf *U 84* fuhr.[64] Als ein noch nachhaltigeres Beispiel erwies sich einer der jüngsten Kommandanten, der 23 Jahre alte ObltzS. Günter Leupold, der die Versenkung seines *U 1059* überlebte und seine amerikanischen Gegner mit der Bösartigkeit seiner Einstellung als NS-Gegner und seiner antideutschen Haltung erstaunte.[65]

Doch sobald ein Offizier in falscher Gesellschaft zu weit ging, musste er einen hohen Preis dafür zahlen. Ein solcher Fall war der des ObltzS. Oskar Kusch, dessen Erfahrungen die Spannungen innerhalb der Marine hinsichtlich der Loyalität zu Hitler offenbarten.

Kusch – mit guter Schulbildung, sensibel, nachdenklich und ein frommer Katholik – war in die Marine zum Teil wegen ihres Rufes eingetreten, unpolitisch zu sein. Seine Vorbehalte gegen das NS-Regime vergrößerten sich ständig, unbeeinflusst durch seinen Aufstieg zum Kommandanten von *U 154* im Februar 1943. Zwei lange Feindfahrten mit seinem Unterseeboot vom Typ IX C (März bis Juli und September bis Dezember 1943) erbrachten nur ein versenktes und mehrere beschädigte Schiffe, zeichneten sich aber durch eine offene Feindschaft zwischen Kusch und seinem I WO aus. Dieser, ObltzS.d.R. Dr. jur. Ulrich Abel, denunzierte im Januar 1944 seinen Kommandanten, weil er „ Beweise einer stark gegen die deutsche politische und militärische Führung eingestellten Gesinnung erlebt" hätte. Gemäß Abel griff Kusch ständig Hitler und die Partei an und charakterisierte den „Führer" oft als wahnsinnig. Er befahl dem Funker, feindliche Propagandasender einzustellen, kritisierte die Mängel der deutschen U-Boote und ihrer Ausrüstung und verkündete seinen Glauben an Deutschlands schließlicher Niederlage. Gewöhnlich beschränkte Kusch seine Bemerkungen auf die Offiziersmesse, aber gelegentlich brachte er diese Ansichten auch in der Zentrale vor Mannschaftsdienstgraden zum Ausdruck. Geltend machend, dass seine privaten Bemühungen, Kusch zu überzeugen, gescheitert wären, wies Abel – im Zivilberuf Amtsgerichtsrat, seit Juni 1932 in der NSDAP und offenbar vor seinem Eintritt in die Marine Ortsgruppenleiter der Partei in Hamburg[66] – alle Vorschläge von Vorgesetzten zurück, die Vorwürfe fallen zu lassen und bestand auf seiner Meldung, die zur kriegsgerichtlichen Untersuchung führte.

In der sich anschließenden dreitägigen Kriegsgerichtsverhandlung im Januar 1944 unterstützten andere Offiziere, die ebenfalls auf *U 154* gefahren waren, Abels Behauptungen. Am bedeutsamsten war der Umstand, so hatte das Gericht festgestellt, dass einige Unteroffiziere ebenfalls die Bemerkungen ihres Kommandanten gehört hatten. Kusch benutzte die Verhandlung nicht als Forum für Ansprachen gegen das NS-Regime, sondern verteidigte seine kritischen Bemerkungen als privater Natur. Das Gericht entschied stattdessen, dass er seine „zersetzenden Äußerungen ... und die zum Teil hochverräterischen Charakter trugen" öffentlich gemacht hätte. Das Kriegsgericht sprach Kusch schuldig und verurteilte ihn zum Tode. Ein Exekutionskommando vollstreckte das Urteil am 12. Mai 1944 auf dem Schießplatz Kiel-Holtenau durch Erschießen.

Die Auseinandersetzungen über diesen Fall setzten sich vom Mai 1946 – als Kuschs Vater Anzeige wegen Mordes gegen die Mitglieder des Gerichtes sowie gegen die Belastungszeugen erstattet hatte, wobei ihm in mehreren, sich anschließenden Gerichtsverfahren kein Erfolg beschieden war – bis heute fort. Dönitz, der letztlich alle Appelle auf Begnadigung Kuschs abwies, wiederholte später die Auffassung seiner Richter, indem er argumentierte, dass der damit verbundene kritische Faktor eher in der Untergrabung der Moral der Besatzung als in den persönlichen Überzeugungen des Kommandanten zu suchen gewesen wäre – eine Perspektive, die sich bereits durch die Meutereien von 1917/18 gezeigt hätte. Dass sich der Vorfall zu einem Zeitpunkt ereignete, an dem sich die Moral der U-Bootbesatzungen fast in einer Krise befand, trug zweifellos zu dieser extremen Beurteilung bei.[67] Aus unserer Sicht gesehen, betrifft der kritische Punkt die Übereinstimmung der Marine- und der NS-Ziele: Unerschütterliche Loyalität zur militärischen Ethik bedeutete bedingungslose politische Einwilligung. Die Bereitschaft der Marine, Andersdenkende zu exekutieren, und die Anwesenheit überzeugter Nationalsozialisten wie Abel im Offizierskorps ist eine Warnung gegen das weitere Ausdrücken von Zweifeln. Für die Marine sollte es keine Notwendigkeit für öffentliche Gerichtsverfahren vor dem Volksgerichtshof geben.[68/68a]

* * *

Das Beispiel Kusch unterstreicht den undeutlichen Platz der deutschen Marine im Widerstand. Hitler selbst äußerte die anfängliche Beurteilung nach dem Attentatsversuch gegen ihn am 20. Juli 1944: „Nicht ein einziger dieser Kriminellen gehörte zur Marine. Dort wird es keinen Reichpietsch geben!"[69] (Der Matrose Max Reichpietsch gehörte zu den Rädelsführern der Meuterei in der deutschen Marine vom Juli/August 1917 und wurde standrechtlich erschossen.) In Wahrheit spielten drei Stabsoffiziere der Marine in der Verschwörung eine aktive Rolle – einer von ihnen war der ältere Bruder des Hitler-Attentäters Claus Schenk v. Stauffenberg –, für die zwei von ihnen mit ihrem Leben bezahlen mussten.[70/70a] Wieder andere, die zum Widerstand gehörten, kamen aus der Marine. Von ihnen war am bemerkenswertesten der Chef des Amtes Ausland/Abwehr im OKW: Admiral Wilhelm Canaris. Er wurde im Februar 1944 seines Amtes enthoben, am 23. Juli 1944 verhaftet und am 9. April 1945 im Konzentrationslager Flossenbürg hingerichtet.[71]

Es muss stets daran erinnert werden, dass der Entschluss der Heeresoffiziere, den Versuch zu unternehmen, die Regierung zu stürzen, ungewöhnliche Verbindungen von verschiedenartigen Werten und Überzeugungen, von Wagemut und Vertrauen erfordert, während aktive Opposition in einem autoritären Regime als eine Angelegenheit persönlicher Überzeugung beginnt und bleibt. Ein militärischer Staatsstreich spiegelt die militärische Kultur wider, die ihn hervorbringt, und die Verschwörung des 20. Juli kann nicht vom deutschen Heer und seinem preußischen Erbe losgelöst werden. Die Ursache, warum die Subkultur der Kriegsmarine diese Erfahrung nicht teilte, ist mit mehreren Faktoren verknüpft, die den persönlichen Einfluss von Karl Dönitz überschreiten.

Erstens unterscheiden sich Größe und soziale Homogenität der Offizierskorps des Heeres und der Marine wesentlich. Bis 1943 war das Offizierskorps des deutschen Heeres 64-mal größer geworden als sein Umfang zehn Jahre zuvor betragen hatte – ungeachtet der Tatsache, dass von 1939 – 1944 fast so viele Offiziere gefallen oder in Gefangenschaft geraten waren (102.636 Mann) als sein Bestand zu Kriegsbeginn ausgewiesen hatte (105.394 Offiziere). Diese Entwicklung veränderte unvermeidlicherweise den Charakter des Offizierskorps, vor allem als sich Hitler und das Heer 1942 entschlossen, bei Beförderungen Führungsfähigkeiten und Können als Qualitäten im Kampf über Bildung und Dienstalter zu stellen. Als Beispiel der auf diese Weise in Gang gesetzten Veränderungen offenbarte eine interne Studie des Heeres, dass 44% der neuen Offiziersanwärter von 1939 bis 1942 vorher Mitglieder der NSDAP gewesen waren.

Die Verschwörer verkörperten nicht das 1942 – 1944 entstandene Offizierskorps sondern die Tradition der sehr viel kleineren Elite aus der Vorkriegszeit, durch Freundschaft und Regimentskameradschaft miteinander verbunden. 21 Offiziere, die an dem misslungenen Staatsstreich beteiligt waren, hatten vor dem Kriege im hoch angesehenen Infanterieregiment 9 in Potsdam und fünf weitere im Bamberger Reiterregiment 17 gedient. Ihre Revolte könnte auch als eine defensive Reaktion auf den Umbruch im Offizierskorps gesehen werden, das sie einst dominiert hatten, aber auch als eine Rückkehr zu den Traditionen, die weiterhin das Heer kennzeichneten, über das sie nicht mehr geboten.[72]

Im Gegensatz hierzu gefährdete die Verstärkung des Offizierskorps der Marine, obwohl diese beträchtlich war (von 4500 Mann im August 1939 auf 11.000 Mann im März 1941), weder seinen Charakter noch seine soziale Homogenität, die im Wesentlichen seit dem Ersten Weltkrieg unverändert erhalten geblieben waren. Doch wenn sich auch die Marineoffiziere einer durch größere Stabilität und besseren Zusammenhalt verursachten Erleichterung erfreuten, so litten sie doch an der schleichenden Unsicherheit des Erbes der Meuterei und Revolution von 1918. Im Handeln gegen Hitler konnten die Erben der preußischen Militärtradition auf ein in Generationen bewährtes Heer[72a] und auf die bedeutsame Errungenschaft eines geeinten deutschen Staates zurückgreifen. Die Marine hingegen, die nur eine sehr kurze Geschichte aufzuweisen hatte, wagte es nicht, das Stigma der Verantwortung für einen weiteren inneren Zusammenbruch innerhalb von 26 Jahren auf sich zu nehmen. Kurzum, insgesamt fehlte es den Marineoffizieren an der Selbstsicherheit ihres eigenen Standorts in der deutschen Geschichte, um gegen Hitler zu handeln.[73]

Hinzu kam eine bemerkenswerte Abgeschlossenheit der Marine, die sie von den übrigen Teilstreitkräften unterschied. Für die U-Bootwaffe im Besonderen existierte diese Isoliertheit sowohl in einer körperlichen als auch in einer geistigen Dimension. Wenn sich die U-Boote nicht auf Feindfahrt befanden, verbrachten ihre Besatzungen den Großteil ihrer Zeit in den Stützpunkten an den Küstenfronten von Frankreich und Norwegen, wo unter der deutschen Besetzung relativ gemäßigte Bedingungen herrschten. Im Vergleich hierzu gingen viele Heeresoffiziere als direkte Folge von Verbrechen, deren Augenzeugen sie wurden, in Opposition zum NS-Regime. So entschloss sich zum Beispiel ein Hauptmann, Hitler umzubringen, nachdem er im Oktober 1942 Zeuge der Erschießung von 5000 Juden in der Ukraine geworden war.[74]

Diese geografische Isolierung verstärkte eine geistige Loslösung, die sich in der zweckbetonten Betrachtungsweise der Marine bei der Offiziersausbildung widerspiegelte. Wie im 5. Kapitel angemerkt, lehnte die Marine das Generalstabskonzept ab, sowohl hinsichtlich einer Führungsorganisation wie auch als Mittel zur Auswahl und Ausbildung hoch qualifizierter Offiziere, um in dieser Eigenschaft verwendet zu werden. In See zu führen, erforderte nach Auffassung der Marine hinlänglich breite Kenntnisse in Seemannschaft, der Schiffstechnik und der Waffensysteme sowie in der Führung. Die gesamte Zwischenkriegszeit hindurch betonte die Marine die Letztere besonders, um das Verhältnis zwischen Offizieren und Mannschaften zu verbessern. Die positiven Ergebnisse dieser Bemühungen konnten während des Krieges beobachtet werden.

Doch die Marine zahlte einen hohen Preis, als sie die breiteren Perspektiven opferte, die mit der Betrachtungsweise aus dem Blickwinkel des Generalstabs hätten gewonnen werden können. Dies zeigte sich sehr deutlich angesichts der fragwürdigen Seestrategie und der mangelhaften Analyse von Operationen und Taktik. Auf einer niedrigeren Ebene stand die Auffassung der Marine auch einem Verständnis der politischen Kernfragen im Wege, die auf dem Spiel standen; denn die Frontoffiziere, von den unmittelbaren Problemen des Kampfes in Anspruch genommen, konnten weder das sich zeigende Gesamtbild gegnerischer Überlegenheit wahrnehmen noch die Kriegsziele klar erkennen, für die sie kämpften. Dieser Gesichtspunkt wird durch die verhängnisvolle Teilnahme von nicht weniger als 23 Generalstabsoffizieren des Heeres an der Verschwörung gegen Hitler sowie auch durch die Tatsache unterstrichen, dass die am Komplott beteiligten Marineoffiziere keine Kampfeinheiten befehligten, sondern Positionen in höheren Stäben innehatten.[75]

Diese Faktoren bedingten bei der Marine Gehorsam gegenüber der Autorität und Loyalität dem Regime gegenüber. Unter Dönitz und den Forderungen des totalen Krieges vollendete die Marine ihre Entwicklung von den frühen Zugehörigkeiten und Anpassungen zu einer Verschmelzung mit dem Nationalsozialismus. In seinem grenzenlosen Griff nach unerreichbaren Zielen brauchte Hitler Streitkräfte, deren Kampfgeist und politische Zuverlässigkeit trotz erschreckender Verluste unzweifelhaft erhalten blieben. Die Marine forderte dasselbe von sich, um das Versagen und die Schande von 1918 auszulöschen und um als Ehrenrettung für die Zukunft der deutschen Seemacht gegen eine überwältigende Übermacht „tapfer zu sterben". Mit Dönitz ordnete sich die Marine auch bei der Ernennung von Offizieren aus dem Mannschaftsstand ein, die durch Hitlers Forderungen im Heer eingeführt worden war. Zudem wurde die Atmosphäre des U-Bootkrieges zu einem Spiegelbild der gesamten Kriegsanstrengungen des NS-Regimes: Mut und Fanatismus wurden beschworen, um es mit der Überlegenheit der Ressourcen und der Technik aufzunehmen, „begeisterte Improvisation" ersetzte das analytische Studium der Operationen sowie der Wirksamkeit der Waffen und gewaltige Opfer an Menschenleben wurden mit nebulösen Vorteilen in einer nicht näher bezeichneten Zukunft gerechtfertigt.

Dennoch bedeutete Loyalität zum Regime nie das bedingungslose Akzeptieren der NS-Ideologie. Während des gesamten Krieges blieb die Marine ihrem eigenen Verhaltenskodex treu. Die Männer der U-Bootbesatzungen erwiesen sich von unentwegter Empfänglichkeit gegenüber amerikanischem Jazz und französischen Frauen, von beständiger Gleichgültigkeit gegen politische Fragen und von entschiedener Feindseligkeit gegen disziplinarische Maßnahmen der Feldgendarmerie und der „Griffelspitzer" in den Dienststellen. Selbst in der unbarmherzigen Arena der uneingeschränkten U-Bootkriegsführung folgten die U-Bootkommandanten und ihre Besatzungen ihren eigenen Überzeugungen in der Behandlung von Überlebenden der versenkten gegnerischen Schiffe. Mit der offenen Ablehnung von Hitlers Vorschlägen, Schiffbrüchige zu töten, definierte Dönitz seine eigenen Grenzen für die Liebedienerei gegenüber dem *Führer*. Die Rechtschaffenheit der U-Bootfahrer forderte Improvisation und Selbstständigkeit genauso sehr wie Hingabe und Tapferkeit. Solche Eigenschaften hätten in einer von den NS-Visionen geschaffenen friedensmäßigen Umgebung wenig Wert gehabt. Die Männer der U-Bootwaffe kämpften und starben für eine Ideologie, die wenig Einfluss auf ihr Alltagsleben oder auf ihre Führung des Krieges hatte.

Dennoch mögen die U-Bootbesatzungen die engste Verwirklichung repräsentieren, die dem Nationalsozialismus in Teilbereichen innerhalb der Hauptströmung der deutschen Gesellschaft tatsächlich erreichbar war. Von Offizieren einer traditionellen Elite geführt, die ihre Ränge schließlich dem Mannschaftsstand und damit den Söhnen der Arbeiterklasse öffnete, die nach sozialem Aufstieg strebten, stellte die U-Bootwaffe unter dem Druck des Krieges eine deutsche Gesellschaft im Übergang dar – die umfassende, fortwährende Kriegführung, vorbehaltlos in der Verfolgung der NS-Ziele, die eine proklamierte, aber illusorische Zukunft einer rasseorientierten Sozialharmonie vorwegnahm. Statt der Fantasien Hitlers von germanischen Kolonisten, die innerhalb neuer Grenzen in der Ukraine siedeln sollten, bildeten die Dönitz'schen U-Bootmänner von 1939 – 1945 die konkrete Realität einer Kriegerelite: Mit technischem Können ausgestattet, die Gleichheit aller im Geist verfechtend, dem Kampfe geweiht und getreu bis in den Tod. Und im Tode teilte die Mehrheit von ihnen die endgültige Vereinigung – und das letztliche Schicksal – mit dem Nationalsozialismus.

12. Kapitel
Das Ende

Das Kriegsende fand die überlebenden Männer der U-Bootwaffe über den gesamten Globus verstreut in verschiedenen Eigenschaften vor. Wie für jeden beliebigen Tag gegen das Kriegsende hin typisch stand am Tage der Kapitulation nur ein verhältnismäßig kleiner Teil der U-Boote in See und die Mehrheit von ihnen ergab sich [befehlsgemäß] den alliierten Streitkräften, um ihre letzte Fahrt in britische oder amerikanische Häfen anzutreten. Die Besatzungen von zwei U-Booten, *U 530* (ObltzS. Otto Wermuth) und *U 977* (ObltzS. Heinz Schaeffer), weigerten sich, den Kapitulationsbefehl von Dönitz zu befolgen und schnorchelten durch den Atlantik nach Argentinien – das letztere Boot 66 Tage unter Wasser, gefolgt von einem weiteren Monat in Überwasserfahrt – nur, um sofort mit ihren Booten und Habseligkeiten der US-Marine übergeben zu werden.[1/1a]

Viele Besatzungen versenkten ihre U-Boote in bzw. vor ihren norwegischen und deutschen Stützpunkten, ehe sie die Alliierten übernehmen konnten. Dies führte zu mehreren Verfahren vor Kriegsverbrechertribunalen durch die Briten wegen rechtswidriger Zerstörung von Unterseebooten (ein Leitender Ingenieur wurde schuldig gesprochen und zu sieben Jahren Haft verurteilt, die später auf fünf Jahre herabgesetzt wurden).[2] Über 250 Angehörige der Kriegsmarine in den Stützpunkten Penang und Singapur im Fernen Osten einschließlich der vollständigen Besatzungen zweier U-Boote sowie der Überlebenden anderer Boote wurden von ihren ehemaligen Verbündeten auf unangenehme Weise interniert, ehe sie den im September 1945 eintreffenden britischen Streitkräften übergeben wurden. Sie mussten anschließend weitere neun Monate warten, bevor ihr Transport nach Großbritannien erfolgte.[3]

Viele andere ehemalige U-Bootfahrer beendeten den Krieg als infanteristischer Notbehelf. So erhielt im April 1945 ObltzS. Heinrich Gode mit dem seemännischen Personal seines noch nicht fertig gestellten *U 3536* vom Typ XXI plötzlich den Marschbefehl zum Einsatz bei der Verteidigung von Berlin, wo sie der Malstrom der vorrückenden Roten Armee verschlang.[4] KKpt. Reinhard Hardegen, der den Krieg als Seeflieger der Luftwaffe begonnen hatte und dann Ruhm als Kommandant von *U 123* erntete, schloss den Kreis als Kommandeur eines Bataillons Marine-Infanterie, das gegen die auf Bremen vorrückenden britischen Truppen zum Einsatz kam. KKpt. „Ali" Cremer führte ein Marine-Panzervernichtungs-Bataillon, bestehend aus U-Boot- und sonstigem Marinepersonal. Nach dreitägiger Infanterie-Ausbildung kämpfte die Einheit, bewaffnet mit Sturmgewehr und Panzerfaust Mitte April 1945 gegen britische Panzer südlich von Hamburg.[5]

Hunderte von Kilometern hinter den Fronten hielten die deutschen Verteidiger im ehemaligen U-Bootstützpunkt Lorient bis zum bitteren Ende aus. Zu den Eingeschlossenen gehörten fast 800 Angehörige der U-Bootwaffe: Stabspersonal sowie die Personalreserve, die zuvor den Ersatz für auslaufende U-Boote gestellt hatte. Ihr Kommandeur, KptzS. Ernst Kals, zuvor Chef der 2. U-Flottille, hatte als Kommandant von *U 130* im Herbst 1942 das Ritterkreuz erhalten und war während der Belagerung durch eine Landmine schwer verwundet worden.[6] Andere U-Bootfahrer, die noch in der Ausbildung standen und auf ihre Kommandierung warteten, fanden sich bereits im Januar 1945 in den Erdkämpfen gegen die sowjetischen Streitkräfte in Ostdeutschland eingesetzt.[7]

An welchen Orten und unter welchen Umständen auch immer, die letzten Kombattanten der U-Bootwaffe hatten nach mehr als 68 Monaten unaufhörlicher Kämpfe ihre Waffen niedergelegt. Traurigerweise konnte das Sterben durch bloße Unterschriften auf einer Kapitulationsurkunde nicht gestoppt werden, sondern setzte sich wie zerstörerische Zuckungen eines großen sterbenden Raubtieres fort. Der 30-jährige KptzS. Wolfgang Lüth, nach Otto Kretschmer zweiterfolgreichster U-Bootkommandant und zuletzt Kommandeur der Marinekriegsschule Mürwik, wurde unglücklicherweise am 14. Mai 1945 von einem eigenen Wachposten erschossen.[8] Generaladmiral v. Friedeburg, der letzte ObdM, wählte den Freitod wenige Tage später, nachdem die Alliierten in Flensburg die kurzlebige Regierung Dönitz inhaftiert hatten.[9] Am 20. Mai schnitt sich Kptlt. Friedrich Steinhoff, der Kommandant von *U 873*, in einem Bostoner Gefängnis die Pulsadern auf, nachdem er von seinen Vernehmungsoffizieren verprügelt worden war.[10] Drei Monate später erhängten die amerikanischen Behörden die sieben Besatzungsangehörigen von *U 352*, *U 199* und *U 615* in Fort Leavenworth/Kansas, verurteilt wegen des Mordes an ihrem ehemaligen Kameraden Werner Drechsler im Gefangenenlager.[11] Und am 30. November erschoss ein britisches Exekutionskommando Kptlt. Heinz Eck und zwei seiner Offiziere von *U 852* wegen der Tötung von Überlebenden des griechischen Dampfers PELEUS.[12]

Nicht detonierte Torpedos von U-Booten sollten auch weiterhin in den folgenden Jahren Menschenleben fordern. Die zuletzt verzeichneten Opfer waren acht Mann der zwölfköpfigen Besatzung des amerikanischen Trawlers SNOOPY am 19. Juli 1965, als der Kapitän versuchte, einen Torpedo zu entschärfen, der sich in seinem Netz vor der Küste von North Carolina verfangen hatte.[13]

Die U-Boote selbst verschwanden schnell; es war fast so, als ob ihre ständige Gegenwart alle Betroffenen in eine peinliche Lage versetzte. Die deutschen Besatzungen versenkten oder zerstörten Anfang Mai 218 Unterseeboote selbst. Von den 154 Booten, die übergeben wurden oder den Alliierten in die Hände fielen, gingen 31 (zumeist neuere Boote) zu Erprobungszwecken an Großbritannien und die Vereinigten Staaten oder zur Ergänzung ihrer eigenen Marinen an die Sowjetunion, Frankreich und Norwegen. Für die restlichen Boote musste nur noch die Art ihrer Beseitigung festgelegt werden. Die Vernichtungsaktion unter dem Decknamen „Operation Deadlight" fand am 25. November 1945 bis zum 12. Februar 1946 statt, als insgesamt 110 U-Boote in die tiefen Gewässer außerhalb des Schelfs nordwestlich von Irland geschleppt und versenkt wurden. Letzteres geschah teils durch Sprengladungen, teils durch Angriffsübungen britischer Luft- und Seestreitkräfte und einige gingen unterwegs auf dem Anmarsch unter.[14]

Die von Großbritannien und den USA zu Erprobungszwecken zurückbehaltenen U-Boote folgten ihren Schwesterbooten bald auf den Grund des Meeres. Die von den übrigen alliierten Ländern in ihre Marinen eingegliederten U-Boote blieben noch etwas länger im Dienst, ehe sie verschrottet wurden – mit einer Ausnahme: *U 995*, das 1952 von der Königlich Norwegischen Marine als KAURA in Dienst gestellt wurde und bis 1962 als Schulboot diente. Verhandlungen mit Deutschland führten schließlich dazu, dass das VII-C-Boot unter der Obhut des Marinebundes zurückkehrte und vor dem *Marine-Ehrenmal Laboe* außerhalb von Kiel als Museumsboot Aufstellung fand, wo es noch heute besichtigt werden kann. Das zweite U-Boot, das im Krieg nie versenkt wurde und intakt blieb, ist *U 505* vom Typ IX C. Das von US-Seestreitkräften in See erbeutete Boot ist seit 1954 als Bestandteil des *Museum of Science and Industry* in Chicago der Öffentlichkeit zugänglich.

Zwei weitere Unterseeboote sind nach der Bergung wiederhergestellt worden: *U 2540* vom Typ XXI (1957 gehoben und am 1. September 1960 als WILHELM BAUER bei der deutschen Marine wieder in Dienst gestellt, seit 1984 Museumsboot im *Deutschen Schifffahrtsmuseum* in Bremerhaven) und *U 534* vom Typ IX C/40 (1993 vor der dänischen Küste gehoben, 1996 nach Birkenhead/England verbracht und gegenwärtig in der Wiederherstellung).[15] Das ist alles, was heute von der deutschen U-Bootflotte übrig geblieben ist, wirkungslos und harmlos gemacht als ein Vermächtnis der Furcht, die diese Boote einst erweckten.

* * *

Doch was geschah mit den Männern, die ihre Besatzungen bildeten?

Nur für sehr wenige Glückliche brachte das Ende der Feindseligkeiten einen raschen Übergang zu Frieden und Zuhause. Die unglaubliche Glückssträhne des Obermaschinisten Carl Möller hielt an: Als Veteran der U-Bootwaffe aus der Vorkriegszeit überlebte Möller mehr als vier Jahre und vier Monate Fronteinsatz an Bord von drei verschiedenen U-Booten, jedes Mal gerade nicht an Bord bzw. abkommandiert, wenn das Boot zu seiner letzten Feindfahrt auslief. Im Februar 1944 wurde er Ausbilder für Motorentechnik in Neustadt/Holstein für Angehörige der neuen Kleinkampfverbände, die sich aus Klein-U-Booten, bemannten Torpedos, Sprengbooten und Kampfschwimmern zusammensetzten und in Gewässern des Küstenvorfeldes und in Flüssen operierten. In den letzten Kriegstagen kehrte er in sein Heim außerhalb Hamburgs zurück, vernichtete alle Personalpapiere und Auszeichnungen, die ihn als U-Bootfahrer identifizierten, und gab sich gegenüber den britischen Besatzungsbehörden als Verwaltungsmaat der Kriegsmarine aus. Infolge seiner Englischkenntnisse verwendeten die Briten Möller als Dolmetscher. Dies gestattete dem ehemaligen E-Maschinenmaat, seiner Familie und seinen engsten Freunden im Deutschland der Nachkriegszeit ein ziemlich komfortables Leben zu führen.[16]

Möllers Vorsicht, seine Zugehörigkeit zur U-Bootwaffe zu verbergen, erwies sich durchaus als begründet; denn der U-Bootdienst bedeutete im Allgemeinen längeres Verbleiben in alliiertem Gewahrsam sowie eine länger währende Zeit der Not für Frauen und Kinder, um einigermaßen durchzukommen. Die Offiziere und Mannschaften der U-Bootwaffe, die im Mai 1945 in die Gefangenenlager geschafft wurden, kamen zu ihren 5000 Kameraden, die während des Krieges in Gefangenschaft geraten waren. Mehrere tausend Marinesoldaten in Norwegen einschließlich der U-Bootmänner (darunter auch ObltzS. Herbert Werner, der ehemalige Kommandant von *U 415* und *U 953*) wurden mit britischen Entlassungspapieren in der Tasche per Schiff und Eisenbahn nach Frankfurt am Main gebracht, aber nur um von dort aus wieder mit der Eisenbahn in Gefangenenlager nach Frankreich transportiert zu werden. Doch auch kriegsgefangene U-Bootfahrer aus den USA wie Kptlt. Paul Just, der Kommandant von *U 546*, wurden 1945 wieder nach Europa gebracht und an Frankreich übergeben. Die Arbeits- und Lebensbedingungen in diesen Lagern waren außerordentlich hart. Werner gelang es, im Oktober 1945 zu fliehen und in Eisenbahnzügen illegal nach Frankfurt am Main durchzukommen. Viele mussten jedoch bis 1948 in den Lagern bleiben (wie Dr. Lothar Engel, der Bordarzt von *U 181* unter Lüth), ehe starker Druck der amerikanischen Regierung die Franzosen veranlasste, sie zu entlassen.[17]

Für die meisten Kriegsgefangenen der ehemaligen U-Bootwaffe führte die schließliche Rückkehr nach Deutschland über Großbritannien. Die Gefangenen in den USA arbeiteten bis Ende 1945 auf Farmen, beim Baumwollpflücken und besuchten Bildungseinrichtungen, ehe die Norwendigkeit Washington veranlasste, die Repatriierung zu beschleunigen, um für die aus dem Militärdienst entlassenen eigenen Soldaten Arbeitsplätze zu schaffen. Anfang 1946 wurden die ehemaligen U-Bootfahrer aus den Kriegsgefangenenlagern in Zentren zum Weitertransport verlegt, um dann mit Schiffen nach Antwerpen gebracht zu werden. Dort eingetroffen, hatten einige das Glück, nach Hause entlassen zu werden, besonders wenn ein ärztliches Attest bescheinigte, untauglich für schwere Arbeit zu sein. Doch viele andere mussten zurück auf die Schiffe und wurden nach Großbritannien gebracht. Der dort herrschende Mangel an Arbeitskräften machte die Unteroffiziere und Mannschaften der U-Bootwaffe attraktiv, um als geschickte, aber billige Arbeiter auf Bauernhöfen, zur Trümmerbeseitigung und beim Bau neuer Häuser eingesetzt zu werden. Diese zusätzliche Zeit dauerte durchschnittlich sechs Monate bis ein Jahr, ehe die britischen Behörden die endgültige Heimreise gestatteten. So kehrten die Männer von *U 515*, im April 1944 in amerikanische Gefangenschaft geraten, zum Beispiel erst im September/Oktober 1947 nach Deutschland zurück.[18]

Längere Verzögerungen erwarteten jedoch die U-Bootkommandanten und Besatzungsangehörigen, die in britische Gefangenschaft geraten waren oder die sich britischen Streitkräften bei Kriegsende ergeben hatten oder wie KKpt. Jürgen Oesten und ObltzS. Theodor Petersen, die Kommandanten von *U 861* und *U 874*, die ihre U-Boote aus Norwegen nach Nordirland überführten. Ein typisches Beispiel für die Erfahrungen dieser Besatzungen war der Funkmaat Heinz Guske von *U 764*, das erst am 16. Mai 1945 im schottischen Loch Alsh die Waffen gestreckt hatte. Er verbrachte die nächsten zwei Jahre, zehn Monate und zwei Wochen in sechs verschiedenen britischen Gefangenenlagern, ehe er am 2. März 1948 entlassen wurde.[19] Die U-Bootbesatzungen aus dem Fernen Osten, die dort bereits länger als ein Jahr nach der Kapitulation der Wehrmacht auf ihren Abtransport gewartet hatten, trafen schließlich im Juli 1946 in Liverpool mit dem Versprechen der unmittelbaren Heimreise ein. Stattdessen kamen auch sie in Gefangenenlager und wurden zur Landarbeit eingesetzt. Die Repatriierungen begannen erst im April 1947 und gelangten nicht vor dem April 1948 zum Abschluss.[20]

Die Transporte der Kriegsgefangenen aus Kanada nach Großbritannien begannen im Allgemeinen Ende 1946. Doch hier bemühten sich die britischen Behörden, jene zurückzubehalten, die sie für „überzeugte Nazis oder preußische Militaristen" hielten. 40 U-Bootkommandanten – d.h. so ziemlich alle, die nach Gefechten mit britischen Streitkräften gerettet worden waren – wurden Anfang 1947 als „unentwegte Militaristen" eingeschätzt und zusammen mit Offizieren der Waffen-SS und der Luftwaffe nach Watten Camp ins schottische Caithness verlegt. Nach einem Monat weiterer Befragungen billigten die Briten die Entlassung von 15 dieser ehemaligen Kommandanten. Einer von ihnen, KKpt. Gerhard Glattes, war am 19. August 1939 mit seinem *U 39* in See gegangen und am 14. September 1939 nach dem Verlust seines Bootes in Gefangenschaft geraten. Er kehrte am 8. April 1947 nach Hause zurück, ohne Deutschland während des Krieges gesehen zu haben und lange Zeit nach Beginn seines Wiederaufbaus. Die restlichen 25 Kommandanten kamen zuerst nach Featherstone Park nahe Haltwhistle im englischen Northumberland, dann in ein Internierungslager im Rheinland und schließlich nach Neuengamme, einem ehemaligen Konzentrationslager bei Hamburg, zum abschließenden Verfahren vor eine britische Überprüfungskommission der Marine *(Naval Review Board)*. FKpt. Otto Kretschmer, in Gefangenschaft seit dem 17. März 1941, kam am 31. Dezember 1947 frei und KKpt. Heinrich Timm gelangte ebenfalls erst am 9. April 1948 nach Hause.[21]

Die letzten Kriegsgefangenen der früheren U-Bootwaffe, die nach Hause zurückkehrten, kamen – wie allgemein alle Angehörigen der Wehrmacht, deren Repatriierung bis Mitte der 50er Jahre anhielt – aus Sowjetrussland. Zu ihnen gehörten sechs Überlebende von *U 250* und eine unbekannte Anzahl ehemaliger U-Bootmänner, die bei Erdkämpfen in Gefangenschaft geraten waren. Wenn die Erfahrungen des Maschinengefreiten Rudolf Tscharnke typisch sind, teilte sich die Zeit der Gefangenschaft zwischen Holzfällen und Arbeit in einer Kohlengrube auf, ehe er im Juli 1949 nach Deutschland zurückkehrte.[22]

Der allerletzte U-Bootmann, der aus dem Gefängnis nach Hause zurückkehrte, war Karl Dönitz. Vor dem Internationalen Militärtribunal in Nürnberg zur Verantwortung gezogen – ironischerweise gegen die Einwände der britischen Admiralität –, verkörperte seine Verurteilung wegen des Vorwurfs der Führung eines Angriffskrieges und wegen Kriegsverbrechens letztlich einen schwierigen Kompromiss der Richter zwischen der Verdammung des uneingeschränkten Unterseebootskrieges und der Erkenntnis seiner allgemeinen Anwendung.[23] Dönitz verbüßte seine Freiheitsstrafe von zehn Jahren Gefängnis in Berlin-Spandau voll; sein Glaube an sich selbst und die U-Bootwaffe blieb unerschüttert. Wenige Minuten nach Mitternacht am 1. Oktober 1956 verließ der ehemalige BdU und Oberbefehlshaber der Kriegsmarine seine Zelle, stieg in das Auto seiner Frau und fuhr in ein neues Deutschland davon.[24]

Viel hatte sich in diesen zehn Jahren verändert. An Stelle eines kleiner gewordenen Territoriums, das einmal das Deutsche Reich gewesen war, gab es nunmehr zwei deutsche Staaten und die ehemaligen Angehörigen der U-Bootwaffe waren innerhalb der deutschen Gesellschaftsstruktur verschwunden. Mit Unterstützung des Marshall-Plans hatte Westdeutschland aus den Ruinen den Wiederaufbau bewältigt und war zu einem starken und wohlhabenden Mitglied sowohl der Europäischen Gemeinschaft als auch des Nordatlantik-Paktes geworden.

Die Kriegsanstrengungen für den U-Bootbau dienten diesem Prozess als anzeigendes wie auch als beisteuerndes Element. Der beschleunigte Bau der modernen Unterseeboote der Typen XXI und XXIII 1944/45 kam zu spät, um sich noch auf den U-Bootkrieg auszuwirken, aber wie ein Historiker feststellte:

> „Daher war der U-Bootbau 1944/45 eigentlich nur ein Symbol für die Leistungsfähigkeit der deutschen Industrie, welche die modernsten Unterseeboote der Welt baute und hierbei unter extrem schwierigen Bedingungen fortschrittliche Fertigungsverfahren anwendete. Auf diese Weise war er mehr ein Musterbeispiel für Deutschlands ‚Wirtschaftswunder' der Nachkriegszeit."[25]

Bindeglieder zur U-Bootvergangenheit erstreckten sich auch in die 1955 neu geschaffene Bundesmarine – trotz der „gedämpften Begeisterung", die viele U-Bootfahrer bei Dönitz' Behandlung durch die Alliierten empfanden. Die ersten drei Unterseeboote, die bei der Bundesmarine von 1957 bis 1960 in Dienst gestellt wurden, waren zwei Boote des Typs XXIII sowie ein Boot des Typs XXI. Zur neuen Bundesmarine stießen auch der spätere Flottillenadmiral Otto Kretschmer und der spätere Konteradmiral Dipl.-Ing. Erich Topp, die als KptzS. die ersten beiden Kommandeure des am 1. November 1958 aufgestellten *Kommandos der Amphibischen Streitkräfte* waren (bis zum 31.10.1962), dem bis Ende Oktober 1962 auch die U-Boote unterstanden. FKpt./KptzS. Reinhart Reche, ehemaliger Kommandant von *U 255*, war 1959 der *Asto U-Boote* und 1959 – 1961 der erste Kommandeur der *U-Bootlehrgruppe*. KptzS. Werner Hartmann (Crew 21), der u.a. im Kriege *U 37* führte, kam 1956 zur Bundesmarine und war bis 1962 der erste Kommandeur des *Marineausbildungsregiments*. Zur Bundesmarine gehörten auch der spätere Konteradmiral Fritz Guggenberger (bis 1972), u.a. im Kriege Kommandant von *U 81*, und der spätere Konteradmiral Hans-Rudolf Rösing (bis 1965), u.a. im Kriege FdU West, sowie zahlreiche weitere U-Bootfahrer des Weltkrieges. Von den ehemaligen U-Bootoffizieren unseres Querschnitts traten 17 (10%) ebenfalls in die Bundesmarine als Offiziere ein, begleitet von 15 (weniger als 2%) ehemaligen Mannschaftsangehörigen der U-Bootwaffe.[26]

Diese Prozentsätze an Wiedereinstellungen bezeugen sowohl die Kontinuität der Marineführung als auch die erfolgreiche Integration der Veteranen in die neue Gesellschaft. Eine kürzliche Studie des Beitrags der Crew 34 zur neuen Bundesmarine zeigt eine Neigung bei den sehr erfolgreichen ehemaligen Offizieren der Kriegsmarine an, ihre militärische Laufbahn zu erneuern, während jene, die im Zivilleben der Nachkriegszeit sehr erfolgreich waren, es vorzogen, in der Privatwirtschaft zu bleiben.[27] Während die Angaben in unserem Querschnitt keinen direkten Vergleich erlauben, bestätigen sie, dass sich viele ehemalige Offiziere mit ihren privaten Werdegängen als sehr zufrieden erwiesen. Nicht weniger als 30 der Befragten waren von Beruf Ingenieur, andere hatten juristische Berufe wie zum Beispiel Rechtsanwälte, wieder andere waren Ärzte, Chemiker und Architekten. Im Geschäftsleben betätigten sie sich als

Manager und vor allem als Firmenvertreter von Industrie- und Exportfirmen. Etliche von ihnen waren im öffentlichen Dienst bei Bund und Ländern; sie nahmen Verwaltungsaufgaben wahr, standen im Schuldienst – mindestens zwölf waren Lehrer – oder waren bei der Deutschen Bundesbahn. Zwei waren am Theater.[28]

Am interessantesten sind die Werdegänge der ehemaligen Unteroffiziere und Mannschaften in der Nachkriegszeit. Sie übten nicht nur ihr fachliches Können in ihren Metall- und Handwerksberufen vortrefflich aus, als sie sich den Aufgaben des Wiederaufbaus im Nachkriegsdeutschland gegenübersahen, sondern ihre Erfahrungen bei der U-Bootwaffe erwiesen sich als eine wertvolle Perspektive, als sie sich nach 1945 mit den Schwierigkeiten des Daseins befassen mussten. Die Männer, die in der Enge eines Unterseebootes an harte Arbeit gewöhnt und der allgegenwärtigen Gefahr der Vernichtung ausgesetzt gewesen waren, erschreckten die Forderungen beim Wiederaufbau ihrer Gesellschaft nicht. „Als wir auf Feindfahrt waren und Wasserbomben aufs Dach bekamen, schwor ich mir, dass ich mich nie mehr über ein anderes Problem wirklich aufregen würde, sollte ich davonkommen", erinnert sich Peter Petersen, ein Veteran von *U 518*, „und ich habe das durchgehalten."[29]

In beiden deutschen Staaten widmeten sich die ehemaligen U-Bootfahrer ihren Familien und ihren neuen beruflichen Werdegängen. Unter der viel kleineren Anzahl aus unserem Querschnitt, die in der *Sowjetischen Besatzungszone,* der späteren DDR, lebte, bot der Wiederaufbau der Schwerindustrie, der den Entwicklungen in der Bundesrepublik glich, neue Gelegenheiten für Beschäftigungen. Nach seiner Rückkehr aus der Gefangenschaft stellte der in Dresden geborene ehemalige Maschinenmaat Fritz Weinrich fest, dass ihm die ostzonalen Behörden wegen seiner Marinezeit jede Beschäftigung mit Ausnahme einer Tätigkeit als Hilfsarbeiter untersagten. Mit der Rückkehr zur Schwerindustrie nach 1950 erhielt Weinrich jedoch plötzlich seine Qualifikation als Maschinenschlosser zurück und stieg schließlich sogar zum Status eines Ingenieurs auf.[30] Andere Befragte aus unserem Querschnitt versuchten ihr Glück außerhalb Deutschlands und begannen in den Vereinigten Staaten, in Großbritannien oder Kanada ein neues Leben.

Wo auch immer sie sich niederließen, die ehemaligen Unteroffiziere und Mannschaften der U-Bootwaffe wurden wieder Zivilisten und trugen mit ihrem fachlichen Können zum neuen wirtschaftlichen Wohlstand bei. Die Zunahme an sozialer Mobilität ist augenscheinlich. Während ihre Väter noch etwa zu gleichen Teilen aus der Arbeiterklasse und dem Mittelstand kamen, gehörten nunmehr sieben von zehn der Befragten zur Mittelschicht. Obwohl die Türen zur Oberschicht im Allgemeinen geschlossen blieben, war ein Aufstieg möglich, wie mehr als 10% aller Befragten aus der Funker-, Mechaniker- und Steuermannslaufbahn demonstrierten, die in die Ränge der leitenden Angestellten, der Zivilbeamten des gehobenen und höheren Dienstes in der öffentlichen Verwaltung (insbesondere auch Lehrer), selbstständigen Unternehmern und akademischen Berufe Eingang fanden. Die größte Konzentration freier Berufe – mehr als 35% der Befragten aus unserem Querschnitt – fand sich bei den unteren und mittleren Angestellten im Geschäftsleben (darunter viele Bürovorsteher und Filialleiter von Ladengeschäften) sowie bei den Zivilbeamten des einfachen und mittleren Dienstes in der allgemeinen Verwaltung (auch als Techniker), der Bundesbahn und

Bundespost oder der Polizei. Mehr als ein Viertel aus dem Querschnitt waren Handwerksmeister oder hatten nicht akademische Berufe inne (darunter Technische Zeichner, Drogisten und Techniker) und über 20% kehrten in ihre erlernten Handwerksberufe zurück, mit denen sie ihr Leben begonnen hatten: Schlosser, Elektriker, Mechaniker, Bäcker, Zimmermann.[31]

Wie andere Kriegsveteranen auch steckten die U-Bootmänner ihre Kriegserinnerungen weg und widmeten sich den Forderungen des Alltags. Wenn sich auch Freunde und frühere Kameraden regelmäßig sehen mochten, weil sie in derselben Stadt wohnten, und auch die früheren Offiziere häufig den Kontakt zu den Angehörigen der alten Besatzung aufrechterhielten, blieben doch Wiedersehenstreffen jener, die auf demselben Boot gefahren waren, seltene Gelegenheiten. Erst mit dem Ruhestand kamen die Zeit und das Besinnen – erforderlich, um die Dinge im richtigen Verhältnis zu sehen – auf die Gelegenheit, frühere Kameraden zu treffen, sowie die Bereitschaft, offen Erinnerungen an die Vergangenheit miteinander auszutauschen, häufig mit Briten und Amerikanern zusammen, die einst ihre Gegner waren. Erst Anfang der 80er-Jahre wurden die jährlichen Treffen früherer U-Bootbesatzungen zu einem allgemeinen Ereignis für die Veteranen und viele Bootstreffen nahmen erst in den 90er-Jahren ihren Anfang.[32]

Bis dahin gehörten viele Aspekte und Bedingungen im Deutschland der Nachkriegszeit der Vergangenheit an, um durch neue Besorgnisse und Probleme ersetzt zu werden. Die Wiederherstellung der deutschen Einheit förderte einen leichteren Kontakt mit den Kameraden über die frühere Grenze hinweg, aber die Rentner hatten jetzt größere Schwierigkeiten, mit der Rente auszukommen. Besonders die Einstellungen veränderten sich, als eine neue Generation von Deutschen zur Macht gelangte: Kritischer gegenüber der Vergangenheit und weniger geneigt, die Antworten zu akzeptieren, die sie auf letztlich nicht zu beantwortende Fragen erhalten. Als Karl Dönitz am 24. Dezember 1980 starb, verweigerte ihm die Bundesrepublik ein Staatsbegräbnis und verbot Angehörigen der Bundeswehr, an seiner Beisetzung in Uniform teilzunehmen. Die Identifikation des Großadmirals mit Hitler und dem nationalsozialistischen Regime konnte nicht umgangen werden, wie sich der Verteidigungsminister der Bundesrepublik ausdrückte.[33] Im März 1994 und November 1995 mussten die örtlichen Veteranengruppen der U-Bootfahrer in Kiel fast 7000 DM aufbringen, um Beschädigungen und Graffiti am *U-Boot-Ehrenmal Möltenort* zu beseitigen.[34]

Jeder U-Bootveteran reagierte auf diese Ereignisse auf seine eigene Weise, wie er dies auch angesichts der Kontroversen über die U-Bootwaffe tun musste, die auf die Veröffentlichung des Romans *Das Boot* von Lothar-Günther Buchheim folgten.[35] Trotz der Mutmaßungen und Verallgemeinerungen, die bisweilen von heutigen Historikern vorgenommen werden, bleiben die Reaktionen und Einstellungen der ehemaligen U-Bootmänner zu den Ereignissen von vor über einem halben Jahrhundert außerordentlich privat – genauso wie jeder von ihnen schon vor langer Zeit seinen eigenen Standpunkt hinsichtlich des Unerklärlichen gefunden hatte: Warum so viele andere und nicht ich?

Was an den Treffen alle verbindet, das ist die Kameradschaft der Vergangenheit, sind die Anekdoten über verstorbene Kameraden, Späße auf Kosten anderer und wehmütiges Bedauern über das Stärkerwerden um die Taille und den entschwundenen Haarschmuck. Nach zwei oder drei Tagen reisen die Veteranen, noch immer eine Schicksalsgemeinschaft, wieder ab und kehren nach Hause zurück, um sparsam mit ihren mäßigen Renten und Pensionen umzugehen, ihre Enkel zu hüten und das zu genießen, was ihnen noch geblieben ist. Diejenigen U-Bootfahrer, die in der Nähe von Kiel wohnen, legen alljährlich zum Gedenken an ihre Kameraden am U-Boot-Ehrenmal in Möltenort Kränze nieder, während sie die Schatten einholen.

Und für ihre weit zahlreicheren Kameraden, denen diese Kränze geweiht sind, bleibt nur das Schweigen der See, deren Grab sie ist. Keine Spur zeugt auf ihr von der unvorstellbaren Gewalt, in der sie töteten und selbst starben; denn

> „Auf einem Seemannsgrab, da blühen keine Rosen,
> Auf einem Seemannsgrab, da blüht kein Blümelein.
> Der einz'ge Gruß, das sind die weißen Möwen,
> Und eine Träne, die ein kleines Mädel weint."

Was die Geschichte über sie sagt, wird stets davon abhängen, wessen Geschichte es ist und welche Generation die Geschichte gerade in ihrem Griff hält. Doch wir mögen zumindest darin sicher sein, dass die Geschichte sie nicht vergessen wird.

Anhang 1
Die Veteranen der U-Bootwaffe: Eine Umfrage

Den Kern dieses Buches bildet eine Umfrage mit Informationen über Herkunft und Werdegang von mehr als 1000 Veteranen der U-Bootwaffe, die vom Mai 1991 bis zum Dezember 1994 befragt worden sind. Den Großteil der Angaben sammelte das *U-Boot-Archiv* in Cuxhaven-Altenbruch bei Besuchen von Einzelpersonen oder Gruppen in seinen Räumen. Herr Horst Bredow, der Gründer und Leiter dieses Archivs, selbst ein ehemaliger U-Bootoffizier*, übersandte die Fragebögen freundlicherweise dem Verfasser, während gleichzeitig Kopien in seinen Beständen verblieben. Angaben von weiteren Einzelpersonen sammelte der Verfasser in Deutschland und Nordamerika. Fragebögen, die von einer kleinen Gruppe speziellen Personals wie PK-Berichterstatter (Sonderführer), Sanitätsoffiziere und Marinebaubeamten stammten, wurden nicht in die Datensammlung aufgenommen, da ihre Angaben für die Besatzungen der Frontboote nicht repräsentativ sind.

Jeder Veteran füllte einen einfachen Fragebogen mit Fragen zu seiner Person und seiner Dienstzeit aus. Zu den Angaben im Fragenbogen gehörten Datum und Ort der Geburt, Beruf des Vaters, Beruf bzw. Beschäftigung vor dem Eintritt in die Marine und nach dem Kriege, Religion, Schulbildung, Datum des Eintritts in die Marine, Spezifizierung des Dienstes, insbesondere Laufbahn, und letzter Dienstgrad, Angaben zum Dienst in der U-Bootwaffe und Benennen der U-Boote, auf denen der Befragte fuhr. Die Mehrheit der Veteranen unterzeichnete mit dem vollen Namen und viele fügten Erläuterungen oder ergänzende biografische Daten hinzu.

Nach dem Eingang wurden die ausgefüllten Fragebögen als erstes nach Offizieren und Mannschaften getrennt und anschließend wurden beide Gruppen nach Laufbahn und Dienstgrad sortiert. Jeder Fragebogen erhielt eine Kenn-Nummer, die diese Eingruppierung widerspiegelte. Danach wurden die angegebenen Informationen in Zahlenwerte verschlüsselt, um den Zugriff auf die Daten zu erleichtern. So erhielten zum Beispiel die deutschen Provinzen und Länder besondere Nummern, während Lebensalter, Jahr des Eintritts in die Marine und Anzahl der Unterseeboote, auf denen der Befragte fuhr, mit einem eigenen Zahlenwert dargestellt wurden.

Die Art und Weise, wie die Befragung erfolgen sollte, wurde festgelegt, um allen innewohnenden Vorurteilen zu begegnen. Veteranen, die sich entschieden hatten,

---

* Anm.d.Ü.: Zum U-Boot-Archiv und seinem Leiter siehe ausführlich Jak Mallmann Showell: *Kriegsmarine 1939 – 1945. Organisation, Strukturen, Einsatz*, Motorbuch Verlag, Stuttgart 2000, S. 236 – 239. Siehe hierzu auch unten Anm. 7a zum Vorwort.

nicht an Treffen teilzunehmen oder das U-Boot-Archiv zu besuchen, sollten sich sogar, so hoffte ich, unter den überlebenden U-Bootfahrern verteilen, um nicht übermäßig eine Gruppe zu verkörpern. Dies erwies sich als nicht der Fall, so weit es das Maschinenpersonal betraf. Auf den Verhältniszahlen einer typischen U-Bootbesatzung beruhend, sind die Ingenieuroffiziere innerhalb des Querschnitts sogar unterrepräsentiert (32 von 167 Offizieren oder im Verhältnis 1:5 statt dem üblichen 1:3), während die Unteroffiziere und Mannschaften der Maschinenlaufbahn überpräsentiert sind (395 gegenüber 229 aus der Bootsmannslaufbahn, d.h. ein Verhältnis von 1:1,7, während es etwa 1:1 sein sollte). Mögliche Erklärungen für dieses Phänomen biete ich im 6. Kapitel. Auf jeden Fall beeinflussen diese Zahlen die Eigentümlichkeiten nicht, die innerhalb des Querschnitts für die einzelnen Klassifikationsgruppen festgestellt wurden.

Umfang und Vollständigkeit, mit der die Veteranen die gestellten Fragen beantworteten, variieren natürlich. An der Stelle, an der die entsprechende Kategorie leer blieb, wurde ein Zahlenschlüssel für „keine Angabe" eingegeben. Manche der Befragten lieferten genaue Angaben ihres Dienstes an Bord jedes Unterseebootes. Andere wiederum gaben nur das Jahr an oder verbanden die Zeiträume der Grund- und Spezialausbildung an Land mit dem Dienst an Bord zu einer einzigen Zeitspanne. Alle benannten jedoch die U-Boote genau, auf denen sie fuhren, und durch Heranziehen solch grundlegender Nachschlagewerke wie Erich Gröners *Die deutschen Kriegsschiffe 1815-1945*, Band 3, konnte der früheste Beginn und das späteste Ende ihres U-Bootdienstes festgestellt werden. Und wie die Veteranen der Streitkräfte in allen Nationen erinnerte sich nahezu jeder U-Bootfahrer an das genaue Datum seines Eintritts in die Marine bzw. in die U-Bootwaffe.

Eine weitere potentielle Schwierigkeit betraf die Identifizierung der Kleinstädte und Dörfer, in denen die Befragten geboren waren. Moderne Atlanten mit Namensverzeichnis des wiedervereinigten Deutschland erwiesen sich als geeignet für die Örtlichkeiten innerhalb der gegenwärtigen Grenzen und die Ausgabe von *Herders Welt- und Wirtschaftsatlas* von 1932 zeigte sich als wertvoll, um die als Konsequenz des Zweiten Weltkrieges verloren gegangenen Ostprovinzen sowie auch die Grenzen der damaligen deutschen Länder innerhalb des Reiches nachzuschlagen. Mit Ausnahme von nur 16 Geburtsorten (weniger als 2%) bei den Mannschaften konnten schließlich alle Orte aufgefunden werden.

Versuche, die deutschen Zivilberufe und ihren sozialen Status in die Zeit der Weimarer Republik und des *Dritten Reiches* einzuordnen, unterschieden sich bei den Historikern sehr, welche die soziologische Struktur der NSDAP, der SS und der SA untersuchten. Ich habe mich auf das von Detlef Mühlberger entwickelte Klassifizierungsmodell in seinem Werk *Hitler's Followers: Studies in the Sociology of the Nazi Movement* bezogen, weil es am umfassendsten erscheint und zumindest einen allgemeinen Rahmen der soziologischen Analyse liefert.

Die endgültigen Zahlen für die in dieser Umfrage erfassten Personen einschließlich der Laufbahnen und der letzten Dienstgrade ergeben sich wie folgt (hinsichtlich eines Vergleichs zwischen den Dienstgraden bei der Kriegsmarine, Royal Navy und US-Marine siehe Anhang 4 *Dienstgrade*):

Offiziere:	167
Seeoffiziere:	128
– Korvettenkapitän:	5
– Kapitänleutnant:	27
– Oberleutnant zu See:	71
– Leutnant zur See:	20
– Leutnant (Torp.):	1
– Oberfähnrich zur See:	3
– Fähnrich zur See:	1

Von der Gesamtzahl dienten 55 als U-Bootkommandanten, der Rest als Wachoffiziere. Die Offiziersanwärter (OFähnrzS, FähnrzS) sind zu den Offizieren gerechnet, obwohl sie den formellen Status eines Unteroffiziers bzw. Feldwebels hatten.

Marine-Ingenieuroffiziere:	32
– Fregattenkapitän (Ing.):	1
– Korvettenkapitän (Ing.):	1
– Kapitänleutnant (Ing.):	3
– Oberleutnant (Ing.):	18
– Leutnant (Ing.):	8
– Fähnrich (Ing.):	1

Marinenachrichtenoffiziere:	7
– Oberleutnant (M.N.):	1
– Leutnant (M.N.):	4
– Oberfähnrich (M.N.):	1
– Fähnrich (M.N.):	1

Unteroffiziere und Mannschaften:	937
Mechanikerlaufbahn:	117
– Stabsobermechaniker (Torp.):	1
– Obermechaniker (Torp.):	9
– Obermechanikersmaat (Torp.):	17
– Mechanikersmaat (Torp.):	21
– Mechanikersmaat (Art.):	2
– Mechanikerhauptgefreiter (Torp.):	1
– Mechanikerobergefreiter (Torp.):	36
– Mechanikerobergefreiter (Art.):	9
– Mechanikergefreiter (Torp.):	14
– Mechanikergefreiter (Art.):	7

Funklaufbahn:	139
– Oberfunkmeister:	10
– Oberfunkmaat:	37
– Funkmaat:	30
– Funkhauptgefreiter:	3
– Funkobergefreiter:	50
– Funkgefreiter:	9

Sanitätslaufbahn u.Ä.:	11
– Obersanitätsmaat:	2
– Sanitätsmaat:	7
– Verwaltungsmaat:	1
– Küstenverflegungsmaat:	1

Bootsmannslaufbahn:	229
– Oberbootsmann:	1
– Bootsmann:	2

–	Oberbootsmannsmaat:	29
–	Bootsmannsmaat:	42
–	Matrosenhauptgefreiter:	20
–	Matrosenobergefreiter:	115
–	Matrosengefreiter:	19
–	Matrose:	5

Steuermannslaufbahn:		**46**
–	Stabsobersteuermann:	7
–	Obersteuermann:	34
–	Obersteuermannsmaat:	4
–	Steuermannsmaat:	1

Maschinenlaufbahn:		**395**
–	Stabsobermaschinist:	11
–	Obermaschinist:	40
–	Obermaschinenmaat:	44
–	Maschinenmaat:	114
–	Maschinenhauptgefreiter:	16
–	Maschinenobergefreiter:	144
–	Maschinengefreiter:	24
–	(Maschinen)Matrose:	2

Anhang 2
Personalstärke und Verluste der U-Bootwaffe

In der modernen Militärgeschichte hat keine Waffengattung bzw. kein Kommandobereich einer Nation eine Verlustrate wie die der deutschen U-Bootwaffe des Zweiten Weltkrieges erlitten. Jeweils von den verwendeten Zahlen abhängend, blieben 70 und 80 Prozent der U-Bootfahrer auf See. Diese einzigartige quantitative Dimension der U-Bootwaffe offenbart jedoch ein Paradoxon: Während der Name eines jeden U-Bootoffiziers und -Mannschaftsdienstgrades, der ums Leben gekommen ist, sorgfältig auf den Bronzetafeln des U-Boot-Ehrenmals in Möltenort verzeichnet steht, gibt es keine präzisen Zahlen über die Anzahl ihrer Kameraden, die den Krieg überlebten.

Die 28.748 Namen, die das Ehrenmal für die Zeit von 1939 – 1945 gegenwärtig aufweist, bedeuten mehr als fünf Jahrzehnte sorgfältiger Arbeit insbesondere des *U-Boot-Archivs* und des *Verbandes Deutscher U-Bootfahrer* sowie deutscher Regierungsstellen, um diese Angaben aus den verschiedensten Quellen zusammenzutragen und zu rekonstruieren.[1] Sowohl die erschöpfende Forschungsarbeit, um zu diesen Angaben zu gelangen, als auch die geringe Anzahl genauer Informationen hinsichtlich der Überlebenden spiegeln die problematische Natur der verfügbaren deutschen Dokumentation wider, denn vieles davon ging verloren oder steht aus anderen Gründen der Forschung nicht zur Verfügung. Stärkemeldungen, Besatzungslisten und andere administrative Aufzeichnungen wurden regelmäßig bei den einzelnen U-Flottillen geführt, aber diese Aktenbestände wurden im Allgemeinen von deutscher Seite selbst vor der Kapitulation im letzten Kriegsjahr in den französischen und norwegischen Häfen vernichtet. Auch die bei BdU org geführten Personalakten wurden nach Kriegsende weitgehend von marodierenden polnischen Arbeitern in Neustadt i.H. vernichtet. Während die erhalten gebliebenen Personalakten des deutschen Heeres und der Luftwaffe die *Zentralnachweisstelle des Bundesarchivs* in Aachen-Kornelimünster verwaltet, befinden sich, so weit noch vorhanden, die Peronalakten der Kriegsmarine aus dem Marinepersonalamt bei der *Deutschen Dienststelle (WASt)* in Berlin-Wittenau.[1a] Dort sind die Akten von den Angehörigen der U-Bootwaffe mit jenen des übrigen Personals der Kriegsmarine vermischt; sie konnten daher, wie 1993 festgestellt, nicht für Erhebungen oder eine systematische Forschungsarbeit genutzt werden.[2]

Es gibt jedoch keine abschließende Gesamtzahl der U-Boot-Toten, da die Listen ständig auf dem neusten Stand gehalten und ergänzt werden, sobald neue Informationen ans Licht kommen. Die Verluste an einzelnen Besatzungsangehörigen, die zum Beispiel über Bord gingen oder durch Luftangriffe oder bei Rohrkrepierern der eigenen Geschütze getötet wurden, standen größtenteils erst zur Verfügung, als eine vom *US-Nationalarchiv* vorbereitete systematische Findhilfe zu den auf Microfilm aufgenommenen KTB's der U-Boote eine abrufbereite Identifizierung dieser Zwischenfälle gestattete.[3]

Somit bildet die sorgfältige Zusammenstellung der Namen von fast 29.000 toten und für immer vermissten U-Bootfahrern eine Hauptleistung sowohl als ein Vermächtnis ihres Gedenkens als auch den Anfangspunkt jeder personellen Untersuchung. Als zusätzliche, aber nicht ständige Verluste müssen die annähernd 5000 Kriegsgefangenen der U-Bootwaffe hinzugerechnet werden, die von britischen und amerikanischen Streitkräften während des Krieges aus versenkten Unterseebooten geborgen wurden.[4] Dasselbe gilt für ungefähr 150 – 200 Offiziere und Mannschaften, die in Spanien, der Türkei und in Irland interniert worden waren; sie bedeuten alle oder fast alle Angehörigen der Besatzungen von sechs U-Booten, die vor den Küsten dieser neutralen Staaten 1943 – 1945 verloren gingen oder sich selbst versenkten.[5]

Überhaupt nicht erfasst sind jedoch die Verluste, die das U-Bootpersonal außerhalb eines Zusammenhanges mit U-Bootoperationen erlitt. Wie viele U-Bootfahrer wurden zum Beispiel bei den alliierten Bombenangriffen auf die französischen Häfen oder auf deutsche Städte während ihres Heimaturlaubs getötet? Darüber stehen keine Zahlen zur Verfügung, obwohl diese Verluste zumindest einen U-Bootkommandanten umfassten: ObltzS. Jürgen Vockel von *U 2336*.[6] Von etwa 227 U-Bootmännern ist bekannt, dass sie hauptsächlich in der Zeitspanne 1943/44 bei Luftangriffen auf ihre Boote verwundet worden sind.[7] Wie viele von ihnen kehrten nicht zum Dienst auf U-Booten zurück? Und wie viele U-Bootfahrer in den französischen Stützpunkten verloren in den Erdkämpfen um diese Städte 1944/45 ihr Leben? Wir wissen zum Beispiel, dass Behauptungen von mangelhaften Kampfleistungen des U-Boot-Reservepersonals einschließlich einiger Fälle von Fahnenflucht in der belagerten „Festung Brest" im September 1944 eine Flut von Funksprüchen der Marineführung zur Folge hatten. Sie führten nur zur Schlussfolgerung, die gesundem Menschenverstand entsprach, dass das „für den Erdkampf überhaupt nicht ausgebildete Marinepersonal nicht mit Fallschirmjägern verglichen werden sollte". Zwei Flottillenchefs und ehemalige U-Bootasse, KKpt. Werner Winter und KptzS. Ernst Kals, sowie eine unbekannte Anzahl von U-Bootmännern geriet in Gefangenschaft bzw. kapitulierte mit den Besatzungen von Brest und Lorient.[8] Außerdem wurde eine Reihe von U-Bootoffizieren, die zur 29. U-Flottille in Toulon gehörten, beim Versuch gefangen genommen, aus dem Mittelmeerhafen zu entkommen.[9]

Schließlich sind keine Angaben darüber zusammengestellt worden, wie viele U-Bootfahrer in den Ausbildungseinrichtungen in den letzten Kriegstagen nach ihrer Abkommandierung zur Infanterie gefallen oder in Gefangenschaft geraten sind. Angesichts der damals herrschenden Verhältnisse und der fehlenden Dokumentation werden diese Zahlen niemals festzustellen sein.

Zahlenmäßig vielleicht bedeutsamer sind jene U-Bootfahrer, die ohne Zusammenhang mit Verwundungen aus medizinischen Gründen, insbesondere aus psychologischer bzw. psychiatrischer Ursache, aus der Bordverwendung entlassen worden sind. Hier stehen einige Informationen aus einem Nachkriegsgespräch mit einem Spezialisten zur Verfügung: Oberstarzt Dr. Hans Luxenburger, psychiatrischer Chefgutachter beim Generaloberstabsarzt der deutschen Luftwaffe. Auf Grund von Schätzungen, wonach 15% des fliegenden Personals der Luftwaffe durch Angstneurosen dienstuntauglich wurden, stellte Luxenburger fest, dass das „fliegende Personal und das Unterseebootspersonal den höchsten Stand bei Neurosen innerhalb der deutschen Wehrmacht hatten", eine Beobachtung, die er später wiederholte: „Für das U-Bootpersonal in der Marine war das Problem der Psychoneurosen von ähnlicher Größenordnung wie für das fliegende Personal der Luftwaffe." Er setzte hinzu, dass bei der Luftwaffe nach der Behandlung über 30% der Fälle zum fliegenden Personal zurückkehren konnten. Doch für den Rest war danach nur noch eine Verwendung am Boden möglich.[10]

Luxenburgers Angaben können mit der erst kürzlich erfolgten Einschätzung der seelischen und psychiatrischen Verluste bei den alliierten Bomberbesatzungen während des Zweiten Weltkrieges verglichen werden, die zur Schlussfolgerung führten, dass etwa 5% des fliegenden Personals der 8. USAAF und des Bomber Command [Bomberkommando der RAF] aus diesem Grund im Lazarett behandelt werden oder ständig am Boden bleiben mussten.[11] Wenn dieselbe Rate auf die üblicherweise angenommene Personalstärke von rund 40.000 deutsche U-Bootfahrer bezogen wird, dann entwickelten mindestens 2000 von ihnen psychischen Stress in ausreichendem Maße, um ihre Entfernung aus dem Borddienst zu fordern. Die Symptome dieses Verhaltens waren so weit verbreitet, dass sie die U-Bootbesatzungen als „Blechkrankheit" oder „Blechkoller" bezeichneten.[12] Wenn nach den Behandlungen ähnliche Ergebnisse eintraten wie bei der Luftwaffe, dann kehrte die Mehrheit dieser Männer nicht mehr in den Borddienst auf U-Booten zurück, erhielt aber möglicherweise eine Abkommandierung in eine Ausbildungseinrichtung. Die Gesamtzahl der psychatrischen Verluste könnte jedoch durchaus höher liegen, einfach deswegen, weil die Gesamtstärke der deutschen U-Bootwaffe nie voll erfasst worden ist.

Hier sind die Zahlen weitaus problematischer als jene der auf den Gedenktafeln verewigten Namen. In Nürnberg gab Dönitz die Gesamtstärke der U-Bootwaffe [d.h. die tatsächlich während des Krieges auf U-Booten fuhren] mit 40.000 Mann an, eine Zahl, die in jüngeren Untersuchungen kaum wesentlich auf 40.900 bzw. 41.300 Mann revidiert worden ist.[13] Die erste deutsche Geschichte des U-Bootkrieges nach dem Kriege ging von einer Gesamtstärke von 39.000 Mann aus.[14] Berechnungen des *U-Boot-Archives* in Cuxhaven-Altenbruch kommen auf insgesamt 41.500 Mann mit einer Fehlergrenze von +/-250.[15] In keinem dieser Fälle wird jedoch eine Erklärung gegeben, wie diese Zahl ermittelt wurde, geschweige denn eine Aufschlüsselung der Personalstärken in den verschiedenen Phasen des Krieges.

Das Problem, von einer Gesamtstärke von nur 41.000 Mann auszugehen, wird durch eine einfache Rechnung deutlich. Als der Krieg endete, stellten sich 154 Frontboote den alliierten Streitkräften und 218 weitere Boote wurden von ihren Besatzungen selbst versenkt, d.h. insgesamt 372 U-Boote. Wenn die U-Bootwaffe bis zum 8. Mai 34.000 Mann an ständigen Verlusten erlitten hatte und angenommen wird, dass die Besatzungen der 154 Frontboote allein im Durchschnitt nicht mehr als je 45 Offiziere und Mannschaften aufwiesen (= 6930 Mann), dann sind dies zusammen bereits rund 41.000 Mann. Es mag durchaus sein, dass die rund 7000 U-Bootmänner aus den Besatzungen der oben erwähnten 154 U-Boote und die bekannten Verluste an gefallenen und gefangen genommenen U-Bootfahrern einfach zusammengezählt wurden, um

schließlich die „berechnete" Gesamtstärke von 41.000 Mann zu ergeben. Dies lässt jedoch überhaupt keinen Spielraum mehr für
- die Besatzungsstärke (teilweise oder vollständig) der 218 selbst versenkten U-Boote (siehe oben),
- die psychatrischen Fälle oder
- die beträchtliche Anzahl ehemaliger U-Bootfahrer, die bis Kriegsende in anderen Verwendungen dienten.

Wie im 8. Kapitel bereits erwähnt, waren zur Zeit der Kapitulation der Wehrmacht zumindest 369 ehemalige U-Bootkommandanten – mehr als ein Viertel der Gesamtzahl aller Kommandanten von U-Booten – zur Wahrnehmung anderer Aufgaben abkommandiert. Wird bei den Unteroffizieren und Mannschaften von einem ähnlichen Prozentsatz ausgegangen, dann müssten zu den 34.000 Verlusten und 7000 Front-U-Bootleuten bei Kriegsende mehr als 10.000 Mann weiteres Personal hinzugerechnet werden. Es ist möglich, dass die ehemaligen Kommandanten eine relativ größere Gruppe als die übrigen Dienstgrade darstellen. Andererseits existieren keine Angaben darüber, wie viele ehemalige U-Bootfahrer zu anderen Verwendungen in der Marine oder 1944/45 zum Erdeinsatz abkommandiert worden waren. Außerdem beschrieb Dönitz selbst die zunehmende Abkommandierung von ehemaligen U-Bootkommandanten und jüngeren Offizieren zu den Kleinkampfverbänden von Ende 1944 an.[16/16a]

Somit ergibt sich, dass die in den letzten 50 Jahren akzeptierte Zahl für die Gesamtstärke der U-Bootwaffe einfach zu niedrig liegt. Dies anerkennt auch eine 1979 von einem Offizier der Bundesmarine erstellte Studie zur U-Bootausbildung, die zum Schluss kommt, dass „während der fünf Kriegsjahre zwischen 40.000 und 50.000 Mann aller Dienstgrade einschl. einiger Kapitäne z.S. in besonderen Fällen durch die U-Bootausbildung gegangen sind".[17] Da die Frontstärke der U-Bootwaffe im September 1939 bei 3000 Mann lag, sollte eine vorsichtige Schätzung die Gesamtanzahl der U-Bootfahrer mit mindestens 45.000 Offizieren und Mannschaften annehmen, wahrscheinlicher ist indes eine Stärke von 48.000 – 50.000 Mann.

Diese Zahl – auch dies sollte klar sein – stellt als Gesamtstärke die sich summierende Anzahl der Männer dar, die während des gesamten Krieges tatsächlich auf U-Booten fuhren. Hingegen variiert die jeweilige Anzahl in bestimmten Zeitabschnitten natürlich sehr. Genauso schwankten auch die Verlustraten, obwohl in keinem Monat die Verluste je in die Nähe der letztlichen Ausmaße kamen, die bei Kriegsende klar ersichtlich wurden; eher verstärkte sich ihre Wirkung, als die Anzahl der U-Boote 1944/45 abnahm. Im Mai 1943 hatte Dönitz den Höhepunkt der Kampfstärke mit 240 Frontbooten und einer Personalstärke erreicht, die bei rund 12.000 Mann lag; von ihnen waren vielleicht 9250 Mann aktiv an den atlantischen Operationen beteiligt. In diesem Monat verkörperte der Verlust von 38 Booten mit nahezu allen 1900 Angehörigen ihrer Besatzungen, die gefallen oder in Gefangenschaft geraten waren, eine Verlustrate, die so hoch war, um Dönitz zur zeitweiligen Aufgabe der Geleitzugoperationen zu zwingen. Im August 1944 hatte die U-Bootwaffe der Kriegsmarine eine durchschnittliche Frontstärke von 158 Booten mit rund 7900 Mann. Von ihnen wurden in diesem Monat 32 versenkt, eine Verlustrate von 20%, aber da viele der Boote gebombt wurden oder sich im Hafen selbst versenkten, beliefen sich die Personalverluste auf weniger als 1000 Mann (unter 13%).

Auch die gesamte Personalstärke der U-Bootwaffe und ihre Personalstruktur muss in Betracht gezogen werden. Einige verfügbare Beweise gestatten quantitative Einblicke in die Personalstärken, die erforderlich waren, um nicht nur die U-Boote zu bemannen, sondern um sie auch zu unterhalten. Dies veranschaulicht aber auch gleichzeitig die Schwierigkeit, innerhalb der U-Bootwaffe die Letzteren von den eigentlichen U-Bootfahrern zu unterscheiden. Eine ausführliche Statistik für die gesamte Organisation unter der Zuständigkeit des Befehlshabers der Unterseeboote offenbart zum Beispiel für den 1. Juli 1942 einen Gesamtbestand von 45.521 Angehörigen des Personals und von ihnen gehörten 32.247 (71%) zu den Heimatverbänden. (Eine vollständige Wiedergabe der Organisation der U-Bootwaffe zu diesem Zeitpunkt ist im Anhang 3 zu finden.) Die Letzteren umfassten die Besatzungen von 142 zukünftigen Frontbooten, die sich in Ausbildung befanden, die Besatzungen von 57 Schulbooten, die ständig den Ausbildungseinrichtungen zugeteilt waren, Baubelehrungskommando für 82 im Bau befindliche U-Boote und eine Personalreserve von 234 Offizieren und Mannschaften in Wilhelmshaven, verfügbar zur Abkommandierung auf U-Boote, sowie eine einzeln nicht angegebene Anzahl von U-Bootfahrern im Ruhestand für Ausbildungsaufgaben.

Im Vergleich zu ihnen hatten die Frontverbände einen Personalbestand von insgesamt 13.274 Angehörigen oder nur 29% des gesamten Personals der U-Bootwaffe. Der Hauptanteil bestand aus den Besatzungen von 150 Frontbooten, während sich der Rest wie folgt zusammensetzte: Werftpersonal in den U-Bootstützpunkten, Verwaltungsstäbe und Personalreserve für neun U-Flottillen, FdU-Stäbe West und Italien sowie der Führungsstab des BdU (BdU op). Dies bedeutete, dass zusätzlich für jede Besatzung eines Frontbootes von durchschnittlich 50 Mann rund 27 Angehörige landgestützten Personals zu seiner Wartung und Unterhaltung erforderlich waren.[18]

Weniger ausführliche Gesamtangaben für den Mai 1943, dem Höhepunkt der deutschen U-Bootstärke, lassen erkennen, dass der gesamte Personalbestand der U-Bootwaffe auf rund 58.000 Offiziere und Mannschaften sowie 5000 Zivilangestellte angewachsen war.[19] Unter Zugrundelegung derselben Verhältniszahlen wie im Jahr zuvor ergab sich für die Frontverbände ein Personalbestand von etwa 18.000 Angehörigen. Dies wiederum bedeutete rund 12.000 Mann an tatsächlich auf U-Booten fahrenden Besatzungen, von denen etwa 9500 Mann am atlantischen Kampfgeschehen beteiligt waren.

Um den richtigen Blickwinkel für den Stellenwert der U-Bootwaffe innerhalb der gesamten deutschen Kriegsanstrengungen zu erhalten, muss sich der Betrachter daran erinnern, dass das deutsche Feldheer in der Zeit von 1942 – 1944 nie unter eine Stärke von 4 Millionen Mann fiel (Einheiten des Ersatzheeres und Verbände der Waffen-SS ausgenommen). Und so schrecklich die Gesamtverluste der U-Boote mit insgesamt 34.000 auf See gefallenen oder gefangen genommenen U-Bootfahrern auch waren, sie erreichten zu keiner Zeit die Verluste der Wehrmacht allein im Jahre 1942 an der Ostfront mit 44.800 Gefallenen und Vermissten im Monatsdurchschnitt.[20]

Wenn die tatsächliche Anzahl der eigentlichen U-Bootfahrer 48.000 – 50.000 Mann betrug, dann erhebt sich die Frage, ob dies ihren Status oder das Ausmaß ihres Opfers ändert. Zunächst einmal belief sich die Gesamtstärke des Personals, das während des Krieges in der deutschen Kriegsmarine diente, auf annähernd 72.000 Offiziere und 1.123.000 Unteroffiziere und Mannschaften.[21] Insofern bedeutet sogar eine Gesamtstärke von 50.000 U-Bootfahrern nur einen Anteil von knapp über 4% innerhalb der Marine – wahrhaftig eine ausgewählte, wenn nicht völlig freiwillige Waffengattung. Und sogar bei insgesamt 50.000 Mann bleibt die Verlustrate an Gefallenen und in Gefangenschaft Geratenen bei 68%, wobei allein die der Toten und Ertrunkenen bei über 57% liegt. Auch diese Zahlen berücksichtigen überdies die zusätzlichen Verlustkategorien nicht, die in diesem Anhang weiter oben erörtert worden sind. Die Verluste der U-Bootwaffe bleiben von jeder anderen modernen Waffengattung oder jedes anderen Kommandos innerhalb von Streitkräften im Verlaufe eines Krieges unerreicht.

Anhang 3
Die Organisation der U-Bootwaffe – Stand: 1. Juli 1942[1]

Befehlshaber der Unterseeboote (BdU): Admiral Karl Dönitz

Operationsabteilung – BdU op –[2]: FKpt. Eberhardt Godt
Befehlsstelle: Boulevard Suchet, Paris

FdU West[3]: FKpt. Rösing
Befehlsstelle: Paris
- *1. U-Bootsflottille* (KKpt. Winter): Brest (16 Boote Typ VII B und VII C, 2 Boote Typ X B)
- *2. U-Bootsflottille* (KKpt. Schütze): Lorient (27 Boote Typ IX)
- *3. U-Bootsflottille* (KKpt. Zapp): La Rochelle (15 Boote Typ VII)
- *6. U-Bootsflottille* (Kptlt. W. Schulz): La Baule (11 Boote Typ VII)
- *7. U-Bootsflottille* (KKpt. Sohler): St. Nazaire (18 Boote Typ VII C)
- *9. U-Bootsflottille* (Kptlt. Lehmann-Willenbrock): Brest (2 Boote Typ VII C, 3 Boote Typ VII D)
- *10. U-Bootsflottille* (Kptlt. Kuhnke): Lorient (11 Boote Typ IX C, 3 U-Tanker Typ XIV)
- *11. U-Bootsflottille* (KKpt. Cohausz): Bergen (24 Boote Typ VII C)

FdU Italien[4]: KptzS. Kreisch
Befehlsstelle: Rom
- *29. U-Bootsflottille* (KKpt. Frauenheim)[5]: La Spezia, Salamis (19 Boote Typ VII C)

---

[1] *Quellen:* „Organisation, Stellenbesetzung und Personalbestand im B.d.U-Bereich am 1.7.1942", T1022/4038/PG 31794; ergänzt durch weitere Informationen zur Organisation in Herzog: *60 Jahre deutsche U-Boote*, S. 226 – 231; Mallmann Showell: *U-boats under the Swastika*, 2. Auflage [nicht ins Deutsche übersetzt], S. 104 – 108; und Rössler: „Die deutsche U-Bootausbildung", S. 453 – 466.
[2] Ab Juni 1944 U-Bootführungsabteilung – 2./Skl BdU op.
[3] Lediglich eine administrative Dienststellung mit Dienststelle. Zuständig für die truppendienstliche Führung. Gleiches galt für die dem FdU West unterstehenden U-Flottillen. Die operative Führung lag ausschließlich bei BdU op.
[4] Später in FdU Mittelmeer umbenannt, unterstanden diesem FdU alle im Mittelmeer eingesetzten U-Boote sowohl operativ als auch truppendienstlich.
[5] Eingegliedert die von September 1941 – Mai 1942 im östlichen Mittelmeer existierende 23. U-Bootsflottille (Kptlt. Frauenheim) in Salamis.

Personalbestand der Frontverbände: 13.274, d.h.

- 151 Frontboote mit 730 Offizieren, 203 Offiziersanwärtern, 799 Portepee-Unteroffizieren, 2480 Unteroffizieren und 7912 Mannschaften (= 12.124 Mann Frontpersonal einschl. Personalreserve);
- 179 Offiziere, 130 Portepee-Unteroffiziere, 313 Unteroffiziere, 419 Mannschaften und 109 Zivilangestellte (= 1150 Angehörige übriges Personal).

Anmerkung:
Die später hinzugekommenen U-Flottillen umfassten
- *12. U-Bootsflottille* (Okt. 1942 – Aug. 1944): Bordeaux (Boote vom Typ IX D, X B und XIV);
- *13. U-Bootsflottille* (Juni 1943 – Kriegsende): Trondheim (weitere Boote vom Typ VII C zur Bekämpfung der Russland-Geleitzüge);
- *14. U-Bootsflottille* (Dez. 1944 – Kriegsende): Narvik (Boote wie 13. U-Flottille);
- *30. U-Bootsflottille* (Okt. 1942 – Okt. 1944): Konstanza/Rumänien, Feodosia/Krim (Boote Typ II für Operationen gegen die sowjetischen Streitkräfte im Schwarzen Meer);
- *33. U-Bootsflottille* (Sept. 1944 – Kriegsende): Penang, Djakarta (Boote Typ IX C/D für Operationen in Fernost).

Eingerichtet wurden ferner:
- FdU Norwegen/FdU Nordmeer (Januar 1943 – Kriegsende): Narvik,
- FdU Ost (März 1943 – Kriegsende): Danzig,
- FdU Mitte (Mai 1944 – Aug. 1944): Kiel (45 Boote Typ VII C und C/41 zur Invasionsabwehr).
- Chef im Südraum (März 1944 – Kriegsende): Penang.

2. Admiral der Unterseeboote (Organisationsabteilung – BdU org):[6]
KptzS. Hans-Georg v. Friedeburg
Befehlsstelle: Kiel

U-Bootgrundausbildung:
1. U-Bootslehrdivision (1. ULD: KptzS. A. Schmidt): Hamburg
- 21. U-Bootsflottille (KKpt. Büchel): Hamburg (21 Boote Typ II, 1 Boot Typ VII C als Schulboote)
2. U-Bootslehrdivision (2. ULD: FKpt. E. Hashagen): Gotenhafen
- 22. U-Bootsflottille (KKpt. Ambrosius): Gotenhafen (22 Boote Typ II als Schulboote)

---

[6] Dem 2. Admiral der U-Boote unterstand die gesamte Ausbildung und Verwaltung der U-Bootwaffe. Ab Februar 1943 umbenannt in Kommandierender Admiral der U-Boote: VAdm. v. Friedeburg. Innerhalb seiner Zuständigkeit wurde die Ausbildung gleichzeitig (Jan. 1943 – Kriegsende) ein selbständiger Befehlsbereich: Das Höhere Kommando der U-Bootausbildung (HKU: mit 1. – 4. ULD und 1. – 3. UAA) unter KptzS. A. Schmidt.

Anmerkung: 3. ULD Neustadt i.H. (technische Mannschaften), FKpt. (Ing.) H. Schmidt, Sept. 1943 – Kriegsende; 4. ULD Memel (techn. Mannschaften für neue Typen), KKpt. (Ing.) Miller, Febr. – Nov. 1944.

Personalreserve:

1. U-Bootsausbildungsabteilung (1. UAA: KptzS. Zechlin): Plön

2. U-Bootsausbildungsabteilung (2. UAA: FKpt. Schünemann): Neustadt i.h., Zeven bei Hamburg

Anmerkung: 3. UAA (Überwasserfahrzeuge im BdU-Bereich) Pillau und Schleswig, FKpt. (Ing.) Hohnwald, April 1943 – Kriegsende.

Heimatflottillen:

– *4. U-Bootsflottille* (FKpt. Fischer): Stettin (am Stichtag 34 Boote Typ IX C und D: abschließende Ausbildung und Endausrüstung zur ersten Feindfahrt vor der Abkommandierung zur Front)

– *5. U-Bootsflottille* (KKpt. Moehle): Kiel (am Stichtag 59 Boote Typ VII C: Aufgabe wie 4. U-Flottille)

– *8. U-Bootsflottille* (KKpt. Eckermann): Pillau bzw. Königsberg (am Stichtag 49 Boote Typ VII C: Aufgabe wie 4. U-Flottille)

Anmerkung: Ab März 1943 – Kriegsende dem FdU Ost unterstehend: KptzS. Schellong. Hinzu kamen zusätzlich zur U-Bootgrundausbildung die

– 31. U-Bootsflottille (Sept. 1943 – Kriegsende): Hamburg, Wilhelmshaven, Wesermünde (Bremerhaven) und die

– 32. U-Bootsflottille (April 1944 bis Kriegsende): Pillau bzw. Königsberg, Hamburg.

Ausbildungsflottillen

– *24. U-Bootsflottille* (KKpt. Weingaertner/KptzS. Peters): Memel (13 Boote Typ VII zur Torpedoschießausbildung für Kommandantenschüler)

– *25. U-Bootsflottille* (KKpt. Jasper): Danzig (ohne Boote, Torpedoschießausbildung für neu in Dienst gestellte Boote)

– *26. U-Bootsflottille* (KKpt. v. Stockhausen): Pillau (ohne Boote, Aufgabe wie 25. U-Flottille)

– *27. U-Bootsflottille* (FKpt. W. Hartmann): Gotenhafen (ohne Boote, taktische Ausbildung für neu in Dienst gestellte Boote)

Anmerkung: Ab März 1943 – Kriegsende dem FdU Ausbildungsflottillen unterstehend. Hinzu kamen zusätzlich die

– 18. U-Bootsflottille (Jan. – März 1945): Hela (Ausbildung von Booten neuer Typen in Unterwasserortung),

– 19. U-Bootsflottille (Okt. 1943 – Kriegsende): Pillau, Kiel (Einfahren neuer Boote),

– 20. U-Bootsflottille (Juni 1943 – Febr. 1945): Pillau (taktische Grundausbildung) und

– 23. U-Bootsflottille (Aug. 1943 – März 1945): Danzig (Unterwasser-Torpedo-schießausbildung).

Weitere Einrichtungen:
– *Technische Ausbildungsgruppe für Front-U-Boote* (Agru-Front: KKpt. (Ing.) H. Müller): Hela, Bornholm (Geräuschmessung), Eckernförde (ohne Boote, technische Ausbildung neu in Dienst gestellter Boote, auch unter simulierten Notsituationen)
– *U-Bootsabnahmekommando (UAK: KptzS. Bräutigam): Kiel (ohne Boote, Erprobung neu in Dienst gestellter Boote auf Seetüchtigkeit)*
– *Kriegsschiffbaulehrabteilung U-Boote Ostsee* (KLAU O): 6 Baulehrkompanien[7] für die Werften Kiel, Flensburg, Lübeck, Danzig (am Stichtag 18 neue Boote Typ VII C im Bau)
– *Kriegsschiffbaulehrabteilung U-Boote Nordsee* (KLAU N): 5 Baulehrkompanien für die Werften Bremen, Emden Wilhelmshaven (am Stichtag 23 neue Boote Typ VII C, IX C und D$_2$ im Bau)
– *VIII. Kriegsschiffbaulehrabteilung*: 7 Baulehrkompanien für die Werften in Hamburg (am Stichtag 41 neue Boote Typ VII C und IX C im Bau)
– *Marineärztliches Forschungsinstitut für U-Bootmedizin* (Flottenarzt Dr. Lepel): Carnac/Bretagne (Jan. 1942 – Aug. 1944)
– Torpedoboot ALBATROS (Führerboot), U-Bootbegleitschiff SAAR, 20 weitere Begleitschiffe (Tender), 7 ehemalige M- bzw. T-Boote als Torpedofangboote und weitere Ziel-, Hilfs- und Werkstattschiffe
Anmerkung: Fernerhin kamen hinzu:
– im August 1944 die *Erprobungsgruppe U-Boote* (KKpt. W. Schulz) für Typ XXI (FKpt. Topp) bis Jan. 1945 und für Typ XXIII (KKpt. Emmermann) bis März 1945,
– *Abwicklungsamt für U-Boote* (KptzS (V) Benck) vom Okt. 1943 – Kriegsende und die
– *Klinische Untersuchungsstelle für U-Bootfahrer* (Marine-Oberstabsarzt Prof. Dr. Essen) vom Dez. 1944 bis Kriegsende in Malente.

Personalbestand der Heimatverbände: 32.247, d.h.
– 142 Frontboote in Ausbildung, 57 Schulboote, 82 im Bau befindliche U-Boote mit 1366 Offizieren, 399 Offiziersanwärtern, 1684 Portepee-Unteroffizieren, 5082 Unteroffizieren und 18.388 Mannschaften (= 26.919 Mann U-Bootpersonal einsch. Peronalreserve in den UAA's);
– 212 Offiziere, 531 Portepee-Unteroffiziere, 704 Unteroffiziere, 1031 Mannschaften und 2850 Zivilangestellte (= 5328 Angehörige übriges Personal).

---

[7] Mit Ausnahme des Stammpersonals bestand das Personal dieser Kompanien aus den zur Baubelehrung abkommandierten Besatzungsangehörigen der auf den Werften im Bau befindlichen U-Boote.

Anhang 4
Dienstgrade – ein Vergleich zwischen Kriegsmarine, Royal Navy und US-Marine

Kriegsmarine	Royal Navy	US-Marine
Matrose	Ordinary Seaman	Apprentice Seaman
Matrosen-/Mechanikergefreiter	Able Seaman	Seaman 3rd Class
Maschinengefreiter	Stoker	Fireman 3rd Class
Matrosen-/Mechaniker-obergefreiter	Able Seaman	Seaman 1st Class
Maschinenobergefreiter	Stoker 1st Class	Fireman 2nd Class
Funkobergefreiter	Telegraphist	Radioman 3rd Class
Bootsmannsmaat	Leading Petty Officer (Seaman's Branch)	Petty Officer 3rd Class, Coxswain
Mechanikersmaat	Leading Petty Officer (Gunnery/Torpedoman's Branch)	Torpedoman's Mate 3rd Class
Maschinenmaat	Leading Stoker	Fireman 1st Class
Funkmaat/Oberfunkmaat	Leading Tegraphist	Radioman 2nd Class
Oberbootsmannsmaat	Acting Petty Officer (Seaman's Branch)	Petty Officer 2nd Class, Boatswain's Mate 2nd Class
Obermechanikersmaat	Acting Petty Officer (Torpedoman's Branch)	Torpedoman's Mate 2nd Class
Obermaschinenmaat	Acting Stoker	Machinist's Mate 2nd Class
Bootsmann	Petty Officer (Seaman's Branch)	Petty Officer 1st Class, Boatswain's Mate 1st Class
Mechaniker/Obermechaniker	Petty Officer (Torpedoman's Branch)	Torpedoman's Mate 1st Class
Maschinist	Acting Stoker	Machinist's Mate 1st Class
Oberbootsmann	Warrant Officer (Seaman's Branch)	Chief Petty Officer, Chief Boatswain's Mate
Obersteuermann	Chief Petty Officer (Navigation)	Warrant Quartermaster
Obermaschinist	Chief Stoker	Machinist (Warrant Officer)

Kriegsmarine	Royal Navy	US-Marine
Fähnrich z.S (FähnrzS.)	Midshipman	Midshipman
Oberfähnrich z.S. (OFähnrzS.)	(Senior Midshipman)	(Senior Midshipman)
Leutnant z.S. (LtzS.)	Sublieutenant[1]	Ensign
Leutnant/Lt. (Ing.)	Sublieutenant (E.)[1]	Ensign-Eng.
Oberleutnant z.S. (ObltzS.)	Lieutenant[1]	Lieutenant (j.g.)
Oberleutnant/Oblt. (Ing.)	Lieutenant (E.)[1]	Lieutenant(j.g.)-Eng.
Kapitänleutnant (Kptlt.)	Lieutenant-Commander[1]	Lieutenant
Korvettenkapitän (KKpt.)	Commander[1]	Lieutenant-Commander
Fregattenkapitän (FKpt.)	(Junior Captain)[1]	Commander
Kapitän z.S. (KptzS.)	Captain	Captain
Kommodore[2]	Commodore	Commodore
Konteradmiral (KAdm.)	Rear Admiral	Rear Admiral
Vizeadmiral (VAdm.)	Vice Admiral	Vice Admiral

Admiral (Adm.)	Admiral	Admiral
Generaladmiral (GenAdm.)	–	–
Großadmiral (GAdm.)	Admiral of the Fleet	Fleet Admiral

[1] Im Gegensatz zur heutigen Auffassung, die der Rangfolge in der US-Marine entspricht, galt für die britische Marine vor 1945 eine andere Rangfolge (vgl. z.B. *Weyers Taschenbuch der Kriegsflotten*, 34. Jg. 1940, S. 408ff., Rohwer/Hümmelchen: *Chronology*, S. XIII). Der Rang des Fregattenkapitäns hatte keine Entsprechung und wurde als *Captain* jüngeren Dienstalters (2 Jahre) betrachtet, während der *Commander* als Entsprechung des Korvettenkapitäns angesehen wurde. Dadurch verschob sich die Rangfolge bei den Subalternoffizieren.

[2] In der Kriegsmarine, die den Flottillenadmiral von heute noch nicht kannte, war *Kommodore* kein Dienstgrad sondern eine Dienststellung. Sie erhielt ein Kapitän z.S., der einen aus Schiffen oder Booten bestehenden Verband führte: *KptzS. und Kommodore.* Demgemäß war ihm auch keine Flagge zuerkannt; er führte einen Breitwimpel. Als Dienstgradabzeichen führte der Kommodore die vier Ärmelstreifen eines KptzS., die am 13. März 1939 durch einen breiten Ärmelstreifen (wie Admirale) ersetzt wurden.

Anmerkungen

Vorbemerkung des Übersetzers:

Ergänzungen im Text des Buches durch den Übersetzer wurden in eckige Klammern [...] gesetzt. Im Übrigen sind ergänzende Anmerkungen des Übersetzers (und in wenigen Fällen des Lektors: A.d.L.), die dem besseren Verständnis des deutschen Lesers dienen sollen, zwischen die des Verfassers eingefügt. Um sie von jenen des Verfassers zu unterscheiden, erfolgt ihre Angabe durch Hinzufügen eines Buchstabens an die vorausgegangene Fußnote des Verfassers (z.B. 1a oder 2b) oder an eine Null (z.B. 0a), wenn zu Beginn eines Kapitels noch keine Fußnote des Verfassers vorhanden ist. Die angegebenen Quellen wurden bei Übersetzungen hier (nur Titel) und in der *Bibliografie* durch die Titel der deutschen Originalwerke bzw. durch die Titel der deutschen Übersetzungen bei englischsprachigen Werken mit genauer Verlagsangabe ergänzt. Im übrigen wurde die Zitierweise des Verfassers beibehalten.

Vorwort

1   Raeders Kommentar zum Kriegseintritt Großbritanniens am 3. September 1939 findet sich in *Fuehrer Conferences*, S. 37/38 [Wagner: „Lagevorträge des ObdM vor Hitler 1939 – 1945"].

2   Eine kommentierte Bibliografie zu diesem Thema ist bis zu den frühen 80er-Jahren in Bird: *German Naval History*, S. 571ff., bes. S. 675 – 693, veröffentlicht. Doch in den vergangenen 15 Jahren ist neuere Literatur in großem Umfang erschienen, wie ein kurzer Blick in die Bibliografie augenscheinlich darlegt. Ein umfassender Führer durch die englischsprachigen Primär- und Sekundärquellen findet sich bei Blair: *Hitler's U-boat War* [„Der U-Boot-Krieg"], Bd. 1: *The Hunters* [„Die Jäger 1939 – 1942], gegenwärtig verfügbar in der Website des Verlages (www.randomhouse.com/uboat/biblio.html) und vorgesehen zur Veröffentlichung 1998 in Bd. 2: *The Hunted*. [In der inzwischen erschienenen deutschen Ausgabe – siehe Bibliografie – ist Blairs umfassende Bibliografie in Band 2: „Die Gejagten 1942 – 1945", S. 947 – 992, veröffentlicht.] Hadleys: *Count Not the Dead* bietet eine einzigartige, kritische Besprechung der U-Boot-Erinnerungen und anderer Darstellungen von deutschen Teilnehmern.

3   Zu den jüngsten Veröffentlichungen gehören Kemp: *U-boats Destroyed* [„Die deutschen und österreichischen U-Boot-Verluste in beiden Weltkriegen"] und Wynn: *U-boat Operations*. Letzteres, in den Vereinigten Staaten im April 1998 erschienen, kam zu spät, um in diesem Werk noch berücksichtigt zu werden.

4   Zum Beispiel Buchheim: *Das Boot* und Ott: *Haie und kleine Fische* [beide sind im deutschen Buchhandel derzeit (2001) erhältlich].

5   Vgl. Mulligan: *Lone Wolf*, bes. S. 75ff., 164/165, und Mulligan: *Sociology of an Elite*, S. 261 – 281.

6   Vgl. Heinsius *Verbleib des Aktenmaterials*, S. 82 – 85; Granier, et al.: *Das Bundesarchiv und seine Bestände*, S. 267/268

6a   Die *Deutsche Dienststelle für die Benachrichtigung der nächsten Angehörigen von Gefallenen der ehemaligen deutschen Wehrmacht* (kurz: *Deutsche Dienststelle*) in Berlin-Wittenau ist der Nachfolger der ehemaligen *Wehrmachtauskunftsstelle (WASt)*. Sie verwaltet neben den Personalakten der Marine, soweit noch vorhanden, auch die Erkennungsmarkenverzeichnisse und die Verlustmeldungen der Wehrmacht sowie Unterlagen über deutsche Kriegsgefangene. Daneben gibt es noch das *Krankenbuchlager* in Berlin-Wedding. Hier sind mehrere Millionen Krankenbücher vor allem über Soldaten beider Weltkriege verfügbar.

7   Mit der *Stiftung Traditionsarchiv Unterseeboote* – allgemein als *U-Boot-Archiv* bekannt und im Stadtteil Altenbruch von Cuxhaven gelegen – ist ein Anfang gemacht. Das Archiv beherbergt die jahrzehntelangen Bemühungen seines Leiters Horst Bredow, um Kopien aller einschlägigen Aktenbestände und persönlichen Aufzeichnungen sowie Fotografien und Artefakte von seinen U-Bootkameraden zusammenzutragen.

7a   Das *U-Boot-Archiv* ist eine gemeinnützige Stiftung und daher auf freiwillige Spenden angewiesen. Es erhält keine Unterstützung durch offizielle Stellen. Herr Bredow hat die finanziellen Belastungen jahrzehntelang aus seinem privaten Einkommen bestritten. Das war angesichts der gestiegenen laufenden Kosten nicht mehr möglich. Daher steht seit einiger Zeit der Stiftung ein Förderverein zur Seite, dem jeder beitreten kann: Der **Freundeskreis Traditionsarchiv Unterseeboote e.V.**. Zur genaueren Orientierung über das U-Boot-Archiv wird auf Jak Mallmann Showell: „Kriegsmarine 1939 – 1945", Motorbuch Verlag, Stuttgart 2000, S. 236 – 239, verwiesen. Die Anschrift lautet: **U-Boot-Archiv, Bahnhofstr. 57, 27478 Cuxhaven-Altenbruch**.

1. Kapitel: Eine Schicksalsgemeinschaft

1   Monsarrat: *Cruel Sea*, S. 225 [„Großer Atlantik", S. 216].

2   Dönitz *U-Bootswaffe*, S. 26/27.

2a   Bei den Offizieren gab es etwa 15 verschiedene Laufbahnen. Die wichtigsten waren:
– Seeoffiziere: Ränge vom Leutnant z.S. bis zum Großadmiral (siehe Anhang 4); Laufbahnabzeichen: keines, ausgenommen fünfzackiger Stern („Seestern") oberhalb der Ärmelstreifen auf den Unterarmen.
– Ingenieuroffiziere: Ränge vom Leutnant bis zum Vizeadmiral, jeweils mit dem Zusatz „(Ing.)", z.B. Kptlt.(Ing.), KptzS.(Ing.); Laufbahnabzeichen: Zahnrad mit sechs Speichen auf den Schulterstücken und oberhalb der Ärmelstreifen auf den Unterarmen.
– Waffenoffiziere: Ränge vom Leutnant bis zum Kapitän z.S., jeweils mit dem Zusatz „(W.)"; Laufbahnabzeichen: Waffenoffiziere der Artilleriewaffen zwei gekreuzte Kanonenrohre und die der Sperrwaffen eine aufrecht stehende Seemine auf den Schulterstücken und oberhalb der Ärmelstreifen auf den Unterarmen.
– Verwaltungsoffiziere: Ränge vom Leutnant bis zum Kapitän z.S., jeweils mit dem Zusatz „(V.)"; Laufbahnabzeichen: Merkurstab auf den Schulterstücken und oberhalb der Ärmelstreifen auf den Unterarmen.
– Sanitätsoffiziere: Ränge vom Marineassistenzarzt bis zum Admiralstabsarzt; Laufbahnabzeichen: Äskulapstab auf den Schulterstücken und oberhalb der Ärmelstreifen auf den Unterarmen.

3   Soweit nichts anderes vermerkt ist, stammen die folgenden Beschreibungen aus der Sammlung *Befehle für den Dienstbetrieb auf U-Booten* im Ordner „UWO-Lehrgänge", U-Boot-Archiv, Cuxhaven; *Bestimmungen für den Dienst an Bord, Heft III: Wach- und Sicherheitsdienst*, S. 10ff.; Mallmann Showell: *U-boats*, S. 115 [„U-Boote gegen England", S. 151ff.]; und Stern: *Type VII U-boats*, S. 63 – 68. Die beste Beschreibung der Eigenschaften und Bordsysteme des Typs IX C findet sich im Handbuch, übersetzt von

der US-Marine unter dem Titel „Preliminary Knowledge of U-boats, Typ IX C" im zentralen Aktenbestand des *Bureau of Ships*, einer Abteilung des US-Marineministeriums (vergleichbar dem *Amt Kriegsschiffbau* im OKM), 1940 – 1945, klassifiziert C-EF30/55, Vol. 5, Record Group 19, Akten des Bureau of Ships, NA. [Siehe hierzu Fritz Köhl und Axel Niestlé: *Vom Original zum Modell: U-Boottyp IX C.*]

4   Dieser Punkt wird in den Kapiteln 4 und 7 behandelt. Die Laufbahnen der Unteroffiziere und Mannschaften der Marine werden ausführlich im Kapitel 6 beschrieben.

5   Interview mit Reinhard Hardegen in Bremen am 6. November 1995; Zitat von Kptlt. Kurt Neide in Middlebrook: *Convoy*, S. 59.

5a   Der *Befehlshaber der Unterseeboote (BdU)*, hervorgegangen am 17. Oktober 1939 aus dem *Führer der Unterseeboote (FdU)*, war sowohl eine Dienststellung – Dönitz behielt diese Stellung auch als ObdM in Personalunion bis Kriegsende bei – wie auch eine Dienststelle. Mit der Aufhebung der truppendienstlichen Unterstellung des BdU unter den Flottenchef im Sommer 1942 entstand daraus auch ein selbständiges Kommando, das dem ObdM direkt unterstand. Im Übrigen war die Dienststelle des BdU in zwei Bereiche gegliedert:
– *Operationsabteilung* – BdU op – unter KAdm. Eberhard Godt, die den U-Bootkrieg (nicht die Skl) führte. Ab 1. Juni 1944 wurde sie in die U-Bootführungsabteilung – 2./Skl. B.d.U. op. – der Seekriegsleitung umgewandelt.
– *Organisationsabteilung* – BdU org – unter Adm. Hans-Georg v. Friedeburg. Ihr unterstand die gesamte Organisation der U-Bootwaffe: Neubauten, Ausbildung und Ausbildungsflottillen, die Stützpunkte mit den U-Flottillen, die Erprobungskommandos, Baubelehrungen usw. Ab 1. September 1941 unterstand die Abteilung Adm. v. Friedeburg als 2. Admiral der U-Boote, umgewandelt am 1. Februar 1943 in Kommandierender Admiral der U-Boote, während die Abteilung ab 1. Juni 1944 die Kommandoabteilung U-Boote – Qu. A U – im Quartiermeisteramt der Skl bildete.

6   Zitat aus Wolfgang Lüth: „Menschenführung auf einem U-Boot" in Tarrant: *U-boat Offensive*, S. 177, 185 [„Kurs West! Die deutschen U-Bootoffensiven 1914 – 1945", S. 241, 251]; Interview mit dem ehemaligen U-Bootoffizier Hans Schultz, Neukirchen, 25. Juni 1996.

6a   Der damalige KKpt. Wolfgang Lüth hielt den Vortrag „Menschenführung auf einem U-Boot. Einzelheiten aus der menschlichen Führung einer U-Bootbesatzung auf Feindfahrt" am 17. Dezember 1943 auf der Befehlshabertagung der Kriegsmarine in Weimar. Lüth war am 14. Oktober 1943 mit *U 181* von seiner allerletzten Feindfahrt in Bordeaux eingelaufen, die ihn in den Indischen Ozean geführt hatte und zu diesem Zeitpunkt mit 203 Seetagen die längste des Krieges war. Der Übersetzer hat in „Kurs West!" (siehe Anm. 6) Lüths Vortrag im Originaltext unverändert wiedergegeben. Herr Horst Bredow vom U-Boot-Archiv hatte dem Übersetzer die Originalfassung freundlicherweise zur Verfügung gestellt. Siehe auch Jordan Vause: *U-boat Ace* [„Der U-Bootkommandant Wolfgang Lüth", Anhang S. 209 – 228].

7   Bräckow *Marine-Ingenieur-Offizierkorps*, S. 288.

7a   „Trimm" ist die Schwimmlage eines Bootes in der Längsrichtung. Bei einem U-Boot befinden sich innerhalb des Druckkörpers vorn und achtern Trimmzellen, die über die Trimmleitung miteinander verbunden sind. Ihre Aufgabe besteht darin, den Gewichtsschwerpunkt des Bootes senkrecht unter den Verdrängungsschwerpunkt zu bringen, damit das Boot null-lastig (d.h. weder vor- noch achterlastig) auf einer bestimmten Tiefe eingesteuert werden kann (Herstellung des Gleichgewichtszustandes).

8   Buchheim: *U-boat War*, S. 53 [auch „Das Boot", S. 61].

9   Metzler: *Sehrohr*, S. 89.

9a   Einheiten der Marine, die keinen etatmäßigen Ersten Offizier (IO, gesprochen „Eins O") an Bord hatten, wurden nicht als Schiffe sondern als Boote bezeichnet; sie hatten stattdessen Wachoffiziere mit einem I WO an Bord.

10   Umfassende Daten gibt die Studie des britischen Verteidigungsministeriums „The U-boat Logs, 1939-45" an, unterlässt aber bedauerlicherweise Vergleiche zwischen Über- und Unterwasserangriffen. Das Verhältnis wird jedoch bei den Torpedoangaben für U-Boote wie *U 48* (96 Über- gegenüber 30 Unterwasserschüssen in 22 Monaten) und *U 515* (61 Über- gegen 9 Unterwasserschüsse in 20 Monaten) dargelegt. Vgl. Herzog: „Torpedoverbrauch von *U 48*", S. 135, und Mulligan: *Lone Wolf*, S. 228.

11   Lüth: „Menschenführung" in Tarrant: *U-boat-Offensive*, S. 182 [„Kurs West!", S. 247].

12   Siehe die Beschreibung bei Merten: *Nach Kompaß*, S. 208.

13   Sanitätsoffiziere (Marineärzte) werden im Kapitel 5 ausführlicher beschrieben.

13a   PK-Berichter als *Sonderführer*: Personen, die über besondere Kenntnisse verfügten, aber keine oder nur eine geringe militärische Ausbildung hatten, wurden für die Dauer ihrer Verwendung in der Marine und auf Widerruf mit einer „Kriegsstelle" beliehen und zu *Sonderführern* ernannt, um ihnen den Kombattanten-Status zu gewähren. Sie trugen die blaue Marineuniform und führten als Abzeichen ihrer Stellung in beiden Kragenecken den unklaren Anker. Im Übrigen standen die PK-Berichter (wie z.B. auch Handelsschiffsoffiziere als Prisenoffiziere auf Handelsstörern) im Range eines Leutnants zur See, dessen Dienstgradabzeichen sie auch führten. Ihre Dienstgradbezeichnung lautete: Sonderführer (Lt.z.S.) oder kurz Lt.z.S.(S).

14   Berichte und Korrespondenz dieser Männer und ihrer Einheiten sind wiedergegeben von: National Archives Microfilm Publication 177, Records of the German Armed Forces High Command, rolls 1020-22, frames 2489427 ff. Hinsichtlich der Diskussion über Themen und Bedeutung dieser Nachkriegsautoren wie Harald Busch, Wolfgang Frank und Lothar-Günther Buchheim siehe Hadley: *Count Not the Dead*, S. 110 – 117, 140ff.

15   Kaiser: *QXP*, S. 157 [Taschenbuch-Ausgabe Ullstein, S. 184].

15a   Funkführung und Funkverkehr der Geleitzüge eröffneten der Funkaufklärung Erkenntnismöglichkeiten. Die 2. Abt. der Skl (2./Skl) umfasste den Marinenachrichtendienst (MND) und dessen III. Abt. (MND III) bildete die Funkaufklärung (B-Dienst). Die Nachrichtenauswertung fiel in die Zuständigkeit der 3./Skl. Dem zu MND III gehörenden Marine-Funkentzifferungsdienst (xB-Dienst, oft nur B-Dienst genannt) – auch als Bordgruppen eingesetzt – gelangen beachtliche Einbrüche in den alliierten Funkverkehr, die der U-Bootführung bemerkenswerte Kenntnisse für Operationen gegen Geleitzüge vermittelten.

15b   Seit Oktober 1936 begründete der deutsch-italienische Vertrag die „Achse Berlin – Rom", die im September 1940 (Dreimächtepakt mit Japan) zur „Achse Berlin – Rom – Tokio" erweitert wurde (Achsenmächte).

16   Vgl. *Guides to the Microfilmed Records of the German Navy, 1850-1945*, Nr. 2: *Records Relating to U-boat Warfare, 1939-1945*, zusammengestellt von Timothy P. Mulligan (Washington, D.C.: National Archives and Records Administration, 1985), später zitiert als *Guide No.2*, passim. Rettungen von deutschen Flüchtlingen durch U-Boote (nicht in den vorhandenen KTB's gefunden) werden in Kapitel 4 behandelt. Die Anzahl der Feindfahrten findet sich in der unveröffentlichten britischen Studie „U-boat Log's", S. 29. Die ungewöhnliche Rettungsstat von *U 380* ergibt sich aus dem KTB vom 5. – 16. Mai 1943 (T1022/2889/PG 30442/6). Weitere zusätzliche Rettungen (z.B. durch *U 481* von 25 – 30 schiffbrüchigen estnischen Flüchtlingen im Finnischen Meerbusen, August 1944, erwähnt bei Nöldeke/Hartmann *Sanitätsdienst*, S. 82) sind nicht in den KTB's verzeichnet.

17   Lüth: „Menschenführung" in Tarrant: *U-boat Offensive*, S. 182 [„Kurs West!", S. 246].

18   Hirschfeld: *Feindfahrten*, S. 192.

19   Der Verfasser hat den englischsprachigen Ausdruck *Warrant Officer* oder *Chief Petty Officer* benutzt, wie er in der Übersetzung von Adolf Schlicht/John R. Angolia: *Uniformierung und Ausrüstung 1933 – 1945*, Band 2: *Die Kriegsmarine*, S. 58ff. [Angolia/Schlicht: „Uniforms and Traditions", Bd.1, S. 38ff.] verwendet wird.

19a   Die Bezeichnung *Unteroffiziere mit Portepee* (PUO's) findet auch in der heutigen Bundeswehr für die Feldwebeldienstgrade Verwendung. Allerdings tragen diese kein Portepee mehr, das bis 1945 als eine silberne oder goldene Quaste zu Degen, Säbel oder Dolch getragen wurde.

20   Eine detaillierte Darstellung der Navigationsaufgaben des Obersteuermanns wird in Buchheim: *U-boat War*, S. 162/163, wiedergegeben.

21   Interview mit Hermann Kaspers, Neukirchen, 26. Juni 1996; Plottke: *Fächer loos!*, S. 56, 90.

21a   Noch aus den Tagen der Kaiserlichen Marine und der Kohlefeuerung allgemein umgangssprachlich bis heute.

22   Gasaway: *Grey Wolf, Grey Sea*, S. 118/119; Brennecke: *Jäger – Gejagte*, S. 371/372; und Interview mit Hermann Brandt, Neukirchen, 26. Juni 1996.

23   Vgl. hierzu die umfassenden Daten und Erkenntnisse bei Dr. Karl E. Schaefer: „Man and Environment in the Submarine (Bioclimatology of the Submarine)", Study B-1, S. 6ff., und Dr. Jürgen Tonndorf: „Influence of Service on Submarines on the Auditory Organ", Study D-II, S. 17 – 20, beides in Schaefer (K.E.Schäfer/Hrsg.): „Monograph on Submarine Medicine". (Die Temperaturangaben sind von Celsius in Fahrenheit umgerechnet worden. – [Sie wurden vom Übersetzer wieder zurückgerechnet.])

23a   *Funkmeß* ist die damalige deutsche Bezeichnung für Radar.

24   Kahn: *Seizing the Enigma*, S, 197/198; Kaiser: *QXP*, bes. S. 61ff, [Taschenbuch-Ausgabe Ullstein, S. 67ff]; Guske: *War Diaries*. S. 147 – 149, 169 – 174.

24a   Die Torpedozellen enthielten Seewasser und befanden sich wie beim Typ II nur vorn oder wie beim Typ IX oder VII vorn und achtern, stets in Verbindung mit den Torpedorohren. Sie dienten dem Gewichtsausgleich (Wassermenge = Gewicht des Torpedos), wenn beim Schuss der Torpedo das Rohr verließ.

25   Die Beschreibungen stammten aus Stern: *Type VII U-boats*, S. 33, 91; Busch: *So war...*, S. 14 – 16; Buchheim: *U-boat War*, S. 90/91, und *Jäger*, S. 20 – 36; Lüth/Korth: *Boot greift wieder an!*, S. 201 – 203; sowie Interview mit Werner Hirschmann, Toronto, 8. Februar 1996. Ein ausgezeichneter Querschnitt der Zentrale findet sich in Lakowski: *Deutsche U-Boote Geheim*, S. 67 – 70; ein Buch, das auf Aktenbeständen des Amtes Kriegsschiffbau (K) im OKM beruht, die sich lange Zeit in Archiven der Sowjetunion und danach der ehemaligen DDR befanden.

26   Stern: *Type VII U-boats*, S. 76; Mallmann Showell: *U-boats*, S. 95 [„U-Boote gegen England", S. 137ff.]; Gasaway: *Grey Wolf*, S. 37/38. Teilinformationen über Toilettenbenutzung an Bord eines VII-F-Bootes von 1943 sind in Lakowski: *Deutsche U-Boote Geheim*, S. 78/79, veröffentlicht.

27   Vgl. die Version in Brennecke: *Jäger – Gejagte*, S. 383 – 386, sowie den Bericht des Kommandanten in Högel: *Embleme*, S. 266. Drei Angehörige der Besatzung gingen mit dem Boot unter.

28   Jobst Schaefer: „Ernährung des U-Bootsfahrers", S. 156c/d, 157; Plottke: *Fächer loos!*, S. 8 – 10.

29   Mulligan: *Lone Wolf*, S. 75 – 83, 86.

30   KTB *U 47*, 8. – 17. Oktober 1939, wiedergegeben von National Archives Microfilm Publication T1022, Records of the German Navy 1850-1945, Received from the Naval Historical Division, roll 2970, ebenso PG 30024 (später zitiert als T1022/2970/PG 30044); Köhl und Niestlé: *Vom Original zum Modell: U-Boottyp IX C*, S. 13; Studie des britischen Verteidigungsministeriums „U-boat Logs", S. 29. Eine

vollständige Auflistung der Feindfahrten im Atlantik von 1939 – 1942 findet sich in Blair: *U-boat War: The Hunters*, S. 709 – 732 [„U-Bootkrieg", Bd. 2: „Die Jäger", S. 819 – 833 (Anhang 2: Nordatlantik), S. 834 – 836 (Anhang 3: Südatlantik), S. 837 – 842 (Amerikanische Gewässer)]. Die Feindfahrten der kleinen U-Boote des Typs II in den ersten Kriegsmonaten wurden weggelassen.

31   Stern *U-boats in Action*, S. 64/65.

32   Der Großteil der hier zitierten Beispiele findet sich in Lüths Vortrag „Menschenführung" in Tarrant: *U-boat Offensive*, S. 177 – 184 [„Kurs West!", S. 244 – 249]; siehe auch Gallery: *U 505*, S. 142, und Gasaway: *Grey Wolf*, S. 192; Beispiele von U-Boot-Bordzeitungen sowie Titel von typischen Schallplatten und Büchern aus Bordbibliotheken sind unter den Reels 78 – 82 der mikroverfilmten German Submarine Materials von *U 505* und *U 805* verfügbar, Manuscripts Division, Library of Congress, Washington, D.C. (später zitiert als MSS. Division, LC).

33   Vgl. die Schallplattenverzeichnisse von *U 505* (87 Schallplatten) und *U 805* (118 Schallplatten), wiedergegeben auf Reels 81-82 of the German Submarine Materials, Mss. Division, LC.

33a   Diese Aufzählung muss durch die absoluten Hits der damaligen Zeit ergänzt werden: Kurt Strienz mit „Heimat deine Sterne", Rosita Serano mit „Roter Mohn" und vor allem Lale Andersen (Soldatensender Belgrad) mit dem unvergessenen Lied „Lili Marleen".

Dieses bekannteste deutsche Soldatenlied schrieb der Schriftsteller Hans Leip 1916 auf dem Eisenbahntransport an die Westfront, nachdem er sich in Berlin am Abend zuvor nacheinander von seinen beiden Freundinnen verabschiedet hatte: Lili, der Tochter eines Gemüsehändlers, und Marleen, der Tochter eines Apothekers. Herbert A. Werner berichtet uns in *Die eisernen Särge*, S. 220, dass die U-Bootmänner im Herbst 1943 in den Stützpunkten an der französischen Atlantikküste mit bitterem Galgenhumor als Refrain dieses Liedes sangen:

„....und wenn wir auf tausend Meter geh'n,
Woll'n wir zu Fuß nach Hause geh'n
Zu dir, Lili Marleen,
Zu dir, Lili Marleen."

34   Lüth: „Menschenführung" in Tarrant: *U-boat Offensive*, S. 183/184 [„Kurs West!", S. 248f.]; Schallplattenverzeichnis von *U 505*, Reel 81 der German Submarine Materials, Mss. Division, LC; Interview mit Werner Hirschmann, Toronto, 30. September 1995.

35   Vgl. Mulligan *Londe Wolf*, S. 68.

36   Hirschfeld: *Feindfahrten*, S. 251; Gannon: *Operation Drumbeat*, S. 281 [„Operation Paukenschlag", Taschenbuch-Ausgabe Ullstein, S. 371]; Werner Hirschmann, Brief an den Verfasser, 22. Mai 1995.

37   Memorandum Nr. 658 für Op-16-W: „American Radio Programs for U-boat Men", 15. Juni 1943, File „Memorandums" in Op-16-Z Subject Files, Records of the Special Activities Branch (Op-16-Z) des Office of Naval Intelligence (ONI), Records of the Chief of Naval Operations (CNO), Record Group 38, National Archives, College Park, Md. (später zitiert als RG 38, NA).

38   War Department Classified Incoming Message CM-IN-8460, Curaçao to WDGBl., 25. Juni 1942, in File 383.6 Germany 6-25-42, Army Intelligence (AI) project decimal file, 1941-45, Records of the G-2 (Intelligence) Division, RG 319, NA. Weitere Informationen über diesen Gefangenen und seine „Gastgeber" (*U 126*: Kptlt. Ernst Bauer) finden sich im Kapitel 10.

39   Beispiele dieses Humors finden sich in Buchheim: *Das Boot*, passim; Mulligan: *Lone Wolf*, S. 30/31; Högel: *Embleme*, S. 219, 272/273, 313, 315/316; und Hadley: *U-boats against Canada*, S. 233/34, 307 – 311 [„U-Boote gegen Kanada", Taschenbuch-Aus-

gabe Ullstein, S. 346, 400 – 403]. Gesammelte „Bier-Zeitungen" der Crews, die viele Beispiele von Knittelversen zur Kennzeichnung von vorgesetzten Offizieren enthalten, befinden sich in der Obhut des *Wehrgeschichtlichen Ausbildungszentrums* an der Marineschule Mürwik in Flensburg. Die beste Sammlung von „Urkunden" und Versen, die sich auf einzelne U-Boote beziehen, befindet sich im *U-Boot-Archiv*, Cuxhaven-Altenbruch.

39a   „Schnorcheln": Die mit Luftmasten, dem Schnorchel, ausgerüsteten U-Boote (ab Winter 1943/44) fuhren angesichts der Luftgefahr auch getaucht mit Dieselmotoren, wobei die erforderliche Zuluft genauso wie die Abgase über diesen Mast angesaugt bzw. abgeleitet wurden. Hinsichtlich des Galgenhumors und „Lili Marleen" siehe oben Anm. 33a.

40   Kaiser: *QXP*, S. 199 [Taschenbuch-Ausgabe, S. 234]; Gasaway: *Grey Wolf*, S. 67; Giese/Wise: *Shooting*, S. 120/121; Werner Hirschmann, Brief an den Verfasser, 7. August 1998.

41   Stern: *Type VII U-boats*, S. 55 – 58. Der britische Director of Naval Intelligence (DNI) „Summary of Information on German U-boats", 29. November 1943 (bes. S. 10) im Subject File: „British Final Reports", Op-16-Z, RG 38, NA (später zitiert als British Naval Intelligence „Summary").

42   Angaben über Verluste bei Högel: *Embleme*, S. 282 – 284. Der Vorfall auf *U 106* wird bei Busch: *So war...*, S. 139 – 141, beschrieben.

43   ONI-Vernehmungsbericht von *U 94*, Op-16-Z Files,RG 38, NA.

44   Beispiele aus den KTB's von *U 485*, Dezember 1944 (T1022/3657/PG 30602/2), *U 1064*, 13. Februar 1945 (T1022/3764/PG 30849/2), und *U 1228*, 19. September 1944 (T1022/3463/PG 30867/2). Die Bedingungen der Schnorchelfahrt beschrieben Interviews mit Werner Hirschmann, Toronto, 30. September 1995, und mit Peter Petersen, Chicago, 6. Juni 1996 (beide überprüften und korrigierten auch dieses Kapitel im Hinblick auf Sprachgebrauch und Bordroutine).

45   Dr. Günther Malorny: „Carbon Monoxide on Submarines", Report B-III, und Dr. Hellmut Uffenorde: „Otological Experience with „Schnorchel"-equipped Submarines", Report D-III, beide in Schaefer (K.E.Schäfer/Hrsg.): „Monograph on Submarine Medicine".

46   Vgl. Mallmann Showell: *U-boats*, S. 83/84 [„U-Boote gegen England", S. 127]; Tarrant: *Last Year*, S. 84/85 [„Das letzte Jahr", S. 89f.].

47   Malorny: „Carbon Monoxide on Submarines" und Uffenorde: „Otological Experience with „Schnorchel"-equipped Submarines", aaO.

48   Vgl. die Verse in Hadley: *U-boats against Canada*, S. 233/234, 307 – 311 [„U-Boote gegen Canada", S. 346, 400 – 403].

49   Schlicht/Angolia: *Kriegsmarine*, S. 204f., 247 – 251, 256 – 261; Stern: *U-boats in Action*, S. 65 – 68.

50   Buchheim: *U-boat War*, S. 90 – 96; Stern: *Type VII U-boats*, 76/77; Morison: *Atlantic Battle Won*, S. 163.

51   Churchill: *Their Finest Hour*, S. 529.

2. Kapitel: Die erste Generation

0a   Die USS CORE (CVE-13) war ein Geleitträger der amerikanischen BOGUE-Klasse, der am 10. Dezember 1942 in Dienst gestellt worden war. Technische Daten: 8390 ts standard (14.112 ts maximal), Höchstgeschwindigkeit: 18 kn, Seeausdauer: 26.300 sm bei 15 kn, 890 Mann Besatzung, 2 Aufzüge, 1 Katapult und 28 Flugzeuge. Die 21 Einheiten der BOGUE-Klasse waren die ersten zweckgebauten CVE's. Ihnen folgte die CASABLANCA-Klasse mit 50 Einheiten. Mit dieser Klasse führte der amerikanische Reeder Henry J. Kaiser die Sektionsbauweise nach dem Vorbild der *Liberty*-Schiffe ein. Die im Gegensatz zu Flottenflugzeugträgern schnell zu bauenden leichten Träger verstärkten die Luftüberlegenheit der Alliierten vor allem im Atlantik erheblich. Die USS CORE bildete mit ihren Zerstörern BARKER, BULMER und BADGER die TG 21.16 (Capt. Greer), eine sog. *Hunter-Killer-Group*, d.h. eine selbstständig operierende U-Jagdgruppe, die aufgrund von „Ultra"-Meldungen (Erkenntnisse aus dem entzifferten deutschen Funkverkehr) gezielt auf *U 487* angesetzt war, um das Versorgungs-Boot zu vernichten.

1   Erste Vernehmungen der Überlebenden von *U 487* und abschließender Vernehmungsbericht der ONI, Op-16-Z Interrogation Reports, RG 38, NA.

2   Angaben zu den in diesem und in den beiden folgenden Absätzen behandelten Personen stammen (so weit nichts anderes angegeben ist) aus: Stoelzel (Hrsg.): *Ehrenrangliste*, S. 232, 349, 351 – 353, 403, 483, 500, 782 und 806; Lohmann/Hildebrand: *Kriegsmarine*, Bd. 3, S. 291 – 300, 306, 312/313, 328, 362 und 408; Herzog/Schomaekers: *Ritter der Tiefe*, S. 75 – 91, 270/271; und Busch/Röll: *U-Boot-Kommandanten*, S. 152, 202/203 und 255. U-Boot-"Familiendynastien" werden behandelt bei Herzog: *U-Boote im Einsatz*, S. 30; Ludwig Beckers Angaben stammen aus meiner Umfrage bei den U-Bootveteranen (Sample 5529). Dönitz: *Wechselvolles Leben*, S. 109 – 122, beschreibt die meisten Einzelheiten seiner U-Boot-Karriere im Ersten Weltkrieg, während die zitierte Aussage in „Memoirs", S. 4 [„10 Jahre und 20 Tage", S. 10f.], zu finden ist.

3   Vgl. Bräckow: *Marine-Ingenieuroffizierkorps*, S. 247ff.

3a   Thedsen fuhr bereits 1921 – 1923 auf dem Torpedoboot *G 8* als LI unter Dönitz als Kommandant. Das Fundament der guten Zusammenarbeit zwischen Kommandant und LI, die den Geist der U-Bootwaffe bis Kriegsende beherrschte, wurde nach 1935 durch das gute Einvernehmen zwischen Dönitz als Flottillenchef und Thedsen als Flottilleningenieur gelegt. Nicht umsonst trug der Letztere in der U-Bootwaffe den Spitznamen „Papa Thedsen".

4   Hinsichtlich weiterer Ausführungen über Rose siehe Herzog/Schomaekers: *Ritter der Tiefe*, S. 157 – 170, 283 – 285.

4a   Rose ist einer der Väter der späteren Gruppen- oder Rudeltaktik, die Dönitz als BdU vervollkommnete. Seine Gedanken legte Rose in einem Sonderbericht vom 27. Dezember 1917 an den damaligen BdU, KptzS. Andreas Michelsen, vor, wiedergegeben bei Hans Rose: *Auftauchen! Kriegsfahrten von U 53*, Hamburg 1939, S. 214ff. Vgl. auch Jeschke: *U-Boottaktik*, S. 48ff.

5   Ein Beispiel für Letztere war ObltzS.d.R Gustav Lange, Peronalsachbearbeiter bei der 24. U-Flottille in Memel. Vgl. Merten: *Nach Kompaß*, S. 351.

5a   Im Juli 1922 gründeten mehrere deutsche Werften unter Leitung von Dr.-Ing. Hans Techel als technischem und KKpt.a.D. Blum als kaufmännischem Direktor das *Ingenieurskantoor voor Scheepsbouw* (IvS) im niederländischen Den Haag, um den technischen Wissensstand im U-Bootbau zu erhalten. Zu den etwa 30 Ingenieuren gehörte auch der U-Bootkonstrukteur Friedrich Schürer, während des Zweiten Weltkrieges Leiter der Abteilung *Gesamtentwurf und Instandhaltung der U-Boote*, später Chef der Amtsgruppe *Gesamtentwurf und Schiffbau* im Hauptamt *Kriegsschiffbau* (K) des OKM. Die geheime Unterstützung des IvS durch die Reichsmarine lief über KptzS. Lohmann, den Chef der Seetransport-Abteilung in der Marineleitung. Durch an die Öffentlichkeit gelangte Indiskretionen fand das gesamte Unternehmen der geheimen Marinerüstung (U-Boote, Schnellboote, Seeminen, Flugzeuge u.a.) 1927/28 einen etwas unrühmlichen Abschluss („Lohmann-Affäre") und Reichswehrminister Geßler sowie Admiral Zenker, der Chef der Marineleitung, mussten zurücktreten. Unter dem neuen Reichwehrminister Groener und dem neuen Chef der Marineleitung, Admiral Raeder, wurden mehrere dieser getarnten Vorhaben weitergeführt.

In Anlehnung an U-Boottypen des Ersten Weltkrieges (MS-Typ sowie Typ UB III) entwickelte das IvS ab 1923/24 eigene Bootstypen. Ab 1925 baute es auf verschiedenen ausländischen – nicht auf deutschen – Werften mehrere Unterseeboote für die Türkei, Spanien und Finnland. Sie bildeten später die Grundlage für den Typ I A, Typ II Und Typ IX, wobei Planung und Fertigung in enger Zusammenarbeit mit der Marineleitung und ihren Ämtern verlief. 1932 wurden die geheimen Arbeiten für die geplante deutsche U-Bootwaffe im so genannten *Berliner Büro* – dem *Ingenieurbüro für Wirtschaft und Technik* (IGEWIT) – durch Friedrich Schürer weitergeführt (Typ VII). Das IvS blieb daneben bis 1945 bestehen.

Bereits seit 1927 und 1928 führten im Ausland die Erprobungen einschl. der Abnahmefahrten sowie ggf. auch die Überführungen deutsche U-Bootbesatzungen durch, die unter der Führung inaktiver U-Bootoffiziere (See- und Ingenieuroffiziere) standen. Mit Beginn der 30er-Jahre befanden sich bei den Erprobungsbesatzungen auch aktive Marineoffiziere zur Ausbildung, z.B. als Kommandanten, Wachoffiziere und Leitende Ingenieure. Im Herst 1932 begannen die endgültigen Vorarbeiten für den Aufbau einer neuen U-Bootwaffe. Die Reichsmarine ging davon aus, dass eine internationale Revision des Versailler Vertrages in greifbare Nähe gerückt war.

Zur Vertiefung siehe Rahn: *Reichsmarine und Landesverteidigung*, insbes. S. 195ff.; Tarrant: *Kurs West!*, S.106ff. einschl. Anmerkungen; Güth: *Marine des Deutschen Reiches*, S. 165ff.; Rössler: *U-Bootbau*, Bd.1, S. 130ff.

6   Zu den Beiträgen dieser Männer siehe Saville: *Development*, S. 320 – 331. 420ff., 515 – 526; und Rössler: *U-boat*, S. 90 – 98 [„U-Bootbau"]. Die Höhepunkte ihrer Karrieren finden sich in Stoelzel (Hrsg.): „Ehrenrangliste", S. 289, 364, 388, sowie in Lohmann/Hildebrand: „Deutsche Kriegsmarine", Bd. 3, 291/88, /340, /364.

7   Vause: *Wolf*. S. 27/28 [„Wölfe", S. 29f.]. Das Zitat stammt von Victor Oehrn, ein späteres U-Bootass, Admiralsstabsoffizier im Stabe des BdU und FdU Mittelmeer [Vause, aaO., S. 30]. Eine Ausnahme bildete Lothar Arnauld de la Perière, das größte U-Bootass aller Zeiten (194 Schiffe mit insgesamt 453.716 BRT): Im Ruhestand char.VAdm.a.D. (1.8.39), mit Kriegsbeginn als Offizier „z.V." eingezogen, Marinebevollmächtigter Danzig, Marinebefehlshaber Belgien-Niederlande, Patent als KAdm.z.V. (1.6.40), Marinebefehlshaber Bretagne, Marinebefehlshaber Westfrankreich, Beförderung zum VAdm.z.V. (1.2.41). Auf dem Wege zur Übernahme des Kommandos als Admiral Südost in Sofia am 24. Februar 1941 bei Le Bourget/Paris mit dem Flugzeug abgestürzt (vgl. bei Herzog: *60 Jahre dt. U-Boote*, S. 151/152; und Herzog/Schomaekers: *Ritter der Tiefe*, S. 30 – 51). Warum er keine Verbindung zur U-Bootwaffe hatte, ist nicht bekannt. Möglicherweise hätte es eine schwierige und unbehagliche Situation gegeben, wenn entweder Dönitz oder er als der erfolgreichere Ältere dem jeweils anderen nachgeordnet worden wäre.

7a   Vgl. auch Vause: *Wölfe*, S. 84f. Wahrscheinliche Ursache ist die abrupte Verabschiedung von KptzS. Arnauld de la Perière am 30.9.1931 in Ungnade durch Adm. Raeder. Er war Kommandant des Schulkreuzers EMDEN, auf dem zum Scherz ein „roter Putzlappen" gesetzt worden war. Dies war für damalige Verhältnisse unverzeihlich und Arnauld de la Perière trat bis Ende 1938 in türkische Dienste.

8   Dönitz: *Vierzig Fragen*, S. 29.

8a   Die spätere U-Bootschule wurde am 1. Oktober 1933 aus Gründen der Tarnung als *U-Bootabwehrschule* (UAS) in Kiel gegründet. Sie stand unter der Leitung von KKpt. Kurt Slevogt und als Lehrer waren neben Fürbringer und Hülsmann die jungen U-Bootoffiziere Rösing und Freiwald tätig. 1935 wurde die UAS in *U-Bootschule* umbenannt und später nach Neustadt i.H. verlegt. 1936 war KptzS. Slevogt Kommandeur der Schule und Chef des Schulverbandes (*U 1 – U 6*). Vgl. Rössler: *U-Bootbau*, Bd. 1, S. 147.

9   Herzog: *U-Boote im Einsatz*, S. 30; Fragebogen Nr. 5529; Gespräch des Verfassers mit einem Besatzungsangehörigen an Bord von *U 17* anlässlich des Besuches dieses Unterseebootes am 7. Juni 1997 in Alexandria/Virginia.

9a   Der „Brandtaucher" wurde am 5. Juli 1887 gehoben und auf dem Gelände der Marineakademie Kiel aufgestellt. 1906 kam er in den Lichthof des Museums für Meereskunde in Berlin. Dort wurde das Wrack 1950 geborgen, in die Rostocker Neptunwerft gebracht und restauriert. 1965 wurde der „Brandtaucher" in das Armeemuseum Potsdam und 1972 schließlich ins Armeemuseum Dresden gebracht. Dort befindet er sich im nunmehrigen Wehrgeschichtlichen Museum der Bundeswehr noch heute. Vgl. Rössler: *U-Bootbau*, Bd. 1, S. 18; Gröner/Jung/Maass: *Deutsche Kriegsschiffe*, Bd.3, S.24.

10   Rössler: *U-boat*, S. 10 – 13 [„U-Bootbau"].

11   Vgl. Herwig: *„Luxury" Fleet*, S. 77/78; Lakowski: *U-Boote*, S, 59, 121; und Rössler: *U-boat*, S. 32/33 [„U-Bootbau"].

12   Dies ist die These von Eckart Kehr in *Schlachtflottenbau und Parteipolitik 1894 – 1901* (Berlin 1930) und eingehender von Volker Berghahn in *Der Tirpitz-Plan. Genesis und Verfall einer innenpolitischen Krisenstrategie unter Wilhelm II.* (Droste, Düsseldorf 1971).

12a   Mit dem am 12. Februar 1906 vom Stapel gelaufenen britischen Schlachtschiff DREADNOUGHT (22.500 ts) und seiner einheitlichen Bewaffnung – 10 x 30,5 cm: „all big gun ship" – begann im Großkampfschiffbau eine neue Ära. Der Begriff „Dreadnought" wurde nunmehr allgemein für große Schlachtschiffe über 20.000 ts mit einheitlicher Bewaffnung gebraucht (in Deutschland als *Großlinienschiff* bezeichnet). Sämtliche zuvor gebauten Schlachtschiffe *(Linienschiffe)* waren zu „Vordreadnoughts" geworden und somit veraltet.

13   Vgl. besonders die wichtigen Werke von Gary E. Weir: *Building the Kaiser's Navy*, S. 83 – 89, 97, 105 – 109; *Origins of German Seapower: Military-Industrial Relationships in the Development of the High Seas Fleet*, S. 205/206, 228; und *Tirpitz, Technology, and Building U-boats*, S. 174 – 190. Siehe auch Herzog: *60 Jahre deutsche U-Boote*, S. 11 – 14, 77; Lakowski: *U-Boote*, 62/63; und Rössler: *U-boat*, S. 25 – 35 [„U-Bootbau"]. Die parlamentarischen Debatten über die Rolle des Unterseebootes sind bei Sutton: *Imperial German Navy*, S. 299 – 303, wiedergegeben.

14   Herwig: *„Luxury" Fleet*, S. 90, 111.

15   Harrod: *Manning the New Navy*, S. 34ff., 54, 174.

16   Sutton: *Imperial German Navy*, S. 336 – 338.

16a   Für das Mannschaftspersonal der Kaiserlichen Marine gab es folgende Stammtruppenteile für Bordbesatzungen:

        a) Als Stammdivision für das seemännische Personal bestanden in Kiel die I. und in Wilhelmshaven die II. Matrosendivision, gegliedert in 1. und 2. Abteilung zu je drei Kompanien (plus Signalkompanie bei der 2. Abt.). Hierzu gehörten das Bootsmanns-, Signal- und Steuermanns-, Vermessungs-, Feuerwerks-, Wachtmeister- und Stückmeisterpersonal sowie Musiker und Spielleute.

        b) Als Stammdivision für das nicht seemännische Personal bestanden in Kiel die I. und in Wilhelmshaven die II. Werftdivision, gegliedert jeweils in
        – 1. und 2. Abteilung (3 Kompanien): Marineingenieursektion, F.T.-, Maschinisten-, Feuermeister- und Heizerpersonal,
        – 3. Ateilung: Zahlmeister- und Schreibersektion, Bäcker, Sanitäts-, Materialienverwalter- und Bottelierpersonal einschl. Proviantmeister (4. Kompanie), Schiffszimmermanns- und Artilleriemechanikerpersonal, Segelmacher, Maler, Schuhmacher und Schneider (5. Kompanie).

        c) Daneben bestanden gesondert

     – für das Torpedopersonal ab 1906 die aus den Torpedoabteilungen (1871) entstandene I. und II. Torpedodivision (Kiel bzw. Wilhelmshaven), gegliedert in Abteilungen und Kompanien,

     – für das Sperrwaffenpersonal die Minenabteilung und

     – für das U-Bootpersonal die U-Bootabteilung bzw. später die U-Bootdivision.

17   Güth: *Von Revolution zu Revolution*, S. 122 – 126; KptzS. v. Kühlwetter: *Personnel of the German Navy*, S. 132 – 150 (mit geringen Abweichungen in den Prozentsätzen auch bei Güth).

18   Vgl. die soziologischen Angaben bei Herwig: *„Luxury" Fleet*, S. 118 – 128, sowie vom selben Autor: *Elitekorps des Kaisers*, S. 38 – 53, mit jenen bei Rust: *Crew 34*, S. 20/21. Zitat stammt aus KptzS. v. Kühlwetter: *Personnel*, S. 140/141.

19   Herzog: *U-Boote*, S. 13; Lakowski: *U-Boote*, S. 53/54; und Michelsen: *U-Bootskrieg*, S. 136/137.

20   Vgl. Spindler: *Handelskrieg mit U-Booten*, Bd. 1, S. 153 – 155; Rössler: *U-boat*, S. 36 [„U-Bootbau", Bd. 1, S. 54/55].

21   Dönitz: *Memoirs*, S. 32/33 [„10 Jahre und 20 Tage", S. 49].

22   Weddigens Tat beschreibt Groos in *Der Krieg in der Nordsee*, Bd. 2, S. 49 – 64; hinsichtlich der volkstümlichen Reaktion vgl. Hadley: *Count Not the Dead*, S. 21/22, 25/26.

23   Kramsta: *Aus dem Logbuch*, S. 64 – 69.

24   Hurd/Castle: *German Sea Power*, S. 157/158.

25   Horn: *War, Mutiny and Revolution*. S. 75.

26   Spindler: „Wert des Unterseebootes", S. 238/239.

27   Horn: *German Naval Mutinies*, S. 24/25; Güth: *Revolution*, S. 141.

28   Tarrant: *U-boat Offensive*, S. 10 – 12 [„Kurs West!", S. 12 – 14].

29   Vgl. Lundeberg: „German Naval Critique", S. 107 – 109; Tarrant: *U-boat Offensive*. S. 17 – 22 [„Kurs West!", S. 20 – 29].

29a   Steckrüben (d.h. Kohlrüben, also weder Futter-, Mohr- noch Zuckerrüben) bildeten in dieser Zeit infolge der Knappheit an Nahrungsmitteln das Hauptnahrungsmittel der frierenden und darbenden deutschen Zivilbevölkerung. Nach Schätzung von Prof. Berghahn starben in diesem Winter mehr als 700.000 Menschen an Unterkühlung oder verhungerten, zumeist Kinder, Frauen und ältere Leute. Vgl. hierzu Tarrant: *Kurs West!*, S. 62.

30   Vgl. Tarrant: *U-Boat Offenive*, S. 44ff. [„Kurs West!", S.60 ff.]; Marder: *Dreadnought*, Bd. 4, S. 99ff.; sowie erst kürzlich Halpern: *World War I*, S. 340ff.

31   Bauer: *Als Führer...*, S. 133 – 135; Thomas: *Raiders*, 270/271 [„Ritter der Tiefe", S. 261]. Jünger ist ein bekannter deutscher Autor, der als Teilnehmer am Ersten Weltkrieg die Tugenden des Soldaten [„Frontsoldatengeist"] rühmte.

32   Thomas: *Raiders*, S. 133 [„Ritter der Tiefe", S. 211].

33   Zum Typ UB III und seiner Verbindung zum Typ VII C siehe Rössler: *U-boat*, S. 56 – 59, 76 – 80, 97 – 98; Herzog: *60 Jahre deutsche U-Boote*, S. 56 – 61, 114/115 (Gegenüberstellung der Erfolge von Flotten-, UB- und UC-Booten); Möller: *Kurs Atlantik*, S. 137 – 141; und Stern: *Type VII U-boats*, S. 10 – 13.

34   Rössler: *U-boat*, S. 80 – 87, 90 – 92, 100/101, 105 – 108, 328 – 332 [„U-Bootbau", Bd.1 und 2]; und Möller: *Kurs Atlantik*, S. 130 – 149.

35   Zum allgemeinen Thema siehe Saville: *Development*, S. 2. 9 – 17, 25ff.; aber die Betonung der Tatsache, dass Deutschland insgeheim den Versailler Vertrag umging, ignoriert ihre verhältnismäßige Bedeutungslosigkeit angesichts des unter dem Strich betrachteten Verlustes an Unterseebootsentwicklung.

35a   Im Umriss sah die Kriegsgliederung der deutschen U-Bootwaffe ab Februar 1917 wie folgt aus:

     – *U-Boote der Hochseeflotte*,

unterstellt dem Chef der Hochseestreitkräfte (Flottenchef: Adm. Scheer, ab 12. August 1918 Adm. v. Hipper):
FdU: FKpt. und Kommodore* Hermann Bauer,
BdU ab 5. Juni 1917: KptzS. und Kommodore Andreas Michelsen
mit I. – V. U-Flottille in Stützpunkten an der deutschen Nordseeküste.
Am 27. März 1917 kam die U-Kreuzer-Flottille (später in U-Kreuzer-Verband umbenannt) unter FKpt. v. Koch (1. Oktober 1918 KKpt. v. Tyszka) hinzu. Anfangs dem Admiralstab direkt unterstellt, behielt er sich später lediglich eine Verwendung in überseeischen Gewässern vor.

– *U-Boote des Marinekorps,*
unterstellt dem Kommandierenden Admiral des Marinekorps, Admiral v. Schröder:
U-Flottille Flandern, Chef: KKpt. Bartenbach,
FdU Flandern ab 1. Oktober 1917: KKpt. Bartenbach
mit U-Flottillen Flandern I und II in den Stützpunkten Zeebrügge, Brügge und Ostende.

– *U-Boote im Mittelmeer:*
Deutsche U-Flottille Pola, unterstellt dem Admiralstab (Adm. v. Holtzendorff, ab August 1918 Adm. Scheer), Chef und ab 9. Juni 1917 FdU Mittelmeer: KptzS. und Kommodore Püller,
umbenannt in Deutsche U-Flottille Mittelmeer ab 1. Januar 1918: FdU Mittelmeer ab 29. Dezember 1917 KptzS. und Kommodore Graßhoff (im Oktober erneut KptzS. Püller unter gleichzeitiger Auflösung)
mit I. und II. U-Flottille Mittelmeer (Pola, Cattaro).
Daneben gab es die U-Halbflottille Konstantinopel, die der Mittelmeerdivision unterstand und den Seekrieg im Schwarzen Meer führte.

– *U-Boote der Ostseestreitkräfte,*
unterstellt dem Oberbefehlshaber der Ostsee, GAdm. Prinz Heinrich v. Preußen:
U-Flottille Kurland bis zum 10. Dezember 1917.

– Außerdem existierte mit der U-Boot-Inspektion, dem U-Bootamt, der U-Bootschule, Schulbooten, der U-Bootabteilung (später U-Bootdivision) und dem U-Bootabnahmekommando eine Heimatorganisation.

36   Bauer: *Als Führer...,* S. 5; Spindler: *Handelskrieg,* Bd. 4: S. 2/3, 41ff.; Michelsen: *U-Bootskrieg,* S. 140/141, 182 – 185. Die durchschnittliche Dauer von Feindfahrten wird im 1. Kapitel behandelt.

37   Diese Veröffentlichung wird bei Herzog: *60 Jahre deutsche U-Boote,* S. 174, Anm. 62, zitiert: Kurt Galster: „Welche Seekriegs-Rüstung braucht Deutschland?".

38   Spindler: *Handelskrieg,* Bd. 4: 39/40; Lundeberg: „Critique", S. 115/116; KTB *U 53,* 1. – 30. Sept. 1939, T1022/2930/PG 30050.

39   Vgl. Jeschke: *U-Boottaktik,* S. 37ff. (bes. S. 48 – 58), und Herzog: *60 Jahre deutsche U-Boote,* S. 169 – 175. Letzteres steht zur relativen Bedeutung dieser Anstrengungen im Widerspruch. Siehe auch die Erörterung dieses Themas im 3. Kapitel.

39a   „Gruppentaktik ist das taktische Verfahren für alle kleinen Schiffs- bzw. Bootsverbände, die – zufällig oder planmäßig zusammengesetzt – gemeinsam zu handeln haben." Curt Freiherr v. Maltzahn in *Taktik,* S. 47, E.S. Mittler & Sohn, Berlin 1911. Zu Kptlt. Hans Rose siehe oben Anm. 4a /2.Kapitel.

40   Tarrant: *U-boat Offensive,* S. 36, 43, 56/57, 148/49 [„Kurs West!", S. 49/50, 53, 64, 153/154]; Spindler: *Handelskrieg,* Bd. 4: S. 2/3.

---

* In der deutschen Marine war der *Kommodore* bis 1945 eine Dienststellung, d.h. ein Stabsoffizier – in der Regel ein Kapitän z.S. – als Führer eines Verbandes aus Booten oder Schiffen. Als Zeichen seiner Dienststellung setzte er den Kommodorestander im Großtopp. Ab März 1939 führte er statt vier Ärmelstreifen von je 1,6 cm Breite einen 5,2 cm breiten Ärmelstreifen wie Admirale.

41   Padfield: *Dönitz*, S. 61 – 89 [„Dönitz: Des Teufels Admiral", S. 81 – 104]; Dönitz: *Wechselvolles Leben*, S. 109 – 122.

42   Vgl. die „Monatsberichte des BdU Pola" für Juni – August 1918, wiedergegeben auf T1022/928/PG 76421; eine Zusammenfassung findet sich bei Halpern: *Mediterranean*, S. 535, 539.

43   Die zusammengestellten Zahlen werden in den Brieftelegrammen des BdU vom 12. Juli und 13. August 1917 unterbreitet, T1022/95/PG 62022.

44   Siehe die Erörterung in Lundeberg: „German Naval Critique", S. 116 – 118. Das Dönitz'sche Konzept des Tonnagekrieges wird im 3. Kapitel beschrieben.

45   Siehe Michelsen: *U-Bootskrieg*, S. 134 – 139.

46   Die ständige Praxis wird in einem Dokument des Zweiten Weltkriegs zitiert: Flottenkommando an das OKM, betr. Kriegspersonalwirtschaft, vom 20. November 1939, S. 2, T1022/2066/PG 33541; „Interrogation of Acting Warrant Officer Haack (UC 32)", Februar 1917, in ONI Subject Files, 1911-27, Naval Records Collection des Office of Naval Records and Library, RG 45, NA.

47   Führer der U-Boote: „Niederschrift über die Besprechung mit den U-Bootskommandanten am 17.1.1917", 27. Januar 1917, im Nachlass Werner Rütting, U-Boot-Archiv, Cuxhaven-Altenbruch. Hinsichtlich der Gegensätze bezüglich der Behandlung von Überlebenden durch U-Bootkommandanten des Ersten Weltkrieges vgl. Thomas: *Raiders*, S. 118 – 123, 160 – 165, 178/179 [„Ritter der Tiefe", S. 164 – 171, 233 – 237, 273f.], und Gray: *Killing Time*, S. 139 – 143, 202/203. Ähnliche Vorfälle im Zweiten Weltkrieg werden im 10. Kapitel erörtert.

48   Die Verluste bei den Kommandanten stammen aus den Angaben bei Stoelzel (Hrsg.): *Ehrenrangliste*, S. 164ff. (die Angaben über die Verluste bei den Kommandanten des Zweiten Weltkrieges werden im 8. Kapitel behandelt); Compton-Hall: *Submarines and the War at Sea*, S. 303; Mallmann Showell: *U-boats*, S. 18.

49   Die detaillierte Berechnung findet sich bei Schwarte (Hrsg.): *Weltkampf um Ehre und Recht: Der Seekrieg*, S. 284 – 286; dieselben Angaben benutzt Bauer in: *Als Führer...*, S. 464, und ähnliche Argumente stehen bei Michelsen: *U-Bootskrieg*, S. 73 – 103. Zu Dönitz siehe *40 Fragen*, S. 117 – 119, sowie die Erörterung im 3. und 9. Kapitel.

50   Siehe Lundeberg: „Critique", S. 113 – 117; Spindler: „Meinungsstreit", S. 235 – 245; und Herwig: *„Luxury" Fleet*, S. 224/225.

51   „Notiz zur Einleitung", Kommentar eines nicht bekannten Historikers der Kriegswissenschaftlichen Abteilung als Vorwort zu einem Kapitelentwurf vom Dezember 1944 zu „Die Seekriegsleitung und die Mittelmeerkriegführung 1941; Kurze Darstellung der Entstehung des Weltkriegswerkes 1914/18", T1022/3468/PG 31052.

52   Dönitz, Brief vom Juni 1963, zitiert bei Lundeberg: „German Naval Critique", Fußnote auf S. 117. [Die letzten beiden Bände von Spindlers Werk erschienen erst in den 60er-Jahren. 1964 Bd. 4: „Februar bis Dezember 1917", fertig gestellt 1941, und 1966 Bd. 5: „Januar bis November 1918".]

53   Hirschfeld: *Feindfahrten*, S. 9.

3. Kapitel: Der Rahmen des U-Bootkrieges

1   Von Dönitz gibt es keine zufriedenstellende Biografie, möglicherweise haben seine eigenen (drei) Werke mit seinen Lebenserinnerungen jedes Bemühen in diese Richtung verhindert. Padfields Buch *Dönitz: Des Teufels Admiral* liefert sehr nützliche Informationen, bleibt aber eine anklagende Zusammenfassung. Eine ausgewogenere, aber immer noch sehr kritische Bewertung wird von Hartwig angeboten: „Karl Dönitz", S. 133 – 152. Bemerkenswerte Einblicke in verschiedene Aspekte von Dönitz' Charakter und Führungsstil können auch bei Salewski: *Seekriegsleitung*, Bd. 2, S. 225 – 229, Vause: *Wolf*, S. 26 – 28 [„Die Wölfe", S. 28 – 30], und Mallmann

Showell: *U-boats*, S. 15, 125/126, nachgelesen werden. Eine Sammlung seiner Papiere ist dem Bundesarchiv/Militärarchiv in Freiburg i.Br. als Nachlass N 236 übergeben worden; weitere Papiere sind in der Obhut der Familie verblieben.

2   Dönitz: *Wechselvolles Leben*, S. 7 – 19.

3   Beurteilungen seiner Vorgesetzten finden sich auszugsweise bei Padfield: *Dönitz*, S. 120 – 125 [„Dönitz: Des Teufels Admiral", S. 71f., 76, 177], und Gannon: *Drumbeat*, S. 73/74 [„Operation „Paukenschlag",,]; Intelligenzquotient und Nürnberg-Beobachtungen bei Gilbert: *Nuremberg Diary*, S. 34, und Kelley: *Twenty-two Cells*, S. 96/97.

4   Zu Dönitz' Kommandierungen in der Nachkriegszeit gehörten: Kommandant des Torpedobootes *T 157* (April 1920 – März 1923, 1921 Kptlt.), Stabsstellungen bei der Inspektion des Torpedo- und Minenwesens sowie bei der Marineleitung (1923 – 1927), Navigationsoffizier auf dem Kleinen Kreuzer NYMPHE (Oktober 1927 – Oktober 1928, 1928 KKpt.), Chef der 4. Torpedoboot-Halbflottille (Oktober 1928 – Oktober 1930), 1. Admiralstabsoffizier im Stab der Marinestation der Nordsee (Oktober 1930 – September 1934, 1933 FKpt.) und Kommandant des Leichten Kreuzers EMDEN (September 1934 – September 1935). [Die Marineleitung hatte seine Versetzung zum Chef der neuen U-Flottille mit dem Herbststellenwechsel 1935 in der Marine am 6. Juni bekannt gegeben, wie üblich drei Monate zuvor. Davon erfuhr er zumindest nach Rückkehr der EMDEN am 14. Juni, wenn auch die Kommandierung erst im September wirksam wurde.]

5   Mallmann Showell: *U-boats*, S. 15. Hinsichtlich jener, die an der Neuschaffung der U-Bootwaffe beteiligt waren, siehe Saville: „Development", bes. S. 522ff. Die Umorganisation in der Marineleitung [U B: U-Bootabteilung im Allgemeinen Marineamt (B)] wird bei Rössler: *U-boat*, S. 102/103 [„U-Bootbau", Bd.1, S. 148ff.], sowie vom selben Autor in „U-boat Development ans Building", S. 120 – 122, beschrieben.

6   Dönitz: *Memoirs*, S. 13 [„10 Jahre und 20 Tage", S. 17].

7   Vgl. Cremer: *U-boat Commander*, S. 14 [„Ali Cremer: U 333", S. 42/43]; Topp: *Fackeln*, S. 91/92; und Suhren: *Nasses Eichenlaub*, S. 102. Zur allgemeinen Behandlung der U-Bootmänner siehe das 9. Kapitel.

8   Das Ereignis beschreibt Kaiser in *QXP*, S. 37 [„QXP", S. 42/43], obwohl das Boot hier irrtümlich als das identifiziert wird, auf dem sich Dönitz' Sohn befand. Hinsichtlich weiterer Informationen zu seinen Söhnen vgl. Padfield: *Dönitz*, S. 7, 266, 282 – 294, 297 – 299 und 359 – 361 [„Dönitz: Des Teufels Admiral", S. 16, 184, 305, 324, 327, 344ff., 418ff.].

9   Siehe Hirschfeld: *Feindfahrten*, S. 83/84.

10   Funkspruch des BdU vom 21. Mai 1943; wiedergegeben in der Geschichte der Funkaufklärung der US-Marine: „Battle of the Atlantic", Bd. 2: „U-boat Operations (December 1942 – Juni 1945)", S. 76/77, Studie Nr. SRH-008, Records of the National Security Agency/Central Security Servis, Record Group 457, National Archives (später zitiert als RG 457, NA). [Siehe Boog/Rahn/Stumpf/Wegner: *Die Welt im Krieg 1941–1943*, Bd. 1, S. 425.]

11   Hadley: *U-boats*, S. 196, 259, 269, 271 [„U-Boote gegen Kanada", passim].

12   Zum Beispiel Churchills Funkspruch an General A.P. Wavell am 10. Februar 1942 hinsichtlich der Lage in Singapur:

„In diesem Stadium darf kein Gedanke daran verschwendet werden, Truppen zu retten oder die Bevölkerung zu schonen. Der Kampf muß bis zum bitteren Ende geführt werden, koste es, was es wolle. Die 18. Division hat die Chance, ihren Namen in die Geschichte eingehen zu lassen. Kommandeure und Stabsoffiziere sollten mit ihren Truppen untergehen. Die Ehre des Britischen Empire und des britischen Heeres stehen auf dem Spiel. Ich verlasse mich auf Sie, daß Sie weder Gnade noch Schwäche

[sic] in irgendeiner Form zeigen. ... Das gesamte Ansehen unseres Landes und unserer Rasse ist damit verbunden." (Churchill: *Hinge of Fate*, S. 87)

13   Schaeffer: *U-boat 977*, S. 135. [„U 977", S. 197. Schaeffer berichtet hier von „einem Besuch bei seinem Kommandierendem Admiral in Kiel". Er hatte sein Boot auszurüsten und wollte weitere Ausrüstung erhalten. Es scheint sich hierbei nicht um Dönitz sondern eher um Adm. v. Friedeburg zu handeln.]

14   Dönitz: *Memoirs*, S. 42 – 45 [„10 Jahre und 20 Tage", S. 48 – 51], und *40 Fragen*, S. 40. Blums Beurteilung findet sich im 2. Kapitel.

15   Zitiert bei Mallmann Showell (Hrsg.): *Fuehrer Conferences*, S. 37/38.

16   Dönitz: *40 Fragen*, S. 50/51. Padfield, dieselbe Quelle und den Brief eines Stabsoffiziers zitierend, fügt noch als Schlusskommentar von Dönitz hinzu: „Aber wenn jeder seine Pflicht tut, werden wir ihn gewinnen." *Dönitz*, S. 188 [„Dönitz: Des Teufels Admiral", S. 221]. Günter Heßler, U-Bootkommandant, Admiralstabsoffizier im Stabe des BdU und Dönitz' Schwiegersohn, beschrieb die Haltung seines Chefs, „das Beste daraus zu machen", kurz nach dem Zusammenbruch Frankreichs. Heßler, Brief vom 13. Juli 1956, zitiert in Dönitz: *40 Fragen*, S. 63/64.

16a Unter Wasser: Im Unterschied zur passiven Schallortungsanlage – Horchgerät mit Hilfe von Mikrofonen: Passiv-Sonar (am.) bzw. Gruppenhorchgerät im U-Boot (dt. GHG) – sendet eine aktive Unterwasser-Schallortungsanlage – Aktiv-Sonar (am.), Asdic (brit.) S-Anlage (dt.) – Schallimpulse („Ping-ping") zur Bestimmung von Richtung und Entfernung eines Zieles aus.
Über Wasser: Vor 1945 wurde in Deutschland das Radar als „Funkmeß" bezeichnet. Daher wurden Funkmeßbeobachtungsgeräte (FuMB) – passive Ortung, d.h. Warnung vor gegnerischer Radarortung (Radarwarngeräte) – und Funkmeßortungsgeräte (FuMO) – aktive Ortung durch Aussenden elektromagnetischer Impulse – unterschieden. Eingehend siehe hierzu Eberhard Möller: *Kurs Atlantik*, S. 45 – 54 (Asdic, Sonar) und 66 – 78 (Radar).

17   Vgl. Price: *Aircraft versus Submarine*, S. 155 – 157 [„Flugzeuge jagen U-Boote", S. 222 – 224], und das KTB von *U 441* vom 12. Juli 1943 (T1022/2978/PG 30495). Die Verstärkung der Flakbewaffnung wird bei Rössler: *U-boat*, S.188, 192 – 194 [„U-Bootbau", Bd. 2: S. 316ff., 321/322], beschrieben.

17a Diese VII-C-Boote hatten mit zwei 2-cm-Vierlingen, einer 3,7-cm-Einzellafette sowie Maschinengewehren MG 42 eine beachtliche Flakbewaffnung, wiesen eine gewisse Panzerung auf und führten nur fünf Torpedos mit.

18   Siehe Salewski: *Seekriegsleitung*, Bd. 2, S. 239, 305 – 307. [Salewski gebraucht für diese Art Improvisation den Marineausdruck „Beheben mit Bordmitteln", vgl. aaO, S. 306.]

19   Dönitz entlastete Adm. Eberhard Maertens, den Chef des Marinenachrichtendienstes (einschl. der Schlüsselmittel), im Mai 1943, aber nicht in Verbindung mit einer allgemeinen Überprüfung der Situation bei den Schlüsselmitteln. (Kahn: *Seizing the Enigma*, S. 260 – 262.)

20   Hans-Georg v. Friedeburg, geb. am 15. Juli 1895 in Straßburg im Elsass, trat 1914 in die Marine ein und verbrachte den Großteil des Ersten Weltkrieges auf dem Linienschiff KRONPRINZ, diente aber das gesamte letzte Kriegsjahr hindurch bei der U-Bootwaffe. Danach erfuhr er die typische Vielfalt wechselnder Versetzungen mit Verwendungen sowohl in Land- als auch in Bordkommandos, bis er 1939 zur U-Bootwaffe stieß. In ihr stieg er aufgrund seiner Organisationsfähigkeiten in den Dienstrang eines Admirals auf und im Mai 1945 wurde er Generaladmiral und Oberbefehlshaber der Kriegsmarine, als Dönitz die Nachfolge Hitlers als Staatsoberhaupt antrat. GenAdm. v. Friedeburg fungierte als Chefunterhändler mit den Westalliierten bei der endgültigen Kapitulation der Wehrmacht. Er ging am 23. Mai 1945 in den Freitod

(Busch/Röll: *U-Bootkommandanten*, S. 72). Eine Sammlung seiner Papiere ist im Bundesarchiv/Militärarchiv in Freiburg i.br. als Nachlass N 374 verfügbar.

21   Siehe Mallmann Showell: *German Navy*, S. 177 [„Buch der deutschen Kriegsmarine", S. 195].

22   Dönitz *Memoirs*, S. 120/121 [„10 Jahre und 20 Tage, S. 117/118]. Zu den Dienstzeitangaben siehe bei Busch/Röll: *U-Bootkommandanten*, S. 72. Zur U-Bootausbildung siehe 7. Kapitel.

23   Nicht identifiziertes Zitat bei Frank: *Wölfe und der Admiral*, S. 320 [sic].

24   Vgl. zum Beispiel Merten: *Nach Kompaß*, S. 152, 191/192, und Schulz: *Nasser Abgrund*, S. 203.

25   Briefwechsel und Interviews mit Inge Molzahn (geb. Karpf), Februar – November 1983. Frau Molzahns Vater war KKpt. Hans Karpf, der kurz nach der Geburt seiner Tochter im Nordatlantik mit *U 632* verloren ging. Ihre Mutter, die von den Kanarischen Inseln stammte, kam kurz vor dem Krieg mit ihrem Ehemann nach Deutschland. Sie erinnert sich mit Dankbarkeit der Unterstützung und Freundlichkeit, die sie von Adm. v. Friedeburg erhalten hatte.

26   Interview mit Armin Müller-Arnecke (Crew 33, Stabsoffizier in der U-Bootpersonalabteilung) in Bremen, 6. November 1993. Müller-Arnecke diente unter Adm. v. Friedeburg von Ende 1940 bis Ende 1944.

27   Vgl. die zitierten Kommentare über Adm. v. Friedeburg und die begleitenden Beurteilungen bei Thomas: *German Navy*, S. 87, 93/94, und Müller: *Heer und Hitler*, S. 75, 82, 108 (Anm.).

28   Interview mit Müller-Arnecke.

29   Siehe Adm. v. Friedburgs Brief an Himmler vom 19. Oktober 1943, wiedergegeben auf National Archives Microfilm Publication T175, Records „des Reichsführer SS und Chef der deutschen Polizei", Roll 33, Frames 2541663-666 (später im Format T175/33/2541663-666 zitiert). Hinsichtlich einer vollständigen Beschreibung des Vorgangs siehe Mulligan: *Lone Wolf*, S. 136/137, 169 – 171.

30   Der Vorgang wird bei Suhren/Brustat-Naval: *Nasses Eichenlaub*, S. 68, berichtet. Über Suhrens Beziehungen zu Adm. v. Friedeburg siehe auch S. 65/66, 142, 151, 162/163. Bezüglich Suhrens gegen das NS-Regime gerichteter Anekdote siehe 11. Kapitel.

31   Mallmann Showell: *U-boat Command*, S. 136/137, offensichtlich den Bericht Otto Köhlers (*U 377*) zitierend.

32   Siehe Merten: *Nach Kompaß*, S. 362, 365/366, 378. 384, 390.

33   Topp: *Fackeln*, S. 114.

34   Die Standorte der Befehlsstelle des BdU und die Zeiträume finden sich bei Mallmann Showell: *German Navy*, S. 101 [„Buch der Kriegsmarine", S. 113]; eine Beschreibung von Kernével erscheint bei Merten: *Nach Kompaß*, S. 233; die Ist-Stärke der Front-U-Boote stammt aus Tarrant: *U-boat Offensive*, S. 96, 106, 116 [„Kurs West", S. 142, 146, 161].

35   Vgl. Price: *Aircraft versus Submarine*, S. 120/121 [„Flugzeuge jagen U-Boote", S. 177]; Mallmann Showell: *German Navy*, S. 100/101, einschl. der Namen jener Offiziere, die nacheinander die Positionen des 1. – 6. Asto besetzten [„Buch der Kriegsmarine", S. 112]; Mallmann Showell: *U-boat Command*, S. 110; und Frank: *Wölfe und der Admiral*, S. 181, mit einer Beschreibung der Aufgaben eines jeden Asto zu Kriegsbeginn. Der Fernmeldebunker wird bei Kahn: *Seizing the Enigma*, S. 195, beschrieben.

35a Eine Beschreibung der BdU-Führung findet sich auch bei David Miller: *Deutsche U-Boote bis 1945. Ein umfassender Überblick*, S. 143/144: „Befehlsgebung und Unterstellung", Verlag Stocker-Schmid/Motorbuch Verlag, Dietikon-Zürich/Stuttgart 2000.

35b   Die als *Western Approaches* bezeichneten westlichen Zugänge zu den Häfen Großbritanniens umfassten nördlich und südlich der Küste Irlands die Seegebiete vor dem Nordkanal sowie vor dem St.-Georgs-Kanal und dem Südwesten Englands.

Am 17. Februar 1941 schuf die britische Admiralität zur Verteidigung des östlichen Nordatlantik gegen die deutschen U-Boote ein neues einheitliches Kommando: Das *Western Approaches Command* mit HQ im Derby House in Liverpool. Admiral Sir Percy Noble wurde zum ersten *C-in-C Western Approaches* ernannt. Eine seiner ersten Maßnahmen war die Aufstellung der aus Zerstörern, Sloops und Kuttern sowie später aus Zerstörern, Korvetten und Fregatten zusammengesetzten ständigen *Escort Groups* zur Nahsicherung der Geleitzüge.

Am 17. November 1942 wurde Admiral Sir Max Horton der Nachfolger Admiral Nobles. Er war in dieser Funktion bis Kriegsende der eigentliche Gegenspieler von Dönitz. Zuvor hatte Horton – ein ehemaliger U-Bootkommandant wie Dönitz – von Kriegsbeginn an bis zum 9. Januar 1940 die aus Kreuzern und Hilfskreuzern bestehende *Northern Patrol* zur Absperrung der Grönland-Island-Färöer-Shetland-Norwegen-Engen geführt und war anschließend bis zum 9. November 1942 *Flag Officer Submarines* (Befehlshaber der Unterseeboote) in Gosport gewesen.

36   Dönitz: *Memoirs*, S. 129 [„10 Jahre und 20 Tage", S. 125]. Über Heßler siehe Alman: *Ritter*, S. 287; zum HQ Western Approaches siehe Chalmers: *Max Horton*, S. 152/153, und Terraine: *U-Boat Wars*, S. 304 – 307.

36a   „Ultra"-Nachrichten waren Erkenntnisse der alliierten Funkaufklärung. Ihr gelangen – von deutscher Seite unbemerkt und bis 1974 unbekannt – umfangreiche Einbrüche in die Funkschlüssel der obersten Reichsbehörden sowie von Heer, Luftwaffe und Marine. Die Weitergabe der Auswertungen erfolgte auf britischer Seite unter der Geheimhaltungsstufe „Ultra" und war durch raffinierte Maßnahmen abgeschirmt.

37   Vgl. insbesondere KTB des BdU vom 18. April und 16. September 1941 (T1022/4063/PG 30286 bzw. PG 30297).

38   Siehe Mallmann Showell: *U-boat Command*, S. 109/110 (der zitierte Offizier ist nicht identifiziert). Bezüglich allgemeiner Kommentare zum BdU-Stab siehe Salewski: *Seekriegsleitung*, Bd. 2, S. 305 – 307.

38a   Zum Fehlen von „Operations Research" siehe sehr ausführlich Eberhard Möller: *Kurs Atlantik*, S. 86ff.

38b   Am 20. Mai 1943 gebildet, war es Aufgabe der 10. US-Flotte: Bekämpfung der gegnerischen U-Boote und Schutz der alliierten Schiff-Fahrt im westlichen Nord- und Mittelatlantik, in der Karibik und im Golf von Mexiko. Sie war das Gegenstück zum britischen *Western Approaches Command* (oben Anm. 35b).

39   Siehe Waddington: *OR in World War 2*, S. 18 und bes. S. 32ff. hinsichtlich der detaillierten OR-Angaben zu den Operationen des *Coastal Command* der RAF gegen die U-Boote; zu den Angaben über ASWORG sowie den Einfluss von OR auf die amerikanischen U-Abwehr-Anstrengungen siehe den Bericht des *Office of Scientific Research and Development: A Survey of Subsurface Warfare in World War II*, S. 75ff.; Tidman: *Operations Evaluation Group*, S. 35ff.; und Meigs: *Slide Rules and Submarines*, S. 54 – 63, 93ff. Einen ausgezeichneten Überblick zu diesem Thema gewährt McCue: *U-boats in the Bay of Biscay*, passim.

40   Siehe Syrett: *Defeat*, S. 191/192, 198/199, hinsichtlich des allgemeinen Zusammenhangs sowie Bercuson/Herwig: *Deadly Seas*, S. 250 – 275, bezüglich eines detaillierten Berichtes zu einem Teil des Geschehens.

41   Zum T 5 und seinem operativen Einsatz siehe Rössler: *Torpedos*, S. 142 – 150; zu den akustischen Gegenmaßnahmen siehe Hackmann: *Seek und Strike*, S. 318 – 320.

42   Vgl. KTB des BdU vom 24. Mai 1943, T1022/4064/PG 30324, und Heßler: *U-boat War*, Bd. 2, S. 112 (einschl. Kommentare der britischen Admiralität Anm. auf S. 112).

42a Diese Auffassung hat sich bis in die 70er-Jahre hinein gehalten. KptzS. Bonatz, Leiter der Marine-Funkaufklärung (MND III) in der Skl, war 1970 noch dieser Meinung. Bonatz: *Die deutsche Marine-Funkaufklärung 1914 – 1945*, Darmstadt 1970, S. 146ff. Selbst 1975 mochten Dönitz und andere noch nicht so richtig an die aus Großbritannien kommenden gegenteiligen Informationen glauben. Dönitz: *10 Jahre und 20 Tage*, 5. Auflage, München 1975, S. 484ff.

43 Die Quelle dieser Enthüllung ist das KTB des BdU vom 13. August 1943 unter VI. „Allgemeines". Diese Stelle wurde aus dem Original des KTB herausgeschnitten und findet sich weder auf Mikrofilm noch rekonstruiert in Deutschland, ist aber als Item ZEMA 06 Nr. 36419A in der Historic Cryptographic Collection, Fre-World War I through World War II, der National Security Agency erhalten. 1996 wurde diese Serie freigegeben, als Neuzugang im National Archives aufgenommen und als Teil von RG 457 archiviert.

Aus dem Zusammenhang im Bericht der Abwehr ergibt sich, dass die nachrichtendienstliche Quelle mit einem Schweizer Kontakt im US-Marineministerium in Washington verknüpft war. Nach Kenntnis des Verfassers gibt es keine spätere Studie, die sich mit diesem Vorgang befasst, obwohl eine solche dringend geboten ist.

44 Zur Studie einer früheren Untersuchung über die Sicherheit der Funkschlüssel siehe Mulligan: „German Navy Evaluates", S. 75 – 79. Dönitz' eigene Besorgnisse hinsichtlich eines möglichen Einbruchs in die Funkschlüssel gingen tatsächlich dem „Ultra"-Erfolg gegen die Marine-Funkschlüssel voran: Siehe hierzu KTB des BdU vom 18. April und 7. Juni 1941 – T1022/4063/PG 30287, 30290 [vgl. auch „Kurs West!", S. 140]. Bereits Ende Juli 1944 schickten in Gefangenschaft befindliche U-Bootoffiziere verschlüsselte Warnungen mit starken Verdachtsmomenten hinsichtlich eines Einbruchs in die Funkschlüssel nach Hause (Op 20 GI-a: „German Awareness of Cipher Compromise" in Studie SRMN-054, 202, RG 457, NA).

45 KTB des BdU vom 15. Januar 1944, T1022/3981/PG 30338. Viele dieser Befehle und Instruktionen sind im KTB des BdU der vorangegangenen zwei Wochen niedergelegt.

46 Vause: *Wolf*, S. 186 [„Die Wölfe", S. 175/176], mit Zitat aus FKpt. Victor Oehrn: „Navigare necesse est! – DÖNITZ nahe gesehen", S. 37f, ein unveröffentlichtes Manuskript.

47 Hintergrundangaben bei Busch/Röll: *U-Bootkommandanten*, S. 162, und Kurowski: *Knight's Cross*, S. 169. Auf einer Feindfahrt im Oktober – November 1940 entkam Moehle mit seinem Boot nur knapp, als eines seiner sechs Opfer *U 123* fast mit in die Tiefe nahm, als das Schiff sank (Herzog: *U-Boote im Einsatz*, S. 83).

48 Siehe die Zeugenaussagen Moehles und Godts in *Trial of the Major War Criminals before the International Military Tribunal Nuremberg* (später zitiert als *TMWC*), Bd. 5, S. 230 – 245, und Bd. 13, S. 534, 548. Der Vorgang selbst wird im 10. Kapitel unter „Der LACONIA-Fall" erörtert.

49 Die beiden Direktiven werden erörtert bei Salewski: *Seekriegsleitung*, Bd. 2, S. 415/416, und Cremer: *U-boat Commander*, S. 179/180 [„Ali Cremer: U 333, S. 231]. Bei Cremer findet sich auch der Wortlaut des Tagesbefehls vom April sowie eine Erörterung seiner Bedeutung.

50 Der ursprüngliche Bericht von Karl-Heinz Marbach (*U 953*), auf den sich Harald Busch bezieht, nennt Winter (*So war...*, S. 328). Hingegen identifiziert Herbert Werner (*U 415*) in seinen Erinnerungen Rösing: *Iron Coffins*, S. 288 -291 [„Die eisernen Särge", Taschenbuch-Ausgabe S. 255 – 258]. Von dieser Erklärung her ist Rösing der wahrscheinlichere Kandidat, angesichts der zaghaften Pläne für den FdU West, die operative Führung des Verbandes zur Bekämpfung der Invasionskräfte zu übernehmen (KTB des BdU, Anlage zum 7. Juni 1944, T1022/4065/PG 30348). Die Glaubwürdigkeit von Werners Erinnerungen wird jedoch von Jürgen Rohwer in mehreren Rezensionen stark angezweifelt. Er identifiziert zahlreiche Fehler und Entstellungen,

die notiert sind bei Bird: *German Naval History*, S. 690, 1032; Salewski: *Seekriegs-leitung*, Bd. 2, Anm. auf S. 416; und Hadley: *Count Not*, S.133.

51   Vause weist auf diesen Punkt hin: *Wolf*, S. 192 [„Die Wölfe", S. 182; beachte in die-sem Zusammenhang die nicht in der englischsprachigen Ausgabe enthaltene Anm. 19a zu Seite 181].

52   KTB des BdU vom 6. Juni 1944, T1022/4065/PG 30348, und der weitaus informati-vere Bericht bei Mallmann Showell: *U-boat Command*, S. 201, der offensichtlich auf Godts Erklärungen beruht. Eine nützliche Zusammenfassung der Operationen gegen die Invasionskräfte findet sich als Ergänzung zum KTB des BdU vom 1. – 15. August 1944: „U-Bootseinsatz im Invasions- und invasionsgefährdeten Raum", T1022/4066/PG 30352.

53   Dies wird im 11. Kapitel erörtert.

54   Beispiele zu verschiedenartigen Übersetzungen des Begriffes „Tonnagekrieg" erge-ben sich wie folgt: wörtlich als *tonnage war* bei Morison: *Atlantic Battle Won*, S. 58/59, und Farago: *Tenth Fleet*, S. 240/241; sowie als *integral tonnage strategy* bei Kuenne: *Attack Submarine: A Study in Strategy*, S. 126 – 148.

55   KTB des BdU vom 5. November 1940, T1022/4063/PG 30276.

55a Die Seekriegsleitung (Skl) im OKM plante und führte den Seekrieg. An ihrer Spitze stand bis zur Neugliederung im Juni 1944 der ObdM, der zugleich Chef der Skl war. Ihn unterstützte der Chef des Stabes der Skl (C/Skl). Eine der wichtigsten Abteilun-gen war die Operationsabteilung (1/Skl).

56   Siehe Heßler: *U-boat War*, Bd. 1, S. 87 – 97; Mallmann Showell: *U-boat Command*, S. 88/89; Salewski: *Seekriegsleitung*, Bd. 1, S. 475ff.

57   KTB des BdU vom 15. April 1942, zitiert in Dönitz: *Memoirs*; S. 228 [„10 Jahre und 20 Tage", S. 222].

58   Siehe Tarrant: *U-boat Offensive*, S. 105 – 107 [„Kurs West!, S. 145 – 147]; Heßler: *U-boat War*, Bd. 2, S. 8 – 10; Mallmann Showell: *U-boat Command*, S. 93 – 95; und Dönitz: *Memoirs*, S. 206 – 212 [„10 Jahre und 20 Tage", S. 200 – 206].

59   „Vortrag des B.d.U. beim Führer am 14.5.1942 in Gegenwart des Oberbefehlshabers der Kriegsmarine" in Wagner (Hrsg.): *Lagevorträge*, S. 393 – 396. Die Schätzungen des alliierten Schiffbaus 1942 (8,09 Millionen BRT) durch den BdU überstiegen tatsächlich die Gesamtzahl an Neubauten (7,09 Millionen BRT). Doch die Schätzun-gen für 1943 (10,3 Millionen BRT) lagen weit hinter der tatsächlichen Neubautonna-ge (14,39 Millionen BRT) zurück. Vgl. Heßler: *U-boat War*, Bd. 2, S. 17. [Die Schät-zungen des MND (3/Skl) betrugen 7,0 Millionen BRT für 1942 sowie 10,8 Millionen BRT für 1943: siehe Dönitz: „10 Jahre und 20 Tage", S. 220.]

60   „Denkschrift zum gegenwärtigen Stand der Seekriegführung gegen England" vom Juli 1941, erarbeitet durch 1/Skl (KptzS. Heinz Aßmann), in Salewski: *Seekriegslei-tung*, Bd. 3, S. 189, 207. KptzS. Aßmann, der Ib der 1/Skl, erachtete es als unbedingt erforderlich, die von ihm als „tödlich" für Großbritannien angesehene Versenkungs-rate von monatlich 800.000 BRT ab Sommer 1942 zu erreichen. Gelänge dies, müss-te „die gesamte gegnerische Kriegsführung in eine schwere Krise geraten", und für Großbritannien bestünde „ein unabweislicher Zwang, die U-Bootsbasen selbst auszu-schalten – und zwar noch bevor die Verbunkerung der Basen abgeschlossen" sein würde, d.h. es wären „auch Feindaktionen im Westen" möglich, wie z.B. amphibische Angriffe. (Salewski: *Seekriegsleitung*, Bd. 2, S. 142.)

61   Studie der 3/Skl: „Einfluss der Schiffsversenkungen" vom 9. September 1942 in KTB der 1/Skl, Teil C, Heft IV, 1942 (T1022/1727/PG 32174). Noch lange nach dem Krie-ge betrachtete Dönitz diese Schätzungen des alliierten Schiffbaus als übertrieben. Dönitz: *Memoirs*, S. 343 [„10 Jahre und 20 Tage", S. 335/336].

62   Im November 1942 versenkten die U-Boote 118 Handelsschiffe mit insgesamt 743.321 BRT (gemeldet hatten sie in diesem Zeitraum 149 Handelsschiffe mit zusam-

men 955.200 BRT). Der größte Teil dieser Erfolge wurde gegen außerhalb von Geleitzügen angetroffene Einzelfahrer erzielt, und zwar vor der amerikanischen Ostküste, in der Karibik sowie im Mittel- und Südatlantik. Im Nordatlantik wurden dagegen nur 31 Schiffe mit lediglich 179.877 BRT versenkt. Herzog: *60 Jahre deutsche U-Boote*, S. 247 – 250.

63   Dönitz: *Memoirs*, S. 343 [„10 Jahre und 20 Tage", S. 336].

64   Diese Verlagerung der Strategie wird im 4. Kapitel erörtert.

65   Siehe hierzu Jeschke: *U-Boottaktik*:
– zur Entwicklung der Gruppentaktik S. 37 – 48,
– zur Bedeutung der Vorstellungen und Anregungen von Kptlt. Rose S. 48 – 53 und
– zur mangelnden Kräftekonzentration infolge fehlender Boote, mangelnder Aufklärung und technischer Unzulänglichkeiten S. 58 – 62.

66   Dönitz: *Wechselvolles Leben*, S. 118/119, und *Memoirs*, S. 1 – 3 [„10 Jahre und 20 Tage", S. 7 – 10].

67   Waßners Gedanken sind zitiert bei Rössler: *U-boat*, S. 121 [„U-Bootbau", Bd. 1, S. 190]; Informationen über seine Herkunft finden sich bei Stoelzel: *Ehrenrangliste*, S. 273; Spindler: *Handelskrieg mit U-Booten*, Bd. 4, S. 152, 328, und Bd. 5, S. 72 – 75, 100, 303; und Thomas: *Raiders*, S. 240 [„Ritter der Tiefe", S. 228ff.].

68   Heino v. Heimburg, Chef des Stabes beim Kommando der Marinestation der Nordsee an Admiral Zenker, den Chef der Marineleitung: „Gegenmaßnahmen gegen U-Bootsabwehr", 10. September 1927, in T1022/2100/PG 33382. Heino v. Heimburg befehligte im Ersten Weltkrieg *UB 14*, *UC 22*, *UB 68* (das er am 1. September 1918 an den ObltzS. Karl Dönitz übergab) und *U 35*. Siehe Stoelzel (Hrsg.): *Ehrenrangliste*, S. 294.

69   Heino v. Heimburg wurde ausführlich von dem amerikanischen Journalisten Lowell Thomas befragt und berichtete darüber in *Raiders*, S. 132 – 141 [„Ritter der Tiefe", S. 132 – 141]. Zusätzliche Angaben zu seinen Versenkungserfolgen finden sich bei Spindler: *Handelskrieg mit U-Booten*, Bd. 4, S. 176, 354, 478, und Bd. 5, S. 165, 197, 201, 266.

70   Heino v. Heimburg – im April 1942 zum VAdm. befördert – war bis zum Dezember 1939 als Richter am Reichskriegsgericht und anschließend vom Januar 1940 bis zum April 1943 als Inspekteur der Wehrersatzinspektion Bremen tätig. Danach gehörte er für kurze Zeit dem Stabe des MOK Nord an (ab 1. Februar 1943 Nachfolger der Marinestation der Nordsee), ehe er im Mai 1943 „zur Verwendung" gestellt wurde. Er starb im Oktober 1945 in sowjetischer Gefangenschaft. Seine Gedanken über den U-Bootkrieg, den er vorausgesehen hatte, sind nicht bekannt. Lohmann/Hildebrand: *Kriegsmarine*, Bd. 3, S. 291/122.

71   Vgl. Jeschke: *U-Boottaktik*, S. 65, 68, und Rössler: *U-boat*, S. 120 [„U-Bootbau", Bd. 1, S. 187ff.] sowie Saville: „Development of the U-boat Arm", S. 358 – 363, 433 – 435. Fürbringer machte in einer Denkschrift vom Frühjahr 1939 deutlich, dass er einem U-Boothandelskrieg gegen Geleitzüge kaum Aussicht auf Erfolg einräumte, so lange keine Bestrebungen für eine „Immunisierung" (d.h. „Stealth"-Technik) bestünden, um getauchte Unterseeboote gegen Unterwasser-Ortung (Asdic) zu schützen. (Zitiert bei Rössler: *Sonaranlagen*, S. 82.)

72   Siehe Dönitz: *40 Fragen*, S. 29 – 32, und *Memoirs*, S. 13 – 15, 32 – 34 [„10 Jahre und 20 Tage", S. 18 – 21, 36 – 39]. Auszüge aus den Schlussfolgerungen der Übungen finden sich bei Padfield: *Dönitz*, S. 163/64, 171 – 180 [„Dönitz: Des Teufels Admiral", S. 193/194, 202 – 212].

73   Einzigartig zum allgemeinen Thema siehe Neitzel: *Einsatz der deutschen Luftwaffe*, bes. S. 74ff., 123 – 125, 142 – 147 und 158ff. Zur Abkommandierung der Offiziere siehe 7. Kapitel.

74   KKpt. Ernst Sobe, Chef der U-Flottille „Wegener" (7. U-Flottille) an Bord von *U 53*, beschrieb die Probleme einer taktischen Führung in See in einem Anhang zum KTB von *U 53* vom 1. – 30. September 1939 (T1022/2930/PG 30050). Weitere Versuche unternahm KKpt. Werner Hartmann an Bord von *U 37* im Oktober 1939 und Februar 1940 (KTB *U 37*, T1022/3039/PG 30034). Siehe auch Jeschke: *U-Boottaktik*, S. 73, und besonders Dönitz: *Memoirs*, S. 60 – 63 [„10 Jahre und 20 Tage", S. 61 – 64], zur Aufgabe der Idee.

74a Der Verfasser ist hier nicht sehr genau. Da es kein Schema für die Form des gemeinsamen **Ansatzes einer U-Bootgruppe** gab, sind folgende Formen und Arten zu unterscheiden, die ggf. unter Angabe eines Schwerpunktes eingenommen wurden, wobei die Besetzung der Positionen stets einzelbootweise erfolgte:
     – *Angriffsraum* war der dem einzelnen Boot zugewiesene Teil des Operationsgebietes der U-Boote. Innerhalb seines Bereiches hatte jedes Boot volle Bewegungsfreiheit, ausgenommen das Fühlunghalten am Gegner und beim Operieren auf Geleitzüge.
     – *Angriffsaufstellung* war das Einnehmen von Positionen durch die Boote einer U-Bootgruppe in der Art eines Streifens mit dem Ziel einen bestimmten, im Befehl genannten Gegner zu erfassen.
     – *Warteaufstellung* war die Vorbereitungsform der Angriffsaufstellung, wenn noch kein bestimmtes Angriffsziel vorhanden war, das befohlen werden konnte.
     Die **Aufstellung der U-Bootgruppe** konnte zum Abharken und zur Überwachung größerer Seeräume (Warteaufstellung) sowie zur Erfassung bestimmter Ziele (Angriffsaufstellung) auf folgende Art in Betracht kommen:
     – Als *Aufklärungsstreifen*, d.h. die Vormarschrichtung und die -geschwindigkeit der Boote wurden durch Angabe von Kurs und Fahrt befohlen, oder
     – als *Vorpostenstreifen*, d.h. die Boote veränderten ihren Standort nicht; sie pendelten lediglich zur Überwachung ihres Aufklärungsbereiches über kurze Strecken hin und her.
     Die Aufstellung der Boote im Streifen wurde nach *Anfangs- und Endpunkten* befohlen. Das im Befehl zuerst genannte Boot besetzte den Anfangspunkt, das zuletzt genannte Boot den Endpunkt. (Wurde keine Reihenfolge befohlen, entschied die Folge der Bootsnummern, beginnend mit der niedrigsten am Anfangspunkt). Die übrigen Boote verteilten sich in gleichmäßigen Abständen in der genannten Reihenfolge auf die Strecke zwischen Anfangs- und Endpunkt. Außerdem war im Streifen der *Aufklärungsbereich* der Boote von Bedeutung. Er erstreckte sich von dem für das einzelne Boot errechneten Punkt nach beiden Seiten bis zum halben Abstand vom Nebenboot, für das Anfangs- und das Endboot einen halben Bootsabstand über Anfangs- bzw. Endpunkt hinaus.
     Vgl. Ziffer 349 – 374 der MDV Nr. 906: „Handbuch für U-Bootskommandanten" (U.Kdt.Hdb.) 1942 (Nachdruck 1943) des OKM.

75   Zur Aufstellung der U-Bootgruppen siehe Heßler, ein ehemaliger Stabsoffizier des BdU, in *U-boat War*, Bd. 1, S. 64 – 67. Verfahren für Torpedoangriffe werden beschrieben in Abschnitt II: „Der Unterwasser-Torpedoangriff" (Ziffer 91 – 194), Abschnitt III: „Der Überwasser-Torepdoangriff" (Ziffer 195 – 245) und Abschnitt IX: „Torpedoeinsatz" (Ziffer 391 – 395) der MDV Nr. 906 U.Kdt.Hdb. des OKM.

76   Studie des britischen Verteidigungsministeriums „U-boat-Logs", S. 19/20, 47.

77   Siehe Blair: *Hitler's U-boat War: The Hunters*, S. 698, und Roskill: „CAPROS Not Convoys", S. 1052.

78   Heino v. Heimburg: „Gegenmaßnahmen", T1022/2100/PG 33382.

79   Möller: *Kurs Atlantik*, S. 130 – 149 (begrenzte Verbesserungen der Typen zwischen dem Ersten und dem Zweiten Weltkrieg) und S. 154 (Zitat). Diese Gedanken finden sich auch bei Brennecke: „Seit dem Weltkrieg I", S. 28 – 31. Hinsichtlich eines detail-

lierten Überblickes zum Walter-Verfahren einschl. seiner Entwürfe siehe Rössler: *U-boat*, S. 168ff. [„U-Bootbau, Bd. 2, S. 279 – 299].

79a   Siehe hierzu in ausführlicher Darstellung Eberhard Möller: *Marine-Geheimprojekte. Hellmuth Walter und seine Entwicklungen*, Motorbuch Verlag, Stuttgart 2000.

80   Dies ist keine vollständige Studie des Z-Plans und seiner Auswirkungen. Wertvolle Erörterungen bieten hierzu Dülffer: *Weimar, Hitler und die Marine*, S. 471ff., und Salewski: *Seekriegsleitung*, Bd. 1, S. 38ff. Die Literatur bis 1980 wird bei Bird *German Naval History*, S. 556 – 565, wiedergegeben.

81   Siehe Rössler: *U-boat*, S. 97 – 117 [„U-Bootbau", Bd. 1, S. 146 – 170], und Dülffer: *Weimar, Hitler und die Marine*, S. 468 – 472, 484/485, 493 – 498; zu den verschiedenen Auffassungen über die Strategie der Marine bezüglich der U-Boote siehe Salewski: *Seekriegsleitung*, Bd. 1, S. 21ff. Zusammengefasste Angaben hinsichtlich der wichtigsten technischen Daten, der Baudaten und des Schicksals der einzelnen Boote jedes Typs finden sich bei Gröner: *German Warships*, Bd. 2, S. 39ff [„Deutsche Kriegsschiffe", Bd 3, S. 66ff.].

82   Siehe die British Government Code and Cypher Section (G.C. & C.S.) Naval History: „The German Navy: The U-boat Arm", desgl. CBBD 53 in der NSA Historic Cryptographic Collection, RG 457, NA (später zitiert als G.C. & C.S. Naval History, gefolgt von Band und Seite), Bd. 7, S. 184 – 187; Mallmann Showell: *U-boats*, S. 71/72 [„U-Boote gegen England", S. 113]; Stern: *U-boats in Action*, S. 10 – 12; und Enders: *Auch kleine Igel*, passim, hinsichtlich der II-B-Boote und ihrer Unternehmungen im Schwarzen Meer.

[Zum Typ II siehe eingehend auch Eberhard Rössler: *Vom Original zum Modell: Uboottyp II – Die „Einbäume" –*, Bernard & Graefe Verlag, Bonn 1999.]

83   Angaben aus Busch/Röll: *U-Bootbau*, S. 41 (aus der Gesamtanzahl wurden die erbeuteten und von der deutschen Marine in Dienst gestellten Unterseeboote weggelassen). Weitere Varianten waren VII A (10 Boote), VII B (24 Boote), VII D (6 Boote) und VII F (4 Boote). Zu ihrer Entwicklung siehe Stern: *Type VII U-boats*, S. 14 – 23.

84   Obwohl die Bedingungen dieses Vertrages bei der U-Boottonnage zwischen der Kriegsmarine und der Royal Navy letztlich Parität vorsahen, hatte die Erstere ihre Absicht verkündet, nicht mehr als die zunächst vorgesehenen 45% der britischen U-Boottonnage zu bauen, d.h. ca. 22.000 ts (oder 23.700 t). Mit dem bereits im Gang befindlichen Bau mehrerer Typen bot der 500-t-Typ die wirtschaftlichste Rückkehr hochseefähiger Unterseeboote innerhalb der noch zur Verfügung stehenden Tonnage. Zum Vertrag siehe Norbert T. Wiggershaus: „Der Deutsch-Engliche Flottenvertrag vom 18. Juni 1935. England und die geheime deutsche Aufrüstung 1933 – 1935" (Dissertation, Rheinische Friedrich-Wilhelm-Universität Bonn, 1972); zu den Folgen für den Typ VII siehe Rössler: *U-boat*, S. 102 – 104 [„U-Bootbau", Bd. 1, S. 154 – 156], und Stern: *Type VII U-boats*, S. 13.

85   Rössler: *U-boat*, S. 105 – 108 [„U-Bootbau", Bd. 1, S. 162 – 165].

86   Weitere Informationen über die drei Asse sind im 4. und 8. Kapitel zu finden; zu *U 48* siehe Herzog: „Torpedoverbrauch von *U 48*", S. 121 – 146.

87   Berechnet aus den Angaben bei Mallmann Showell: *U-boats*, S. 16 und 33, ergänzt durch Angaben zu *U 73* bei Rohwer: *Axis Submarine Successes*, S. 44, 48/49, 235/236, 238, 241, 246 – 248, 251 – 253.

88   Zur S-Anlage siehe Rössler: *Sonaranlagen*, S. 64/65 (nur ein VII-C-Boot, *U 134*, erhielt tatsächlich diese Ausrüstung, die für diesen Entwurf nominell vorgesehen war); zu den allgemeinen Modifizierungen siehe Stern: *Type VII U-boats*, S. 17 – 20, 129, und Rössler: *U-boat*, S. 115/116, 154 – 160 [„U-Bootbau", Bd. 1, S. 166/167, 234 – 240].

89   Die Indienststellungsdaten stammen aus Busch/Röll: *U-Bootbau*, S. 7, 40; zu den Variationen bei den Turmumbauten siehe Rössler: *U-boat*, 188 – 194 [„U-Bootbau", Bd. 2, S. 316 – 323].

90   Daten über Bau, Indienststellung und Schicksal der U-Boote stammen aus Rössler: *U-Boote und ihre Werften*, S. 203 – 207, und Gröner: *German Warships*, Bd. 2. S. 52 [„Deutsche Kriegsschiffe, Bd. 3, S. 72, 85/86; die Angaben über die Erfolge beruhen auf Mallmann Showell: *U-boats*, S. 135, korrigiert durch Angaben aus Rohwer: *Axis Submarine Successes*, S. 175, 177, 181, 185 – 189, 191 – 193, 195, 204 – 211.

91   KTB des BdU vom 11. Dezember 1941, T1022/4063/PG 30301a, und zitiert in Dönitz: *Memoirs*, S. 197/198 [„10 Jahre und 20 Tage“, S. 192]. Eine gute Gegenüberstellung der Eigenschaften von Typ VII C und Typ IX C findet sich bei Middlebrook: *Convoy*, S. 68/69.

92   Die U-Bootstärke im April 1943 belief sich auf 166 Boote vom Typ VII und 50 Boote vom Typ IX. Nach Berechnungen des BdU betrugen im März/April 1943 die Verluste beim Typ VII elf Boote (sechs bei Geleitzugoperationen) gegenüber 13 Booten beim Typ IX (sieben bei Geleitzugoperationen), vgl. KTB des BdU vom 1. und 5. Mai 1943, T1022/4064/PG 30323.

93   Stern: *U-boats in Action*, S. 38; Herzog/Schomaekers: *Ritter der Tiefe*, S. 308 (siehe auch die Erörterung von KKpt. Viktor Schützes Erfolg als Kommandant von *U 103*, Typ IX B, an vierter Stelle der erfolgreichsten U-Boote stehend, S. 214 – 223). Die fünf erfolgreichsten U-Boote des Krieges waren: *U 48* (Typ VII B), *U 99* (Typ VII B), *U 124* (Typ IX B), *U 103* (Typ IX B) und *U 107* (Typ IX B), vgl. Herzog: „Torpedoverbrauch von *U 48*“, S. 124.

94   Köhl/Niestlé: *Vom Original zum Modell: U-Boottyp IX C*, S. 14.

95   Siehe Mallmann Showell: *U-boats*, S. 76, und Möller: *Kurs Atlantik*, S. 144 – 148.

96   Rössler: *U-boat*, S. 103 – 105, 117 – 121. [„U-Bootbau“, Bd. 1, S. 160 – 162, 178 – 182. 1936 fanden im OKM Überlegungen für den Bau von U-Booten des Typs IX als Handels-U-Boote statt, aaO. S. 160. Es ging wohl weniger um das „Eskortieren von Handelsschiffen“.]

97   2/Skl: Amtsgruppe „U-Bootswesen“ (KAdm. Lange): „Auswirkungen der Arbeiterlage und des Rohstoffmangels auf die Führung des U-Bootskrieges“, 22. Januar 1942, im KTB der 1/Skl, Teil C, Heft IV, 1942 (T1022/1726/PG 32174); veröffentlicht mit Kommentierung in Rahn: „Einsatzbereitschaft und Kampfkraft“, S. 86 – 98.

98   Das letzte Boot vom Typ IX C/40, das der Front zulief, war *U 889* (Kptlt. Friedrich Braeucker), am 4. August 1944 auf der Werft der Deschimag A.G. „Weser“ in Bremen in Dienst gestellt. Busch/Röll: *U-Bootbau*, S. 35.

99   Zur Entwicklung der Variante IX D siehe Rössler: *U-boat*, S. 110 – 117, 150/151, 337 [„U-Bootbau“, Bd. 1: S. 171 – 178, 195 – 201, Bd. 2: S. 315]; zum Einsatz dieser U-Boote in Fernost siehe Brennecke: *Haie*, S. 175/176, 212 – 219.

100   Siehe Vause: *U-boat Ace*, 148 – 185. [„Der U-Bootkommandant Wolfgang Lüth“, S. 163 – 181. Wenige Tage später kehrte *U 196* (ebenfalls ein IX-D$_2$-Boot) unter Kptlt. Eitel-Friedrich Kentrat aus Fernost nach 225 Tagen in See von Feindfahrt nach Bordeaux zurück, aaO., S.173.]

101   Siehe Stevens: *U-boat Far from Home*, 114ff.

102   Siehe Schley: „Mit *U 861* nach Ostasien“, S. 60/61, 250/251, 282/283, 285/286, 316/317.

103   Zum Entwurf, zu den speziellen Operationen und den Schicksalen der Boote vom Typ XIV siehe Rössler: *U-boat*, 151/152, 161/162, 166/167, 338 [„U-Bootbau“, Bd. 1: S. 201 – 203, 240 – 250]; ihre Bedeutung wird bei Rahn: „Long-Range German U-boat Operations“, passim, erörtert. Ihre besondere Auswahl als Ziele zur Vernichtung wird beschrieben in Studie SRH-008, S. 131 – 159, RG 457, NA, sowie bei Beesly: *Very Special Intelligence*, S. 195 – 197, 208/209 [„Geheimdienstkrieg“, S. 231 – 233, 245/246].

104   Rössler: *U-boat*, S. 110 – 112, 161/162, 167 [„U-Bootbau“, Bd. 1: 170/171, 172/173, 250/251]; Gröner: *German Warships*, Bd. 2, 76/77 [„Deutsche Kriegsschiffe“, Bd. 3, S. 116].

105   Die prägnanteste Beurteilung der U-Boote des Typs XVII findet sich bei Stern: *U-boats in Action*, S. 45/46; die Entwicklung dieses Typs sowie die Dönitz'schen Pläne werden erörtert in Rössler: *U-boat*, S. 168 – 187 [„U-Bootbau", Bd. 2, S. 286 – 294, sowie Typ XVIII, ebenda, S. 295 – 299]. Zur detaillierten Entwicklungsgeschichte siehe Köhl/Rössler: *Vom Original zum Modell: Uboottyp XVII*, passim, sowie die Aufsätze von Sieche/Wilson: „Walter Submarines" in *Warship*, Ausgabe Oktober 1981.

105a Nach dem Bau der Versuchsboote *V 80* und *V 300* (*U 791*) handelte es sich bei den sieben fertig gestellten Walter-U-Booten um *U 792*, *U 793* (Typ Wa 201), *U 794*, *U 795* (Typ Wk 202) sowie *U 1405* – *U 1407* (Typ XVII B).
   Weitere ausführliche Darstellungen zu den Walter-Booten siehe
   – Eberhard Möller: *Marine-Geheimprojekte. Hellmuth Walter und seine Entwicklungen*, Motorbuch Verlag, Stuttgart 2000;
   – Eberhard Rössler: *Vom Original zum Modell: Die großen Walter-Uboote Typ XVIII und Typ XXVI*, Bernard & Graefe Verlag, Bonn 1998.

106   Van der Vat: *Atlantic Campaign*, S. 346.

107   Siehe Rössler: *U-boat*, S. 208 – 210, 214ff. [„U-Bootbau", Bd. 2: S. 338 – 343, 357ff.].

108   1944/45 wurden 65 U-Boote des Typs XXIII fertig gestellt. Von ihnen wurden 62 in Dienst gestellt und sechs führten vor Kriegsende Feindfahrten in den Gewässern vor der britischen Küste durch. Vgl. Köhl/Rössler: *Vom Original zum Modell: Uboottyp XXIII*, bes. S. 10 – 12, 33 – 37, 45/46.

109   Von den U-Bootsentwicklungen der Nachkriegszeit wiesen die W-Klasse der sowjetischen Marine, der „GUPPY"-Umbau der amerikanischen Flottenunterseeboote und die britische T-Klasse Konstruktionsmerkmale des Typs XXI auf. Hackmann: *Seek and Strike*, S. 336. Der Historiker der *Operations Research* der Marine schrieb 1950 zur Beurteilung der sowjetischen Bedrohung durch Unterseeboote: „Die potentielle Bedrohung ... schien jedoch von großer Bedeutung zu sein. Die U-Boote vom Typ XXI ... wurden als das Vorbild für die zukünftige Bedrohung angesehen." Tidman: *Operations Evaluation Group*, S. 118.

110   Die beste Abhandlung zum U-Boottyp XXI und des operativen Einsatz seiner Boote bietet Wetzel: *U 2540*, passim. Die technische Seite wird beschrieben in Köhl/Rössler: *Anatomy of the Ship: The Type XXI U-boat*, bes. S. 8 – 11, 59ff. [„Vom Original zum Modell: Uboottyp XXI", passim], und in den beiden Werken von Rössler: *U-Boottyp XXI*, passim, und *U-boat*, S. 214 – 234 [„U-Bootbau", Bd. 2: S. 357 – 363, 365 – 370, 385 – 388].

4. Kapitel: Das Gesicht des U-Bootkrieges 1939 – 1945

1   Beispiele einer verschiedenartigen Gliederung der chronologischen Phasen des U-Bootkrieges siehe bei Rohwer: „U-boat War", 260ff.; Tarrant: *U-boat Offensive*, S. 81ff. [„Kurs West!", S. 111ff.]; und Mallmann Showell: *U-boat Command*, S. 11 – 15.

2   Während sich dieses Werk in Vorbereitung befand, erschien der erste Band der monumentalen Studie von Clay Blair: *Hitler's U-boat War: The Hunters, 1939-1942 [„Der U-Boot-Krieg. Die Jäger 1939 – 1942"]*; der zweite Band – The Hunted, 1943-1945 [„Die Gejagten 1943 – 1945"] – sollte zu einem späteren Zeitpunkt (1998) erscheinen. Obwohl dieses Werk mit dem Versprechen einer sehr detaillierten Dokumentation des U-Bootkrieges angekündigt war, kam es zu spät heraus, um hier – von gelegentlichen Zitaten abgesehen – noch eine umfassende Berücksichtigung zu finden, die bei jeder zukünftigen Behandlung der U-Bootoperationen zwingend sein wird.

3   Mallmann Showell: *U-boats*, S. 16 – 18, und *U-boat Command*, S. 27.

4   Herzog: „Torpedoverbrauch von *U 48*“, S. 141 (der Verfasser identifiziert sein Quel-
        lenmaterial nicht).

5   Hinsichtlich des Ablaufs der Unternehmung siehe Korganoff: *Prien gegen Scapa
        Flow* und Snyder: *ROYAL OAK Disaster* [„Husarenstück in Scapa Flow“]; Priens
        eigene Version in *Mein Weg*, S. 166ff., während Dönitz seine Sicht in *Memoirs*, S. 67
        -71 [„10 Jahre und 20 Tage“, S. 66 – 70], darlegte. Bezüglich der Planung des Unter-
        nehmens durch Oehrn und der Folgen siehe Vause: *Wolf*, S. 41 – 54 [„Die Wölfe“, S.
        41 – 53].

6   Zur allgemeinen Entwicklung siehe Heßler: *U-boat War*, Bd. 1, 7 – 27; zur Torpedo-
        krise siehe Rössler: *Torpedos*, S. 90 – 96, und Dönitz: *Memoirs*, S. 84 – 99, 482 – 485
        [„10 Jahre und 20 Tage“, S. 82 – 97, 476 – 479]. Dönitz' früheste Kriegsaufzeich-
        nungen zum Torpedo-Problem sind im KTB-Eintrag des BdU vom 21. Januar 1940
        (T1022/3979/PG 30256) enthalten [vgl. hierzu den vollen Wortlaut im KTB-Auszug
        vom 21.1.1940 in *10 Jahre und 20 Tage*, Anlage 3, S. 473 – 476].

6a   Deutschlands Beitritt 1936 zum Londoner U-Bootabkommen von 1930 war eine
        Bedingung im Deutsch-Britischen Flottenabkommen gewesen, um 100% der briti-
        schen U-Boottonnage bauen zu können. Die Bestimmungen des Londoner U-Boot-
        abkommens, d.h. Handelsschiffe durften erst nach Anhalten, Untersuchen auf Kon-
        terbande und Sorge für die Besatzung versenkt werden (Prisenregeln), bildeten die
        wesentliche Grundlage der daraufhin erlassenen *Prisenordnung*. Dieses ehemalige
        Reichsgesetz galt wegen seines völkerrechtlich verbindlichen Inhaltes in der Bundes-
        republik Deutschland als Bundesrecht weiter.

7   Van der Vat: *Atlantic Campaign*, S. 126/127.

8   BdU/Operationsabteilung an OKM/M „Ein Jahr U-Bootskriegführung“, 24. August
        1940, im KTB 1/Skl, Teil C, Heft IV (T1022/1724/PG 32011); U-Boot-Indienststel-
        lungen in Busch/Röll: *U-Bootbau*, S.6/7. Die Auswahl sowie das Alter der Komman-
        danten und Besatzungen der U-Boote werden im 5., 6. und 8. Kapitel erörtert.

9   KTB FdU West, 2. Oktober 1939, T1022/4185/PG 30902.

10   Beruhend auf einer Übersicht der Kommandanten und ihrer Kommandierungszeiten
        für *U 1 – U 52* in *Guide No. 2*, S. 23 – 35, ergänzt durch den Eintrag von Dönitz über
        die Ablösung des Kommandanten von *U 53* im KTB des BdU vom 29. November
        1939, T1022/3979/PG 30252.

11   Zur Lösung der Torpedokrise und zu den weiterhin anhaltenden Problemen mit den
        Torpedos siehe Blair: *Hitler's U-boat War: The Hunters*, S. 159/60 [„U-Boot-Krieg“,
        Bd. 1, S. 201 – 203, 204/205]; Rössler: *Torpedos*, S. 93 – 96; und Dönitz: *Memoirs*,
        S. 91 – 99 [„10 Jahre und 20 Tage“, S. 90 – 99]. Die Auswirkungen dieser Krise auf
        den U-Bootkrieg reichten weit über ein Marinewaffen-Problem hinaus, denn sie ent-
        hüllten allen, wie eine technische Unterstützungseinrichtung der Marine zur Waffen-
        erprobung die an der Front kämpfenden Einheiten im Stich gelassen hatte. Als sich
        derselbe Vorgang in einem anderen Bereich – im Referat für Funkschlüssel des MND
        – wiederholte, dürfte das Unterlassen energischer Untersuchungen der technischen
        Aspekte des Einbruchs in die Funkschlüssel eine Abneigung der Verantwortlichen
        widerspiegeln, sich weiteren Versäumnissen zu stellen. Das Aufdecken von Inkom-
        petenz 1940 bei technischen Fachleuten könnte somit die Durchführung späterer
        Untersuchungen in anderen Bereichen aus Furcht verhindert haben, die Moral der
        Front vollständig zu unterminieren. [Spätere Untersuchungen in den 80er-Jahren erga-
        ben, dass der Besondere Senat des Reichskriegsgerichtes im Herbst 1941 ein faires
        und ideologisch freies Verfahren durchgeführt hatte, weshalb das Urteil den Argwohn
        Hitlers weckte. Siehe hierzu auch Ludwig C.R. Hannemann: „NS-geprägte Urteile im
        Torpedoprozeß 1941?“ in *Marine-Rundschau* 1989, S. 38, 101.]

12   Siehe Mallmann Showell: *U-boat Command*, S. 30 – 41, und Tarrant: *U-boat Offen-
        sive*, S. 89/90 [„Kurs West!“, S. 122].

13   BdU/Operationsabteilung an das Kommando der Marinestation der Ostsee „Perso-
      nalbedarf der U-Boote auf Grund des Schiffbau-Neubauplanes", 13. November 1939,
      mit beigefügter Anlage „Ausbildungsmöglichkeiten U-Schule Neustadt u. Gotenha-
      fen vom 1. April 1940 bis 1. Juli 1943", T1022/2066/PG 33541. Das Datum für *U
      1053* stammt aus Busch/Röll: *U-Bootbau*, S. 4 – 32.

14   Die Rekrutierung und Ausbildung der U-Bootmänner wird im 7. Kapitel behandelt.

15   Siehe Rössler: *U-Boat*, S. 122 – 126, 168 – 172 [„U-Bootbau", Bd. 1, S. 192 – 195,
      204 – 213], und sein Aufsatz „U-boat Development and Building", S. 126 – 128; und
      Dönitz: *Memoirs*, S. 123 – 126 [„10 Jahre und 20 Tage", S. 120 – 122]. Vergleichen-
      de Fertigungszahlen stammen aus Busch/Röll: *U-Bootbau*, S. 9, 30/31.

16   Der ständige Wechsel an der Spitze des Flottenkommandos wird bei Salewski: *See-
      kriegsleitung*, Bd. 1, S. 137 – 139, 162 – 173 und 203 – 207, sowie in dem in Kürze
      erscheinenden Werk von Güth: *Erich Raeder und die Englische Frage* beschrieben.

17   Angaben aus Tarrant: *U-boat Offensive*, S. 89 – 96 [„Kurs West!", S. 122 – 132].

18   „Nach dem Wendepunkt des U-Bootkrieges suchende Historiker sind gut beraten,
      wenn sie die Ereignisse dieses Zeitraums ausführlich analysieren. Er markiert einen
      drastischen Wandel im Krieg zur See, von dem sich die U-Boote nie mehr erholten."
      Mallmann Showell: *U-boat Command*, S. 63. Dieses Argument wird von der Tatsa-
      che gestützt, dass die drei genannten Asse viele ihrer Opfer aus Geleitzügen versenk-
      ten. Im März 1941 hatten die Geleitsicherungsfahrzeuge von der Zahl her eine aus-
      reichende Stärke erreicht und die erforderliche Erfahrung gewonnen, um die Geleitzü-
      ge besser zu schützen. Danach war ein „U-Bootass", das beeindruckende Gesamter-
      folge auf den nordatlantischen Geleitzugrouten erzielte, tatsächlich selten geworden.
      Siehe auch Rohwer: „U-boat War", S. 263/264. [Die These von der Wende im März
      1941 stützt auch die Tatsache, dass zum ersten Mal an einem Geleitzug erfolgreich
      Radar eingesetzt wurde: „*U 100* ... wird von der VANOC auf eine Entfernung von
      1000 m mit Hilfe von Radar geortet (die erste erfolgreiche Ortung mit dem Radargerät
      Typ 286) und gerammt, als es wegtauchen wollte." Rohwer/Hümmelchen: *Chronolo-
      gy*, S. 54.]

19   Siehe Kahn: *Seizing the Enigma*, bes. S. 161ff., 191ff.; Hinsley und andere: *British
      Intelligence*, Bd. 2, S. 163ff.; Beesley: *Very Special Intelligence*, S. 92ff. [„Geheim-
      dienstkrieg", S. 118ff.]; und Rohwer: „Auswirkungen der deutschen und britischen
      Funkaufklärung", S. 167 – 173, 386 – 390.

20   Zur Ausbildung und Bedeutung von *U 570* siehe 7. Kapitel.

21   Siehe Heßler: *U-boat War*, Bd. 1, S. 87 – 92; Mallmann Showell: *U-boat Command*,
      S. 89 – 91: und das KTB des BdU vom 1. Januar 1942, T1022/3979/PG 30302. Zum
      Abziehen der U-Boote zu zweitrangigen Aufgaben siehe den wertvollen Aufsatz von
      Neitzel: „Deployment of the U-boats", S. 276 – 301.

22   Siehe BdU an den Oberbefehlshaber der Kriegsmarine, 26. November 1941, in Wag-
      ner (Hrsg.): *Lagevorträge*, S. 320 – 325; und die Denkschrift „Auswirkungen der
      Arbeiterlage und des Rohstoffmangels auf die Führung des U-Bootskrieges" von
      KAdm. Lange, 2/Skl Amtsgruppe „U-Bootswesen", 22. Januar 1942, sowie der Vor-
      trag „Erhöhung der Einsatzmöglichkeiten der U-Boote" durch KptzS. Ernst Kratzen-
      berg, Chef der Abt. UII der Amtsgruppe „U-Bootswesen", vor dem ObdM am 14. Juli
      1942, beide veröffentlicht in Rahn: „Einsatzbereitschaft und Kampfkraft", S. 86 – 107.

22a   Die *Organisation Todt* (OT) war die staatliche Bauorganisation, die bereits durch den
      Bau der Reichsautobahnen und des *Westwalls*, der Verteidigungslinie gegen Frank-
      reich, in Erscheinung getreten war. Dr. Fritz Todt, ihr Leiter, gehörte ab 17. März 1940
      der Reichsregierung als Minister für Bewaffnung und Munition an. Er verunglückte
      am 8. Februar 1942 mit dem Flugzeug tödlich und der Architekt Albert Speer trat sei-
      ne Nachfolge an. Am 30. November 1944 beschäftigte das Amt „Bau" der OT ca. 1,5
      Millionen Arbeitskräfte, davon war etwa ein Drittel außerhalb Deutschlands tätig.

Rund zwei Drittel der Beschäftigten waren im letzten Drittel des Krieges so genannte *Fremdarbeiter* und Kriegsgefangene.

23   Neitzel: *Deutsche U-Bootbunker*, bes. S. 41 – 45, 51 – 62, 70 – 72, 77 – 82, 154 – 160, und Rohwer: „U-boat War“, S. 287/288.

24   Zum Beispiel Hoyt: *U-boats Offshore*; Hickam: *Torpedo Junction*; Gentile: *Track of the Grey Wolf*; Gannon: *Operation Drumbeat* [„Operation Paukenschlag“]; Wiggins: *Torpedoes in the Gulf*; und Kelshall: *U-boat War in the Caribbean*.

25   Dönitz: *Memoirs*, S. 206 – 212, 223/224 [„10 Jahre und 20 Tage“, S. 192, 196 – 210, 215 – 218].

26   Siehe Bonatz: *Seekrieg im Äther*, S. 235 – 237; Hinsley und andere: *British Intelligence*, S. 228 – 233; Rahn: „Long Range German U-boat Operations“, S. 8 – 11; und Heßler: *U-boat War*, Bd. 2, S. 20 – 34.

27   Vgl. das Memorandum „U-Bootsbau“ der 1/Skl, Referat III, ca. vom 30. Juli 1941, in KTB 1/Skl, Teil C, Heft IV (T1022/1724/PG 32173), und das Lange-Memorandum „Auswirkungen der Arbeiterlage und des Rohstoffmangels auf die Führung des U-Bootskrieges“, 22. Januar 1942, in Rahn: „Einsatzbereitschaft und Kampfkraft“, S. 92.

28   Zilbert: *Albert Speer*, S. 149.

29   Angaben aus Tarrant: *U-boat Offensive*, S. 106/107 [„Kurs West!“, S. 146].

30   Rössler: *U-boat*, S. 174 [„U-Bootbau“, Bd. 2, S. 286f.].

31   Fernschreiben vom 4. Juli 1942 „Besuch BdU bei Jeschonnek 2.7. betr. Luftlage Biskaya“, KTB 1/Skl, Teil C, Heft IV, 1942 (T1022/1726/PG 32174). Als Ergebnis dieser Bemühungen legte sich die Luftwaffenführung auf zusätzliche Ju-88-Einheiten fest, um die Sicherung der U-Boote im Golf von Biskaya zu unterstützen und die RAF-Operationen dort einzudämmen, aber die Luftunterstützung durch Langstreckenflugzeuge bei Geleitzugoperationen blieb mangelhaft. Neitzel: *Einsatz der deutschen Luftwaffe*, S. 142 – 146.

32   Siehe Heßler: *U-boat War*, Bd. 2, S. 48, und Mallmann Showell: *U-boat Command*, S. 95.

33   Siehe z.B. Dönitz' Schreiben an die Skl und nachrichtlich an andere Stellen im OKM: „Waffentwicklung für U-Boote“, 5. September 1942, in KTB 1/Skl, Teil C, Heft IV, 1942 (T1022/1727/PG 32174). Das Projekt, an das Dönitz offensichtlich dachte, war eine weiter unten im Text erörterte Rakete (d.h. Seezielflugkörper) zum Einsatz gegen Geleitsicherungsfahrzeuge.

34   Zum Wandel der Rekrutierung und zu den Altersunterschieden siehe das 6. und 7. Kapitel.

35   Siehe hierzu die Ausführungen zur Ausbildung im 7. Kapitel.

36   Vergleiche hierzu die Besatzungslisten von *U 47* für diese beiden Feindfahrten bei Snyder: *Royal Oak*, S. 268/269 [„Husarenstück in Scapa Flow“, S. 301/302], und im U-Boot-Archiv, Cuxhaven-Altenbruch. Die jüngsten Forschungsarbeiten zum Verlust von *U 47*, der lange Zeit dem Zerstörer HMS WOLVERINE beim Angriff auf den Geleitzug OB 293 zugeschrieben worden war, verneinen diese Ursache und halten einen Unglücksfall für die wahrscheinlichste Möglichkeit. Kemp: *U-boats Destroyed*, S. 68.

37   2/Skl: Amtsgruppe U-Bootswesen „Aufstellung U-Bootsverluste Stand 24.8.42“, 3. September 1942, in KTB 1/Skl, Teil C, Heft IV, 1942 (T1022/1727/PG 32174).

38   BdU: „Personalbestand im B.d.U. Bereich am 1.7.1942“, Anl. 52 zu „Organisation, Stellenbesetzung und Personalbestand am 1.7.1942“, T1022/4038/PG 31794. Eine vollständige Aufgliederung des BdU-Bereiches wird in Anhang 3 wiedergegeben.

39   Die Geleitzugoperationen werden bei Heßler: *U-boat War*, Bd. 2, 31 – 37, 50/51, erörtert. Zur Auflistung der U-Booterfolge und des Zusammenhangs für den November 1942 siehe Herzog/Schomaekers: *Ritter der Tiefe*, S. 304 – 307; zu den Geleitzugschlachten im März siehe Rohwer: *Critical Convoy Battles*, S. 195 – 200 [„Geleit-

zugschlachten", S. 295 – 303], und Middlebrook: *Convoy*, S. 276 – 282. Der Kommentar der britischen Admiralität findet sich in Roskill: *War at Sea*, Bd. 2, S. 367.

40   Siehe Rössler: *Torpedos*, S. 101, 114 – 121; Heßler: *U-boat War*, Bd. 2, S. 84/85; und Stern: *Type VII U-boats*, S. 82 – 86.

41   Die beste Darstellung dieser Operationen findet sich in Syrett: *Defeat of the German U-boats*, passim; für die deutsche Sicht der Vorgänge sorgten Heßler: *U-boat War*, Bd. 2, S. 99ff., und Mallmann Showell: *U-boat Command*, S. 123ff. Die jüngste und beste Zusammenfassung der Ereignisse des Mai 1943 findet sich bei Gannon: *Black May*, passim [„Schwarzer Mai"]. Beschrieben werden die verschiedenen technischen Notbehelfe auf deutscher Seite in Niestlé: „German Technical and Electronic", S. 438 – 450; die „Hunter-Killer"-Operationen in Y'Blood: *Hunter-Killer*; die nachrichtendienstlichen Aspekte der Funkaufklärung in Hinsley und andere: *British Intelligence*, Bd. 2, S. 547ff., Beesley: *Very Special Intelligence*, S. 180ff. [„Geheimdienstkrieg", S. 229ff] und Studie SRH-008 „Battle of the Atlantic", RG 457, NA.

42   KTB des BdU, 21. August 1942, T1022/3980/PG 30310b (die Übersetzung dieser Passage bei Middlebrook: *Convoy*, S. 286, ist dramatischer, aber zu negativ formuliert). Dönitz wiederholte diese Ansicht im KTB vom 3. September (T1022/3980/PG 30911).

43   KTB des BdU, 26. August 1942 (T1022/3980/PG 30310b); Mallmann Showell: *U-boat Command*, S. 146.

44   Der ausführlichste Bericht über diese Besprechung stammt von einem Beteiligten, Dipl.-Ing. Heinrich Waas: „Zeitzeuge zum Walter-U-Boot-Bau", S. 19 – 27. Das offizielle Protokoll bei Wagner (Hrsg.): *Lagevorträge*, S. 420 – 425, ist vollständiger als die Übersetzung in *Führer Conferences*, S. 294 – 297.

45   Im November 1942 hatten konkrete Pläne für die Fertigung von 24 Einheiten des ursprünglichen Walter-Bootes (bezeichnet als Typ XVII) und für zwei Einheiten des großen Walter-Bootes (Typ XVIII) bestanden; vgl. hierzu Rössler: *U-Boat*, S. 179 – 182 [„U-Bootbau", Bd. 2. S. 298f.].

46   Siehe Salewski: „Raeder zu Dönitz", bes. S. 109 – 112, hinsichtlich der zu weit gehenden technischen Autorität des BdU.

46a Der unmittelbare Anlass war der gescheiterte Angriff einer deutschen Kampfgruppe mit den Schweren Kreuzern ADMIRAL HIPPER und LÜTZOW sowie sechs Zerstörern am 31. Dezember 1942 (Unternehmen „Regenbogen") gegen den britischen Russland-Geleitzug JW.51B mit seiner schwächeren Sicherung im Nordmeer. Hitler befahl daraufhin die Verschrottung der aus seiner Sicht „nutzlosen" schweren Einheiten der Flotte. Raeder, ein Befürworter der „Dickschiffe", der sich diesem Befehl widersetzte, musste gehen und empfahl als seinen Nachfolger: GenAdm. Rolf Carls, der Oberbefehlshaber des Marinegruppenkommandos Nord, oder Adm. Dönitz, den „U-Bootmann". Hitler wählte den Letzteren; Ironie des Ganzen: Dönitz befolgte Hitlers Befehl ebenso wenig, er erweckte nur den Anschein.

47   Siehe Salewski: „Seekriegsleitung", Bd. 2, S. 225/226.

48   Zu den Gesprächen mit Speer siehe Eichholtz: *Geschichte der deutschen Kriegswirtschaft*, S. 131 – 136, und Dönitz: *Memoirs*, S. 350 – 352 [„10 Jahre und 20 Tage", S. 346 – 350]. Eine Zusammenfassung der Luftwaffen-Gespräche findet sich bei Neitzel: *Einsatz der deutschen Luftwaffe*, S. 160 – 165.

48a Spätestens im Frühjahr 1942 waren alle britischen Flugzeuge, die gegen die U-Boote zum Einsatz kamen, mit dem Bordradar ASV II ausgerüstet, das im 1,5-m-Wellenbereich arbeitete. Ab diesem Zeitpunkt begann der Hochfrequenzkrieg der U-Boote. Die Impulse des ASV II konnte das FuMB 1 „Metox" der Kriegsmarine (seine primitive Antenne lautete im U-Bootjargon „Biskaya-Kreuz") zu etwa 95% erfassen und vor einer Radarortung warnen. Die U-Boote bekamen dieses FuMB ab dem Spätsommer 1942. Ab Februar 1943 erhielten die britischen Flugzeuge jedoch nach und nach das

10-cm-Radar ASV III, dessen Impulse das „Metox" nicht mehr erfassen konnte. Erst nach manchem Irrweg (das Warngerät „W.Anz.g." von Hagenuk war einer von ihnen) kam auf den U-Booten ab Oktober 1943 mit dem FuMB 7 „Naxos" von NVK/Telefunken ein erstes leistungsfähiges Warngerät im Zentimeter-Wellenbereich zum Einsatz.

49   Die hauptsächlichen Entwicklungen werden in Heßler: *U-boat War*, Bd. 2, S. 99ff., und in Mallmann Showell: *U-boat Command*, S. 137ff., dargestellt. Die Quellen für die Verlustangaben sind am Schluss der Tabelle 5 vermerkt.

50   Angaben bei Lakowski: *U-Boote*, S. 344 (bezüglich einer breiteren Erörterung siehe Anhang 2).

51   Zur U-Bootstärke siehe Tarrant: *U-boat Offensive*, S. 128 [„Kurs West!", S. 178]; zur Ausbildung siehe 7. Kapitel.

52   Zum Hintergrund des Flottenbauprogramms 1943 (einschl. einer Denkschrift der Skl zur Stahlzuteilung) siehe Salewski: *Seekriegsleitung*, Bd. 2, S. 268 – 281 und S. 623 – 630. Siehe auch Rössler: „U-boat Development and Building", S. 129/130; Dönitz: *Memoirs*, S. 342 – 352 [„10 Jahre und 20 Tage", S. 340 – 350]; und die Niederschrift des Vortrags von Dönitz bei Hitler am 11. April 1943 in Wagner (Hrsg.): *Lagevorträge*, S. 475 – 490.

53   „Niederschrift über die Sitzung am 8.4.43 bei Chef MPA", 14. April 1943, in KTB 1/Skl, Teil B, Heft V, 1943, T1022/1707/PG 32119. Siehe auch die Informationen in Anm. 56 unten.

54   Zur vollständigsten Niederschrift der Besprechung siehe „Niederschrift über die Besprechung des Ob.d.M. beim Führer am 31.5.1943 auf dem Berghof", 5. Juni 1943, in Wagner (Hrsg.): *Lagevorträge*, S. 507 – 511; eine verkürzte Übersetzung findet sich in *Führer Conferences*, S. 331 – 336. Die im Juli 1943 entwickelten revidierten Fertigungsprogramme finden sich detailliert in Rössler: „U-boat Development and Building", S. 132/133.

55   „Niederschrift" in Wagner (Hrsg.): *Lagevorträge*, S. 510.

56   Die Personalplanung der Marine für 1943/44 findet sich in der Denkschrift des Allgemeinen Marinehauptamtes (Admiral Warzecha) „Vortragsnotiz über eine notwendige vermehrte Rekrutenzuteilung für die Kriegsmarine" (mit sechs beigefügten Anlagen), 28. Mai 1943, in KTB 1/Skl, Teil B, Heft V, 1943, T1022/1707/PG 32119. Die von Dönitz revidierten Zahlen werden im Anhang zur „Niederschrift über den Vortrag des Ob.d.M. beim Führer am 15.6.43 auf dem Berghof" wiedergegeben, 29. Juni 1943, in Wagner (Hrsg.): *Lagevorträge*, S. 513 – 516.

57   Fünf U-Boote gingen in asiatischen Gewässern verloren, fünf kehrten nach Europa zurück (von ihnen sank eines auf dem Marsch von Norwegen nach Deutschland), eines wurde auf dem Heimmarsch versenkt und eines stellte sich nach der Kapitulation (wie auch zwei weitere U-Boote, die kurz zuvor nach Japan ausgelaufen waren). Sieben U-Boote (einschl. zwei ex-italienische Boote) wurden den Japanern übergeben bzw. von diesen übernommen. Von dieser Bilanz ausgenommen, sind zwei für das Unternehmen „Monsun" bestimmte U-Boote, die jedoch für andere Aufgaben abgezogen wurden und verloren gingen, sowie ein weiteres Boot (*U 1224*), das in Deutschland eine japanische Besatzung übernommen hatte und auf dem Marsch nach Japan versenkt worden war (siehe Stevens: *U-boat Far From Home*, 83, 230 – 239). Zur allgemeinen Information über die Operationen im Fernen Osten siehe Brennecke: *Haie im Paradies*, passim, sowie Giese/Wise: *Shooting the War*, S. 179ff.

58   Siehe Heßler: *U-boat War*, Bd. 3, S. 35 – 54; Kelshall: *U-boat War in the Caribbean*, S. 423 – 430; und Mulligan: *Lone Wolf*, S. 175 – 189. Die Krise vom Winter 1943/44 bezüglich der Moral wird im 8. Kapitel erörtert.

59   Zum Schnorchel siehe Rössler: *U-boat*, S. 198 – 204 [„U-Bootbau", Bd. 2, S. 328 – 338], und Bräckow: *Marine-Ingenieuroffizierkorps*, S. 260; ein Dokument zum frühe-

sten Einbau wird bei Lakowski: *Deutsche U-Boote Geheim*, S. 153, wiedergegeben. Angaben zur Einbauarbeit 1944 an Bord von U-Booten des Typs IX C finden sich in Köhl/Niestlé: *Original zum Modell: UBoottyp IX C*, S. 30

60   Price: *Aircraft versus Submarine*, S. 235 [„Flugzeuge jagen U-Boote", S. 330]; KTB des BdU, Anlage zum KTB, 1. Januar 1945, T1022/4066/PG 30362.

61   Siehe die Studie SRH-008, S. 229/230, RG 457, NA, und Syrett: „Weather-Reporting U-boats", S. 16 – 18.

62   Siehe Roskill: *War at Sea*, Bd. 3 (Teil 2), S. 179 – 185; Sarty: „Limits of Ultra", S. 44 – 68; Tarrant: *Last Year*, S. 71 – 93, 155ff. [„Letztes Jahr", S. 74 – 100, 198ff.]; Hadley: *U-boats against Canada*, S. 224ff. [„U-Boote gegen Kanada", S. 386ff.].

63   Die unten zitierte Niederschrift der Kabinettssitzung über U-Abwehrkriegsführung berichtet, dass die U-Boote vom 20. Dezember 1944 – 20. Januar 1945 fünf Kriegsschiffe und 15 Handelsschiffe bei nur drei bestätigten U-Bootverlusten versenkten. Eines dieser Schiffe, der belgische Dampfer LEOPOLDVILLE, sank im Kanal und nahm über 800 amerikanische Soldaten der 66. Infanteriedivision mit in die Tiefe (siehe Sanders: *A Night before Christmas*).

64   Kriegskabinett zur U-Bootabwehrkriegsführung: „Minutes of the Meeting Held in the Cabinet War Room on Friday, 26th January 1945, at 11.30 a.p." (einschl. eines beigefügten Memorandums des Ersten Lords der Admiralität, 20. Januar 1945), ehemals „Top Secret"-Korrespondenz 1945 des Chief of Naval Operations, RG 38, NA.

65   Roskill: *War at Sea*, Bd. 3 (Teil 2), S. 285 – 290; Tarrant: *Last Year*, S. 194 – 201 [„Letztes Jahr", S. 246 – 256].

66   Bei den beiden U-Booten handelte es sich um *U 2511* (KKpt. Adalbert Schnee) und *U 3008* (Kptlt. Helmut Manseck); siehe Rössler: *U-Boottyp XXI*, S. 50/51, und G.C. & C.S. Naval History, Bd. 7, S. 243/244. Diese letztere Studie erwähnt jedoch *U 3008* nicht.

67   Price: *Aircraft versus Submarine*, S. 224/225 [„Flugzeuge jagen U-Boote", S. 312 – 315]; Roskill: *War at Sea*, Bd. 3 (Teil 2), S. 300/301, 467 – 469.

68   Siehe Merten: *Nach Kompaß*, S. 370 – 377; Brustat-Naval: *Unternehmen Rettung*, S. 30/31 [S. 24f.].

69   Zur allgemeinen Information siehe Rössler: „U-Boottyp XXI" in „Technikmuseum U-Boot WILHELM BAUER", S. 95, und Brustat-Naval: *Unternehmen Rettung*, S. 81/82 [S. 75ff.]; zum Bericht der Kommandanten von *U 721* und *U 56* siehe Högel: *Embleme*, S. 235 – 238.

70   Siehe Zilbert: *Albert Speer*, S. 166 – 179, und Speer :*Inside*, S. 355 – 358. Für die große Diskrepanz zwischen dieser Anzahl an fertig gestellten Unterseebooten und den 229 U-Booten, die offiziell während des Jahres in Dienst gestellt wurden, fehlt eine Erklärung (vgl. Busch/Röll: *U-Bootbau*, S. 32 – 38), es sei denn, die Fertigung einiger Typen Klein-U-Boote wurde einbezogen.

71   Siehe Dönitz: *Memoirs*, S. 370 [„10 Jahre und 20 Tage", S. 361f.], Matthes: *Seehunde* (die beste allgemeine Darstellung dieses Kleinkampfmittels), S. 50, und Schulz: *Im Kleinst-U-Boot*, S. 21 – 26, die detaillierte Darstellung eines Maschinenmaaten aus dem K-Verband.

71a Sie hierzu auch ausführlich Paul Kemp: *Bemannte Torpedos und Klein-U-Boote im Einsatz 1939 – 1945*, Motorbuch Verlag, Stuttgart 1999.

72   Siehe Rössler: „U-boat Development and Building", S. 135/136, und *U-boat*, S. 246 – 265 [„U-Bootbau", Bd. 2, S. 405 – 423].

73   Hinsichtlich der U-Bootzahlen siehe Heßler: *U-boat War*, Bd. 1, 2 sowie 3, S. 101. Zum Altersvergleich der U-Bootbesatzungen siehe das 6. Kapitel. Nach den jüngsten Forschungsergebnissen standen 58 U-Boote am 8. Mai 1945 in See; vgl. Axel Niestlé: *German U-boat Losses during World War II: Details of Destruction*, S. 203 – 205.

74   NSA-Studie SRH-008 „Battle of the Atlantic", S. 237, RG 457, NA.

5. Kapitel: Geist und Seele

1   Dönitz: *U-Bootswaffe*, S. 27; Lüth: „Menschenführung" in Busch *So war...*, S. 350, und in Tarrant: *U-boat Offensive*, S. 181 [„Kurs West!", S. 246; vom Übersetzer im Originaltext des Lüth-Vortrags wiedergegeben].

2   Stöckel: „Entwicklung der Reichsmarine", Anlage 7.

3   Merten: *Nach Kompaß*, S. 27; Rust: *Crew 34*, S. 18.

4   Zitat aus Ott: *Haie und kleine Fische*, S. 34; bezüglich der Erörterung der Einstellungsprüfungen siehe in Wiedersheim: „Officer Personnel Selection", S. 445 – 449; hinsichtlich ihrer Wirksamkeit siehe Rust: *Crew 34*, S. 53.

5   Beispiele von solchen „Bierzeitungen", Mitteilungsblättern und anderen Veröffentlichungen, für jede Crew chronologisch geordnet, befinden sich im *Wehrgeschichtlichen Ausbildungszentrum* an der Marineschule Mürwik in Flensburg-Mürwik. Bezüglich des Zusammenhalts der Crew in der Nachkriegsära siehe Rust: *Crew 34*, S. 19/20, 74 – 76, 124 – 129, 143 – 149.

5a   Die infanteristische Grundausbildung der Offiziersanwärter erfolgte auf der kleinen Insel Dänholm. Sie liegt im Strelasund zwischen der Insel Rügen und Stralsund, von der Stadt durch den überbrückten Ziegelgraben getrennt, und gehörte zum Marinestandort Stralsund. Überdies ist diese Insel die Wiege der preußisch-deutschen Kriegsmarine. Der preußische Staat kaufte 1850 die Insel für den Bau eines Kriegshafens an, der ein Jahr später fertig gestellt war. 1872 übernahm den Dänholm das Heer und erst 1929 zog mit der Reichsmarine wieder die Marine auf der Insel ein. Von 1934 bis 1938 erfolgte mit der Verstärkung der Kriegsmarine ein wesentlicher Ausbau der Ausbildungseinrichtungen, die bis Kriegsende genutzt wurden. In der Nachkriegszeit benutzte die Volksmarine der DDR ab 1953 ebenfalls den Dänholm, bis die Bundeswehr im Zuge der Herstellung der deutschen Einheit am 3. Oktober 1990 die Insel übernahm. Am 1. April 1991 räumte die Marine den Dänholm endgültig. Heute befindet sich dort ein Marinemuseum (zur Vertiefung des Themas siehe in *Marineforum* 1992, S. 390 – 394).

6   Siehe C.R.W. Thomas: „Making Naval Officers", S. 39 – 48; Rahn: „Ausbildung zum Marineoffizier", S. 123 – 131; und Rust: *Crew 34*, 54 – 56, 68. Die Bestätigung der preußischen Tradition findet sich bei Schulz: *Über dem Nassen Abgrund*, S. 80.

7   Siehe Güth: „Funktion und Charakter", S. 240 – 245; Thomas: *German Navy*, S. 208 – 210; und Hoch: „Zur Problematik der Menschenführung", S. 202 – 206.

8   *Personalakte des Korv.Kapt. WERNER HENKE*, Kopie mit freundlicher Erlaubnis von Albrecht Henke.

9   *Rangliste der Deutschen Kriegsmarine nach dem Stande vom 1. November 1937*, S. 132 – 142, sowie *Rangliste...vom 1. November 1938*, S. 34 – 40; detailliert zu den zur Luftwaffe gegangenen Offizieren siehe Rust: *Crew 34*, S. 64/65. Bis jetzt ist kein Versuch einer größeren Studie bezüglich der gescheiterten deutschen Marineluftwaffe unternommen worden; eine solche wird schmerzlich vermisst.

10   Güth: „Funktion und Charakter" (Teil III), S. 243.

11   Die Angaben stammen aus Rahn: „Ausbildung zum Marineoffizier", S. 128; Mulligan: *Lone Wolf*, S. 26 – 32; Rust: *Crew 34*, S. 37ff.; Güth: „Bild einer Crew", S. 131/132; und Thomas: „Making Naval Officers", S. 40ff.

12   Peter: „Fähnrichausbildung", S. 150 – 152; Werner: *Iron Coffins*, S. 23 – 25 [„Die eisernen Särge", S. 25 – 27]; Schaeffer: *U-boat 977*, S. 15 – 34 [„U 977", S. 26 – 54].

12a Danach folgte bei den späteren U-Bootoffizieren die Beförderung zum Oberfähnrich zur See, die U-Bootausbildung und die anschließende Ernennung zum Leutnant zur See im Frühjahr 1942 – nach insgesamt zweieinhalb Jahren Dienstzeit. Siehe Werner: *Die eisernen Särge*, S. 30 – 108 (Ernennung zum LtzS.), und Schaeffer: *U 977*, S. 55ff.

13   Interview mit Werner Hirschmann, Toronto, 10. August 1997.

13a   KKpt. Wolfgang Lüth wurde als Chef der 22. U-Flottille in Gotenhafen/Danzig
        abgelöst und am 15. Juli 1944 als Kommandeur der I. Abteilung an die Marine-
        kriegsschule Mürwik abkommandiert. Am 1. August 1944 erfolgte seine Beförderung
        zum Fregattenkapitän, gefolgt am 1. September 1944 von der Beförderung zum jüng-
        sten Kapitän zur See der Kriegsmarine. Am 17. September löste KptzS. Lüth den
        KAdm. Winter als Kommandeur der Marinekriegsschule ab, deren Kommandeur er
        bis Kriegsende blieb. Lüths Nachfolger als Kommandeur der I. Abteilung wurde der
        FKpt. Otto Schuhart, der den Flugzeugträger HMS COURAGEOUS versenkte. Sie-
        he Vause: *Der U-Bootkommandant Wolfgang Lüth*, Motorbuch Verlag, Stuttgart
        1999, S. 191/192, 206, 229/230.

14   Ebenda wie in Anm. 13 und Peter: „Fähnrichsausbildung", S. 150 – 152, sowie seine
        Erinnerungen *Acht Glas*, S. 97/98.

15   Zusammengestellt aus den Angaben in Busch/Röll: *U-Bootkommandanten*, S. 15ff.

16   Vgl. BdU „Personalbestand im B.d.U.-Bereich am 1.7.1942", Anlage 52 zu „Organi-
        sation, Stellenbesetzung und Personalstand im B.d.U.-Bereich am 1.7.1942",
        T1022/4038/PG 31794; und Förster: „Dynamics", S. 208.

17   Interview mit Wilhelm Müller-Arnecke, Bremen, 6. November 1993. Nach einer kur-
        zen Zeit als U-Bootkommandant gehörte Müller-Arnecke den größten Teil des Krie-
        ges über als Stabsoffizier zu BdU org unter v.Friedeburg, allgemein verantwortlich für
        die Personalentscheidungen hinsichtlich der Unteroffiziere und Mannschaften.

18   Die Angaben zu den Fällen des Aufstiegs aus dem Dienstrang des Obersteuermanns
        stammen aus Busch/Röll: *U-Bootkommandanten*, S. 16ff., und Tromp: „Vom Ober-
        mechaniker-Maat", S. 43 – 46.

19   Siehe 8. Kapitel, insbesondere Tabelle 18.

20   Der Wachoffizier-Plan wird beschrieben in BdU „Erläuterung zu Stellenbesetzung für
        Neubau-U-Boote 1942/43", Anlage 50 zu „Organisation, Stellenbesetzung und Per-
        sonalstand im B.d.U.-Bereich am 1.7.1942", T1022/4038/PG 31794; Angaben über
        die U-Bootstärke im Juli 1942 bei Tarrant: *U-boat Offensive*, S. 106 [„Kurs West!",
        S. 146]. Die Dönitz'schen Pläne von 1943 werden im 6. Kapitel weiter erörtert.

21   Tabelle und Zahlen stellte Heinz Trompelt in einem Brief samt Anlagen an den Ver-
        fasser zur Verfügung, 9. November 1994. Trompelt hofft, seine Erkenntnisse in naher
        Zukunft veröffentlichen zu können.

22   Rust: *Crew 34*, S. 43.

23   Die Daten sind aus verschiedenen Quellen bei Rust: *Crew 34*, S. 16, zusammenge-
        stellt.

24   Thomas: *German Navy*, S. 124.

25   Güth „Bild einer Crew", S. 132; zur beschleunigten Beförderung von PUO's (Maschi-
        nisten) aus der Maschinenlaufbahn siehe 6. Kapitel.

26   Tabellarisch aufgelistet bei Rust: *Crew 34*, S. 16.

27   Alle folgenden Angaben stammen aus den Fragebögen der Offiziere unseres Quer-
        schnitts.

28   Die Bevölkerungsangaben zum Deutschen Reich stammen vom Mai 1939 und sind
        entnommen aus *Statistisches Jahrbuch für das Deutsche Reich 1939/40*. Zu den
        Bevölkerungsangaben und zu den Definitionen der Regionen, Länder und Gebiete sie-
        he in Tabelle 11 im 6. Kapitel. Der hier erörterte Querschnitt ist um die Herkunftsan-
        gaben der vier in Tabelle 8 weggelassenen Offiziere auf 123 Seeoffiziere erweitert
        worden.

29   Rust: *Crew 34*, S. 20; Güth: „Bild einer Crew", S. 133.

30   Siehe Rust: *Crew 34*, S. 23/24, 28; Angaben aus dem Fragebogen von den Offizieren
        des Querschnitts.

31   Zu den früheren Crews siehe Herwig: *Elitekorps*, S. 39 – 55; die Prioritäten sind zitiert in Wentzel: „Werden einer Crew“, S. 18; das Zitat stammt aus Rust: *Crew 34*, S. 22.

32   Hinsichtlich eines Überblicks über die Forschungsarbeit zur Klassenstruktur im modernen Deutschland siehe Dahrendorf: *Society and Democracy*, passim, und Hartmut Kaelble: „Social Stratification in Germany in the Nineteenth and Twentieth Centuries: A Survey of Research since 1945“ in *Journal of Social History* 10, Nr. 2 (Winter 1976): S. 144 – 165.

33   Hinsichtlich eines Überblicks über Argumente und Literatur zum Mittelstand siehe Paul Madden: „The Social Class Origins of Nazi Party Members as Determined by Occupations, 1919-1933“, in *Social Science Quarterly“ 68, Nr. 2 (Juni 1987): S. 263 – 280*. Detlef Mühlberger, der die Facharbeiter in Handwerk und Industrie in die Arbeiterklasse einordnet *(Hitler's Followers*, S. 11 – 17), ist der Meinung, dass die NSDAP eine Volkspartei mit bedeutender Unterstützung durch alle Klassen verkörperte.

34   Siehe Mühlberger: *Hitler's Followers*, S. 5 – 25, hinsichtlich der Erörterung seiner Methodologie, um die Berufe und den sozialen Status in Deutschland in Übereinstimmung zu bringen. Seine umfassende Einteilung der wesentlichen Berufe in gesellschaftliche Gruppierungen ist unerreicht; sie ist bei den Untersuchungen bezüglich der Offiziere genauso angewendet worden wie bei den Unteroffizieren und Mannschaften (nächstes Kapitel) und erlaubt Vergleiche mit Mühlbergers Untersuchungen zur Mitgliedschaft in der NSDAP.

35   Kroener: „Heeresoffizierkorps“, S. 669/670.

36   Siehe Kaelble: „Social Mobility“, S. 451 – 453.

37   Siehe Dahrendorf: *Society and Democracy*, S. 73.

38   Zu den Verlusten der NIOBE-Besatzung siehe Thomas: *German Navy*, Fußnote 134.

38a   Das 1922/23 zur Schonerbark umgebaute Segelschulschiff NIOBE der Reichsmarine war bei dem Umbau übertakelt worden und neigte zu einer leichten Backbord-Schlagseite. Am 26. Juli 1932 befand sich die NIOBE auf der Fahrt von Fehmarn nach Warnemünde, als sie kurze Zeit nach Passieren des Feuerschiffes FEHMARN-BELT in einer plötzlich einfallenden Gewitterbö kenterte. Von den 109 Offizieren und Mannschaften der Besatzung einschließlich der Offiziersanwärter konnten nur 40 gerettet werden, darunter der Kommandant, der damalige Kptlt. Heinrich Ruhfus, den ein Kriegsgericht von jeglicher Schuld am Untergang der NIOBE freisprach. Unter den 69 Toten befanden sich gemäß der amtlichen Bekanntmachung der Marineleitung (Reichswehrministerium) im Marineverordnungsblatt (Nr. 21 vom 1. August 1932): 22 Offiziere und Mannschaften der Besatzung, 10 Unteroffiziersanwärter, 29 Anwärter der Seeoffizierlaufbahn und 8 Anwärter der Sanitätslaufbahn, d.h. fast der gesamte Jahrgang an Unteroffiziers- sowie an See- und Sanitätsoffiziersanwärtern. Näheres siehe in Karl H. Peter: *Der Untergang der NIOBE. Was geschah im Fehmarn-Belt?*, Koehlers VerlagsgesellschaftmbH, Herford 1976.

39   Zwei Ingenieuroffiziere machten zur Herkunft des Vaters keine bzw. unvollständige Angaben.

40   Angaben aus den persönlichen Unterlagen von Werner Bräckow, des Historikers des deutschen Marine-Ingenieurkorps, zitiert bei Thomas: *German Navy*, Fußnote 134.

41   Marinewaffenamt „Sofortmaßnahmen zur Behebung des Mangels an technischem Personal. Niederschrift über den Vortrag beim Ob.d.M. am 8. März 1939“, 14. März 1939, T1022/2066/PG 33540.

42   Beruht auf ONI-Vernehmungsberichten, die Informationen hinsichtlich der Herkunft der Ingenieuroffiziere und über das Vorhandensein von sieben Volksoffizieren als Leitende Ingenieure bei 30 von den US-Streitkräften versenkten U-Booten lieferten (in RG 38, NA).

43   Brief von Carl Möller an den Verfasser, 21. November 1987, sowie ein späteres Interview in Hamburg, 30. August 1989; die Interviews des Verfassers mit Hermann Brandt am 12. Mai 1994 in Clausthal-Zellerfeld und am 26. Juni 1996 in Neukirchen (letzteres zusammen mit dem früheren Maschinisten Kurt Hanisch). Ein kurzer Bericht des Vorfalls findet sich bei Mulligan: *Lone Wolf*, S. 143, 149/150.

44   Diese Probleme werden ausführlich bei Bräckow: *Marine-Ingenieurkorps*, S. 229 – 235, behandelt, während die Ansprache Raeders auf S. 347 – 355 wiedergegeben ist. Die Situation hat Thomas in *German Navy*, S. 127 – 133, zusammengefasst.

45   Beispiele zu den Ersteren sind zitiert bei Rust: *Crew 34*, S. 69; ein Beispiel für Letzteres erwähnte Werner Hirschmann, ehemaliger LI von *U 190*, im Interview durch den Verfasser in Toronto, 10. August 1997.

46   Bräckow: *Marine-Ingenieuroffizierkorps*, S, 254/255.

47   Hinsichtlich des Status der Marinenachrichtenoffiziere siehe Schlicht/Angolia: *Kriegsmarine*, Bd. 1, S. 44; die Zahlen zur Personalstärke der deutschen Marinefunkaufklärung stammen aus Bonatz: *Marine-Funkaufklärung*, S. 86, 104/05.

47a   Für die Marinenachrichtenoffiziere wurde eine eigene Laufbahn (Offiziere des Marine-Nachrichtenwesens) erstmals mit Verfügung vom 1.10.1936 geschaffen. Sie stand jedoch nur Offizieren des Beurlaubtenstandes offen. Mit Verfügung vom 4.2.1939 erfolgte die Schaffung einer weiteren Laufbahn für Offiziere des technischen Marine-Nachrichtenwesens. Mit der Abtrennung dieser Laufbahn für Nachrichtentechnische Offiziere erhielt der technische Fernmeldeoffizier einen eigenen Status. Doch auch diese Laufbahn war nur für Reserveoffiziere bestimmt. Erst mit Verfügung vom 7. September und 1. Oktober 1944 kam es zu einem endgültigen Schritt. Die Laufbahnen für Offiziere des Marinenachrichtendienstes und für Nachrichtentechnische Offiziere wurden unter der Bezeichnung *Marinenachrichtenoffiziere* zusammengelegt und in eine Laufbahn auch für aktive Offiziere umgewandelt. Siehe hierzu das ausgezeichnete Standardwerk zur Uniformierung und Ausrüstung von Schlicht/Angolia: *Die deutsche Wehrmacht*, Bd. 2: *Die Kriegsmarine*, Motorbuch Verlag, Stuttgart 1995, S. 64.

48   KTB von *U 664*, Mai – Juni 1943, T1022/3397/PG 30963; ONI-Vernehmungsbericht von *U 664*, RG 38, NA.

49   Die beste Quelle bezüglich der medizinischen Aspekte der U-Bootoperationen ist Nöldeke/Hartmann: *Der Sanitätsdienst*, bes. hinsichtlich der Informationen hier S. 39, 63/64; die Erinnerungen eines U-Bootarztes siehe bei Schütze: *Operation*, passim. Die Notoperation wird bei Kaiser: *QXP*, S. 154 – 166 [„QXP", S. 183 – 195] beschrieben.

50   Siehe Nöldeke/Hartmann: *Der Sanitätsdienst*, S. 33/34, 79 – 82, 156/157. Zu den Quellen des Verfassers gehören mehrere Ärztliche Kriegstagebücher der Sanitätsoffiziere bei den einzelnen U-Flottillen; sie befinden sich heute weitgehend im *Krankenbuchlager* in Berlin. Diese Quellen verdienen eine detailliertere Aufmerksamkeit.

51   Siehe Dr. Jobst Schaefer: „Ernährung des U-Bootfahrers", bes. S. 157 – 158b bezüglich der Empfehlungen für den täglichen Speisezettel bei langen Feindfahrten.

52   Übersetzungen von 24 Studien wurden später durch die US-Marine veranlasst und zusammen als „Monograph on Submarine Medicine" veröffentlicht, herausgegeben von Dr. K.E. Schaefer; andere Studien erschienen in wehrmedizinischen Zeitschriften, u.a. die Aufsätze von Dr. H. Nothdurft: „Das CO_2-Problem in U-Booten" und „Über die Klima-Hygiene auf UBooten" in der *Wehrmedizinischen Monatsschrift*, 1992/93.

53   Hinsichtlich einer provokativen und nicht immer überzeugenden Beurteilung der Einstellung und der Werte des Marineoffizierkorps siehe Salewski: „Offizierkorps der Reichs- und Kriegsmarine", S. 211 – 229.

6. Kapitel: Der richtige Mann am richtigen Platz

1 *Hamburger Illustrierte*, 25. Jhg., Nr.7 vom 13. Februar 1943; Kopie im U-Boot-Archiv Cuxhaven-Altenbruch.

2 Mierke: „Auswahl", S. 185.

3 Lüth: „Menschenführung" in Busch: *So war der U-Bootkrieg*, S. 340 – 342 [Tarrant: „Kurs West!", S. 241].

4 „The Age-Structures of the U-boat Arm and the G.A.F. (British source, 10th January 1944)", Report B-578, 3. Februar 1944, und „Social Structure of U-boat Arm and of the G.A.F. Air Crews (British source, 26-27th January 1944)", Report B-595, 17. Februar 1944, beide in Records of the G-2 Division (MIS-Y), RG 165, NA.

5 Vgl. Mulligan: „German U-boat Crews", S. 261 – 281, und Gannon: *Drumbeat*, S. 109 – 112 [„Operation Paukenschlag"].

6 Hinsichtlich der wirtschaftlichen Unterschiede zwischen dem Ruhrgebiet und Sachsen/Thüringen siehe Turner: *German Big Business*, XVIII, S. 192 – 196, und das Office of Strategic Services' (OSS) Research and Analysis Branch Report No.1757 „Central Industrial Region of Germany", 4. August 1944, RG 226, NA.

7 Bezüglich des regionalen Organisationsprinzips siehe Van Creveld: *Fighting Power*, S. 45, 75. Um den Gegensatz zwischen diesem Prinzip und den Verfahren der anderen Teilstreitkräfte darzustellen, bedarf es größerer Anstrengungen.

8 „Social Structure", Report B-595, RG 165, NA.

9 Siehe Frederick C. Howe: *Socialized Germany* (Charles Scribner's Sons, New York 1917), S. 220ff., und Dahrendorf: *Society and Democracy*, S. 80. Ich schulde auch Werner Hirschmann für seine Erläuterungen zu diesem Punkt Dank.

10 „Social Structure", Report B-595, RG 165, NA.

11 Diese Klassifizierung hat Detlef Mühlberger in seiner Untersuchung *Hitler's Followers* verwendet; siehe insbesondere die S. 11 – 25 bezüglich einer detaillierten Erklärung seines Verfahrens. Im Gegensatz zu anderen Historikern gruppiert Mühlberger die gelernten Facharbeiter bzw. Handwerker eher bei der Arbeiterklasse als bei der unteren Mittelschicht ein. Ich stimme dieser Auffassung bei, da insbesondere das für U-Bootmannschaften beweiserhebliche Bildungsniveau eine Zugehörigkeit zur Mittelschicht nicht unterstützt.

12 Angaben aus den Fragebogen Nr. 5529, 5105, 1246, 1253, 2903, 2985, 3702 und 3718.

13 Stöckel: „Entwicklung der Reichsmarine", S. 94/95. Die Herkunft von 21 Befragten wurde nicht spezifiziert angegeben.

14 Siehe Mulligan: „German U-boat Crews", S. 275 – 277.

15 Bry: *Wages*, S. 109 – 112.

16 Gillingham: „Vocational Training", S. 426/427; Grunberger: *Twelve-Year Reich*, S. 206/207.

17 Kroener: „Personelle Resourcen" in *Das Deutsche Reich*, Bd. 5/1, S. 810 – 817; Mason: *Sozialpolitik*, S. 220 – 223.

18 Hinsichtlich des deutschen Klassifizierungs- und Rekrutierungssystems für die Einberufung bestimmter Berufssparten siehe die Nachkriegs-Manuskripte von Helmuth Reinhardt und andere „Personnel and Administration, Project #2b (Parts II and III)" in „Foreign Military Studies"-Manuskripte P-008 (bes. S. 23 – 30) und P-012 (bes. S. 95 – 100, 138 – 153): U.S. Army Europe, Historical Division, 1949.

19 Bericht des US-Marine-Attachés „Requirements for Entry into the German Navy", 1. Oktober 1935, Band EF30/74, Bände mit allgemeiner Korrespondenz 1925 – 1940, Bureau of Navigation/Personnel, RG 24, NA.

20 Franke: *Handbuch*, S. 306 (auch S. 265).

21   Bericht des US-Marine-Attachés „Careers of Volunteers (Enlisted Men) in the German Navy", 7. Februar 1939, Band E-6-e No.15849, Marine-Attaché-Berichte 1886 – 1939, RG 38, NA.

22   Siehe Busch: *Buch von der Kriegsmarine*, S. 160.

23   Bericht des US-Marine-Attachés „Translation of German Newspaper Article „Who Wants to Join the Navy?"„" 19. Mai 1941, Band EF30/223, Bände mit allgemeiner Korrespondenz 1941 – 1945, Bureau of Navigation/Personnel, RG 24, NA.

24   Mierke: „Auswahl", S. 186/187.

25   Einzelheiten zu den verschiedenen Laufbahnen und den Beförderungsmaßstäben von 1939 finden sich in der Werbeschrift des OKM *Wie komme ich zur Kriegsmarine*, bes. S. 9 – 19, sowie zusammengefasst in der MDV Nr. 15 des OKM „Bestimmungen über die Beförderung der Unteroffiziere und Mannschaften" (S. 9ff.); kriegsmäßige Veränderungen werden beschrieben in der Darstellung des britischen Nachrichtendienstes G.C. & C.S. Naval History, Bd. 4 „The German Navy: Organisation", Anhänge G – O.

26   Informationen zu den einzelnen Laufbahnen stammen aus Schlicht/Angolia: *Die deutsche Wehrmacht. Uniformierung und Ausrüstung*, Bd. 2: *Kriegsmarine*, S. 66 – 69 (Laufbahnen), S. 75 – 81 (Laufbahnabzeichen), S. 86 – 92 (Dienstgrade) und S. 94 – 105 (Dienstgradabzeichen), jeweils der Unteroffiziere und Mannschaften der verschiedenen Laufbahnen.

26a   Der dienstälteste Unteroffizier aus der Bootsmannslaufbahn (in der Regel ein PUO) wurde an Bord als die „Seemännische Nr. 1" bezeichnet.

27   Siehe Burkard Freiherr v. Müllenheim-Rechberg: *Schlachtschiff BISMARCK. Ein Überlebender in seiner Zeit*, Ullstein-Verlag, Frankfurt/Main 1987, S. 45.

28   Schlicht/Angolia: *Die deutsche Wehrmacht. Uniformierung und Ausrüstung*, Bd. 2: *Kriegsmarine*, siehe oben wie Anm. 26; OKM *Wie komme ich*, S. 10; und ONI-Bericht (Op-16-Z) „German Naval Training Establishments", 15. Mai 1943, Subject File „Handbook of Interrogations", Op-16-Z Subject Files, RG 38, NA (später zitiert als ONI-Bericht „Naval Training Establishments").

29   Fragebogen Nr. 3907 – Heinz Theen – aus der Umfrage.

30   Schlicht/Angolia: *Die deutsche Wehrmacht. Uniformierung und Ausrüstung*, Bd. 2: *Kriegsmarine*, siehe oben wie Anm. 26.

31   Bräckow: *Marine-Ingenieurkorps*, S. 267.

32   Siehe die im Allgemeinen Marineamt (B) von KKpt. Wenninger vorbereitete Denkschrift „Vortragsnotiz: Lage der Personalwirtschaft", 25. November 1940, BA-MA RM 7/1206.

33   ONI, Bericht über die Vernehmung der Überlebenden von *U 841* und *U 848* (versenkt am 17. Oktober und 5. November 1943), RG 38, NA.

33a   Zu den Sperrwaffen gehörten die Seeminen, die U-Bootabwehrwaffen (z.B. Wasserbomben), die Abwehrgeräte gegen Minen und U-Boote sowie die Netz- und Balkensperren einschl. der Sperrschutzmittel.

34   Schlicht/Angolia *Die deutsche Wehrmacht. Uniformierung und Ausrüstung*, Bd. 2: *Kriegsmarine*, siehe oben wie Anm. 26.

35   Zu den restlichen Metallberufen aus dieser Gruppe des Querschnitts gehörten Blechschmiede, (3), Installateure (3), Maschinenbauer (3) und Elektriker (2) sowie mit je einem Vertreter die Uhrmacher, Techniker und Ingenieure.

36   Schlicht/Angolia: *Die deutsche Wehrmacht. Uniformierung und Ausrüstung*, Bd. 2: *Kriegsmarine*, siehe oben wie Anm. 26; G.C. & C.S. Naval History, Bd. 4, app. G-2.

37   Angaben aus dem Querschnitt. Die drei Autoren sind Wolfgang Hirschfeld, Ernst Kaiser und Heinz Guske (vollständige Angaben siehe Bibliografie).

38   Siehe Hirschfeld/Brooks: *Story*, passim [„Feindfahrten", bes. S. 7/8 und passim].

39   Zur Sanitätslaufbahn siehe Schlicht/Angolia: *Die deutsche Wehrmacht. Uniformierung und Ausrüstung*, Bd. 2: *Kriegsmarine*, siehe oben wie Anm. 26, und Nöldecke/Hartmann: *Sanitätsdienst*, S. 79 – 81.

40   Busch: *Buch von der Kriegsmarine*, S. 160.

41   Vgl. zum Beispiel die bekannten Aufzählungen von bevorzugten Berufen und Fertigkeiten für die Auswahl zur Maschinisten-(Maschinen-) und Mechanikerlaufbahn in Giese *Alte und neue Marine*, S. 75 – 77.

7. Kapitel: Qualität vor Quantität

1   Zitiert bei Robertson: *Golden Horseshoe*, S. 14 [„Der Wolf im Atlantik", S. 15/16].

2   Siehe Deighton: „Blood", S. 130, und Terraine: *U-boat Wars*, S. 199. Deighton fährt fort, eine unzureichende Ausbildung gegenüber den alliierten U-Bootabwehrmaßnahmen (richtig) mit einer unzureichenden Ausbildung in grundsätzlicher Seemannschaft (falsch) zu vermengen, und die Letztere für Unglücksfälle an Bord verantwortlich zu machen, wie etwa abgetrennte Finger in der Antriebsanlage, über Bord gefallene oder die Niedergänge herabgestürzte Angehörige der Besatzung.

3   Brief von Horst Bredow (U-Boot-Archiv, Cuxhaven-Altenbruch) an den Verfasser, 15. Mai 1990.

4   Interview mit Carl Möller, Steinhude am Steinhuder Meer bei Hannover, 26. Mai 1991. Möllers Werdegang in der Kriegsmarine spiegelt eine bemerkenswerte Herausforderung der Glückschancen wider: 1938 trat er in die Marine und in die U-Bootwaffe ein und fuhr anschließend auf *U 25*, *U 107* und *U 515* vom September 1939 bis zum Januar 1944, jedes Mal das Boot vor dessen letzter Feindfahrt verlassend. Zum Obermaschinisten befördert und mit dem Deutschen Kreuz in Gold ausgezeichnet, wurde Möller als Ausbilder zu den Kleinkampfverbänden und ihren bemannten Torpedos und Klein-U-Booten versetzt. Nach dem Kriege machte er erfolgreich als Geschäftsmann Karriere und starb im Dezember 1995 in Hamburg.

5   BdU/Organisationsabteilung an das Kommando der Marinestation der Ostsee „Personalbedarf der U-Boote auf Grund des Schiffsbau-Neubauplanes" mit Anlagen, 13. November 1939, T1022/2066/PG 33541.

6   Siehe den Bericht des britischen Naval Staff, Intelligence Division „*U. 48*: Interrogation of Survivors", Dezember 1917, in ONI Subject Files (JU-U48), 1911-27, RG 45, NA. Diese Informationen werden durch die Aussagen von Kriegsgefangenen bestätigt, wieder entdeckt bei *UB 26*, *UB 52* und *UC 65* in derselben Serie.

7   Hoch: „Problematik der Menschenführung", S. 197.

8   Whitley: *Destroyer!*, S. 139/140 [„Die deutschen Zerstörer", S. 156].

9   Siehe KTB der 1/Skl, Teil A, 22./23. Oktober 1940, T1022/1664/PG 32034.

10   Führer der Zerstörer (FdZ) an das Flottenkommando „Personelle Kriegsbereitschaft", 13. Oktober 1941, BA-MA RM 7/1206.

11   Aussagen von Koitschka, Töpfer und Oblt. (Ing.) Walter Lorch, zitiert bei Middlebrook: *Convoy*, S. 60: Mulligan *Lone Wolf*, S. 42/43.

11a   Am 1. Februar 1943 wurden folgende Marineoberkommandos (MOK) geschaffen:
      – MOK Ost als Nachfolger der Marinestation der Ostsee,
      – MOK Nord als Nachfolger der Marinestation der Nordsee,
      – MOK Norwegen als Ersatz für die Dienststelle des Kommandierenden Admirals Norwegen.
      Später kamen noch das MOK West (20.10.44) und das MOK Süd (1.1.45) nach Auflösung der bisherigen Marinegruppenkommandos hinzu.

12   Hoch: „Problematik der Menschenführung", S. 195.

13   Siehe Just: *Seeflieger zum U-Bootfahrer*, S. 44/45 [siehe hierzu auch Klenck: *Wer das Schwert nimmt...*, passim].

14   Aussage von Fähnrich z.S. Wolfgang Jacobsen (*U 305*), zitiert in Middlebrook *Convoy*, S. 60/61.

15   Legro: *Cooperation*, S. 52 – 62; Salewski: „Offizierkorps", S. 226/227.

16   Hirschfeld/Brooks: *Story*, S. 6/7. (Die englische Übersetzung von Hirschfelds *Feindfahrten* enthält mehr Hintergrundinformationen als die deutsche Originalausgabe.)

17   Aussage des Obermaschinisten Arthur Kolbe: (*U 406*), zitiert in Middlebrook *Convoy*, S. 61.

18   Brief von Heinz Trompelt an den Verfasser, 9. November 1994.

19   Vernehmungsbericht von *U 233* in Op-16-Z-Bände, RG 38, NA.

20   „Ultra"-Nachricht ZTPGM/12032, zitiert in G.C. & C.S. Naval History, Bd. 7, S. 91.

21   Abgehörte Raumgespräche (S.R.N. 1105), 30. September 1942, CPMB-Bericht #B-54, Auszüge aus britischen Berichten in Enemy POW Interrogation files (MIS-Y), G-2 Division, RG 165, NA.

22   Zitat aus dem Interview des Verfassers mit Peter Petersen, Chicago, 11. Juni 1997; siehe auch die Erläuterungen des früheren Funkers Heinz Guske in seinen *War Diaries*, S. 21/22.

23   Allgemeines Marineamt (B), vorbereitet von KKpt. Wenninger: „Vortragsnotiz: Lage der Personalwirtschaft (Anfang Juni 1941)", BA-MA RM 7/1206.

24   Siehe auch die Denkschriften vom Marinekommandoamt (A) „Seemännische Bevölkerung", 14. April 1936, und „Ergebnis der Besprechung über den Wehrdienst der seemännischen Bevölkerung am 24.4.1936", beide in T1022/2066/PG 33540.

25   Die Anekdote wird in Ansel *Hitler Confronts*, S. 214/215, zitiert.

26   Die Zahlen für 1939 – 1941 stammen aus Kroener „Personelle Ressourcen", S. 854, 906/907; Angaben für 1942/43 finden sich in Allgemeines Marinehauptamt/Ia (Admiral Warzecha): „Vortragsnotiz über eine notwendige vermehrte Rekrutenzuteilung für die Kriegsmarine", 28. Mai 1943, in KTB 1/Skl, Teil B, Bd. 5 – T1022/1707/PG 32119.

27   Siehe Wagner (Hrsg.): *Lagevorträge*, 512 – 516.

28   Interview mit Eduard Vogt, Silver Spring/Maryland, 27. Januar 1990; hinsichtlich der Schwankungen in der Personalpolitik siehe auch das 8. Kapitel.

29   So zum Beispiel wurden mehrere deutsch-polnische Wehrpflichtige durch amerikanische Streitkräfte als Überlebende vorgefunden: Von *U 118* (Kptlt. Werner Czygan), versenkt am 12. Juni 1943, und von *U 487* (OblzS.d.R. Helmut Metz), versenkt am 13. Juli 1943; Überlebende von *U 512* (Kptlt. Wolfgang Schultze), versenkt am 2. Oktober 1942, verwiesen auf drei deutsch-polnische Wehrpflichtige unter der Besatzung. Vgl. hierzu die Vernehmungsberichte für diese Boote und die ersten Vernehmungen von Besatzungsangehörigen von *U 505* in Op-16-Z-Bände, RG 38, NA.

30   Aussage von Hermann Lawatsch, zitiert in Middlebrook *Convoy*, S. 61.

31   Brief von Horst Bredow an den Verfasser, 15. Mai 1990.

32   Interview mit Werner Hirschmann, Toronto, 10. August 1997.

33   Die Personalstärke der U-Bootwaffe wird in Anhang 2 erörtert. Ein Beispiel für einen U-Bootkommandanten, der über den Kommandanten-Lehrgang hinaus keine formelle Ausbildung hatte, war Kptlt. Friedrich Kloevekorn, der als Kommandant von *U 471* (Mai 1943 – August 1944) und *U 3012* (Dezember 1944 – April 1945) den Krieg überlebte (Busch/Röll: *U-Boot-Kommandanten*, S. 125); Beispiele für nicht ausgebildete Besatzungsangehörige finden sich in den ONI-Vernehmungsberichten von *U 67*, *U 210* und *U960*, Op-16-Z-Bände, RG 38, NA. Die Angaben von Koch stammen aus dem Fragebogen Nr. 7001.

34   Hinsichtlich einer detaillierten Einschätzung der UAS und der ersten U-Bootplanungen siehe Saville: „Development", S. 513ff., 523 – 528, 588ff. Die erste tatsächliche Ausbildung von U-Bootpersonal fand jedoch im Januar – April 1933 statt (Saville, S. 515 – 518).

35   Saville: „Development", S. 619/20; Prien: *Mein Weg*, S. 112 – 116.

36   Rössler: „U-Bootausbildung", S. 457/458; Dönitz: *Memoirs*, S. 15/16 [„10 Jahre und 20 Tage", S. 19/20].

37   Dönitz: *Vierzig Fragen*, S. 29.

38   Zitiert in Dönitz: *Memoirs*, S. 16/17 [„10 Jahre und 20 Tage", S. 21].

39   Wilke: „Unterseebootsabwehrschule", S. 11/12. Die UAS erhielt einen selbständigen Status, als sie im September 1939 neu geschaffen wurde und nichts mehr mit U-Aus-bildung zu tun hatte, sondern als Zentrum der U-Abwehrkriegsführung fungierte.

40   KTB des BdU vom 30. April 1940, T1022/3979/PG 30263.

41   Der Vorfall auf der KÖNIGSBERG wird detailliert bei Mallmann Showell: *U-boats*, S. 60 – 62, wiedergegeben. Mallmann Showell beschreibt Köhlers spätere Erfahrung in *U-boat Command*, S. 134 – 136.

42   Rössler: „U-Bootausbildung", S. 458.

43   Bräckow: *Marine-Ingenieuroffizierkorps*, S. 252.

44   BdU an das Kommando der Marinestation der Ostsee „Personalbedarf", 13. November 1939, T1022/2066/PG 33541.

45   Rössler: „U-Bootausbildung", S. 458/459; Dönitz' Ablehnung des vorgeschlagenen Fronteinsatzes der Schulboote 1940 ist in seinen *Vierzig Fragen*, S. 63, wiedergegeben. Hinsichtlich der Feststellungen zu Admiral v. Friedeburg siehe Frank: *Die Wölfe und der Admiral*, S. 320.

46   Dr. Jürgen Tonndorf: „The Influence of Service on Submarines on the Auditory Organ", Studie D II, S. 36ff., in Karl E. Schaefer (Hrsg.): „Monograph on Submarine Medicine". Zum Dräger-Tauchretter [der auch als eine ausgezeichnete Schwimmweste diente] siehe Shelford: *Subsunk*, S. 143 – 146, 237; Abbildungen der Übungen finden sich z.B. in Elting/Mulligan (Hrsg.): *Wolf Packs*, S. 66/67 oder bei Mallmann Showell: *Die U-Boot-Waffe. Kommandanten und Besatzungen*. Motorbuch Verlag, Stuttgart 2001. S. 12.

47   Informationen über die Ausbildungseinrichtungen stammen aus Rössler: „U-Bootausbildung", S. 459 – 461; G.C. & C.S. Naval History, Bd. 7, S. 90 – 95; und ONI-Vernehmungsbericht von *U 128*, Op-16-Z-Bände, RG 38, NA.

48   Fragebogen Nr. 2204, 2237, 2244, 2421, 2422, 2429 und 2498 aus dem Querschnitt.

49   Die Zahlen über Gotenhafen stammen aus Tonndorf: „Influence of Service", S. 38. Hinsichtlich der UAA's siehe die G.C. & C.S. Naval History, Bd. 7, S. 97 – 102. Das F-Gerät wird beschrieben im britischen Bericht „*U 593* – Interrogation of Survivors, February 1944", Band: Deutschland, 915-510, in ONI Monograph Files, RG 38, NA; Abbildungen einiger Ausbildungsgeräte finden sich in Elting/Mulligan (Hrsg.): *Wolf Packs*, S. 62 – 66.

50   Erläuterungen von Kptlt. Klaus Bargsten im ONI-Vernehmungsbericht von *U 521*, Op-16-Z-Bände, RG 38, NA.

51   Siehe Rössler: „U-Bootausbildung", S. 460 – 462; Merten: *Nach Kompaß*, S. 351ff.; und Rössler: „U-Bootausbildung", S. 466. Das Tagesprogramm wird in Hirschmann: „Recollections" beschrieben, der als LI auf *U 612* fuhr, einem der Schulboote der 24. U-Flottille.

52   Die Informationen über die Agru-Front stammen von Rössler: „U-Bootausbildung", S. 465; Bräckow: *Marine-Ingenieuroffizierkorps*, S. 253/254; und ONI-Vernehmungsberichte von *U 210* und *U 512*, RG 38, NA. Informationen und eine Abbildung des Emblems finden sich in Högel: *Embleme*, S. 30, 149.

53   Tagesprogramm aus Hirschmann „Recollections"; Erfahrungen von KKpt. Claus Korth, verantwortlich für die taktischen Übungen der abschließenden Ausbildungsphase, zitiert bei Mallmann Showell: *U-boats*, S. 112.

54   Hinsichtlich des letzten Ausbildungsabschnitts siehe Rössler: „U-Bootausbildung", S. 465/466; ONI-Vernehmungsbericht von *U 1059*, Op-16-Z-Bände, RG 38, NA; und

britischer Marinenachrichtendienst „Summary", S. 19 -21. Zur Beschreibung der Schwierigkeiten bei den Gruppenübungen siehe Hirschfeld: *Feindfahrten*, S. 17 – 23, gekürzte Fassung in Hirschfeld: *Story*, S. 12 – 16.

55   Britischer Marinenachrichtendienst „Summary", S.21; ONI-Vernehmungsbericht von *U 512*, Op-16-Z-Bände, RG 38, NA.

56   Die Angaben sind zusammengestellt aus den U-Bootlisten über die Ursachen, aufbereitet im Marine-Ehrenmal Laboe, sowie als Anlage bei Wetzel: *U 995* und den Daten bei Gröner: *Deutsche Kriegsschiffe*, Bd. 3: S. 69/70, 82 – 102. Hinsichtlich der britischen Minenoffensive siehe Roskill: *War at Sea*, Bd. 3 (Teil 2), S. 140 – 142, 294, 472.

56a   *U 63* wurde am 18. Januar 1940 in Dienst gestellt, führte anschließend vom 19. bis 30. Januar Erprobungen beim UAK in Kiel durch und verlegte am 31. Januar nach Helgoland. Dort absolvierte das Boot bis zum 16. Februar Ausbildung und Einzelübungen, ehe es am 17. Februar zu seiner ersten Feindfahrt in sein Einsatzgebiet vor dem Firth of Forth auslief. Von Zerstörern angegriffen, versenkte sich das Boot am 25. Februar 1940 selbst.

57   Die Daten sind zusammengestellt aus Busch/Röll: *U-Bootbau*, S. 6, und Kemp: *U-boats Destroyed*, S. 63 – 65; hinsichtlich der Ausbildungszeiten siehe KTB *U 55*, T1022/2882/PG 30052, und KTB *U 63*, T1022/3114/PG 30060.

58   Das Schicksal von *U 70* ist dem rekonstruierten Kriegstagebuch entnommen, wiedergegeben in T1022/3032/PG 30067; die Angaben über die sieben anderen Boote – *U 556* (Kptlt. Herbert Wohlfahrt), *U 651* (Kptlt. Peter Lohmeyer), *U 401* (Kptlt. Gero Zimmermann), *U 452*, *U 501* (KKpt. Hugo Förster) und *U 207* (ObltzS. Fritz Meyer) – sind zusammengestellt aus den Angaben über Indienststellung und Verlust bei Kemp: *U-boats Destroyed*, S. 71 – 73.

59   Das rekonstruierte KTB von *U 570* wird wiedergegeben in T1022/4185/PG 30606; hinsichtlich eines dramatischen, aber nicht dokumentierten Berichtes über die Kaperung von *U 570* siehe Noli: *Admiral's Wolfpack*, 99 – 114. Erklärungen aus der Nachkriegszeit von Rahmlow und Besatzungsmitgliedern erschienen in der deutschen illustrierten Zeitschrift *Kristall*, Nrn. 12 – 15, 19 und 20/1956, im Bericht „Denn wir fuhren...!" unter der Überschrift „Weiße Flagge auf *U 570*?".

60   Noli (*Admiral's Wolfpack*, 98/99, 125/126) führt die verkürzte Ausbildungszeit direkt auf Hitler zurück, aufgehoben nach der Kaperung von *U 570*, da Dönitz auf der Notwendigkeit einer Mindestausbildungszeit von fünf Monaten bestand. Die von KptzS. v. Friedeburg damals gegebene Erklärung scheint überzeugender zu sein.

61   KTB des BdU, 24. Oktober 1941, T1022/4063/PG 30299.

62   Angaben zusammengestellt aus Busch/Röll: *U-Bootbau*, S. 8 – 15.

63   Höhepunkt der Kampfstärke siehe in Tarrant: *U-boat Offensive*, S. 116 [„Kurs West!", S. 161]; Verlustraten zitiert bei Heßler: *U-boat War*, Bd. 2, S. 100.

64   Rössler: „U-Bootausbildung", S. 460 – 462; Herzog: *60 Jahre deutsche U-Boote*, S. 228 – 230.

65   ONI-Vernehmungsberichte von *U 1059* und *U1229*, Op-16-Z-Bände, RG 38, NA. Wetzel: *U 995*, S. 92; und die KTB's zu den zitierten Daten von *U 327* (T1022/3042/PG 30401), *U 1002* (T1022/3764/PG 30825), *U 1051* (T1022/3380/PG 30841), *U 1169* (T1022/3463/PG 30853), *U 1172* (T1022/3463/PG 30854), *U 1209* (T1022/3463/PG 30862) und *U 1273* (T1022/3463/PG 30873). Die Namen der Kommandanten sind an dieser Stelle weggelassen worden, da verschiedentlich zwischen der Indienststellung und dem Abschluss der Ausbildung Kommandantenwechsel stattfanden.

66   Rössler: *U-Boottyp XXI*, S. 41.

67   Nur *U 995* und *U 1002* entgingen der Vernichtung; die Schicksale der restlichen Boote sind wiedergegeben in Kemp: *U-boats Destroyed*, S. 179ff.

68   Merten: *Nach Kompaß*, S. 364.
69   Mehrere Beispiele sind zitiert bei Mallmann Showell: *U-boat Command*, S. 149 – 152, und vermutlich verantwortlich für die zahlreichen Probleme beschrieben in Guske: *War Diaries*, S. 12ff.
70   Suhren/Brustat-Naval: *Nasses Eichenlaub*, S. 146/147.
71   Mallmann Showell: *U-boats*, S. 112 (Hervorhebung im Original).
72   Angaben sind zitiert bei Hoch: „Problematik zur Menschenführung", S. 200.
73   Verlustraten bei Heßler: *U-boat War*, Bd. 2: S. 100, und Bd. 3: S. 21; KTB des BdU, 25. Juli 1942, T1022/3980/PG 30309b.
74   Erläuterungen von Werner Hirschmann: „RE: Topp's speech „Manning and Training the U-boat Fleet", 1994", Kopie dem Verfasser von Werner Hirschmann überlassen.
75   Vgl. z.B. Glover: „Manning and Training", S. 188 – 213, und Calmers: *Horton*, S. 170 – 173.
76   Siehe Cremer/Brustat-Naval: *U-boat Commander*, S. 165/166 [„Ali Cremer: *U 333*", S. 213], mit der Beschreibung eines Treffens zwischen ihm und Werner Henke im Januar 1944 im Hotel „Claridge" in Paris.
77   Über Veränderungen der technischen Ausrüstung an Bord eines U-Bootes siehe z.B. Mulligan: *Lone Wolf*, S. 163/164, 175 – 177, 191; der Strom der Funksprüche ist vermerkt im KTB des BdU, 15. Januar 1944, T1022/3981/PG 30338.
78   ONI-Vernehmungsbericht von *U 128*, Op-16-Z-Bände mit Vernehmungsberichten, RG 38, NA.
79   Interview mit Horst Bredow, Cuxhaven-Altenbruch, 15. Mai 1994.

8. Kapitel: Ein Kinderkreuzzug?

1   Buchheim: *Zu Tode gesiegt*, S. 56.
2   Salewski: *Von der Wirklichkeit des Krieges*, S. 29.
3   Topp: „Manning and Training", S. 216.
4   „Großadmiral Dönitz, Schlußansprache auf der Tagung für Befehlshaber der Kriegsmarine in Weimar am Freitag, dem 17. Dezember 1943", Dokument 443-D, *TMWC*, 35: S. 105 – 116.
5   Bryant: *Submarine Commander*, S. 32.
6   Zum Beispiel Lohmann/Hildebrand: *Deutsche Kriegsmarine*; und Busch/Röll: *U-Boot-Kommandanten*. Die Eingangsfrage spiegelt die Erfahrungen des Verfassers 1993.
7   Güth/Brennecke: „Hier irrte", S. 45/46. An dieser Stelle ist die Aussage erwähnenswert, dass 1942 das durchschnittliche Alter eines Oberleutnants des deutschen Heeres bei 22 Jahren und drei Monaten lag (Kroener: „Personelle Ressourcen", S. 903).
8   Mallmann Showell *U-boats*, S. 18.
9   Die Angaben sind zusammengestellt aus Dörr: *Ritterkreuzträger*, passim; und Busch/Röll: *U-Bootbau*, S. 9 – 15. Ein IX-C-Boot – *U 125* – wurde im März 1941 durch den Ritterkreuzträger Günter Kuhnke in Dienst gestellt, der im Dezember das Kommando an Ulrich Folkers abgab, den früheren I. Wachoffizier. Folkers errang mit *U 125* sein eigenes Ritterkreuz; daher habe ich in meinen Berechnungen Kuhnke durch Folkers ersetzt.
10   Aus Busch/Röll: *U-Boot-Kommandanten*, passim. Von den insgesamt 1410 Kommandanten, die diese Studie umfasst, habe ich jene weggelassen, deren Kommando sich auf die Vorkriegszeit beschränkte, die als Kommandanten für U-Boote vorgesehen waren, die nie in Dienst gestellt wurden, oder die als Wachoffiziere das Kommando nur unter ungewöhnlichen Umständen übernahmen (d.h. bei Tod oder Dienstunfähigkeit des Kommandanten). Diese Daten habe ich zuweilen ergänzt durch Angaben, die aus Lohmann/Hildebrand: *Kriegsmarine*, Bd. 3, passim, stammen.
11   KTB des BdU, 20. Oktober 1940, T1022/4063/PG 30275.

12   Angaben aus dem Querschnitt; Busch/Röll: *U-Boot-Kommandanten*, S. 267 – 272; über Dobratz siehe Dörr: *Ritterkreuzträger*, S. 40 – 42, 261.

13   Siehe KTB des FdU West, 2. Oktober 1939, T1022/4185/PG 30902.

14   Die Vorfälle vom Frühjahr 1941 sind im 4. Kapitel beschrieben; zum Schicksal des ersten Kommandanten von *U 109* siehe Hirschfeld/Brooks: *Story*, S. 15/16, 54/56 [„Feindfahrten", passim].

15   Über Bleichrodt siehe Hirschfeld/Brooks: *Story*, S. 185, 223 – 225 [„Feindfahrten", passim]; über Zschech siehe Herlin *Verdammter Atlantik*, S. 85ff.

16   Allgemeine biografische Informationen stammen aus Busch/Röll: *U-Boot-Kommandanten*, S. 71, 103, 266.

17   Brief von Werner Hirschmann an den Verfasser, 13. Dezember 1995.

18   Siehe Blair: *Silent Victory*, S. 107 (Fußnote), 199 – 201, 361, 818.

19   Heßler: *U-boat War*, Bd. 2, S. 26, 43, 86; Mallmann Showell: *U-boat Command*, S. 105; Niestlé: „German Technical and Electronic Development", S. 438 – 443.

20   Beruht auf einer Kurzdarstellung der Laufbahndaten bei Kurowski: *Knight's Cross*, S. 13ff.

21   Allgemeine Daten, zusammengestellt aus Busch/Röll: *U-Boot-Kommandanten*, passim; Angaben über die Kommandanten des Typs IX 1940 ergänzt durch Dörr: *Ritterkreuzträger*, passim.

22   Die Angaben zu den U-Bootkommandanten stammen aus Busch/Röll: *U-Boot-Kommandanten*, passim; U-Bootverluste in Tarrant: *U-boat Offensive*, S. 88 [„Kurs West!", S. 121], und Mars: *British Submarines*, S. 109.

23   Zahlenangaben aus Saville: „Development of the German U-boat Arm", S. 619 (Fußnote), und Hoch: „Problematik der Menschenführung", S. 195.

24   Topp: „Manning and Training", S. 216.

25   Office of Naval Intelligence (ONI: Op-16-Z) „Age Study of the Crews of German U-boats from the Outbreak of War in 1939 to the End of 1942", 22. Februar 1943, Op-16-Z Subject Files, RG 38, NA.

26   Diese Zahlen werden ausführlich im 4. Kapitel behandelt; zum Beispiel zur Darstellung eines Historikers siehe Terraine: *U-boat Wars*, S. 262.

27   Tarrant: *U-boat Offensive*, S. 88, 96, 103 [„Kurs West!", S. 121, 132, 142]; Dönitz: *Memoirs*, S. 122 – 125 [„10 Jahre und 20 Tage", S. 119 – 122].

28   Siehe BdU/Organisationsabteilung „Personalbedarf der U-Boote auf Grund des Schiffbauneubauplanes", 13. November 1939, und Flottenkommando „Kriegspersonalwirtschaft", 20. November 1939, wiedergegeben in T1022/2066/PG 33541. Dönitz' Ausbildungsbestrebungen sind im 3. Kapitel erörtert worden.

29   Diese Probleme werden ausführlich in zwei Denkschriften dargestellt, beide von KKpt. Wenninger unter der Überschrift „Lage der Personalwirtschaft" verfasst und vom 25. November 1940 und vom 19. Juni 1941 datiert (BA-AM RM 7/1206). Hinsichtlich statistischer Angaben zum Personal siehe Marinekommandoamt (A IIb) an Allgemeines Marineamt (B), 4. April 1941, wiedergegeben in T1022/2066/PG 33541.

30   KTB 1/Skl, Teil A, 22./23. Oktober 1940, T1022/1664/PG 32034; siehe auch die Erörterung bei Salewski: *Seekriegsleitung*, Bd. 1, S. 265. Schließlich wurde die TIRPITZ am 25. März 1941 in Dienst gestellt, während die Wiederindienststellung der LEIPZIG (nach den im Norwegenfeldzug erlittenen schweren Beschädigungen) formell am 1. Dezember 1940 erfolgte, obwohl der Kreuzer nie wieder voll einsatzfähig wurde.

31   Kroener: „Personelle Ressourcen" in *Das Dritte Reich und der Zweite Weltkrieg*, Bd. 5/1, S. 853/854.

32   Op-16-Z „Age Study", Tabellen 3 und 4, RG 38, NA.

33   Beruht auf den Verlustlisten der Besatzungen im U-Boot-Archiv von *U 47, U 100, U 204, U 206, U 207, U 208, U 556* und *U 557* mit insgesamt 269 gefallenen Unteroffizieren und Mannschaften.

34   Siehe Mulligan: „Tracking *Das Boot*", S. 203 – 211.
35   Heßler: *U-boat War*, Bd. 1, S. 72; Tarrant: *U-boat Offensive*, S. 106/107 [„Kurs West!", S. 146]; Dönitz: *Memoirs*, S. 223, 243 [„10 Jahre und 20 Tage", S. 217, 236/237].
36   Siehe Lüths Vortrag „Menschenführung auf einem U-Boot" in Busch: *So war der U-bootkrieg*, S. 341 [vollständig in Tarrant: *Kurs West!*, S. 241].
37   Siehe Mulligan: „German U-boat Crews", S. 270/271. Die Angaben aus dem Jahr 1944 stammen von 67 U-Bootmännern, die im Juli/August 1944 bei der Versenkung von vier Booten gefangen genommen wurden.
38   Dönitz: *Memoirs*, S. 353 – 355 [„10 Jahre und 20 Tage", S. 345 – 348].
39   Kopien der Lagevorträge und beigefügten Anhänge sind wiedergegeben bei Wagner (Hrsg.): *Lagevorträge*, S. 507 – 516; zusätzliches Material findet sich bei Salewski: *Seekriegsleitung*, Bd. 2, S. 277 – 289, 506/507.
40   Vgl. Allgemeines Marinehauptamt (Admiral Warzecha) „Vortragsnotiz für Vortrag Ob.d.M. beim Führer über die personelle Entwicklung des U-Bootsprogramms Stand 1.11.1943", 13. November 1943, und Keitels Antwortschreiben an Dönitz (mit Anlage), 23. November 1943, beide in BA-MA RM 7/1238. Diese Punkte sind bereits vorher zwischen Dönitz, Keitel und Hitler bei den Lagevorträgen am 15. Juni und am 8. Juli 1943 erörtert worden (siehe Wagner (Hrsg.): *Lagevorträge*, S. 512 – 522).
41   Siehe Rössler: „U-boat Development and Building", S. 134/135.
42   Plottke: *Fächer loos!*, S. 89 – 96, 106.
43   Mallmann Showell: *U-boat Command*, S. 179/180.
44   Die U-Bootverluste stammen aus Möller: *Kurs Atlantik*, S. 202. Sogar noch eindrucksvoller sind die alternativen, aus deutschen Basisquellen zusammengestellten Zahlen bei Tarrant: *U-boat Offensive*, S. 165 – 169 [„Kurs West!", S. 223 – 229], die 251 vernichtete U-Boote von 1939 – Mai 1943 gegenüber 572 danach verloren gegangenen Booten auflisten. Hinsichtlich der Personalverluste siehe Tabelle 5 und Anhang 2.
45   Verlustdaten sind zusammengestellt aus Gröner: *Warships*, Bd. 2, S. 48ff. [„Deutsche Kriegsschiffe", Bd. 3: S. 66ff.], hinsichtlich der versenkten U-Boote sowie Högel: *Embleme*, S. 282 – 284 (für zusätzliche Verluste auf nicht versenkten Booten); zur allgemeinen Information siehe Tarrant: *U-boat Offensive*, S. 127 – 132 [„Kurs West!", S. 180 – 182, 186 – 188].
46   *Annual Report*, S. 16.
47   Hoch: „Problematik der Menschenführung", S. 196/197, 200/201; britische Naval Intelligence Division „Summary of Statements Made by German Prisoners of War", Nr. 120 (Woche endete am 23. März 1945), S. 17, Op-16-Z Subject File „British Summaries", RG 38, NA.
48   Siehe hierzu die Erörterung bei Rohwer: „U-boat War", S. 308 – 312, und am Ende des 4. Kapitels.

9. Kapitel: „Mehr kann man nicht sein!"

1   Churchill: *Triumph*, S. 464.
2   Siehe z.B. Hoch: „Problematik zur Menschenführung", S. 202ff. Eine Ausnahme stellt die scharfsichtige Bewertung von Kptlt. Matthias Faermann (*U 20* der Ubootflottille, Bundesmarine) dar: „Die Einsatzmotivation von Uboot-Besatzungen im Zweiten Weltkrieg, trotz starker Überlegenheit der Gegner" (unveröffentlichtes Manuskript 1994, in der Obhut des U-Boot-Archivs, Cuxhaven-Altenbruch).
3   Roskill: *War at Sea*, Bd. 2, S. 355; Edwards: *Dönitz and the Wolf Packs*, S. 213. Keiner der Autoren zitiert einen unterstützenden Beweis; für beide mag daher der Wunsch der Vater des Gedankens gewesen sein.

4   Zitiert aus einem Gedicht von Fritz Thomas (gefallen am 13. Oktober 1939), gezeigt im U-Boot-Archiv in Cuxhaven-Altenbruch, zitiert und erörtert bei Hadley: *Count Not*, S. 172/173.

5   Vgl. die kurzen, aber unschätzbaren Beurteilungen in Van Creveld: *Fighting Power*, S. 11 – 17, und in Dupuy: *Genius for War*, S. 7 – 11.

6   Merten: *Nach Kompaß*, S. 155.

7   Das allgemeine Thema wird hervorragend bei Hadley: *Count Not*, S. 48ff., beschrieben; das Zitat stammt aus Fürbringer: *Alarm!*, S. 257/258.

7a   Kptlt.a.D. Werner Fürbringer war an der geheimen U-Bootentwicklung des I.v.S (siehe Anm. 5a zum 2. Kapitel) über die Scheinfirma *Mentor Bilanz* im geheimen Zusammenwirken mit der Marineleitung (KptzS. Arno Spindler) beteiligt: 1927 Kommandant des ersten U-Bootes für die Türkei (Erprobungen mit anschließender Überführung von Rotterdam nach Istanbul), Mitwirkung beim Aufbau der türkischen U-Bootschule, 1931 Rückkehr nach Deutschland. Hierauf verweist das Schlusswort seines Buches *Alarm! Tauchen!*, das er 1931/32 schrieb und aus dem das Zitat stammt. Zu den Zuhörern der von ihm erwähnten Vorträge im Frühjahr 1932 gehörten die Teilnehmer des ersten Kursus für U-Bootkunde als Kader der künftigen U-Bootwaffe, darunter der junge Marinebaubeamte Aschmoneit sowie die jungen Offiziere Freiwald und Ewerth, später an der UAS Looff, Meckel u.a. Die praktische Ausbildung lieferte u.a. die Erprobung des in Finnland gebauten U-Bootes *CV 707* (VESIKKO) mit Fürbringer als Kommandant ab Mai 1933. Interessant ist die Tatsache, dass Naval Institute Press, Annapolis/USA, Fürbringers Buch im März 2000 unter dem Titel *Fips – Legendary U-Boat Commander* zum ersten Mal auf den amerikanischen Markt gebracht hat.

8   Mueller-Hillebrand: *Heer*, Bd. 3: S. 254.

9   Vgl. hierzu die Angaben im 6. Kapitel sowie bei Van Creveld: *Fighting Power*, S. 66/67.

10   Hinsichtlich einer Beschreibung der Ausbildung und der Eidesleistung siehe Harlinghausen: *Ein Junge*, S. 24 – 30; der Eid und seine Bedeutung sind hervorragend von Peter in *Acht Glas*, S. 32 – 37, beschrieben.

10a   Ab 1919 lautete der Eid auf die Treue zur Reichsverfassung. Nach der Machtübernahme der Nationalsozialisten schworen die Soldaten der Reichswehr ab dem 2. Dezember 1933 auf Volk und Vaterland. Am 2. August 1934 starb der Reichspräsident, Paul v. Hindenburg, der auch Oberbefehlshaber der Reichswehr war. Unmittelbar nach seinem Tode übernahm Hitler die Befugnisse des Reichspräsidenten und war damit auch Staatsoberhaupt und Oberbefehlshaber der Reichswehr geworden. Bereits *eineinhalb* Stunden nach dem Tode Hindenburgs wurden Heer und Marine (die Luftwaffe gab es noch nicht) nach der neuen Eidesformel auf die Person Hitlers vereidigt.

11   Zitat von Hans Göbeler (*U 505*) in Turkel: *Good War*, S. 403. (Die „drei Finger" beziehen sich auf die deutsche Form der Eidesleistung: Das Heben der rechten Hand mit ausgestrecktem Daumen, Zeige- und Mittelfinger.)

12   Siehe Grossman: *On Killing*, S. 58/59, und unten 10. Kapitel.

13   Die unentbehrliche Quelle für die Verpflegung der U-Bootbesatzungen ist die Kriegsstudie von Dr. Jobst Schäfer: „Die Ernährung der U-Bootfahrer", beruhend auf seiner umfangreichen U-Booterfahrung und -forschungstätigkeit. Die hier wiedergegebenen Angaben finden sich auf S. 165c/d und S. 168 – 170 dieser Studie. Siehe auch die ONI-Studie „Morale and its Maintenance in the German Navy" (Teil 1. Abschn. 3), Januar 1943 (bes. S. 29 – 31), OSS Research and Analysis Branch (R&A) Report No. 28761, Records of the Office of Strategic Services, RG 226, NA.

13a   Das jährliche Grundgehalt betrug z.B. Mitte der 30er-Jahre für
   – Mannschaften zwischen 1080 RM und 1800 RM,
   – Unteroffiziere (Maate) zwischen 1920 RM und 2160 RM,

- Feldwebel (z.B. Bootsmann, Maschinist, Funkmeister) 2340 RM,
- Oberfeldwebel (z.B. Oberbootsmann, Obermaschinist) 2400 RM.

Für Offiziere belief sich das monatliche Grundgehalt je nach Dienstalter für

- Leutnante und Oberleutnante auf 261 RM bis 434 RM,
- Kapitänleutnante (Hauptleute) auf 484 RM bis 689 RM,
- Korvettenkapitäne (Majore) auf 756 RM bis 814 RM,
- Fregattenkapitäne (Oberstleutnante) 923 RM,
- Kapitäne z.S. (Obersten) 1194 RM,
- Konteradmirale (Generalmajore) usw. ab 1477 RM.

14   Angaben aus *Besoldungstabellen für Soldaten*, bes. die detaillierten Tabellen auf S. 124ff.; ONI-Studie „Morale and its Maintenance", S. 34/35, OSS R&A-Report No. 27761, Records of the OSS, RG 226, NA; und Absalon: *Wehrgesetz*, S. 299 – 304.

15   OKM-Broschüre *Wie komme ich*, S. 19. Siehe auch die Erörterung schnellerer Beförderungen innerhalb bestimmter Laufbahnen im 6. Kapitel.

16   Absalon: *Wehrgesetz*, S. 228; G.C. & C.S. Naval History, Bd. 4: S. 10/11, 70. Siehe auch Tabelle 10.

17   Zusätzliche Angaben zur Besoldung bei der Marine finden sich in „Memorandum No. 103 für Op-16-W: Pay in the German Navy", 30. Januar 1943, in Op-16-Z Subject File „Memoranda for Op-16-W", RG 38, NA; Zitat von Peter Petersen in Wiggins: *Torpedoes*, S. 216.

18   Hinsichtlich Beispiele siehe Mulligan *Lone Wolf*, S. 155, und Herbert A. Werner *Iron Coffins*, S. 182 – 189 [„Die eisernen Särge", S. 216, 243 – 246].

19   Zitat aus der persönlichen Korrespondenz des Ritterkreuzträgers KKpt. Siegfried Freiherr v. Forstner (*U 402*) in Waters *Bloody Winter*, S. 267/268 [„Blutiger Winter", S. 257].

20   Faermann: „Einsatzmotivation", S. 56; Herbert A. Werner: *Iron Coffins*, S. 189 [„Die eisernen Särge", S. 246]; und siehe in diesem Kapitel weiter unten die Erörterung der Krise in der Moral.

21   *Merkblatt über die neue Urlaubsregelung (21.2.1944)* im Band „Handakte für den Kommandanten (*U 977*)", T1022/4186/fr.468. Zum Urlaub im deutschen Heer siehe Van Crefeld: *Fighting Power*, S. 107/108, und John A. English und Bruce I. Gudmundsson: *On Infantry*, Praeger, Westport/Conn. 1994, S. 120 (Anmerkung).

22   Edwards: *Dönitz and the Wolf Packs*, 213; Interview mit Carl Möller, Hamburg, 16. Mai 1994 (der „Organisierer" war der Matrosenobergefreite Herbert Bölke).

22a Unter „Organisieren" wurde im Kriege und noch in der Nachkriegszeit nach dem Soldatenjargon ein jegliches Beschaffen alles Nützlichen und Brauchbaren verstanden, wobei die Skala vom echten Finden über Tausch und Bestechung bis zu jeder Art Diebstahl reichte. Jede kleine Wehrmachteinheit hatte ihre „Organisierer", d.h. in der Regel Mannschaftsdienstgrade, die hierfür ein besonderes Geschick hatten. Unvergessen ist in dieser Rolle aus H.-H. Kirsts Nachkriegsroman *08/15 im Krieg* der Obergefreite Kowalski, im Film so trefflich von Uwe Carsten neben Joachim Fuchsberger gespielt. Sozusagen der Gegenspieler war die Feldgendarmerie, wie in der deutschen Wehrmacht die Militärpolizei hieß (im Soldatenjargon „Kettenhunde" genannt, da sie über der Heeresuniform als besonderes Abzeichen an einer Kette um den Hals ein Brustschild trugen). Daneben gab es als eine Art militärischer Kriminalpolizei die „Geheime Feldgendarmerie".

23   Hinsichtlich der Beschreibung der Verhältnisse in den Stützpunkten siehe den Bericht „U-boat Bases", 15. Juli 1943, in Op-16-Z Subject Files, RG 38, NA, und Mulligan *Lone Wolf* (beruhend auf Gesprächen mit Besatzungsangehörigen von *U 515*), S. 153 – 156. Die Studie des Verfassers über die Feindfahrten von *U 515* offenbart, dass dieses Unterseeboot – nach den Einsatzzeiten für die ersten fünf Feindfahrten – insgesamt 330 Tage in See und 190 Tage im Stützpunkt verbrachte.

24   Siehe Shils/Janowitz: „Cohesion and Disintegration", S. 285. Andere Werke auf diesem Gebiet sind S.L.A. Marshall: *Men against Fire*, William Morrow and Co., New York 1947; und S.A. Stouffer u.a.: *The American Soldier: Combat and Aftermath*, Princeton University Press, Princeton/N.J. 1949.

25   Die maßgebliche Quelle für U-Bootembleme ist das Werk von Högel: *Embleme*, passim, insbesondere die einführenden Informationen hinsichtlich ihrer Geschichte (S. 7 – 11) und des Verzeichnisses der bei den Emblemen verwendeten Themen, Stadtwappen, Symbolen der Besatzung und figürlichen Darstellungen (S. 285 – 288).

26   Ebenda S. 26 – 29, 285/286. Einige U-Boote führten an Bord ihrer Boote auch Tiere als Maskottchen mit. Hier war das Ferkel „Sonja" auf *U 992* (ObltzS. Hans Falke) 1943/44 besonders charakteristisch (ebenda S. 261 – 263).

27   KTB *U 123*, 30. Mai – 1. Juni 1942, T1022/2973/PG 30113; Hoyt *U-boats*, S. 82.

28   Peillard: *Laconia Affair*, S. 5 [„Affäre LACONIA", S. 12]; Interview mit Nigel Turner, der für eine in Kürze erscheinende Dokumentation über den LACONIA-Zwischenfall zu Nachforschungen das Stadtarchiv von Plauen aufsuchte. [Die Südwestecke von Sachsen mit der erzgebirgischen Kleinstadt Klingenthal in der Nachbarschaft Plauens war ein Zentrum für die Herstellung von Musikinstrumenten. Daher konnten die Geschenke für *U 156* nur aus solchen bestehen.]

29   Dönitz: *Memoirs*, S. 118/119 [„10 Jahre und 20 Tage", S. 115/116].

30   Dönitz, zitiert von Oehrn, 1939/40 A 1 im BdU-Stab, in seinem unveröffentlichten Manuskript „Navigare necesse est! – DÖNITZ nahe gesehen", S. 22, wiedergegeben in Vause: *Die Wölfe*, S. 218, Anm. 16 zum 3. Kapitel [„Wolf", S. 227/228, Anm.].

31   Mallmann Showell: *German Navy*, S. 158 – 160 [„Buch der Kriegsmarine", S. 175 – 177]; Absolon: *Wehrgesetz*, S. 270 – 272.

31a   Vor 1918 gab es keine reichseinheitlichen Kriegsorden. Orden wurden nur vom regierenden Fürsten des jeweiligen deutschen Landes verliehen, z.B. durch die Könige von Preußen, Bayern oder Württemberg, die Großherzöge von Baden, Mecklenburg-Schwerin usw. Besondere Bedeutung erlangten im Ersten Weltkrieg die preußischen Kriegsorden, die auch Nichtpreußen erhielten: Das „Eiserne Kreuz", gestiftet vom preußischen König 1813 sowie 1870 und 1914 erneuert, in drei Klassen: Großkreuz (Halsorden; nur für militärische Großoperationen), I. Klasse (Brustkreuz links ohne Band) und II. Klasse (Knopflochkreuz mit Band); und als höchster preußischer Orden der von Kaiser Wilhelm II. als Oberster Kriegsherr in seiner Eigenschaft als preußischer König verliehene „Pour le mérite", 1740 von Friedrich dem Großen gestiftet. Die Weimarer Republik kannte keine Orden und Ehrenzeichen; jede Verleihung oder Annahme war verboten. Dies war erst wieder mit Reichsgesetz vom 7. April 1933 möglich. Erstmals gab es reichseinheitliche Kriegsorden überhaupt mit Beginn des Zweiten Weltkrieges. Sie werden vom Verfasser ab Seite 191 oben erörtert.

32   Absolon: *Wehrgesetz*, S. 261/262; Mueller-Hillebrand: *Heer*, Bd. 3: S. 253 – 261, hinsichtlich der Berechnung der Personalstärke des Heeres.

33   Herlin: *Verdammter Atlantik*, S. 35; Metzler: *Sehrohr*, S. 294.

34   Marbachs Kommentare sind zitiert bei Busch: *So war der U-Bootkrieg*, S. 332; Lüth: „Menschenführung auf einem U-Boot" in Tarrant: *U-boat Offensive*, S. 178 [„Kurs West!", S. 241]; Besatzungsliste von *U 515* (auf der 5. Feindfahrt) im U-Boot-Archiv, Cuxhaven-Altenbruch, siehe Mulligan: *Lone Wolf*, S. 175 – 186); ONI-Vernehmungsbericht von *U 1059* in Op-16-Z, Vernehmungsberichte, RG 38, NA.

35   Hinsichtlich allgemeiner Informationen siehe Mallmann Showell: *German Navy*, S. 171 [„Buch der Kriegsmarine", S. 187 – 190], und *U-boats*, S. 115; und Herzog: „Ritterkreuz", S. 246 – 250, und „Torpedoverbrauch", S. 125. Ausführliche biografische Angaben zu den Ritterkreuzträgern finden sich mit einheitlichen Hinweisen in Dörr: *Ritterkreuzträger*.

35a Die fünf mit den Schwertern ausgezeichneten U-Bootkommandanten waren: Otto Kretschmer (26.12.41), Erich Topp (17.8.42), Reinhard Suhren (1.9.42), Wolfgang Lüth (15.4.43) und Albrecht Brandi (9.5.44). Darüber hinaus erhielten nur zwei Marineoffiziere die höchste Auszeichnung: das Ritterkreuz des Eisernen Kreuzes mit Eichenlaub, Schwertern und Brillanten: Wolfgang Lüth (9.8.43) und Albrecht Brandi (24.11.44).

36 Der Orden wird in Mallmann Showell: *German Navy*, S. 172 [„Buch der Kriegsmarine", S. 191], beschrieben. Daten zusammengestellt aus Gericke: *Inhaber des Deutschen Kreuzes*, S. 7/8, 41ff. (Prozentsätze beruhen auf Angaben von 532 zufällig ausgewählten Trägern).

37 So z.B. Vause: *Ace*, S. 188/189 [„Der U-Bootkommandant Wolfgang Lüth", S. 188 einschl. Anm. von Prof. Dr. Rohwer]: „Sein Beispiel [Abrecht Brandis weit übertriebene Versenkungsangaben] wird stets von jenen angeführt, die das Argument vertreten, dass die deutschen militärischen Auszeichnungen nicht viel mehr wert waren als das Metall, aus dem sie gefertigt waren." Herzog: „Ritterkreuz", S. 252: „Es ist für die U-Bootwaffe skandalös." Keine kritischen Anmerkungen im Vergleich zu den übertriebenen Behauptungen aus Marinen anderer Nationen; siehe Blair: *Silent Victory*, S. 877/878, z.B. bezüglich ähnlicher Übertreibungen durch amerikanische U-Bootfahrer, die aber ihre Orden behielten, trotz Richtigstellung ihrer Versenkungsangaben nach dem Kriege.

38 Siehe Middlebrook: *Convoy*, Fußnote auf S. 73, und den entzifferten Funkspruch über die Ferntrauung eines Funkers auf *U 515*, 31. Dezember 1942, SRGN Nr. 8444, RG 457, NA.

39 Diese Unternehmungen sind ausführlich dargestellt in Hadley: *U-boats against Canada*, S. 168 – 184 [„U-Boote gegen Kanada", S. 291 – 319]; weniger verlässlich ist der Bericht bei Farago: *Tenth Fleet*, S. 235 – 240. [Die Unternehmung von *U 262* plante Kptlt. „Ali" Cremer, der zu dieser Zeit 2. Asto in BdU op war. Er schildert den Vorgang ausführlich aus deutscher Sicht in Cremer/Brustat-Naval: *U 333*, S. 156 – 158.]

40 Siehe Hoch: „Problematik der Menschenführung", S. 205.

41 Siehe Mulligan: *Lone Wolf*, S. 156 – 159, 169 – 171; Wiggins *Torpedoes*, S. 216 – 218; und „Auszug aus dem Wachbuch des Wachoffiziers der 2. U-Flottille vom 3.6.42", auf T1022/4186/frame 325.

42 Vgl. Vause: *Ace*, S. 148 [„Der U-Bootkommandant Wolfgang Lüth", S. 148/149, 212/213, 228]; Lüth: „Menschenführung auf einem U-Boot. [Einzelheiten aus der menschlichen Führung einer U-Bootbesatzung auf Feindfahrt"; der ungekürzte Originaltext findet sich – mit dem Kommentar des ObdM, GAdm Dönitz, zu Lüths besonderen Strafen, die in der Dienststrafordnung nicht vorgesehen waren – in den deutschen Ausgaben des Motorbuch Verlags, Stuttgart. Tarrant: *Kurs West*, Anlage S. 240 -251, und Vause: *Der U-Bootkommandant Wolfgang Lüth*, Anlage 1, S. 209 – 228.

43 Giese/Wise: *Shooting*, S. 170 – 172. [Zum Kommandowechsel Lüth/Freiwald siehe Vause: *Der U-Bootkommandant*, S. 202; zu Freiwald und dem F.v.D findet sich eine ausführliche Darstellung bei Brennecke: *Haie im Paradies*, S. 92ff.]

44 Interview mit Peter Petersen, Chicago, 11. Juni 1997; Loewes Bericht ist zitiert bei Gallery: *U 505*, S. 89 – 92.

45 Hinsichtlich einer vollständigen Darstellung des Vorfalls siehe Hadley: *U-boats against Canada*, S. 235 [„U-Boote gegen Kanada", S. 404/405].

46 Siehe hierzu die Angaben bei Högel: *Embleme*, S. 282 – 284, sowie die besonderen Beispiele, verzeichnet in den KTB's von *U 134* (Kptlt. Rudolf Schendel) am 15. Januar 1943 (T1022/2835/PG 30124/7), *U 205* (Kptlt. Franz-Georg Reschke) am 30. September 1941 (T1022/3039/PG 30193/2) und *U 1302* (Kptlt. Wolfgang Herwartz) am 18. September 1944 (T1022/3463/PG 30877). Weggelassen sind die gemeldeten und unbekannten Selbstmordfälle, die sich beim Verlust eines U-Bootes ereigneten.

47   ONI-Vernehmungsbericht von *U 606*, Op-16-Z Vernehmungsberichte, RG 38, NA.

48   ONI-Vernehmungsbericht der Überlebenden von *U 664* (versenkt am 8. Juli 1943 im Nordatlantik), zitiert in Y'Blood: *Hunter-Killer*, S. 88.

49   ONI-Vernehmungsbericht von *U 591*, Op-16-Z Vernehmungsberichte, RG 38, NA.

50   KTB des BdU vom 6. August 1943, zitiert in Y'Blood: *Hunter-Killer*, S. 82. Hinsichtlich der ständigen Bemühungen bis zum März 1944 siehe Heßler: *U-boat War*, Bd. 2: S. 54.

51   Dönitz: *Memoirs*, S. 89/90 [„10 Jahre und 20 Tage", S. 89/90].

52   KTB des BdU vom 13. November 1943, T1022/3980/PG 30334. Hinsichtlich der fehlgeschlagenen Operationen vom September bis November 1943 siehe Syrett: *Defeat*, S. 181ff.

53   Siehe Schaeffer: *U-boat 977*, S. 112 [„U 977", S. 155], der aber hinzufügt: „Neuerdings mußten wir vor dem Auslaufen [zur Feindfahrt] ein Testament schreiben. Schönes Gefühl."

54   Hannemann: *Justiz*, S. 260/261, 308 – 316, 356/357; der Verfasser erörtert seine Methodologie auf S. 230ff. Zu den hier erfassten „U-Bootfahrern" gehörten alle Angehörigen der U-Bootwaffe, nicht nur die Besatzungen von Frontbooten.

55   Ein gefangen genommener U-Bootoffizier beschreibt die Vorträge in Op-16-Z Spot Item No. 286 „Morale of Officers in the U-boat Arm as of December 1943", 14. Juni 1944, Op-16-Z Subject File „Spot Items", RG 38, NA; das Zitat stammt von KKpt. Siegfried Freiherr v. Forstner in Waters: *Bloody Winter*, S. 267 [„Blutiger Winter", S. 257].

56   ONI-Vernehmungsbericht der Überlebenden von *U 231*, Op-16-Z Vernehmungsberichte, RG 38, NA.

57   Durchschnittszahlen berechnet aus den Angaben in Tarrant: *U-boat Offensive*, S. 116, 128 [„Kurs West!", S. 161, 178]. Im Mai 1944 war die Anzahl der im Monatsdurchschnitt täglich in See stehenden Frontboote auf 43 abgesunken [ebenda S. 178].

58   Nach Augenzeugen nahm sich Kptlt. Horst Höltring an Bord von *U 185* nach einem verhängnisvollen Luftangriff am 24. August 1943 im Mittelatlantik das Leben, als das Boot in die Tiefe zu sinken begann; siehe ONI-Vernehmungsbericht der Überlebenden von *U 604* und *U 185*, Op-16-Z Vernehmungsberichte RG 38, NA.

58a   Kptlt. Horst Höltring war Kommandant von *U 604* gewesen. Das Boot wurde am 11. August 1943 nach einem Luftangriff von US-Trägerflugzeugen im Südatlantik schwer beschädigt und selbst versenkt. Die Besatzung wurde je zur Hälfte von *U 172* (Kptlt. Carl Emmermann) und *U 185* (Kptlt. August Maus) übernommen. Während *U 172* am 7. September 1943 trotz Ruhrepidemie an Bord mit 23 Überlebenden von *U 604* in St. Nazaire einlief, hatte *U 185*, wie oben dargelegt, dieses Glück nicht. Der verwundete Höltring erschoss im Bugraum, als dieser sich mit Chlorgas zu füllen begann, zwei Schwerverwundete auf deren Bitten hin und dann sich selbst. Der US-Zerstörer BARKER rettete anschließend 36 Überlebende, darunter Kptlt. Maus und neun Mann von *U 604*. Zwei der Überlebenden von *U 185* starben an Bord des Zerstörers noch an Chlorgas-Vergiftung. Vgl. Blair: *U-Boot-Krieg*, Bd. 2: S. 444/445, 470/471.

59   Über Zschechs Tod gibt es noch keinen zuverlässigen Bericht. Das KTB von *U 505* enthält lediglich den Vermerk „Kommandant tot"; die Berichte von Gallery: *U 505*, S. 178 – 193, sowie von Herlin: *Verdammter Atlantik*, S. 85 – 114, sind nicht dokumentiert und mischen Fakten mit literarischer Fantasie.

60   Hauptquelle ist Walle: *Tragödie*, passim; siehe auch 11. Kapitel.

60a   Siehe auch Walle: „Der Fall Kusch" in *Marine-Forum*, 1992, S. 234ff. Kuschs Freund und Crewkamerad, Kptlt.a.D. Horst Freiherr v. Luttitz, hat ihm unter dem Pseudonym Walter Klenk mit der literarischen Darstellung *Wer das Schwert nimmt... Erlebnisse im Luft- und Seekrieg 1940 – 1945. Bericht und Mahnung* (Universitas Verlag, München 1989) ein überzeugendes Denkmal gesetzt: „Er war nicht bereit, Wahrheit gegen Lüge einzutauschen!"

61   Siehe McLachlan: *Room 39*, S. 173/174.

62   Die Dokumentation der Kollaboration von Coreth und der anderen U-Bootgefangenen (wenn auch nicht die volle Bedeutung ihrer Unterstützung) findet sich in den Op-16-Z Day Files 1/1/44-12/31/44 und 1/1/45-; sowie Op-16-Z Subject Files „Berthing Lists 1944" und „P/W Special 1945", RG 38, NA.

63   Die gesammelten Berichte „German U-boat Communications, Codes, and Ciphers" – nicht klassifiziert vor ihrem Eintreffen als Neuzugang 1996 im NA – sind eingeordnet als Item CBIK56 Nr. 5315 unter der NSA Historic Cryptographic Collection, Pre-World War I – World War II, RG 457, NA.

64   ONI-Vernehmungsbericht der Überlebenden von *U 1059*, Op-16-Z Vernehmungsberichte, sowie Brief von Lt.Cmdr. V.R. Taylor an Cmdr. John Riheldaffer, 8. Dezember 1944, in File „Taylor, V.R. (NY) Incoming Letters 1/1/43-4/30/45", Op-16-Z Administrative Files, beide in RG 38, NA.

65   Die Dokumentation von Drechsler ist in seine Vernehmungen unter den deutschen Kriegsgefangenen alphabetisch in die 201-Files eingeordnet, G-2-Division (MIS-Y-Branch), RG 165, NA; und die Op-16-Z Day Files vom 6/30-12/28/43 und File „Transfer of P/Ws" in Op-16-Z Subject Files, beide in RG 38, NA. Hinsichtlich eines allgemeinen Berichtes über Drechsler und seine Tötung siehe Whittingham: *Martial Justice*, S. 37ff., 62ff. Dönitz' Rolle wird behandelt in Messerschmidt: *Wehrmacht*, S. 420/421 (Anmerkung), sowie seine Weisung, Drechslers Mörder zu befördern – „Geheim-Erlaß des Großadmirals Dönitz vom 11.4.45" –, dargestellt im Dokument GB-212, RG 238, NA.

66   Schaeffer: *U-boat 977*, S. 128 – 130 [„*U 977*", S. 182 – 185].

67   Siehe Vause: *Ace*, S. 97/98, 195 [„Der U-Bootkommandant Wolfgang Lüth", S. 102/103, 189/190, ungekürzte Wiedergabe seines Vortrags in Originalfassung durch den Übersetzer im Anhang S. 209 – 228]; Lüths vollständiger Vortrag findet sich bei Tarrant: *U-boat Offensive*, S. 177 -185 [„Kurs West!", S. 240 – 251 in der deutschen Originalfassung]; gekürzte deutsche Originalfassung (alle NS-Passagen sind weggelassen) bei Busch: *So war...*, S. 340 – 358.

67a   Vgl. auch Vause: *Die Wölfe*, S. 149/150. Ein anwesender Zeitzeuge „empfand den Vortrag als grässlich, „sehr weit hergeholt, völlig unrealistisch für den Nordatlantik sowie gegenüber den Offizieren und den Besatzungen zu herablassend", (Peter Hansen an den Verfasser, Brief vom 14. Januar 1991, wiedergegeben in deutscher Originalfassung). Der Zeitzeuge fuhr im selben Brief fort:
„Während Karl Dönitz und seine Umgebung in Berlin und Bernau [Stabsquartier OKM/BdU „Koralle"] hinsichtlich dieser viel diskutierten Führung [d.h. des Vortrags] viel „offiziellen" Wind und heiße Luft hermachten, war fast jeder, der dieser Vorstellung beiwohnte, eher verblüfft als wild begeistert. Nur die „Jasager" wie [der FdU West und KptzS.] Hans-Rudolf Rösing veranstalteten ein lärmendes Theater drum herum. Jeder Frontoffizier, mit dem ich mich von Mann zu Mann unterhielt oder den ich traf, hielt ihn [den Vortrag] für „bekloppt", für eine Menge Geschwafel [und] vollkommen lächerlich – für zumeist reine Propaganda. Bis die Cliquen im OKM und in der U-Bootführung Beifall zu klatschen und zu schreien begannen, dann gab es ein lähmendes Schweigen und die Zuhörer schienen schlimmstenfalls aus der Fassung gebracht und bestenfalls leicht amüsiert." (Ebenda.)

68   Hannemann *Justiz*, S. 348 – 355.

69   McLachlan: *Room 39*, S. 175/176.

70   KTB des BdU, 30. November 1943, T1022/30335/3980; Verleihung von Auszeichnungen aufgelistet im *Marineverordnungsblatt* vom 15. August 1943 – 15. April 1944, RG 242, NA.

71	Siehe Angaben und Quellen zusammengefasst in Mulligan: *Lone Wolf*, S. 130 – 135.
72	McLachlan: *Room 39*, S. 175/76.
73	Aufgefangener und entzifferter Funkspruch vom 7. November 1944, zitiert in der nachrichtendienstlichen Studie der US-Marine über den Funkverkehr SRH-008 „The Battle of the Atlantic", Bd. 2: „U-boat Operations (Dec 1942-May 1945)", S. 216, RG 457, NA. Siehe auch Heßler: *U-boat War*, Bd. 2: S. 57 – 59, 72ff.
74	Hoch: „Problematik der Menschenführung", S. 200.
75	Siehe Moore: *Faustball*, bes. S. 119ff.
76	Faermann: „Einsatzmotivation", S. 51, 62/63.
77	Chalmers: *Horton*, S. 225/226.

10. Kapitel: Menschlichkeit gegen Notwendigkeit

1	Siehe Rogers: *Enemy*, S. 154.
2	Zu den Beispielen gehören die Filme *Civilization* (1916), *Lest We Forget* (1918), *Lifeboat* (1943), *Action in the North Atlantic* (1943) und *Murphy's War* (1971) sowie bestimmte Episoden in den Fernsehserien „Victory at Sea" (1952/53) und „The Twilight Zone" (1959). Als das Bavaria-Atelier, ein deutsches Filmstudio, 1977 an Hollywood bezüglich der Koproduktion des Films *Das Boot* herantrat, scheiterte die Zusammenarbeit am Umschreiben des Charakters des Ersten Wachoffiziers durch einen amerikanischen Drehbuchverfasser in einen fanatischen Nazi, der mit Maschinengewehrfeuer schiffbrüchige Überlebende im Wasser erschoss. (*Der Spiegel*, 36. Jg., Nr. 53 vom 29. Dezember 1980, S. 81/82.)
3	Roskill: *The War at Sea*, Bd. 3 Teil 2: S. 306.
4	Padfield: *Dönitz*, S. 253 – 260, 353 [„Dönitz", S. 291 – 298, 409ff.], obwohl er keine Beweise außer jenen zitiert, die bereits das Internationale Militärtribunal in Nürnberg als unzureichend angesehen hatte; Terraine: *U-boat Wars*, S. 467/468 (mit zusätzlicher Schmähung auf S. 672/673). Keiner dieser Historiker bietet eine objektive Behandlung des U-Bootkrieges.
5	Bird: *German Naval History*, S. 590/591.
6	Nimitz' eidesstattliche Erklärung ist in *TMWC*, 40/S. 108 – 111, veröffentlicht; der Vorfall vor Neuguinea wird beschrieben bei Blair: *Silent Victory*, S. 383 – 385.
7	Kennedy: „War Crimes", S. 57/58, und De Zayas: *War Crimes*, S. 251 – 257. Kennedy folgert: „Es kann kein Zweifel daran bestehen, dass Miers' Handeln in jeder Hinsicht genauso kaltblütig war, wie das, was Eck auf *U 852* getan hatte." (Der Fall Eck wird im 10. Kapitel weiter unten erörtert.)
8	Vgl. z.B. Bartov: *Hitler's Army*, S. 199 (Anmerkung), hinsichtlich des Zitats; Padfield: *Dönitz*, S. 353 [„Dönitz", S. 409/410].
9	Robertson: *Golden Horseshoe*, S. 78/79 [„Wolf im Atlantik", S. 148 – 151, insbes. Ziff. 4 auf S. 149].
10	Cremer: *Commander*, S. 43 [„Ali Cremer: *U 333*, S. 73].
11	Zum Beispiel Legro: *Cooperation*, S. 52 – 62. Während Legro hinsichtlich des Schwerpunktes gegen den Handelsverkehr in der Vorkriegsdoktrin von Dönitz korrekt ist, kann jedoch seine These nicht in Einklang mit solchen Handlungen gebracht werden, wie die später in diesem Kapitel erörterte Feindfahrt von *U 35*. Seine Behauptung, Deutschland hätte mit der uneingeschränkten U-Bootkriegsführung im Herbst 1939 begonnen, ist falsch. Erst am 17. August 1940 hat Deutschland das Operationsgebiet für den uneingeschränkten U-Bootkrieg voll auf die Großbritannien umschließenden Meeresteile erweitert und auch das Seegebiet westlich von Irland einbezogen.
11a	Die deutsche Erklärung des Operationsgebietes vom 17. August 1940 stimmte mit der von den USA am 3. November 1939 erklärten Kriegszone voll überein. Zur weiteren

Vertiefung siehe Dr. jur. Herbert Sohler (KKpt.a.D., ehemals Chef der 7. U-Flottille): *U-Bootkrieg und Völkerrecht*, eine Studie über die Entwicklung des deutschen U-Bootkrieges 1939 – 1945 im Lichte des Völkerrechtes, insbesondere S. 35ff.

12   Prien: *Mein Weg*, S. 133 – 140.

13   Siehe Schmoeckel: *Menschlichkeit*, S. 29 – 33, und Edwards: *Dönitz and the Wolf Packs*, S. 18/19.

14   KTB *U 35*, T1022/3039/PG 30032. Das U-Boot wurde auf seiner nächsten Feindfahrt versenkt, aber seine gesamte Besatzung wurde (vielleicht in dazu passender Weise) als Kriegsgefangene gerettet.

14a   Das KTB von *U 35* ist in Kurzform wiedergegeben in Ritschel: Band 1: *KTB U 1 – U 50*, S. 213 – 215. Das Wrack des U-Bootes wurde im Juli 1986 bei der Ölsuche auf der Viking-Bank/Nordsee gefunden. Das dramatische Geschehen bei der Rettung der Besatzung der DIAMANTIS findet sich ebenda in Anhang D als wörtlichen KTB-Auszug.

14b   Missverständlich ausgedrückt: KKpt. Ernst Sobe, der Chef der 7. U-Flottille, befand sich offensichtlich auf *U 53*, das unter dem Befehl von Kptlt. Heinicke stand, als taktischer Führer an Bord, um erste Gruppenangriffe zu koordinieren. Siehe hierzu auch Jeschke: *U-Boottaktik*, S. 73; sowie KKpt. Sobe: „Handelskrieg nach Prisenordnung" und Kptlt. Heinicke: (*U 53*) „Lehren aus der Dampferversenkung KAFIRISTAN und CHEYENNE" in Ritschel Band 2: *KTB U 51 -U 99*, S. 29/30 (Kurzfassung KTB) und Anhänge D und E.

15   Sobes Bericht und der Weg in Richtung auf einen allgemeinen U-Bootkrieg wird bei Manson: *Diplomatic Ramifications*, S. 98ff., beschrieben. Dönitz' Vorschläge sind in einer Denkschrift vom 22. September 1939 enthalten, später als Dokument 191-C in *TMWC*, 34/S. 776 – 778, veröffentlicht; siehe auch das KTB des BdU vom 23. Oktober 1939, T1022/3979/PG 30250, wo Dönitz vermutet, dass zwei seiner Boote durch bewaffnete Handelsschiffe versenkt wurden. Die Bedrohung durch „Q-Schiffe" (U-Bootsfallen) werden in der MDV Nr. 28 „Kriegserfahrungen der deutschen U-Boote im Weltkrieg 1914 – 1918", OKM 1939, S. 5 – 18, behandelt.

16   Siehe das KTB der 1/Skl, Teil A, 23. September 1939, auf T1022/1660/PG 32021.

17   Vgl. den Text des Befehls in *TMWC*, 35/S. 267 – 270, mit Dönitz' Zeugenaussage in diesem Zusammenhang in *TMWC*, 13/S. 272 – 275. [Vgl. auch Sohler: *U-Bootkrieg und Völkerrecht*, S. 58f. „Verhalten gegenüber Schiffbrüchigen".]

18   Schmoeckel: *Menschlichkeit*, S. 63 – 67; Herzog: *U-Boote im Einsatz*, S. 70; Robertson: *Golden Horseshoe*, S. 51/52, 68, 74 – 77 [„Wolf im Atlantik", S. 93/94, 125, 138 – 144]; und KTB *U 30*, 3. Mai 1940, T1022/2831/PG 30027.

19   Britisches Foreign Office „Enemy Attacks on Merchant Shipping, September 1, 1940-February 28, 1941", 10. März 1941, Exhibit GB-191, RG 238, NA.

20   Siehe z.B. Morison: *Battle of the Atlantic*, S. 292 – 302 und bes. S. 392 – 397.

20a   Siehe hierzu Mallmann Showell: *Kriegsmarine 1939 – 1945*, Motorbuch Verlag, Stuttgart 2000, S. 65.

21   Siehe Barker: *Children*, bes. S. 147 – 149; Lawrence: *Bloody War*, S. 58/59, 85, 105/106; Middlebrook: *Convoy*, S. 170, 232; Miller/Hutchings: *Transatlantic Liners*, S. 28, 31; und Hughes/Costello: *Battle*, S. 304 [„Atlantikschlacht", nicht enthalten].

22   Bell/Lockerbie: *In Peril*, S. 49 – 56, 279.

23   Gretton: *Crisis Convoy*, 125/126 [„Atlantik 1943", S. 113/114].

24   Siehe Oehrns Bericht bei Vause: *Wolf*, S. 59/60 [„Die Wölfe", Versenkung der SHEAF MEAD, S. 57/58, und der SEVERN LEIGH, S. 64 – 66], und die spätere Erörterung vor dem Nürnberger Militärtribunal in *TMWC*, 13/S. 370 – 375.

24a   Die SHEAF MEAD versenkte Oehrn am 27.5.1940 durch Torpedoschuss, während er die SEVERN LEIGH am 23.8.1940 torpedierte und anschließend durch Artillerie versenkte, wobei Angehörige der Besatzung ums Leben kamen:

- Rohwer *Axis Submarine Successes*, S. 18 (SHEAF MEAD) und 26 (SEVERN LEIGH);
- Ritschel Band 1: *KTB U 1 – U 50*, Kurzfassung KTB U 37, S. 227, 230; und
- die deutsche Ausgabe von Vause: *Die Wölfe*, S. 57/58, 64 – 66 (nach teilweiser Bearbeitung des Vorfalls durch den Autor) und 221/222 (Anm. 10 und 10a), hat der Übersetzer unter Zugrundelegung von Oehrns unveröffentlichtem Manuskript „Navigare necesse est! Der 2. Weltkrieg", S. 16ff., ergänzt. Aus dem Manuskript geht hervor, dass der Artillerieeinsatz die Versenkung der SEVERN LEIGH (in Übereinstimmung mit Rohwer) betraf.

25   Erklärungen von Überlebenden der NOREEN MARY und ANTONICO in den Nürnberg-Dokumenten 645-D und 647-D, wiedergegeben in *TMWC*, 35/S. 282 – 291; Dönitz' Zeugenaussage, *TMWC*, 13/S. 389/390. Es ist im Falle der NOREEN MARY möglich, dass Matschulat die „empfohlene" Tötung von Überlebenden laut Belehrung durch Moehle, den Chef der 5. U-Flottille, ausführte.

26   Schulz: *Über dem nassen Abgrund*, S. 154 – 156, 221 – 226.

27   Siehe Metzler: *Sehrohr*, S. 136 – 148; Moore: *A Careless Word*, S. 242/243.

28   KTB *U 108*, 10. Juni 1941, T1022/3035/PG 30104/3.

29   Brennecke: *Jäger – Gejagte*, S. 211 – 213.

30   Cremer/Brustat-Naval: *Ali Cremer: U 333*, S. 70 – 73.

31   Angaben stammen aus den Beschreibungen der KTB's der U-Boote in *Guide No. 2*, passim.

32   Siehe Dokument Dönitz-23 und Dönitz' Zeugenaussage in *TMWC*, 13/S. 276/277.

33   Angaben aus *Guide No. 2*, passim; Dönitz' Schätzung aus seiner Zeugenaussage in Nürnberg, *TMWC*, 13/S. 277.

34   Gannon: *Operation Drumbeat*, S. 286 – 292, 362 – 366 [„Operation Paukenschlag", S. 294 – 300, 374 – 378].

35   Siehe Kelshall: *U-boat War in the Caribbean*, S. 53, 95, 121/122; Moore: *A Careless Word*, S. 269; britischer Report „Devices on Submarines Seen in the Western Atlantic", November 1942, in Op-16-Z Administrative Files („Canadian Correspondence 1942"), RG 38, NA; Parker: *Running the Gauntlet*, S. 122/123, 126/127; Gallery: *U 505*, S. 125 – 127; Mulligan: *Lone Wolf*, S. 95/96; Schmoeckel: *Menschlichkeit*, S. 112; das KTB von *U 161* vom 16./17. Juni 1942, T1022/2834/PG 30148; und Hirschfeld: *Feindfahrten*, S. 328.

36   Quellen für diese Ereignisse sind der Naval Liaison Officer (Marineverbindungsoffizier) Curaçao, NWI, „Interview with subject (Gibbs)", 21. Juni 1942, File F-6-e 22845-B, früher vertrauliche Berichte der Marine-Attachés 1940 – 1946; und Kabel ALUSNOS SANTOS an OPNAV, 2. Juli 1942, Naval Armed Guard Reports: M.F.Elliott, beide in RG 38, NA.

37   Siehe Alman: *Graue Wölfe in blauer See*, S. 209, und das KTB von *U 565* vom 29. Juli 1942, T1022/3074/PG 30601/7.

38   Beschreibungen aller Ereignisse sind enthalten in Irving: *Destruction of Convoy PQ 17*, S. 144/145, 196, 213, 233/234, 237, 294/295 [„Schlacht im Eismeer", S. 191, 253, 273, 282, 297/298, 376], auf den KTB's der U-Boote und den Berichten der alliierten Überlebenden beruhend.

39   „Niederschrift über das Gespräch zwischen dem Führer und Botschafter Oshima in Gegenwart des Reichsaußenministers in der „Wolfsschanze" am 3. Januar 1942", Dokument D-423, in *Nazi Conspiracy and Aggression*, Government Printing Office, Washington/D.C. 1946, Bd. 7: S. 53/54.

40   „Conference of the C.-in-C., Navy, with the Führer at the Führer's Headquarters, Wolfsschanze, on May 13 and 14, 1942" in *Führer Conferences*, S. 279 – 283; Dokument Dönitz-17, Raeders eidesstattliche Erklärung am 18. April 1946 bezüglich des Lagevortrags am 14. Mai 1942 in *TMWC*, 40/S. 23/24.

41 Grossmith: *Sinking of the LACONIA*, S. 64, 77.

41a Von den 2732 Mann Besatzung und Passagieren wurden insgesamt etwa 1100 Überlebende gerettet. Nach grober Schätzung kamen rund 1600 Menschen ums Leben, darunter weit über 1000 der italienischen Kriegsgefangenen. Siehe Blair: *U-Boot-Krieg*, Bd. 2 *Die Gejagten*, S. 101; und Peillard: *Affäre LACONIA*, S. 160/161. Peillard, passim, und Blair, ebenda S. 100, berichten von Kriegsverbrechen an den italienischen Kriegsgefangenen, begangen durch die Wachmannschaften (Briten bzw. Polen) an Bord der LACONIA. Dies bietet eine Erklärung für die hohe Zahl der ums Leben gekommenen Italiener.

42 Hinsichtlich des LACONIA-Zwischenfalls siehe Peillard: *LACONIA Affair*, passim; Dönitz' Zeugenaussage in *TMWC*, 13/S. 278 – 291 (bes. S. 288); Dönitz *Memoirs*, S. 255 – 264 [„10 Jahre und 20 Tage", S. 247 – 264]; Terraine: *U-boat Wars*, 472/473; und Rohwer/Hümmelchen: *Chronology*, S. 163.

43 *Guide No. 2*, S. 140/141.

44 Der Augenzeuge dieser Erörterung war Dr. Heinrich Waas, dessen Bericht in „Zeitzeuge zum Walter-U-Boot-Bau", S. 19 – 27, wiedergegeben wird; eine geringfügig andere Version ist mit einer Einführung von Karl-Dietrich Erdmann in „Eine Besprechung über den U-Bootkrieg", S. 684 – 695, veröffentlicht.

45 Siehe z.B. die Kommentare des damaligen ObltzS. Joachim Schramm, I WO auf *U 109*, zitiert bei Hirschfeld: *Feindfahrten*, S. 332/333, und „Story", S. 175. Schramm löste im März 1943 Kptlt. Heinrich Bleichrodt als Kommandant von *U 109* ab und fiel am 7. Mai 1943 südlich von Irland mit seiner gesamten Besatzung einem Luftangriff zum Opfer.

46 Siehe die Kommentare von Karl-Friedrich Merten in *Nach Kompaß*, S. 321 – 324.

47 So z.B. Terraine: *U-boat Wars*, S. 466: „Die Angehörigen der alliierten Marinen ließen keine deutschen U-Bootmänner ertrinken, ausgenommen unter ungewöhnlichen Umständen."

48 Robertson: *Escort Commander*, S. 202.

49 Syrett: *Defeat of the German U-boats*, S. 50, 90, 140; Kemp: *U-boats Destroyed*, S. 150 [Blair: *U-Boot-Krieg*, Bd. 2: *Die Gejagten*, S. 348, 356/357, 407/408, 513/514].

50 Hughes/Costello: *Battle*, S. 304 [„Atlantikschlacht", S. 370]; Angaben von *Guide No. 2*, passim; und KTB des BdU, 4. und 8. Februar 1943, auf T1022/4064/PG 30317.

51 KTB *U 238*, T1022/2938/PG 30221/2; KTB des BdU, 28. November 1943, T1022/3980/PG 30335.

51a Der amerikanische Reeder und Werftbesitzer Henry J. Kaiser führte im Herbst 1941 im Handelsschiffsbau ein Standardschiff von ca. 7200 BRT ein: das „Liberty"-Schiff. Es wurden nach Norm vorgefertigte Sektionen mit eingebauter Maschinenanlage hergestellt, die dann zusammengesetzt einen vollständig geschweißten Schiffskörper ergaben. Bis Kriegsende entstanden auf diese Weise 2770 Schiffe. Die Bauzeit verringerte sich von 6 Monaten für das erste Schiff – die PATRICK HENRY, am 22. September 1941 auf der Werft von Bethlehem-Fairfield in Baltimore vom Stapel gelaufen – auf 2 Monate im Frühjahr 1942 und schließlich auf etwas über einen Monat. Den Rekord erzielte die Kaiser Corporation im November 1942 mit ihrer Bau-Nr. 440, fertiggestellt in 4 Tagen und 15 Stunden als ROBERT E. PEARY. Dieses Prinzip mit anfangs 15 und später 8,5 Monaten Bauzeit übernahm Kaiser ab Herbst 1942 beim Bau der Geleitträger (CVE) der CASABLANCA-Klasse (50 Einheiten).

52 KTB *U 753*, 27. Februar 1943, T1022/3389/PG 30732; KTB *U 336*, 5. April 1943, T1022/3043/PG 30406.

53 Brief des Able Seaman Harry Weeks, zitiert bei Georg Högel: *Embleme*, S. 66.

54 Vause: *Ace*, S. 157 – 160, 172 – 178 [„Der U-Bootkommandant Wolfgang Lüth", S. 157/158, 170 – 176].

55   Ges. Leitner, Fernschreiben des Auswärtigen Amtes (AA) vom 14. Dezember 1942, und Amt Ausland/Abwehr im OKW an AA vom 18. Dezember 1942, beide in T1022/2097/PG 33350; die Zahl für die alliierten Handelsseeleute stammt aus Middlebrook *Convoy*, S. 298.

56   KTB 1/Skl, Teil C, 4. April 1943, T1022/1734/PG 32195 (eine teilweise Übersetzung wurde im Nürnberger Prozess als Dokument Dönitz-42 benutzt, RG 238, NA).

57   Operationsbefehl „Atlantik" Nr. 56 für U-Boote im Atlantik, 7. Oktober 1943, Dokument D-663, *Nazi Conspiracy and Aggression*, Bd. 7: S. 170.

58   Zeugenaussage von Moehle, *TMWC*, 5/S. 230 – 245; Moehles „Informierungen" waren den Alliierten durch die Aussagen gefangen genommener U-Bootkommandanten bereits bekannt (siehe Vernehmungsbericht von *U 1059*, Op-16-Z Interrogation Reports, und Vernehmungsaussage des Kommandanten von *U 681*, „Summary of Statements Made by German Prisoners of War", No. 120 – Woche endend am 23. März 1945 –, Op-16-Z Subject Files, beide in RG 38, NA). Es gibt keinen Beweis dafür, dass die Chefs der 4. und 8. U-Flottille, die wie Moehle für die Endausrüstung der an die Front gehenden U-Boote zuständig waren, ihre U-Bootkommandanten ebenfalls in dieser Weise unterrichtet haben.

59   Eidesstattliche Erklärungen von U-Bootkommandanten, wiedergegeben als Dokumente Dönitz-13, -29 und -53 in *TMWC*, 40/S. 11 – 19, 43 – 47, 80 – 83; der Vorfall bezüglich der britischen Flieger ist wiedergegeben in Dokument Dönitz-27, *TMWC*, 40/S. 41 – 43.

60   *Guide No. 2*, S. 28, 174/175, 182.

61   Siehe Cameron: *PELEUS Trial*, passim, bes. 54, 58, 63; Herlin: *Verdammter Atlantik*, S. 219ff. [Heyne-Taschenbuchausgabe S. 205ff.]; Messimer: „Heinz-Wilhelm Eck: Siegerjustiz and the PELEUS Affair" in Savas (Hrgb.) *Silent Hunters*, S. 137 – 183; und NID.1/PW/REP/9/44 „U 852. Interrogation of Survivors", November 1944, Subject File „British – NID/1/PW – Final Reports", Op-16-Z Subject Files, RG 38, NA. Der Leitende Ingenieur und ein weiteres Besatzungsmitglied, die am Schießen beteiligt waren, erhielten Freiheitsstrafen.

62   Hughes/Costello: *Atlantik*, S. 304 [„Atlantikschlacht", nicht enthalten].

63   Memorandum für Mr. Justice Jackson (Lt.-Cmdr. John P. Bracken) „Grand Admiral Karl Dönitz as a War Criminal", 24. August 1945, in „Interrogation Summaries: Dönitz", Chief Justice Jackson Main Office Files, RG 238, NA.

64   Smith: *Reaching Judgment*, S. 259 – 265 (Biddle-Zitat siehe S. 261).

11. Kapitel: Unparteiliche Dienstleistung

1   Vgl. Bartov: *Hitler's Army* und die Besprechung durch R.J. Overy in *Journal of Military History*, 66. Jg., Nr. 4 (Dezember 1994), S. 878/879; siehe auch Bartovs frühere Arbeit *The Eastern Front*.

2   Ansel: *Hitler Confronts*, S. 331. [Geläufig war damals auch „das preußische Heer, die kaiserliche Marine und die nationalsozialistische Luftwaffe".]

3   Raeder: *Life*, S. 239 – 245; Dönitz: *Memoirs*, S. 310 – 314 [„10 Jahre und 20 Tage", S. 292ff.]. Eine kritische Besprechung der Literatur findet sich in Bird: *Guide*, S. 550ff.

4   Bis 1980 ist die Literatur bei Bird: *Guide*, S. 537 – 552, 589 – 595, zusammengefasst; jüngste Ergänzungen finden sich bei Thomas: *German Navy* und Padfield: *Dönitz*. Die offizielle Erklärung des Bundesministers für Verteidigung hinsichtlich des Begräbnisses von Dönitz ist im Abschnitt „Forum" der Zeitschrift *Marineforum* (April 1981), S. 116 – 118, wiedergegeben.

5   Vause: *Ace*, S. 7, 123 – 126 [„Der U-Bootkommandant Wolfgang Lüth", S. 12, 128 – 131].

6   Hoyt: *U-boats*, S. 51 – 55. Hoyts Beobachtung beruht auf einer Besprechung der Vernehmungsberichte der US-Marine in Op-16-Z Files der ONI, RG 38, NA. Aufschlussreich in seiner Voreingenommenheit ist ein britischer Vernehmungsbericht des Ersten Weltkrieges, der einen gefangen genommenen U-Bootoffizier so charakterisiert: „Ein typischer Hunne der Mittelschicht ... brutal zur Besatzung ... und beleidigend, als er vernommen wurde." (Britischer Naval Staff, Intelligence Division „*U.C. 65*: Interrogation of Survivors", November 1917, ONI Subject Files 1911 – 1927, RG 45, NA.)

7   Produktion der Polygram Video International „Battlefield: The Battle of the Atlantic" (PBS-Fernsehsendung, Juli 1996).

7a   §26 des Wehrgesetzes vom 21. Mai 1935 lautete:
     „(1) Die Soldaten dürfen sich politisch nicht betätigen. Die Zugehörigkeit zur NSDAP oder einer ihrer Gliederungen oder zu einem der ihr angeschlossenen Verbände ruht für die Dauer des aktiven Wehrdienstes.
     (2) Für die Soldaten ruht das Recht zum Wählen oder zur Teilnahme an Abstimmungen im Reich.
     (3)..." (Rolf Güth: *Die Marine des Deutschen Reiches 1919 – 1939*, Bernard & Graefe, Frankfurt a.M. 1972, S. 173.)
     Zum Verständnis des Textes möge sich der Leser daran erinnern, dass im Juni/Juli 1933 das Verbot der SPD (22. Juni) erging, die Selbstauflösung aller anderen noch bestehenden Parteien erfolgte und schließlich am 14. Juli das „Gesetz gegen die Neubildung von Parteien" erlassen wurde. Damit existierte nur noch die NSDAP als einzige Partei. (Vgl. *Der kleine PLOETZ*, 37. Auflage, Herder-Verlag, Freiburg i.Br. 1999, S. 283.)

8   NSDAP Master File *Ortsgruppenkartei* (geografisches Verzeichnis), Berlin Document Center (BDC) Accessioned Microfilm A3340, Serie MFOK, Rolle X027, NA; Topp *Fackeln*, S. 21, 181ff. Hinsichtlich einer Beurteilung von Topps Autobiografie siehe Hadley: *Count Not*, S. 181 – 184.

9   Keiner dieser Namen erscheint im umfassendsten Verzeichnis für die NSDAP-Mitgliedschaft, der *Ortsgruppenkartei*, BDC Assessioned Microfilm A3340, Serie MFOK, Rollen M008 und T031. Siehe Schepkes Erinnerungen *U-Bootfahrer von heute* (bes. S. 22) und die Erörterung bei Hadley: *Count Not*, S. 84/85.

10   Der dokumentarische Nachweis von Priens Mitgliedschaft in der Partei befindet sich bei den NSDAP-Anträgen auf BDC Accessioned Microfilm A3340-NSDAP-A, Rolle 082; siehe *Mein Weg*, S. 96.

11   Die Literatur auf diesem Gebiet ist umfangreich und noch zunehmend. Zusätzlich zu den bereits zitierten Werken von Mühlberger und Brustein sind als bedeutendste Sekundärwerke zu nennen Jürgen Falter: *Hitlers Wähler*, Verlag C.H.Beck, München 1991; Richard F. Hamilton: *Who Voted for Hitler?*, Princeton University Press, Princeton/N.J. 1982; Thomas Childers: *The Nazi Voter: The Social Foundations of Fascism in Germany, 1919-1933*, University of North Carolina Press, Chapel Hill 1983; und Michael Kater: *The Nazi Party: A Social Profile of Members and Leaders, 1919-1945*, Harvard University Press, Cambridge/Mass. 1983.

12   Vgl. Mühlberger: *Hitler's Followers*, S. 14 – 17, 44 – 49, 94 – 96, 203 – 209, und Brustein: *Logic*, S. 149 – 159, 179/180.

13   Beispiele hierfür sind der Funkgefreite Werner Heß von *U 530* (ObltzS. Otto Wermuth), zitiert bei Middlebrook: *Convoy*, S. 61, und der glücklose Mechanikerobergefreite Werner Drechsler von *U 118*, erörtert im 9. Kapitel.

13a A.d.L.: Im Unterschied zu den anderen Teilstreitkräften gab es bei der Waffen-SS keine Offiziere und Unteroffiziere sondern nur Führer und Unterführer; wobei die Anrede „Herr..." entfiel. Tatsächlich war nur ein äußerst geringer Prozentsatz Mitglied der Partei, was die obige Aussage relativiert. Die Soldaten und *Führer* der Waffen-SS verband weniger die Liebe zu einer Ideologie als ein ausgesprochener Korpsgeist, wie er für Eliteverbände weltweit kennzeichnend war und ist. Bezüglich der ideologischen Ausrichtung äußerte sich der damalige Bundeskanzler Adenauer, indem der die Angehörigen der Waffen-SS als „Soldaten wie andere auch" bezeichnete.

Gemeinsam waren Waffen-SS und U-Bootwaffe außer ihrem ausgeprägten Korpsgeist auch die hohen Verluste: Die Waffen-SS liegt prozentual an zweiter Stelle hinter den U-Bootbesatzungen. Bei einer Verlustziffer von rund 300.000 Mann fiel jeder zweite Angehörige der Waffen-SS.

13b A.d.L.: Bezüglich der geografischen Herkunft sollte – außer dem zahlenmäßigen Verhältnis von 50.000 zu rund 600.000, das einen direkten Vergleich relativiert – auch die Tatsache berücksichtigt werden, dass die Waffen-SS einige Gebirgs- und Kavalleriedivisionen aufstellte, die sich vorwiegend aus Süd- bzw. Volksdeutschen rekrutierten. Im Unterschied zur U-Bootwaffe war die Waffen-SS nur bis ca. 1941 eine reine Freiwilligentruppe; die hohen Verluste zogen bald die Rekrutierung von Wehrpflichtigen nach sich. Zudem stach die Waffen-SS in der zweiten Hälfte des Krieges durch eine zunehmende Internationalisierung, also durch ein steigendes Kontingent ausländischer, nichtdeutscher Freiwilligen hervor.

Es gibt noch einen wesentlichen strukturellen Unterschied zur U-Bootwaffe sowie zu den übrigen Wehrmachtsteilen: Bei der Waffen-SS stand jedem Soldaten, gleich welcher Herkunft, Nationalität oder Vorbildung, die Führerlaufbahn – sprich: Offizierskarriere – offen. Neben militärischer Tüchtigkeit wurde in erster Linie auf Führungseigenschaften und Charakter Wert gelegt. Abitur oder mittlere Reife waren gewünschte aber nicht zwingende Voraussetzungen.

Näheres in der umfassenden Dokumentation von Richard Schulze-Kossens: *Militärischer Führernachwuchs der Waffen-SS. Die Junkerschulen*. 3. Auflage, Coburg 1999. Bes. S. 16ff., S. 67ff., S. 70f., S. 76f.

14 Hitler: *Mein Kampf*, S. 273/274.

15 Raeder: *Life*, S. 142 [„Mein Leben", Bd 1: S. 240].

15a 1919/20 hieß es: „Hakenkreuz am Stahlhelm, schwarz-weiß-rotes Band, die Brigade Ehrhardt werden wir genannt."

16 Siehe Höhne: *Canaris*, bes. S. 54ff.

17 Die eingehendste Behandlung der Marine-Freikorps findet sich bei Bird: *Weimar*, S. 44 – 83; siehe auch Dülffer: *Weimar*, S. 59/60; Rahn: *Reichsmarine*, S. 29 – 33; und Robert G.L. Waite: *Vanguard of Nazism: The Free Corps Movement in Postwar Germany, 1918-1923*, W.W. Norton & Co., New York 1969, S. 38, 149 – 151. Die Information über Kukat erscheint in Dönitz: *Wechselvolles Leben*, S. 127; die über Zapf in Merten: *Nach Kompaß*, S. 55. Hinsichtlich einer anderen Aussage zur Brigade Ehrhardt siehe Ruschenbuch: „Reaktionäre Offiziere", S. 252 – 254.

18 Dülffer: *Weimar*, S. 47 – 52.

19 Hadley: *Count Not*, S. 72; Valentiners Karteikarte für die Parteizugehörigkeit befindet sich im NSDAP Master File *Ortsgruppenkartei*, BDC Accessioned Microfilm A3340, Serie MFOK, Rolle X059.

19a Martin Niemöller, der ehemalige ObltzS., spätere hessische Kirchenpräsident (ab 1947) und Mitbegründer der Evangelischen Kirche in Deutschland (EKD), war 1920 während seines Theologie-Studiums in Münster/Westf. Kommandeur des III. Bataillons im Freikorps „Regiment Akademische Wehr". Das weitgehend aus ehemaligen Frontsoldaten bestehende Bataillon, darunter ein Großteil seiner alten Besatzung von *UC 67*, kämpfte neben der Brigade v. Loewenfeld im Ruhrgebiet gegen die „Rote Armee". Vgl. Niemöller: *Vom U-Boot zur Kanzel*, S. 173ff.

20 Hintergrundinformationen über Steinbrincks Karriere finden sich in den veröffentlichten Protokollen des Tribunals wegen Kriegsverbrechens: USA gegen Friedrich Flick u.a. in *Trials of War Criminals Before the Nuernberg Military Tribunals Under*

Control Council Law No. 10, Government Printing Office, Washington/DC 1950, Bd. 6: S. 202 – 204, 226 – 229, 342 – 360; Niemöllers eidliche Erklärung zugunsten Steinbrincks ist wiedergegeben in aaO. S. 340/41. Zu Niemöller siehe Victoria Barnett: *For the Soul of the People: Protestant Protest against Hitler*, Oxford University Press, New York 1992, passim.

21 Bird: *Weimar*, S. 286 – 289.
22 Rust: *Crew 34*, S. 32/33.
23 Merten: *Nach Kompaß*, S. 110 – 113.
24 Bird: *Weimar*, S. 261 – 269, 278 – 283.
25 Zur Gleichschaltung und dem Heer siehe Messerschmidt: *Wehrmacht*, S. 48ff.; Müller: *Heer und Hitler*, S. 82ff.; und O'Neill: *Army*, S. 19ff.
26 Messerschmidt: *Wehrmacht*, S. 45/46; Müller: *Heer und Hitler*, S. 82 (Anmerkung); und Raeder: *Life*, S.263/264, S. 416/417; hinsichtlich der Reaktion des Heeres siehe O'Neill: *Army*, S. 63/64, 114/115.
27 Thomas: *German Navy*, S. 154, und Rust: *Crew 34*, S. 58/59; bezüglich eines Beispieles für das Nichtbefolgen des Tanzverbots siehe Mulligan: *Lone Wolf*, S. 18, 29.
28 Album der Crew 35 von ihrer Weltreise an Bord der EMDEN, Eintrag während eines Besuchs in Baltimore im April 1936, zitiert bei Bercuson/Herwig: *Deadly Seas*, S. 45.
29 Siehe Raeder: *Life*, S. 264; Dönitz: *Vierzig Fragen*, S. 35; Merten: *Nach Kompaß*, S. 161; und Rust: *Crew 34*, S. 72.
30 Thomas: *German Navy*, S. 157 – 159; Raeder: *Life*, S. 256 – 263.
31 Eine sehr ausführliche Darstellung gibt Irving: *War Path*, S. 212 – 214.
31a Gemeint ist die Denkschrift „Beurteilung der Lage Deutschland – Tschechei" vom Juli 1938, erstellt von FKpt. Hellmuth Heye, der auch die unten erwähnte England-Denkschrift vom Oktober 1938 entwarf, die zum Z-Plan führte. Vgl. Salewski: *Seekriegsleitung*, Bd. 1: S. 44/45.
32 Baum: „Marine", S. 22 – 25; Dülffer: *Marine*, S. 471ff.; Salewski: *Seekriegsleitung*, Bd. 1: S. 51ff., und Bd. 3: S. 27 – 63. [In der Übersetzung ist nicht der Bauplan der Denkschrift aus Bd. 3: S. 63 sondern der endgültige Z-Plan aus Witthöft: *Marine-Lexikon*, Bd. 2: S. 161, wiedergegeben.]
33 Diese Forschung wird bei Messerschmidt: „German Military Effectiveness", S. 233 – 235, zusammengefasst. Zur gegenteiligen Ansicht, welche die improvisierte und oft im Widerspruch stehende Art von Entwurf und Bau von Kriegsschiffen ausführlich behandelt, siehe Treue/Möller/Rahn: *Marinerüstung*, S. 41ff.
34 Stöckel: „Entwicklung", S. 94ff. (bes. S. 106 – 109) und Anlage 7.
35 Sorge: *Marineoffizier*, bes. S. 7 – 9, 16 – 18, 37, 56, 61, 64, 72, 76, 97, 142/143; zur übertriebenen Auffassung hinsichtlich der Akzeptanz der NS-Ideologie in Sorges Werk siehe Thomas: *German Navy*, S. 150 – 152.
36 Vause: *Ace*, S. 123 – 125 [„Der U-Bootkommandant Wolfgang Lüth", S. 128/129]; Merten: *Nach Kompaß*, S. 155.
37 Rust: *Crew 34*, S. 58.
38 Ebenda S. 54.
39 Op-16-Z Spot Item No. 286 „Morale of Officers in the U-boat Arm, December 1943", 14. Juni 1944, Op-16-Z Subject Files, RG 38, NA.
40 Zum Wechsel im Kommando (einschl. Raeders Abschiedsrede) siehe Salewski: „Raeder zu Dönitz", bes. S. 129/130, 139 – 145, und vom selben Verfasser: *Seekriegsleitung*, Bd. 2: S. 218 – 224.
41 Kelley: *Twenty-tow Cells*, S. 99.
42 Dönitz Antrittsrede vom 5. Februar 1943, zitiert bei Salewski: „Raeder zu Dönitz", S. 146.
43 So z.B. Thomas: *German Navy*, S. 230/231.

44 Dönitz' Aufzeichnung erfolgte nach Gesprächen mit Hitler am 9. und 11. August 1943, zitiert in *Fuehrer Conferences*, S. 360 [Wagner: *Lagevorträge*, S. 538].

45 Dönitz: „Schlußansprache auf der Tagung für Befehlshaber der Kriegsmarine in Weimar am Freitag, dem 17. Dezember 1943", Dokument 443-D, veröffentlicht in *TMWC*, 25/S. 105 – 116 (Zitat auf S. 106).

46 Dönitz' Karteikarte über seine Mitgliedschaft befindet sich in der geografisch gegliederten *Ortsgruppenkartei* der NSDAP, BDC Accessioned Microfilm A3340, Serien MFOK, Rolle D032, fr. 2932.

47 Speer: *Spandau*, S. 369.

48 „Erlaß gegen die Kritiksucht und Meckerei" vom 9. September 1943, wiedergegeben bei Salewski: *Seekriegsleitung*, Bd. 2: S. 638/639.

49 Messerschmidt: *Wehrmacht*, S. 475 – 477; Messerschmidt bemerkt korrekt an, dass die von der Marine zugesicherte Loyalität viele Aufgaben dieses Stabes unnötig machte.

50 Zitiert in Rust: *Crew 34*, S. 57.

51 Kommentar von Werner Hirschmann zum Vortrag von Topp: „Manning and Training the U-boat Fleet", Begleitbrief vom 13. Dezember 1995 an den Verfasser.

52 So z.B. Hoyt: *U-boats*, S. 54, und Van der Vat: *Atlantic*, S. 175 (beide Bücher wurden 1987 bzw. 1988 veröffentlicht).

53 Zitiert bei Padfield: *Dönitz*, S. 349 – 351 [„Dönitz: Des Teufels Admiral", S. 406 – 408].

54 Siehe Rohwer: *Versenkung*, S. 45 – 56. Rohwers Untersuchung der Beweise hinsichtlich der Versenkung der beiden Transportschiffe im Februar 1942 und August 1944 führt zur Schlussfolgerung, dass für die beiden Kampfhandlungen in diesen Gewässern operierende sowjetische Unterseeboote verantwortlich waren.

55 Schmoeckels eigener Bericht findet sich bei Steinhoff u.a.: *Voices*, S. 55/56, 181/182; siehe auch Busch/Röll: *U-Bootkommandanten*, S. 211.

56 Rust: *Crew 34*, S. 28.

57 Ebenda S. 125.

58 Verhör von Josef Fellinger (*U 515*), 9. Mai 1944, in den alphabetischen POW 201 Files, War Department G-2 Division (MIS-Y Branch), RG 165, NA.

59 Gespräch im Abhörraum zwischen drei Überlebenden von *U 569*, 19. Juni 1943, Auszug aus Information No. 390, Interrogation Reports: German, unter dem allgemeinen Verhör- und nachrichtendienstlichen Material der G-2 Division (MIS-Y Branch) RG 165, NA.

60 Die Himmler-Rede vom 4. Oktober 1943 in Posen wird wiedergegeben als Dokument 1919-PS, *TMWC*, 29/S. 110 – 173; zur Anwesenheit von Dönitz bei dieser Rede siehe Padfield: *Dönitz*, S. 322 – 326 [„Dönitz: Des Teufels Admiral", S. 373 – 377].

61 „Wortlaut der Rede des Reichsführer SS Heinrich Himmler auf der Tagung der Befehlshaber der Kriegsmarine in Weimar am 16.12.1943", T175/91/2613339ff.

62 Mulligan: *Lone Wolf*, S. 158/159, 169/170; Suhren/Brustat-Naval: *Nasses Eichenlaub*, S. 123/124. Einer der Anwesenden war Leutnant Max v. Arnim, ein Heeresoffizier, der später an der Verschwörung vom Juli 1944 beteiligt war, siehe Graf v. Nayhauss: *Zwischen Gehorsam und Gewissen*, S. 253/254.

63 Suhren/Brustat-Naval: *Nasses Eichenlaub*, S. 123/124, 153ff.; Rohwer: *Axis Submarine*, S. 69, 89, 91, 105, 109/110, 132, 162; und Gericke: *Inhaber*, S. 195. Uphoff fiel im August 1943, als *U 84* versenkt wurde: siehe Busch/Röll: *U-Boot-Kommandanten*, S. 246.

64 ONI-Schlussvernehmung der Überlebenden von *U 801*, Op-16-Z, Interrogations, rg 38, NA; Busch/Röll: *U-Boot-Kommandanten*, S. 36.

65   ONI-Vernehmungsbericht von *U 1059*, Op-16-Z Interrogation Reports und Schreiben von Lt. V.R. Taylor an Cmdr. John L. Riheldaffer, 6. Dezember 1944, Op-16-Z Subject File „Taylor VLR (Ltr.)", RG 38, NA.

66   Abels Karteikarte über die Mitgliedschaft in der Partei (Nr. 996.997) befindet sich in der geografisch gegliederten *Ortsgruppenkartei* der NSDAP, BDC Accessioned Microfilm A3340, Serien FOK, Rolle A001; zusätzliche biografische Daten finden sich bei Walle: *Tragödie*, S. 44/45.

67   Siehe 9. Kapitel.

68   Das beste Werk über dieses Thema einschl. einer umfangreichen Dokumentation bis zur Gegenwart ist das von Walle: *Tragödie*, bes. S. 89ff. Walle veröffentlichte eine Zusammenfassung seiner Nachforschungen in englischer Sprache unter dem Titel „Individual Lloyalty and Restistance in the German Military: The case of Sub-Lieutenant Oskar Kusch" in Nicosia/Stokes (Hrsg.): *Germans*, S. 323 – 350. Hinsichtlich einer früheren und gegenteiligen Interpretation siehe Karl Peter: „Der Fall des Oberleutnants zur See Kusch" (unveröffentlichtes Manuskript im U-Boot-Archiv, Cuxhaven-Altenbruch).

68a   Vgl. auch Dr. Heinrich Walle: „Der Fall Kusch. Eine bleibende Mahnung an die Offiziere der Marine" in *Marine-Forum*, Nr. 7/8 – 1992, S. 234ff.

69   Speer: *Spandau*, S. 369.

70   Baum: „Marine", S. 24ff.; Hoffmann: *Resistance*, S. 344/345, 392.

70a   Bei den drei Stabsoffizieren, die zur Seekriegsleitung gehörten, handelte es sich um
      – Marine-Oberstabsrichter Berthold v. Stauffenberg aus dem Völkerrechtsreferat der Skl,
      – KKpt. Alfred Kranzfelder und
      – KKpt.z.V. Dr. Sydney Jessen von der Nachrichten-Abt. der Skl.
      Die beiden Ersteren wurden nach dem Scheitern des Attentats vom 20. Juli vom Volksgerichtshof zum Tode verurteilt und hingerichtet. Im Übrigen siehe auch Geffers: „Marine ohne Widerstand?" in *Marine-Forum* 1990 (Nr.12), S. 422ff.

71   Höhne: *Canaris*, S. 582.

72   Zu den Veränderungen im Offizierskorps siehe Förster: *Dynamics*, S. 207/208; Müller-Hillebrand: *Heer*, Bd. 3: 255, 264; und Kroener: „Auf dem Weg", S. 679 – 681. Zu den Regimentszugehörigkeiten der Verschwörer siehe Graf v. Nayhauss: *Zwischen Gehorsam und Gewissen*, passim.

72a   Siehe hierzu z.B. den „Verrat" des preußischen Generals Yorck v. Wartenburg. Yorck, Befehlshaber des preußischen Armeekorps in der „Großen Armee" Napoleons I., wechselte gegen den erklärten Willen seines Königs, Friedrich Wilhelm III., die Fronten und schloss mit dem bisherigen russischen Gegner am 30.12.1812 ein Neutralitätsabkommen ab: die Konvention von Tauroggen (eine kleine Stadt in Litauen). Yorcks Handeln führte im Februar 1813 zum preußisch-russischen Bündnis gegen den französischen Kaiser.

73   Siehe bes. Salewski: „Selbstverständnis", S. 65ff.

74   Siehe Hoffmann: *Resistance*, S. 264 – 269, 324/325.

75   Zum Generalstabsvergleich siehe die Aufsätze von Salweski: „Das Offizierkorps", bes. S. 219 – 221, und Absolon: „Offizierkorps", Bes. S. 254 – 256, beide in Hoffmann (Hrsg.): *Offizierkorps*.

12. Kapitel: Das Ende

1   Siehe Schaeffer: *U-boat 977*, S. 144ff. [„*U 977*", S. 217ff.] hinsichtlich des Berichtes von dieser Fahrt. Zur Geschichte eines U-Bootes [*U 234*], das bei Kriegsende kapitulierte, und zu den späteren Erfahrungen seiner Besatzung siehe Hirschfeld: *Das letzte Boot*, S. 7.

1a   Zur Geschichte des letzten Bootes – *U 234* (Kptlt. Johann Heinrich Fehler) – siehe auch das kürzlich erschienene neue Buch von Joseph M. Scalia: *Germany's Last Mission to Japan: The Failed Voyage of U 234*, das demnächst (2002) im Motorbuch Verlag Stuttgart in deutscher Übersetzung vorliegen wird.

2   Siehe „The Scuttled U-boats Case" in *Law Reports of Trials of War Criminals"*, S. 55 – 70, und *Madsen* Royal Navy and German Naval Disarmament, S. 180/181.

3   Siehe Giese/Wise: *Shooting the War*, S. 232ff., und Stevens: *U-boat Far from Home*, S. 202 – 216. [Siehe hierzu ferner Vause: *Der U-Bootkommandant Wolfgang Lüth*, S. 202/203, zum Schicksal von Lüths ehemaligem *U 181* und seiner Besatzung, das unter FKpt./KptzS. Kurt Freiwald die Kapitulation in Singapur erlebte.]

4   Busch/Röll: *U-Boot-Kommandanten*, S.79/80, 285 (Anmerkung).

5   Gannon: *Operation Drumbeat*, S. 22/23, 408/409 [„Operation Paukenschlag", S. 41/42, 425]; Cremer/Brustat-Naval: *U-boat Commander*, S. 199/200 [„Ali Cremer: *U 333*", S. 255]. Dieser Infanterie-Einsatz mag Cremer zugute gekommen sein, als ein sympathischer britischer Marineoffizier kurze Zeit nach der Kapitulation seine Entlassung aus der Gefangenschaft arrangierte (Cremer/Brustat-Naval, ebenda, S. 268/269).

6   Der Stärkenachweis der Garnison listete am 31. Oktober 1944 insgesamt 780 Angehörige des ehemaligen U-Bootstützpunktes Lorient als Verteidiger auf; siehe Fahrmbacher/Matthiae: *Lorient. Entstehung und Verteidigung*, S. 36 – 39, 101.

7   Dies war die Erfahrung des Maschinenobergefreiten Heinrich Goral, Fragebogen Nr. 1228.

8   Vause: *U-boat Ace*, S. 197, 201 – 208 [„Der U-Bootkommandant Wolfgang Lüth", S. 195f., 197 – 202].

9   Nach Mallmann Showell: *U-boats*, S. 15, hatte GenAdm. v. Friedeburg seiner Frau gesagt, dass er sich eher das Leben nehmen würde, als sich den Demütigungen als Gefangener der Alliierten auszusetzen.

10   Ein Bericht von Steinhoffs Tod findet sich bei Högel: *Embleme*, S. 258/259. Die zu seinem Tod führenden Umstände bleiben unklar, aber einige Informationen sind in „Irregularities Connected with the Handling of Surrendered German Submarines and Prisoners of War at the Navy Yard, Portsmouth, NH", 19. Juni 1945, zusammengefasst: File A16-2(3)/EF30, 1945, ehemals geheime SecNav/CNO Correspondence Files, General Records of the Department of the Navy, RG 80, NA.

11   Der Fall Drechsler wird im 9. Kapitel erörtert; die Hinrichtung wird in Whittingham: *Martial Justice*, S. 7ff., 257 – 281, beschrieben.

12   Die beste Zusammenfassung des Falls Eck findet sich bei Messimer „Heinz-Wilhelm Eck", S. 138ff.; der Bericht über das Kriegsgerichtsverfahren ist in Cameron (Hrsg.) *PELEUS Trial*, passim, verarbeitet. Siehe auch Herlin: *Verdammter Atlantik*, S. 217ff.

13   Herzog: *U-Boote im Einsatz*, S. 254.

14   Eine sorgfältige Auflistung der einzelnen U-Boote nach Örtlichkeit und Verteilung im Mai/Juni 1945 ergibt sich aus Rohwer/Hümmelchen: *Chronology*, S. 353 – 355, 357; ausführlich behandelt wird „Deadlight" in „Where Are They Now? Operation Deadlight", S. 43 – 49. Zur allgemeinen Handlungsweise der Royal Navy hinsichtlich der Demontage der deutschen Marine 1945 – 1947 siehe die kürzlich erschienene Studie von Madsen: *Royal Navy and German Naval Disarmament"*, passim.

15   Zur Geschichte und Erhaltung dieser Unterseeboote siehe Wetzel: *U 995*; Gallery: *U 505*; und Wetzel: *U 2540*. Zweifellos wird ein ähnliches Werk über *U 534* in Kürze erscheinen.

16   Angaben von Carl Möller aus dem Fragebogen Nr. 2701; der Korrespondenz des Verfassers mit Möller, 11. November 1987, sowie Interviews in Hamburg, 30. August 1989, und in Steinhude am Steinhuder Meer, 26. Mai 1991. Zusätzliche Informationen über Möllers Dienstzeit finden sich in der Anm. 4 zum 7. Kapitel.

17   Werner: *Iron Coffins*, S. 340 – 356 [„Die eisernen Särge“, S. 374 – 395]; Just: *See-flieger zum U-Boot-Fahrer*, S. 218 – 220; und Engelhardt: „Vom U-Boot in die französische Gefangenschaft“, S. 24 – 26. [Vause: *Der U-Bootkommandant Wolfgang Lüth*, S. 205.] Zu den allgemeinen Bedingungen und zur Sterblichkeit der deutschen Gefangenen in Frankreich 1945 – 1948 siehe Günter Bischof/Stefan E. Ambrose (Hrsg.): *Eisenhower and the German POWs: Facts against Falsehood*, Louisiana State University Press, Baton Rouge 1992, S. 149 – 152.

18   Beispiele der Aufteilung nach dem Eintreffen in Belgien beschreibt Moore: *Faustball Tunnel*, S. 236 – 238. Zur Unterstützung eines Funkers durch einen U-Bootarzt, um als „untauglich“ erklärt zu werden, und der auf diese Weise im Juni 1946 nach Hause gelangte, siehe Hirschfeld: *Das letzte Boot*, S. 233ff. Die Erfahrungen von *U 515* stammen aus Interviews mit Rolf Taubert und Frau Ursula Eckert, Clausthal-Zellerfeld, 11. Mai 1994.

19   Guske: *War Diaries*, S. 158ff. und Entlassungspapiere; Guskes Fragebogen Nr. 5418. [Hinsichtlich Petersen und Oesten siehe Vause: *Der U-Bootkommandant Wolfgang Lüth*, S. 204/205, und *Die Wölfe*, S. 194 – 207.]

20   Giese/Wise: *Shooting*, S. 252 – 254; Stevens: *U-boat Far from Home*, S. 215/216.

21   Robertson: *Golden Horseshoe*, S. 185 – 191 [„Der Wolf im Atlantik“, S. 354 – 363]; Busch/Röll: *U-Boot-Kommandanten*, S. 133, 242, 342/343; Stevens: *U-boat Far from Home*, S. 216.

22   Karschawin: *U 250*, S. 65.

23   Siehe die einschneidende Erörterung bei Smith: *Reaching Judgment*, S. 247 – 265.

24   Zu Dönitz' Spandauer Zeit siehe Speer: *Spandau*, bes. S. 88/89, 130 – 132, 203, 237 – 239, 243 – 245, 331/332.

25   Rössler: „U-boat Development and Building“, S. 135.

26   Spezielle Informationen bei Herzog: *60 Jahre deutsche U-Boote*, S. 297 – 300, und Alman: *Ritter*, S. 44/45; allgemeine Angaben aus dem Querschnitt (ein 18. U-Bootoffizier ging beim Bundesgrenzschutz See in den gehobenen Dienst). Topp beschreibt seine Wiedereinstellung in *Fackeln*, S. 201ff.; allgemeine Einstellung ehemaliger Offiziere wird erörtert bei Rust: *Crew 34*, S. 151 – 161. Einige wertvolle persönliche Einblicke zur Schaffung der Bundesmarine gewährt Peter: *Acht Glas!*, S. 144 – 152. [Weitere umfassende Informationen zur Organisation der Bundesmarine (einschl. Stellenbesetzung) von 1955 – 1983 bietet Hildebrand/Röhr/ Steinmetz: *Die deutschen Kriegsschiffe*, Bd. 7: S. 141 – 177.]

27   Rust: *Crew 34*, S. 154/155.

28   Gesammelte Angaben aus den Fragebögen der Offiziere des Querschnitts.

29   Interview mit Peter Petersen, Chicago, 10. Juni 1997.

30   Weinrichs Angaben im Fragebogen Nr. 2737 des Querschnitts.

31   Angaben aus dem Querschnitt zusammengetragen; siehe Tabelle 14 für den Vergleich mit den Berufen ihrer Väter. Unter Verwendung derselben in dieser Tabelle definierten Kategorien ergab sich: 220 Befragte des Querschnitts (23,5%) begannen in der Nachkriegszeit einen Werdegang in der Arbeiterklasse, 653 Befragte (70%) hatten Berufe des Mittelstandes und 52 Befragte (5,5%) stiegen in Berufe der Oberschicht auf (12 Befragte lieferten keine oder nur unzureichende Angaben). Die soziale Schichtung in der Bundesrepublik erwies sich jedoch als weniger starr als die der 30er-Jahre, insbesondere mit höheren Einkommensmöglichkeiten für besondere Facharbeitergruppen. Präzise Abgrenzungen der Arbeiterklasse gegenüber dem Mittelstand sind daher im Zusammenhang mit der Nachkriegszeit nicht möglich.

32   Die Informationen über Wiedersehentreffen stammen aus den regelmäßigen Ankündigungen der Zeitschrift *Schaltung Küste*, Ausgabe September/Oktober 1995, S. 22 – 32 (dem Organ des Verbandes Deutscher U-Bootfahrer e.V.). Die Liste der vorhergehenden jährlichen Zusammenkünfte umfasste 42 Treffen, mit dem frühesten im Jah-

re 1971. Acht Treffen begannen 1979 sowie 16 im Zeitraum 1980 – 1985, während weitere acht jedoch erst 1991 oder später ihren Anfang nahmen.

33   Dönitz' Tod und Begräbnis sind beschrieben bei Padfield: *Dönitz*, S. 489/490 [„Dönitz: Des Teufels Admiral", S. 571/572]; zu Leserbriefen über die offizielle Reaktion einschl. der Mitteilung des Bundesministers der Verteidigung siehe *Marineforum*, 4/1981, S. 116 – 118. [Die Traueransprache von KAdm.a.D. Edward Wegener anlässlich der Beisetzung des Großadmirals am 6. Januar 1981 in der Bismarck-Gedächtniskirche in Aumühle siehe *Marine-Rundschau*, 1981, S. 1/2.]

34   Beschrieben in „Jahresbericht 1995" des Vorstandes der Stiftung U-Boot-Ehrenmal Möltenort in *Schaltung Küste*. Nr. 162 (März/April 1996), S. 14 – 16.

35   Die Kontroversen werden besprochen bei Salewski: *Von der Wirklichkeit*, passim, und Hadley: *Count Not*, S. 140ff.

Anhang 2: Personalstärke und Verluste der U-Bootwaffe

1   Die Zahl stammt aus dem U-Boot-Archiv (Brief von Horst Bredow an den Verfasser, 28. Februar 1990).

1a   Siehe hierzu oben Anm. 6a zum Vorwort (Seite 272).

2   Heinsius: „Verbleib", S. 84; Briefe an den Verfasser von der Zentralnachweisstelle des Bundesarchivs vom 5. August 1993 und von der Deutschen Dienststelle (WASt) vom 15. Dezember 1993. Besatzungslisten für einige U-Boote, bei Veteranen erhalten geblieben, wurden dem U-Boot-Archiv in Cuxhaven-Altenbruch übergeben.

3   Siehe *Guide No. 2*, passim. Die Angaben wurden dann bei Högel: *Embleme*, S. 282 – 284, tabellarisch erfasst.

4   Britische Admiralität, Naval Intelligence Division: „German U-boats from Which Prisoners Were Taken during Hostilities by Britisch and American Forces", ohne Datum, in ONI Op-16-Z Subject Files, RG 38, NA. Diese Quelle gibt die Zahl 5.009 Kriegsgefangene an, aber in Gefangenschaft starben eine Anzahl von ihnen oder wurden getötet; sie sind in der Liste der Toten enthalten. Einige Gefangene (gewöhnlich Schwerverwundete) wurden repatriiert [wie z.B. der damalige FdU Italien und KKpt. Victor Oehrn, der im Juli 1942 in Nordafrika schwer verwundet in britische Gefangenschaft geriet und im Herbst 1943 über Spanien repatriiert wurde. Siehe Vause: *Die Wölfe*, S. 118 – 134]. In diesem Bericht fehlen sechs U-Boot-Gefangene, die von sowjetischen Streitkräften von *U 250* geborgen wurden (Karschawin *Unterseeboot U 250*, S. 24).

5   Die sechs Boote waren *U 19*, *U 20*, *U 23* (alle selbst versenkt vor der türkischen Küste, September 1944), *U 760*, *U 966* (ständige Internierung der Besatzungen in Spanien, September bzw. November 1943) und *U 260* (Besatzung in Irland interniert, März 1945). Beschreibungen ihres Verlustes finden sich bei Kemp: *U-boats Destroyed*, S. 145, 157, 217, 237; eine weitere Dokumentation wurde zitiert in *Guide No. 2*, S. 27/28, 161, 176.

6   Vockel kam im März 1942 zur U-Bootwaffe, fuhr auf *U 198* und *U 969* als Wachoffizier und übernahm am 30. September 1944 das Kommando über *U 2336* vom Typ XXIII. Er starb genau sechs Monate später bei einem Luftangriff auf Hamburg und sein U-Boot wurde am 3. Januar 1946 als Teil der Operation „Deadlight" versenkt. Busch/Röll: *U-Boot-Kommandanten*, S. 247; Köhl/Rössler: *Original zum Modell: U-Boottyp XXIII*, S. 45.

7   Zusammengestellt aus den Schilderungen in den KTB's der U-Boote siehe *Guide No. 2*, passim.

8   Der Austausch von Funksprüchen vom 6. – 8. September 1944 findet sich in den Sammlungen abgehörter und entzifferter Funksprüche: SRGN Nrn. 39171/39172,

39273/39274, RG 457, NA; Angaben über Kals und Winter in Busch/Röll: *U-Boot-Kommandanten*, S. 118, 256.

9   Zu diesen Gefangenen gehörten der Flottillenchef und ehemalige Kommandant von *U 596*, KKpt. Gunter Jahn, sowie Kptlt. Josef Röther, einer seiner Offiziere aus dem Stab und ehemalige Kommandant von *U 380*. Busch/Röll: *U-Boot-Kommandanten*, S. 112/113, 195.

10   Combined Intelligence Objectives Subkommittee (CIOS) Report, No. 28 – 49: „German Military Neuropsychiatry and Neurosurgery", ca. Mai 1945, S. 87/88; frühere Sicherheitsklassifizierung „P" der nachrichtendienstlichen G-2-Berichtsammlung, Publications Files 1946 – 1951, RG 319, NA.

11   Siehe Wells: *Courage and Air Warfare*, bes. S. 70 – 73.

12   Vgl. hierzu Busch: *So war der U-Bootkrieg*, S. 335.

13   Dönitz' Zeugenaussage, *TMWC*, 13/S. 295. Die erste Zahl wird zitiert von Mason: *Secret Menace*, S. 154, Hughes/Costello: *Battle*, S. 303 [„Atlantikschlacht", S. 451], und Van der Vat: *Atlantic*, S. 382; die höhere Zahl findet sich bei Rahn: „Grundzüge", S. 66 – obwohl keine Quellen oder Erläuterungen genannt werden, woraus sich diese Zahlen ableiten.

14   Busch: *So war der U-Bootkrieg*, S. 316.

15   Brief von Horst Bredow an den Verfasser, 28. Februar 1990.

16   Dönitz: *Memoirs*, S. 370 [„10 Jahre und 20 Tage", S. 362].

16a Die Kleinkampfverbände unter VAdm. Heye umfaßten Klein-U-Boote, bemannte Torpedos, Sprengboote und Kampfschwimmer. Zur Vertiefung siehe hierzu auch Paul Kemp: *Bemannte Torpedos und Klein-U-Boote im Einsatz 1939 – 1945* sowie allgemein zu den Kleinkampfverbänden Mike Whitley: *Deutsche Seestreitkräfte 1939 – 1945: Einsatz im Küstenvorfeld*, S. 119 – 134, beide im Motorbuch Verlag, Stuttgart 1999 bzw. 1995. Zu den deutschen Kampftauchern, die im Mittelmeer zusammen mit den Italienern operierten siehe Manfred Lau: *Schiffssterben vor Algier. Kampfschwimmer, Torpedoreiter und Marine-Einsatzkommandos im Mittelmeer 1942 – 1945*. Motorbuch Verlag, Stuttgart 2001. Einen guten Einblick gewährt das leider vergriffene Werk von Cajus Bekker: *Einzelkämpfer auf See. Die deutschen Torpedoreiter, Froschmänner und Sprengbootpiloten im Zweiten Weltkrieg*. Gerhard Stalling Verlag, Oldenburg/Hamburg 1968.

17   FKpt. Wolfgang Steinort: „Die Ausbildung in der U-Bootwaffe im 2. Weltkrieg", eine Studie vom 5. September 1979, vorgelegt dem Arbeitskreis Reserveoffiziere der Marine, Hamburg (Kopie freundlicherweise vom U-Boot-Archiv Cuxhaven-Altenbruch).

18   BdU „Personalbestand im B.d.U.-Bereich am 1.7.1942" (Anlage 52 zu „Organisation, Stellenbesetzung und Personalstand im B.d.U.-Bereich am 1.7.42"), T1022/4038/PG 31794.

19   Siehe Lakowski: *U-Boote*, S. 344, unter Benutzung von (nicht zitierten) Quellen aus dem ehemaligen DDR-Archiv.

20   Siehe Müller-Hillebrand: *Heer*, Bd. 3: S. 251, 266.

21   Zahl aus Deutsche Dienststelle (WASt) „Vorgezogener Arbeitsbericht 1989/1990", S. 44.

Ausgewählte Bibliografie[*]

Bibliografien, Findbücher und Findhilfen

Bird, Keith W.: *A Guide to the Literature*, Garland Publishing, New York 1985.

Burdick, Charles: „The Tambach Archive: A Research Note", *Military Affairs* 36, Nr. 4 (Dezember 1972), S. 124 – 126.

Deutsche Dienststelle für die Benachrichtigung der nächsten Angehörigen von Gefallenen der ehemaligen deutschen Wehrmacht (WASt): *Vorgezogener Arbeitsbericht 1989/1990.*

Granier, Gerhard, Josef Henke und Klaus Oldenhage: *Das Bundesarchiv und seine Bestände*, 3. Auflage, Harald Boldt, Boppard/Rhein 1977.

Heinsius, Paul: „Der Verbleib des Aktenmaterials der deutschen Kriegsmarine: Das ehemalige Marinearchiv, Marinegerichtsakten und Personalakten, Krankenakten sowie Druckschriften und Bibliotheken", *Der Archivar* 8, Nr. 2 (April 1958), S. 75 – 86.

National Archives and Records Administration: *Guides to the Microfilmed Records of the German Navy, 1850-1945*, Nr. 1: *U-boats and T-boats 1914-1918*, National Archives and Records Administration Service, Washington/D.C. 1984.

– : *Guides to the Microfilmed Records of the German Navy, 1850-1945*, Nr. 2: *Records Relating to U-boat Warfare, 1939-1945*, National Archives and Records Administration Service, Washington/D.C. 1985.

– : *Guides to the Microfilmed Records of the German Navy, 1850-1945*, Nr. 3: *Records of the German Naval High Command, 1935-1945*, National Archives and Administration Service, Washington/D.C. 1998.

Salewski, Michael: „Das Kriegstagebuch der deutschen Seekriegsleitung im Zweiten Weltkrieg", *Marine-Rundschau* 64, Nr. 3 (Juni 1967), S. 137 – 145.

Wolfe, Robert (Hrsg.): *Captured German and Related Records: A National Archives Conference*, Ohio University Press, Athens/Ohio 1974.

Unveröffentlichte Primärquellen

National Archives, College Park, Md.

Record Group 242: National Archives Collection of Seized Enemy Records, 1942-. Microfilm Publication T1022 *Records of the German Navy, 1850-1945*: Kriegstagebücher der 1/Skl (Teile A, B, C), des BdU und verschiedener U-Boote, sämtlich aus der Zeit 1939 – 1945; ausgewählte Dokumente der Admiralstabs-Akten über die U-Bootkriegsführung 1917/18; Marineleitung (AU-Files) 1927, 2/Skl BdU op 1942/43; und Kriegswissenschaftliche Abteilung 1944. Microfilm Publication T175 *Records of the Reichsführer-SS and Chief of the German Police*: Persönlicher Stab Reichsführer SS 1943/44. *Berlin Document Center Accessioned Microfilm A3340 NSDAP-MFOK* (Ortsgruppenkartei, geografisches Register) und NSDAP-Anträge: Aufzeichnungen über verschiedene NSDAP-Mitglieder.

Record Group 38: Records of the Office of the Chief of Naval Operations, Office of Naval Intelligence, Special Activities Branch(Op-16-Z). Administrative correspondence, interrogation reports and raw interrogations, and subject files, 1941-45; ONI Monograph Files: Germany; Naval Attaché Reports, 1939-46; Naval Armed Guard Reports, 1942; Chief of Naval Operations, formerly top secret 1945 correspondence.

---

[*] Vom Übersetzer erweitert und ergänzt.

Record Group 457: Records of the National Security Agency. Cryptographic studies and decrypted intercepts (SRH-, SRGN- and SRMN-series); Historic Cryptographic Collection, Pre-World War I through World War II.

Record Group 24: Records of the Bureau of Naval Personnel. General correspondence files, 1925-40 and 1941-45.

Record Group 80: General Records of the Department of the Navy. Formerly security-classified SecNav/CNO correspondence files, 1945 formerly secret correspondence.

Record Group 165: Records of War Department General and Special Staffs. G-2 (Intelligence) Division. Formerly security classified interrogation reports and correspondence on POWs (MIS-Y Branch), 1942-45.

Record Group 238: National Archives Collection of World War II War Crimes Records, International Military Tribunal Nuremberg. Chief Justice Jackson main office files, British (GB-) exhibits, Dönitz defense exhibits.

Record Group 45: Naval Records Collection of the Office of Naval Records and Library. Office of Naval Intelligence subject files, 1911-27 (File JU, Interrogations of U-boat POWs).

Record Group 319: Records of the Army Staff G-2 (Intelligence) Division. Army Intelligence formerly security-classified project decimal file, 1941-45; formerly security-classified G-2 intelligence library „P" publications files, 1946-51.

Record Group 226: Records of the Office of Strategic Services (OSS). Research and Analysis (R&A) Branch Report (nos. 1757, 28761).

Bundesarchiv-Militärarchiv (BA-MA). Freiburg i.Br.
Bestand RM 7: Seekriegsleitung.
RM 7/1206: Personalwirtschaft 1940/41.
RM 7/1238: Personalbedarf 1943/44.

Stiftung Traditionsarchiv Unterseeboote, Cuxhaven-Altenbruch
Sammlung historischen Materials, darunter Besatzungslisten der U-Boote, Personalakten der Kommandanten, unveröffentlichte Memoiren und Studien (unten in der Bibliografie aufgelistet) sowie Fotografien.

Library of Congress, Washington/D.C.
Manuscripts Division: Deutsche U-Bootmaterialien, Reels 78 – 82.

Wehrgeschichtliches Ausbildungszentrum, Marineschule Mürwik
Crew-Jahrbücher, Zeitungen und andere Veröffentlichungen, die sich auf bestimmte Crews beziehen.

Fragebögen, Interviews und Briefwechsel
Beantwortete Fragebögen von 167 ehemaligen Marineoffizieren und 937 ehemaligen Unteroffizieren und Mannschaften, ausgefüllt zumeist bei Besuchen im U-Boot-Archiv in Cuxhaven-Altenbruch zwischen Mai 1991 und Dezember 1994. Kopien dieser Fragebögen befinden sich im Aktenbestand des U-Boot-Archivs, eingeordnet nach der Kenn-Nummer des U-Bootes, auf dem der im Querschnitt Befragte fuhr. Eine Reihe von Veteranen und Überlebenden trug auch mit Informationen durch Interviews (I) und/oder Briefwechsel (B) über ihre Erfahrungen bei der U-Bootwaffe bei: Günther Altenburger (I/B), Hermann Brandt (I), Horst Bredow (I/B), Günter Eckert (I), Ursula Eckert (I), Rolf Güth (B), Reinhard Hardegen (I), Werner Hirschmann (I/B), Hermann Kaspers (I), Carl Möller (I/B), Inge Molzahn (I/B), Wilhelm Müller-Arnecke (I/B), Peter Petersen (I), Hans Schultz (I/B), Rolf Taubert (I). Heinz Trompelt (B) und Eduard Vogt (I).

Veröffentlichte Primärquellen

Cameron, John/Sir David Maxwell Fyfe (Hrsg.): *War Crimes Trials*, Bd. 1: *The PELEUS Trial*, William Hodge und Co., London 1948.

Nazi Conspiracy and Aggression, 8 Bde. und 2 Ergänzungen, Office of the U.S. Chief of Counsel for Prosecution of Axis Criminality, Washington/D.C. 1946.

Trial of the Major War Criminals before the International Military Tribunal Nuremberg, 14. November 1945-1 October 1946, 42 Bde., International Military Tribunal, Nürnberg 1947 – 1949.

Wagner, Gerhard (Hrsg.): *Lagevorträge des Oberbefehlshabers der Kriegsmarine vor Hitler 1939 – 1945*, J.F.Lehmann's Verlag, München 1972 („Fuehrer Conferences on Naval Affairs, 1939-1945", Vorwort von Jak P. Mallmann Showell, Naval Institute Press, Annapolis/Md. 1990).

Deutsche Regierungs- und Marine-Veröffentlichungen

Besoldungstabellen für Soldaten, Stand: Januar 1941, Verlag Bernard & Graefe, Berlin 1941.

OKM: *Bestimmungen für den Dienst an Bord*, Heft 3: *Wach- und Sicherheitsdienst* (MDV Nr. 49), E.S. Mittler & Sohn, Berlin 1938.

OKM: *Bestimmungen über die Beförderung der Unteroffiziere und Mannschaften der Kriegsmarine im Frieden* (MDV Nr. 15), E.S. Mittler & Sohn, Berlin 1938.

OKM: *Kriegserfahrungen der deutschen U-Boote im Weltkriege 1914 – 1918* (MDV Nr. 28), E.S. Mittler & Sohn, Berlin 1939.

OKM: *Marineverordnungsblatt*, 15. August 1943 – 15. April 1944.

OKM: *Rangliste der deutschen Kriegsmarine nach dem Stande vom 1. November 1937 – 1. November 1938* (MDV Nr. 293), E.S. Mittler & Sohn, Berlin 1937/38.

OKM: *Handbuch für U-Bootskommandanten (U.Kdt.Hb.)* (MDV Nr. 906), 1942 (Nachdruck 1943), Hrsg.: Siegfried Breyer mit Einführung „Die Ubootwaffe 1935 – 1945", Podzun-Pallas, Wölfersheim-Berstadt, ohne Datum („The U-boat Commander's Handbook", Hrsg.: E.J. Coates mit Einführung, Thomas Publications, Gettysburg/Pa. 1989).

OKM: *Wie komme ich zur Kriegsmarine? Ein Merkheft für Freiwillige*, Berlin 1939.

Statistisches Jahrbuch für das Deutsche Reich 1939/40, Statistisches Reichsamt, Berlin 1940.

Memoiren und Autobiografien deutscher Kriegsteilnehmer

Bauer, Hermann: *Als Führer der U-Boote im Weltkriege. Der Eintritt der U-Bootwaffe in die Seekriegsführung*, Koehler & Amelang, Leipzig 1942.

Cremer, Peter/Fritz Brustat-Naval: *Ali Cremer: U 333*, Ullstein-Verlag, Berlin 1982 („U-boat Commander", Naval Institute Press, Annapolis/Md. 1984: Zitate im Text stammen aus der Jove Taschenbuch-Ausgabe, Berkeley Publishing Group, New York 1986).

Dönitz, Karl: *Zehn Jahre und zwanzig Tage. Erinnerungen 1935 – 1945*, 5. Auflage mit einem Nachwort von Prof. Dr. Jürgen Rohwer, Verlag für Wehrwesen Bernard & Graefe, München 1975. („Memoirs. Ten Years and Twenty Days", Naval Institute Press, Annapolis/Md. 1990).

– : *Mein wechselvolles Leben*, Musterschmidt-Verlag, Göttingen 1968.

– : *40 Fragen an Karl Dönitz*, 4. Auflage, Verlag für Wehrwesen Bernard & Graefe, München 1980.

Ernst, Georg: *Bis zur letzten Stunde. Illusion und Wirklichkeit*, E.S. Mittler & Sohn, Hamburg 1995.

Fürbringer, Werner: *Alarm! Tauchen!. U-Boot in Kampf und Sturm*, Deutscher Verlag, Berlin 1933.

Giese, Otto/James E. Wise jr.: *Shooting the War: The Memoir and Photographs of a World War II U-boat Officer*, Naval Institute Press, Annapolis/Md. 1994.

Hartmann, Werner/Gerhart Weise: *Feind im Fadenkreuz. U-Boot auf Jagd im Atlantik*, Vorwort von Karl Dönitz, Verlag Die Heimbücherei, Berlin 1942.

Hirschfeld, Wolfgang: *Feindfahrten. Das Logbuch eines UBootfunkers*, Paul Neff, Wien 1982; zitiert Taschenbuch-Ausgabe Wilhelm Heyne Verlag, München 1985 (Hirschfeld/Geoffrey Brooks: „Hirschfeld. The Story of a U-boat NCO, 1940-1946" [zitiert „Story"] mit Vorwort von Jak P. Mallmann Showell, Naval Institute Press, Annapolis/Md. 1996).

– : *Das letzte Boot. Atlantik Farewell*, Universitas Verlag, München 1989.

Just, Paul: *Vom Seeflieger zum U-Bootfahrer. Feindflüge und Feindfahrten 1939 – 1945*, Motorbuch Verlag, Stuttgart 1979.

Kaiser, Ernst: *QXP. Im U-Boot auf Feindfahrt*, Koehlers Verlags GmbH, Hamburg 1981; zitiert Taschenbuch-Ausgabe Ullstein-Verlag, Berlin 1998.

– : *U-Boote westwärts* [U 504], Ullstein-Taschenbuchverlag, München 2000.

Klenk, Walter [Kptlt.a.D. Horst Freiherr v. Luttitz, Crew 37]: *Wer das Schwert nimmt... Erleben im Luft- und Seekrieg 1940 – 1945 – Bericht und Mahnung*, Universitas-Verlag, München 1987; Taschenbuch-Ausgabe Ullstein-Verlag, Frankfurt/M./Berlin 1989.

Lüth, Wolfgang/Claus Korth: *Boot greift wieder an!* aus der Reihe „Ritterkreuzträger erzählen", Verlag Erich Klinghammer, Berlin 1943.

Lüth, Wolfgang: *Menschenführung auf einem U-Boot*, vollständiger Originaltext des Vortrags mit freundlicher Erlaubnis von Horst Bredow, U-Boot-Archiv Cuxhaven-Altenbruch, in V.C. Tarrant: *Kurs West!*, S. 240ff., Motorbuch Verlag, Stuttgart 1993, und Vause: *Der U-Bootkommandant Wolfgang Lüth*, S. 209ff., Motorbuch Verlag, Stuttgart 1999.

Merten, Karl-Friedrich: *Nach Kompaß. Lebenserinnerungen eines Seeoffiziers*, E.S. Mittler & Sohn, Berlin 1994.

Metzler, Jost: *Sehrohr südwärts! Ritterkreuzträger Kapitänleutnant Jost Metzler erzählt*, Wilhelm Limpert Verlag, Berlin 1943 („The Laughing Cow", William Kimber, London 1955).

Michelsen, Andreas: *Der U-Bootskrieg 1914 – 1918*, Von Hase & K.F. Koehler, Leipzig 1925.

Niemöller, Martin: *Vom U-Boot zur Kanzel*, Martin Warneck Verlag, Berlin 1934.

Peter, Karl: *Acht Glas! Ende der Wache: Erinnerungen eines Seeoffiziers der Crew 38*, Preußischer Militär-Verlag, Reutlingen 1989.

Prien, Günther: *Mein Weg nach Scapa Flow*, Deutscher Verlag, Berlin 1940 („I Sank the ROYAL OAK", Gray's Inn Press, London 1954; „U-boat Commander", Award Books, New York 1969).

Raeder, Erich: *Mein Leben*, 2 Bde., Schlichtenmeyer-Verlag, Tübingen 1958 („My Life", United States Naval Institute Press, Annapolis/Md. 1960).

Schaeffer, Heinz: *U 977. 66. Tage unter Wasser*, Limes-Verlag, Wiesbaden 1950 („U-boat 977", W.W.Norton & Co, New York 1952, Taschenbuch-Ausgabe Bantam Books, New York 1981).

Schepke, Joachim: *U-Boot-Fahrer von heute. Erzählt und gezeichnet von einem U-Boot-Kommandanten*, Deutscher Verlag, Berlin 1940.

Schulz, Werner: *Im Kleinst-U-Boot. Aus dem Nachlaß eines „Seehund"-Fahrers*, Brandenburgisches Verlagshaus, Berlin 1995.

Schulz, Wilhelm: *Über dem nassen Abgrund. Als Kommandant und Flottillenchef im U-Boot-Krieg*, E.S. Mittler & Sohn, Berlin 1994.

Schütze, Hans G.: *Operation unter Wasser*, Koehlers-Verlags GmbH, Herford 1985.

Speer, Albert: *Spandauer Tagebücher*, Propyläen-Verlag, Frankfurt/M.-Berlin-Wien 1975 („Spandau: The Secret Diaries", Macmillan, New York 1976, Taschenbuch-Ausgabe Pocket Books, New York 1977).

Suhren, Teddy/Fritz Brustat-Naval: *Nasses Eichenlaub. Als Kommandant und F.d.U. im U-Boot-Krieg*, Koehlers-Verlags GmbH, Herford 1983, zitiert Taschenbuch-Ausgabe Ullstein-Verlag, Frankfurt/M.-Berlin 1995.

Topp, Erich: *Fackeln über dem Atlantik. Lebensbericht eines U-Bootkommandanten*, E.S. Mittler & Sohn, Herford 1990 („The Odyssey of a U-boat Commander", Praeger, Westport/Conn. 1992).

Werner, Herbert A.: *Die eisernen Särge. Kriegserinnerungen eines U-Bootkommandanten*, Verlag Hoffmann & Campe, Hamburg 1970, zitiert Taschenbuch-Ausgabe Wilhelm Heyne, München 1975 („Iron Coffins", Holt, Rinehart and Winston, New York 1969).

Sekundärliteratur: Bücher

Absolon, Rudolf: *Wehrgesetz und Wehrdienst 1935 – 1945. Das Personalwesen in der Wehrmacht*, Schriften des Bundesarchivs, Bd. 5., Harald Boldt, Boppard 1960.

Alman, Karl: *Ritter der Sieben Meere. Geschichten von 18 U-Boot-Assen*, Verlag Erich Pabel, Rastatt 1963.

– : *Graue Wölfe in blauer See. Der Einsatz der deutschen U-Boote im Mittelmeer*, Verlag Erich Pabel, Rastatt 1967, und Wilhelm Heyne, München 1977.

(Zu den Büchern von Karl Alman (pseud.)siehe in der Bibliografie von Clay Blair: *U-Boot-Krieg*, Band 2, S. 968 – Alman, Karl... – die Bewertung des kanadischen Historikers Michael L. Hadley aus seinem leider nicht ins Deutsche übersetzten Werk *Count Not the Dead*.)

Ansel, Walter: *Hitler Confronts England*, Duke University Press, Durham/N.C. 1960.

Barker, Ralph: *Children of the BENARES: A War Crime and its Victims*, Methuen, London 1987.

Bartov, Omer: *Hitler's Army: Soldiers, Nazis, and War in the Third Reich*, Oxford University Press, New York 1992.

Beesley, Patrick: *Very Special Intelligence: The Story of the Admiralty's Operational Intelligence Centre, 1939-1945*, Hamish Hamilton, London 1977, und Doubleday & Co., Garden City/N.Y. 1978 („Geheimdienstkrieg der britischen Admiralität 1939 – 1945" mit Vorwort von Prof. Dr. Jürgen Rohwer, Ullstein-Verlag, Berlin 1978).

Bell, Robert W./D. Bruce Lockerbie: *In Peril on the Sea: A Personal Remembrance*, Doubleday & Co., Garden City/N.Y. 1984.

Bercuson, David J./Holger H. Herwig: *Deadly Seas: The Duell between the ST.CROIX and the U 305 in the Battle of the Atlantic*, Random House of Canada, Toronto 1997.

Bird, Keith W.: *Weimar, the German Naval Officer Corps, and the Rise of National Socialism*, B.R. Grüner Publishing Company, Amsterdam 1977.

Blair, Clay, jr.: *Silent Victory: The U.S. Submarine War Against Japan*, J.B. Lippincott Co., Philadelpia 1975, und Bantam Books, New York 1975.

– : *Hitler's U-boat War*, Band 1: *The Hunters 1939-1942*, Band 2: *The Hunted 1942-1945*, Random House, New York 1997/98 („Der U-Boot-Krieg", Bd. 1: „Die Jäger 1939 – 1942", Bd. 2: „Die Gejagten 1942 – 1945", Wilhelm Heyne Verlag, München 1998/99).

Bonatz, Heinz: *Die Deutsche Marine-Funkaufklärung 1914 – 1945*, Wehr und Wissen Verlagsgesellschaft, Darmstadt 1970.

– : *Seekrieg im Äther. Die Leistungen der Marine-Funkaufklärung 1939 – 1945*, E.S. Mittler & Sohn, Herford 1981.

Boog, Horst/Rahn, Werner/Stumpf, Reinhard/Wegner, Bernd: *Die Welt im Krieg 1941–1943*, 2 Bde., Fischer Taschenbuch Verlag GmbH, Frankfurt/Main 1992 (Taschenbuch-Ausgabe aus der Schriftenreihe des Militärgeschichtlichen Forschungsamtes: *Das Deutsche Reihe und der Zweite Weltkrieg,* Bd. 6: Der globale Krieg.

Bräckow, Werner: Die Geschichte des deutschen Marine-Ingenieur-Offizierkorps, Verlag Gerhard Stalling, Oldenburg 1974.

Brennecke, Jochen: *Jäger – Gejagte! Deutsche U-Boote 1939 – 1945,* Koehlers Verlags GmbH, Biberach 1956, Tachenbuch-Ausgabe Wilhelm Heyne Verlag, München 1983 („The Hunters and the Hunted", W.W.Norton, New York 1957).

– : *Haie im Paradies. Der deutsche U-Bootkrieg in Asiens Gewässern 1943 – 1945,* Verlag Ernst Gerdes, Preetz i.H. 1961, zitiert Taschenbuch-Ausgabe Verlag Wilhelm Heyne, München 1983.

– : *Die Wende im U-Bootkrieg. Ursachen und Folgen 1939 – 1943,* Koehlers Verlags GmbH, Herford 1984, zitiert Taschenbuch-Ausgabe Verlag Wilhelm Heyne, München 1991.

Brustat-Naval, Fritz: *Unternehmen Rettung,* Koehlers Verlags GmbH, Herford 1970.

Brustein, William: *The Logic of Evil: The Social Origins of the Nazi Party, 1925-1933,* Yale University Press, New Haven 1996.

Bry, Gerhard: *Wages in Germany, 1871-1945,* Princeton University Press, Princeton/N.J. 1960.

Bryant, Ben: *Submarine Commander,* William Kimber, London 1958, und Ballantine Books, New York 1960.

Buchheim, Lothar Günther: *Jäger im Weltmeer* mit Geleitwort von Ernst Jünger und dem ObdM, GAdm. Karl Dönitz, Suhrkamp-Verlag, Berlin 1943 (Originalbuch befindet sich in der Bibliothek für Zeitgeschichte in Stuttgart unter Nr. 06323), Reprint Hoffmann & Campe, Hamburg 1996.

– : *Das Boot,* ein Roman, R. Piper Verlags GmbH, München 1973, zitiert Taschenbuch-Ausgabe, 6. Auflage 1997 („The Boat", Alfred A. Knopf Inc., New York 1975).

– : *U-Boot-Krieg* mit einem Essay von Michael Salewski, Deutscher Bücherbund, Stuttgart 1977 („U-boat War", Bantam Books, New York 1979).

– : *Die U-Boot-Fahrer. Die Boote, die Besatzungen und ihr Admiral,* C. Bertelsmann, München 1985.

– : *Zu Tode gesiegt. Der Untergang der U-Boote,* C. Bertelsmann, Stuttgart 1988.

Busch, Fritz-Otto (Hrsg.): *Das Buch von der Kriegsmarine,* Verlagshaus Bong & Co., Berlin 1939.

Busch, Harald: *So war der U-Boot-Krieg,* Deutscher Heimatverlag, Bielefeld 1952 („U-boats at War: That's the Way It Was", Ballantine, New York 1955).

Busch, Rainer/Hans-Joachim Röll: *Der U-Bootkrieg 1939 – 1945,* Band 1: *Die deutschen U-Boot-Kommandanten,* Band 2: *Der U-Bootbau auf deutschen Werften,* E.S. Mittler & Sohn, Hamburg 1996 und 1997.

Chalmers, W.S.: *Max Horton and the Western Approaches. A Biography of Admiral Sir Max Kennedy Horton,* Hodder & Stoughton, London 1954.

Churchill, Sir Winston: *The Second World War,* 6 Bde., Band 2: *Their Finest Hour,* Band 4: *The Hinge of Fate,* Houghton Mifflin Co., Boston 1948 – 1953 („Der Zweite Weltkrieg", 6 Bde., Scherz & Goverts, Stuttgart-Hamburg 1949 – 1954).

Compton-Hall, Richard: *Submarines and the War at Sea, 1914-1918,* Macmillan, London 1991.

Creveld, Martin Levi van: *Fighting Power. German and U.S. Army Performance, 1939-1945,* Greenwood Press, Westport/Conn. 1982.

Dahrendorf, Ralf: *Gesellschaft und Demokratie in Deutschland,* R. Piper Verlags GmbH, München 1965 („Society and Democracy in Germany", Anchor Books, New York 1967).

Deighton, Len: *Blood, Tears and Folly,* Band 1: *An Objective Look at World War II,* Harper Collins, New York 1993, und Harper Paperbacks, New York 1996.

Dönitz, Karl: *Die U-Bootswaffe,* 2. Aufl., E.S. Mittler & Sohn, Berlin 1939.

Dörr, Manfred: *Die Ritterkreuzträger der Deutschen Wehrmacht 1939 – 1945*, 2 Bde., Teil 4: Die U-Boot-Waffe, Biblio-Verlag, Osnabrück 1988.

Dülffer, Jobst: *Weimar, Hitler und die Marine. Reichspolitik und Flottenbau 1920 – 1939*, Droste-Verlag, Düsseldorf 1973.

Edwards, Bernard: *Dönitz and the Wolf Packs*, Arms & Armour Press, London 1996.

Eichholtz, Dietrich: *Geschichte der deutschen Kriegswirtschaft 1939 – 1945*, Band 1: *1939 – 1941*, Band 2: *1941 – 1943*, Akademie-Verlag, Berlin (Ost) 1969 und 1985.

Elting, John R./Timothy P. Mulligan (Hrsg.): *Wolf Packs*, Time-Life Books, Alexandria/Va. 1989.

Enders, Gerd: *Auch kleine Igel haben Stacheln. Deutsche U-Boote im Schwarzen Meer*, Koehlers Verlags GmbH, Herford 1984.

Fahrmbacher, Wilhelm/Walter Matthiae: *Lorient. Entstehung und Verteidigung des Marine-Stützpunktes 1940/1945*, Prinz Eugen-Verlag, Weißenburg 1956.

Farago, Ladislas: *The Tenth Fleet*, Ivan Obolensky Inc., New York 1962, und Paperback Library, New York 1964.

Frank, Wolfgang: *Die Wölfe und der Admiral. Triumph und Tragik der U-Boote*, Gerhard Stalling, Oldenburg 1953 („The Sea Wolves", Rinehart & Co., New York 1955).

Franke, Hermann (Hrsg.): *Handbuch der neuzeitlichen Wehrwissenschaften*, Band 3, Teil 1: *Die Kriegsmarine*, Walter de Gruyter & Co., Berlin 1938.

Gallery, Daniel V.: *Twenty Million Tons Under the Sea*, H. Regnery, Chicago 1956; Neuausgabe: *U 505*, Paperback Library, New York 1967.

Gannon, Michael: *Operation Drumbeat: The Dramatic True Story of Germany's First U-boat Attacks along the American Coast during World War II*, Harper & Row, New York 1990 („Operation „Paukenschlag". Der deutsche U-Boot-Krieg gegen die USA", Ullstein-Verlag, Frankfurt/M.-Berlin 1992, zitiert Taschenbuch-Ausgabe, Ullstein, Berlin 1994).

– : *Black May: The Epic Story of the Allies' Defeat of the German U-boats in May 1943*, Harper Collins, New York 1998 („Schwarzer Mai. Die Entscheidung im U-Boot-Krieg", Ullstein, Berlin 1999).

Gasaway, Elizabeth B.: *Grey Wolf, Grey Sea (U 124)*, Ballantine Books, New York 1970.

Gentile, Gary: *Track of the Gray Wolf: U-boat Warfare on the U.S. Eastern Seabord, 1942-1945*, Avon Books, New York 1989.

Gericke, Bernd: *Die Inhaber des Deutschen Kreuzes in Gold, des Deutschen Kreuzes in Silber der Kriegsmarine und die Inhaber der Ehrentafelspange der Kriegsmarine*, Biblio-Verlag, Osnabrück 1993.

Giese, Fritz E.: *Die alte und die neue Marine*, Athenäum-Verlag, Bonn 1957.

Gilbert, G.M.: *Nuremberg Diary*, Farrar, Strauss & Cudahy, New York 1947; Reprint: Signet Books, New York 1961.

Gretton, Sir Peter: *Crisis Convoy*, Zebra Books, New York 1974.

Gröner, Erich/fortgeführt Dieter Jung/Martin Maass: *Die deutschen Kriegsschiffe 1815 – 1945*, Bd. 3: *U-Boote, Hilfskreuzer...*, Bernard & Graefe, Koblenz 1985 („German Warships, 1815-1945", Bd. 2: „U-boats and Mine Warfare Vessels", Conway Maritime Press Ltd., London 1990, und Naval Institute Press, Annapolis/Md. 1991).

Groos, Otto: *Der Krieg in der Nordsee*, 7 Bde., Band 2: *Von Anfang September bis November 1914*, Abt. I des offiziellen deutschen Seekriegswerkes *Der Krieg zur See 1914 – 1918*, herausgegeben vom Marine-Archiv unter Leitung von VAdm.a.D. E.v.Mantey, E.S.Mittler & Sohn, Berlin 1922.

Grossmann, Dave: *On Killing: The Psychological Cost of Learning to Kill in War and Society*, Backpay Books, Boston 1996.

Grossmith, Frederick: *The Sinking of the LACONIA: A Tragedy in the Battle of the Atlantic*, Paul Watkins, Stamford/England 1944.

Guske, Heinz F.K.: *The War Diaries of* U 764*: Fact or Fiction?*, Thomas Publications, Gettysburg/Pa. 1992.

Güth, Rolf: *Von Revolution zu Revolution. Entwicklungen und Führungsprobleme der Deutschen Marine (1848 – 1918)*, E.S. Mittler & Sohn, Herford 1978.

– : *Die Marine des Deutschen Reiches 1919 – 1939*, Bernard & Graefe Verlag für Wehrwesen, Frankfurt a.M. 1972.

Hackmann, Willem: *Seek and Strike: Sonar, Anti-Submarine Warfare and the Royal Navy, 1914 – 1954*, Her Majesty's Stationery Office, London 1984.

Hadley, Michael L.: *U-boats Against Canada: German Submarine in Canadian Waters*, McGill: Queen's University Press, Kingston/Ont. 1985 ("U-Boote gegen Kanada. Unternehmungen deutscher U-Boote in kanadischen Gewässern", E.S. Mittler & Sohn, Hamburg-Berlin 1990, zitiert Taschenbuch-Ausgabe Ullstein-Verlag, Berlin 1997).

– : *Count Not the Dead: The Popular Image of the German Submarine*, McGill: Queen's University Press, Montreal 1995, und Naval Institute Press, Annapolis/Md. 1995.

Halpern, Paul G.: *The Naval War in the Mediterranean, 1914-1918*, Naval Institute Press, Annapolis/Md. 1987.

– : *A Naval History of World War I*, Naval Institute Press, Annapolis/Md. 1994.

Hannemann, Ludwig C.R.: *Die Justiz der Kriegsmarine 1939 – 1945 im Spiegel ihrer Rechtsprechung*, S. Roderer Verlag, Regensburg 1993.

Harlinghausen, C. Harald: *Ein Junge geht zur Kriegsmarine. Ein Bild vom Leben und vom Dienst in unserer heutigen Kriegsmarine*, Wilhelm Köhler, Minden/Westf. ohne Datum (1938?).

Harrod, Frederick S.: *Manning the New Navy: The Development of a Modern Naval Enlisted Force, 1899-1940*, Greenwood Press, Westport/Conn. 1978.

Herlin, Hans: *Verdammter Atlantik: Schicksale deutscher U-Boot-Fahrer. Tatsachenbericht*, Reprint einer Aufsatz-Serie im *Stern* (Christian Wegner Verlag, Hamburg) durch den Wilhelm Heyne Verlag, München 1971.

Herwig, Holger H.: *Das Elitekorps des Kaisers. Die Marineoffiziere im Wilhelminischen Deutschland*, Hans Christian Verlag, Hamburg 1977.

– : *„Luxury" Fleet: The Imperial German Navy, 1888-1918*, Ashfield Press, London 1987.

Herzog, Bodo: *U-Boote im Einsatz 1939 – 1945. Eine Bilddokumentation*, Podzun-Verlag, Dorheim/Hess. 1970.

– : *60 Jahre deutsche U-Boote 1906 – 1966*, J.F. Lehmanns, München 1968; Reprint *Deutsche U-Boote 1906 – 1966*, Karl Müller Verlag, Erlangen 1993.

Herzog, Bodo/Günter Schomaekers: *Ritter der Tiefe – Graue Wölfe. Die erfolgreichsten U-Bootkommandanten der Welt*, Verlag Welsermühl, München 1976.

Hess, Hans Georg: *Die Männer von U 955. Gespräche mit ehemaligen Besatzungsangehörigen des Bootes von Laboe*, Gerhard Stalling, Oldenburg 1979, Reprint von Hess-Press, 2. Aufl., Wunstorf-Idensen 1987.

Heßler, Günter/Alfred Hoschatt und Jürgen Rohwer: *The U-boat War in the Atlantic, 1939-1945* (Nachdruck der britischen Naval Staff Monographs PRO Adm 186/802, 234/67 und 234/68), 3 Bde., veröffentlicht unter der Schirmherrschaft des britischen Verteidigungsministeriums, Her Majesty's Stationery Office, London 1989.

Hickam, Homer H. jr: *Torpedo Junction: U-boat War off America's East Coast, 1942*, Naval Institute Press, Annapolis/Md. 1989.

Hildebrand, Hans H./Albert Röhr/Hans-Otto Steinmetz: *Die deutschen Kriegsschiffe. Biographien – ein Spiegel der Marinegeschichte von 1815 bis zur Gegenwart*, 7 Bde., Koehlers VerlagsGmbH, Herford 1979.

Hinsley, Francis Harry u.a.: *British Intelligence in the Second World War*, 4 Bde., Her Majesty's Stationery Office, London 1979 – 1988 (3 Bde. in 4 Teilen), und Cambridge University Press, 5 Bde. in 6 Teilen, New York 1979-1981.

Hoffmann, Peter: *Widerstand, Staatsstreich, Attentat. Der Kampf der Opposition gegen Hitler*, München 1969 („The History of the German Resistance, 1933-1945", MIT Press, Cambridge/Mass. 1977).

Högel, Georg: *Embleme, Wappen, Malings deutscher U-Boote 1939 – 1945*, Koehlers Verlags GmbH, Herford 1987.

Höhne, Heinz: *Canaris: Hitler's Master Spy*, Doubleday & Co., Garden City/N.Y. 1979.

Horn, Daniel: *The German Naval Mutinies of World War I*, Rutgers University Press, New Brunswick/N.J. 1969.

– : – (Hrsg.): *War, Mutiny and Revolution in the German Navy: The World War I Diary of Seaman Richard Stumpf*, Rutgers University Press, New Brunswick/N.J. 1967.

Howarth, Stephen/Derek Law (Hrsg.): *The Battle of the Atlantic, 1939-1945: The Fiftieth Anniversary Naval Conference*, Greenhill Books, London 1994, und Naval Institute Press, Annapolis/Md. 1994.

Hoyt, Edwin P.: *U-boats Offshore*, Playboy Paperbacks, New York 1980.

– : *U-boats: A Pictorial History*, McGraw-Hill, New York 1987.

Hughes, Terry/John Costello: *The Battle of the Atlantic*, Dial Press/James Wade, New York 1977 („Atlantikschlacht. Der Krieg zur See 1939 – 1945", Gustav Lübbe Verlag, Bergisch-Gladbach 1978).

Hurd, Archibald/Henry Castle: *German Sea-Power: Its Rise, Progress, and Economic Basis*, John Murray, London 1913; Reprint Greenwood Press, Westport/Conn. 1971.

Irving, David: *The Destruction of Convoy PQ 17*, Cassell & Co. Ltd., London 1968, und Simon & Schuster, New York 1968 („Schlacht im Eismeer. Der Untergang des Geleitzugs PQ 17", Albrecht Knaus Verlag, Hamburg 1982, zitiert Taschenbuch-Ausgabe Wilhelm Heyne Verlag, München 1984).

– : *The War Path: Hitler's Germany, 1933-1939*, Viking Press, New York 1978 („Hitlers Weg zum Krieg", Wilhelm Heyne Verlag, München 1980).

Jeschke, Hubert: *U-Boottaktik. Zur deutschen U-Bootstaktik 1900 – 1945* Bd. 9 aus der Reihe „Einzelschriften zur militärischen Geschichte des zweiten Weltkrieges", Rombach-Verlag, Freiburg i.Br. 1972.

Jones, Geoffrey P.: *Autumn of the U-boats*, William Kimber, London 1984.

– : *Defeat of the Wolf Packs*, William Kimber, London 1986.

Kahn, David: *Seizing the Enigma: The Race to Break the German U-boat Codes, 1939-1945*, Houghton Mifflin Co., Boston 1991.

Karschawin, Boris A.: *Das deutsche Unterseeboot U 250. Neue Dokumente und Fakten*, Selbstverlag des Übersetzers Gunter Fuhrmann, St. Petersburg-Jena 1994.

Kelley, Douglas M.: *Twenty-two Cells in Nuremberg*, MacFadden Books, New York 1961.

Kelshall, Gaylord T.M.: *The U-boat War in the Caribbean*, Naval Institute Press, Annapolis/Md. 1994 („U-Boot-Krieg in der Karibik", E.S. Mittler & Sohn, Hamburg 1998).

Kemp, Paul: *U-boats Destroyed: German Submarine Losses in the World Wars*, Arms & Armour Press, London 1997, und Naval Institute Press, Annapolis/Md. 1997 („Die deutschen und österreichischen U-Boot-Verluste in beiden Weltkriegen", Urbes, Gräfelfing 1998).

Köhl, Fritz/Eberhard Rössler: *Vom Original zum Modell: UBoottyp XXI*, Bernard & Graefe, Koblenz 1988 („Anatomy of the Ship: The Type XXI U-boat", Naval Institute Press, Annapolis/Md. 1991).

Köhl, Fritz/Axel Niestlé: *Vom Original zum Modell: UBoottyp VII C*, Bernard & Graefe, Koblenz 1989.

Köhl, Fritz/Axel Niestlé: *Vom Original zum Modell: UBoottyp IX C*, Bernard & Graefe, Koblenz 1990.

Korganoff, Alexander: *Prien gegen Scapa Flow. Tatsachen, Geheimnisse, Legenden*, übersetzt aus dem Französischen von Hans und Hanne Meckel, Motorbuch Verlag, Stuttgart 1977.

Kramsta, E (Hrsg.): *Aus dem Logbuch des I. Wachoffiziers* U 66. *Auszüge aus Briefen und Tagebuchblättern*, Verlag Industrie- und Handelsdienst, Hannover 1931.

Kuenne, Robert E.: *The Attack Submarine: A Study in Strategy*, Yale University Press, New Haven 1965.

Kurowski, Franz: *Knights of the Wehrmacht: Knight's Cross Holders of the U-boat Service*, Schiffer Publishing, Altglen/Pa. 1995.

Lakowski, Richard: *U-Boote. Zur Geschichte einer Waffengattung der Seestreitkräfte*, Militär-Verlag der DDR, Berlin 1889.

– : *Deutsche U-Boote Geheim 1935 – 1945*, Brandenburgisches Verlagshaus, Berlin 1991.

Lau, Manfred: *Schiffssterben vor Algier. Kampfschwimmer, Torpedoreiter und Marine-Einsatzkommandos im Mittelmeer 1942 – 1945*. Motorbuch Verlag, Stuttgart 2001.

Lawrence, Hal: *A Bloody War: One Man's Memories of the Canadian Navy, 1939-1945*, Bantam Books (ursprünglich bei Nautical & Aviation), New York 1982.

Legro, Jeffrey W.: *Cooperation under Fire: Anglo-German Restraint during World War II*, Cornell University Press, Ithaca 1995.

Lohmann, Walter/Hans H. Hildebrand: Die deutsche Kriegsmarine 1939 – 1945. Gliederung, Einsatz, Stellenbesetzung, 3 Bde., Podzun-Verlag, Bad Nauheim 1956 – 1964.

Madsen, Chris: *The Royal Navy und German Naval Disarmament, 1942-1947*, Frank Cass Publishers, London 1998.

Mallmann Showell, Jak P.: siehe Showell.

Manson, Janet M.: *Diplomatic Ramifications of Unrestricted Submarine Warfare, 1939-1941*, Greenwood Press, Westport/Conn.-New York 1990.

Marder, Arthur J.: *From the DREADNOUGHT to Scapa Flow*, 5 Bde., Oxford University Press, Oxford/England 1961 – 1970.

Mason, David: *U-boat, the Secret Menace*, Ballantine, New York 1968.

Mason, Timothy W.: *Sozialpolitik im Dritten Reich. Arbeiterklasse und Volksgemeinschaft*, 2. Aufl., Westdeutscher Verlag, Opladen 1978.

Mattes, Klaus: *Die Seehunde. Klein-U-Boote. Letzte deutsche Initiative im Seekrieg 1939 – 1945*, E.S. Mittler & Sohn, Hamburg 1995.

McCue, Brian: *U-boats in the Bay of Biscay: An Essay in Operations Analysis*, National Defense University Press, Washington/D.C. 1990.

McLachlan, Donald: *Room 39: Naval Intelligence in Action, 1939-1945*, Weidenfeld & Nicolson, London 1968, und Atheneum, New York 1968.

Meigs, Montgomery C.: *Slide Rules and Submarine: American Scientists and Subsurface Warfare in World War II*, National Defense University Press, Washington/D.C. 1990.

Messerschmidt, Manfred: *Die Wehrmacht im NS-Staat. Zeit der Indoktrination*, R.v.Deckers Verlag, Hamburg 1969.

Middlebrook, Martin: *Convoy*, William Morrow & Co., New York 1976 („Konvoi. Jagd auf die Geleitzüge SC 122 und HX 229", Ullstein-Verlag, zitiert Taschenbuchausgabe, Frankfurt/M. – Berlin 1995).

Militärgeschichtliches Forschungsamt (Hrsg.): *Das Deutsche Reich und der Zweite Weltkrieg*, 6 Bde. bis jetzt (Bd. 6: *Der globale Krieg*, siehe Boog, Horst u. a.), Deutsche Verlags-Anstalt, Stuttgart 1979 – 1990.

Miller, William H./David F. Hutchings: *Transatlantic Liners at War: The Story of the Queens*, David & Charles, London 1985.

Möller, Eberhard: *Kurs Atlantik. Die deutsche U-Boot-Entwicklung bis 1945*, Motorbuch-Verlag, Stuttgart 1995.

– : *Marine-Geheimprojekte. Hellmuth Walter und seine Entwicklungen*, Motorbuch Verlag, Stuttgart 2000.

Monsarrat, Nicholas: *The Cruel Sea* (Roman), Cassell & Co. Ltd., London 1951, Reprint: Bantam Books, New York 1970 („Großer Atlantik", Claassen Verlag, Hamburg 1952, rororo-Taschenbuch-Ausgabe Rowohlt, Hamburg 1965).

Moore, Arthur R.A.: *A Careless...A Needless Sinking*, American Merchant Marine Museum, Kings Point/N.Y. 1983.

Moore, John Hammond: *The Faustball Tunnel: German POWs in the United States and Their Great Escape*, Random House, New York 1978.

Morison, Samuel Eliot: *History of United States Naval Operations in World War II*, 15 Bde., Band 1: *The Battle of the Atlantik, September 1939-May 1943*, Band 10: *The Atlantic Battle Won, May 1943-May 1945*, Little, Brown and Co., Boston 1975.

Mueller-Hillebrand, Burckhart: *Das Heer 1933 – 1945. Die Entwicklung des organisatorischen Aufbaues*, Band 3: *Der Zweifrontenkrieg. Das Heer vom Beginn des Feldzuges gegen die Sowjetunion bis zum Kriegsende*, E.S.Mittler & Sohn, Frankfurt a.M. 1969.

Mühlberger, Detlef: *Hitler's Followers: Studies in the Sociologie of the Nazi Movement*, Routledge, London 1991.

Müller, Klaus-Jürgen: *Das Heer und Hitler. Armee und nationalsozialistisches Regime 1933 – 1940*, Deutsche Verlags-Anstalt, Stuttgart 1969.

Mulligan, Timothy P.: *Lone Wolf: The Life and Death of U-boat Ace Werner Henke*, Praeger, Westport/Conn. 1993.

Nayhauss, Mainhardt Graf v.: *Zwischen Gehorsam und Gewissen*, Gustav Lübbe Verlag, Bastei/Lübbe-Taschenbuch-Ausgabe, Bergisch Gladbach 1994.

Neitzel, Sönke: *Die deutschen U-Bootbunker und Bunkerwerften*, Bernard & Graefe, Koblenz 1991.

– : *Der Einsatz der deutschen Luftwaffe über dem Atlantik und der Nordsee 1939 – 1945*, Bernard & Graefe, Koblenz 1995.

Niestlé, Axel: *German U-boat Losses During World War II*, Naval Institute Press, Annapolis/Md. 1998 (deutsche Ausgabe in Vorbereitung).

Nöldeke, Hartmut/Volker Hartmann: *Der Sanitätsdienst in der deutschen U-Boot-Waffe und bei den Kleinkampfverbänden. Geschichte der deutschen U-Bootmedizin*, E.S. Mittler & Sohn, Hamburg 1996.

Noli, Jean: *The Admiral's Wolf Pack* (aus dem Französischen), Doubleday & Co, Garden City 1974, und Zebra Books, New York 1974.

Office of Scientific Research and Development (OSRD): *A Summary of Antisubmarine Warfare Operations in World War II*, zusammenfassender technischer Bericht der 6. Abteilung des National Defense Research Committee, OSRD, Washington/D.C. 1946.

O'Neill, Robert J.: *The German Army and the Nazi Party, 1933-1939* mit Vorwort von Sir Basil Liddell Hart, Corgi Books, London 1968.

Ott, Wolfgang: *Haie und kleine Fische* (Roman), Albert Langen/Georg Müller, München 1956, Reprint: 2. Aufl., Ullstein Verlag, Berlin 1998 („Sharks and Little Fish", Ballantine Books, New York 1966).

Padfield, Peter: *Dönitz: The Last Führer*, Harper & Row, New York 1984 („Dönitz. Des Teufels Admiral", Ullstein Verlag, Berlin 1984).

Parker, Mike: *Running the Gauntlet: An Oral History of Canadian Merchant Seamen in World War II*, Nimbus, Halifax 1994.

Peillard, Léonce: *The LACONIA Affair* (Robert Laffont, Paris 1961), G.P. Putnam's Sons, New York 1963, und Bantam Books, New York 1983 („Affäre LACONIA", Paul Neff, Wien, zitiert Taschenbuch-Ausgabe, 2. Aufl., Wilhelm Heyne Verlag, München 1973).

Peter, Karl H.: *Der Untergang der NIOBE. Was geschah im Fehmarn-Belt?*, Koehlers Verlags GmbH, Herford 1976.

Pfitzmann, Martin: *U-Bootgruppe „Eisbär". Einsatz vor Kapstadt*, Arthur Moewig Verlag, Rastatt 1986.

Plottke, Herbert: *Fächer lloos!*. U 172 *im Einsatz in den Weltmeeren von Rio bis Kapstadt. Ein Tatsachenbericht aus den Jahren 1942/43*, Podzun-Pallas-Verlag Wölfersheim-Berstadt 1994.

Price, Alfred: *Aircraft versus Submarine: The Evolution of the Anti-submarine Aircraft, 1912 to 1972*, Naval Institute Press, Annapolis/Md. 1973 („Flugzeuge jagen U-Boote. Die Entwicklung der U-Bootabwehrflugzeuge von 1912 bis heute", Motorbuch Verlag, Stuttgart 1976).

Rahn, Werner: *Reichsmarine und Landesverteidigung 1919 – 1928*, Bernard & Graefe Verlag für Wehrwesen, München 1976.

Ritschel, Herbert: *Kurzfassung Kriegstagebücher deutscher U-Boote*, 2 Bde. bis jetzt, Band 1: U 1 – U 50, Band 2: U 51 – U 99, vermutl. Selbstverlag, Bestellung über Fachbuchhandlung Christian Schmidt, München 1997 und 2000.

Robertson, Terrence: *Escort Commander* (ursprünglich „Walker, R.N.", Evans Brothers Ltd., London 1956) Reprint: Bantam Books, New York 1979.

– : *The Golden Horseshoe*, Evans Brothers Ltd., London 1955, und Pan Books, London 1957 (amerikanische Ausgabe: „Night Rider of the Atlantic", E.P.Dutton & Co., New York 1956; deutsche Ausgabe: „Der Wolf im Atlantik. Die Kriegserlebnisse Otto Kretschmers", Verlag Welsermühl, München-Wels 1969).

Rogers, Stanley: *Enemy in Sight!*, Thomas Y. Crowell Co., New York 1943.

Rohwer, Jürgen: *Die Versenkung der jüdischen Flüchtlingstransporter STRUMA und MEFKURE im Schwarzen Meer (Februar 1942, August 1944)* aus „Schriften der Bibliothek für Zeitgeschichte (Weltkriegsbücherei)", Heft 4, Bernard & Graefe Verlag für Wehrwesen, Frankfurt a.M. 1965.

– : *Die U-Booterfolge der Achsenmächte 1939 – 1945*, J.F. Lehmanns, München 1968; verbesserte US-Ausgabe: *Axis Submarine Successes, 1939-1945*, Naval Institute Press, Annapolis/Md. 1983; erweiterte und verbesserte Neuauflage (leider ohne deutsche Ausgabe): *Axis Submarine Successes of World War Two. German, Italian and Japanese Submarine Successes, 1939-1945*, Greenhill Books and Naval Institute Press, London und Annapolis/Md. 1998.

– : *Geleitzugschlachten im März 1943. Führungsprobleme im Höhepunkt der Schlacht im Atlantik*, Motorbuch Verlag, Stuttgart 1977 („The Critical Convoy Battles of March 1943", Naval Institute Press, Annapolis/Md. 1977).

Rohwer, Jürgen/Gerd Hümmelchen: *Chronik des Seekrieges 1939 – 1945*, Gerhard Stalling, Oldenburg 1968; *Chronology of the War at Sea, 1939-1945. The Naval History of World War Two*, 2., verbesserte Auflage, Greenhill Books and Naval Institute Press, London und Annapolis/Md. 1992 (leider ohne deutsche Ausgabe).

Roskill, Stephen W.: *The War at Sea, 1939-1945*, 3 Bde. in 4 Teilen, Her Majesty's Stationery Office, London 1954 – 1961.

Rössler, Eberhard: *Geschichte des deutschen U-Bootbaus*, 2 Bde., 2., überarbeitete und erweiterte Auflage, Bernard & Graefe, Koblenz 1986/87 („The U-boat: The Evolution and Technical History of German Submarines", Naval Institute Press, Annapolis/Md. 1981).

– : *Die Torpedos der deutschen U-Boote*, Koehlers Verlags GmbH, Herford 1984.

– *Die deutschen U-Boote und ihre Werften. Eine Bilddokumentation über den deutschen U-Bootbau von 1935 bis heute*, Bernard & Graefe, Koblenz 1990.

– : *Die Sonaranlagen der deutschen U-Boote*, Koehlers Verlags GmbH, Herford 1991.

– *Vom Original zum Modell: UBoottyp II – Die „Einbäume" –*, Bernard & Graefe Verlag, Bonn 1999.

– : *Vom Original zum Modell: Die großen Walter-UBoote Typ XVIII und Typ XXVI*, Bernard & Graefe Verlag, Bonn 1998.

Rössler, Eberhard/Fritz Köhl: *Vom Original zum Modell: UBoottyp XVII – Walter-UBoote –*, Bernard & Graefe Verlag, Bonn 1995.

– : *Vom Original zum Modell: UBoottyp XXIII*, Bernard & Graefe Verlag, Bonn 1993.

Runyan, Timothy J./Jan M. Copes (Hrsg.): *To Die Gallantly: The Battle of the Atlantic*, Westview Press, Boulder/Colorado 1994.

Rust, Eric C.: *Naval Officers under Hitler: The Story of Crew 34*, Praeger, Westport/Conn. 1991.

Salewski, Michael: *Die deutsche Seekriegsleitung 1935 – 1945*, 3 Bde., Bernard & Graefe, Frankfurt a.M. 1970 – 1975.

– : *Von der Wirklichkeit des Krieges. Analysen und Kontroversen zu Buchheims „Boot"*, Deutscher Taschenbuch Verlag, München 1976.

Sanders, Jacquin: *A Night before Christmas: The Sinking of the Troopship LEOPOLDVIL-LE*, G.P. Putnam's Sons, New York 1963.

Savas, Theodore P.: *Silent Hunters: German U-boat Commanders of World War II*, Savas Publishing Co.. Campbell/Calif. 1997 („Lautlose Jäger. Deutsche U-Bootkommandanten im 2. Weltkrieg", Econ Ullstein List Verlag, München 2001).

Scalia, Joseph Mark: *Germany's Last Mission to Japan: The Failed Voyage of* U-234, Naval Institute Press, Annapolis/Md. 2000 (eine deutsche Übersetzung ist beim Motorbuch Verlag in Stuttgart in Vorbereitung. Sie soll 2002 erscheinen).

Schlicht, Adolf/John R. Angolia: *Die deutsche Wehrmacht. Uniformierung und Ausrüstung 1933 – 1945*, 3 Bde., Band 2: *Die Kriegsmarine*, Motorbuch Verlag, Stuttgart 1995 (Vol.1: *Die Kriegsmarine: Uniforms and Traditions*, R. James Bender, San José/Calif. 1991 – 1993.

Schmoeckel, Helmut: *Menschlichkeit im Seekrieg?*, E.S. Mittler & Sohn, Herford 1987.

Shelford, W.O.: *Subsank: The Story of Submarine Escape*, Popular Library, New York 1962.

Showell, Jak P. Mallmann: *The German Navy in World War Two: A Reference Guide to the Kriegsmarine, 1935-1945*, Arms & Armour Press und Naval Institute Press, London und Annapolis/Md. 1979 („Das Buch der deutschen Kriegsmarine 1935 – 1945", Motorbuch Verlag, Stuttgart 1982).

– : *U-boats under the Swastika*, 1. Aufl., Ian Allen, Shepperton 1973 („U-Boote gegen England. Kampf und Untergang der deutschen U-Bootwaffe 1939 – 1945", Motorbuch Verlag, Stuttgart 1974). 2. und erweiterte Auflage mit neuen Fotos und Text: Ian Allen und Naval Institute Press, London und Annapolis/Md. 1987 (leider liegt von der überarbeiteten Ausgabe noch keine deutsche Übersetzung vor).

– *U-boat Command and the Battle of the Atlantic*, Conway Maritime Press und Vanwell, London und Lewiston/N.Y. 1989.

– *U-boat Commanders and Crews, 1935-1945*, Crowood Press, Marlborough 1998 (deutsche Übersetzung „Die U-Boot-Waffe. Kommandanten und Besatzungen." Motorbuch Verlag, Stuttgart 2001).

– : *German Navy Handbook 1939-1945*, Sutton Publishing Ldt., Stroud/Engl. 1999 („Kriegsmarine 1939 – 1945. Organisation, Strukturen, Einsatz", Motorbuch Verlag, Stuttgart 2000).

Snyder, Gerald S.: *The ROYAL OAK Disaster: The Tragic Story of U-47's Bloody Raid on Scapa Flow*, Granada Publishing, London 1978.

Sohler, Herbert: *U-Bootkrieg und Völkerrecht*, E.S. Mittler & Sohn, Frankfurt a.M. 1956.

Sorge, Siegfried: *Der Marineoffizier als Führer und Erzieher*, E.S. Mittler & Sohn, Berlin 1937.

Spindler, Arno: *Der Handelskrieg mit U-Booten*, 5 Bde., Abt. III des offiziellen deutschen Seekriegswerkes *Der Krieg zur See 1914 – 1918*, herausgegeben vom Marine-Archiv unter Leitung von VAdm.a.D. E.v.Mantey, E.S. Mittler & Sohn, Berlin 1932 – 1934 (Band 1 – 3) und Frankfurt a.M. 1964/1966 (Band 4 u.5).

Steinhoff, Johann/Peter Pechel/Dennis Showalter (Hrsg.): *Voices from the Third Reich: An Oral History*, Da Capo Press, New York 1994.

Stern, Robert C.: *U-boats in Action*, Squadron/Signal Publications, Carollton/Tex. 1977.

– : *Type VII U-boats*, Naval Institute Press, Annapolis/Md. 1991.

Stevens, David: *U-boat Far from Home: The Epic Voyage of* U 862 *to Australia and New Zealand*, Allen & Unwin, St. Leonards/Australien 1997.

Stoelzel, KAdm.a.D. Albert (Hrsg.): *Ehrenrangliste der Kaiserlich Deutschen Marine 1914 – 1918*, Marine-Offizier-Vereinigung e.V., Berlin 1930.

Syrett, David: *The Defeat of the German U-boats: The Battle of the Atlantic*, University of South Carolina Press, Columbia 1994.

Tarrant, V.E.: *The U-boat Offensive, 1914-1945*, Arms & Armour Press und Naval Institute Press, London und Annapolis/Md. 1989 („Kurs West! Die deutschen U-Bootoffensiven 1914 – 1945", Motorbuch Verlag, Stuttgart 1993).

– : *The Last Year of the Kriegsmarine, May 1944-May 1945*, Arms & Armour Press und Naval Institute Press, London und Annapolis/Md. 1994 („Das letzte Jahr der Kriegsmarine. Mai 1944 – Mai 1945", Podzun-Pallas-Verlag, Wölfersheim-Berstadt 1996).

Terraine, John: *Business in Great Waters: The U-boat Wars, 1916-1945*, Henry Holt & Co., New York 1989.

Thomas, Charles S.: *The German Navy in the Nazi Era*, Naval Institute Press, Annapolis/Md. 1990.

Thomas, Lowell: *Raiders of the Deep*, Garden City Publishing Co., Garden City/N.Y. 1928 („Ritter der Tiefe", Verlag C. Bertelsmann, Gütersloh 1930).

Tidman, Keith R.: *The Operations Evaluation Group: A History of Naval Operations Analysis*, Naval Insitute Press, Annapolis/Md. 1984.

Treue, Wilhelm/Eberhard Möller/Werner Rahn: *Deutsche Marinerüstung 1919 – 1942. Die Gefahren der Tirpitz-Tradition*, E.S. Mittler & Sohn, Herford 1992.

Turkel, Studs: *„The Good War": An Oral History of World War II*, Ballantine Books, New York 1985.

Van der Vat, Dan: *The Atlantic Campaign: World War II's Great Struggle at Sea*, Harper & Row, New York 1988.

Vause, Jordan: *U-boat Ace: The Story of Wolfgang Lüth*, Naval Institute Press, Annapolis/Md. 1990 („Der U-Bootkommandant Wolfgang Lüth", Motorbuch Verlag, Stuttgart 1999).

– : *Wolf: U-boat Commanders in World War II*, Naval Institute Press, Annapolis/Md. 1997 („Die Wölfe. Deutsche U-Boot-Kommandanten im 2. Weltkrieg", Motorbuch Verlag, Stuttgart 1999).

Waddington, Conrad H.: *O.R. in World War II: Operational Against the U-boat*, Elek Science, London 1973.

Walle, Heinrich: *Die Tragödie des Oberleutnants zur See Oskar Kusch*, Beiheft 13 zu „Historische Mitteilungen im Auftrage der Ranke-Gesellschaft", Franz Steiner Verlag, Stuttgart 1995.

Waters, John M.: *Bloody Winter*, Van Nostrand Co., Princeton/N.J. 1967 („Blutiger Winter. Höhepunkt und Ende der großen Geleitzugschlachten im Atlantik 1942/43", 2. Aufl., Verlag Welsermühl, München-Wels 1970.

Wegner Bernd: *Hitlers politische Soldaten. Die Waffen-SS 1933 – 1945. Studien zu Leitbild, Struktur und Funktion einer nationalsozialistischen Elite*, Verlag Ferdinand Schöningh, Paderborn 1982.

Weir, Gary E.: *Building the Kaiser's Navy: The Imperial Naval Office and German Industry in the von Tirpitz Era, 1890-1919*, Naval Institute Press, Annapolis/Md. 1992.

Wells, Mark K.: *Courage and Air Warfare: The Allied Aircrew Experience in the Second World War*, Frank Cass, London 1997.

Wetzel, Eckard: U 995. *Das Boot vor dem Marine-Ehrenmal in Laboe*, Paschke Verlag, Kiel 1985.

– : U 2540. *Das Boot beim Deutschen Schiffahrtsmuseum in Bremerhaven*, Karl Müller Verlag, Schwedeneck 1996.

Whitley, Mike J.: *Destroyer! German Destroyers in World War II*, Arms & Armour Press und Naval Institute Press, London und Annapolis/Md. 1983 („Die deutschen Zerstörer im 2. Weltkrieg", Motorbuch Verlag, Stuttgart 1985).

Whittingham, Richard: *Martial Justice: The Last Mass Execution in the United States*, Henry Regnery, Chicago 1971, Reprint: Naval Institute Press, Annapolis/Md. 1996.

Wiggins, Melanie: *Torpedoes in the Gulf: Galveston and the U-boats, 1942/43*, Texas A&M University Press, College Station 1995.

Witthöft, Hans Jürgen: *Lexikon zur deutschen Marinegeschichte*, 2 Bde., Koehlers VerlagsGmbH, Herford 1977.

Wynn, Kenneth: *U-boat Operations of the Second World War*, 2 Bde., Band 1: U 1 – U 510, Band 2: U 511 – U 3530, Chatham Publishings und Naval Institute Press, London und Annapolis/Md. 1997/98.

Y'Blood, William T.: *Hunter-Killer: U.S. Escort Carriers in the Battle of the Atlantic*, Naval Institute Press, Annapolis/Md. 1983.

Zayas, Alfred M. de: *Die Wehrmacht-Untersuchungsstelle*, Universitas, München 1980 („The Wehrmacht War Crimes Bureau, 1939-1945", University of Nebraska Press, Lincoln 1989).

Zilbert, Edward R.: *Albert Speer and the Nazi Ministry of Arms: Economic Institutions and Industrial Production in the German War Economy*, Associated Universities Presses, London 1981.

Sekundärquellen: Aufsätze

Absolon, Rudolf: „Das Offizierkorps des deutschen Heeres 1935 – 1945" in Hanns H. Hoffmann (Hrsg.) *Das deutsche Offizierkorps 1860 – 1960*, S. 247 – 268, Harald Boldt Verlag, Boppard/Rh. 1980.

Baum, Walter: „Marine, Nationalsozialismus und Widerstand" in *Vierteljahreshefte für Zeitgeschichte* 11, 1/Januar 1963, S. 16 – 48.

Brennecke, Jochen: „Seit dem Weltkrieg I: Unveränderte U-Boot-Konzeption trotz zunehmender Zahl und Bedeutung der Flugzeuge" in *Schiff und Zeit*, 26/1987, S. 28 – 31.

„Denn wir fuhren... Weiße Flagge auf *U 570*?" in *Kristall*, 1956, Nrn. 12 – 15 und 19 – 20.

Engelhardt, Walter: „Vom U-Boot in die französische Gefangenschaft" in *Schaltung Küste*, Nachrichtenblatt des Verbandes Deutscher U-Bootfahrer e.V., Nr. 161 (Jan./Febr. 1996), S. 24 – 26.

Erdmann, Karl Dietrich: „Eine Besprechung über den U-Boot-Krieg bei Hitler in der Reichskanzlei im Herbst 1942 und ihre Bedeutung für den Kriegsverlauf" in *Geschichte in Wissenschaft und Unterricht*, 11/1987, S. 684 – 695.

Flohr, Dieter: „Der Dänholm zu Stralsund. Die Geschichte eines Marinestandortes" in *Marine-Forum*, 11/1992, S. 392 – 394.

Förster, Jürgen: „The Dynamics of Volksgemeinschaft: The Effectiveness of the German Military Establishment in the Second World War" in Allan R. Millet/Williamson Murray (Hrsg.) *Military Effectiveness*, Bd. 3: *The Second World War*, S 180 – 220, Allen & Unwin, Boston 1988.

Forum: Stimmen zum Thema „Beisetzung des Großadmirals" in *Marine-Forum*, 4/1981, 116 – 118.

Geffers, Joachim: „Marine ohne Widerstand?" in *Marine Forum*, 12/1990, S. 422 – 424.

Gillingham, John: „The Deproletarianization of German Society: Vocational Training in the Third Reich" in *Journal of Social History*, 19/1986, 423 – 432.

Güth, Rolf: „Bild einer Crew: Ein Beitrag zur Frage der Struktur, Soziologie und Haltung des Marineoffizierkorps" in *Marine-Rundschau* 61, 3/Juni 1964, S. 131 – 141.

– : „Funktion und Charakter: Technische Entwicklungen und soldatische Führung in der deutschen Marine 1848 bis 1945" in *Truppenpraxis*, 1 – 3/1980, S. 73 – 78, 157 – 162, 240 – 245.

Güth, Rolf/Jochen Brennecke: „Hier irrte Michael Salewski. Das Trauma vom „Kinderkreuzzug" der U-Boote" in *Schiff und Zeit*, 28/1989, S. 43 – 47.

Hartwig, Dieter: „Karl Dönitz. Versuch einer kritischen Würdigung" in *Deutsches Schiffahrtsarchiv*, 12/1989, S. 133 – 152.

Herzog, Bodo: „Der Torpedoverbrauch von *U 48*, dem erfolgreichsten Unterseeboot des zweiten Weltkrieges, in der Zeit von September 1939 bis Juni 1941" in *Deutsches Schiffahrtsarchiv*, 4/1981, S. 121 – 146.

– : „Ritterkreuz und U-Boot-Waffe. Bemerkungen zur Verleihungspraxis" in *Deutsches Schiffahrtsarchiv*, 10/1987, S. 245 – 260.

Hoch, Gottfried: „Zur Problematik der Menschenführung im Kriege" in *Die Deutsche Marine. Historisches Selbstverständnis und Standortbestimmung*, herausgegeben durch das Deutsche Marine-Institut/Deutsche Marine-Akademie, S. 191 – 216, E.S. Mittler & Sohn, Herford 1983.

Kaelble, Hartmut: „Social Mobility in Germany, 1900-1960" in *Journal of Modern History* 50, 3/Sept.1978, S. 439 – 461.

Kennedy, Ludovic: „War Crimes of the Ocean" in *Telegraph Magazine*, 1. Juni 1991, S. 18 – 20, 55 – 58.

Kroener, Bernhard R.: „Die personellen Ressourcen des Dritten Reiches im Spannungsfeld zwischen Wehrmacht, Bürokratie und Kriegswirtschaft 1939 – 1942" in Militärgeschichtliches Forschungsamt (Hrsg.) *Das Deutsche Reich und der Zweite Weltkrieg*, Band 5/1: *Organisation und Mobilisierung des deutschen Machtbereiches. Kriegsverwaltung, Wirtschaft und personelle Ressourcen 1939 – 1941*, S. 693 – 1001, Deutsche Verlags-Anstalt, Stuttgart 1988.

– : „Auf dem Weg zu einer „nationalsozialistischen Volksarmee"„ in Martin Broszat/Klaus-Dietmar Henke/Hans Woller *Zur Sozialgeschichte des Umbruchs in Deutschland*, S. 651 – 682, 3. Aufl., R. Oldenbourg Verlag, München 1990.

Kühlwetter, Friedrich v.: „The Personnel of the German Navy" in *The Naval Annual*, 1913, S. 132 – 150.

Lundeberg, Philip K.: „The German Naval Critique of the U-boat Campaign, 1915-1918" in *Military Affairs* 27, 3/Herbst 1963, S. 105 – 118.

Messerschmidt, Manfred: „German Military Effectiveness between 1919 and 1939" in Allan R. Millett/Williamson Murray (Hrsg.) *Military Effectiveness*, Bd. 2: *The Interwar Period*, S. 218 – 255, Allen & Unwin, Boston 1988.

Messimer, Dwight R.: „Heinz-Wilhelm Eck: Siegerjustiz and the PELEUS Affair" in Theodore P. Savas (Hrsg.) *Silent Hunters: German U-boat Commanders of World War II*, S. 136 – 183, Savas Publishing Co., Campbell/Calif. 1997.

Mierke, Karl: „Die Auswahl der Fachsoldaten der Kriegsmarine" in *Nauticus*, S. 185 – 196.

Mulligan, Timothy P.: „Tracking *Das Boot*: Records of U-96 in the National Archives" in *Prologue: Journal of the National Archives* 14, 4/Winter 1982, S. 203 – 211.

– : „The German Navy Evaluates Its Cryptographic Security, October 1941" in *Military Affairs* 49, 2/April 1985, S. 75 – 79.

– : „German U-boat Crews in World War II: Sociology of an Elite" in *Journal of Military History* 56, 2/April 1992, S. 261 – 281.

Niestlé, Axel: „German Technical and Electronic Development" in Stephen Howarth/Derek Law (Hrsg.) *The Battle of the Atlantic, 1939-1945: The Fiftieth Anniversary International Naval Conference*, S. 430 – 451, Greenhill Books und Naval Institute Press, London und Annapolis/Md. 1994.

Nothdurft, Hans: „Das CO_2-Problem in U-Booten" in *Wehrmedizinische Monatsschrift*, 36/Juni 1992, S. 266 – 268.

Peter, Karl: „Fähnrichsausbildung während des zweiten Weltkrieges" in Deutsches Marine-Institut (Hrsg.) *Marineschule Mürwik*, 2. Aufl., S. 141 – 153, E.S. Mittler & Sohn, Herford 1989.

Rahn, Werner: „Die Ausbildung zum Marineoffizier zwischen den Weltkriegen 1920 – 1939" in Deutsches Marine-Institut (Hrsg.) *Marineschule Mürwik*, 2. Aufl., S. 123 – 133, E.S. Mittler & Sohn, Herford 1989.

– : „Einsatzbereitschaft und Kampfkraft deutscher U-Boote 1942" in *Militärgeschichtliche Mitteilungen* 42, 1/1990, S. 73 – 132.

– : „Grundzüge des deutschen U-Bootkrieges 1939 – 1945" in *Technikmuseum U-Boot WILHELM BAUER. Kleine Geschichte und Technik der deutschen U-Boote*, S. 57 – 69, Nordwestdeutsche Verlagsgesellschaft, Bremerhaven 1990.

Rohwer, Jürgen: „The U-boat War against the Allied Supply Lines" in H.A.Jacobsen/J. Rohwer (Hrsg.) *Decisive Battles of World War II: The German View*, S. 259 – 312, G.P. Putnam's Sons, New York 1965.

– : „Die Auswirkungen der deutschen und britischen Funkaufklärung auf die Geleitzugoperationen im Nordatlantik" in Jürgen Rohwer/Eberhard Jäckel (Hrsg.) *Die Funkaufklärung und ihre Rolle im 2. Weltkrieg*, S. 167 – 200, Motorbuch Verlag, Stuttgart 1979.

Roskill, Stephen W.: „CAPROS not Convoy: Counterattacks and Destroy!" in *United States Naval Institute Proceedings* 82, 10/Oktober 1956, S. 1047 – 1053.

Rössler, Eberhard: „Die deutsche U-Bootausbildung und ihre Vorbereitung 1925 – 1945" in *Marine-Rundschau* 68, 8/1971, S. 453 – 466.

– : „Der U-Boottyp XXI. Entstehung, Konstruktion, Fertigung und Einsatz 1943 – 1945" in *Technikmuseum U-Boot WILHELM BAUER. Kleine Geschichte und Technik der deutschen U-Boote*, S. 73 – 100, Nordwestdeutsche Verlagsgesellschaft, Bremerhaven 1990.

– : „U-boat Development and Building" in Stephen Howarth/Derk Law *The Battle of Atlantic, 1939-1945: The Fiftieth Anniversary International Naval Conference*, S. 118 – 137, Greenhill Books und Naval Institute Press, London und Annapolis/Md. 1994.

Ruschenbuch, E.: „Reaktionäre Offiziere contra sozialistische Regierung?" in *Marine-Forum*, Nr. 7/8 (Juli/August 1991), S. 252 – 254.

Salewski, Michael: „Selbstverständnis und historisches Bewußtsein der deutschen Kriegsmarine" in *Marine-Rundschau* 67, 2/1970, S. 65 – 88.

– : „Von Raeder zu Dönitz. Der Wechsel im Oberbefehl der Kriegsmarine 1943" in *Militärgeschichtliche Mitteilungen* 14, 2/1973, S. 101 – 146.

– : „Das Offizierkorps der Reichs- und Kriegsmarine" in Hanns H. Hoffmann (Hrsg.) *Das deutsche Offizierkorps 1860 – 1960*, Harald Boldt Verlag, Boppard/Rh. 1980.

Sarty, Roger: „The Limits of ULTRA: The Schnorckel U-boat Offensive against North America, November 1944-January 1945" in *Intelligence and National Security* 12, 2/April 1997, S. 44 – 68.

Schley, Max: „Mit *U 861* nach Ostindien" in der Marinezeitschrift *Leinen los!*, 9/1958, S. 282/283; 2/1959, S. 60/61; 8/1959, S. 250/251; 10/1959, S. 316/317; 9/1960, S. 285 – 287.

Schmidt-Walter, Peer: „Maritime Museen an der Ostsee...Auf ins Marinemuseum Dänholm!" in *Marine-Forum*, 11/1992, S. 390f.

Shils, Edward A./Morris Janowitz: „Cohesion and Disintegration in the Wehrmacht in World War II" in *Public Opinion Quarterly* 12, 2/Sommer 1948, S. 280 – 315.

Sieche, Erwin: „The Walter Submarine-1" in *Warship*, 20/Oktober 1981, S. 235 – 246.

Spindler, Arno: „Der Meinungsstreit in der Marine über den U-Bootkrieg 1914 – 1918" in *Marine-Rundschau*, 5/1955, S. 235 – 245.

Syrett, David: „Weather-Reporting U-boats in the Atlantic, 1944-1945: The Hunt for U-248" in *The American Neptune* 52, 1/Winter 1992, S. 16 – 24.

„The Scuttled U-boats Case: Trial of Oberleutnant Gerhard Grumpelt" in *Law Reports of Trials of War Criminals*, 1/1947, S. 55 – 70.

Thomas, C.R.W.: „Making Naval Officers in Germany" in *United States Naval Institute Proceedings* 64, 1/Januar 1938, S. 39 – 56.

Topp, Erich: „Manning and Training the U-boat Fleet" in Stephen Howarth/Derek Law (Hrsg.) *The Battle of the Atlantic, 1939-1945: The Fiftieth Anniversary International Naval Conference*, S. 214 – 219, Greenhill Books und Naval Institute Press, London und Annapolis/Md. 1994.

Waas, Heinrich: „Zeitzeuge zum Walter-U-Boot-Bau und zu den LACONIA-Fall-Folgen" in *Schiff und Zeit*, 26/1987, S. 19 – 27.

Walle, Heinrich: „Individual Loyalty and Restistance in the German Military: The Case of Sub-Lieutenant Oskar Kusch" in Francis R. Nicosia/Lawrence D. Stokes (Hrsg.) *Germans against Nazism: Nonconformity, Opposition, and Resistance in the Third Reich: Essays in Honour of Peter Hoffmann*, 323 – 350, Berg, New York 1991.

– : „Der Fall Kusch. Eine bleibende Mahnung an die Offiziere der Marine" in *Marine-Forum*, 7/8-1992, S. 234ff.

Wentzel, Friedrich-Wilhelm: „Vom Werden einer Crew. Ein Beitrag zur Soziologie des Offizierkorps der Reichsmarine" in *Marine-Forum*, 1/2-1981, S. 17 – 20.

„Where Are They Now? Operation „Deadlight"," im Magazin *After the Battle*, 36/1982, S. 43 – 49.

Wiedersheim, William A.: „Officer Personnel Selection in the German Navy, 1925-1945" in *United States Naval Institute Proceedings* 73, 4/1947, S. 445 – 449.

Wilson, Michael: „The Walter Submarine-2" in *Warship*, 20/Oktober 1981, 247 – 253.

Unveröffentlichte Materialien

Directorate of Operational Analysis (Royal Navy), Ministry of Defence: „The U-boat Logs, 1939-1945", Teil 2: „Operational Performance and Degradation", August 1966. Manuskript im Besitz des U-Boot-Archivs, Cuxhaven-Altenbruch.

Faermann, Matthias: „Die Einsatzmotivation von UBoot-Besatzungen im Zweiten Weltkrieg, trotz starker Überlegenheit des Gegners", 1994. Manuskript im Besitz des U-Boot-Archivs, Cuxhaven-Altenbruch.

Güth, Rolf: „Erich Raeder und die Englische Frage. Betrachtungen zur deutschen Marineführung 1928 – 1945", 1995. Manuskript-Entwurf für eine zukünftige Veröffentlichung (Kopie dem Verfasser zur Verfügung gestellt).

Hirschmann, Werner: „Chief Engineer on U-190: Two War Memories", 1945. Übersetzt 1985. Persönliche Unterlagen (Kopie dem Verfasser zur Verfügung gestellt).

– : „Re: Topp's Speech „Manning and Training the U-boat Fleet"," 1994. Persönliche Unterlagen (Kopie dem Verfasser zur Verfügung gestellt).

– : „Recollections of a Submariner", 1994. Persönliche Unterlagen (Kopie dem Verfasser zur Verfügung gestellt).

Peter, Karl: „Der Fall des Oberleutnants zur See Kusch. „Wider besseres Wissen zum Tode verurteilt!" – Stimmt das?", 1985. Manuskript im Besitz des U-Boot-Archivs, Cuxhaven-Altenbruch.

Rahn, Werner: „Long-Range German U-boat Operation in 1942 and their Logistical Support by U-Tankers", vorgetragen beim 8. Naval History Symposium, U.S. Naval Academy, Annapolis/Md., 25. September 1987 (Kopie dem Verfasser zur Verfügung gestellt).

Reinhardt, Hellmuth u.a.: „Personnel and Administration Project #2b", Teile 2 und 3, Mskr-Nrn. P-012 und P-008. Foreign Military Studies, Historical Division, U.S. Army Europe, 1949.

Saville, Allison Winthrop: „The Development of the U-boat Arm, 1919-1935", Dissertation zum Dr.phil., University of Washington, 1963.

Schaefer, Jobst: „Die Ernährung des U-Bootsfahrers im Kriege", Dissertation zur Einführung an der Medizinischen Fakultät der Christian-Albrechts-Universität Kiel, 1943 (Kopie im U-Boot-Archiv, Cuxhaven-Altenbruch).

Schaefer, Karl E. (Hrsg.): „Monograph on Submarine Medicine", 8 Bände, enthaltend 21 Aufsätze und 2 Anhänge, während des Krieges von der deutschen medizinischen Forschung zusammengestellt. Übersetzt von U.S. Fleet, U.S. Naval Forces, Germany, Technical Section (Medical), 1948. (Kopie in der National Library of Medicine, Bethesda/Md.)

Steinort, Wolfgang: „Die Ausbildung in der U-Bootwaffe im Zweiten Weltkrieg", vorgetragen beim Arbeitskreis Reserveoffiziere der Marine, Hamburg, 5. September 1979 (Kopie im U-Boot-Archiv, Cuxhaven-Altenbruch).

Stöckel, Kurt: „Die Entwicklung der Reichsmarine nach dem Ersten Weltkriege (1919 – 1935). Äußerer Aufbau und innere Struktur", Dissertation an der Georg-August-Universität zu Göttingen, 1954.

Sutton, James E.: „The Imperial German Navy, 1910-1914", Dissertation zum Dr.phil., Indiana-University, 1953.

Trompelt, Heinz: „Mein Marinedurchlauf" und „Der U-Boot-Krieg", persönliche Erinnerungen, zusammengestellt mit den ermittelten Angaben zu den U-Bootoperationen (Kopie dem Verfasser zur Verfügung gestellt).

Wilke, Kptlt. Herbert: „Die Unterseebootsabwehrschule (UAS) 1933 – 1945, Manuskript an der Marine-Unterwasserwaffenschule zusammengestellt, 1964 (Kopie im U-Boot-Archiv, Cuxhaven-Altenbruch).

Websites

http://uboat.net (U-Web, mit umfangreichen historischen Angaben zu allen Aspekten der U-Bootkriegsführung 1939 – 1945).

http://www.msichicago.org.u505 (*U 505*-Homepage, bietet einen Rundgang durch das Innere der Abteilungen von *U 505*, des im Kriege erbeuteten deutschen Unterseebootes, ausgestellt auf dem Gelände des Museum of Science and Industry, Chicago).

http://www.randomhouse.com/uboat/biblio.html (Bibliografie der Primär- und Sekundärquellen zu Clay Blair: *Hitler's U-boat War* – siehe auch dt. Ausgabe des Werkes: *Der U-Boot Krieg*), Bd. 2: S. 945ff.).

Verzeichnis der Tabellen

1	Profil einer typischen U-Bootbesatzung	2
2	Die tägliche Bordroutine einer U-Bootbesatzung	18
3	Vergleich zwischen *U 60 – U 62* des MS-Typs und dem Typ VII C	35
4	Die technischen Daten der hauptsächlichen U-Boottypen	61
5	U-Boote und Verluste an Besatzungsangehörigen 1939 – 1945	69
6	Wechselnde Erfolgs- und Verlustraten bei den Frontbooten (alle Kriegsschauplätze) 1940 – 1944	70
7	Das Verhältnis von Crew und U-Bootkommandanten	92
8	Die Crew-Zugehörigkeit der befragten Seeoffiziere der U-Bootwaffe	96
9	Die geografische Herkunft der Seeoffiziere aus dem Querschnitt	97
10	Kontinuität und Wandel bei den deutschen Seeoffizieranwärtern 1907 – 1942	99
11	Die geografische Verteilung der Geburtsorte bei den Unteroffizieren und Mannschaften aus dem Querschnitt	107
12	Die Religionszugehörigkeit bei den Unteroffizieren und Mannschaften aus dem Querschnitt	109
13	Allgemeine Schulbildung/-abschlüsse bei den Unteroffizieren und Mannschaften aus dem Querschnitt	110
14	Vorkriegsberufe der Väter und der befragten U-Bootmannschaften aus dem Querschnitt	112
15	Verteilung der Laufbahnen und Dienstgrade aus dem Querschnitt	116
16	Unteroffiziere der Maschinenlaufbahn: Datum des Eintritts in die Marine und 1945 erreichter Rang	122
17	Frühere Verwendung von 1152 U-Bootkommandanten	143
18	Alter der U-Bootkommandanten zum Zeitpunkt ihres ersten Kommandos	164
19	Alter der erfolgreichsten 32 U-Bootkommandanten zum Zeitpunkt ihrer ersten Versenkung	165
20	Das Verhältnis von Verlusten und Fronterfahrung bei U-Bootkommandanten	170
21	Jahr des Eintritts der Unteroffiziere und Mannschaften des Querschnitts in die Marine	172
22	Lebensalter der Unteroffiziere und Mannschaften des Querschnitts beim Eintritt in die Marine und in die U-Bootwaffe	172
23	Lebensalter der U-Bootbesatzungen 1942 – 1944 und 1945 sowie der US-Marine 1945	179
24	Herkunft der Waffen-SS- und U-Bootoffiziere	227

Abkürzungsverzeichnis

A 1/A I/1.Asto	Admiralstabsoffizier, z.B. Erster Admiralstabsoffizier
a.D.	außer Dienst
AG/A.G.	Aktiengesellschaft
Agru-Front	Technische Ausbildungsgruppe für Front-U-Boote
AI (Army Intelligence)	(am.) Heeresnachrichtendienst
Art.	Artillerie
Asdic (Allied Submarine Devices Investigation Committee)	
	(brit.) Synonym für aktives Unterwasser-Schallortungsgerät (am. Sonar, dt. S-Anlage)
ASV-Radar (Air-to-Surface-Vessel-Radar)	
	(brit.) Bordradargerät in Flugzeugen zur Ortung von über Wasser fahrenden Booten bzw. Schiffen
ASWORG (Antisubmarine Warfare Operational Research Group)	
	(am.) OR-Gruppe (siehe unten) zur U-Abwehrkriegsführung in einem Stab der US-Marine (z.B. der 10. US-Flotte)
BA-MA	Bundesarchiv-Militärarchiv (in Freiburg i.Br.)
BDC (Berlin Document Center)	
	Archiv für NS-Akten in Berlin, so z.B. die NSDAP-Ortsgruppen-Mitgliederkartei oder die Personalakten für höhere Ränge der Waffen-SS
B-Dienst	Funkbeobachtungsdienst (Funkaufklärung: III. Abteilung des MND in der 2./Skl), siehe auch xB-Dienst
BdU	Befehlshaber der Unterseeboote
BdU op	Operationsabteilung im BdU-Stab
BdU org	Organisationsabteilung im BdU-Stab
BRT	Bruttoregistertonne; Maßeinheit des Bruttoraumgehaltes eines Kauffahrteischiffes, d.h. des gesamten umbauten Raumes einschl. der Aufbauten: 1 BRT = 100 Kubikfuß = 2,83 m^3
Capt. (Captain)	(brit./am.) Kapitän zur See
Cdr./Cmdr. (Commander)	
	(brit.) Korvettenkapitän: siehe Seite 270, (am.) Fregattenkapitän
Char.	chargiert, d.h. nur dem Dienstgrad nach a.D., z.B. char.VAdm.
C-in-C (Commander-in-Chief)	
	(brit.) Oberbefehlshaber
CNO (Chief of Naval Operations)	
	(am.) Chef der Seekriegsleitung bzw. des Admiralstabes
Crew	(dt.) Gesamtheit eines Jahrgangs an Offiziersanwärtern aller Laufbahnen, z.B. Crew 35 (1935)
CVE (Carrier Vessel, Escort)	
	(am.) Kennung für Geleitflugzeugträger
D.C. (District of Columbia)	
	US-Bundesdistrikt mit der Hauptstadt Washington
Deschimag	Deutsche Schiffs- und Maschinenbau A.G. Bremen
Dipl.-Ing.	Diplom-Ingenieur

DNI (Director of Naval Intelligence)

(brit.) Chef des Marinenachrichtendienstes in der britischen Admiralität

d.R. der Reserve

E- 1. Elektro..., z.B. E-Motor; 2. Entfernungs..., z.B. E-Messgerät

EAU Erprobungsausschuss für U-Bootneubauten

EK I, EK II Eisernes Kreuz Erster bzw. Zweiter Klasse

Ensign-Eng. (Ensign-Engineer)

(am.) Leutnant (Ing.)

FähnrzS. Fähnrich zur See

FAT Federapparat-Torpedo. Zusatzeinrichtung, damit der Torpedo nach programmierter gerader Vorlaufstrecke in einen Schleifen- bzw. Zickzacklauf überging

FdU Führer der Unterseeboote

Fla- Fliegerabwehr...

Flak Fliegerabwehrkanone

FT/F.T. Funkentelegrafie. Veraltete Bezeichnung für Funk

FuMB Funkmessbeobachtungsgerät (Radarwarngerät)

FuMO Funkmessortungsgerät

Funkmess... dt. Bezeichnung für Radar bis 1945

G7a, G7e, G7u dt. Torpedobezeichnungen (G = Kaliber 53,3 cm, 7 = 7 m Länge, a = Pressluftantrieb, e = Elektroantrieb, u = Bezeichnung für alle Walter- bzw. Ingolin-Antriebe)

G-2 (am.) Feindlage- bzw. Nachrichtenoffizier in amerikanischen Heeresstäben, vergleichbar dem Ic in deutschen Stäben

G.A.F. (German Air Force)

(deutsche) Luftwaffe

G.C. & C.S. (Government Code and Cipher School)

(brit.) 1922 als Zentralstelle der britischen Regierung zur Auswertung (Analyse und Interpretation) aller nachrichtendienstlich beschafften Informationen – auch durch Funkaufklärung – eingerichtet

Gestapo Geheime Staatspolizei

GHG Gruppenhorchgerät, d.h. passives Unterwasser-Schallortungsgerät (entsprechend in Gruppen angeordnete Unterwassermikrofone)

GUPPY (Greater Underwater Propulsion of a Submarine)

(am.) Modernisierungsprogramm für größere Unterwassergeschwindigkeit der Unterseeboote nach 1945

HF/DF (High Frequency/Direction Finding)

(brit./am.) Kurzwellenpeilgerät, im Marinejargon „Huff-Duff"

HJ Hitler-Jugend

HKU Höheres Kommando der U-Bootausbildung

HMS (Her/His Majesty Ship/Submarine)

(brit.) Ihrer/Seiner Majestät Schiff/Unterseeboot (auch HMS/m)

HQ (Headquarters) (brit./am.) Hauptquartier, d.h. Befehlsstelle

HSO Handelsschiffsoffizier

(Ing.) Marine-Ingenieuroffizier

IvS/I.v.S. (Ingenieurskantoor voor Scheepsbouw)

Tarnbezeichnung für das 1922 im niederl. Den Haag gegründete Konstruktionsbüro für U-Boote unter deutscher Leitung

K-Amt Amt Kriegsschiffbau im OKM

KdF („Kraft durch Freude")
NS-Freizeitorganisation der Einheitsgewerkschaft „Deutsche Arbeitsfront"

kn Knoten: 1 Seemeile (1853 m) pro Stunde
KTB Kriegstagebuch
K-Verband Kleinkampf-Verband
LI/L.I. Leitender Ingenieur
Lt. (Lieutenant) (brit.) Oberleutnant zur See: siehe S. 270, (am.) Kapitänleutnant bzw. bei den US-Heeresfliegern Oberleutnant
Lt.-Cdr./Cmdr. (Lieutenant-Commander)
(brit.) Kapitänleutnant: siehe S. 270, (am.) Korvettenkapitän
Lt.(E), Lieutenant (Engineer)
(brit.) Oberleutnant (Ing.)
Lt.-Eng. (Lieutenant-Engineer)
(am.) Kapitänleutnant (Ing.)
Lt.(j.g.), Lieutenant (junior grade)
(am.) Oberleutnant zur See
LtzS.(S) Leutnant zur See (Sonderführer)
LUT Lagenunabhängiger Torpedo. Zusatzgerät am G7e als Weiterentwicklung des FAT
MBD Marinebaudirektor
Md. (am.) US-Bundesstaat Maryland
MDV/M.Dv. Marinedienstvorschrift
Me Messerschmitt-Flugzeugwerke Augsburg und Regensburg
Metox FuMB 1 der Kriegsmarine
MEZ Mitteleuropäische Zeit (15° östl. Länge)
MG Maschinengewehr
Mixer Torpedomechaniker
(M.N.) Offizier des Marine-Nachrichtenwesens
MND Marinenachrichtendienst (2./Skl, ab Juni 1944 Amtsgruppe MND: 4./Skl)
MOK Marineoberkommando
MPA Marinepersonalamt
MPi Maschinenpistole
MS-Typ Mobilmachungstyp, ein U-Boottyp des 1. Weltkrieges
NA (National Archives) (am.) US-Nationalarchiv in College Park/Md.
NID (Naval Intelligence Division)
(brit.) Abteilung Marinenachrichtendienst in der britischen Admiralität
NS nationalsozialistisch
NSDAP Nationalsozialistische Arbeiterpartei Deutschlands
NVK Nachrichtenmittelversuchskommando
OB-Geleit Geleitzug Liverpool – Nordamerika (bis Juli 1941)
ObdL Oberbefehlshaber der Luftwaffe
ObdM Oberbefehlshaber der Kriegsmarine
OFähnrzS. Oberfähnrich zur See
OKM Oberkommando der Kriegsmarine
OKW Oberkommando der Wehrmacht
ON-Geleit Geleitzug Großbritannien – Nordamerika (ab Juli 1941)
ONI (Office of Naval Intelligence)
(am.) Marinenachrichtendienst der US-Marine

Op-16-Z (am.) offizielle Bezeichnung der Special Activities Branch innerhalb des ONI der US-Marine, zuständig für die Vernehmung der Kriegsgefangenen und zur Beurteilung erbeuteter Ausrüstung

OR (Operations Research)
(am./brit.) siehe Anm. 38a zum 3. Kapitel

OT Organisation Todt

Pi 2 Gefechtspistole 2, d.h. Bezeichnung für die Magnetzündung deutscher Torpedos

PK-Berichter Propaganda-Kriegsberichter

POW (Prisoner of War) (brit./am.) Kriegsgefangener

PUO Portepee-Unteroffizier (Feldwebel und Oberfeldwebel)

Q-Ship (brit./am.) Q-Schiff (U-Bootfalle), d.h. ein als Handelsschiff getarntes, stark bewaffnetes Kriegsschiff

Radar (Radio Detecting and Ranging)
(brit./am.) Funkortung und -entfernungsmessung (dt. Funkmess)

RAF (Royal Air Force) (brit.) Königliche Luftwaffe

RG (Record Group) (am.) vom US-Nationalarchiv benutzte Bezeichnung, um den Aktenbestand einer bestimmten Institution zu katalogisieren, wie z.B. RG 38 (Office of the CNO), RG 80 (Secretary of the Navy/Marineminister) oder RG 457 (Sammlung aller Dokumente, die den Einbruch der Alliierten in die deutschen Marineschlüssel betreffen, soweit sie von der National Security Agency – NSA – freigegeben sind)

RM Reichsmark

RN (Royal Navy) (brit.) Königliche Marine

s Sekunde

S-Anlage Sonder-Anlage, dt. Bezeichnung für ein aktives Unterwasser-Schallortungsgerät (brit. Asdic, am. Sonar)

SA Sturmabteilung (Gliederung der NSDAP)

Skl Seekriegsleitung, z.B. Operationsabteilung der Skl im OKM: 1./Skl

sm Seemeile (1853 m)

Sonar (Sound, Navigation and Ranging)
(am.) aktives Unterwasser-Schallortungsgerät (brit. Asdic, dt. S-Anlage)

SS Schutzstaffel (Gliederung der NSDAP)

(T) Offizier des technischen Torpedowesens (Torpedotechnischer Offizier)

T-/Torp. Torpedo...

t metrische Tonne zu 1000 kg

T 5 Horchtorpedo der Kriegsmarine („Zaunkönig"), d.h. passiv akustische Zielansteuerung (von den Alliierten als „Gnat" – Stechmücke – bezeichnet)

TG (Task Group) Kampfgruppe

TMWC (Trial of the Major War Criminals)
Dokumenten-Sammlung mit Protokoll des Hauptkriegsverbrecherprozesses vor dem Internationalen Militärtribunal in Nürnberg am 14. Nov. 1945 – 1. Okt. 1946 und den als Beweisstücke eingeführten zahlreichen Dokumenten in 42 Bänden

ts brit. „long ton" zu 1016 kg. Internationale Maßeinheit für die Größe der Kriegsschiffe nach der Wasserverdrängung: Verdrängungsvolumen des Schiffes x 0,015 (spezifisches Gewicht von Wasser) =

	Auftrieb/Schiffsgewicht in ts (deutsche U-Boote des 2. Weltkrieges in der Regel in t)
TVA	Torpedoversuchsanstalt in Eckernförde
U	Untersee..., auch Kennung deutscher U-Boote
UAA	U-Bootsausbildungsabteilung
UAG	U-Bootsausbildungsgruppe
UAK	U-Bootsausbildungskommando
UAS	U-Bootsabwehrschule
U.Kdt.Hdb.	Handbuch für U-Bootkommandanten
ULD	U-Bootslehrdivision
ULTRA/Ultra	(brit.) höchste alliierte Klassifizierung zur Geheimhaltung, vorbehalten den Informationen aus entzifferten deutschen Funksprüchen (ULTRA-Nachrichten)
U.O.-Raum	Unteroffiziersraum im U-Boot
US... (United States)	Vereinigte Staaten
US	Unteroffizier der Sanitätslaufbahn bei der Marine mit einer Sonderausbildung als Sanitäter auf U-Booten
USAAF (United States Army Air Force)	
	US-Heeresluftwaffe
USN (United States Navy)	
	US-Marine
USS (United States Ship/Submarine)	
	Schiff/Unterseeboot der US-Marine
UWO	U-Bootwachoffizier
UZO	U-Boot-Zieloptik (Zieleinrichtung auf der Brücke für den Überwasser-Torpedoschuss)
(V.)	Offizier der Marine-Verwaltungslaufbahn
(W.)	Marine-Waffenoffizier
Wabo	Wasserbombe
W.Anz.g. (auch Wanz., Wanze)	
	Wellenanzeigegerät (FuMB 8 „Zypern" von Hagenuk)
WASt	Wehrmachtauskunftstelle
W.O./WO (I.W.O., II.W.O. / I WO, II WO)	
	Wachoffizier (Erster bzw. Zweiter WO) an Bord von Booten ohne etatmäßigen Ersten Offizier
xB-Dienst	Marine-Funkentzifferungsdienst, gehörte zum Funkbeobachtungsdienst (B-Dienst) innerhalb von MND III (Funkaufklärung) der 2./Skl (Marinenachrichtendienst)
z.S.	zur See
z.V.	zur Verwendung

Sachregister

(* = Anmerkung)

Abel, Ulrich 199, 241, 329*

Abwehr
- allgemein 46, 49, 220, 242
- An-Land-Setzen von Agenten/Saboteure durch U-Boote 6

Achilles, Albrecht 212

Ackermann, Paul 196

ADMIRAL HIPPER (Schwerer Kreuzer) 238

Albrecht, Fritz 221

Antisemitismus, siehe Juden, NS-Politik und Marine

ANTONICO (Dampfer) 209, 322*

AQUITANIA (Passagierschiff) 206

ARABIC (Passagierschiff) 33

Ardennenoffensive 1944 und U-Boote 83

ARK ROYAL, HMS (Flugzeugträger) 206

Arnauld de la Perière, Lothar v. 36, 229, 279*

ATHENIA (Passagierschiff) 71, 205

Ausbildung des U-Bootpersonals
- Kommandos 77, 147–162, 266 ff.
- siehe auch Seeoffiziere, U-Bootbesatzungen

Auszeichnungen des U-Bootpersonals
- allgemein 166, 168, 190–193, 202, 316*, 317*
- siehe auch Moral der U-Bootbesatzungen

BARKER (US-Zerstörer) 23, 318*

Barten, Wolfgang 103

Bartov, Omer 205, 224 f., 320*, 324*

Bauer, Ernst 165, 212, 276*

Bauer, Hermann 36, 37 ff.

Bauer, Wilhelm („Brandtaucher") 26, 280*

B-Dienst, xB-Dienst (MND)
- allgemein 6, 58, 76, 78, 102 f.
- siehe auch ULTRA

Beck, Ludwig 232, 235

Biddle, Francis 223

Bielfeld, Heinz 213

BISMARCK (Schlachtschiff) 117, 119

Bleichrodt, Heinrich 165, 168 f., 192, 208, 212, 323*

BLITAR (Dampfer) 209

Blockadebrecher, U-Boote als 65 f., 74, 82

Blomberg, Werner v. 45

Blum, Ulrich-Eberhard 31, 43

BORIE (US-Zerstörer) 22

Bose, Subhas Chandra 6

BOSNIA (Dampfer) 206

Brandi, Albrecht 217, 317*

Braeucker, Friedrich 293*

Brans, Hans-Joachim 240

Bräutigam, Robert 23, 130, 268

Bredow, Horst 162, 255, 272*

Bremen, Hanskurt v. 219

Brennecke, Jochen 164, 167

BRESLAU (Kleiner Kreuzer) 25

Bryant, Ben 163, 164

Buchheim, Lothar-Günther 163, 175, 253, 271*

Brümmer-Patzig, Helmut 23

Bundesmarine 7, 95, 125, 248, 251, 262, 280 (U 17)*, 313 (U 20)*, 331*

CALEDONIAN MONARCH (Dampfer) 210

Canaris, Wilhelm 229, 242

CAPPELLINI (ital. U-Boot) 215 f.

CARLTON (Dampfer) 213

Churchill, Winston 22, 43, 83, 181, 284 f.*

CITY OF BENARES (Passagierdampfer) 208 f.

CLAN MACARTHUR (Dampfer) 219

Clausen, Nicolai 212

CORE (US-CVE) 23, 128, 277 f.*

Coreth, Max 200 f., 235, 319*

Cremer, Peter („Ali") 52, 205, 210, 246, 311, 317*, 330*

CULEBRA (Dampfer) 211

Czygan, Werner 201, 308*

Dänholm 301*

Dankleff, Walter 151

Das Boot 6, 18, 253, 271*, 320*

„Deadlight", Operation 247, 330*

Deutsch-Britisches Flottenabkommen
(1935) 62, 64, 232, 292*

DIAMANTIS (Dampfer) 206

DIRPHYS (Dampfer) 210

Dobratz, Kurt 168

Döhler, Hans Heinrich 196

Dönitz, Karl
– allgemeine Führung des U-Bootkrieges
36 f., 41–44, 46–85
– ändert seine Einstellung zur Waffentechnik 43 f., 76, 78 f., 149 f.
– Anstrengungen zur Aufrechterhaltung
der Moral 185, 190–193, 197–203, 217
– Einfluss des Ersten Weltkrieges 24 f.,
36 f., 44, 55 ff., 142, 207
– Ernennung zum BdU 25, 40, 41 f., 265,
273*
– Ernennung zum ObdM 25, 40, 47, 176
– Herkunft und Charakter 25, 41–44,
283 f.*
– konfrontiert mit Organisationsproble-
men im Kriege 68–85
– Loyalität zu Hitler 225, 235–237,
241–245
– Nachfolge Hitlers 25, 247
– plant Verstärkung der U-Bootwaffe 73,
80 f., 84 f., 93, 142–147, 176 f.
– Tod und Begräbnis 225, 253, 324*
– verurteilt in Nürnberg 223, 250
– zieht Nichttreten dem Töten von Überlebenden vor 51, 184, 207, 211, 214,
216 f., 220–223, 238

Dönitz, Klaus 42

Dönitz, Peter 42, 79

Drechsler, Werner 201, 247, 319*, 325*

Dresky, Hans-Wilhelm v. 206

DUNCAN, HMS (Zerstörer) 218

Eck, Heinz-Wilhelm 222, 247, 324*, 330*

Ehrhardt, Hermann 229

EMDEN (Leichter Kreuzer) 92, 284*, 327*

Emmermann, Carl 165, 318*

EMPIRE BYRON (Dampfer) 213

EMPIRE LAKE (Dampfer) 219

Endraß, Engelbert 165

ERICH GIESE (Zerstörer) 142

ESCAPADE, HMS (Zerstörer) 218

Fabricius, Ludwig 84

Falke, Hans 316*

FIRBY (Dampfer) 206

Fischer, Hans-Georg 40, 42 f., 267

Flachsenberg, Walter 210

Förster, Hugo 310*

Folkers, Ulrich 218, 311*

Forstner, Georg-Günther Freiherr v. 25

Forstner, Siegfried Freiherr v. 26, 187,
198 f., 315*, 318*

Franke, Heinz 193

Franken, Wilhelm 212

Franzke, Helmut 169

Freikorps und die Reichsmarine 229 f.,
326*

Freiwald, Kurt 195

Fricke, Kurt 237 f.

Friedeburg, Hans-Georg v. 14, 23, 44–46,
77, 80, 92, 102, 134, 150 f., 158, 169,
179, 194, 231, 247, 266, 285 f.*, 309*,
310*, 330*

FRIEDRICH ECKOLDT (Zerstörer) 142

FRIEDRICH IHN (Zerstörer) 142

Fürbringer, Werner 24 ff., 57, 182 f.,
290*, 314*

Geleitsicherung gegen U-Boote,
Wirksamkeit der 49, 55 ff., 71, 74,
78 ff., 170, 181, 287*, 296*

Gelhaus, Harald 165, 219

Glattes, Gerhard 250

Gode, Heinrich 246

Godt, Eberhard 47–53, 58, 202, 265, 288*

Göbeler, Hans 184, 314*

Goebbels, Josef 230

GORCH FOCK (I) (Segelschulschiff) 88,
93

Göring, Hermann 76

Graef, Adolf 103, 196

Gräf, Ulrich 212

Graßhoff, Kurt 37

Grave, Günter 218

Guggenberger, Friedrich 251

GULFAMERIKA (Tanker) 211

Güth, Rolf 29, 94, 164, 167

Gysae, Robert 165

HAGAR (Dampfer) 208

Haie und kleine Fische 87, 271*, 301*

Hardegen, Reinhard 165, 190, 211, 246

Harms, Otto 144

Hartenstein, Werner 190, 214–217, 251

HARTLEBURY (Dampfer) 213

Hartmann, Götz v. 44

Hartmann, Werner 151, 165, 267, 291*

Hashagen, Ernst 24, 57, 266
Heidel, Werner 157
Heimburg, Heino v. 56 f., 59, 290*
HELGOLAND (Linienschiff) 32
Henke, Werner 9, 14, 88, 142, 165, 192, 194, 212, 240, 311*
Hepp, Horst 219
Hersing, Otto 32
Herwartz, Wolfgang 317*
Heß, Hans-Georg 221
Heßler, Günter 48, 165, 285*, 287*
Heyse, Ulrich 212
Himmler, Heinrich
– allgemein 45, 194, 230, 239
– siehe auch SS
Hirsacker, Heinz 169
Hirschfeld, Wolfgang 124, 144, 306*, 308*
Hirschmann, Werner 10, 20, 147, 161, 169, 277*, 309*, 311*, 328*
Hitler, Adolf
– Diskussionen mit Dönitz über politische Fragen 79, 80 f., 146, 176, 217
– Einstellung zur Marine 215 ff., 228 f., 231–237
– Folgen der Machtübernahme für die Marine 89, 165, 184, 230–235, 314*
– schlägt Tötung von alliierten Schiffbrüchigen vor 184, 213 f., 217, 220
Hoffmann, Hermann 177
Höltring, Horst 318*
Hopmann, Rolf-Heinrich 22
Hülsmann, Walter 24
Hunger, Hans 219

Ibbeken, Hans 151
INVERLIFFEY (Tanker) 206
Ites, Otto 20

Jahn, Gunter 333*
Jenisch, Hans 165
JOHN WITHERSPOON (Dampfer) 213
JONATHAN STURGES (Dampfer) 219
Juden, NS-Politik und die Marine
– allgemein 46, 226, 231 f., 237–239, 243
– siehe auch Nationalsozialismus
Jünger, Ernst 34, 281*
Just, Paul 249

Kaeding, Walter 84
KAHUKU (Dampfer) 212

Kals, Ernst 165, 247, 260
Kapp-Putsch 229 f.
KARLSRUHE (Leichter Kreuzer) 88, 119
Karpf, Hans 219, 286*
Kentrat, Eitel-Friedrich 219, 293*
Kernéval, Beschreibung der Befehlsstelle des BdU 47 ff.
Kleinkampfverbände 84, 248, 262, 300*
Kloevekorn, Friedrich 308*
Klusmeyer, Emil 66
Kluth, Gerhard 177
Köhler, Otto 149, 309*
Koitschka, Siegfried 142
Kölle, Walther 194, 212
KÖNIGSBERG (Leichter Kreuzer) 149, 309*
Korth, Claus 63, 309*
Kottmann, Hermann 106
Krech, Günther 165
Kreisch, Leo 213, 265
Kretschmer, Otto 62, 74, 165, 205, 207, 226, 247, 250, 251, 317*
Kriegsgerichtsverfahren gegen U-Bootpersonal
– allgemein 169, 198, 202, 241
– siehe auch Moral der U-Bootbesatzungen
Krüger, Jürgen 209
Kuhnke, Günter 265, 311*
Kurrer, Helmut 218
Kusch, Heinz-Oskar 199 f., 202, 235, 240 f.

La Baume, Günter 213
LACONIA (Passagierschiff) 214 ff., 217 f., 323*
LACONIA-Befehl 51, 216 f., 220, 221–223
Lassen, Georg 165
Lehmann-Willenbrock, Heinrich 163, 165, 189, 265
LEIPZIG (Leichter Kreuzer) 175, 312*
Lemp, Fritz-Julius 71, 207
LÉOPOLDVILLE (Truppentransporter) 300*
Leupold, Günter 156, 200 f., 240
Levetzow, Magnus v. 230
„Liberty"-Schiff 323*
Liebe, Heinrich 165, 206
Loewe, Axel-Olaf 16, 194, 195, 212
Loewe, Odo 42
Loewenfeld, Wilfried v. 229

Lohmeyer, Peter 310*
Lorentz, Günther 157
Lott, Werner 206
LUSITANIA (Passagierschiff) 33, 204
Lüth, Wolfgang 4, 5, 65, 86, 91, 106, 165,
    175, 192, 194 f., 201 f., 219, 225, 234,
    247, 273*, 302*, 317*

MADOERA (Frachter) 219
Mahn, Bruno 23
Manhardt v. Mannstein, Alfred 219
Manseck, Helmut 300*
Marbach, Karl-Heinz 191, 288 f.*
March, Jürgen 158
Marienfeld, Friedrich-Wilhelm 20
Marineschule Mürwik
– allgemein 17, 24, 88, 90 f., 102, 247,
    302*
– siehe auch U-Bootoffiziere, Auswahl
    und Ausbildung der
Marks, Friedrich-Karl 213
Markworth, Friedrich 148, 209
Maschinenpersonal
– Status und Knappheit an 28, 29 f.,
    90 f., 94, 100–102, 119–122, 143, 155,
    192
– U-Bootaufgaben 4 f., 8 f.
Matschulat, Gerhard 209, 322*
Matz, Joachim 158
Maus, August 318*
Mellenthin, Hans v. 36
MENDENAU (Dampfer) 211
Merten, Karl-Friedrich 46, 84, 153, 160,
    165, 182, 212, 230, 234
Metz, Helmut 23, 308*
Metzler, Jost 191, 210
Meyer, Fritz 310*
Meyer, Willy 162
M.F.ELLIOTT (Tanker) 212
Michelsen, Andreas 36, 37 f.
Miers, Anthony 205, 320*
Moehle, Karl-Heinz 51, 221, 267, 288*,
    322*, 324*
Mohr, Johann („Jochen") 165
Möller, Carl 141 f., 248 f., 307*, 330*
Monsarrat, Nicholas 1, 22
„Monsun"-Boote 299*
Moral
– der U-Bootbesatzungen 1, 14–17, 34,
    76 f., 81 f., 84 f., 106, 126, 181–203
– Krise (1943/44) in der 197–201
Morison, Samuel Eliot 22, 289*

Morton, Dudley („Mush") 205
MOUNT AETNA (Dampfer) 211
Mühlberger Detlef 98, 256, 303*, 305*
Müller, Hans 102, 160, 268
Musenberg, Werner 6
Mützelburg, Rolf 75

Nationalsozialismus
– und die Marine 88, 98, 105, 111, 194,
    199–201, 224–245
– siehe auch Dönitz, Hitler, Juden, SS,
    Waffen-SS
Niemöller, Martin 230, 326*, 327*
Nimitz, Chester 204 f.
NIOBE (Segelschulschiff) 100, 303*
Nollmann, Rolf 151, 203
NOREEN MARY (Trawler) 209, 322*
Normandie, Landung in der 51 f., 83,
    177 f., 288 f.*
Nürnberg
– Kriegsverbrecherprozess 42, 204, 207,
    223, 236, 250
– siehe auch Dönitz, LACONIA-Befehl
NYMPHE (Kleiner Kreuzer) 284*

Oehrn, Victor 165, 209, 279*, 288*, 316*,
    321 f.*, 332*
Oesten, Jürgen 65, 165, 249
OLIVEGROVE (Dampfer) 206
Oshima, Hiroshi 213

Padfield, Peter 204, 277*, 285*, 290*
PAN NORWAY (Tanker) 211
PATHFINDER, HMS (Geschützter Kreu-
    zer) 32
PELEUS (Dampfer)
– Versenkung der 222, 247
– siehe auch Tötung von Schiffbrüchigen
Personalstärke der U-Bootwaffe 71, 77,
    79 f., 141 f., 259–264
Petersen, Klaus 221
Petersen, Peter 145, 186, 252
Pick, Ewald 63
Piening, Adolf 165
Poser, Günter 218
Poske, Hans-Georg Friedrich 212
Prien, Günther 14, 62, 71, 74, 77, 148,
    165, 189, 191, 206, 226, 295*, 325*

Q-Schiffe 44, 207, 321*
QUEEN MARY (Passagierschiff) 209

Raeder, Erich
- Ablösung durch Dönitz 79, 327*
- besorgt um die Werte des Offiziers 232
- Beziehungen zu Hitler und dem NS-Regime 224, 230–235
- Pessimismus hinsichtlich des Krieges 43, 105
- widersetzt sich Dönitz' Plänen 79, 142 f., 150, 175
- Zugeständnisse an die Marine-Ingenieuroffiziere 102
- siehe auch Dönitz, Hitler, Z-Plan
Rahmlow, Hans-Joachim 74, 158, 310*
RANJA (Tanker) 210
Rasch, Hermann 19
Reche, Reinhard 213, 251
Reith, Hans-Edwin 16, 237
Reschke, Franz-Georg 317*
Rettung durch U-Boote
- alliierte Militär- und Zivilpersonen 6, 38, 206–216, 219–221
- deutsche Militär- und Zivilpersonen 6 f., 84, 218, 274*
Ringelmann, Helmuth 210
RINGSTAD (Motorschiff) 210
RIVER AFTON (Dampfer) 213
ROBERT LEY (KdF-Passagierschiff) 146
ROBIN MOOR (Dampfer) 210
Rohwer, Jürgen 68, 288 f.*, 322*, 328*
Rollmann, Siegfried 210
RORQUAL, HMS (U-Boot) 205
Rose, Hans 24, 36, 230, 278*
Rosenstiel, Jürgen v. 212
Rösing, Hans-Rudolf 52, 251, 265, 288 f.*, 319*
Röther, Josef 6, 333*
ROUMANIE (Dampfer) 217
ROXBOROUGH CASTLE (Motorschiff) 219
ROYAL OAK, HMS (Schlachtschiff) 15, 71, 191
ROYAL SCEPTRE (Dampfer) 206
Rudeltaktik 25, 36 f., 55–59, 71, 72, 78 ff., 208 ff., 282*, 290*, 291*

SA (Sturmabteilung) 229, 231, 235
Sachs, Erwin 23
Schaar, Gerd 221
Schacht, Harro 215
Schacke, Gerhard 23
Schaeffer, Heinz 43, 246, 318*
Schäfer, Friedrich 23

Schauenburg, Rolf 193
Schendel, Rudolf 317*
Schepke, Joachim 62, 74, 148, 165, 206, 226, 325*
Scheringer, Heinz 207
Schiffbrüchige, Tötung von
- durch U 852 222, 247
- Hitlers Vorschlag 51, 184, 213 f., 217, 220 ff., 223, 322*, 324*
- siehe auch LACONIA-Befehl
Schleicher, Kurt v. 230
SCHLESIEN (Linienschiff) 90
Schlitt, Karl-Adolf 12
Schlömer, Fokko 25
Schmidt, Albrecht 24, 158, 266
Schmoeckel, Heinz 238
Schnee, Adalbert 300*
Scholtz, Klaus 165, 210
Schottky, Hans 24
Schramm, Joachim 323*
Schroeter, Karl-Ernst 211, 218
Schulbildung der U-Bootbesatzungen
- Mannschaften 110 f., 117–126
- Offiziere 96–103, 227
Schulte, Werner 212
Schultze, Herbert 165, 206
Schultze, Otto 24
Schultze, Wolfgang 157, 308*
Schulz, Wilhelm 8, 209, 265, 268
Schütze, Viktor 148, 159, 165, 265, 293*
Seekriegsleitung (Skl) 53 ff., 64, 71 f., 74, 174 f., 211, 220, 274*, 289*
SEVERN LEIGH 321*, 322*
SHEAF MEAD 321*, 322*
Showell, Jak P. Mallmann 68, 165, 296*
Sichart v. Sichartshofen, Friedrich Karl 23
SICILIA (Motorschiff) 219
Siegmann, Paul 16
Slevogt, Kurt 24
SNOOPY (Trawler) 247
SNOWFLAKE, HMS (Korvette) 218
Sobe, Ernst 207, 291*, 321*
Sohler, Herbert 265, 321*
Sorge, Siegfried 234
Spahr, Wilhelm 9
SPEARFISH, HMS (U-Boot) 210
Speer, Albert 44, 67, 79, 84, 236 f., 298*
Sperrwaffen 306*
Spindler, Arno 39 f.
SS (Schutzstaffel)
- allgemein 45, 226, 230, 239
- siehe auch Waffen-SS

STARLING, HMS (Sloop) 218
Stauffenberg, Berthold v. 329*
Stauffenberg, Claus Schenck Graf v. 242
Steen, Hans 144
Steinbrinck, Otto 230, 326 f.*
Steinert, Hermann 162
Steinhoff, Friedrich 247, 330*
Sterzing, Siegfried 162
Stockhausen, Hans-Gerrit v. 207, 267
Suhren, Gerd 155
Suhren, Reinhard („Teddy") 46, 155, 160,
    192, 240, 286*, 317*

Tauchretter, Dräger- 151, 309*
Thedsen, Otto 23, 278*
Timm, Heinrich 65, 250
TIRPITZ (Schlachtschiff) 142, 175, 312*
Tirpitz, Alfred v. 26 ff., 31 ff.
Todt, Organisation (Bau der U-Bootbun-
    ker) 75, 296 f.*
Tonnagekrieg 37, 53–56, 65
Töpfer, Rudi 142
Topp, Erich 46, 160, 161, 165, 173, 226,
    251, 268, 317*, 325*, 331*
TORBAY, HMS (U-Boot) 205
Torpedos, Merkmale und Leistungsfähig-
    keit deutscher 49, 56–59, 71, 72, 76,
    78, 177, 197, 214, 274*, 295*
TWEED (Dampfer) 209

Überlebende, siehe Schiffbrüchige, Tötung
    von
U-Boote des Ersten Weltkrieges, einzelne
– *U 1* 27
– U 9 31
– U 21 32
– U 28 25
– U 35 37, 290*
– U 39 25, 37
– U 48 307*
– U 53 24
– U 55 23
– U 60 (bis *U 62*) 34 f., 62
– *U 70* 23
– U 71 24
– U 81 64
– U 86 23
– U 107 24
– U 114 23
– U 115 35, 64
– U 116 35, 64
– UB 14 290*

– UB 19 24
– UB 21 23
– UB 26 307*
– UB 52 307*
– UB 68 25, 37, 57, 290*
– UB 109 40
– UB 117 24
– UB 121 24
– UC 22 290*
– UC 25 25, 37
– UC 32 38
– UC 65 307*, 325*
– UC 67 326*
U-Boote des Zweiten Weltkrieges,
    einzelne
– *U 1* (bis *U 6*) 148, 279*
– *U 3* 169, 206
– *U 7* (bis *U 12*) 148
– *U 19* 332*
– U 20 51, 221, 332*
– U 23 221, 332*
– U 24 221
– U 25 307*
– U 26 207
– U 30 71, 72, 207
– U 33 206
– U 34 210
– U 35 206, 321*
– U 37 151, 209, 251, 291*
– U 38 206
– U 39 250
– U 40 103
– U 46 173
– U 47 14, 62, 71, 74, 77, 189, 275*,
    297*
– U 48 62, 192, 206, 208, 274*, 292*,
    293*
– U 53 36, 207, 291*, 321*
– U 55 157
– U 56 84
– U 63 157, 310*
– U 65 207, 210
– U 66 148, 209
– U 68 84, 212
– U 69 191, 210, 212
– U 70 158
– U 71 210
– U 75 210
– U 84 240, 328*
– U 93 68
– U 94 20, 277*

– U 96 163, 175, 189
– U 99 62, 74, 205, 207, 293*
– U 100 62, 74, 296*
– U 103 293*
– U 106 19
– U 107 48, 219, 293*, 307*
– U 108 210, 322*
– U 109 40, 42, 169, 212, 312*, 323*
– U 118 201, 308*, 325*
– U 123 51, 190, 210, 211, 221, 246, 288*
– U 124 8, 138, 199, 209, 293*
– U 125 218, 311*
– U 126 212, 276*
– U 128 162, 212
– U 129 212
– U 130 247
– U 134 292*, 317*
– U 154 194, 199, 212, 240 f.
– U 156 190, 214 ff., 316*
– U 161 212
– U 172 177, 200, 318*
– U 178 9
– U 180 6
– U 181 65, 194, 195, 219, 249, 273*
– U 185 318*
– U 189 218
– U 190 16, 237, 304*
– U 193 200
– Z 196 219, 293*
– U 198 332*
– U 199 247
– U 202 218
– U 203 75, 106
– U 205 317*
– U 207 310*
– U 210 308*
– U 231 199
– U 233 144
– Z 234 329*, 330*
– U 238 219
– U 247 209
– U 249 131
– U 250 250, 331*, 332*
– U 255 213
– U 260 332*
– U 262 193, 317*
– U 275 (bis *U 299*) 63
– *U 288* 162
– U 327 159, 310*
– U 333 210
– U 336 219
– U 352 247
– U 355 213
– U 376 135 ff., 213
– U 377 149, 177, 286*
– U 378 128
– U 380 6, 274*, 333*
– U 386 221
– U 401 310*
– U 402 25, 315*
– U 405 22
– U 415 249, 288*
– U 431 137
– U 441 44, 285*
– U 452 158, 310*
– U 459 23, 139
– U 461 138
– U 464 144
– U 470 218
– U 471 308*
– U 481 274*
– U 485 277*
– U 487 23, 278*, 308*
– U 501 310*
– U 502 212
– U 504 212
– U 505 16, 129, 146, 169, 194, 195, 199, 212, 248, 276*, 308*, 314*, 318*
– U 506 215 f.
– U 507 215 f.
– U 512 155, 157, 308*
– U 515 9, 14, 16, 101, 128, 188, 192, 194, 212, 249, 274*, 307*, 315*, 316*, 317*, 328*
– U 516 209
– U 518 186, 194, 195, 252
– U 530 246, 325*
– U 534 248, 330*
– U 536 193
– U 546 249
– U 552 135
– U 556 310*
– U 564 240
– U 565 212
– U 566 132 f.
– U 569 238, 328*
– U 570 74, 77, 158, 310*
– U 572 169
– U 582 212
– U 591 196
– U 596 333*
– U 604 318*
– U 606 196, 318*

– U 612 16, 309*
– U 615 201, 247
– U 616 142
– U 617 217
– U 631 209
– U 632 219, 286*
– U 651 310*
– U 653 119
– U 664 103, 196, 304*, 318*
– U 681 324*
– U 703 213
– U 721 84
– U 752 211, 218
– U 753 219
– U 760 332*
– U 764 219, 249
– U 767 151
– U 801 240, 328*
– U 802 238
– U 805 276*
– U 852 222, 247, 320*
– U 861 65, 249, 293*
– U 862 65
– U 873 247
– U 889 293*
– U 953 191, 249, 288*
– U 954 42, 79
– U 957 221
– U 960 308*
– U 966 332*
– U 977 179, 246, 318*
– U 992 316*
– U 995 159, 221, 248, 310*
– U 1002 159, 310*
– U 1025 63
– U 1051 159, 310*
– U 1053 73
– U 1059 156, 159, 192, 200, 240, 324*, 329*
– U 1064 277*
– U 1164 25
– U 1169 159, 310*
– U 1172 159, 310*
– U 1199 151, 203
– U 1206 12
– U 1209 159, 310*
– U 1221 196
– U 1224 299
– U 1228 20, 277*
– U 1229 159
– U 1232 168
– U 1273 159, 310*

– U 1302 317*
– U 2336 66, 260, 332*
– U 2511 300*
– U 2540 248, 294*
– U 3008 300*
– U 3012 308*
– U 3037 139
– U 3536 246
U-Bootabnahmekommando (UAK) 23 f., 148, 154, 268
U-Bootabwehrschule (UAS) 148 f., 279*, 309*
U-Bootasse, Eigenschaften der 38 f., 62, 65, 68 ff., 165–167*, 192, 296*
U-Bootausbildungsabteilung (UAA) 152, 154, 179, 267
U-Bootbau
– allgemein 26 ff., 34 f., 44, 59–67, 73–76, 79 f., 84 f.
– Flottenbauprogramm 1943 80, 84, 93, 145 f., 176 f.
U-Bootbesatzungen
– Alter 7, 84, 92 f., 117–119, 121 f., 163–167, 171–180
– Aufgabe des Freiwilligen-Status 72 f., 142–147
– Ausbildung 147–162
– Besoldung und Beförderung 115–125, 183–186
– Ernährung 13 f., 104, 185
– geografische Herkunft 28 f., 95 f., 97, 99–103, 106–109, 117, 118, 121, 129 f., 227
– Metallberufe 29, 112 ff., 117, 120–126, 183, 306*
– Religionszugehörigkeit 30, 96, 108–110, 226 f.
– soziale Herkunft 28 ff., 106–126, 226 ff., 331*
– tägliche Bordroutine 14–22
– Zusammensetzung 1–14
– siehe auch Schulbildung, U-Bootoffiziere und Moral der Besatzungen
U-Bootführung
– allgemein 25, 36, 42 ff., 56 ff., 79, 161 f., 286*
– Ursprung 36
– überlasteter Stab 44, 46–53, 58, 170
– siehe auch Dönitz
U-Bootlehrdivisionen (ULD) 134, 151, 152, 153, 154, 158, 161, 266
U-Bootmedizin

– allgemein 6, 20, 103 f., 125, 260, 304*
– siehe auch Verluste
U-Bootoffiziere
– Alter und Kampferfahrung 163–171
– Auswahl und Ausbildung 30, 32 f., 34, 86–105, 142 ff.
– Ermessen in der Behandlung Schiff-brüchiger 205–223
– Führung in See 2–6, 15 ff., 193–199
– soziale Herkunft 95–105
– U-Bootausbildung 147–162
– siehe auch U-Bootasse und -besatzun-gen
U-Bootpersonal
– Nachkriegsberufe 251–254, 331*
– siehe auch Ausbildung, Personalstärke und Verluste
U-Boottypen des Ersten Weltkrieges
– MS-Typ 34 f., 62
– UB-Typ 34, 62
– UC-Typ 36
– UF-Typ 35
– UG-Typ 35
– U-Kreuzer 34 f., 57, 69
U-Boottypen des Zweiten Weltkrieges
– Typ I A 35, 62, 64
– Typ II 35, 61, 71 f., 84, 148, 157, 159, 292*
– Typ VII allgemein 61 ff., 64, 72, 144, 159, 165 f., 176, 200, 292*
– Typ VII A 62, 165
– Typ VII B 62, 166, 293*
– Typ VII C 1, 11 ff., 40, 61–63, 80, 84, 165 f., 248, 281*, 285*
– Typ IX allgemein 2, 11 ff., 35, 63 f., 72, 82, 144, 165 f., 167, 176, 293*
– Typ IX A 35, 103, 165, 293*
– Typ IX B 64, 165 f.
– Typ IX C 15, 34 f., 64, 80, 159, 165, 170, 185, 248, 272 f.*, 293*, 294*, 300*
– Typ IX D 64 f., 80, 165 f., 293*
– Typ X B 65 f.
– Typ XIV 65, 76, 78, 101, 104
– Typ XVII (Walter) 66, 76, 80, 82, 294*, 298*
– Typ XXI 46, 61, 66 f., 80–85, 152, 159, 167, 177, 189, 246, 251, 294*, 300*
– Typ XXIII 66, 81, 85, 167, 177, 189, 251, 294*
– Typ XVIII/XXVI (Walter) 67, 85

U-Flottillen (2. Weltkrieg)
– 1. U-Fl. („Weddigen") 23, 42, 52, 57, 148, 265
– 2. U-Fl. („Saltzwedel") 47, 194, 247, 265
– 3. U-Fl. („Lohs") 265
– 4. U-Fl. 267, 324*
– 5. U-Fl. („Emsmann") 51, 125, 221, 267
– 6. U-Fl. („Hundius") 265
– 7. U-Fl. („Wegener") 189, 265, 291*, 321*
– 8. U-Fl. 267, 324*
– 9. U-Fl. 189, 265
– 10. U-Fl. 47, 265
– 11. U-Fl. 265
– 12. U-Fl. 266
– 13. U-Fl. 266
– 14. U-Fl. 266
– 18. U-Fl. 159, 267
– 19. U-Fl. 159, 267
– 20. U-Fl. 156, 159, 267
– 21. U-Fl. 151, 158, 266
– 22. U-Fl. 151, 158, 266
– 23. U-Fl. 153, 266, 268
– 24. U-Fl. 46, 84, 153, 159, 267, 278*
– 25. U-Fl. 159, 267
– 26. U-Fl. 119, 159, 267
– 27. U-Fl. 119, 159, 267
– 29. U-Fl. 260, 265
– 30. U-Fl. 266
– 31. U-Fl. 267
– 32. U-Fl. 267
– 33. U-Fl. 266
– Schulverband 148 f., 151 f.
ULTRA und der Einbruch in die deutschen Funkschlüssel 44, 48, 49 f., 58, 65, 74 ff., 78, 161, 200, 278*, 287*, 288*, 295*
Uphoff, Horst 240

Valentiner, Max 23, 230, 326*
VASSILIOS A. POLEMIS (Dampfer) 210
VENDIA (Dampfer) 206
Verluste des U-Bootpersonals
– in der Ausbildung 151, 157, 159
– durch Feindeinwirkung im Ersten Welt-krieg 38
– durch Feindeinwirkung im Zweiten Weltkrieg 19, 69, 71 f., 79 f., 81, 141, 161, 164 f., 167–171, 173 f., 177 f., 184, 259–264, 312*, 313*

– psychische Ursachen 71 f., 168 f., 260 f.
Versailles, Vertrag von 35, 86, 105, 233
Vockel, Jürgen 260, 332*
Vogt, Eduard 146
Volksoffiziere 91 f., 101, 102 f., 302*

Waffen-SS 109, 191, 227 f., 250, 263, 325*, 326*
Wahlen, Rolf-Birger 221
WAHOO (am. U-Boot) 205
Walker, Frederic („Johnny") 218
Walter Hellmuth 44, 60, 76, 82
Walter-U-Boote 294*, 298*
Waßner, Erwin 56
Weddigen, Otto 31 f., 33
Wenzel, Wolfgang 199
Wermuth, Otto 246

Werner, Herbert 249, 288 f.*
„Western Approaches" 287*
WEST LASHAWAY (Dampfer) 209
Wiebe, Gerhard 209
Wilamowitz-Moellendorf, Georg v. 23
Winter, Werner 52, 260, 265
Wissmann, Friedrich-Wilhelm 186
Witt, Hans-Ludwig 165
Witte, Helmut 165
Wohlfahrt, Herbert 310*
WOLVERINE, HMS (Zerstörer) 297*
Würdemann, Erich 215

Z-Plan 60, 64, 233, 292*
Zapp, Richard 165, 229, 265
Ziesmer, Reimar 196
Zimmermann, Gero 310*
Zschech, Peter 169, 199, 201, 318*

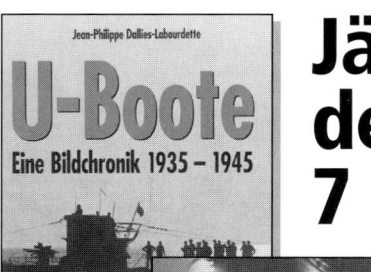